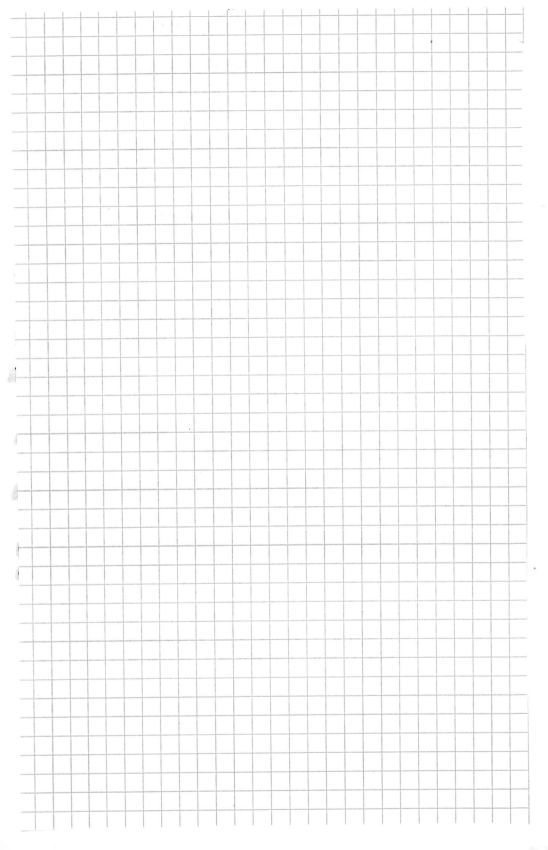

jeglicher Art

...schutz als Eingriff in elterliche Sorge

- Beistandschaft
→ Obhutsentzug
- Entzug elterlicher Sorge

Erwachsenenschutzrecht

① Begleitbeistandschaft ⎫ Personen- u./od. Vermö-
② Vertretungsbeistandschaft ⎬ genssorge für einzeln
③ Mitwirkungsbeistandschaft ⎭ zu umschreibende Aufgaben od. Aufgabenkreise
④ Umfassende Beistandschaft
  ↳ Personen- und Vermögenssorge auf alle
  Angelegenheiten

① keine Einschränkung der Handlungsfähigkeit, keine Vertretungsmacht

② Einschränkung der Handlungsfähigkeit optio-
nal, Vertretungsmacht im Rahmen der
übertragenen Aufgaben, z.B Kontosperre

③ Einschränkung der Handlungsfähigkeit in
Bezug auf mit wirkungspflichtige Geschäfte
von Gesetzes wegen, Mitwirkung = Uur
gemeinsames Handeln

④ Handlungsfähigkeit entfällt von gesetzes
wegen, Beiständin ist gesetzliche Vertreterin

Adrienne Marti, Peter Mösch Payot, Kurt Pärli,
Johannes Schleicher, Marianne Schwander (Hrsg.)

Mit Beiträgen von: Peter Aebersold, Christoph Häfeli, Edgar Imfeld

Recht für die Soziale Arbeit

Grundlagen und ausgewählte Aspekte

2., aktualisierte Auflage

Haupt Verlag
Bern · Stuttgart · Wien

1. Auflage: 2007
2. Auflage: 2009

Bibliografische Information der *Deutschen Bibliothek*

Die Deutsche Bibliothek verzeichnet diese Publikation in der Deutschen Nationalbibliografie;
detaillierte bibliografische Angaben sind im Internet über http://dnb.d-nb.de abrufbar.

ISBN 978-3-258-07444-3

Inhaltsverzeichnis

3 Die Person in Interaktion (Peter Mösch Payot)   139

5 Person, Abweichung und Sanktion 321

Einleitung (JOHANNES SCHLEICHER)

La loi est la même pour tous; elle interdit aux riches comme aux pauvres de coucher sous les ponts.
Anatole France

Mit den grossen bürgerlichen Revolutionen des achtzehnten Jahrhunderts erkämpften sich die westlichen Gesellschaften die Befreiung von der Bevormundung durch die Obrigkeit zunächst überall dort, wo sie der wirtschaftlichen Entwicklung entgegenstand, denn die erfuhr damals durch die Industrialisierung einen gewaltigen Schub. Die Entstehung des politischen Liberalismus war Voraussetzung und Folge der industriellen Revolution. In unseren Rechtsordnungen hat sie weit tiefere Spuren hinterlassen, als dies der Hinweis auf die alten gemeinsamen Wurzeln etwa im römischen Recht oder im Code Napoléon vermuten liesse.

Das Individuum wurde von den ständischen Fesseln einer feudalistischen Ordnung befreit, aber Vorbild war das *bürgerliche* Individuum. Es ist es noch heute. Ihm wurden alle Menschen gleichgestellt, ob sie nun der Freiheit gewachsen waren oder nicht. Gleichheit vor Staat und Recht wurde zum herrschenden Wert, unbesehen der individuellen Chancen und Voraussetzungen, diese Gleichheit zum eigenen Vorteil zu nutzen.

Die Rechtsordnung zerfiel dabei in zwei Teile, das private und das öffentliche Recht[1]. Das private Recht ist geprägt vom Dogma der individuellen Willensfreiheit des Einzelnen bei maximaler Abstinenz des Staates: Les conventions légalement formées tiennent lieu de loi a ceux qui les ont faites[2]. Was Private miteinander vereinbaren, soll für sie ebenso verbindlich sein wie das Gesetz selbst. Wie, mit wem und welchen Inhalts Vereinbarungen zustande kommen, ist grundsätzlich dem freien Willen der Parteien überlassen. Willkür ist im privaten Recht ein positiv besetzter Begriff, ihre Anerkennung, ja ihr staatlicher Schutz conditio sine qua non der Entfaltung des homo oeconomicus. Der klassische, liberale Nachtwächterstaat tritt erst auf den Plan, wo Vereinbarungen unter Privaten nicht eingehalten werden, und verhilft ihnen zur

---

1   Eine vertiefte Darstellung bietet CARONI PIO, Privatrecht. Eine sozialhistorische Einführung. Basel und Frankfurt a.M., 1988.
2   Code civil, Art. 1134 Abs. 1.

Durchsetzung. Hierdurch schafft er die Voraussetzungen der Kalkulierbarkeit unternehmerischer Risiken und damit unternehmerischen Verhaltens schlechthin.

Die Ausnahmen hierzu machen indessen Legion: Wo immer die Willensfreiheit allzu hypothetisch erschien, wo immer Argumente der Schutzbedürftigkeit einer vermutungsweise schwächeren Partei Gehör fanden, nach in aller Regel zähem Ringen durchgesetzt werden konnten und also ins Gesetz geschrieben wurden, musste dies als *Einbruch ins System* in Kauf genommen werden. Im Konsumentinnenrecht, im Miet- und Arbeitsrecht etwa sind Sozialschutzbestimmungen zum prägenden Element geworden und täuschen über die eigentlichen Paradigmen des privaten Rechts hinweg[3].

Anders im öffentlichen Recht. Es hat die Kompetenzen des Staates als Rechtsnachfolger der alten Obrigkeit zu regeln, und das heisst vor allem: zu begrenzen. Dem Staat wurde beigebracht, sich selbst Schranken aufzuerlegen. Darin ist uns der Rechtsstaat lieb und teuer: Er hält sich an die ihm auferlegten Grenzen. Er soll uns damit vor seiner eigenen Willkür schützen, wie sie vor dem bürgerlichen Umsturz hierzulande und in totalitären Systemen auch weiterhin zum Alltag gehört. Im Gegensatz zum privaten Recht ist Willkür dem öffentlichen Recht nicht Programm, sondern Trauma. Juristischer Inbegriff dessen, dass wir hier den Staat insgesamt erfolgreich gezwungen haben, sich an Verfassung und Gesetz zu halten, ist das Gesetzmässigkeitsprinzip. Jeder staatliche Akt muss aus dem Gesetz begründet werden, und gelingt dies nicht, soll auf Klage hin ein unabhängiges Gericht dem Staat in den Arm fallen. Im Gegensatz zum privaten Recht ist deshalb öffentliches Recht zwingendes Recht; selbst im gegenseitigen Einvernehmen kann von ihm nicht abgewichen werden. In einem Subordinationsverhältnis, zwischen «oben» und «unten» wird nicht verhandelt, nur zwischen (wenn auch hypothetisch) gleichgeordneten Partnern, «Privaten».

So der Entwurf im neunzehnten Jahrhundert. Im selben Zeitraum entstand aus dem eidgenössischen Staatenbund der schweizerische Bundesstaat. Und nicht nur die personale, auch die territoriale Vereinheitlichung des Privatrechts lag vorwiegend in denjenigen ökonomischen Interessen, die durch das Bürgertum erfolgreich vertreten wurden. Deshalb ist heute privates Recht schweizweit einheitliches Bundesrecht, wäh-

---

3   Verwirrend hinzu kommt, dass das *Patriarchat* die bürgerlichen Revolutionen weitgehend ungeschoren überlebt hat und deshalb in etlichen Bereichen der Rechtsordnung ein auf die *Geschlechter* bezogener Gleichheitsgedanke erst in den letzten Jahrzehnten seinen Niederschlag gefunden hat. Nicht nur im öffentlichen Recht (z.B. politische Rechte), sondern auch im privaten Recht (z.B. Familienrecht, insbesondere Ehe und Scheidung).

rend öffentliches Recht überwiegend kantonales Recht geblieben ist. Ohne Einbezug der Geschichte lassen sich Recht und Rechtsordnung nur missverstehen[4].

Soziale Arbeit ist ein kostspieliges Korrektiv zum liberalen Entwurf. Sie sucht seither die Rechtsordnungen ab nach Legitimation und Ermächtigung, zugunsten der Verliererinnen und Verlierer zu intervenieren.

Dies ist die wichtigste Gemeinsamkeit im Rechtsverständnis der Autorinnen und Autoren der vorliegenden Sammlung: Das Recht hat der Sozialen Arbeit, das heisst der Durchsetzung ihrer Ziele, ihrer Werte und ihrer Fachlichkeit zu dienen. Soziale Arbeit verpflichtet sich dem politisch errungenen, verfassungsrechtlichen Bekenntnis zum Sozialstaat und arbeitet mit bei der Umsetzung dieses Programms:

- In der Rechtsanwendung. Soziale Arbeit verhilft dem Anliegen des Schutzes der schwächeren Partei in vivo zum Durchbruch. Wo es um die Durchsetzung von Ansprüchen ihrer Klientschaft gegenüber Dritten geht, bewegt sie sich vorwiegend auf dem Boden des privaten Rechts. Sie kommt aber auch in die Rolle, im Kontakt zu Behörden zu vermitteln, und handelt schliesslich selbst häufig im Rahmen einer Behörde, «hoheitlich». Hier bewegt sie sich auf öffentlich-rechtlichem Boden. Sie ist plötzlich selbst institutioneller Teil der ehemaligen Obrigkeit, vor der die Rechtsordnung ihre Klientschaft schützen soll. Hier liegt die pièce de résistance im Verhältnis zwischen der Sozialen Arbeit und dem Recht.
- In der Rechtsentwicklung. Die Rechtsordnung wird nicht als vorgefundene (ehemals gottgegebene) Ordnung begriffen, sondern als Momentaufnahme eines Prozesses der ständigen Neuverhandlung von Interessen. Hier mischt sich Soziale Arbeit ein, indem sie ihre fachlich und wissenschaftlich begründeten Erkenntnisse und Positionen in den Diskurs einbringt. Sie nimmt Einfluss auf die Rechtsetzung. Hier besteht Nachholbedarf.

Unter demokratischen Verhältnissen ist die Rechtsordnung kein selbstreferentielles System. Die Berührungspunkte des Rechts und der Sozialen Arbeit sind bilateral vielfältig. Im vorliegenden Kompendium weichen wir von der klassischen juristischen Systematik bewusst ab, weil sie ihrerseits nicht selbsterklärend und überdies wenig verträglich ist mit den Alltagsfragestellungen, wie sie sich in der Praxis stellen.

---

4   Die Benennung der Interessenskonflikte, die unsere Rechtsordnung mit und seit der Aufklärung so tief und nachhaltig geprägt haben, dient der Freilegung ihrer Grundmuster. Die wirken zwar fort, sind aber vielerorts verschüttet worden. Staat und Private – treten sie nicht immer häufiger in vertauschten Rollen auf? Alte Gegensätze scheinen überholt, wo sich private globalisierte Unternehmen staatlichen Regelungsansprüchen systematisch zu entziehen vermögen, aber auch dort, wo sich behördlicher Gestaltungswille zunehmend privatwirtschaftlicher Methoden bedient. Empfehlenswert für einen rechtsgeschichtlichen und doch hochaktuellen Gesamtüberblick: WESEL UWE, Geschichte des Rechts. Von den Frühformen bis zum Vertrag von Maastricht, 3. Auflage, 2006.

Im Mittelpunkt der Gliederung dieses Lehrbuchs steht einerseits das Individuum, dessen neuzeitlich zentrale Position unter Einbezug aller Ressourcen und Defizite ernst genommen wird. Auf der anderen Seite gilt das besondere Interesse dem Staat und den Erwartungen, wie sie ihm gegenüber in seiner heutigen Verfassung angebracht erscheinen.

Wie lässt sich das Recht erlernen? Wer immer sich in der Schweiz mit dieser Frage zu befassen hat, ist in einer doppelt privilegierten Situation.

Die weltweit fast einmalig republikanischen Verhältnisse machen uns zu Direktbeteiligten. Dass die Rechtsordnung in Wirklichkeit ein Prozess ist, der immer nur phasenweise erstarrt – um diese Einsicht kommt hierzulande bei näherem Hinsehen niemand herum. Das verschafft uns einen vorzüglichen didaktischen Zugang. Denn wer die Entstehung von Recht versteht, versteht auch das Recht selbst. Die beste Prüfungsvorbereitung ist die tägliche Zeitungslektüre. Das vorliegende Lehrbuch mit seiner bescheidenen Auswahl reicht jedenfalls nicht aus, zumal für die Praxis der Sozialen Arbeit.

Die ausgeprägt kleinräumige und föderalistische Struktur des Alpenlandes hat zur Folge, dass das Recht vergleichsweise nah bei den Menschen geblieben ist. Allen voran das ZGB ist weltweit bekannt für seine einfache Sprache und geprägt vom Anspruch, den Menschen und nicht der Rechtswissenschaft zu dienen. Die schweizerische Rechtsordnung war denn auch die erste überhaupt, die ihre Lückenhaftigkeit eingestand[5]. Wer immer Recht anwendet, ist dazu aufgerufen, Lücken, Widersprüche und Spielräume zu erkennen und selbstverantwortlich nach bestem Wissen und Gewissen zu füllen bzw. zu lösen. Das geschieht in der Praxis täglich, gerade in der Sozialen Arbeit.

---

5   Art. 1 ZGB.

1   Recht und Rechtsordnung

(Marianne Schwander)

Kaufmann Franz-Xaver, Sozialpolitik und Sozialstaat: Soziologische Analysen, Wiesbaden 2005.

Tschannen Pierre, Staatsrecht der Schweizerischen Eidgenossenschaft, Bern 2007.

Tschannen Pierre/Zimmerli Ulrich, Allgemeines Verwaltungsrecht, Bern 2005.

Tschentscher Axel, Grundprinzipien des Rechts. Einführung in die Rechtswissenschaft mit Beispielen aus dem schweizerischen Recht, Bern 2003.

1.1   Einleitung

Der Staat braucht die Soziale Arbeit, die Soziale Arbeit braucht den Staat und ist oft selbst staatliches Handeln. Was aber ist der Staat? Der Rechtsstaat? Der Sozialstaat? Wie ist der schweizerische föderale Bundesstaat aufgebaut? Wer hat welche Aufgaben zu erfüllen?

Die Fachpersonen der Sozialen Arbeit wenden im Berufsalltag Recht an. Sie werden auch verfügen. Was ist aber Recht? Gerechtigkeit? Wie wird Recht gesetzt, angewendet und durchgesetzt? Was ist eine Verfügung? Welche Verfassungsgrundsätze und Verfahrensgrundsätze spielen im sozialarbeiterischen Berufsalltag eine Rolle?

Im folgenden Kapitel werden diese und weitere Fragen beantwortet. Professionelle Soziale Arbeit bedeutet, dass Fachpersonen der Sozialen Arbeit in der Lage sind, die geltende Rechtsordnung kritisch zu reflektieren und sich mit dem Individuum und dessen Rechtsstellung im Berufsalltag auseinanderzusetzen.

1.2   Staat

Die Vorstellung darüber, was ein Staat ist oder sein soll, hat sich in den letzten zweitausend Jahren mehrfach geändert. Staatsauffassungen, Staatsformen oder Staatsfunktionen sind je nach Zeit und Ort verschieden, sie sind wandelbar, und ebenso variieren die von ihnen ausgehenden Wirkungen. Ob die zurzeit beobachtbare Entwicklung, dass die Zuständigkeit für wirtschafts- und finanzpolitische Fragen sich zunehmend auf die internationale Ebene verschiebt, während der Kompetenzbereich der Sozialpolitik im Wesentlichen auf der nationalstaatlichen Ebene verbleibt, zu einem neuen Staatsverständnis führt, ist kritisch zu verfolgen.

In Europa können vier Stufen der Staatlichkeit oder Phasen der Staatsentwicklung unterschieden werden, die sich je durch ihre *Staatsaufgaben* charakterisieren lassen: der Polizeistaat, Rechtsstaat, Sozialstaat und der Steuerungsstaat.

Der Polizeistaat: Die erste Phase der europäischen Staatsentwicklung, welche zwischen dem 16. und 18. Jahrhundert anzusetzen ist, beinhaltet die Konstituierung des Staatswesens als Konsolidierung der autonomen Herrschaft über ein abgegrenztes Territorium. Als zentrale Merkmale sind die Zentralisierung der Machtmittel und ihre Legitimation, die Trennung von Privathaushalt und Staatshaushalt der Machthaber sowie die Entstehung einer nach Aufgaben gegliederten Staatsverwaltung zu nennen[6].

Der Rechtsstaat: Aufgabe des Rechtsstaates ist es, Freiheit und Berechenbarkeit bürgerlicher Verkehrsbeziehungen zu gewährleisten, um dadurch gesellschaftlichen Fortschritt zu ermöglichen. Die Gewaltenteilung[7] und die Trennung von Staat und Gesellschaft[8] sind wichtigste Merkmale des Rechtsstaats[9].

Der Sozialstaat: Nach dem Zweiten Weltkrieg entfaltete sich der Sozialstaatsgedanke. Die Definition des Sozialstaats setzt an seinen Zielen an: Verwirklichung sozialer Sicherheit als Schutz vor den Folgen sozialer Risiken sowie soziale Gerechtigkeit als Chancengleichheit und sozialer Ausgleich, damit die Menschenwürde jeder einzelnen Person geschützt sowie die Entfaltung der Persönlichkeit ermöglicht werden kann[10].

Der Steuerungsstaat: In den letzten Jahren wird eine Verschiebung der staatlichen Intervention zu einer staatlichen Steuerung gefordert: Nicht mehr bloss mehr oder weniger punktuelle oder lokale Interventionen des Staates zur Korrektur von Rechtsverletzungen, zur Gefahrenabwehr oder zur Besserstellung bestimmter Bevölkerungsgruppen wird gefordert, sondern ein systembeeinflussendes Handeln, welches nicht mehr unmittelbar bei der Sanktionierung, sondern bei den Handlungsprämissen ansetzt[11]. Im Bereich der Sozialpolitik bedeutet dies beispielsweise wachsende Bedeutung qualifizierender, beratender oder präventiver sozialer Dienstleistungen sowie Gewichtsverlagerung von Geldtransfers zu gestaltungswirksamer angesehenen Realtransfers[12].

Die Zuerkennung der Staatsqualität, denen ein politisches Gebilde genügen muss, um in der Völkergemeinschaft als Staat zu gelten, hat bedeutsame rechtliche und poli-

---

6   Siehe KAUFMANN FRANZ-XAVER, 1996, S. 20.
7   Siehe 1.4.2.1.
8   Siehe 1.2.2.
9   Siehe KAUFMANN FRANZ-XAVER, 2005, S. 341 ff.
10   Siehe MEYER-BLASER ULRICH, S. 303 f.
11   Siehe KAUFMANN FRANZ-XAVER, 2005, S. 348 ff.
12   Siehe KAUFMANN FRANZ-XAVER, 1996, S. 29.

tische Konsequenzen. Beispielsweise können grundsätzlich nur Staaten Mitglieder der Vereinten Nationen werden oder nur Staaten steht es zu, ihren Bürgerinnen und Bürgern im Ausland diplomatischen Schutz zu gewähren.

Aus welchen Elementen setzt sich der Staatsbegriff jedoch zusammen respektive welche Erfordernisse werden an einen Staat gesetzt?

1.2.1 Begriff und Funktion

Der Staat kann umschrieben werden als mit *höchster Macht ausgestatteter Verband eines Volkes auf einem bestimmten Gebiet*[13]. Der Staatsbegriff setzt sich dementsprechend aus folgenden drei unverzichtbaren Erfordernissen zusammen: Staatsgebiet, Staatsvolk sowie Staatsgewalt[14].

Grundlegend für die neuzeitliche Entwicklung zum institutionellen Flächenstaat wurde das Element des *Staatsgebiets* und damit das Prinzip der Territorialherrschaft. Das Staatsgebiet ist ein umgrenzter Teil der Erdoberfläche samt zugehörigen Erdkörper und Luftraum, innerhalb dessen die Staatsgewalt wirksam werden darf.

Das *Staatsvolk* umfasst die Gesamtheit der Menschen, die sich auf dem betreffenden Staatsgebiet aufhalten und aufgrund ihrer Staatsbürgerschaft der Staatsgewalt unterworfen sind.

Die *Staatsgewalt* ist eine dauerhafte, wirksame und von keinem anderen Staat abgeleitete Regierungsstruktur, die einerseits nach innen über die selbstgesetzte höchste Befehls- und Vollstreckungshoheit verfügt und andererseits nach aussen nur an das Völkerrecht gebunden ist[15].

Als Entscheidungs- und Wirkungseinheit bedarf der Staat notwendigerweise des Rechts[16], d.h. eines Gefüges von Regeln für das gesellschaftliche Leben, das er durch seine Organe setzt, verwirklicht und vollstreckt[17]. Rechtlich gesehen ist der Staat eine öffentlich-rechtliche Gebietskörperschaft und damit eine juristische Person[18]. Nur der Staat, d.h. seine Organe, hat die Befugnis, unter Vorbehalt völkerrechtlicher Bindungen, über Bestand, Umfang und Ausgestaltung seiner Kompetenzen selbständig zu befinden. Und nur der Staat darf Rechte und Pflichten zwangsweise durchsetzen und Rechtsbrüche einseitig mit Strafe belegen[19].

---

13 Siehe Häfelin Ulrich/Haller Walter/Keller Helen, N 930.
14 Zu den drei Erfordernissen siehe Tschannen Pierre, S. 1 f. N 3.
15 Wobei völkerrechtliche Regeln auch für Binnenverhältnisse des Staates immer wichtiger werden.
16 Siehe 1.3.
17 Die Legislative, d.h. Bundesversammlung und Volk, setzt Recht, die Exekutive, d.h. Bundesrat und Bundesverwaltung, verwirklicht Recht und die Judikative, d.h. das Bundesgericht, überprüft Recht.
18 Siehe 2.5.5.
19 Siehe Tschannen Pierre, S. 3 f. N 6 bis 13.

Staat und Recht sind in den Dienst politischer Gerechtigkeit zu stellen. D.h. die unterschiedlichen Interessen und Sichtweisen möglichst aller Beteiligten müssen vorgebracht und von den Akteurinnen und Akteuren des politischen Systems in möglichst nachvollziehbarer Weise zu Entscheidungen verarbeitet werden können, welche diesen Interessen und Sichtweisen möglichst umfassend Rechnung tragen[20].

Fragen zum Sozialstaat
Was macht einen Sozialstaat aus? Was kennzeichnet die Schweiz als Sozialstaat?

1.2.2   Staat, Gesellschaft, Individuum

Die Trennung von Staat und Gesellschaft und damit von öffentlichem Recht und Privatrecht[21] in der Zeit der Aufklärung ist eines der zentralen Merkmale des Rechtsstaats[22].

Der Begriff Gesellschaft steht für die Gesamtheit der Kollektive und Verbindungen von Individuen, in denen sich das menschliche Zusammenleben abspielt. Anders als der Staat bildet die Gesellschaft kein einheitlich wirkendes Handlungsgefüge. Und anders als der Staat ist die Gesellschaft nicht dem Leitwert der politischen Gerechtigkeit verpflichtet.

Die funktionale Differenzierung von Staat und Gesellschaft setzt sich bis in die Person des Individuums fort. Die einzelne Bürgerin bzw. der einzelne Bürger ist nicht nur Privatperson (Bourgeois), sondern immer auch Staatsbürgerin bzw. Staatsbürger (Citoyenne, Citoyen) – wenn auch nicht unbedingt Staatsbürgerin bzw. Staatsbürger jenes Staates, in welchem sie bzw. er wohnt. Als Privatperson verfolgt sie bzw. er die Verwirklichung der eigenen Lebensentwürfe und geht den Besorgungen des täglichen Lebens nach; als Staatsbürgerin bzw. als Staatsbürger nimmt sie bzw. er besondere, mit der Staatsangehörigkeit verbundene Rechte und Pflichten wahr, unter anderem das Recht auf Teilhabe an demokratischen Wahlen und Abstimmungen[23].

In der Auseinandersetzung Staat, Gesellschaft, Individuum stellen sich u.a zwei Fragen:
*   Aufgrund der wachsenden Internationalisierung der Lebensverhältnisse verliert die Verknüpfung der staatsbürgerlichen Rechte und Pflichten mit der Staatsange-

---

20   Siehe TSCHANNEN PIERRE, S. 7 f. N 19.
21   Siehe 1.3.3.2.
22   Siehe 1.2.
23   Siehe TSCHANNEN PIERRE, S. 8 ff. N 20 bis 25.

hörigkeit an Bedeutung[24]. Wird dadurch die einzelne Bürgerin oder der einzelne Bürger je länger, desto mehr zur Privatperson?

- Zudem schränkt die zeitliche Belastung, beispielsweise von Alleinerziehenden oder Working Poor mit verschiedenen Erwerbstätigkeiten sowie Erziehungs-, Betreuungs- und Pflegeaufgaben, aufgrund von beschränkten zeitlichen Ressourcen die Möglichkeit der aktiven Partizipation am gesellschaftspolitischen und damit auch am staatsbürgerlichen Leben erheblich ein oder verunmöglicht es sogar. Anteilsmässig sind deswegen diese Bevölkerungsgruppen im gesellschaftspolitischen Leben untervertreten, sie können ihre Anliegen schlechter als andere Bevölkerungsgruppen einbringen. Dadurch entsteht die Gefahr einer weiteren Marginalisierung.

Der Staat muss aber letztlich ein Interesse haben, die Widersprüche zwischen Staatsbürger- und Privatbürgerrolle, auch von Alleinerziehenden und Working Poor, in erträglichen Grenzen zu halten, denn sonst verliert er auf Dauer seine Legitimation[25]. Zudem erscheint der Staat durch die neueren gesellschafts- und sozialpolitischen Entwicklungen auch nicht mehr als Gegenüber von Gesellschaft, sondern als gesellschaftliches Teilsystem.

> Fragen zur Auseinandersetzung Staat, Gesellschaft und Individuum
> In welchem Verhältnis stehen Sozialpolitik, Sozialarbeitende und Sozialwissenschaft zueinander? Was ist Ihre Aufgabe als Fachperson der Sozialen Arbeit in diesem Dreieck?
> Welche Chancen und Gefahren sehen Sie durch die neueren politischen, wirtschafts- und sozialpolitischen Entwicklungen für Ihre Arbeit?

1.2.3 Die verschiedenen Staatsebenen

Wie ist der schweizerische Bundesstaat aufgebaut? Wer besorgt welche Aufgaben im Bundesstaat? Wie verkehren Bund und Kantone bei der Erfüllung ihrer Aufgaben miteinander? In einem ersten Schritt wird die Rechtsstellung von Bund, Kantonen und Gemeinden dargelegt, in einem zweiten Schritt deren Aufgabe und in einem dritten Schritt das Zusammenwirken von Bund und Kantonen.

---

24 Siehe Tschannen Pierre, S. 9 f. N 23.
25 Siehe Tschannen Pierre, S. 10 f. N 25.

1.2.3.1   Die Rechtsstellung von Bund, Kantonen und Gemeinden

Der Bund als Staat erfüllt alle Elemente des Staatsbegriffs[26]. Er verfügt über ein *Staats-*
volk, nämlich das in Art. 1 Bundesverfassung (BV) statuierte Schweizervolk. Sein
Staatsgebiet besteht nach Art. 1 BV aus der Gesamtheit der Kantonsgebiete. Ausserdem kommt dem Bund auch die höchste *Staatsgewalt* zu. Sie zeigt sich im Verhältnis zu den Kantonen als Kompetenzhoheit[27] des Bundes (siehe Art. 3 BV). Im Verhältnis zu anderen Staaten wird dessen Anspruch durch Art. 2 Abs. 1 BV sowie Art.
54 BV statuiert: Einerseits wahrt der Bund «die Unabhängigkeit und Sicherheit des
Landes», anderseits sind die auswärtigen Angelegenheiten ausschliesslich «Sache
des Bundes»[28].

Der Bund hat als Staat zwei Rollen. Auf der einen Seite muss er jene Aufgaben
erfüllen, die die Verfassung ihm zugewiesen hat. Auf der anderen Seite ist dem Bund
auch die Sorge um die gemeinsame Wohlfahrt der Bevölkerung und den inneren
Zusammenhalt des Landes übertragen (siehe Art. 2 Abs. 2 BV). In der gesamtstaatlichen Rolle muss der Bund daher bereit sein, soweit als nötig die eigenen Bundes-
verwaltungsinteressen zurückzustellen. Diese Verpflichtung von zentralstaatlichen
und gesamtstaatlichen Rollen kann den Bund in Interessenskonflikte führen, die er
anhand dreier Instrumente, die in der Bundesverfassung verankert sind, anzugehen
hat[29].

Die Kantone haben genau wie der Bund ein Staatsvolk und ein Staatsgebiet
(Art. 1 BV und Art. 37 Abs. 1 BV). Sie verfügen auch über Staatsgewalt, diese besteht
jedoch allein aufgrund und im Rahmen der Bundesverfassung, ist demnach nicht die
«höchste». Aus diesem Grund werden die Kantone als «politisch autonome Gebiets-
körperschaften von beschränkter Staatlichkeit»[30] angesehen.

Die Kantone verfügen über Organisationsautonomie, Aufgabenautonomie sowie
Finanzautonomie, zudem geniessen sie bei der Umsetzung von Bundesrecht Autonomie. Die Autonomie der Kantone kann folgendermassen umrissen werden: Sie können ihre rechtliche Gestalt bestimmen, sich also eine politische Struktur geben, das

---

26   Siehe 1.2.1.
27   Siehe dazu gleich anschliessend.
28   Siehe Tschannen Pierre, S. 238 N 1; Häfelin Ulrich/Haller Walter/Keller Helen, N 931 bis
     933.
29   Erstens können Kompetenzkonflikte zwischen Bund und den Kantonen mit einer Beschwerde beim
     Bundesgericht anhängig gemacht werden. Mit einem föderativen Subsidiaritätsprinzip ist der Bund
     zweitens angewiesen, nur die Aufgaben zu übernehmen, die einer einheitlichen Regelung bedür-
     fen. Und drittens soll der Bund in seiner Aussenpolitik auf die Kantone Rücksicht nehmen. Siehe
     Tschannen Pierre, S. 238 ff. N 2 bis 4.
30   Tschannen Pierre, S. 241 N 2 [kursiv im Original weggelassen, A.d.V.]. Siehe auch Häfelin
     Ulrich/Haller Walter/Keller Helen, N 941 bis 944. Die Kantone besitzen eine äusserst be-
     schränkte Völkerrechtssubjektivität (Art. 56 BV).

politische System bestimmen, das Verfahren der Staatsorgane festlegen sowie die politischen Rechte der Bürgerinnen und Bürger in kantonalen Angelegenheiten festlegen[31]. Sie sind also autonom in ihrer Organisation, dies jedoch in den Schranken des Bundesrechts. Sachbereiche, welche die Bundesverfassung nicht dem Bund zuweist, haben die Kantone zu regeln. Beispielsweise die Kultur, das Schulwesen, das Gesundheits- und Sozialwesen sowie wichtige Teile des Polizeirechts und des Planungsrechts gehören in die Aufgabenautonomie der Kantone. Zudem steht es in der Freiheit der Kantone, ihre Einnahmequellen zu bestimmen sowie die Verwendung der Einnahmen zu regeln. Schliesslich muss der Bund den Kantonen bei der Umsetzung des Bundesrechts «möglichst grosse Gestaltungsfreiheit» lassen sowie den «kantonalen Besonderheiten» Rechnung tragen (Art. 46 Abs. 2 BV)[32].

Die Gemeinden bilden nach dem Bund und den Kantonen die dritte staatsrechtliche Ebene im Bundesstaat. Haben die Kantone ihren Gemeinden das Recht auf Selbstverwaltung eingeräumt, steht die entsprechende Autonomie unter dem Schutz des Bundes (Art. 50 Abs. 1 BV). Der Bund hat bei der Wahrnehmung seiner Zuständigkeiten die möglichen Auswirkungen seines Handelns auf die Gemeinden zu beachten (Art. 50 Abs. 2 BV). Zudem ist nach Abs. 3 des Art. 50 BV der Bund verpflichtet, die besondere Situation der Städte und Agglomerationen sowie der Berggebiete zu berücksichtigen[33].

1.2.3.2 Die Aufgaben von Bund, Kantonen und Gemeinden

Art. 3 BV regelt das System der Aufgabenteilung zwischen Bund und Kantonen, und zwar dahingehend, dass

> «[d]ie Kantone … souverän [sind], soweit ihre Souveränität nicht durch die Bundesverfassung beschränkt ist; sie üben alle Rechte aus, die nicht dem Bund übertragen sind.»

Der Bund darf daher Aufgaben einzig gestützt auf konkrete Einzelermächtigungen in der Bundesverfassung übernehmen. Für alle anderen Aufgaben bleiben die Kantone zuständig. Art. 3 BV begründet daher die subsidiäre Generalkompetenz der Kantone und sorgt für eine lückenlose Kompetenzordnung, weil sämtliche Staatsaufgaben, die nicht dem Bund übertragen sind, den Kantonen zufallen.

---

31 Kantonales Recht darf aber Bundesrecht nicht widersprechen: 1990 hat das Bundesgericht entschieden, dass Frauen im Kanton Appenzell I.Rh die gleichen politischen Rechte wie Männern zustehen, siehe BGE 116 Ia 359.

32 Zur Autonomie der Kantone siehe Tschannen Pierre, S. 242 ff. N 3 bis 12; Häfelin Ulrich/Haller Walter/Keller Helen, N 945 bis 948.

33 Siehe Tschannen Pierre, S. 249 ff. N 2 ff.

Als Aufgaben des Bundes können die folgenden aufgezählt werden[34]:

Die Aussenpolitik ist ausschliessliche Sache des Bundes (Art. 54 BV), namentlich der Abschluss von Staatsverträgen, Erklärung von Krieg und Frieden, Anerkennung von ausländischen Staaten und Regierungen, Vertretung der Schweiz in internationalen Organisationen, Besorgung des diplomatischen Verkehrs sowie Vermittlung des amtlichen Verkehrs zwischen Kantonen und Behörden einer ausländischen Zentralregierung.

Der Bund verfügt über vielfältige *Rechtsetzungskompetenzen* (siehe Art. 37 bis 40 sowie 54 bis 135 BV). U.a. ist der Bund im Sozialbereich zuständig für den Arbeitnehmerschutz, die Sozialversicherungen wie Alters-, Hinterlassenen- und Invalidenversicherung, Kranken- und Unfallversicherung und die Arbeitslosenversicherung. Die Rechtsetzungskompetenzen schliessen grundsätzlich die Kompetenz des Bundes zur *Vollziehung* seiner eigenen Erlasse mit ein.

Die *Rechtsprechungskompetenzen* des Bundes nehmen in erster Linie das Bundesgericht und weitere richterliche Behörden des Bundes wahr. Das Bundesgericht hat jüngst beispielsweise folgende interessante Entscheide gefällt:

- gesetzliche Regelungen, welche Eineltern- und Zweielternfamilie steuertariflich unterschiedlich behandeln, widersprechen Bundesrecht[35];
- der Wegweisungsartikel im Polizeigesetz des Kantons Bern, der statuiert, dass Personen, die die öffentliche Sicherheit stören oder bedrohen und für eine bestimmte Zeit von einem bestimmten Ort weggewiesen werden[36], verletzt weder das Grundrecht der persönlichen Freiheit noch der Versammlungsfreiheit;
- es besteht ein grundrechtlicher Anspruch auf die Nothilfe nach Art. 12 BV[37].

Im Rahmen der *Finanzkompetenz* erhebt der Bund Steuern, Kausalabgaben und Lenkungssteuern. Zudem hat der Bund zur Bekämpfung der Steuerflucht und zur Begrenzung des interkantonalen Steuerwettbewerbes Grundsätze über die Steuerharmonisierung zu erlassen (Art. 129 BV).

Welches sind nunmehr die *Kantonsaufgaben*? Im Rahmen ihrer subsidiären Generalkompetenz bestimmen die Kantone weitgehend autonom, welche Aufgaben sie erfüllen wollen. Trotzdem, völlig frei sind sie nicht, denn die Bundesverfassung äussert sich recht häufig zu den Aufgaben der Kantone. In der Bundesverfassung sind die Zuständigkeiten der Kantone explizit ausformuliert, beispielsweise die Zuständigkeit für das Schulwesen (Art. 62 BV). Oder die Kantone haben Sozialhilfegesetze zu

---

34   Siehe Tschannen Pierre, S. 286 ff.
35   Siehe BGE 131 II 697 und 710.
36   Siehe Der Bund, Donnerstag, 26. Januar 2006, S. 21; siehe auch BGE 132 I 49.
37   Siehe BGE 131 I 166.

erlassen. Gelegentlich werden den Kantonen bestimmte Tätigkeiten untersagt[38] oder ihre Autonomie eingeschränkt, weil sie sich an bestimmte Vorgaben halten müssen, beispielsweise an die Beachtung der Sozialziele nach Art. 41 BV. Oder in der Bundesverfassung werden den Kantonen Aufträge erteilt. Zudem setzen die Kantone nach Art. 46 BV Bundesrecht um.

Welche Aufgaben bleiben den *Gemeinden*? Im Rahmen der Gemeindeautonomie verfügen Gemeinden einerseits über Autonomie in der Rechtsetzung, wenn kantonales oder eidgenössisches Recht eine Materie nicht oder jedenfalls nicht abschliessend regelt. Andererseits verfügen sie in diesen Bereichen grundsätzlich über Autonomie in der Rechtsanwendung.

1.2.3.3 Das Zusammenwirken von Bund und Kantonen

Zentrale Grundsätze, nach denen der Umgang von Bund und Kantonen sowie der Kantone untereinander geregelt ist, sind in den Art. 44 und 47 BV statuiert. Der Bund und die Kantone sowie die Kantone untereinander sind zur *Zusammenarbeit* und *Hilfeleistung* verpflichtet. Hauptform der Zusammenarbeit unter den Kantonen sind das Konkordat und zahlreiche interkantonale Konferenzen, beispielsweise die Schweizerische Konferenz der kantonalen Gesundheitsdirektorinnen und -direktoren[39] oder die Konferenz der kantonalen Sozialdirektoren und Sozialdirektorinnen[40]. Im Streitfall ist dem Bund und den Kantonen jede Selbsthilfe verboten, sie sind gehalten, Streitigkeiten soweit möglich durch aussergerichtliche Einigung beizulegen (Art. 44 Abs. 3 BV).

> Fragen zu den verschiedenen Staatsebenen
> Hat der föderale Aufbau des schweizerischen Bundesstaats einen Einfluss auf den Berufsalltag der Sozialen Arbeit? Wenn ja, wie würden Sie diesen ausformulieren?

---

38 Beispielsweise das Verbot wirtschaftspolitischer Massnahmen oder der interkantonalen Doppelbesteuerung.
39 Siehe http://www.gdk-cds.ch (eingesehen am 08.11.2008).
40 Siehe http://www.sodk-cdas-cdos.ch (eingesehen am 08.11.2008).

1.3 Recht

«Der römischen Göttin für Recht und Gerechtigkeit, *Justitia*, verbindet man die Augen, um ihre Unparteilichkeit zu symbolisieren. Demgegenüber stellten die Griechen ihre Rechtsgöttin *Themis* mit offenen und besonders grossen Augen dar – ein Zeichen dafür, dass im Recht aktiv nach der Wahrheit gesucht wird. Neben Unparteilichkeit und Wahrheitssuche gehört zum Recht auch das Abwägen der widerstreitenden Interessen, das die *Justitia* durch ihre Waage versinnbildlicht, und die besondere Zwangsbefugnis, die als Schwert im Hintergrund schwebt»[41].

Was ist aber Recht? Wie wird Recht definiert?

1.3.1 Begriff und Funktion

Eine allgemein anerkannte Antwort auf die Frage, was Recht ist, gibt es nicht, aber eine erste Herangehensweise zum Verständnis des Rechts ist der Unterschied zwischen *Rechtsgesetzen* und *Naturgesetzen*. Gesetze der Natur gelten unabhängig von Ort und Zeit[42]. Gesetze des Rechts dagegen sind ein Menschenwerk, einer bestimmten Kultur und gerade nicht der Natur. Durch die Kulturanhängigkeit verlieren sie aber die relative Sicherheit, die bei den Naturgesetzen gegeben ist. Was heute als Rechtsgesetz gilt, kann bereits morgen abgeschafft sein[43].

Rechtsgesetze stellen eine Sollensordnung dar, die einzelnen Sollensordnungen werden als Normen bezeichnet. Deshalb wird vom Recht auch als Normenordnung gesprochen – im Gegensatz zur Seinsordnung der Natur[44].

Was aber ist nunmehr eine Rechtsnorm? Zu den Rechtsnormen werden solche Sollensordnungen gezählt, die für eine Vielzahl von Personen (generell) und für eine Vielzahl von Lebenssituationen (abstrakt) gelten, beispielsweise die Rechtsnorm «Jede Person hat das Recht, ihre Meinung frei zu bilden und sie ungehindert zu äussern und zu verbreiten»[45], ist generell, indem sie auf *alle* Personen, die ihre Meinung äussern und verbreiten wollen, Anwendung findet; abstrakt ist die Norm insofern, als sie für *jeden Sachverhalt* gilt, in welchem es um die Äusserung und Verbreitung einer Meinung geht. Zu den Rechtsnormen als Sollensordnungen werden aber auch solche

---

41 Tschentscher Axel, S. 17.
42 Ein Gesetz der Natur ist eine These, die widerlegt wird, sobald in der Natur ein Ereignis beobachtet wird, das dem Gesetz widerspricht. Solange aber kein Widerspruch folgt, beansprucht dieses Gesetz unabhängig eines Landes oder einer bestimmten Zeit Geltung.
43 Siehe insbesondere Tschentscher Axel, S. 21.
44 Recht ist normativ. Es schreibt den Menschen vor, wie sie sich verhalten sollen. Im Gegensatz zu den Naturgesetzen; ein Naturgesetz ist deskriptiv, es schreibt nicht der Natur vor, wie sie sich verhalten soll, sondern es beschreibt, wie sich die Natur verhält.
45 Art. 16 Abs. 2 BV.

gezählt, die den Einzelnen, individuell und in einer ganz konkreten Lebenssituation betreffen, beispielsweise ein Vertragsschluss über einen Kauf unter Privaten, die Verfügung einer Sozialbehörde, dass der Klient A sozialhilfebedürftig ist und entsprechende persönliche und wirtschaftliche Hilfe erhält oder das Urteil eines Gerichts.

Rechtsnormen, auch Rechtssätze genannt, können in *Gebote*, *Verbote* und *Erlaubnisse* unterteilt werden. Ein Beispiel für eine *Gebotsnorm* findet sich in der Bundesverfassung:

Art. 5 BV Grundsätze des staatlichen Handelns
[1] Grundlage und Schranke staatlichen Handelns ist das Recht.
[2] Staatliches Handeln muss im öffentlichen Interesse liegen und verhältnismässig sein.
[3] Staatliche Organe und Private handeln nach Treu und Glauben.
[4] Bund und Kantone beachten das Völkerrecht.

Neben der offensichtlichen Anordnung des Gebots, dass staatliches Handeln im öffentlichen Interesse liegen *muss*, sind auch die übrigen Absätze Gebotsformulierungen: alles staatliche Handeln *muss* das Recht als Grundlage und Schranke beachten, staatliche Organe und Private *müssen* nach Treu und Glauben[46] handeln und Bund und Kantone *müssen* sich an das Völkerrecht halten. Es zeigt sich, dass der normative Gehalt einer Rechtsnorm häufig nicht explizit sich ergibt, sondern das Gesetz enthält implizit eine zwingende Handlungsanweisung[47]. Auch Art. 307 ZGB ist implizit zwingend: Die Vormundschaftsbehörde trifft, d.h. sie *muss* die geeigneten Massnahmen zum Schutz des Kindes treffen, wenn das Kindeswohl gefährdet ist und die Eltern nicht von sich aus für Abhilfe sorgen oder sie dazu ausserstande sind.

Ein einfaches *Verbot* findet sich im Zivilgesetzbuch: Nach Art. 95 Abs. 1 ZGB ist «[d]ie Eheschliessung zwischen Verwandten in gerader Linie sowie zwischen Geschwistern oder Halbgeschwistern, gleichgültig ob sie miteinander durch Abstammung oder durch Adoption verwandt sind, verboten».

Die Formulierung «ist verboten» drückt hier eindeutig aus, was gemeint ist. Schwieriger verhält es sich bei etlichen anderen Gesetzesbestimmungen, insbesondere beim Strafgesetz, weil hier nicht von Verboten die Rede ist[48], trotzdem wird kaum jemand bezweifeln, dass u.a. töten, betrügen oder erpressen verboten ist.

---

46 Zu den Verfassungsprinzipien des Gesetzmässigkeitsprinzips, des öffentlichen Interesses und der Verhältnismässigkeit sowie von Treu und Glauben siehe 1.5.1 bis 1.5.4.
47 Siehe Tschentscher Axel, S. 24.
48 Siehe Art. 111 ff. StGB.

Auch in der Erlaubnisnorm ist die Formulierung «erlaubt» selten enthalten[49], stattdessen ist von «zulassen» die Rede. In der Regel spricht der Gesetzgeber ein Verbot aus, lässt aber für einzelne Fälle ausnahmsweise eine Erlaubnis zu: Beispielsweise ist in Art. 64 Abs. 8 des Bundesgesetzes über die Krankenversicherung statuiert, dass es auch Vereinen, Stiftungen oder anderen Institutionen verboten ist, die Übernahme von Kostenbeteiligungen (Franchise und Selbstbehalt) für erbrachte Leistungen vorzusehen. Von diesem Verbot ist aber die Übernahme von Kostenbeteiligungen auf Grund öffentlich-rechtlicher Vorschriften des Bundes oder der Kantone ausgenommen.

Rechtsnormen, egal ob Gebote, Verbote oder Erlaubnisse, können sich ändern, neue Rechtsnormen entstehen und alte werden aufgehoben. Oder ein Urteil verlangt, dass einzelne Rechtsnormen angepasst oder neu interpretiert werden. Adressatinnen und Adressaten von Rechtsnormen ist ausschliesslich das Verhalten von Menschen. Zudem besteht das Besondere der Rechtsnormen darin, dass sie mit Zwang verbunden sind. Wer also hartnäckig die Miete nicht zahlt, kann vom Vermieter oder der Vermieterin verklagt werden und erhält schliesslich die Kündigung.

Es ist aber ein ganz bestimmter Zwang, der mit dem Recht verbunden ist:
«Ein Rechtszwang ist … ein hoheitlich organisierter, regelhafter, relativ zentralisierter und vor allem *absoluter* Zwang, das heisst man kann sich ihm selbst dann nicht entziehen, wenn man bereit ist, soziale Ächtung und Ausgrenzung in Kauf zu nehmen: Jedem steht es frei, ein Aussteiger aus der Gesellschaft zu werden, aber niemand kann aus dem Recht aussteigen»[50].

Sehr nahe beim Zwangscharakter des Rechts ist die Normenordnung der einzelnen Religionen. So gilt das Tötungsverbot gleichzeitig als christliche Norm «Du sollst nicht töten» und als Rechtsnorm. In beiden Fällen sind Sanktionen an das Verhalten geknüpft, doch nur der Staat und nicht die Kirche darf äusseren Zwang anwenden. Viel weiter vom Zwangscharakter des Rechts entfernt sind informelle Normenordnungen wie Tradition, Sitte, Brauchtum und Mode. Wird dagegen verstossen, macht der Einzelne sich keines Rechtsverstosses schuldig. Spürbare Sanktionen, wie beispielsweise das Ausgrenzen, gibt es trotzdem und dies kann sehr schmerzhaft sein, auch wenn die Sanktion nicht von einem Gericht verhängt wurde[51].

Wozu dienen Rechtsnormen? Rechtsnormen beinhalten unterschiedliche, teils gegenläufige Ziele. Klarheit ist allein dort gegeben, wo die *Zwecke* in einem Gesetz ausdrücklich geregelt sind. Dies ist bei Spezialgesetzen oftmals der Fall: Beispielsweise

---

49   Alles, was nicht verboten ist, ist in einem demokratischen Staat als erlaubt anzusehen.
50   Tschentscher Axel, S. 34 [fett im Orginal weggelassen, A.d.V.].
51   Siehe Tschentscher Axel, S. 35 f.

das Gleichstellungsgesetz[52] oder das Sozialhilfegesetz des Kantons Bern[53] beginnen jeweils mit einem Zweckartikel. Oder in der Bundesverfassung sind Zwecke explizit in Art. 2 verankert.

Neben diesen expliziten Zielen gibt es implizite *Funktionen* des Rechts[54].

- Von zentraler Bedeutung ist die *Friedensfunktion*, denn unumstritten haben Gebote, Verbote und Erlaubnisse des Rechts eine friedensstiftende Funktion. Sie bieten juristische Verfahren und wenn nötig geordnete Streitbeilegung anstelle von willkürlicher Individualvollstreckung. Die Friedensfunktion bietet so Rechtssicherheit, da sie in allen konfliktträchtigen Bereichen der Gesellschaft Verfahren schafft. Denn der Einzelne will wissen, wie er sich verhalten soll, aber noch wichtiger ist, dass er weiss, wie sich andere verhalten werden oder sollten. Beispielsweise will er bei einem Vertragsschluss darauf vertrauen können, dass das Gegenüber den Vertrag auch einhält respektive wenn dieser den Vertrag nicht einhält, wissen, was passiert und wie er sich dagegen wehren kann.
- Des Weiteren unumstritten ist die *Gewährleistungsfunktion* des Rechts. Die Sicherung rechtlicher Gleichbehandlung und individueller Freiheit jedes Einzelnen sind durch den Staat zu garantieren und damit zu gewährleisten. Denn die Freiheit ist Primat in einem demokratischen Staat, der den Grundrechten verpflichtet ist.
- Die *Ordnungsfunktion* geht über die Friedensfunktion hinaus, sie ist rechtsgestaltend und bietet geordnete Rahmenbedingungen an. Beispielsweise sind öffentliche Güter wie Luft oder Wasser gefährdet, weil sie durch unregulierte Marktkräfte schliesslich zum Schaden aller verbraucht werden. Das Umweltschutzrecht erzwingt über rechtliche Regulierungen sozialverträgliches Verhalten und dient der Schadensvermeidung. Zuweilen reichen auch lediglich einfache Ordnungsregeln, etwa der Rechtsvortritt im Strassenverkehr. Bei den einfachen Ordnungsregeln kommt es nur darauf an, für alle gleiche Verhaltensanordnungen zu schaffen, gleich, welchen Inhalts. Denn auch ein Linksvortritt würde funktionieren, aber die völlige Regellosigkeit nicht[55].
- Fast unbestritten ist die *Gerechtigkeitsfunktion* zur Förderung der sozialen Gerechtigkeit. Verfassungsrechtlich ist die soziale Sicherheit von Armen, Kran-

---

52   Nach Art. 1 des Gleichstellungsgesetzes bezweckt dieses Gesetz die Förderung der tatsächlichen Gleichstellung von Frau und Mann.
53   Nach Art. 1 des Sozialhilfegesetzes des Kantons Bern sichert die Sozialhilfe die gemeinsame Wohlfahrt der Bevölkerung und ermöglicht jeder Person die Führung eines menschenwürdigen und eigenverantwortlichen Lebens.
54   Siehe Tschentscher Axel, S. 41 ff.
55   Siehe Tschentscher Axel, S. 42.

ken, Behinderten, Kindern, Alten und anderen Schwachen zumindest in einem sozialen Rechtsstaat verankert.

- Als eine weitere wichtige Funktion des Rechts ist die *Komplexitätsreduktion* zu nennen. Das Recht dient infolge seiner Allgemeinheit und Regelhaftigkeit, sprich Abstraktheit, auch der Vereinfachung und Komplexitätsreduktion. Wenn ein Sachverhalt beurteilt werden muss, ist nicht in jedem Fall von Grund auf zu überlegen, wie eine vernünftige Regelung aussehen könnte. Es reicht, wenn geprüft wird, ob die gesetzlich vorgesehenen Tatbestandselemente erfüllt sind. Beispielsweise besagt Art. 360 ZGB, dass die vormundschaftlichen Behörden, der Vormund oder die Vormundin und der Beistand oder die Beiständin vormundschaftliche Organe sind, andere vormundschaftliche Organe gibt es nicht.

> Frage zu den Funktionen des Rechts
> Welche Funktion respektive Funktionen erfüllen Sozialhilfegesetze?

1.3.2   Recht und Gerechtigkeit

Geltendes Recht muss *ordnungsgemäss gesetzt* sein, damit es «Recht» ist, d.h. es ist nicht im Sinne des Naturrechts als gegeben vorzufinden[56]. Während ziemlich genau gesagt werden kann, was geltendes Recht ist, ist es überaus schwer zu sagen, was unter *Gerechtigkeit* zu verstehen ist[57].

Seit Aristoteles[58] ist der wichtigste Aspekt der Gerechtigkeit der *Gleichheitsbezug*. Nach unterschiedlicher Ausprägung der Gleichheit werden die *Verteilungsgerechtigkeit* und die *ausgleichende Gerechtigkeit* als besondere Formen der Gerechtigkeit unterschieden.

- Bei der *Verteilungsgerechtigkeit* liegt die Gleichheit in einer geometrischen Proportionalität: Wer etwas verteilt, beispielsweise Eltern an Kinder oder der Staat an Bürgerinnen und Bürger, muss dies im Verhältnis zu deren Würde oder Bedürftigkeit tun. Heute und damit 2000 Jahre später wird unter Verteilungsgerechtigkeit die Forderung verstanden, soziale Unterschiede durch staatliche Zuweisung von Gütern und Lasten auszugleichen, beispielsweise, wenn Seniorinnen und Senioren oder Studentinnen und Studenten besondere Vergünstigungen erhalten

---

56   Siehe 1.3.1.
57   Siehe Tschentscher Axel, S. 47 f.; Seiler Hansjörg, S. 59 ff.
58   Aristoteles (384 v. Chr. bis 322 v. Chr.) war griechischer Philosoph, Naturforscher und einer der einflussreichsten Denker der abendländischen Geistesgeschichte, der zahlreiche Disziplinen entweder selbst begründete oder entscheidend beeinflusste.

oder wenn Bevölkerungsgruppen mit geringem Einkommen niedrigere Steuern bezahlen müssen.

- Die *ausgleichende Gerechtigkeit* bezieht sich auf eine arithmetische Proportionalität: Jedem Vorteil oder Nachteil soll eine gleich gewichtige, vor allem gleichwertige Gegenleistung oder Sanktion gegenübergestellt werden. Beispielsweise dem verkauften Buch steht die Zahlung des Kaufpreises gegenüber oder für jeden Schaden soll ein Ersatzanspruch, für jede Straftat eine Bestrafung verwirklicht werden – neben der letztaufgezählten Vergeltung werden heute auch Resozialisierung und Prävention anerkannt.

Beispielsweise kann darüber gestritten werden, ob strenge oder milde Strafen sinnvoll sind, wenn aber für dasselbe Delikt die einen streng und die anderen mild bestraft werden, wird dies als ungerecht empfunden. Die Gleichheit ist deshalb ein zentraler Grundsatz des Rechts[59].

Wie hängen nunmehr Recht und Gerechtigkeit zusammen? Gerechtigkeit fliesst durch formale Gerechtigkeit, durch Einzelfallgerechtigkeit sowie durch prozedurale Gerechtigkeit ins geltende Recht[60].

Unter *formaler Gerechtigkeit* wird verstanden, dass das Recht aus einem System von Regeln für eine Vielzahl von Personen und Situationen besteht. Beispielsweise stellt das Vormundschaftsrecht Regeln auf, die für alle Fragen der Vormundschaftsfälle herangezogen werden müssen und somit für alle gleich gelten. Gleiche Anwendung der Regeln garantiert so formale Gleichheit und damit formale Gerechtigkeit.

Sozusagen das Gegenteil der formalen, durch Gleichbehandlung erzielten Gerechtigkeit ist die *Einzelfallgerechtigkeit*. Als solche gilt gerade die Ausnahme von der Regel, um Besonderheiten oder Härtefälle im Einzelfall auffangen zu können. Mit Generalklauseln oder Ermessen[61] bietet das Recht die Möglichkeit der Einzelfallgerechtigkeit. Als Beispiel einer Generalklausel kann Art. 23 Abs. 1 des Sozialhilfegesetzes des Kantons Bern genannt werden: Jede bedürftige Person hat Anspruch auf *persönliche und wirtschaftliche Hilfe*. Mit dieser Generalklausel kann auf die individuelle Situation Rücksicht genommen werden. Sozialarbeiterinnen und Sozialarbeiter sind so aufgefordert, fachlich adäquate Lösungen für ihre Klientinnen und Klienten zu suchen und zu erarbeiten. Oder ein Gesetz sieht vor, dass eine Behörde nach den Umständen des Einzelfalles oder nach Ermessen entscheiden soll. Nach Art. 25 des Sozialhilfegesetzes des Kantons Bern tragen Mitarbeiterinnen und Mitarbeiter der Sozialdienste den *Gegebenheiten des Einzelfalles angemessen Rechnung*.

---

59   Siehe 1.5.5.
60   Siehe TSCHENTSCHER AXEL, S. 48 ff. sowie SEILER HANSJÖRG, S. 62 ff.
61   Zum Ermessen und Fehlern bei der Ermessensausübung siehe 1.6.5.

Die Doppeldeutigkeit der Gerechtigkeit zwischen formaler Gleichbehandlung und Einzelfallgerechtigkeit kann mit dem Stichwort «das ist recht und billig» zusammengefasst werden. Einerseits soll etwas allgemein eine richtige Rechtsregel sein und andererseits soll das Recht auch den Einzelfall in seinen Besonderheiten angemessen berücksichtigen[62].

Als *prozedurale* Gerechtigkeit wird derjenige Anspruch verstanden, der durch geregelte bzw. normierte Prozesse in der Gesellschaft und damit durch faire Verfahren erreicht wird. Dazu gehören die in der Bundesverfassung statuierten Garantien fairer gerichtlicher und administrativer Verfahren, namentlich das rechtliche Gehör, das Verbot der Rechtsverweigerung und Rechtsverzögerung, der Anspruch auf unentgeltliche Rechtspflege, die Grundrechte der Angeschuldigten sowie die Garantie der verfassungsmässigen Richterin oder des verfassungsmässigen Richters[63].

Fazit: *Gerechtes Recht ist, wenn im Zusammenspiel von formalem Recht und einem fairen Verfahren Einzelfallgerechtigkeit entsteht.*

> Frage zu Recht und Gerechtigkeit
> Wie erreichen Sie als Fachperson der Sozialen Arbeit im Einzelfall Gerechtigkeit?

1.3.3   Gliederung des Rechts

Der gesamte Rechtsstoff, das Recht, kann nach bestimmten *Eigenschaften* oder nach einzelnen *Rechtsgebieten* unterteilt werden, und zwar in *formelles* und *materielles* Recht, in *privates* und *öffentliches* Recht, auch wenn diese Unterscheidung heute an Bedeutung verliert[64], sowie in *dispositives* und *zwingendes* Recht.

1.3.3.1   Formelles und materielles Recht

Formelles Recht und damit formelle Rechtsnormen bestimmen, durch *wen* (Zuständigkeit) und *in welchem (Rechtsetzungs)Verfahren* materielles und nachrangiges formelles Recht gesetzt, angewendet und vollstreckt wird. Beispielsweise benötigt ein Bundesgesetz die Zustimmung beider Räte und grundsätzlich ist mindestens das fakultative Referendum (Art. 141 BV) gegeben.

---

62   Siehe Tschentscher Axel, S. 49.
63   Siehe 1.9.2 sowie Müller Jörg Paul/Schefer Markus, S. 817 ff.
64   Nach Kaufmann Frans-Xaver, 2005, S. 356, wird «[i]n dem Masse, als der Staat die Aufgabe der Steuerung ganzer Gesellschaftsbereiche wie z.B. der Gesundheits- oder Technologiepolitik übernimmt, deren Leistung nahezu ausschliesslich durch nichtstaatliche Akteure und deren Beziehungen zustande kommen, [...] die Differenz von öffentlichem und privatem Recht vollends obsolet.»

Materielles Recht und damit materielle Rechtsnormen legen *inhaltlich* fest, wie eine bestimmte Rechtslage sein soll, was rechtens ist: Wer hat was für Rechte und Pflichten, wer muss was tun oder unterlassen? Beispielsweise legt Art. 301 Abs. 4 ZGB inhaltlich fest, dass Eltern ihrem Kind den Vornamen geben.

1.3.3.2 Privates und öffentliches Recht

Im Gegensatz zum anglo-amerikanischen common law liegt der kontinentaleuropäischen Rechtstradition die Unterscheidung in öffentliches Recht und Privatrecht zugrunde. Sie reflektiert die seit den bürgerlichen Revolutionen des späten 18. und frühen 19. Jahrhunderts zentral gewordene Unterscheidung zwischen Staat und Gesellschaft[65] respektive Öffentlichem und Privatem. Das öffentliche Recht legt die Rechtsordnung des Staats und seiner Beziehung zu den Privaten fest, das Privatrecht regelt die Rechtsbeziehungen im gesellschaftlichen Bereich, d.h. der Privaten unter sich. Das gesamte Recht ist so dem einen oder dem anderen Gebiet zuzuordnen. Beispielsweise das Familien- und Erbrecht gehört zum Privatrecht[66], das Steuerrecht, Asylrecht oder das Sozialversicherungsrecht zum öffentlichen Recht; das öffentliche Recht umfasst das Staats- und Verwaltungsrecht[67]. Das Strafrecht ist auch Teil des öffentlichen Rechts, es hat sich aber heute verselbständigt[68]. Das Verfahrensrecht, das ebenfalls als öffentliches Recht einzustufen ist, lässt sich in das Zivilprozessrecht, Verwaltungsverfahrensrecht, Verwaltungsjustizverfahrensrecht sowie in das Strafprozessrecht unterteilen[69].

Zum Privatrecht gehören alle Rechtsnormen, die der Wahrnehmung privater Interessen dienen. Dagegen umfasst das öffentliche Recht alle Rechtsnormen, die der Wahrnehmung öffentlicher Interessen, also der Interessen der Allgemeinheit und der

---

65 Siehe 1.2.2.
66 Zum gesamten Privatrecht gehören das Zivilrecht (Personen-, Familien-, Erb- und Sachenrecht), das Obligationenrecht (Allgemeine Bestimmungen, einzelnen Vertragsverhältnisse, Handelsgesellschaften und Genossenschaften, Handelsregister, Geschäftsfirmen und kaufmännische Buchführung und Wertpapiere) sowie das geistige Eigentum.
67 Das Staatsrecht ist die Gesamtheit der Rechtsnormen, welche die Organisation und Aufgaben des Staats, die Organisation, die Aufgaben und das Verfahren der obersten Staatsorgane sowie die grundlegenden Rechte und Pflichten des Individuums im Staat zum Gegenstand haben. Der Gegenstand des Verwaltungsrechts lässt sich als Gesamtheit der Rechtsnormen umschreiben, die die Besorgung von Verwaltungsaufgaben, die damit zusammenhängenden Rechte und Pflichten von natürlichen und juristischen Personen sowie die Zuständigkeiten der Verwaltungsbehörden und das Verfahren auf Erlass einer Verwaltungsentscheidung beinhalten. Siehe TSCHANNEN PIERRE, S. 13 f. N 30 und 34.
68 Das Strafrecht umfasst diejenigen Rechtsnormen, welche Zuwiderhandlungen gegen bestimmte Verhaltensregeln mit Strafe bedrohen. Siehe 5.
69 Siehe 1.9.4.

staatlichen Gemeinschaft dienen. Was öffentliche Interessen sind, ergibt sich in erster Linie aus der Verfassung[70].

Die Unterscheidung zwischen Privatrecht und öffentlichem Recht verliert heute an Bedeutung, es wird stattdessen mehr die Einheit der Rechtsordnung betont. Denn viele Rechtsbegriffe und allgemeine Rechtsgrundsätze oder Rechtsprinzipien gelten für beide Bereiche[71]. Für die Beantwortung folgender Fragen in der Praxis ist aber die Unterscheidung zwischen Privatrecht und öffentlichem Recht noch immer sehr wichtig[72]: Wer hat die *Rechtsetzungskompetenz* inne? Wer ist zuständig für die *Rechtsanwendung*?

Die *Rechtsetzungskompetenz* im föderalistischen System der Schweiz ist zwischen dem Bund und den Kantonen aufgeteilt. Für das Privatrecht, beispielsweise für das ZGB, ist der Bund zuständig (siehe Art. 122 BV). Die Kantone sind nur zuständig, wenn das Bundesrecht einen entsprechenden Vorbehalt enthält (siehe Art. 5 ZGB). Für das öffentliche Recht sind dagegen grundsätzlich die Kantone zuständig (Art. 3 BV, Art. 6 ZGB), der Bund allein, wenn er dafür eine besondere verfassungsmässige Kompetenz besitzt (Art. 3 BV).

Die Zuständigkeit für die *Rechtsanwendung* hängt davon ab, ob ein konkretes Rechtsproblem privat- oder öffentlich-rechtlicher Natur ist. Eine privatrechtliche Streitigkeit wird nach Zivilprozessrecht vor Zivilgerichten ausgetragen[73], eine öffentlich-rechtliche nach Verwaltungsverfahrensgesetzen vor Verwaltungsbehörden bzw. -gerichten[74].

Wie ist das Verhältnis zwischen Privatrecht und öffentlichem Recht? Hier gilt der *Grundsatz des Vorrangs des öffentlichen Rechts*[75]. Im Privatrecht steht grundsätzlich die Privatautonomie im Zentrum, d.h. die Befugnis des Einzelnen, im Rahmen der Rechtsordnung eigenverantwortlich rechtsverbindliche Regelungen zu treffen. Innerhalb der gesetzlichen Schranken können Private somit tun und lassen, was sie wollen. Das öffentliche Recht ist dagegen hoheitlich, vom Staat zwecks Durchsetzung öffentlicher Interessen erlassen. Rechte und Pflichten werden nicht durch den autonomen Willen der Beteiligten festgelegt, sondern durch Gesetz[76].

[handschriftliche Notizen: Öffentliches Recht — Staat ⟷ Private; Dient der Erfüllung öffentlicher Aufgaben]

---

70   Zum öffentlichen Interesse siehe 1.5.2.
71   Siehe Tschentscher Axel, S. 141 ff.; Seiler Hansjörg, S. 198 ff.; siehe 1.4.3.1.
72   Ebenso für die Grundrechtsbindung, Rechtsmittelverfahren sowie Bindung an verwaltungsrechtliche Prinzipien bei Rechtsanwendung. *[handschriftlich: Regelt Beziehungen zw. Staat u. Bürgern]*
73   Siehe 1.9.4.1.
74   Siehe 1.9.4.3.
75   Siehe BGE 127 III 90. *[handschriftlich: Dient den öffentlichen Interessen]*
76   Zum Legalitätsprinzip siehe 1.5.1.

[handschriftlich: Unterordnung der Privaten / Hoheitliches Auftreten des Staates]

1.3.3.3 Dispositives und zwingendes Recht

Das Privatrecht ist grundsätzlich dispositives Recht. Private sollen selbst regeln können, was sie und wie sie es für gut befinden, d.h. sie können ihr Rechtsverhältnis untereinander autonom regeln. Dies entspricht dem Prinzip der Privatautonomie, die das Privatrecht beherrscht. Der Staat greift erst im Konfliktfall ein und bietet Verfahren zur Streitbeilegung an[77].

Demgegenüber kann über zwingendes Recht nicht frei verfügt werden. Grundsätzlich zwingendes Recht ist das öffentliche Recht. Davon gibt es Ausnahmen: Im Strafrecht werden die Mehrheit der Delikte von Amtes wegen verfolgt, einige Delikte sind jedoch Antragsdelikte. Diese können nur verfolgt und es kann nur ein Urteil gesprochen werden, wenn die geschädigte Person einen Strafantrag stellt. Es liegt somit im Belieben der geschädigten Person, ob der mutmassliche Täter oder die mutmassliche Täterin bestraft werden kann.

1.3.4 Völkerrecht

Traditionellerweise ist unter Völkerrecht das Recht der zwischenstaatlichen Beziehungen verstanden worden. Heute regelt das moderne Völkerrecht nicht allein das Verhältnis der Staaten zueinander, sondern auch hoheitsfreie Räume wie die Weltmeere, die Atmosphäre oder den Weltraum, die Internationalen Organisationen und die Rechte und Pflichten Privater innerhalb der einzelnen Staaten gegenüber dem Staat. Völkerrecht ist Recht, welches auf dem Konsens von Staaten beruht und in völkerrechtlichen Verträgen, Völkergewohnheitsrecht oder allgemeinen Rechtsgrundlagen enthalten ist[78]. Völkerrechtliche Verträge sind Staatsverträge zwischen zwei (bilaterale Verträge) oder mehreren (multilaterale Verträge) Staaten. Die Schweiz hat etliche multilaterale und bilaterale Staatsverträge abgeschlossen[79].

Völkerrechtssubjekt ist, wer Träger oder Trägerin völkerrechtlicher Rechte und Pflichten sein kann. Staaten besitzen unbeschränkte Völkerrechtssubjektivität.

Die Europäische Menschenrechtskonvention (EMRK) als Menschenrechtsabkommen des Europarates und die UNO-Pakte I und II als Menschenrechtsabkommen der Vereinten Nationen sind drei zentrale Völkerrechtsverträge[80].

---

77 Siehe 1.9.3.
78 Zu den Rechtsquellen des Völkerrechts siehe Häfelin Ulrich/Haller Walter/Keller Helen, N 1971.
79 Siehe http://www.admin.ch/ch/d/sr/iindex.html (eingesehen am 08.11.2008).
80 Siehe 2.2.

1.4   Rechtsquellen

Wo und wie findet eine Bürgerin oder ein Bürger, eine Richterin oder ein Richter, was
Recht ist? Oder anders ausformuliert: Welches sind die Rechtsquellen, in welchen die
Rechtsnormen enthalten sind?

1.4.1   Allgemeines

Das Recht ist umfangreich, es gibt viele Normen und trotzdem lassen sich nicht auf
alle Fragen, die sich stellen, konkrete Antworten finden. Wie geht eine Richterin oder
ein Richter vor? Sie oder er zieht Art. 1 ZGB heran, denn dieser gilt als zentraler
Rechtsgrundsatz für die gesamte Rechtsordnung und nicht nur für das ZGB, denn
dieser Artikel stellt die Rechtsquellen in ein hierarchisches Verhältnis.

Art. 1 ZGB Anwendung des Rechts

[1] Das Gesetz findet auf alle Rechtsfragen Anwendung, für die es nach Wortlaut oder Auslegung eine Bestimmung enthält.

[2] Kann dem Gesetz keine Vorschrift entnommen werden, so soll das Gericht
nach Gewohnheitsrecht und, wo auch ein solches fehlt, nach der Regel entscheiden, die es als Gesetzgeber aufstellen würde.

[3] Es folgt dabei bewährter Lehre und Überlieferung.

Nach Abs. 1 des Art. 1 ZGB gilt in erster Linie das Gesetz, und zwar das Gesetz im
materiellen Sinn[81]. Dieses umfasst sowohl die Verfassung[82], die Gesetze[83] sowie die
Verordnungen[84]. Sofern sich aus dem geschriebenen Recht keine Bestimmung entnehmen lässt, also keine Antwort auf eine Frage gefunden wird, gilt Gewohnheitsrecht[85], oder, wo solches fehlt, Richterrecht[86] (Art. 1 Abs. 2 ZGB). Die bewährte Lehre
und Überlieferung, die in Abs. 3 des Art. 1 ZGB aufgeführt sind, sind Hilfsmittel, die
die Richterin oder der Richter berücksichtigen muss, wenn sie oder er Richterrecht
aufstellt.

---

81   Zum Begriff Gesetz im materiellen Sinn siehe 1.4.2.2.
82   Siehe gleich anschliessend.
83   Siehe 1.4.2.2.
84   Siehe 1.4.2.3.
85   Siehe 1.4.3.2.
86   Siehe 1.4.3.3.

1.4.2 Geschriebenes Recht

Zu den geschriebenen Rechtsquellen gehören Verfassung, Gesetze, Verordnungen sowie interkantonales[87] und internationales[88] Recht.

1.4.2.1 Verfassung

Zur Verfassung im *formellen* Sinn, und zwar sowohl von Bund als auch von den Kantonen[89], gehören alle Rechtssätze, die im Verfahren der Verfassungsgebung erlassen und in die Verfassungsurkunde aufgenommen worden sind. Im Bund ist dieses besondere Verfahren der Verfassungsgebung in den Art. 138 bis 142 und 192 ff. BV geregelt. Dieses Verfahren auf Bundesebene zeichnet sich in doppelter Hinsicht aus; es findet einerseits ein obligatorisches Referendum statt und andererseits sind zur Annahme einer Verfassungsbestimmung ein Volksmehr und ein Ständemehr erforderlich. Die neue Bundesverfassung, die dem Volk unterbreitet werden musste, wurde am 18. April 1999 von Volk und Ständen angenommen[90].

Zur Verfassung im *materiellen* Sinn, wiederum von Bund und den Kantonen, gehören alle Rechtssätze,

> «die *wegen ihres Gehalts* als die *Grundlage eines freiheitlichen, demokratischen und sozialen Bundesstaats* angesprochen werden können und daher richtigerweise in der Verfassung erscheinen sollten»[91].

Die Meinungen über den «richtigen» Inhalt einer Verfassung gehen auseinander, denn welche Rechtssätze in die Verfassung gehören und welche nicht, hängt vom Verfassungsverständnis ab. Die Verfassung im materiellen Sinn lässt sich daher nicht so klar eingrenzen wie die Verfassung im formellen Sinn. Es herrscht aber Einigkeit, dass in der Schweiz folgende grundlegenden Bestimmungen zur Verfassung im materiellen Sinn gehören:

- die Konstituierung der staatlichen Organisation (Bundesstaat, Bundeskompetenzen, Bundesbehörden etc.);
- die Beschränkung der staatlichen Macht (Gewaltenteilung, Grundrechte etc.);

---

87 Kantone können in ihrem Zuständigkeitsbereich miteinander Verträge abschliessen (Art. 48 BV). Interkantonale Verträge, die allen Kantonen zum Beitritt offen stehen, werden auch Konkordate genannt. Siehe 1.2.3.3.

88 Internationale Verträge, auch Staatsverträge oder völkerrechtliche Verträge genannt, sind Verträge zwischen zwei oder mehreren Staaten oder zwischen Staaten und internationalen Organisationen und werden in der Regel vom Bund geschlossen. Siehe 1.2.3.2.

89 Siehe in den jeweiligen Kantonsverfassungen.

90 Siehe www.admin.ch/ch/d/pore/va/19990418 (eingesehen am 08.11.2008).

91 Tschannen Pierre, S. 45 N 11.

- die grundsätzlichen Rechte und Pflichten der Privaten (Grundrechte, Grundpflichten etc.)[92];
- die Grundlagen der Rechtsordnung (Gesetzgebungsverfahren, Gerichtsbarkeit
  etc.);
- die Verankerung grundlegender Werte, die das Gemeinwesen schützen und
  bewahren will (Freiheit, Rechtsstaatlichkeit, Demokratie, Erhaltung der natürlichen Lebensgrundlagen etc.)[93].

Die neue Bundesverfassung von 1999 hat die bis dahin ungeschriebenen Verfassungsgrundsätze, namentlich das Gesetzmässigkeitsprinzip, das Verhältnismässigkeitsprinzip, den Grundsatz des öffentlichen Interesses, Treu und Glauben sowie das Willkürverbot explizit verankert[94].

Die Bundesverfassung kann jederzeit (Art. 192 Abs. 1 BV), aber nur nach Einhaltung der geltenden Verfahrensvorschriften (Art. 192 bis 195 BV) geändert werden. Verfassungsrevisionen dürfen jedoch die zwingenden Bestimmungen des Völkerrechts[95] nicht verletzen, z.B. die Verbote der Folter, Genozid oder Sklaverei.

Für den demokratischen Staat der Gegenwart lassen sich zwei Verfassungs*funktionen* aufzählen: die *instrumentale* Funktion als Rationalisierung politischer Macht
sowie die *materiale* Funktion als Programmierung der Sozialordnung[96].

Die instrumentale Funktion beinhaltet Machtbindung und Machtbegrenzung,
indem in der Verfassung die Bedingungen festgelegt sind, unter denen ein Rechtssatz
Geltung erlangen kann. Dadurch wird die unmittelbare Umwandlung von sozialer
Macht in politische Herrschaft verhindert. Dem gleichen Zweck dienen die Freiheitsrechte[97] als Abwehrrechte. Zudem trägt die Verfassung durch ihren verhältnismässig hohen Abstraktionsgrad bei, dass gesellschaftlicher Wandel durch Gesetzesände-

---

92   Siehe 2.
93   Siehe Häfelin Ulrich/Haller Walter/Keller Helen, N 21.
94   Zu den Verfassungsgrundsätzen siehe 1.5. Aus diesem Grund gibt es zurzeit kaum ungeschriebenes
     Verfassungsrecht.
95   Zum zwingenden Völkerrecht gehört jede Norm, «die von der internationalen Staatengemeinschaft
     in ihrer Gesamtheit angenommen und anerkannt wird als Norm, von der nicht abgewichen werden
     darf und die nur durch eine spätere Norm … derselben Rechtsnatur geändert werden kann» (Art.
     53 des Wiener Übereinkommens über das Recht der Verträge). Unumstritten ist, dass der Kern des
     völkerrechtlichen ius cogens als zwingendes Völkerrecht gezählt wird. Aus diesem Grund hat die
     Bundesversammlung die Volksinitiative «für eine vernünftige Asylpolitik» für ungültig erklärt, da
     diese gegen das völkerrechtliche Verbot der Rückschiebung, Prinzip des Non-refoulement, verstiess.
     Siehe BBl 1996 I 1355; zur Botschaft des Bundesrates siehe BBl 1994 III 1486.
96   Siehe Tschannen Pierre, S. 50 N 25.
97   Zu den Freiheitsrechten gehören insbesondere das Recht auf Leben, die persönliche Freiheit, das
     Recht auf Ehe und Familie, die Glaubens- und Gewissensfreiheit, die Versammlungsfreiheit, die
     Niederlassungsfreiheit, die Eigentumsgarantie, die Wirtschaftsfreiheit. Siehe 2.

rungen bei gleich bleibendem Verfassungswortlaut vorgenommen werden kann. Die erschwerte Abänderbarkeit trägt dagegen Sorge, dass nicht ein unbegrenztes Mass an gesellschaftlichem Wandel auf einmal verarbeitet werden muss[98].

Gesetzgebungsprozesse lassen sich unter den Bedingungen einer modernen Industrie- und Dienstleistungsgesellschaft nur dann mit vernünftigem Aufwand zu Ende führen, wenn die Politik auf einen Bestand von materialen Grundentscheidungen zurückgreifen kann. Nicht erst in der Gesetzgebung, sondern schon in der Verfassung müssen die grundlegenden Elemente der anzustrebenden Sozialordnung festgelegt sein – dementsprechend hat sie materiale Funktion[99].

1.4.2.2 Gesetze

Ein Gesetz im *formellen* Sinn umfasst alle Rechtssätze, die im Verfahren der Gesetzgebung erlassen worden sind. Bundesgesetze bedürfen der Zustimmung beider Parlamentskammern, und sämtliche Bundesgesetze unterliegen einem fakultativen Referendum[100]. Beispielsweise wurde gegen das Bundesgesetz über die eingetragene Partnerschaft gleichgeschlechtlicher Paare, das Partnerschaftsgesetz, das Referendum ergriffen; in der Volksabstimmung am 5. Juni 2005 ist das Partnerschaftsgesetz gutgeheissen worden[101].

Gegenbegriff zum Gesetz im formellen Sinn ist einerseits die Verfassung[102], andererseits die Verordnung[103]; Gesetze gehen der Verfassung nach, den Verordnungen jedoch vor. Aus diesem Grund bezeichnet das Gesetz im formellen Sinn eine bestimmte Normstufe innerhalb der Normenhierarchie.

Ein Gesetz im *materiellen* Sinn ist jeder generell-abstrakte Rechtssatz, beispielsweise Art. 1 ZGB.

Die Gesetzgebung ist eine der wichtigsten Staatsfunktionen und es ist eine zentrale Aufgabe der Verfassung, einen Gesetzgeber einzusetzen. Der Gesetzgeber, d.h. das demokratisch gewählte Parlament und die Stimmbürgerinnen und Stimmbür-

---

98 Siehe Tschannen Pierre, S. 50 f. N 27.
99 Siehe Tschannen Pierre, S. 51 f. N 28 bis 30.
100 Im Unterschied zu ihren Nachbarstaaten ist es für die Schweiz charakteristisch, dass alle formellen Gesetze von Bund und Kantonen nicht allein vom Parlament verabschiedet werden. Vielmehr schliesst an den Parlamentsbeschluss stets ein fakultatives (Bund, Kanton Bern und vor allem Westschweizer Kantone) oder obligatorisches Referendum (vor allem Deutschschweizer Kantone) an. Zum Gesetz siehe Tschannen Pierre/Zimmerli Ulrich, S. 84 ff.
101 Siehe http://www.admin.ch/ch/d/pore/va/20050605 (eingesehen am 08.11.2008). Das Partnerschaftsgesetz trat am 1. Januar 2007 in Kraft.
102 Siehe 1.4.2.1.
103 Siehe 1.4.2.3.

ger schaffen dann die Rechtsordnung[104]. Damit die sachliche Zuständigkeit von Parlament und Stimmbürgerinnen und Stimmbürger nicht unterlaufen wird, fordert die Verfassung, dass die wichtigen Materien mittels formeller Gesetze und nicht mittels Verordnungen normiert werden müssen (Art. 164 Abs. 1 BV). Zum Beispiel sind schwerwiegende Einschränkungen von Grundrechten in einem formellen Gesetz vorzusehen (Art. 36 Abs. 1 Satz 1 BV).

1.4.2.3   Verordnungen

Verordnungen sind Rechtssätze, die nicht auf dem Weg der Verfassungs- oder Gesetzgebung erlassen worden sind. Sie stehen im Stufenbau der Rechtsordnung unterhalb des formellen Gesetzes. Es sind Gesetze im materiellen, nicht aber im formellen Sinn. Das Verfahren zum Erlass von Verordnungen ergibt sich aus den verschiedenen Rechtsquellen, je nachdem, welche Behörde für die Verordnungsgebung zuständig ist. Im Regelfall hat die Regierung Verordnungen zu erlassen, also der Bundesrat oder der Regierungsrat der Kantone[105].

Verordnungen können in selbständige und unselbständige Verordnungen sowie in Rechts- und Verwaltungsverordnungen unterteilt werden.

Massgebendes Unterscheidungskriterium zwischen selbständigen und unselbständigen Verordnungen ist die Ermächtigungsgrundlage: Befindet sich die Ermächtigung in der Verfassung, handelt es sich um eine selbständige Verordnung, dagegen sind Verordnungen, die sich auf ein formelles Gesetz abstützen, unselbständige. Selbständige Verordnungen sind äusserst selten[106], dagegen haben unselbständige Verordnungen eine grosse Bedeutung. Denn der Gesetzgeber kann aus zeitlichen und technischen Gründen nicht alle Details selbst normieren, so dass er häufig allein die Grundzüge ordnet und die Regelung der Einzelheiten an die Exekutive delegiert. Beispielsweise wird in Art. 119 des Asylgesetzes der Bundesrat mit dem Vollzug dieses Gesetzes beauftragt. Dieser hat daraufhin in der Asylverordnung 1 Verfahrensfragen und in der Asylverordnung 2 Finanzierungsfragen geregelt.

Massgebendes Unterscheidungskriterium von Rechts- und Verwaltungsverordnungen ist der Adressatenkreis. Rechtsverordnungen enthalten Rechtsnormen, die

---

104 Unter der horizontalen Gewaltenteilung wird die Aufteilung der Macht im Staat auf die drei Bereiche gesetzgebende Gewalt (Legislative), ausführende Gewalt (Exekutive) und rechtsprechende Gewalt (Judikative) verstanden. Zum Gesetzmässigkeitsprinzip siehe 1.5.1.

105 Ausnahmsweise stammen Verordnungen von Parlamenten (Art. 163 Abs. 1 BV), Gerichten oder von untergeordneten Verwaltungseinheiten wie Departementen und Ämtern. Zu den Verordnungen siehe Tschannen Pierre/Zimmerli Ulrich, S. 87 ff.

106 Die Polizeiverordnungen und die Verordnungen zur Wahrung aussenpolitischer Interessen (Art. 185 Abs. 3 und Art. 184 Abs. 3 BV) zählen zu den wichtigsten Fällen selbständiger Verordnungen im Bundesrecht.

sich an die Allgemeinheit richten. Sie gewähren den Einzelnen Rechte und auferlegen ihnen Pflichten oder ordnen die Organisation und das Verfahren der Behörden. Die Asylverordnungen oder die Verordnung über die öffentliche Sozialhilfe des Kantons Bern sind Rechtsverordnungen.

Verwaltungsverordnungen sind demgegenüber generelle Dienstanweisungen innerhalb der Staatsverwaltung. Sie gehen von einer übergeordneten Verwaltungsbehörde aus und wenden sich an die ihr untergeordneten Verwaltungsbehörden. Verwaltungsverordnungen sind allein für Behörden verbindlich. Sie sind ein innerbetriebliches Führungsmittel[107]. Verwaltungsverordnungen werden u.a. Weisungen, Kreisschreiben, Merkblätter, Richtlinien genannt; beispielsweise die Neuregelung der Richtlinien zur Bemessung der Sozialhilfe ab 1. Januar 2006 im Kanton Bern ist eine Verwaltungsverordnung.

1.4.2.4 Publikation des geschriebenen Rechts

Die gültig zustande gekommenen rechtssetzenden Erlasse auf Verfassungs-, Gesetzes- und Verordnungsstufe müssen publiziert werden. Der Bund und alle Kantone besitzen deshalb *chronologische Gesetzessammlungen*, in denen alle Erlasse laufend veröffentlich werden[108]. Für den Gebrauch im Alltag bietet sich die *systematische Gesetzessammlung* sowohl des Bundes[109] als auch der Kantone an.

1.4.3 Ungeschriebenes Recht

Zu den ungeschriebenen Rechtsquellen gehören die allgemeinen Rechtsregeln, das Gewohnheitsrecht sowie das Richterrecht[110].

1.4.3.1 Allgemeine Rechtsregeln

Allgemeine Rechtsregeln sind generell-abstrakte Rechtsnormen, die wegen ihrer allgemeinen Tragweite in allen Rechtsgebieten gelten. Sie sind teilweise, insbesondere im Privatrecht, konkret niedergeschrieben, gelten aber unabhängig davon als ungeschriebenes Recht. Sie dienen der Ausfüllung von Lücken des geschriebenen Rechts und nehmen im Stufenbau der Rechtsordnung den gleichen Rang wie ein formelles Gesetz

---

107 Siehe Tschannen Pierre/Zimmerli Ulrich, S. 89 N 10.
108 Die Amtliche Sammlung des Bundesrechts (AS) gibt es seit 1848 auf Papierform, seit dem 1. September 1998 werden die wöchentlich erscheinenden Hefte auch im Internet veröffentlicht: http://www.admin.ch/ch/d/as/ (eingesehen am 08.11.2008).
109 Siehe http://www.admin.ch/ch/d/sr/sr.html (eingesehen am 08.11.2008).
110 Zudem gehören Behördenpraxis, extrakonstitutionelles Staatsnotrecht und Widerstandsrecht zu den ungeschriebenen Rechtsquellen.

ein[111]. Die Rückforderung einer grundlos erbrachten Leistung, die Verjährung oder die Wahrung von Fristen für Eingaben bei Behörden können als Beispiele genannt werden.

1.4.3.2   Gewohnheitsrecht

«Gewohnheitsrecht ist ungeschriebenes, objektives Recht. Seine Entstehung setzt eine längere Zeit andauernde, ununterbrochene Übung voraus, welche auf der Rechtsüberzeugung sowohl der rechtsanwendenden Behörden als auch der vom angewendeten Grundsatz Betroffenen ... beruht. Erforderlich ist zudem, dass eine Lücke des geschriebenen Rechts vorliegt und ein unabweisliches Bedürfnis besteht, sie zu füllen ...»[112].

Als Gewohnheitsrecht werden somit generell-abstrakte Regeln bezeichnet, die aufgrund langjähriger Anwendung in der Rechtsgemeinschaft allgemein anerkannt sind[113]. Heute ist Gewohnheitsrecht selten, und zwar aus zwei Gründen, erstens sind die sich traditionell stellenden Fragen weitgehend gesetzlich geregelt, zweitens sind die nicht gesetzlich geregelten Fragen so neu, dass sich noch kein Gewohnheitsrecht hat bilden können[114].

1.4.3.3   Richterrecht

Richterrecht besteht aus generell-abstrakten Regeln, die aus einer längeren gefestigten Justizpraxis heraus entstanden sind. Die Bedeutung des Richterrechts konzentriert sich insbesondere auf zwei Bereiche, einerseits auf die richterliche Konkretisierung von Verfassungsnormen, andererseits auf die Systematisierung und Typisierung von Verwaltungsrechtsverhältnissen[115]. Bis zum Inkrafttreten der heute geltenden Bundesverfassung zählten zum Richterrecht vorab die vom Bundesgericht anerkannten ungeschriebenen Grundrechte, beispielsweise die Meinungsfreiheit, die persönliche Freiheit oder der Anspruch auf rechtliches Gehör, und die ungeschriebenen Verfassungsgrundsätze[116].

---

111 Siehe Tschannen Pierre/Zimmerli Ulrich, S. 98 ff. N 8 bis 13.
112 BGE 119 Ia 62.
113 Siehe Tschannen Pierre/Zimmerli Ulrich, S. 96 N 3.
114 Siehe Seiler Hansjörg, S. 105. Entscheide des Bundesgerichts zum Gewohnheitsrecht sind selten, es sind vor allem ältere Entscheide zu Fragen des Wegrechts, des Steuerrechts oder zu Fristenberechnung. In BGE 122 III 344 musste das Bundesgericht zur Frage Stellung beziehen, ob eine Privatscheidung nach ghanesischem Recht, das Gewohnheitsrecht darstellt, in der Schweiz anzuerkennen sei.
115 Siehe Tschannen Pierre/Zimmerli Ulrich, S. 97 f. N 5 und 6.
116 Siehe Tschannen Pierre, S. 23 N 57 sowie S. 75 f. N 17.

1.5   Verfassungsgrundsätze

Wer Verwaltungsaufgaben[117] erfüllt, hat bei der Anwendung von Gesetz und Verordnung immer auch bestimmte Verfassungsgrundsätze zu beachten. Zu den Verfassungsgrundsätzen werden üblicherweise die *Gesetzmässigkeit*[118], das *öffentliche Interesse*[119], die *Verhältnismässigkeit*[120], *Treu und Glauben*[121] sowie die *Rechtsgleichheit* und das *Willkürverbot* gezählt[122]. Diese Grundsätze sind in der Bundesverfassung explizit verankert. Die Rechtsgleichheit, das Willkürverbot sowie das Gebot von Treu und Glauben haben Grundrechtscharakter[123].

1.5.1   Gesetzmässigkeitsprinzip

Das Gesetzmässigkeitsprinzip, auch Legalitätsprinzip genannt, fordert ein Handeln nach dem Gesetz. Im Strafrecht gilt seit dem Anfang des 19. Jahrhunderts das Gesetzmässigkeitsprinzip als Grundsatz nulla poena sine lege – keine Strafe ohne Gesetz – für die staatlichen Organe. Die Gesetzmässigkeit des gesamten staatlichen Handelns ist nun in der Verfassung statuiert: «Grundlage und Schranke staatlichen Handelns ist das Recht» (Art. 5 Abs. 1 BV).

Nach dem Wortlaut werden zwei Teilprinzipien unterschieden, und zwar einerseits der *Vorrang des Gesetzes* («Schranke») und andererseits das *Erfordernis des Rechtssatzes* («Grundlage»).

Der *Vorrang des Gesetzes* bedeutet, dass jedes staatliche Handeln sich ausschliesslich im Rahmen der gesetzlichen Grenzen bewegen muss, für den Staat gibt es keinen rechtsfreien Raum. Der Staat hat sich an die Schranken des öffentlichen Rechts und, soweit er zulässigerweise auf dem Boden des Privatrechts handelt, wie jede Bürgerin und jeder Bürger an die Schranken des Zivilgesetzbuchs, des Obligationenrechts und Strafrechts zu halten[124]. Gibt es einen rechtsfreien Raum für Private? Grundsätzlich sind Private autonom, wie sie beispielsweise gegenseitige Vertragsverpflichtungen erfüllen wollen. Entsteht aber Streit, kann ein Vertrag, der sittenwidrig ist, nicht bei einem Gericht durchgesetzt werden, da ein solcher Vertrag nichtig ist (Art. 20 Abs. 1

---

117   Zum Begriff «Verwaltungsaufgaben» siehe Tschannen Pierre/Zimmerli Ulrich, S. 5 f. N 13 ff.
118   Siehe gleich anschliessend.
119   Siehe 1.5.2.
120   Siehe 1.5.3.
121   Siehe 1.5.4.
122   Siehe 1.5.5 sowie Tschannen Pierre/Zimmerli Ulrich, S. 119; Tschentscher Axel, S. 155 ff.
123   Siehe 2. Die Unterscheidung zwischen Verfassungsgrundsatz und Grundrecht ist verfahrensrechtlich bedeutsam, d.h. eine Grundrechtsverletzung kann im Gegensatz zu einer Verletzung eines Verfassungsgrundsatzes in einem Verfahren selbständig gerügt werden.
124   Siehe Tschannen Pierre/Zimmerli Ulrich, S. 120 N 1.

OR). Mit anderen Worten: Die Vertragsparteien sind zwar im Handeln frei, erhalten aber nur Rechtsschutz, solange sie den Vorrang des Gesetzes einhalten[125]. Beispielsweise kann der Prostituiertenlohn in der Schweiz[126] nicht eingeklagt werden, da nach herrschender Lehre und Praxis die Vereinbarung zwischen einer Prostituierten und ihrem Freier sittenwidrig ist.

Das *Erfordernis des Rechtssatzes* besagt, dass die Verwaltung überhaupt nur tätig werden darf, wenn sie über eine Ermächtigungsgrundlage im Gesetz verfügt. Die gesetzliche Grundlage hat eine generell-abstrakte Struktur aufzuweisen, d.h. sie muss ein Gesetz im materiellen Sinn sein. Zudem muss der entsprechende Rechtssatz demokratisch ausreichend legitimiert sein, d.h. je nach Situation ist für das staatliche Handeln ein Gesetz im formellen Sinn notwendig oder es reicht eine Verordnung (Frage der Normstufe). Eine formell-gesetzliche Grundlage ist für alles *wichtige* Handeln nötig, insbesondere für alle Steuern und sonstige Abgaben, für eine Übertragung von Verwaltungsaufgaben auf Private oder für Einschränkungen von Grundrechten[127]:

Art. 36 Abs. 1 BV Einschränkungen von Grundrechten
Einschränkungen von Grundrechten bedürfen einer gesetzlichen Grundlage.
Schwerwiegende Einschränkungen müssen im Gesetz selbst vorgesehen sein.
Ausgenommen sind Fälle ernster, unmittelbarer und nicht anders abwendbarer Gefahr.

Schliesslich muss der Rechtssatz ausreichend *bestimmt* sein, d.h. je nach Lage braucht es eine präzise Norm oder es reicht eine offenere Norm aus (Frage der Normdichte). Bezogen auf Einschränkungen von Grundrechten gilt die Faustregel: Je schwerer der Eingriff in ein Grundrecht, desto höher die Anforderungen an die Normstufe und die Normdichte[128]. Nach bundesgerichtlicher Rechtsprechung muss bei schweren Grundrechtseingriffen das formelle Gesetz selbst zumindest die Grundzüge der Regelung umschreiben, d.h. sich zu Inhalt, Zweck und Ausmass des Eingriffs äussern[129].

Wann hat das Bundesgericht einen Grundrechtseingriff als schwer, wann als leicht eingestuft und dementsprechend bestimmte Anforderungen an die Normstufe und Normdichte gestellt? Die Abgrenzung zwischen schweren und leichten Grundrechtseingriffen ist fliessend: Beispielsweise bedeutet jede Inhaftierung, die mehrere Stunden dauert, in jedem Fall einen schweren Eingriff in das Grundrecht der persönlichen Freiheit. Die Voraussetzungen der Haft und die mögliche Höchstdauer müs-

---

125 Siehe Tschentscher Axel, S. 155 f.
126 In Deutschland trat am 1. Januar 2002 das Gesetz zur Regelung der Rechtsverhältnisse der Prostituierten in Kraft. Im Gegensatz zur Schweiz ist der Prostituiertenlohn nun einklagbar.
127 Zu Einschränkungen von Grundrechten siehe 2.3.5.
128 Siehe Tschannen Pierre/Zimmerli Ulrich, S. 136 N 42.
129 Siehe BGE 123 I 226; 122 I 363.

sen deshalb in einem Gesetz im formellen Sinn klar umschrieben sein. Dagegen lässt es das Bundesgericht genügen, wenn die Haftbedingungen in einer Verordnung oder einem Reglement umschrieben sind. Da solche Bestimmungen jedoch regelmässig von nicht juristisch geschultem Personal angewendet werden, müssen sie besonders klar und eindeutig ausformuliert sein.

- Eine Freiheitsstrafe ist in jedem Fall ein schwerer Eingriff in die persönliche Freiheit[130], das Gleiche ist bei einer Freiheitsentziehung von 19 Stunden anzunehmen[131].
- Ein schwerer Eingriff liegt auch dann vor, wenn die Verhaftung von kürzerer Dauer ist, nach ihrer Art und Weise den Einzelnen aber besonders hart trifft, beispielsweise eine Verhaftung in der Öffentlichkeit am helllichten Tag, Abtransport im Polizeiwagen[132].

Sind keine besonderen Umstände gegeben, bedeutet eine Haftdauer von vier bis sechs Stunden einen leichten Eingriff in das Grundrecht der persönlichen Freiheit[133].

Von den erwähnten Fällen abgesehen, wird die Frage des schweren oder leichten Eingriffs einzelfallbezogen beurteilt. Beispielsweise hat das Bundesgericht medizinische Zwangsmassnahmen[134] oder die Aufhebung der elterlichen Sorge[135] als schweren Eingriff eingestuft, dagegen die Entnahme von Haaren zur Abklärung eines allfälligen Drogenkonsums[136] als einen leichten Eingriff.

Gilt das Erfordernis des Rechtssatzes auch im *Privatrecht*? Oder anders formuliert: Sind Private davon abhängig, dass der Staat eine gesetzliche Grundlage für ihr Handeln geschaffen hat? Nein, Private können grundsätzlich autonom bestimmen, welche Rechte und Pflichten zwischen ihnen gelten sollen. Denn im Privatrecht herrscht das Prinzip der Privatautonomie. Aber auch Private sind, wenn sie ihr Interesse als «Recht» durchsetzen wollen, auf eine gesetzliche Grundlage angewiesen[137]. Z.B. sind Konkubinatspaare bei einer «Scheidung» nicht durch die Art. 111 ff. ZGB geschützt. In der Sozialberatung ist daher einer Klientin, die sich von ihrem Konkubinatspartner trennen will, aufzuzeigen, dass sie beispielsweise den Schutz der Familienwohnung nach Art. 121 ZGB nicht für sich beanspruchen kann.

---

130 Siehe BGE 123 IV 36 f. Die Anordnung von Untersuchungshaft wegen Wiederholungsgefahr stellt auf jeden Fall einen schweren Eingriff in die persönliche Freiheit dar: 1P. 229/2005.
131 Unveröffentlichter BGE vom 17. November 1982.
132 Siehe BGE in ZBl 1988 S. 359.
133 Siehe BGE 107 Ia 140.
134 Siehe BGE 130 I 16, 126 I 115.
135 Siehe BGE 120 II 384.
136 Siehe BGE vom 19. Dezember 1995 in EuGRZ, S. 470 ff.
137 Siehe Tschentscher Axel, S. 158 f.

> Fragen zum Gesetzmässigkeitsprinzip
> Wo spielt das Gesetzmässigkeitsprinzip in Ihrer Arbeit als Fachperson der Sozialen Arbeit eine Rolle? Wie wirkt sich dies in der alltäglichen Arbeit aus?

1.5.2   Öffentliches Interesse

Die Verfassung fordert, dass alles staatliche Handeln «im öffentlichen Interesse liegen» muss (Art. 5 Abs. 2 BV). Zu den öffentlichen Interessen gehört der *Schutz der Polizeigüter*. Als polizeiliche Schützgüter können die *öffentliche Ordnung* und *Sicherheit* genannt werden:

> «Die *öffentliche Ordnung* umfasst alle Regeln, die nach der jeweils herrschenden Ansicht für das geordnete Zusammenleben der Privaten unerlässlich sind. *Öffentliche Sicherheit* bedeutet die Unverletzlichkeit der objektiven Rechtsordnung, der Rechtsgüter des Einzelnen (Leben, Gesundheit, Freiheit, Eigentum, Ehre usw.) sowie der Einrichtung des Staates»[138].

Weitere öffentliche Interessen ergeben sich aus Aufgabennormen der Bundesverfassung, d.h. in der Bundesverfassung ist der Gemeinwohlauftrag des Gemeinwesens festgelegt und damit jene Interessen, welche zuhanden der Öffentlichkeit verfolgt werden dürfen, beispielsweise sozialpolitische Interessen.

Der Verfassungsgrundsatz des öffentlichen Interesses gewinnt besondere Bedeutung bei Grundrechtseingriffen, denn Einschränkungen von Grundrechten müssen «durch ein öffentliches Interesse oder durch den Schutz von Grundrechten Dritter gerechtfertigt» sein (Art. 36 Abs. 2 BV). Beispielsweise stellt eine polizeiliche Verhaftung einen Eingriff in die persönliche Freiheit und damit in die Bewegungsfreiheit dar. Erfolgt sie jedoch, um einen bei seinem Tun überraschten Schläger an weiteren Körperverletzungen zu hindern, wird damit das Opfer in seiner körperlichen Integrität und damit in seiner persönlichen Freiheit geschützt.

---

138 Tschannen Pierre/Zimmerli Ulrich, S. 464 N 8.

1.5.3 Verhältnismässigkeitsprinzip

Staatliches Handeln muss nicht nur im öffentlichen Interesse, sondern auch «verhältnismässig sein» (Art. 5 Abs. 2 BV), d.h. jedes staatliche Handeln muss für die Erreichung des damit verfolgten Zwecks *geeignet*, *erforderlich* und *zumutbar* sein. Eine staatliche Massnahme ist erst dann verhältnismässig, wenn die drei Teilgehalte – Eignung, Erforderlichkeit sowie Zumutbarkeit – kumulativ erfüllt sind. Das Verhältnismässigkeitsprinzip hat vor allem als unabdingbare Voraussetzung für die Frage der Verfassungskonformität von Grundrechtsbeschränkungen (Art. 36 Abs. 3 BV) und auch bei der Durchsetzung verwaltungsrechtlicher Anordnungen als Massstab für Art und Umfang der zulässigen Zwangsmassnahmen grosse Bedeutung[139].

Der Teilgehalt der *Geeignetheit* fordert, dass das Mittel überhaupt den erfolgten Zweck zu fördern vermag, d.h. nicht völlig untauglich ist. Oder anders formuliert: Eine behördliche Anordnung ist ungeeignet, wenn sie mit Blick auf das angestrebte Ziel gar keine Wirkungen entfaltet, und erst recht dann, wenn sie die Erreichung des Ziels erschwert oder gar verunmöglicht. Können Gewalttätigkeiten bei Demonstrationen beispielsweise mit einem Vermummungsverbot verhindert werden? Ist diese Massnahme in diesem Sinne tauglich[140]?

Die *Erforderlichkeit* ist dann zu bejahen, wenn es kein gleich wirksames Mittel gibt, das sich als weniger belastend darstellt. Eine staatliche Anordnung darf unter dem Aspekt der Erforderlichkeit in sachlicher, räumlicher, zeitlicher und personeller Hinsicht nicht über das Notwendige hinausgehen. Die Anordnung, dass eine 89-jährige gebrechliche und pflegebedürftige Frau von Polizeikräften abgeholt werden soll, nötigenfalls gegen ihren Willen in ein Fahrzeug gesetzt wird, um in der kantonalen psychiatrischen Klinik ambulant begutachtet und einige Stunden später wieder nach Hause transportiert zu werden, verletzt die Erforderlichkeit und damit die Verhältnismässigkeit, «[d]a der von den kantonalen Behörden angestrebte gesetzliche Zweck auch mit einem deutlich weniger einschneidenden angemessenen Mittel erreicht werden kann»[141].

Eine Massnahme ist dann *zumutbar*, wenn der mit ihr verbundene (geeignete und erforderliche) Eingriff in die Rechtsstellung der betroffenen Bürgerin oder des betroffenen Bürgers weniger schwer wiegt als die in Frage stehenden öffentlichen Interessen. Der öffentliche Nutzen muss die private Last aufwiegen, dann hat die betroffene Bürgerin oder der betroffene Bürger den Grundrechtseingriff hinzunehmen, sofern das öffentliche Interesse damit verwirklicht werden kann[142]. Das Bundesgericht wider-

---

139 Siehe Tschannen Pierre/Zimmerli Ulrich, S. 143 N 3.
140 Das Bundesgericht hat diese Frage in BGE 117 Ia 472 bejaht.
141 Siehe BGE 124 I 47.
142 Siehe Tschannen Pierre/Zimmerli Ulrich, S. 148 N 17.

sprach einer kantonalen Behörde, die einem niedergelassenen italienischen Ehepaar im Rahmen des Familiennachzugs den Aufenthalt seiner behinderten, aber bereits 21 Jahre alten Tochter nicht erteilen wollte: «Die Trennung von ihren Eltern träfe sie deshalb hart. Das einzige öffentliche Interesse an der Verweigerung der Aufenthaltsbewilligung, nämlich die Einhaltung einer restriktiven Bewilligungspraxis zur Vermeidung der Überfremdung, wiegt das Interesse der Beschwerdeführerin, bei ihren Eltern verweilen zu dürfen, bzw. das Interesse der Familie, die Familiengemeinschaft in der Schweiz zu leben, nicht auf»[143]. Die Prüfung der Zumutbarkeit ist anspruchsvoll, denn sie setzt ein sorgfältiges Abwägen zwischen den im Spiel stehenden Interessen voraus: Einerseits sind die privaten Interessen des Einzelnen und andererseits sind die öffentlichen Interessen gegeneinander zu gewichten.

Das Verhältnismässigkeitsprinzip gilt in der *Beziehung unter Privaten grundsätzlich nicht*. Solange zwischen Privaten bei einem Verhandlungsprozess keine Täuschung, Drohung oder Übervorteilung gegeben ist, ist es aus der Sicht des Privatrechts in Ordnung, wenn eine Vertragspartei einen viel zu hohen Kaufpreis für einen Gebrauchsgegenstand bezahlt oder einen nutzlosen Vertrag abschliesst[144].

1.5.4   Treu und Glauben

«Staatliche Organe und Private handeln nach Treu und Glauben» (Art. 5 Abs. 3 BV), zudem hat «[j]ede Person … Anspruch darauf, von den staatlichen Organen … nach Treu und Glauben behandelt zu werden» (Art. 9 BV). Das Gebot von Treu und Glauben gilt nicht nur zwischen Staat und Bürgerinnen und Bürgern, sondern bindet auch das Verhalten der Bürgerinnen und Bürger unter sich (Art. 2 ZGB), d.h. wirkt grundsätzlich auch im *Privatrecht*. Staat und Private haben sich daher «vertrauenerweckend und vertrauenhonorierend zu verhalten»[145]. Als Grundrecht kommt es nur im Rahmen von Art. 9 BV zum Tragen.

Als Teilgehalte von Treu und Glauben sind der Grundsatz des Vertrauensschutzes, das Rechtsmissbrauchsverbot sowie das Verbot widersprüchlichen Verhaltens zu nennen[146].

Der Grundsatz des Vertrauensschutzes[147] gibt einer Person Anspruch auf Schutz des berechtigten Vertrauens in behördliche Zusagen oder Verhalten, der Einzelne muss sich daher auf Informationen oder auf das Verhalten einer Behörde verlassen können.

---

143   BGE 115 Ib S. 7.
144   Siehe Tschentscher Axel, S. 176.
145   Tschannen Pierre/Zimmerli Ulrich, S. 150 N 1.
146   Siehe Häfelin Ulrich/Haller Walter/Keller Helen, N 823 ff.
147   Im Zusammenhang mit Sozialversicherungen siehe 4.3.3.4.

Wenn beispielsweise eine Sozialbehörde eine verbindliche Auskunft gegeben hat oder gar eine individuelle Zusicherung, kann die betroffene Person darauf vertrauen und entsprechende Dispositionen treffen. Erweist sich die Auskunft oder die Zusicherung im Nachhinein als unzutreffend, darf sich die betroffene Person «darauf berufen und die verantwortliche Behörde muss sich so verhalten, *als ob die Auskunft richtig gewesen wäre,* wenn kumulativ folgende Voraussetzungen erfüllt sind»[148]:

- Die Auskunft oder die Zusicherung bezog sich auf eine konkrete Angelegenheit und wurde vorbehaltlos erteilt;
- die Behörde war zur Erteilung der Auskunft oder zur Zusicherung zuständig;
- die Unrichtigkeit war nicht offensichtlich;
- aufgrund der Auskunft oder der Zusicherung wurden Dispositionen getroffen, die nicht ohne Nachteil rückgängig gemacht werden können;
- zudem haben sich die Rechts- und Sachlage seit der Auskunftserteilung nicht geändert[149].

Das *Rechtsmissbrauchsverbot* untersagt, dass ein Rechtsinstitut so verwendet wird, wie es die anderen Teilnehmerinnen und Teilnehmer des Rechtsverkehrs nicht erwarten mussten. Eine Behörde handelt beispielsweise rechtsmissbräuchlich, wenn sie einen Entscheid so lange hinauszögert, bis sich die Rechtslage zum Nachteil der betroffenen Person verändert hat[150].

Das *Verbot des widersprüchlichen Verhaltens* untersagt inkonsequentes und inkonsistentes Handeln. Staatliches Handeln muss daher in sich logisch, zusammenhängend und darf nicht widersprüchlich sein[151].

Prozessarten			
Zivilprozess	Strafprozess	Verwaltungs-verfahren	Zwangsvoll-streckung
Privatrecht-liche Streitig-keiten	Strafbare Hand-lungen	Behördliche Entscheidung-en	Geldforderungen & Sicherheits-leistungen
Privatrecht	Öffentliches Recht		

---

148 Tschannen Pierre/Zimmerli Ulrich, S. 153 N 13.
149 Siehe Tschannen Pierre/Zimmerli Ulrich, S. 153 f. N 13.
150 BGE 110 Ib 335 f.
151 Siehe Häfelin Ulrich/Haller Walter/Keller Helen, N 826.

1.5.5   Rechtsgleichheitsgebot und Willkürverbot

Einer der wichtigsten Verfassungsgrundsätze ist das in Art. 8 BV verankerte *Rechtsgleichheitsgebot*[152]: «Alle Menschen sind vor dem Gesetz gleich» (Art. 8 Abs. 1 BV). Alle Menschen, auch Ausländerinnen und Ausländer, können vom Staat verlangen, dass er Gleiches gleich und Ungleiches ungleich behandelt. Wenn der Staat dies ausnahmsweise nicht tut, benötigt er eine besondere Rechtfertigung, d.h. einen sachlichen Grund für die Ungleichbehandlung[153]. Klientinnen und Klienten sind in der Sozialhilfe grundsätzlich gleich zu behandeln, d.h. die individuellen Leistungsangebote der persönlichen und wirtschaftlichen Hilfe sind von Sozialarbeiterinnen und Sozialarbeitern grundsätzlich in gleicher Weise auszusprechen.

Das *Willkürverbot* – als gesteigerte Form der Rechtsgleichheit, bei der die Ungleichbehandlung elementare Gerechtigkeitserwartungen verletzt – schützt vor allen Entscheiden, die *offensichtlich unhaltbar* sind:

«Offensichtliche Gesetzesverletzungen, offensichtliche Missachtungen eines allgemeinen Rechtsgrundsatzes oder des tragenden Grundgedankens eines Gesetzes, grobe Ermessensfehler, innere, nicht auflösbare Widersprüche innerhalb eines Entscheides sowie schliesslich Fälle eines stossenden Widerspruchs zum Gerechtigkeitsgedanken»[154] verletzen das Willkürverbot.

Die Nichtaufnahme des Hilfsmittels der Armprothese in den Anhang der Verordnung über die Abgabe von Hilfsmitteln durch die Altersversicherung[155] lässt sich im Hinblick auf die im Bundesgesetz über die Alters- und Hinterlassenenversicherung[156] umschriebenen Eingliederungsziele nicht rechtfertigen und ist deshalb willkürlich. Denn die Armprothese ist für die Selbsthilfe, insbesondere für die Haushaltsführung, unerlässlich[157].

Gilt der Anspruch auf Gleichbehandlung für *Private?* In engen Grenzen wirkt das Rechtsgleichheitsgebot auch im Privatrecht. Denn Art. 8 Abs. 3 Satz 3 BV und Art. 3 Abs. 1 des Gleichstellungsgesetzes ist verletzt, wenn Frauen für gleichwertige Arbeit ein geringerer Lohn als Männern bezahlt wird. Sonst gilt aber das Rechtsgleichheitsgebot im Privatrecht grundsätzlich gerade nicht, denn die Privatautonomie gibt Bürgerinnen und Bürgern die Freiheit, auszuwählen, mit wem und zu welchen Bedingungen sie geschäftliche Beziehungen abschliessen und gesellschaftliche Beziehungen

---

152   Zur Rechtsgleichheit und den Diskriminierungsverboten siehe ausführlich 2.4.3.
153   Siehe MÜLLER JÖRG PAUL/SCHEFER MARKUS, S. 653 ff. sowie 662 ff.
154   TSCHENTSCHER AXEL, S. 173. Zum Willkürverbot siehe MÜLLER JÖRG PAUL/SCHEFER MARKUS, S. 5 ff.
155   Siehe Art. 2 der Verordnung über die Abgabe von Hilfsmitteln durch die Altersversicherung.
156   Siehe Art. 43ter des Bundesgesetzes vom 20. Dezember 1946 über die Alters- und Hinterlassenenversicherung.
157   BGE 117 V 177.

eingehen wollen[158]. Tangieren dagegen die Ungleichbehandlung Persönlichkeits-rechte, dann ist dies auch Privaten verboten. Das gilt beispielsweise für die Rassen-diskriminierung durch Leistungsverweigerung, die seit 1. Januar 1995 strafrechtlich[159] verboten ist[160].

Frage zur Rechtsgleichheit

Was bedeutet der Grundsatz «Gleiches ist nach Massgabe seiner Gleichheit gleich, Ungleiches ist nach Massgabe seiner Ungleichheit ungleich zu behandeln» in der Sozialen Arbeit? Wo hilft dieser Grundsatz im Berufsalltag?

1.6   Rechtsanwendung und Rechtsetzung

Wie wird *Recht gesetzt*? Wie wird dann Recht *angewendet* respektive wie *wendet* eine Fachperson der Sozialen Arbeit im Berufsalltag *Recht* auf den konkreten Einzelfall *an*?[161]

1.6.1   Rechtsetzung

Unter *Rechtsetzung* wird der *Erlass von Rechtsnormen* verstanden, d.h. von generell-abstrakten Normen, welche natürlichen und juristischen Personen Pflichten auferle-gen oder Rechte einräumen, die Organisation und die Zuständigkeit der Behörden regeln oder das Verfahren ordnen[162]. Durch die Rechtsetzung wird neues Recht – Ver-fassung, Gesetze oder Verordnungen – und damit generell-abstrakte Rechtsnormen geschaffen[163]. Generell-abstrakte Rechtsnormen werden im *Rechtsetzungsverfahren* erlassen. Wie werden nunmehr die generell-abstrakten Rechtsnormen angewendet?

1.6.2   Stufen der Rechtsanwendung

Die Rechtsanwendung besteht darin, einen konkreten *Lebenssachverhalt* rechtlich zu würdigen, anschliessend einer *Rechtsnorm* unterzuordnen, mit dem Ziel, daraus eine bestimmte *Rechtsfolge* abzuleiten. Als Lebenssachverhalt wird alles bezeichnet, was sich tatsächlich im Einzelfall in der Wirklichkeit zugetragen hat. Solche Lebenssach-

---

158   Siehe Tschentscher Axel, S. 173.
159   Art. 261bis des Schweizerischen Strafgesetzbuches.
160   Siehe Tschentscher Axel, S. 174.
161   Siehe 1.6.2.
162   Siehe Tschannen Pierre, S. 400 N 2.
163   Siehe 1.4.2.

verhalte sind zwangsläufig individuell und konkret, d.h. einzelne Personen und ganz bestimmte Ereignisse spielen darin eine Rolle.

Die Rechtsnorm dagegen, die in Verfassung, Gesetz und Verordnung zu finden ist, ist nicht so detailreich wie der Lebenssachverhalt, sondern vielmehr generell-abstrakt, d.h. sie betrifft eine Vielzahl von Personen und passt zu ganz unterschiedlichen Ereignissen.

Die Aufgabe der Rechtsanwendung besteht nun in der Zuordnung des individuell-konkreten Lebenssachverhalts zur generell-abstrakten Rechtsnorm, um eben eine Rechtsfolge zu bestimmen. Die Rechtsanwendung erfolgt durch Verwaltungsbehörden oder durch Gerichte[164].

- Im ersten Schritt wird der *Sachverhalt festgestellt*. Diese Feststellung umfasst die Abklärung der rechtserheblichen Tatsachen, d.h. es geht um die *behördliche* Feststellung, dass sich ein bestimmter Lebensvorgang tatsächlich so und nicht anders zugetragen hat.
- In einem zweiten Schritt erfolgt die *Zuordnung des Sachverhalts zum Tatbestand einer bestimmten Rechtsnorm*. Dabei ist die Auslegung der Rechtsnorm nötig: Die Auslegung der Rechtsnormen erfolgt aufgrund verschiedener Methoden[165].
- Im dritten Schritt schliesslich wird die *Rechtsfolge* bestimmt: Die Rechtsnorm kann die Rechtsfolge entweder eindeutig festsetzen oder der rechtsanwendenden Behörde einen Spielraum einräumen. Dann liegt es im Rechtsfolgeermessen der Behörden, zwischen verschiedenen zur Verfügung stehenden Rechtsfolgen zu wählen[166].

Wie wird nun aber eine Rechtsnorm ausgelegt? Was ist inhaltlich gemeint und damit Sinn einer Rechtsnorm?

1.6.3   Normauslegung

Aufgabe der Normauslegung ist es, den *Sinn* einer Rechtsnorm zu ermitteln. Was meinte und wollte der Gesetzgeber? Um den Sinn einer Norm zu finden, werden traditionell vier Auslegungsmethoden genannt: die *grammatikalische, systematische, historische* und die *teleologische* Auslegung.

Die *grammatikalische Auslegung* stellt auf *Wortlaut* und *Wortsinn* ab. Sie ist Ausgangspunkt jeder Auslegung. Der Gesetzestext ist massgebliches Element der gram-

---

164 Siehe LENDI MARTIN, aus Tafel 7, S. 109.
165 Zur Normauslegung samt Auslegungsmethoden siehe gleich anschliessend.
166 Zum Ermessen siehe 1.6.5.

matikalischen Auslegung. Titel sowie Sachüberschriften und Randtitel sind Bestandteile des Textes und sind bei der Auslegung zu berücksichtigen[167].

Der Sinn der Rechtsnorm bei der *systematischen Auslegung* wird durch ihr *Verhältnis zu anderen Rechtsnormen* und durch den systematischen Zusammenhang, in dem sie sich in einem Gesetz präsentiert, bestimmt. Steht die Rechtsnorm in der Verfassung, in einem Gesetz oder in einer Verordnung? Das stärkste systematische Argument folgt aus der Hierarchie der Normen: Alle Rechtsnormen sind grundsätzlich so auszulegen, dass sie nicht im Widerspruch zu höherrangigen Rechtsnormen geraten: Bundesgesetze müssen den Vorgaben der Bundesverfassung und des Völkerrechts entsprechen und kantonales Recht darf nicht im Widerspruch zum Bundesrecht stehen. Ein kantonales Gesetz darf daher weder der kantonalen Verfassung noch dem gesamten Bundesrecht – Bundesverfassung, Bundesgesetze sowie Verordnungen des Bundesrates – widersprechen[168].

Die *historische Auslegung* stellt auf den Sinn ab, der einer Rechtsnorm *zur Zeit ihrer Entstehung* gegeben worden ist. Eine Rechtsnorm soll so gelten, wie sie vom Gesetzgeber vorgesehen war. Die historische Auslegung besteht allerdings oft in der Analyse des einzelnen Gesetzgebungsvorgangs anhand der Gesetzesmaterialien: Vorentwürfe, Entwürfe, Erläuterungen, Gutachten, Botschaften, Protokolle und stenografische Bulletins zu den parlamentarischen Beratungen. Je jünger ein Gesetz samt Gesetzesmaterialien ist, desto grösser ist ihre Bedeutung[169].

Bei der *teleologischen Auslegung* wird nach dem *Sinn* und *Zweck* der Rechtsnorm gefragt, gesucht wird der objektive Zweck der Rechtsnorm. Da sich dieser häufig nicht explizit im Normtext wiederfindet, hilft es, nach den in Frage stehenden Rechtsgütern bzw. nach den schutzbedürftigen und schutzwürdigen Interessen der Beteiligten oder der Gemeinschaft zu fragen[170]. Beispielsweise die Art. 307 ff. ZGB dienen dem Kindeswohl und sind entsprechend diesem Zweck auszulegen. Auch wenn der Begriff Kindeswohl unterschiedlich verwendet wird, ist nicht völlig unbestimmt, was zum Kindeswohl gehört[171].

Auch wenn Rechtsanwenderinnen und Rechtsanwender in der Regel mit der grammatikalischen Auslegung beginnen und mit der teleologischen enden, ist dies nicht zwingend, denn nach Lehre und Praxis werden die Auslegungsmethoden kombiniert[172].

---

167 Siehe Häfelin Ulrich/Haller Walter/Keller Helen, N 91 ff.
168 Zu den Vorrangregeln bei Normwidersprüchen siehe gleich anschliessend.
169 Siehe Tschentscher Axel, S. 112.
170 Siehe Tschentscher Axel, S. 113.
171 Denn es gibt Kennzeichen und Merkmale, die entweder positiv zum Ausdruck bringen, was zum Kindeswohl gehört, oder negativ erwähnen, was diesem widerspricht.
172 Siehe Häfelin Ulrich/Haller Walter/Keller Helen, N 127 ff.; Tschentscher Axel, S. 114 f.

1.6.4   Vorrangregeln bei Normwidersprüchen

Da die schweizerische Rechtsordnung aus dem Recht des Bundes, der Kantone und
dem Recht der Gemeinden besteht, ergibt sich die Möglichkeit von *Normenkollisionen*
zwischen Bundesrecht und kantonalem Recht, auch wenn die bundesstaatliche Kom-
petenzaufteilung theoretisch lückenlos ist[173]. Normenkollisionen werden durch Vor-
rang- und Verdrängungsregeln gelöst, diese beruhen auf der *Normenhierarchie*, der
Zeitfolge bzw. *Spezialitätsordnung* sowie dem *Bundesstaat*.

Zur *Normenhierarchie*: Nach Stufenbau der Rechtsordnung geht eine Rechtsnorm
höherer Stufe einer Norm tieferer Stufe vor. Das hat zur Folge, dass die Verfassung den
Gesetzen vorgeht und dass diese wiederum den Verordnungen vorgehen[174]. Davon
gibt es eine Ausnahme: Nach Art. 190 BV sind Bundesgesetze und Völkerrecht für
das Bundesgericht und die anderen rechtsanwendenden Behörden massgebend. Das
Bundesgericht und alle Verwaltungsbehörden haben Bundesgesetze und Staatsverträge unabhängig von einer allfälligen Verfassungswidrigkeit anzuwenden. Mit Art.
190 BV soll verhindert werden, dass die richterliche Gewalt sich über die gesetzgebende erheben kann[175].

Die *Zeitfolge* bzw. *Spezialitätsordnung* gilt bei Kollisionen zwischen gleichran-
gigen Rechtsnormen: Die zeitlich jüngere Rechtsnorm geht der zeitlich älteren vor;
die speziellere Rechtsnorm geht der allgemeinen vor: Beispielsweise gehen arbeitsrechtliche Normen des Gleichstellungsgesetzes dem Arbeitsgesetz vor.

Zur *bundesstaatlichen* Normenkollision: Das Nebeneinander von Bundesrecht und
kantonalen Rechtsordnungen führt immer wieder zu Normenkollisionen. Diese werden
durch den Grundsatz «Bundesrecht bricht kantonales Recht» gelöst. Art. 49 Abs. 1 BV
bestimmt denn auch: «Bundesrecht geht entgegenstehendem kantonalem Recht vor.»
Dies bedeutet, dass das Bundesrecht aller Stufen – Bundesverfassung, Bundesgesetze
sowie Verordnungen des Bundesrates – bundesrechtswidriges kantonales und kommunales Recht aufhebt[176]. So geht letztlich eine Bundesratsverordnung einer kantonalen
Verfassung vor. Auch das für die Schweiz massgebliche Völkerrecht geht vor.

Frage zur Normenhierarchie

Kann der Bundesgesetzgeber in einem Bundesgesetz eine Norm verankern, die
der Bundesverfassung widerspricht? Beispielsweise in einem Bundesgesetz eine
Norm erlassen, die das Grundrecht Recht auf Hilfe in Notlagen aushöhlt?

---

173 Siehe Art. 3 BV; siehe 1.2.3.2.
174 Siehe 1.4.2.2.
175 Siehe TSCHANNEN PIERRE, S. 150 ff. N 6 ff.; HÄFELIN ULRICH/HALLER WALTER/KELLER HELEN,
     N 2086 ff.
176 Zum Vorrang des Bundesrechts siehe TSCHANNEN PIERRE, S. 312 ff.

1.6.5 Ermessen

Der Gesetzgeber räumt Verwaltungsbehörden regelmässig einen Handlungsspielraum bei der Anordnung von Rechtsfolgen[177] ein, das sog. Ermessen. Ob Ermessen vorliegt und welche Spielräume damit begründet werden, ist durch Auslegung zu ermitteln[178].

Entschliessungsermessen ist gegeben, wenn eine Rechtsnorm der Behörde freistellt, *ob überhaupt* eine bestimmte Rechtsfolge anzuordnen sei[179]. Der Regierungsrat des Kantons Bern *kann – muss aber nicht –* durch Verordnung oder im Einzelfall das Streikrecht für einzelne Verwaltungsfunktionen und Berufsgruppen einschränken[180]. Beim *Auswahlermessen* ist den Behörden freigestellt, *welche von mehreren gesetzlich vorgesehenen Rechtsfolgen* in einer Rechtsnorm anzuordnen ist, d.h. *eine muss* angeordnet werden[181].

Ermessen ist eine gesetzlich eingeräumte Kompetenz und damit eine Aufgabe der Verwaltung[182]. Die Behörde darf nicht beliebig damit verfahren, sie muss das Ermessen pflichtgemäss ausüben[183]. Wird das Ermessen nicht pflichtgemäss ausgeübt, kann dies blosse *Unangemessenheit* bedeuten oder aber *Rechtswidrigkeit* – je nach Schwere des Fehlers der Behörde.

Von *Unangemessenheit* wird gesprochen, wenn eine Behörde zwar innerhalb des rechtlich eingeräumten Ermessensspielraums bleibt, ihr Ermessen jedoch in einer Weise ausübt, die den Umständen des Einzelfalls nicht gerecht wird und deshalb unzweckmässig ist[184]. Eine *Rechtsverletzung* liegt dann vor, wenn die Behörde das Vorliegen oder die Bedeutung eines Ermessensspielraums verkennt. Die Rechtsverletzung kann als *Ermessensüberschreitung, Ermessensunterschreitung* oder *Ermessensmissbrauch* erfolgen[185]. Beispielsweise ordnet eine Sozialbehörde eine Disziplinarmassnahme an, die gesetzlich gar nicht vorgesehen ist. Oder sie verfügt trotz eingeräumten Ermessens in der Regel schematisch die maximale Dauer, während welcher eine Berechtigung vorübergehend eingestellt werden kann.

Sowohl Unangemessenheit als auch Rechtsverletzungen der Ermessensausübung können *gerügt* werden: Unangemessenheit grundsätzlich im Verfahren der Verwal-

---

177 Zur Stufenfolge der Rechtsanwendung siehe 1.6.2.
178 Siehe Tschannen Pierre/Zimmerli Ulrich, S. 186 N 3 f.
179 Siehe Tschannen Pierre/Zimmerli Ulrich, S. 187 f. N 7.
180 Siehe Art. 12 Abs. 2 des Personalgesetzes des Kantons Bern.
181 Siehe Tschannen Pierre/Zimmerli Ulrich, S. 188 N 8.
182 Siehe 1.5 samt FN 117.
183 Siehe BGE 123 V 150.
184 Siehe Tschannen Pierre/Zimmerli Ulrich, S. 190 N 14.
185 Siehe Tschannen Pierre/Zimmerli Ulrich, S. 190 f. N 15 ff.

tungsbeschwerde, Rechtsverletzungen der Ermessensausübung in allen Verfahren der Verwaltungsrechtspflege[186].

1.7   Verfügung

Die Rechtsanwendung ist eine der Hauptaufgabe der Verwaltung, zentrales Handlungsinstrument zur Regelung von Rechtsverhältnissen im Einzelfall ist die *Verfügung*[187], auch wenn zunehmend konsensuale Handlungsformen wie der verwaltungsrechtliche Vertrag in der Verwaltungspraxis zur Anwendung kommen[188].

1.7.1   Begriff der Verfügung

1.7.1.1   Legaldefinition

Die Legaldefinition des Verfügungsbegriffs befindet sich im Bundesgesetz über das Verwaltungsverfahren (VwVG):

> Art. 5
> [1] Als Verfügung gelten Anordnungen der Behörden im Einzelfall, die sich auf öffentliches Recht des Bundes stützen und zum Gegenstand haben:
> a. Begründung, Änderung oder Aufhebung von Rechten und Pflichten;
> b. ... [...]

Aus dieser Legaldefinition lässt sich der Verfügungsbegriff, der die folgenden sechs Merkmale, die kumulativ gegeben sein müssen, ableiten[189].

1.7.1.2   Anordnung einer Behörde

Behörde ist jede Verwaltungsträgerin des Bundes, eines Kantons oder einer Gemeinde, die mit der Erfüllung öffentlicher Aufgaben betraut ist. Dazu gehören auch öffentlich-rechtliche Anstalten (z.B. die Schweizerische Unfallversicherungsanstalt, SUVA), öffentlich-rechtliche Körperschaften (z.B. Studentenschaft der Fachhochschulen), öffentlich-rechtliche Stiftungen (z.B. Stiftung Sicherheitsfonds BVG) sowie zivilrechtliche Verwaltungsträger (z.B. Berufsverbände, die Lehrabschlussprüfungen durchführen). Wer für die Erfüllung öffentlicher Aufgaben sachlich, örtlich und funktio-

---

186 Siehe TSCHANNEN PIERRE/ZIMMERLI ULRICH, S. 192 N 20 und 23; zu den einzelnen Verfahren siehe 1.9.4.
187 Siehe dazu gleich anschliessend.
188 Siehe 1.8.
189 Siehe TSCHANNEN PIERRE/ZIMMERLI ULRICH, S. 213 ff. N 16 ff.; LIENHARD ANDREAS, Ziff. 6/1.

nal zuständig ist, ist auch zuständig, die damit verbundenen Verwaltungsverhältnisse durch Verfügung zu regeln. D.h. die Verwaltungsbefugnis schliesst die Verfügungsbefugnis ein.

1.7.1.3 Einzelfall

Die Verfügung regelt Rechte und Pflichte im Einzelfall, d.h. für eine einzelne Adressatin oder einen einzelnen Adressaten und mit Blick auf einen bestimmten, zeitlich und räumlich abgrenzbaren Lebenssachverhalt. Sie wirkt daher individuell-konkret[190].

1.7.1.4 Regelung eines Rechtsverhältnisses

Mit der Anordnung einer Behörde werden Rechte und Pflichten zwischen dem Staat und einer Bürgerin oder einem Bürger geregelt, sei es, dass die Behörde in der Verfügung

- Rechte und Pflichten begründet, ändert oder aufhebt oder
- feststellt, inwieweit Rechte oder Pflichten bestehen oder
- Begehren auf Begründung, Änderung, Aufhebung oder Feststellung von Rechten oder Pflichten abweist oder auf sie nicht eintritt.

Die Verfügung ist damit ein Rechtsanwendungsakt.

1.7.1.5 Einseitigkeit

Das Begriffselement der Einseitigkeit zeigt sich darin, dass die Verwaltungsträgerin das Rechtsverhältnis regeln kann, ohne auf das Einverständnis der privaten Person in der Sache angewiesen zu sein[191]. Die Einseitigkeit geht nicht dadurch verloren,

- dass einzelne Verfügungen antrags- oder mitwirkungsbedürftig sind,
- dass die Parteien bei der Feststellung des Sachverhalts gewisse Mitwirkungspflichten haben,
- dass gewisse Verfahren Verhandlungsmomente in sich tragen, beispielsweise die Vereinbarung von individuellen Zielvereinbarungen zwischen einer Sozialbehörde und einer Klientin oder eines Klienten zur Gewährung von persönlicher und wirtschaftlicher Hilfe,
- dass die Parteien im Verwaltungsverfahren Anspruch auf rechtliches Gehör haben[192].

---

190 Dies im Unterschied zu Rechtssätzen, die generell-abstrakt wirken.
191 Nach Tschannen Pierre/Zimmerli Ulrich, S. 218 N 33, wird durch den Anspruch auf rechtliches Gehör und einem ausgebauten Rechtsschutzsystem die allenfalls als störend empfundene Einseitigkeit kompensiert.
192 Siehe Tschannen Pierre/Zimmerli Ulrich, S. 217 f. N 32.

1.7.1.6 Verbindlichkeit

Die Verfügung regelt ein Rechtsverhältnis in *verbindlicher* Weise. Die Verbindlichkeit bedeutet zunächst Rechtswirksamkeit und im weiteren Rechtskraft und Rechtsbeständigkeit.

Rechtswirksamkeit heisst, dass von den Rechten, die durch die Verfügung eingeräumt wurden, befugterweise Gebrauch gemacht werden kann und dass die in der Verfügung festgesetzten Pflichten als Verbindlichkeiten rechtlicher Natur erscheinen[193]. D.h. sowohl die Verwaltung als auch die Privatperson sind gleichermassen an den Verfügungsinhalt gebunden.

Formelle *Rechtskraft* bedeutet, dass die Verfügung mit keinem ordentlichen Rechtsmittel mehr angefochten werden kann, weil beispielsweise die Rechtsmittelfrist unbenutzt abgelaufen ist. Die Verfügung wird mit Eintritt der formellen Rechtskraft vollstreckbar[194].

Rechtsbeständigkeit meint, dass die Verwaltung eine formell rechtskräftige Verfügung nur unter bestimmten Voraussetzungen einseitig aufheben oder zum Nachteil der Adressatin oder des Adressaten abändern darf[195].

1.7.1.7 Abstützung im öffentlichen Recht

Ein Verwaltungsrechtsverhältnis stützt sich auf öffentliches Recht des Bundes (z.B. das Sozialversicherungsrecht), der Kantone (z.B. das Sozialhilfegesetz) oder der Gemeinden.

Vom Verfügungsbegriff zu trennen ist die Frage nach der *Form* der Verfügung.

1.7.2 Form der Verfügung

Die gesetzlichen Anforderungen an die Form der Verfügung finden sich für den Bund in den Art. 34 bis 37 VwVG[196]. Eine Verfügung muss daher bestimmte *Anforderungen* an die *Form* erfüllen[197], dies vor allem zum Schutz der Adressatinnen und Adressaten der Verfügung.

Verfügungen werden grundsätzlich *schriftlich* eröffnet und sie werden auch als Verfügungen bezeichnet.

---

193 Siehe Tschannen Pierre/Zimmerli Ulrich, S. 262 N 3.
194 Siehe Tschannen Pierre/Zimmerli Ulrich, S. 263 N 5 ff.
195 Siehe Tschannen Pierre/Zimmerli Ulrich, S. 264 N 10.
196 Das Verfahren auf Erlass einer Verfügung in den Kantonen oder der Begriff der Verfügung richtet sich grundsätzlich nach kantonalem Recht, wobei diese sich mittlerweile ans Bundesrecht angeglichen haben.
197 Siehe Lienhard Andreas, Ziff. 6/2.3.

Die *verfügende Behörde*, also die Verwaltungsstelle, von der die Verfügung ausgeht (z.B. die Sozialbehörde der Gemeinde X), soll ersichtlich sein. Es muss klar zum Ausdruck gebracht werden, *mit wem* ein Verwaltungsrechtsverhältnis geregelt wird.

Von zentraler Bedeutung ist die *Begründung,* und zwar in einem doppelten Sinn: Einerseits bezweckt die Begründung, dass die Verfügungsadressatin oder der Verfügungsadressat die Entscheidung der Behörde nachvollziehen, die Entscheidung akzeptieren oder sie gegebenenfalls sachgerecht anfechten kann. Andererseits ist die Begründung für die Behörde ein Mittel der Selbstkontrolle, wobei die Behörde verpflichtet ist, eine Verfügung zu begründen[198].

Eine Verfügung enthält das Element der *Verfügungsformel* (auf das Gesuch vom … [Datum] von Frau X. wird eingetreten), die *Kostenfolge*, die *Rechtsmittelbelehrung* sowie die *Eröffnungsformel* (Parteien, denen die Verfügung zu eröffnen ist).

Jede Verfügung wird mit *Datierung* samt *Ortsangabe* und der *Unterschrift* abgeschlossen.

1.8 Vertrag

Zentrales Handlungsinstrument einer Verwaltungsbehörde zur Regelung von Rechtsverhältnissen im Einzelfall ist wie soeben dargelegt die Verfügung, ausnahmsweise werden Verwaltungsrechtsverhältnisse unter bestimmten Voraussetzungen aber auch durch einen *verwaltungsrechtlichen* Vertrag begründet: «Ein verwaltungsrechtlicher Vertrag ist eine Vereinbarung, die auf *übereinstimmender Willenserklärung* von zwei oder mehreren Rechtssubjekten beruht und die *Regelung konkreter Verwaltungsrechtsverhältnisse* zum Gegenstand hat»[199]. Hauptmerkmal des verwaltungsrechtlichen Vertrags ist das konsensuale Zustandekommen – im Gegensatz zur Verfügung, die eine hoheitliche Anordnung ist. Der verwaltungsrechtliche Vertrag regelt verwaltungsrechtliche Rechtsverhältnisse[200].

Der *privatrechtliche* Vertrag dagegen regelt zivilrechtliche Rechtsverhältnisse[201].

1.9 Verfahren

Der Staat hat ein Verwaltungs- und Justizsystem errichtet und das Zivilprozessrecht, Verwaltungsverfahrensrecht, Verwaltungsjustizverfahrensrecht sowie das Strafprozessrecht erlassen, damit Recht vollstreckt werden kann.

---

198 Zum Anspruch auf Begründung siehe 1.9.2.2.
199 Tschannen Pierre/Zimmerli Ulrich, S. 306 f. N 2.
200 Siehe 3.
201 Siehe 3.

1.9.1 Begriffe

Wer an einem Verfahren formell beteiligt ist, gilt als *Partei* im verfahrensrechtlichen Sinne. Das jeweilige Verfahrensgesetz bestimmt die Voraussetzungen, um in einem bestimmten Verfahren Parteieigenschaft haben zu können.

Die *Parteifähigkeit* ist die generelle Voraussetzung, um Partei in einem Verfahren sein zu können. Sie ist das verfahrensrechtliche Gegenstück der Rechtsfähigkeit. Grundsätzlich ist daher parteifähig, wer rechtsfähig ist[202].

Die *Prozessfähigkeit* ist die Berechtigung, einen Prozess als Partei zu führen. Sie ist das verfahrensrechtliche Gegenstück zur Handlungsfähigkeit[203].

Ein weiterer wichtiger Begriff ist die *Rechtskraft*. Ein behördlicher Entscheid ist rechtskräftig, wenn die Rechtsmittelfrist für die Anfechtung eines unterinstanzlichen Entscheids unbenutzt abgelaufen ist oder der behördliche Entscheid letztinstanzlich ist, d.h. gar nicht mehr angefochten werden kann[204].

Die verschiedenen Verfahren werden von unterschiedlichen Grundsätzen geleitet, die als Gegensatzpaare einander gegenüber gestellt werden können[205].

Erstes Gegensatzpaar ist die *Dispositionsmaxime* und *Offizialmaxime*. Hier stellt sich die Frage, *wer* über den Verfahrensgegenstand bestimmen kann.

- Bei der *Dispositionsmaxime können die Parteien über die Einleitung des Verfahrens, seinen Umfang und seine Beendigung selbst entscheiden.* Dementsprechend kann eine Behörde nicht tätig werden, wenn nicht jemand ein entsprechendes Begehren stellt. Die Behörde kann auch nicht mehr zusprechen, als die klägerische Partei verlangt hat, und sie muss das Verfahren einstellen, wenn sich die Parteien darauf geeinigt haben, es nicht mehr weiterzuführen. Die Dispositionsmaxime als verfahrensrechtlicher Ausdruck der Privatautonomie gilt im *Zivilprozess*.
- Bei der *Offizialmaxime wird die Behörde von Amtes wegen tätig*, auch ohne dass die Parteien es wollen. Die Parteien können zwar Anträge stellen, die Behörde kann aber auch anders entscheiden. Die Offizialmaxime gilt im *Verwaltungs-* und *Verwaltungsjustizverfahren* sowie im *Strafprozess*.

Das zweite Gegensatzpaar – der *Verhandlungsgrundsatz* und der *Untersuchungsgrundsatz* – bezieht sich auf die Frage, wer die Tatsachen vorzubringen hat, die dann der Entscheidung zugrunde gelegt werden.

---

202 Zur Rechtsfähigkeit siehe 2.5.2.1.
203 Zur Handlungsfähigkeit siehe 2.5.2.3.
204 Zu den Begriffen siehe SEILER HANSJÖRG, S. 245 ff.
205 Siehe SEILER HANSJÖRG, S. 250 ff.

- Nach dem Verhandlungsgrundsatz, der grundsätzlich im Zivilprozess gilt, bringen die Parteien die Tatsachen vor. Ausnahmsweise gilt der Untersuchungsgrundsatz im Zivilprozess[206].
- Dagegen klärt nach dem Untersuchungsgrundsatz, der grundsätzlich im Verwaltungs- und Verwaltungsjustizverfahren sowie im Strafprozess gilt, die Behörde von Amtes wegen den Sachverhalt ab.

1.9.2 Garantien fairer Verfahren

In allen bundesrechtlichen und kantonalrechtlichen Verfahren gelten aufgrund der Bundesverfassung und Völkerrecht (Art. 5 und 6 EMRK sowie Art. 9 und 14 UNO-Pakt II) *verfassungsrechtliche Verfahrensgrundsätze,* und zwar das Verbot der formellen Rechtsverweigerung, das rechtliche Gehör, die unentgeltliche Rechtspflege sowie die Garantie der verfassungsmässigen Richterin oder des verfassungsmässigen Richters[207].

1.9.2.1 Verbot der formellen Rechtsverweigerung

Das Verbot der formellen Rechtsverweigerung nach Art. 29 Abs. 1 BV besagt, dass jede Person in Verfahren vor Gericht- und Verwaltungsinstanzen *Anspruch auf gleiche und gerechte Behandlung* sowie *Beurteilung innert angemessener Frist* hat. Dieses Verbot wird beispielsweise verletzt, wenn eine in der Sache zuständige Behörde auf ein Rechtsbegehren nicht eintritt. Beispielsweise tritt eine Sozialbehörde auf das Begehren, es sei festzustellen, dass die Sozialhilfebedürftigkeit immer noch gegeben ist, nicht ein.

1.9.2.2 Rechtliches Gehör

Die Parteien haben Anspruch auf rechtliches Gehör (Art. 29 Abs. 2 BV). Dieser Anspruch gibt einer Person, die vom Ausgang eines Verfahrens betroffen ist, folgende Rechte:
- Anspruch auf vorgängige Stellungnahme und Anhörung,
- Recht auf Akteneinsicht,
- Anspruch auf Teilhabe am Beweisverfahren,
- Recht, sich vertreten und verbeiständen zu lassen,
- Anspruch auf einen Entscheid einer zuständigen und richtig zusammengesetzten Behörde,

---

206 Im Arbeitsrecht oder bei Kindesbelangen im Scheidungsrecht.
207 Siehe Seiler Hansjörg, S. 252 ff.; Müller Jörg Paul/Schefer Markus, S. 907 ff.

- Anspruch auf Berücksichtigung der Stellungnahme,
- Ausschöpfung der Kognition[208] sowie
- Begründung des Entscheids[209].

Im Folgenden werden zwei Ansprüche explizit hervorgehoben, und zwar das Recht auf Akteneinsicht sowie die Begründung des Entscheids.

Beim Recht auf Akteneinsicht stellt sich die Frage, in welche Akten ein Einsichtsrecht besteht. Nach neuer Lehre und Praxis stellt

«[j]ede schriftliche oder elektronische Aufzeichnung, welche geeignet ist, der Behörde oder dem Gericht als Grundlage des Entscheids zu dienen, … ein Aktenstück im Sinne des verfassungsrechtlichen Akteneinsichtsrechts dar»[210].

Das bedeutet aber auch, dass die Behörde verpflichtet ist, Akten zu erstellen, d.h. alles muss in den Akten festgehalten werden, was zur Sache gehört[211].

Jeder von einem Entscheid Betroffene hat Anspruch darauf, dass die Entscheidbehörde die *Verfügung* oder das *Urteil begründet*:

«Die Begründung soll dem Betroffenen transparent machen, dass sich die Behörde mit seinen Eingaben und seinen Interessen sorgfältig und ernsthaft auseinandergesetzt hat, und ihn von der Legitimität des Entscheids auch dann überzeugen, wenn seine eigenen Interessen nicht in allen Teilen gewahrt wurden»[212].

Die Begründungspflicht einerseits zwingt die Behörden, sich von jenen Argumenten leiten zu lassen, die einer Nachprüfung standhalten. Andererseits kann der Betroffene, nur wenn er die Gründe der Entscheidbehörde kennt, vor einer übergeordneten Instanz sich dagegen sachgerecht zur Wehr setzen[213]. Ist ein Entscheid mangelhaft begründet, ist er auf Beschwerde hin aufzuheben, denn es genügt in der Regel nicht, dass die Behörde die verfassungsrechtlich erforderliche Begründung erst im Rechtsmittelverfahren «nachschiebt»[214]. Nach Bundesgericht darf eine «IV-Stelle … sich nicht darauf beschränken, die Einwände des Versicherten … zur Kenntnis zu nehmen

---

208 Der Begriff der Kognition bedeutet, mit welchem Massstab die Richterin oder der Richter die vorgebrachten Rügen zu beurteilen hat. D.h. die Richterin oder der Richter muss den ihr oder ihm eingeräumten Massstab ausschöpfen.

209 Siehe MÜLLER JÖRG PAUL/SCHEFER MARKUS, S. 885 ff.

210 MÜLLER JÖRG PAUL/SCHEFER MARKUS, S. 874.

211 BGE 115 Ia 99.

212 MÜLLER JÖRG PAUL/SCHEFER MARKUS, S. 886.

213 Siehe MÜLLER JÖRG PAUL/SCHEFER MARKUS, S. 887 f.

214 Siehe MÜLLER JÖRG PAUL/SCHEFER MARKUS, S. 890.

und zu prüfen, sondern hat in der ablehnenden Verfügung die Gründe anzugeben, weshalb sie diesen nicht folgt oder sie nicht berücksichtigen kann»[215].

1.9.2.3 Unentgeltliche Rechtspflege

Ein weiterer verfassungsrechtlicher Verfahrensgrundsatz ist der Anspruch auf unentgeltliche Rechtspflege nach Art. 29 Abs. 3 BV. Dieser besteht, wenn einerseits eine Partei nicht über die erforderlichen finanziellen Mittel verfügt und andererseits ihr Begehren nicht aussichtslos ist. Der Anspruch besteht grundsätzlich in allen Verfahren und umfasst: die Befreiung von der Pflicht, einen Kostenvorschuss zu bezahlen, sowie eine amtliche Verteidigung, d.h. der Staat bezahlt der Partei eine Anwältin oder einen Anwalt[216]. Sowohl Schweizerinnen und Schweizer wie Ausländerinnen und Ausländer, unabhängig von ihrem Wohnsitz, haben Anspruch auf unentgeltliche Rechtspflege[217].

1.9.2.4 Verfassungsmässige Richterin oder verfassungsmässiger Richter

Die Garantie der verfassungsmässigen Richterin oder des verfassungsmässigen Richters nach Art. 30 Abs. 1 BV besagt, dass jede Person, deren Sache in einem gerichtlichen Verfahren beurteilt werden muss, Anspruch auf *ein durch Gesetz geschaffenes, zuständiges, unabhängiges und unparteiisches Gericht* hat[218].

1.9.2.5 Grundrechte von Angeschuldigten

In einem Strafverfahren sind des Weiteren folgende vier Grundrechte von Angeschuldigten von zentraler Bedeutung, d.h. nach Art. 32 BV, Art. 6 Ziff. 2 und 3 EMRK sowie Art. 14 UNO-Pakt II stehen Angeschuldigten folgende Rechte zu:

- *Recht auf Beizug einer Verteidigerin oder eines Verteidigers*: Jede Angeklagte oder jeder Angeklagter kann sich entweder selbst verteidigen oder eine Verteidigerin oder einen Verteidiger nach ihrer oder seiner Wahl herbeiziehen. In schwierigen Fällen ist der Beizug nicht nur grundrechtlich erlaubt, sondern nach Verfassung und EMRK sogar zwingend geboten[219].
- *Kontakt der inhaftierten angeschuldigten Person mit ihrer Verteidigerin oder ihrem Verteidiger*: Eine inhaftierte angeschuldigte Person hat das Recht, ohne Beaufsich-

---

215 BGE 124 V 180, Regeste.
216 Siehe Seiler Hansjörg, S. 254.
217 Siehe Müller Jörg Paul/Schefer Markus, S. 894.
218 Siehe Müller Jörg Paul/Schefer Markus, S. 927 ff.
219 Siehe Müller Jörg Paul/Schefer Markus, S. 996 f.

tigung und Kontrolle mit ihrer Verteidigerin oder ihrem Verteidiger zu verkehren, damit eine wirksame Verteidigung gewährleistet ist[220].

- *Unschuldsvermutung*: Art. 6 Ziff. 2 EMRK bringt den Grundsatz der Unschuldsvermutung besonders prägnant zum Ausdruck: «Bis zum gesetzlichen Nachweis seiner Schuld wird vermutet, dass der wegen einer strafbaren Handlung Angeklagte unschuldig ist.» Die Schuld der verdächtigen Person ist daher in einem gerichtlichen Verfahren nachzuweisen[221], eine Richterin oder ein Richter darf nur verurteilen, wenn sie oder er bei objektiver Betrachtung keine erheblichen Zweifel an der Unschuld der angeschuldigten Person hat[222], zudem besteht ein Anspruch der angeklagten Person, nicht gegen sich selbst aussagen zu müssen[223].

- *Verbot der Verwertung rechtswidrig erlangter Beweismittel*: Beweismittel, die mit unzulässigen Zwangsmitteln, beispielsweise Folter, beschafft worden sind, sind in jedem Fall unbeachtlich. Das Gleiche gilt bei Verletzung von Vorschriften, damit bestimmte Beweismittel verhindert werden können.

Fragen zu den Verfahrensgrundsätzen
Welche Verfahrensgrundsätze spielen für Sie als Fachperson der Sozialen Arbeit in Ihrer täglichen Arbeit eine Rolle? Welche Schwierigkeiten können sich ergeben?

1.9.3   Verfahren allgemein

Die verschiedenen Gerichte sind hierarchisch in Instanzen gegliedert. Zuerst entscheidet eine untere Instanz, beispielsweise eine kantonale Verwaltungsbehörde, ein unteres kantonales Zivil- oder Strafgericht. Ist eine beteiligte Person mit dem Entscheid nicht einverstanden, kann sie diesen mit einem Rechtsmittel an eine obere Instanz weiterziehen, welche den Entscheid der unteren Instanz überprüft[224]. Die Überprüfungsbefugnis, die sog. Kognition, ist in der Regel beschränkt, d.h. eine Rechtsmittelbehörde überprüft in der Regel Tat- und Rechtsfragen, nicht aber Ermessensfragen, das Bundesgericht in der Regel nur Rechtsfragen.

---

220 Siehe MÜLLER JÖRG PAUL/SCHEFER MARKUS, S. 997 f.
221 Siehe MÜLLER JÖRG PAUL/SCHEFER MARKUS, S. 981.
222 Siehe MÜLLER JÖRG PAUL/SCHEFER MARKUS, S. 981 f.
223 Siehe MÜLLER JÖRG PAUL/SCHEFER MARKUS, S. 983 f.
224 Siehe SEILER HANSJÖRG, S. 238 f. sowie LENDI MARTIN, Tafel 50, S. 195, Tafel 61, S. 217 und Tafel 74, S. 243.

Im Zivil- und Strafrecht erfolgt die Rechtspflege in den unteren Instanzen grundsätzlich durch kantonale Gerichte, als zweite respektive letzte kantonale Instanz entscheiden obere kantonale Gerichte in Zivil- und Strafsachen für den ganzen Kanton. Diese Entscheide letzter kantonaler Instanzen sowie Entscheide des Bundesverwaltungsgerichts[225] und des Bundesstrafgerichts[226] können ans Bundesgericht weitergezogen werden.

Im Verwaltungsrecht erfolgt der erstinstanzliche Vollzug durch kantonale Verwaltungsbehörden[227]. Diese Entscheide können in der Regel an kantonale verwaltungsinterne Beschwerdeinstanzen, anschliessend an ein kantonales Verwaltungsgericht und letztlich ans Bundesgericht[228] weitergezogen werden.

1.9.4 Einzelne Verfahren

1.9.4.1 Zivilrechtspflege[229]

Als streitige Zivilrechtspflege wird das kontradiktorische Verfahren zwischen zwei oder mehreren Parteien vor einem Zivilgericht bezeichnet. Das streitige Zivilverfahren kennt in der Regel zwei Parteien: Die Klägerin oder der Kläger ist diejenige Person, die die Klage erhebt, die Beklagte oder der Beklagte ist die Person, gegen die sich die Klage richtet. In der Regel ist, bevor eine Klage eingereicht werden kann, ein Schlichtungsverfahren vorgesehen: Dieses Verfahren vor dem Friedensrichteramt hat folgende Aufgaben: Schlichten, d.h. es ist zu versuchen, die Parteien vor der Durchführung eines Prozesses auszusöhnen; Abhalten des Klägers oder der Klägerin von der Erhebung offensichtlich unbegründeter Klagen und Abhalten des Beklagten oder der Beklagten vom Bestreiten offensichtlich begründeter Rechtsbegehren; Weisungen erteilen sowie in Bagatellsachen entscheiden[230]. Der ordentliche Prozess wird anschliessend durch eine normalerweise schriftlich verfasste Klage eröffnet: Die Klage wird beim zuständigen Gericht eingereicht, dieses stellt die Klage der beklagten Person zu, damit eine Klageantwort verfasst werden kann. Ein zweiter Schriftenwechsel

---

225 Siehe Art. 75 BGG.
226 Siehe Art. 80 BGG.
227 In einigen Bereichen geschieht der Vollzug von Verwaltungsrecht durch Verwaltungsbehörden des Bundes.
228 Siehe 1.9.5.
229 Bisher gelten die kantonalen Zivilprozessordnungen. Die schweizerische Zivilprozessordnung tritt voraussichtlich am 1. Januar 2011 in Kraft.
230 Siehe Lendi Martin, Tafel 45, S. 185.

wird nur durchgeführt, wenn der Sachverhalt noch nicht klar ist. Anschliessend folgt das Beweisverfahren. Wenn dieses abgeschlossen ist, folgt die Hauptverhandlung. Am Schluss fällt das Gericht das Urteil[231].

1.9.4.2 Strafrechtspflege[232]

Die Zuständigkeit zur Strafverfolgung obliegt grundsätzlich den Kantonen. Als Parteien im Strafverfahren sind die beschuldigte Person, evtl. eine Privatklägerschaft[233] und die Staatsanwaltschaft als Vertretung des öffentlichen Interesses an der Bestrafung aufzuzählen. Das ordentliche Verfahren läuft in folgenden Schritten ab: Im polizeilichen Ermittlungsverfahren klärt die Polizei allfällige strafbare Handlungen ab. Der Untersuchungsrichter, die Untersuchungsrichterin oder die Staatsanwaltschaft prüft dann im Untersuchungsverfahren, ob ein genügender Verdacht besteht; wenn dies bejaht wird, wird eine Untersuchung eröffnet, sonst wird beschlossen, die Sache nicht an die Hand zu nehmen. Führt das Untersuchungsverfahren zum Ergebnis, dass kein Anlass zu einer weiteren Verfolgung besteht, wird das Verfahren eingestellt. Scheint eine strafbare Handlung möglich, so folgt die Anklageerhebung durch die Staatsanwaltschaft ans Gericht. Das Strafgericht führt dann eine Hauptverhandlung durch, wobei ein selbständiges Beweisverfahren durchgeführt werden muss. Nach dem Beweisverfahren folgen die Parteivorträge. Das Hauptverfahren endet mit einem Urteil, d.h. Freispruch oder Schuldspruch und Festsetzung der Strafe[234].

1.9.4.3 Verwaltungsrechtspflege[235]

Im Verwaltungsverfahren mit nachträglicher Verwaltungsgerichtsbarkeit erlässt eine Verwaltungsbehörde, beispielsweise die Sozialbehörde, eine Verfügung[236]. Wer mit der Verfügung nicht einverstanden ist, kann sie mit Beschwerde bei einer übergeordneten Instanz anfechten. Partei im Verwaltungsverfahren ist somit die Adressatin oder der Adressat der Verfügung, die Verwaltungsbehörde ist nicht Partei, sondern eben ver-

---

231 Siehe SEILER HANSJÖRG, S. 257 f.
232 Bisher gelten für die kantonalen Gerichte die kantonalen Strafprozessordnungen, für die Bundes-
    gerichtsbarkeit das Bundesstrafprozessrecht vom 15. Juni 1934. Die schweizerische Strafprozessord-
    nung tritt voraussichtlich am 1. Januar 2011 in Kraft.
233 Durch eine strafbare Handlung verletzte Personen können, wenn sie wollen, sich im Strafverfahren
    als Partei beteiligen; damit erhalten sie Parteirechte.
234 Siehe SEILER HANSJÖRG, S. 260.
235 Für das Verfahren vor kantonalen Verwaltungsbehörden und Verwaltungsgerichten gelten kantonale
    Gesetze; für das Verfahren vor Bundesverwaltungsbehörden gilt Bundesrecht.
236 Zur Verfügung siehe 1.7.

fügende Behörde. Mit Verwaltungsbeschwerde kann gegen die erstinstanzliche Verfügung an eine höhere Verwaltungsbehörde Beschwerde erhoben werden. Gegen diesen Entscheid kann anschliessend die Verwaltungsgerichtsbeschwerde erhoben werden, und zwar an ein verwaltungsunabhängiges Gericht.

1.9.5 Das Bundesgericht

Das Bundesgericht ist die oberste rechtsprechende Behörde des Bundes (Art. 188 BV)[237].

Zivilrecht: Letztinstanzliche kantonale Entscheide in Zivilsachen können beim Bundesgericht mit der Beschwerde in Zivilsachen (Art. 72 ff. BGG) und, soweit diese ausgeschlossen ist, subsidiär mit der Verfassungsbeschwerde angefochten werden[238].

Strafrecht: Als Rechtsmittel gegen strafrechtliche Urteile der Kantone oder des Bundesstrafgerichts ist die Beschwerde in Strafsachen (Art. 78 ff. BGG) zulässig.

Verwaltungsrecht: Gegen Entscheide letzter kantonaler Instanzen und des Bundesverwaltungsgerichts in öffentlich-rechtlichen Angelegenheiten ist die Beschwerde in öffentlich-rechtlichen Angelegenheiten (Art. 82 ff. BGG) zulässig[239].

Subsidiäre Verfassungsbeschwerde: Das Bundesgericht beurteilt Verfassungsbeschwerden gegen Entscheide letzter kantonaler Instanzen (Art. 113 BGG), wobei diese im Verhältnis zur zivilrechtlichen und zur öffentlich-rechtlichen Beschwerde subsidiär ist. Mit der Verfassungsbeschwerde kann die Verletzung verfassungsmässiger Rechte gerügt werden.

Frage zur subsidiären Verfassungsbeschwerde

Kann eine Klientin oder ein Klient in letzter Instanz mit staatsrechtlicher Beschwerde rügen, dass Sie als Sozialarbeiterin oder als Sozialarbeiter ihr oder ihm das rechtliche Gehör vor Erlass der Verfügung nicht gewährt haben?

---

237 Siehe 1.2.3.2.
238 Zu den Rügegründen siehe Art. 95 BGG.
239 Zu den Vorinstanzen siehe Art. 86 ff. BGG; zu den Beschwerdegründen siehe Art. 95 ff. BGG.

2 Die Person in Staat und Recht

(Kurt Pärli)

Haefelin Ulrich, Haller Walter, Keller Helen, Schweizerisches Bundesstaatsrecht. 7. Auflage, Zürich 2008.

Müller, Jörg Paul, Schefer Markus, Grundrechte in der Schweiz. Im Rahmen der Bundesverfassung von 1999, der UNO-Pakte und der EMRK, 2. Auflage, Bern 2007.

Opitz Peter J., Menschenrechte und Internationaler Menschenrechtsschutz im 20. Jahrhundert, München 2002.

2.1 Einleitung

In vielen theoretischen Konzepten Sozialer Arbeit bilden der Mensch und seine Bedürfnisse den Ausgangspunkt. Soziale Arbeit interveniert im Schnittpunkt zwischen Individuum und Umwelt/Gesellschaft/Staat[240]. Dem Individuum stehen die in der Verfassung und im Völkerrecht verbrieften Menschenrechte zu. Die Menschenrechte gelten nach der Definition der International Federation of Social Workers (IFSW) als Wertbasis sozialarbeiterischer Interventionen[241]: «Soziale Arbeit basiert auf humanitären und demokratischen Idealen, und diese Werte resultieren aus dem Respekt vor der Gleichheit und Würde aller Menschen. Seit ihrem Beginn vor einem Jahrhundert hat die professionelle Soziale Arbeit sich auf die menschlichen Bedürfnisse konzentriert und die Entwicklung der Stärken der Menschen vorrangig unterstützt. Menschenrechte und soziale Gerechtigkeit dienen als Motivation für sozialarbeiterisches Handeln. Professionelle Soziale Arbeit ist bemüht, Armut zu lindern, verletzte ausgestossene und unterdrückte Menschen zu befreien, so wie die Stärken der Menschen zu erkennen und Integration zu fördern (…)».

Diese Definition der Wertbasis Sozialer Arbeit konkretisiert die Orientierung an den menschlichen Bedürfnissen durch die Bezugnahme auf Menschenrechte und

---

240 So die Definition der Sozialen Arbeit, die von der IFSW übernommen wurde (General Meeting in Montreal, Kanada Juli 2000); siehe auch Staub-Bernasconi Silvia, 2001, S.1.

241 Siehe www.ifsw.org.

soziale Gerechtigkeit[242]. Soll sich der Bezug auf die Menschenrechte aber nicht auf blosse Rhetorik beschränken, ist eine fundierte Auseinandersetzung mit der rechtlichen Verankerung der Menschenrechte unumgänglich. Aus diesem Grund wird zu Beginn des vorliegenden Kapitels der Schutz des Individuums durch die Menschenrechte (S. 77 ff.) und durch die Verfassung (S. 93 ff.) dargestellt[243].

Der Staat muss grundlegende Rechte allen Menschen gleich gewähren. Davon ausgehend sind Differenzierungen erlaubt und gefordert. Zentrales Element des staatlichen Umgangs mit dem Individuum bilden also die Rechtsgleichheit und das Verbot, Menschen aufgrund bestimmter Merkmale wie Geschlecht, Rasse oder soziale Herkunft zu diskriminieren. Fragen des Rechtsgleichheitsgebots und des Diskriminierungsverbots bilden für die Soziale Arbeit eine zentrale Rahmenbedingung und werden deshalb auf den S. 111 ff. ausführlich thematisiert.

Jeder Staat unterscheidet zwischen Inländern/-innen und Ausländern/-innen und regelt Einreise, Aufenthalt und Ausreise der nicht wohnsitzberechtigten Bevölkerung. Diese Fragen werden auf den S. 105 ff. behandelt.

Abschliessend geht es darum, in der Rechtsordnung den Menschen, den Klienten oder die Klientin, als Person zu erkennen und die relevanten Fragen zu verstehen. Bei der Thematisierung der natürlichen Person geht es um die für die Soziale Arbeit wichtigen Fragen wie die Rechts- und insbesondere die Handlungsfähigkeit. Bedeutsam sind diese Fragen gerade mit Blick auf das Vormundschaftsrecht[244]. Ergänzt wird dieser Abschnitt mit Ausführungen zur juristischen Person, namentlich zum Verein und zur Stiftung (S. 127 ff.).

Das Kapitel wird abgeschlossen mit Ausführungen zum Datenschutz, dem Amts- und Berufsgeheimnis (S. 129 ff.). Diese Themen stehen ebenfalls im Kontext des Verhältnisses des Staates und seiner Institutionen zur Person. Datenschutz stellt zudem eine Konkretisierung des privat- wie verfassungsrechtlichen Persönlichkeitsschutzes dar.

---

242 STAUB-BERNASCONI SILVIA, 2001, S. 1: «Wer dies nicht nur als eine leere, wenn auch wohlklingende Sonntagsformel betrachtet, wird wissen, dass wenn Begriffe wie «Ermächtigung», «Befreiung», «Menschenrechte» oder «soziale Gerechtigkeit» wirklich ernst gemeint sind, sich damit nicht nur eine grosse Herausforderung für die Profession Soziale Arbeit, sondern auch ein grosses Konfliktpotential verbindet. Man kann sich also fragen, ob dieser Definition eine reale soziale Praxis entspricht. Dort zumindest, wo ich den Überblick habe, würde ich dies nicht vorbehaltlos bejahen».

243 Im Bereich des Grundrechtsschutzes enthalten moderne Verfassungen mehr oder weniger identische Bestimmungen wie die Menschenrechtsgarantien in den völkerrechtlichen Menschenrechtsverträgen. Siehe zum Verhältnis «Menschenrechte und Grundrechte» THÜRER DANIEL, 2001, S. 192.

244 Siehe 4.6.

2.2   Person und Menschenrechte

Nach einleitenden Bemerkungen zum Schutz der Menschenrechte im Völkerrecht und zur Geltung im Landesrecht sowie zu den verschiedenen völkerrechtlichen Durchsetzungsmechanismen werden die folgenden für die Soziale Arbeit bedeutenden Menschenrechtsverträge näher vorgestellt[245]:

*   Die Allgemeine Menschenrechtserklärung von 1948
*   Der Internationale Pakt über wirtschaftliche, soziale und kulturelle Rechte
*   Der Internationale Pakt über bürgerliche und politische Rechte
*   Die UN-Antirassismuskonvention
*   Die UN-Kinderrechtskonvention
*   Die Europäische Menschenrechtskonvention
*   Die Europäische Sozialcharta

Die Darstellung der einzelnen Menschenrechtsverträge erfolgt nach einem einheitlichen Raster.

*   Zuerst werden die Inhalte des Vertrages vorgestellt: Welche Menschenrechte werden geschützt?
*   Anschliessend folgen Erläuterungen über die Verpflichtungen, die sich für die Staaten aus den Menschenrechtsverträgen ergeben: Wie müssen die Staaten in ihrem Hoheitsgebiet den Schutz der Menschenrechte sicherstellen?
*   Danach werden die Durchsetzungsmechanismen auf internationaler Ebene erläutert.
*   Abschliessend folgt ein Abriss über die Umsetzung in der Schweiz.

2.2.1   Menschenrechtsschutz

2.2.1.1   Völkerrechtlicher Menschenrechtsschutz

Der internationale Menschenrechtsschutz[246] ist in völkerrechtlichen Verträgen verankert. Völkerrechtliche Verträge sind Verträge zwischen Staaten. Die Vertragsstaaten verpflichten sich gegenseitig, die im Vertrag aufgeführten Menschenrechte zu gewährleisten und die notwendigen Massnahmen dazu vorzunehmen. Nur die Vertragsstaaten werden verpflichtet. Private werden durch die völkerrechtlichen Menschenrechts-

---

245 Von grosser Bedeutung ist auch die Frauenrechtskonvention, dazu siehe die Übersicht unter www.humanrights.ch/home/de/Instrumente/UNO-Abkommen/Frauenrechtskonventionen/content.html (eingesehen am 31.10.2008).

246 Zur Geschichte der politischen Idee der Menschenrechte und ihrer Umsetzung siehe statt vieler HUTTER FRANZ-JOSEF, 2003.

verträge nicht direkt in die Pflicht genommen. Einzelne Bestimmungen sehen indes vor, dass der Staat dafür sorgen muss, dass die Menschenrechte auch unter Privaten wirksam werden.

Die Heterogenität der Auffassungen über Notwendigkeit und Ausmass des Menschenrechtsschutzes macht einen weltweiten Konsens zwischen den Staaten schwierig. Aus diesem Grund ist es den einzelnen Staaten erlaubt, einen Menschenrechtsvertrag zwar grundsätzlich anzuerkennen, jedoch gegenüber einzelnen Vertragsbestimmungen so genannte Vorbehalte anzubringen. Vorbehalte haben zur Konsequenz, dass sich die betreffenden Staaten im Anwendungsbereich der Vorbehalte Handlungsspielräume offen lassen.

2.2.1.2   Geltung der Menschenrechtsverträge im Landesrecht

In der schweizerischen Rechtsordnung bilden Menschenrechtsverträge wie alle übrigen Völkerrechtsverträge Bestandteil des schweizerischen Rechts[247]. Die Ratifikation von völkerrechtlichen Menschenrechtsverträgen durch die Schweiz hat weiter die Bedeutung, dass sich die Schweiz den internationalen Überwachungsmechanismen dieser Verträge unterziehen muss.

Die Folgen der Geltung der völkerrechtlichen Menschenrechtsverträge im Landesrecht bedeutet, dass alle der schweizerischen Rechtsordnung unterworfenen Rechtssubjekte sich in Gerichts- und Verwaltungsverfahren unmittelbar auf diese Rechte beziehen können. Voraussetzung ist allerdings, dass die Bestimmungen in den Menschenrechtsverträgen ausreichend klar und bestimmt sind, um Gegenstand einer richterlichen Beurteilung bilden zu können. Solche Bestimmungen sind so genannt unmittelbar (self-executing) anwendbar.

Viele Menschenrechtsverträge enthalten nicht unmittelbar anwendbare Bestimmungen. Diese richten sich an die Politik, Verwaltung und Justiz. Der Gesetzgeber, die Verwaltung und die Gerichte müssen dafür sorgen, dass der «Geist» des Menschenrechtsvertrages in der nationalen Rechtsordnung umgesetzt wird.

2.2.1.3   Die Durchsetzung der Menschenrechte

Bei der Durchsetzung von Menschenrechten müssen unbedingt zwei Ebenen auseinander gehalten werden. Menschenrechtsschutz ist eine Sache des einzelnen Staates und seines Rechtssystems; das wurde oben ausgeführt. Darüber hinaus und an dieser Stelle relevant ist der Menschenrechtsschutz Aufgabe der internationalen Staaten-

---

247 Siehe Art. 5 Abs. 4 BV: Bund und Kantone beachten das Völkerrecht und Art. 191 Abs. 2 BV: Bundesgesetze und das Völkerrecht sind für das Bundesgericht und die anderen rechtsanwendenden Behörden verbindlich.

gemeinschaft[248]. Die Staaten verpflichten sich in den Menschenrechtsverträgen auch gegenseitig zur Einhaltung der Menschenrechte.

Wie werden die Verpflichtungen dieser Staaten kontrolliert? Internationale Menschenrechtsverträge sehen grundsätzlich die drei folgenden Formen vor:

- Staatenberichtsverfahren,
- Staatenbeschwerdeverfahren,
- Individualbeschwerdeverfahren.

Ergänzt werden diese vertragsbezogenen Verfahren durch eine periodische Prüfung durch den UN-Menschenrechtsrat. Das Staatenberichtsverfahren sieht vor, dass alle Vertragsstaaten periodisch dem zuständigen Ausschuss einen Bericht über den Stand der Verwirklichung der Gewährung der Menschenrechte abliefern müssen. Der zuständige Ausschuss prüft die Staatenberichte und meldet dem Berichtsstaat in der Form eines Reportes seine Einschätzungen und Empfehlungen. Eine grosse praktische Bedeutung haben in diesem Verfahren die so genannten Schattenberichte. Dabei handelt es sich um Berichte unabhängiger Organisationen, die den offiziellen Staatenbericht ergänzen.

Ein Staatenbeschwerdeverfahren bedeutet, dass den Vertragsstaaten das Recht eingeräumt wird, gegen einen anderen Vertragsstaat Beschwerde an einen im Staatsvertrag bezeichnenden Ausschuss zu führen.

Ein Individualbeschwerdeverfahren beinhaltet die Klagemöglichkeit eines Bürgers oder einer Bürgerin gegen den Aufenthaltsstaat. Die Klage ist an das im Menschenrechtsvertrag genannte Organ zu richten und muss eine Verletzung von Vertragsrechten zum Gegenstand haben. Eine weitere Voraussetzung ist die Ausschöpfung aller innerstaatlichen Instanzen.

2.2.2 UN-Menschenrechtserklärung von 1948

2.2.2.1 Inhalte

Die Allgemeine Erklärung der Menschenrechte (AEMR) wurde 1948 nach einem zweijährigen Diskussionsprozess von der UNO-Generalversammlung verabschiedet. Sie setzte den Grundstein für den internationalen Menschenrechtsschutz und ist heute das wohl bekannteste Menschenrechtsdokument überhaupt.

Die AEMR garantiert bürgerliche und politische sowie wirtschaftliche, soziale und kulturelle Rechte. In 30 Artikeln werden die klassischen Freiheitsrechte und der Schutz der menschlichen Person garantiert. Ihnen geht eine Präambel (Einleitung)

---

248 Siehe dazu umfassend: OPTIZ PETER J., 2002.

Allg. Menschenrechtserklärung ist nicht verbindlich,

voraus, die die Beweggründe für die Entstehung der Allgemeinen Erklärung der Menschenrechte und die Ziele der Staatengemeinschaft beschreibt. So werden alle Völker und Nationen und jede Person aufgerufen, sich die Menschenrechtserklärung stets gegenwärtig zu halten und alles beizutragen, um die gemeinsamen Ideale zu erreichen.

2.2.2.2 Verpflichtungen für die Staaten und Durchsetzungskontrolle

Die AEMR von 1948 ist rechtlich unverbindlich. Es fehlt an einer weltweit anerkannten und mit nötiger Macht ausgestalteten Instanz, die für die Durchsetzung und Überwachung zuständig ist. In der Präambel geht sie jedoch von einer «gemeinsamen Auffassung» aller Völker und Mitgliedstaaten der Vereinten Nationen aus, dass die Erfüllung der festgeschriebenen Rechte und Freiheiten von grösster Wichtigkeit ist. Die Allgemeine Menschenrechtserklärung hat demnach nur empfehlenden Charakter, was nicht bedeutet, dass sie keine rechtliche, politische und moralische Bedeutung hat. Ausserdem haben gewisse zentrale Bestimmungen (Folterverbot, Verbot der Sklaverei) den Charakter von Gewohnheitsrecht.

2.2.2.3 Umsetzung in der Schweiz

Alle Staaten anerkennen mit dem UNO-Beitritt die Geltung der Allgemeinen Erklärung der Menschenrechte. Die Schweiz ist am 10. September 2002 der UNO beigetreten[249]. Als Mitglied der Generalversammlung hat sie die Möglichkeit, sich verstärkt für ihre Anliegen, die auch innenpolitische Akzeptanz geniessen, einzusetzen. Ein wichtiges Anliegen der Schweiz ist die Förderung und Wahrung von Frieden und Sicherheit. Weitere thematische Schwerpunkte sind Entwicklungszusammenarbeit und humanitäre Hilfe, internationales Recht (Völkerrecht, Menschenrechte, Kinder und Jugendliche, Frauenrechte, Gleichstellung, Neutralität), Wirtschaft und Soziales[250].

Soziale Arbeit und AEMR

Welche rechtliche Bedeutung hat die Bezugnahme auf die AEMR im Berufskodex des Schweizerischen Berufsverbands Soziale Arbeit?

Können Sie sich vor Gericht (erfolgreich) auf bestimmte Rechte der AEMR berufen?

---

249 Von 1948 bis 2002 war sie Beobachterin bei den Hauptorganen der Vereinten Nationen und ebenfalls Mitglied aller UNO-Spezialorganisationen, vieler Fonds, Programme und Institute.
250 Siehe EDA – Die UNO-Politik der Schweiz auf http://www.eda.admin.ch/sub_uno/g/uno/chun.html (eingesehen am: 31.10.2008)

2.2.3   Antirassismuskonvention

2.2.3.1   Inhalte

Auf dem Hintergrund der Erfahrungen mit der rassendiskriminierenden Politik des deutschen Nationalsozialismus und der (damals) noch praktizierten rassendiskriminierenden Politik des Apartheidsregimes in Südafrika hat die UN-Generalversammlung am 21. Dezember 1965 das «Internationale Übereinkommen zur Beseitigung jeder Form von Rassendiskriminierung» (Rassendiskriminierungskonvention RDK) verabschiedet. 1969 trat das heute von 160 Staaten unterzeichnete Abkommen in Kraft.

Die RDK verbietet jede Diskriminierung aufgrund der Rasse. Die Verwendung des Begriffes «Rasse» ist historisch zu verstehen. Rassen gibt es biologisch betrachtet gar nicht[251]. Das Verbot der Rassendiskriminierung bezieht sich denn folgerichtig darauf, die Existenz von Menschenrassen zu konstruieren. Art. 1 RDK definiert Rassendiskriminierung als «jede auf der Rasse, der Hautfarbe, der Abstammung, dem nationalen Ursprung oder dem Volkstum beruhende Unterscheidung, Ausschliessung, Beschränkung oder Bevorzugung, die zum Ziel oder zur Folge hat, dass dadurch ein gleichberechtigtes Anerkennen, Geniessen oder Ausüben von Menschenrechten und Grundfreiheiten im politischen, wirtschaftlichen, sozialen, kulturellen oder jedem sonstigen Bereich des öffentlichen Lebens vereitelt oder beeinträchtigt wird».

In Art. 5 der RDK werden bestimmte Bereiche exemplarisch aufgeführt, für die jede Ungleichbehandlung aufgrund der Rasse, Hautfarbe, des nationalen Ursprungs oder Volkstums verboten ist. Erwähnt werden u.a. das Recht auf Gleichbehandlung vor Gerichten, das Recht auf Sicherheit und Schutz vor Gewalt, die politischen Rechte sowie Bürgerrechte wie das Recht auf Gedankens-, Gewissens- und Religionsfreiheit. Aufgeführt sind in der Liste weiter das Recht auf gleiches Entgelt für gleiche Arbeit sowie das Recht auf «*Zugang zu jedem Ort oder Dienst, der für die Benutzung durch die Öffentlichkeit vorgesehen ist, wie Verkehrsmittel, Hotels, Gaststätten, Cafés, Theater und Parks» (Art. 5 lit. f. RDK)*.

Die unterschiedliche Behandlung von Personen mit ausländischer Staatsangehörigkeit fällt nicht in den Regelungsbereich der Antirassismus-Konvention (Art. 1 Abs. 2 RDK). Die Unterscheidung zwischen eigenen und fremden Staatsangehörigen ist danach erlaubt, jedoch dürfen die in den Menschenrechtsverträgen anerkannten Rechte und Freiheiten nicht ausgehöhlt werden.

---

251 Zur Problematik des Begriffs «Rasse» siehe GÖKSU TARKAN, 2003, S. 8 ff.

2.2.3.2   Verpflichtungen für die Staaten

Die RDK verlangt von den Vertragsstaaten hauptsächlich, einerseits eine Politik der Beseitigung jeder Form von Rassendiskriminierung zu verfolgen und anderseits konkret jede Rassendiskriminierung zu verbieten und namentlich Rechtsschutz für Opfer rassistischer Diskriminierung sicherzustellen (Art. 2 RDK). Die Verbreitung rassistischer Ideologien soll nach Art. 4 RDK als strafbare Handlung erklärt werden.

2.2.3.3   Durchsetzungsmechanismen

Das Übereinkommen sieht für die Überwachung der von den Vertragsstaaten übernommenen Verpflichtungen sowohl das übliche Berichterstattungsverfahren (Art. 9) als auch ein fakultatives Individualbeschwerdeverfahren vor (Art. 14 RDK). Bevor die betroffenen Personen oder Personengruppen an den für die Beschwerden zuständigen Ausschuss gelangen, müssen sie den innerstaatlichen Instanzenzug durchlaufen haben und dabei auf nationaler Ebene keine Genugtuung erlangt haben[252]. Die Entscheide des Ausschusses sind keine rechtlich verbindlichen Urteile, haben jedoch zumindest autoritativen Rechtsfeststellungscharakter. Sie wirken sensibilisierend auf das Rechtsempfinden. Die Gerichte haben sie in ihrer Entscheidfindung einzubeziehen.

2.2.3.4   Umsetzung in der Schweiz

Die RDK ist in der Schweiz seit dem 29. Dezember 1994 in Kraft[253]. Seit dem 19. Juni 2003 hat die Schweiz auch das Individualbeschwerdeverfahren anerkannt. Bis heute ist kein Verfahren gegen die Schweiz nach Art. 14 RDK eingeleitet worden.

Die wichtigste Verpflichtung aus der RDK bildet(e) die Einführung von strafrechtlichen Massnahmen, u.a. gegen die Verbreitung von rassendiskriminierenden Ideen und gegen das Aufreizen zu Rassendiskriminierung (Art. 4 Lit. a–c RDK). Die Schweiz ist dieser Forderung mit der Einführung von Art. 261bis Strafgesetzbuch (StGB) nachgekommen, was vom RDK-Ausschuss in den abschliessenden Bemerkungen zum ersten Staatenbericht positiv zur Kenntnis genommen wurde[254].

Die RDK sieht präventive Massnahmen gegen Rassismus und zur Verwirklichung einer diskriminierungsfreien Gesellschaft vor. Die Schweiz ist diesen Verpflichtungen mit der Schaffung der Eidgenössischen Kommission gegen Rassismus (EKR)[255] und der Fachstelle für Rassismusbekämpfung (FRB)[256] nachgekommen.

---

252 Spenlé, Christoph, 2002, S. 7.
253 BBl 1992 III 269 ff.
254 Concluding Observations of the Committee on the Elimination of Racial Discrimination, Switzerland, 30/03/98/CERD/C/304/Add.44 (Concluding Observations/Comments), N 4.
255 Siehe www.edi.admin.ch/ekr/ (eingesehen am 25.11.2008)
256 Siehe www.edi.admin.ch/frb/ (eingesehen am 25.11.2008)

Frage zum Nutzen der Rassendiskriminierungskonvention
Angenommen, Sie sind als städtische/r Integrationsbeauftragte/r tätig. Welche
Impulse können Sie für Ihre Arbeit der RDK entnehmen?
Sie erfahren, dass an einem Dorffest mit behördlicher Genehmigung Personen
aus dem Balkan kein Zutritt gewährt wird. Wie ist dieses Verhalten im Lichte der
RDK zu würdigen?

2.2.4 Internationaler Pakt über wirtschaftliche, soziale und kulturelle Rechte («Pakt I»)

2.2.4.1 Inhalte

Der Internationale Pakt über wirtschaftliche, soziale und kulturelle Rechte (IPwskR)
verankert grundlegende wirtschaftliche, soziale und kulturelle Rechte. Dazu gehören
Arbeitsrechtrechte wie das Recht auf Arbeit (Art. 6), das Recht auf gerechte und günstige Arbeitsbedingungen (Art. 7) und die Koalitionsfreiheit (Art. 8). Garantiert sind
ferner das Recht auf soziale Sicherheit (Art. 9), das Recht auf einen angemessenen
Lebensstandard (Art. 11) und das Recht auf Gesundheit (Art. 12). In kultureller Hinsicht sind das Recht auf Teilnahme am kulturellen Leben; Kunstfreiheit; wissenschaft-
liche Rechte: Recht auf Teilnahme am wissenschaftlichen Fortschritt, Forschungsfrei-
heit; Schutz des geistigen Eigentums gewährt (Art. 15).

Zentrale Bedeutung hat auch das Recht auf Bildung. Nach Art. 13 Abs. 1 lit. a
IPwskR müssen die Staaten den Grundschulunterricht unentgeltlich und obligatorisch anbieten. Zum Hochschulunterricht hält Art. 13 Abs. 1 lit. c IPwskR fest, dieser
müsse durch die allmähliche Einführung der Unentgeltlichkeit «allgemein verfügbar
und jedermann gleichermassen zugänglich sein».

2.2.4.2 Verpflichtungen für die Staaten

Der IPwskR verpflichtet die Vertragsstaaten, «unter Ausschöpfung aller [ihrer] Möglichkeiten Massnahmen zu treffen, um nach und nach mit allen geeigneten Mitteln,
vor allem durch gesetzgeberische Massnahmen», die im Pakt enthaltenen Menschenrechte zu verwirklichen (Art. 2 Abs. 1)[257].

---

257 Idealtypisch spricht man beim Pakt über wirtschaftliche, soziale und kulturelle Rechte von Menschenrechten zweiter Generation; es würden Leistungsrechte, die auf der Grundlage sozialistischer
Grundrechtstheorie beruhen, garantiert. Siehe dazu KÜNZLI JÜRG, 1997, S. 105.

Die Vertragsstaaten müssen die einzelnen Garantien nicht sofort in vollem Umfang erfüllen. Sie unterliegen indes einer progressiven Implementierungspflicht. Sie müssen die geeigneten Massnahmen zur schrittweisen Verwirklichung der Rechte aus IPwskR ergreifen[258]. Aus der progressiven Implementierungspflicht wird auch das Verbot abgeleitet, ohne ausreichende sachliche Gründe einen einmal erreichten Stand bei der Verwirklichung der Paktrechte wieder rückgängig zu machen.

2.2.4.3 Durchsetzungsmechanismen

Zur Überwachung der Einhaltung der garantierten Rechte kennt IPwskR kein Individualbeschwerde- oder Untersuchungsverfahren, sondern lediglich das Berichtsprüfungsverfahren. Die Vertragsstaaten müssen in periodischen Abständen Berichte über die zur Umsetzung der in den Pakten garantierten Rechte getroffenen Massnahmen und erzielten Fortschritte vorlegen.

2.2.4.4 Umsetzung in der Schweiz

Die Schweiz ratifizierte den IPwskR am 18. Juni 1992. In der Botschaft des Bundesrates wird die Unterzeichnung von Menschenrechtspakten der UNO als Instrument der Aussenpolitik bezeichnet[259]. Einen direkten Einfluss auf die schweizerische Rechtsordnung habe der Pakt nicht, da die Schweiz alle gewährleisteten Rechte verwirkliche. Der Bundesrat war der dezidierten Auffassung, die Vorschriften des Paktes richteten sich ausschliesslich an die Gesetzgeber der Vertragsstaaten, Einzelpersonen würden keine subjektiven Rechte vermittelt. Allenfalls könne sich ein Richter «in einem gegebenen Fall zur Gesetzesauslegung an einer Vertragsvorschrift orientieren»[260].

Der erste Staatenbericht der Schweiz zur Umsetzung des internationalen Paktes über wirtschaftliche, soziale und kulturelle Rechte erfolgte am 18. September 1996. Der zweite und dritte Bericht der Schweiz wurde im April 2008 eingereicht (zum Stand des Verfahrens siehe: http://www.seco.admin.ch).

258 www.humanrights.ch, Rubrik MR-Abkommen der UNO, Internationaler Pakt über wirtschaftliche, soziale und kulturelle Rechte (IPwskR, Sozialpakt).
259 BBl 1991, S. 1195–1196.
260 BBl 1991, S. 1202.

soz. Fortschritt zu fördern; Wahrung der demokratischen Sicherheit

- CH tritt 1963 dem Europarat bei u. unterzeichnet 1974 die EHRK

> Fragen
>
> Welche politische und welche rechtliche Bedeutung kommt dem IPwskR im Zusammenhang mit Sparmassnahmen im Sozialbereich zu?
>
> Kann das Recht auf Hochschulbildung bei der Erhöhung von Semestergebühren an Fachhochschulen und Universitäten geltend gemacht werden? Suchen Sie dazu einschlägige Bundesgerichtsurteile unter www.bger.ch.
>
> Lesen Sie den aktuellen Staatenbericht der Schweiz zum IPwskR und suchen Sie nach für die Soziale Arbeit relevanten Themen (den Staatenbericht finden Sie unter www.seco.admin.ch).

Organe = Europäischer Gerichtshof, Ministerkomitee, Parlamentarische Versammlung, Kongress der Gemeinden u. Regionen, Kommissar für Menschenrechte

2.2.5 Internationaler Pakt über bürgerliche und politische Rechte («Pakt II»)

2.2.5.1 Inhalte

Der Internationale Pakt über bürgerliche und politische Rechte (IPbpR) verankert die bürgerlichen und politischen Rechte. Sie garantieren im Sinne der Demokratie die klassischen freiheitlichen Abwehrrechte gegenüber dem Staat und die demokratischen Mitwirkungsrechte («Die Freiheit vom Staat und die Freiheit zum Staat»).

Zu diesen Rechten gehören Rechte aus dem inneren Lebenskreis einer Person wie das Recht auf Leben, das Verbot der Folter oder grausamer, unmenschlicher oder erniedrigender Behandlung oder Strafe, das Verbot der Sklaverei, das Verbot der Pflicht- und Zwangsarbeit und das Recht auf persönliche Freiheit. Verschiedene Rechte nehmen den Staat zur Gewährung fairer und gleicher Behandlung und Verfahren in die Pflicht. Garantiert sind weiter die Meinungs- und Informationsfreiheit sowie die Versammlungs-, Vereinigungs- und Koalitionsfreiheit.

Der IPbpR enthält in Art. 26 auch ein allgemeines Diskriminierungsverbot. Das Gesetz soll wirksam jede Diskriminierung verbieten, insbesondere aufgrund der Rasse, der Hautfarbe, des Geschlechts, der Sprache, der Religion, der politischen oder anderer Anschauung, der nationalen oder sozialen Herkunft, des Vermögens, der Geburt oder des sonstigen Status.

2.2.5.2 Verpflichtungen für die Staaten

Jeder Vertragsstaat verpflichtet sich, die Paktrechte zu achten und wirksam zu schützen (Art. 2 Ziff. 1 und 2 IPbpR). Weiter ist ein wirksamer Rechtsschutz für den Fall vorgesehen, dass die Rechte einer Person verletzt worden sind (Art. 2 Ziff. 3 IPbpR).

Art. 3 IPbpR schliesslich verpflichtet die Vertragsstaaten *«die Gleichberechtigung von Frau und Mann bei der Ausübung aller in diesem Pakt vorgesehenen bürgerlichen und politischen Rechte sicherzustellen».*

2.2.5.3   Durchsetzungsmechanismen

Der IPbpR sieht als völkerrechtliche Kontrollmechanismen ein Berichtsverfahren, die Staatenbeschwerde und ein Individualbeschwerdeverfahren vor. Das Verfahren der Staatenbeschwerde wird kaum genutzt.

Die unterzeichnenden Staaten sind verpflichtet, alle fünf Jahre einen Staatenbericht vorzulegen. Ein aus 18 Mitgliedern bestehender Ausschuss für Menschenrechte prüft die Berichte nach Massgabe *«eines konstruktiven Dialogs mit den Vertragsstaaten»* und verfasst einen Bericht mit abschliessenden Stellungnahmen zuhanden des Vertragsstaates. Schliesslich ermächtigt Art. 40 Abs. 4 IPbpR den Menschenrechtsausschuss, «ihm geeignet erscheinende» allgemeine Bemerkungen zu veröffentlichen.

Gemäss Art. 1 des Fakultativprotokolls zum IPbpR können Einzelpersonen den zuständigen Ausschuss für Menschenrechte mit der Klage anrufen, ein Staat (der das Fakultativprotokoll unterzeichnet haben muss) habe Paktrechte verletzt. Dieses Individualbeschwerdeverfahren wird intensiv genutzt. Über 1200 Fälle sind dem Ausschuss zwischen 1976 und 2005 zur Entscheidung vorgelegt worden[261]. Rund einem Drittel der Beschwerden wird stattgegeben.

2.2.5.4   Umsetzung in der Schweiz

Die Schweiz hat sowohl den IPwskR wie auch den IPbpR vor allem aus aussenpolitischen Motiven ratifiziert[262]. Mit dem Beitritt zu den Pakten wurde nicht das Ziel verfolgt, den Menschenrechtsschutz in der Schweiz auszubauen[263].

Aus diesem Grund hat die Schweiz zum allgemeinen Diskriminierungsverbot nach Art. 26 IPbpR einen Vorbehalt angebracht. Auch hat die Schweiz das Fakultativprotokoll zum Individualbeschwerdeverfahren nicht unterzeichnet. Im schweizerischen Recht bestehende Ungleichbehandlungen, etwa aufgrund des Geschlechts, können deshalb nicht im Rahmen eines Individualbeschwerdeverfahrens an den zuständigen Beschwerdeausschuss eingeklagt werden.

---

261 http://www.bayefsky.com/bytheme.php/index/article (eingesehen am 29.11.2008).

262 Die Ratifikation erfolgte am 18. Juni 1992, der IPwskR ist in Kraft seit dem 18. September 1992 (SR 0.103.2).

263 Botschaft betreffend den Beitritt der Schweiz zu den beiden internationalen Menschenrechtspakten von 1966 vom 30. Januar 1991, Bundesblatt (BBl) 1991 I, S. 1190.

Fragen zum IPbpR

Könnte ein/e Sozialhilfeempfänger/in sich gegen die Verpflichtung zur Teilnahme an einem Beschäftigungsprogramm darauf berufen, das im IPbpR verankerte Verbot der Zwangsarbeit sei verletzt? Begründung?

Was spricht aus der Sicht der Sozialen Arbeit für und was gegen den Vorbehalt, den die Schweiz zum Diskriminierungsverbot in Art. 26 IPbpR angebracht hat?

Welche Gründe sprechen für und welche gegen den Beitritt der Schweiz zum Fakultativprotokoll über ein Individualbeschwerdeverfahren?

2.2.6 UN-Kinderrechtskonvention

2.2.6.1 Inhalte

Die KRK verleiht dem Kind[264] die Eigenschaft als Rechtssubjekt und gesteht ihm somit die Fähigkeit zur Selbständigkeit zu. Kinder sollen dabei angemessen geschützt und unterstützt werden, damit sie ihre Persönlichkeit entfalten können. Zu diesem Zweck garantiert die KRK den Kindern Rechte und berücksichtigt bei deren Ausgestaltung das besondere Schutzbedürfnis der Kinder. Absolut zentral und deshalb vorrangig ist das Kindeswohl nach Art. 3. Die Massnahmen zur Verwirklichung der Rechte der Kinder haben sich ausschliesslich am Wohl des Kindes zu orientieren[265].

Entscheidungen werden nicht gänzlich dem Kind überlassen, sondern Art. 5 verankert das Recht und die Pflicht der Eltern, das Kind «in einer seiner Entwicklung entsprechenden Weise angemessen zu leiten und zu führen.» Der Wille des Kindes (Art. 12) und das Kindswohl verlangen jeweils eine Güterabwägung nach objektiven Kriterien. Zu den Verpflichtungen allgemeiner Natur gehört auch das Diskriminierungsverbot nach Art. 2 KRK. Kinder dürfen nicht wegen ihrer Rasse, ihrer Hautfarbe, ihres Geschlechts, ihrer Herkunft usw. unterschiedlich behandelt werden.

2.2.6.2 Verpflichtungen für die Staaten

Zur Verwirklichung der in der KRK enthaltenen Rechte sind die Vertragsstaaten «unter Ausschöpfung ihrer verfügbaren Mittel» verpflichtet, «alle geeigneten Gesetzgebungs-, Verwaltungs- und sonstigen Massnahmen» zu treffen (Art. 4).

---

264 Nach Art. 1 KRK ist jeder Mensch ein Kind, der das 18. Lebensjahr resp. die Volljährigkeit noch nicht erreicht hat.

265 Siehe dazu 4.6.2.2.

Das Kindswohl ist Interpretationsmaxime und ist bei allen Massnahmen vorrangig zu berücksichtigen (Art. 3 Abs. 1). Die Rechte und Pflichten der Eltern sind dabei vom Staat zu achten (Art. 3 Abs. 2). Nach Art. 42 verpflichtet sich der Vertragsstaat, die Grundsätze und Bestimmungen der KRK durch «geeignete und wirksame Massnahmen [...] allgemein bekannt zu machen».

2.2.6.3   Durchsetzungsmechanismen

Die KRK sieht weder ein Individual- noch ein Staatenbeschwerdeverfahren vor. Sie kennt lediglich das Berichterstattungsverfahren. Die Vertragsstaaten sind aufgefordert, innerhalb von zwei Jahren nach Ratifikation und danach alle fünf Jahre einen Bericht über die Umsetzung der in der KRK verkündeten Rechte zu erstellen (Art. 44 KRK). Neben den getroffenen Massnahmen sollen auch die Umstände und die Schwierigkeiten bei der Umsetzung der Konvention aufgezeigt werden. Die Überwachung der KRK ist dem Ausschuss, der aus zehn unabhängigen Experten/Expertinnen besteht, übertragen (Art. 43 KRK).

2.2.6.4   Umsetzung in der Schweiz

Am 24. Februar 1997 ratifizierte die Schweiz das Übereinkommen über die Rechte des Kindes. Sie brachte verschiedene Vorbehalte an, u.a. zu Art. 7 (Recht auf Staatsbürgerschaft) und Art. 10 Abs. 1 (Erwerb der schweizerischen Staatsangehörigkeit) an.

Einzelne Bestimmungen der KRK sind nach der Rechtsprechung des Bundesgerichts unmittelbar anwendbar (self-executing), so das Recht auf Kenntnis der Abstammung in Art. 7 Abs. 1 KRK. Das Bundesgericht hat entschieden, im Lichte der KRK gehe der Anspruch, die leiblichen Eltern zu kennen und entsprechend die im Zivilstandsregister überdeckten Eintragungen einzusehen, den gegenteiligen Interessen der Eltern vor[266].

Fragen zur KRK

In vielen Sonderschulen sind überdurchschnittlich viele Kinder ausländischer Herkunft vertreten. Kann in diesem Kontext das Diskriminierungsverbot nach Art. 2 KRK unmittelbar rechtlich und/oder politisch eine Rolle spielen?

Gemäss KRK soll das Wohl des Kindes bei allen das Kind betreffenden Massnahmen die Maxime staatlichen Handelns bilden. Entspricht die schweizerische Rechtsordnung diesem Gebot?

---

266   BGE 128 I 63, Erw. 2–5.

2.2.7 Europäische Menschenrechtskonvention

2.2.7.1 Inhalte

Die Europäische Menschenrechtskonvention (EMRK) wurde am 4. November 1950 vom Europarat verabschiedet. Sie steht den Mitgliedstaaten zum Beitritt offen[267].

Die EMRK lässt sich mit dem Internationalen Pakt über bürgerliche und politische Rechte (IPbpR) vergleichen. Sie enthält zunächst die sogenannten Freiheitsrechte (Recht auf Leben, Verbot der Folter, Recht auf Achtung des Privatlebens, usw.). Weiter garantiert die EMRK ausgewählte politische Rechte (Meinungsfreiheit, Versammlungs- und Vereinigungsfreiheit sowie das Wahlrecht). Besonders praxisrelevant sind die justizbezogenen Rechte (Art. 5 und 6 EMRK), insbesondere auch das aus verschiedenen Einzelgarantien bestehende Recht auf ein faires Verfahren. In einem Zusatzprotokoll ist das Recht auf Eigentum verankert.

2.2.7.2 Verpflichtungen für die Staaten

Nur gerade ein Artikel äussert sich zu den Verpflichtungen der Staaten, in diesem ist indes alles mit der nötigen Klarheit gesagt:

> *EMRK Art. 1 Verpflichtung zur Achtung der Menschenrechte*
> *Die Hohen Vertragsparteien sichern allen ihrer Hoheitsgewalt unterstehenden Personen die in Abschnitt I bestimmten Rechte und Freiheiten zu.*

Die Staaten dürfen die meisten der in der EMRK garantierten Rechte unter restriktiven Voraussetzungen auch einschränken. So steht beispielsweise zum des in Art. 8 Abs. 1 EMRK verankerten Recht auf Achtung des Privat- und Familienlebens in Art. 8 Abs. 2 EMRK: «*Eine Behörde darf in die Ausübung dieses Rechts nur eingreifen, soweit der Eingriff gesetzlich vorgesehen und in einer demokratischen Gesellschaft notwendig ist für die nationale oder öffentliche Sicherheit, für das wirtschaftliche Wohl des Landes, zur Aufrechterhaltung der Ordnung, zur Verhütung von Straftaten, zum Schutz der Gesundheit oder der Moral oder zum Schutz der Rechte und Freiheiten anderer*».

Keiner Einschränkung zugänglich sind das Folterverbot (Art. 3 EMKR) und das Verbot der Sklaverei und Leibeigenschaft (Art. 4 Abs.1 und Abs. 2 EMRK).

2.2.7.3 Durchsetzungsmechanismen

Das in Art. 34 EMRK ff. vorgesehene Individualbeschwerdeverfahren ist einzigartig im System des internationalen Menschenrechtsschutzes. Die Entscheide des Europäischen Gerichtshofes für Menschenrechte (EGMR) sind rechtsverbindlich[268]. Die

---

267 VILLIGER MARK, 1999, N 9.
268 Art. 46 EMRK.

Arbeit des Gerichtshofes hat wesentlich zu einem demokratischen und den Menschenrechten und Grundfreiheiten verpflichteten Europa beigetragen[269].

2.2.7.4   Umsetzung in der Schweiz

Die EMRK ist für die Schweiz seit 1974 in Kraft. Die materiellen Bestimmungen der EMRK sind für die Schweiz grösstenteils unmittelbar anwendbar. Sie können als verfassungsmässige Rechte vor Gericht angerufen werden[270].

Die Ratifikation der EMRK und die Rechtsprechung der Strassburgerorgane haben zu bedeutenden Änderungen in vielen Bereichen des schweizerischen Rechts geführt, namentlich im Bereich Strafuntersuchung und Strafvollzug[271], aber auch im Familienrecht und Sozialversicherungsrecht.

Fragen zur EMRK

Lesen Sie Art. 6 EMRK. Was sind «zivilrechtliche Ansprüche» im Sinne dieser Bestimmung? Inwiefern spielt diese Bestimmung für Verfahren in der Sozialhilfe und im Bereich Vormundschaft/Kindesschutz eine Rolle?

Art. 5 EMRK nennt die Bedingungen des rechtmässigen Freiheitsentzuges. Vergleichen Sie die aufgeführten Gründe mit denjenigen nach Art. 397a ZGB über den fürsorgerischen Freiheitsentzug. Was fällt Ihnen auf?

2.2.8   Europäische Sozialcharta

2.2.8.1   Inhalte

Die Europäische Sozialcharta (ESC) von 1961 und die revidierte Europäische Sozialcharta (revESC) von 1996 können als eine Ergänzung zur EMRK bezeichnet werden[272]. Sie enthält die in der EMRK so nicht enthaltenen wirtschaftlichen, sozialen und kulturellen Rechte. Sie bildet damit das europäische Pendant zum Internationalen Pakt über wirtschaftliche, soziale und kulturelle Rechte.

---

269 VILLIGER MAKR, 1999, N 16.
270 HAEFELIN ULRICH, HALLER WALTER, KELLER HELEN, 2008, N 1078.
271 THÜRER DANIEL, 2001, N 36.
272 1996 verabschiedete der Europarat die revidierte Sozialcharta, die bisherige Änderungen und Ergänzungen der Charta in einem einzigen Text zusammenfasst und zusätzliche Garantien gewährt, u.a. einen Anspruch auf diskriminierungsfreie Gewährung der Charta-Rechte. Der Text der Charta und zahlreiche weitere Dokumente finden sich beim Internetauftritt des Europarates, siehe http://www. coe.int/T/d/Menschenrechte/Sozialcharta/ (eingesehen am 25.11.1008).

2.2.8.2 Verpflichtungen der Staaten

Zu jedem der wirtschaftlichen, sozialen und kulturellen Rechte enthält die ESC detaillierte Beschreibungen über die Verpflichtungen der Staaten zur Verwirklichung dieser Rechte.

Zum in Art. 14 ESC verankerten Recht auf Inanspruchnahme sozialer Dienste verpflichten sich die Vertragsstaaten u.a. zur Förderung und Schaffung von sozialen Diensten *«unter Anwendung der Methoden der Sozialarbeit»*.

2.2.8.3 Durchsetzungsmechanismen

Die ESC enthält kein Individualbeschwerdeverfahren. Das Berichtprüfungsverfahren ist das einzige Durchsetzungsinstrument. Die periodisch abzuliefernden Staatenberichte werden vom Europäischen Ausschuss für Sozialrechte geprüft.

2.2.8.4 Umsetzung in der Schweiz

Die Schweiz hat die ESC nicht ratifiziert. Das Parlament hat die Ratifikation mehrfach abgelehnt[273]. Die ESC bildet also nicht Teil des schweizerischen Rechts. Die Schweiz ist eines der wenigen Europaratsmitglieder, das der ESC nicht beigetreten ist. Der Berufsverband der Sozialen Arbeit «Avenir social» hat Ende 2008 eine Kampagne zur Ratifizierung der ESC bzw. der revESC gestartet (siehe dazu: Sozialaktuell, 9/2008, S. 57).

2.2.9 Würdigung der Internationalen Menschenrechtsverträge für die Soziale Arbeit

2.2.9.1 Die drei Verpflichtungsebenen

Die staatlichen Verpflichtungen, wie sie sich aus den internationalen Menschenrechtsverträgen ergeben, können wie folgt unterteilt werden[274]:

* Unterlassungspflichten,
* Schutzpflichten,
* Leistungspflichten.

Die Unterlassungspflichten bedeuten, dass der Staat selbst in all seinen Handlungen die in den Menschenrechtsverträgen garantierten Rechte respektieren muss.

---

273 Siehe dazu Fanzun Jon, Ein politisches Trauerspiel. Fast 30 Jahre nach der Unterzeichnung hat die Schweiz die Europäische Sozialcharta noch immer nicht ratifiziert, in: St. Galler Tagblatt, 23. Dezember 2004.

274 Die Dreiteilung der staatlichen Verpflichtungen in Unterlassungspflichten, Schutzpflichten und Leistungspflichten wird insbesondere von den Kommentatoren des IpwskR und der ESC vertreten, so namentlich von Asbjorn Eide, 2001, S. 133–148.

Die Schutzpflichten verlangen vom Staat, aktiv dafür zu sorgen, dass die Menschenrechte nicht verletzt werden und dass gegen Menschenrechtsverletzungen wirksamer Rechtsschutz zur Verfügung steht. Zu den Schutzpflichten des Staates gehört auch, mit geeigneten Mitteln dafür zu sorgen, dass die Menschenrechte nicht von Privaten verletzt werden.

Zu den Leistungspflichten schliesslich zählen die Aufgaben des Staates, durch gestaltende Massnahmen dafür zu sorgen, dass die Bürgerinnen und Bürger in den vollen Genuss der Menschenrechte kommen. Solche Massnahmen bestehen in der Ausrichtung kompensatorischer Leistungen, wie sie die Sozialrechte vorsehen (Anspruch auf Hilfe und Unterstützung). Leistungspflichten verlangen vom Staat jedoch auch strukturverändernde Massnahmen wie die Förderung der Gleichstellung zwischen Frauen und Männern oder die Herstellung von Chancengleichheit der Menschen beim Zugang zu Bildung.

Alle Verpflichtungsschichten bergen für die Soziale Arbeit ein beachtliches Potenzial. Eine Auswirkung ist unmittelbar rechtlicher Art. Menschenrechtsverträge vermitteln Klientinnen und Klienten zum Teil (insbesondere die EMRK) unmittelbar rechtlich durchsetzbare Ansprüche. Darüber hinaus enthalten die Menschenrechtsverträge auch Ermächtigungen und Aufträge für die Lancierung sozialgestaltender Massnahmen.

2.2.9.2   Sozialrechtliches Potenzial der EMRK

Trotz der Verankerung vorwiegend bürgerlicher und politischer Rechte enthält die EMRK ein beachtliches sozialrechtliches Potenzial. So fallen auch sozialrechtliche Ansprüche nach einem Urteil des Europäischen Menschenrechtsgerichtshofes (EGMR) unter die Eigentumsgarantie, wie sie im Zusatzprotokoll zur Europäischen Menschenrechtskonvention verbrieft ist[275].

Dem Urteil lag folgender Sachverhalt zugrunde: Die isländische Regierung wollte zwecks Sanierung eines Rentenfonds durch eine Gesetzesänderung die Kriterien des darin enthaltenen Invaliditätsbegriffs mittels Ausschluss der bisher rentenbegründenden Berufsinvalidität so abändern, dass im Ergebnis eine kleine Gruppe von 15 % der Rentenbezüger/innen ihre laufenden Renten vollständig verloren hätte. Der EGMR entschied, dass eine auf Beiträgen beruhende Invalidenrente im Rahmen einer Gesetzesrevision nicht völlig entzogen werden dürfe, insbesondere wenn dadurch in diskriminierender Weise bloss eine Minderheit der Rentner/innen zur finanziellen Gesundung der Rentenversicherung herangezogen wird.

Der Gerichtshof legte in diesem Entscheid Leitlinien für eine menschenrechtskonforme Reform von Rentenversicherungen vor. Grundlage für den Entscheid bilden

---

275 Europäischer Menschenrechtsgerichtshof, Urteil vom 12. Oktober i. S. Asmundson gegen Island
       (Application No. 60669/00, Quelle: http:cmiskp.chr.ecoe.int/tkp197, eingesehen am: 25.11.2008).

einerseits die bereits genannte Eigentumsfreiheit nach Art. 1 des 1. Zusatzprotokolls zur EMRK (1. ZP zur EMRK) und das Diskriminierungsverbot nach Art. 14 EMRK.

2.3 Der Schutz der Person durch die Verfassung

Nach einleitenden Worten über den Schutz der Person als Verfassungsaufgabe wird in diesem Unterkapitel vorerst der Begriff der Grundrechte geklärt und danach eine Einteilung der Grundrechte vorgenommen, ehe einzelne Grundrechte näher erläutert werden. Gestützt auf diese Ausführungen werden anschliessend erläutert:

- Die Verwirklichung der Grundrechte
- Die Einschränkung der Grundrechte
- Rechtsschutz bei Grundrechtsverletzungen
- Die Bedeutung der Grundrechte für die Soziale Arbeit

2.3.1 Schutz der Person als Verfassungsaufgabe allgemein

In der Verfassung[276] spiegeln sich die zentralen Wertentscheidungen einer Gesellschaft. Die Verfassung ist deshalb mehr als bloss eine rechtliche Ordnung, sie ist auch Spiegel kulturellen Erbes sowie Ausdruck eines kulturellen Entwicklungsstandes[277]. Als oberste nationalstaatliche Rechtsquelle bildet und bietet die Verfassung damit Richtschnur für alles staatliche Handeln. Die schweizerische Verfassung enthält im Wesentlichen vier tragende Grundprinzipien: das rechtsstaatliche, demokratische, föderalistische und sozialstaatliche Element[278]. Ausdruck der Rechtsstaatlichkeit ist die Rechtsgebundenheit jeder staatlichen Tätigkeit (Art. 5 BV). Die Rechtsnormen, an die der Staat gebunden ist, müssen zudem elementaren Anforderungen an die Gerechtigkeit, Gleichheit und Freiheit genügen, was durch die Grundrechte garantiert wird. Das sozialstaatliche Element kommt bereits in der Präambel der BV zum Ausdruck:

… und dass die Stärke des Volkes sich misst am Wohl der Schwachen.

Der Schutz «der besonders Schutzbedürftigen» wird in der Verfassung durch die zahlreichen Kompetenznormen zur Errichtung der Sozialversicherungen oder zum Schutze bestimmter Personengruppen verankert (siehe die Art. 108–120 BV).

---

276 Zur «Verfassung» siehe auch 1.4.2.1.
277 HAEBERLE PETER, 2001, S. 17.
278 HAEFELIN ULRICH, HALLER WALTER, KELLER HELEN, 2008, N 168.

> Frage zur Verfassung
> Welche verfassungsrechtliche Bedeutung hat die Selbstverantwortung? Lesen Sie
> dazu Art. 6 BV.

2.3.2 Der Grundrechtskatalog der BV

2.3.2.1 Zum Begriff der Grundrechte[279]

Nach einer allgemein anerkannten Definition sind Grundrechte[280]:

Die von der Verfassung gewährleisteten grundlegenden Rechte des Einzelnen gegenüber dem Staat.

Grundrechtsverpflichtet ist nach dieser Definition der Staat. Träger/in des Grundrechts und damit grundrechtsberechtigt sind die Einzelnen. Grundrechte sind nicht nur die klassischen so genannten Freiheitsrechte, die einen Schutz vor staatlichen Eingriffen in die Freiheitssphäre garantieren, sondern auch Ansprüche an den Staat wie derjenige auf rechtsgleiche Behandlung, Verfahrensgarantieren sowie politische und soziale Rechte.

2.3.2.2 Einteilung der Grundrechte

Die einzelnen Grundrechte sind in den Art. 7–34 BV aufgeführt. Die Art. 35 und 36 regeln die Verwirklichung und die Einschränkung von Grundrechten. Die Auflistung der Grundrechte lässt keine offensichtliche Systematik erkennen. Immerhin lässt sich aus der Verankerung des Schutzes der Menschenwürde in Art. 7 BV erkennen, dass der Menschenwürdeschutz als eigentliche «Speerspitze» des Grundrechtsschutzes betrachtet werden kann und deshalb eine Sonderstellung im Grundrechtskatalog einnimmt. Der Schutz der Menschenwürde ist einerseits ein eigenständiges Grundrecht, andererseits bietet er Orientierung für die Auslegung anderer Grundrechte und schliesslich ist der Menschenwürdeschutz gleichsam «Programm» für jede staatliche Tätigkeit.

Die weiteren Grundrechte in den Art. 7–34 BV werden in der Grundrechtslehre teilweise nach Freiheits-, Sozial- und Verfahrensrechten unterschieden[281]. Typische Freiheitsrechte wären demnach bspw. die Kunstfreiheit (Art. 21 BV) oder die Nieder-

---

279   Zum Verhältnis Menschenrechte/Grundrechte siehe THÜRER DANIEL, 2001, N 33–37.
280   HAEFELIN/HALLER/KELLER, 2008, N 205.
281   HAEFELIN/HALLER/KELLER, 2008, N 209 ff.

Freiheits -, Sozial und Kollektivrechte

lassungsfreiheit (Art. 24 BV), während das Grundrecht auf Hilfe in Notlagen (Art. 12 BV) als ein Sozialrecht und der Anspruch auf rechtliches Gehör (Art. 29 Abs. 2 BV) als ein Verfahrensrecht zu bezeichnen wären. Diese Unterteilung nimmt Bezug auf die in internationalen Menschenrechtsverträgen vorgenommene Aufteilung in bürgerlich/politische und wirtschaftliche, kulturelle und soziale Rechte und geht von der heute allerdings überkommenen Vorstellung aus, dass die Freiheitsrechte vom Staat ein blosses Unterlassen verlangen, wogegen die Sozialrechte staatlicher Leistungen bedürfen. Wie bei in internationalen Menschenrechtsverträgen verankerten Rechten erwachsen dem Staat vielmehr aus den einzelnen Grundrechten verschiedene «Verwirklichungspflichten» (siehe dazu oben, S. 88 und unten, S. 98).

2.3.2.3 Sozialziele als nicht rechtlich durchsetzbare «Rechte»

In Art. 41 BV werden soziale Zielsetzungen aufgelistet. Diese sind vor allem als Richtlinien für den Gesetzgeber und andere politische Instanzen gedacht. Sie sollen Schritt für Schritt umgesetzt werden.

Klagbare Rechte entstehen aus Art. 41 BV jedoch nicht. Das ergibt sich aus Abs. 1: «in Ergänzung zu persönlicher Verantwortung und privater Initiative»; in Abs. 3: «im Rahmen … ihrer verfügbaren Mittel» und in Abs. 4: «Aus den Sozialzielen können keine unmittelbaren Ansprüche auf staatliche Leistungen […]».

Fragen zu den Grundrechten und Sozialzielen

Welche Zusammenhänge bestehen zwischen den sozialen Grundrechten, den Sozialzielen und den völkerrechtlichen Verpflichtungen der Schweiz im Rahmen des Internationalen Paktes für wirtschaftliche, soziale und kulturelle Rechte?

Ist das Recht auf Bildung ein Grundrecht, ein Sozialziel oder ein Menschenrecht?

2.3.3 Ausgewählte Grundrechte

2.3.3.1 Anspruch auf persönliche Freiheit

Nach Art. 10 Abs. 2 hat jeder Mensch Anspruch auf persönliche Freiheit. Nach der bundesgerichtlichen Rechtsprechung schützt dieses Grundrecht «alle Freiheiten, die elementare Erscheinungen der Persönlichkeitsentfaltung darstellen»[282]. Grundsätzlich elementare Erscheinungen der Persönlichkeitsentfaltung sind nach dem Text von Art.

---

282 BGE 118 IA 305, 315; 123 I 112, 118.

10 Abs. 2 BV die körperliche Integrität, die geistige Unversehrtheit und die Bewegungsfreiheit. Eine allgemeine Handlungsfreiheit ist hingegen im Grundrecht der persönlichen Freiheit nicht enthalten[283]. Die eigene Freiheit ist immer im Kontext der Freiheit der Mitmenschen zu sehen.

Im Zusammenhang mit sozialer Arbeit spielt das Grundrecht der persönlichen Freiheit eine wichtige Rolle bei der Frage, ob Hilfe notfalls auch gegen den Willen einer Person geleistet werden darf oder sogar werden muss. Das Bundesgericht musste diese Frage bei Fällen von Zwangsmedikation entscheiden[284]. *Die Zwangsbehandlung ist ein Eingriff in das Grundrecht der persönlichen Freiheit und bedarf einer gesetzlichen Grundlage, ein öffentliches Interesse und die Verhältnismässigkeit muss gewahrt werden.*

Das Wegweisungsurteil des Bundesgerichts

Aus: «Der Bund», 27. Januar 2006: Das Bundesgericht hat am 25. Januar 2006 zum umstrittenen «Wegweisungsartikel» des bernischen Polizeigesetzes Stellung genommen. Die Bestimmung erlaubt, «störende» Personen aus dem öffentlichen Raum wegzuweisen und mit einem «Rayonverbot» zu belegen. Das Bundesgericht lehnte die Beschwerde ab. Der Artikel verletze die Weggewiesenen nicht in ihrer Menschenwürde, befand das Bundesgericht. Er verstosse auch nicht gegen das Diskriminierungsverbot, denn das Rayonverbot sei gegen die Weggewiesenen allein wegen ihres Verhaltens und nicht wegen anderer Merkmale ausgesprochen worden. Allerdings greifen die Wegweisungen gemäss Bundesgericht in die Versammlungsfreiheit der Betroffenen ein. Dieser Grundrechtseingriff lasse sich jedoch rechtfertigen. Für die Wegweisungen bestehe ein öffentliches Interesse, da allgemein bekannt sei, dass sich Passanten gestört fühlen würden. Die Bundesrichter befanden weiter, dass die Wegweisungen verhältnismässig seien, zumal den Betroffenen nicht grundsätzlich verboten werde, sich im Bahnhof und den umliegenden Gebieten aufzuhalten. Auch die dreimonatige Dauer des Rayonverbotes erachtet das Gericht als sinnvoll und angemessen. Das Urteil fiel mit vier gegen eine Stimme. Etwas anders als seine vier bürgerlichen Richterkollegen sah es der sozialdemokratische Richter Fonjallaz. Er verglich die Wegweisung mit der Verbannung im Mittelalter und gab zu bedenken, dass Alkoholkranke sowie Arbeits- und Obdachlose oft keinen anderen Ort hätten, um sich zu treffen, als den Bahnhof. Dem Rechtsstaat, so erklärte er, stünden doch im Umgang mit Randgruppen andere Mittel offen, insbesondere sozialmedizinische Interventio-

---

283 HAEFELIN/HALLER/KELLER, 2008, N 377.
284 BGE 124 I 41 ff.

nen. Dennoch hielt auch Fonjallaz den Wegweisungsartikel grundsätzlich für verfassungskonform, er legte nur die Latte etwas höher. Bei Leuten, die sich aggressiv gebärdeten und Passanten belästigten, sei der Wegweisungsartikel ein Mittel, das im öffentlichen Interesse liege. Bei Leuten, die lediglich Lärm machten und Unrat produzierten, aber nicht. Im Fall der 13 Beschwerdeführer rügte Fonjallaz einen ungenügend abgeklärten Sachverhalt, für die Rechtfertigung der Wegweisung sah er kein öffentliches Interesse[285].

Frage: Welche Aufgaben kommen der Sozialen Arbeit bei der Aufrechterhaltung von Ruhe und Ordnung im öffentlichen Raum zu? Wo sind die Gemeinsamkeiten und wo die Unterschiede zu den Aufgaben und Rollen der Polizei?

2.3.3.2 Anspruch auf Hilfe in Notlagen[286]

Der Anspruch auf Hilfe in Notlagen wurde mit der Verfassungsrevision von 1999 in die Verfassung aufgenommen. Vorher bestand der Anspruch bereits als so genannt ungeschriebenes Grundrecht. Erstmals anerkannte das Bundesgericht 1995, das Recht auf Sicherung der Existenz sei ein Menschenrecht, das allen Menschen und damit auch ausländischen Staatsangehörigen ungeachtet ihres Anwesenheitsstatus zustehe[287].

Das Grundrecht beinhaltet keinen Anspruch auf ein bestimmtes Existenzminimum[288]. Das zeigt sich aus dem Verfassungstext, der wie folgt lautet:

Wer in Not gerät und nicht in der Lage ist, für sich zu sorgen, hat Anspruch auf Hilfe und Betreuung und auf die Mittel, die für ein menschenwürdiges Dasein unerlässlich sind.

Anspruch besteht also nur auf die Mittel, die für ein menschenwürdiges Dasein absolut notwendig sind. Diese Mittel dürfen den Bedürftigen in keinem Fall entzogen werden, auch bei selbstverschuldeter Bedürftigkeit nicht[289]. Der Anspruch besteht aber nur, wenn die zumutbare Selbsthilfe ausgeschöpft ist. Nach der bundesgerichtlichen Rechtsprechung gehört dazu die Teilnahme an einem Beschäftigungsprogramm, soweit dies zur Vermeidung der Notlage dient[290].

---

285 Den vollständigen Text des Urteils finden Sie unter www.bger.ch (Fall 1P.579/2005/ggs).
286 Siehe dazu auch Kapitel 4.
287 BGE 121 I 362, Erw. 2d.
288 MÜLLER/SCHEFER, 2007, S. 771.
289 MÜLLER/SCHEFER, 2007, S. 776.
290 BGE 130 I 71.

[handschriftliche Notiz: → Rechtsträger ist jeder Mensch nicht nur Schweizer, ist Sozialrecht]

2.3.3.3 Recht auf Ehe und Familie

Unter der Ehefreiheit nach Art. 14 BV ist das Recht zu verstehen, unbeeinträchtigt von staatlichen Einschränkungen eine Ehe eingehen zu können und eine Familie zu gründen. Nicht gegen die Ehefreiheit verstösst die fehlende Möglichkeit der Eheschliessung durch gleichgeschlechtliche Paare[291]. Das gilt nach der bundesgerichtlichen Rechtsprechung auch für die Anerkennung von im Ausland geschlossenen Ehen gleichgeschlechtlicher Paare[292]. Nach neuerer Praxis des Europäischen Menschenrechtsgerichtshofs schützt die Ehefreiheit nach Art. 12 EMRK transsexuelle Paare[293]. Diese Rechtsprechung wird auch Einfluss auf die Auslegung der Ehefreiheit in der BV haben[294].

2.3.3.4 Niederlassungsfreiheit

Die Niederlassungsfreiheit erlaubt allen Schweizerbürgerinnen und Schweizerbürgern, sich an jedem Ort der Schweiz niederzulassen oder aufzuhalten und den bisherigen Niederlassungsort wieder zu verlassen. Auch das Recht, jederzeit in die Schweiz einzureisen und jederzeit aus der Schweiz auszureisen, ist in der Niederlassungsfreiheit enthalten.

Die Niederlassungsfreiheit schützt nur Schweizer Bürgerinnnen und Schweizer Bürger. Allerdings haben Ausländerinnen und Ausländer mit einer starken familiären Bindung nach Art. 8 EMRK (Anspruch auf Privat- und Familienleben) einen menschenrechtlichen Anspruch auf Anwesenheit in der Schweiz. Zudem kann ein Anspruch auf Aufenthalt aus staatsvertraglichen Abkommen entstehen. Das betrifft insbesondere das Freizügigkeitsabkommen (FZA) der Schweiz mit der EG im Rahmen der bilateralen Verträge[295].

Auf die Niederlassungsfreiheit können sich insbesondere auch Personen berufen, die sich in einer Notlage befinden und Anspruch auf Sozialhilfeleistungen haben[296].

2.3.3.5 Verfahrensrechte[297]

Von den Verfahrensrechten in den Art. 29–33 BV sind die Ansprüche auf rechtliches Gehör nach Art. 29 Abs.2 BV[298] und die Verbote der Rechtsverweigerung, Rechtsverzögerung und des überspitzten Formalismus (Art. 29 Abs.1 BV) hervorzuheben. Diese

---

291 BGE 126 II 245.
292 BGE 119 II 264, Erw. 4.
293 Siehe die Referenz in Fn 8 ff. bei MÜLLER/SCHEFER, 2007, S. 227.
294 MÜLLER/SCHEFER, 2007, S. 104.
295 Zu den Auswirkungen des FZA auf das Sozialversicherungsrecht siehe Kapitel 4.
296 Zu den Einschränkungen im Bereich Asylsuchende siehe Kapitel 4.5.5.
297 Zum Verfahrensrecht siehe Kapitel 1.8.
298 Zur Bedeutung des Anspruchs auf rechtliches Gehör im Bereich Sozialhilfe siehe PÄRLI KURT, 2005, S. 28–29.

Rechte sollen verhindern, dass die Individuen in Verfahren mit staatlichen Behörden zu Objekten herabgewürdigt werden. Notwendigerweise ergänzt werden diese Rechte in Art. 29 Abs. 3 BV durch den Anspruch auf unentgeltliche Rechtspflege und unentgeltlichen Rechtbeistand, soweit die Voraussetzungen dafür erfüllt sind (Notwendigkeit der Vertretung, Bedürftigkeit und Nichtaussichtslosigkeit des Rechtsbegehrens).

Fragen zu einzelnen Grundrechten

Der Anspruch auf rechtliches Gehör (Art. 29 Abs. 2 BV) findet sich auch in den Richtlinien der Konferenz für Sozialhilfe (SKOS). Welche Bedeutung hat das rechtliche Gehör in den übrigen Bereichen Sozialer Arbeit? Muss auch eine private Beratungsstelle rechtliches Gehör gewähren?

Wie steht es mit der Niederlassungsfreiheit von bevormundeten Personen?

Lesen Sie den gesamten Grundrechtskatalog in den Art. 7 bis 34 BV. Welche Rechte sind inwiefern für die Soziale Arbeit wichtig?

2.3.4 Verwirklichung der Grundrechte

2.3.4.1 Grundrechtsträger/innen

Dem Wortlaut der einzelnen Grundrechte ist nicht immer präzise zu entnehmen, wer Grundrechtsträger oder Grundrechtsträgerin ist. In einzelnen Bestimmungen steht «alle Menschen», in anderen hingegen «jede Person» oder es steht lediglich «wer». Die Frage, wer Grundrechtsträger/in ist, muss folglich für jedes Grundrecht einzeln geklärt werden. In Frage kommen je nach Grundrecht und Grundrechtsgehalt sowohl natürliche wie juristische Personen. Für Letztere besteht beispielsweise der Anspruch auf Rechte wie die Wirtschaftsfreiheit oder die Eigentumsgarantie.

Bei der Garantie der Grundrechte an natürliche Personen werden zum Beispiel die Niederlassungsfreiheit (Art. 24 BV) und der Schutz vor Ausweisung, Auslieferung und Ausschaffung (Art. 25 BV) auf Schweizerinnen und Schweizer beschränkt. Die politischen Rechte (Art. 136-142 BV) schliesslich stehen zumindest auf Bundesebene nur Schweizerinnen und Schweizern zu.

2.3.4.2 Grundrechtsverpflichtete

Nach Art. 35 Abs. 1 BV müssen die Grundrechte in der ganzen Rechtsordnung zur Geltung kommen. Dieser Imperativ bedeutet, dass die ganze Rechtsordnung, das ganze Rechtsleben vom «Geist der Grundrechte» getragen sein soll.

Wer staatliche Aufgaben wahrnimmt, ist nach Art. 35 Abs. 2 BV an die Grundrechte gebunden und verpflichtet, zu ihrer Verwirklichung beizutragen. Diese Verpflichtung betrifft alle drei staatlichen Gewalten. Die Exekutive (Regierung, Verwaltung) muss die Grundrechte bei all ihren Tätigkeiten, dem Vollzug von Rechts- und Verwaltungsvorschriften, der Beurteilung verwaltungsinterner Rekurse und beim Erlass von Verwaltungsverordnungen beachten. Die Grundrechtsbindung betrifft die Justiz, die grundrechtswidrige Erlasse und Entscheide korrigieren muss. Gebunden ist schliesslich auch der Gesetzgeber.

Auch Private, die staatliche Aufgaben wahrnehmen, sind an die Grundrechte gebunden. Gerade für den Sozialbereich entfaltet diese Grundrechtsverpflichtung eine grosse Wirkung. Zahlreiche soziale Aufgaben werden im Auftrag vom und gegen Entschädigung durch den Staat von Privatorganisationen wahrgenommen. Sie sind bei der Ausübung dieser Tätigkeit an die Grundrechte genau so gebunden wie der Staat selbst.

2.3.4.3   Die Drittwirkung der Grundrechte

Mit dem Konzept «Grundrechtsverpflichtung für den Staat – Grundrechtsberechtigung für die Privaten» kann die Rechtsordnung den Schutz der Person nicht angemessen garantieren. Die Geschichte genauso wie die Gegenwart zeigen, dass die Gefährdung menschlicher Würde und Freiheit oft nicht (allein) vom Staat, sondern ebenso von mächtigen Privaten ausgeht. Die Frage lautet also, ob denn die Grundrechte nicht nur im Verhältnis zwischen den Privaten und dem Staat, sondern ebenso zwischen Privaten gelten (sollen).

Die direkte Drittwirkung würde bedeuten, dass sich Private unmittelbar auf die Grundrechte berufen könnten. Um einer Privatperson die Verwirklichung ihres Grundrechtsanspruchs gegenüber einer anderen Privatperson zu gewähren, müsste der Staat in deren Grundrechte eingreifen.

Die BV sieht keine direkte Drittwirkung vor. Hingegen beinhaltet Art. 35 Abs. 3 BV eine indirekte Drittwirkung. Die Bestimmung lautet:

Die Behörden sorgen dafür, dass die Grundrechte, soweit sie sich dazu eignen, auch unter Privaten wirksam werden.

Unter «Behörden» sind sowohl die Gerichts- und Verwaltungsbehörden wie auch der Gesetzgeber zu verstehen. Der Gesetzgeber ist aufgerufen, wo möglich und sinnvoll die Grundrechtspostulate mit Wirkung unter Privaten im Gesetz zu verankern. Besonders geeignet für die Drittwirkung der Grundrechte sind Bereiche wie das Miet- oder Arbeitsrecht, da sich hier in der Regel Machtungleichgewichte offenbaren.

2.3.4.4 Die drei Wirkungsebenen der Grundrechte

Die Grundrechte entfalten ihre Wirkung auf drei Ebenen[299]:
*   justiziable Wirkung,
*   programmatische Wirkung,
*   flankierende Wirkung.

Die justiziable Wirkung bedeutet, dass ein Grundrecht vor Gericht angerufen werden kann, ohne dass es dafür eine konkretisierende Gesetzesbestimmung braucht.

Über die justiziable Schicht hinaus enthalten Grundrechte weitere Postulate. Diese haben für den Gesetzgeber «Programmcharakter». Er ist aufgerufen, durch gesetzgeberische Massnahmen für die volle Verwirklichung der Grundrechte zu sorgen. Bei einzelnen Grundrechten steht der «Programmaspekt» sogar im Vordergrund, so bspw. in Art. 11 BV. Dieser Artikel will Kindern und Jugendlichen besonderen Schutz gewähren. Die Bestimmung ist für sich alleine zu wenig bestimmt, um Grundlage einer richterlichen Entscheidung bilden zu können. In ihrer programmatischen Schicht verpflichtet sie aber den Gesetzgeber, dafür zu sorgen, dass Kindern und Jugendlichen besonderer Schutz zukommt.

Die flankierende Wirkung entfalten die Grundrechte in der verfassungskonformen Auslegung, insbesondere unbestimmter Rechtsbegriffe und Generalklauseln.

2.3.5 Einschränkung von Grundrechten

2.3.5.1 Die Eingriffsschranken nach Art. 36 BV[300]

Grundrechte gelten nicht schrankenlos. Ein staatlicher Eingriff in die Grundrechte ist nach Art. 36 BV an die folgenden vier kumulativ zu erfüllenden Voraussetzungen gebunden:
*   gesetzliche Grundlage,
*   öffentliches Interesse und Grundrechtsinteressen Dritter,
*   Verhältnismässigkeit,
*   keine Verletzung des Kerngehaltes.

Diese in der Verfassung genannten Kriterien eignen sich nur für die Prüfung der Rechtmässigkeit der Beschränkung von Freiheitsrechten. Für Grundrechte wie die Rechtsgleichheit und das Diskriminierungsverbot wie auch für die sozialen Grundrechte sind andere Kriterien zur Beurteilung einer Grundrechtsverletzung anzuwenden. Der

---

299 Siehe dazu MÜLLER/SCHEFER, 2007, S. 633–635.
300 Siehe dazu auch 1.5.2.

Staat darf die Rechtsgleichheit nicht «einschränken», vielmehr müssen die Kriterien für die Vornahme einer Differenzierung einer objektiven Überprüfung standhalten. Ähnliches gilt für die Beschränkung sozialer Grundrechte.

2.3.5.2   Gesetzliche Grundlage und öffentliches Interesse

Der Kerngehalt eines Grundrechts ist unantastbar (Art. 36 Abs. 4 BV). Der Kerngehalt eines Grundrechts ist durch Orientierung am Menschenwürdegebot (Art. 7 BV) zu ermitteln. Grundrechte dürfen nicht völlig unterdrückt werden[301]. Menschenunwürdige Anordnungen sind dem Staat ausnahmslos untersagt.

Das Erfordernis einer gesetzlichen Grundlage liegt darin begründet, dass Eingriffe in die Grundrechte einer demokratischen Legitimation bedürfen[302]. Die gesetzliche Grundlage muss vom zuständigen Organ erlassen worden sein und das dafür vorgesehene Verfahren muss ebenfalls eingehalten worden sein. Die Einschränkung muss klar aus dem Gesetz ersichtlich sein, d.h. «so präzise formuliert sein, dass der Bürger sein Verhalten danach richten und die Folgen eines bestimmten Verhaltens mit einem den Umständen entsprechenden Grad an Gewissheit erkennen kann»[303]. Mit diesem Grundsatz wird die Rechtsicherheit gewährleistet, es wird für den Einzelnen vorhersehbar, ob und gegebenenfalls wann und wie eine Einschränkung erfolgen kann.

Der Begriff «öffentliches Interesse» ist wertungsabhängig und deshalb dem Wandel der Rechtsauffassungen unterworfen. Im öffentlichen Interesse liegen alle durch die Verfassung dem Staat zugewiesenen Aufgaben. Typische öffentliche Interessen sind der «Schutz der öffentlichen Ordnung, Ruhe, Sicherheit, Gesundheit, Sittlichkeit sowie von Treu und Glauben im Geschäftsverkehr»[304]. Zu den öffentlichen Interessen gezählt werden kann auch der Schutz der Grundrechte Dritter. Staatliche Zwangsmassnahmen zum Schutze der Bevölkerung vor ansteckenden tödlichen Krankheiten liegen im öffentlichen Interesse an der Vermeidung unnötiger Gesundheitskosten und schützen gleichzeitig das Grundrecht auf Leben.

2.3.5.3   Die drei Prüfschritte der Verhältnismässigkeit

Der Eingriff in die Grundrechte der betroffenen Personen muss dem Gebot der Verhältnismässigkeit entsprechen. Die Massnahme der Grundrechtsbeschränkung muss geeignet, erforderlich und zumutbar sein.

---

301   Siehe BGE 109 Ia 273: Die Verwendung von Lügendetektoren, der Narkoanalyse oder von Wahrheitsseren zum Zweck der Wahrheitsermittlung würde in den Kerngehalt der persönlichen Freiheit eingreifen; solche Methoden dürften daher im Rechtsstaat auch in Ausnahmefällen zu dessen Selbstverteidigung nicht eingesetzt werden.
302   Siehe dazu auch Kapitel 1.
303   BGE 117 Ia 472.
304   HÄFELIN/HALLER/KELLER, 2008, N 317 f.

Ungeignet ist eine Massnahme dann, wenn sie zwar zu einer Grundrechtsein-schränkung führt, jedoch das angestrebte Ziel, bspw. den Schutz der Gesundheit der Bevölkerung, gar nicht erreicht. So wäre ein HIV-Zwangstest für die ganze Bevölke-rung ungeeignet, weil damit nach Ansicht der Präventionsfachleute die Weiterver-breitung der Infektion nicht verhindert werden kann.

Eine geeignete Massnahme muss überdies erforderlich sein. Genügt eine mildere Massnahme zur Erreichung des angestrebten Zieles, ist diese zu wählen.

Die Zumutbarkeit als dritter Schritt der Verhältnismässigkeitsprüfung zielt auf das Verhältnis von Eingriffszweck und Eingriffswirkung. An dieser Stelle müssen die öffentlichen und betroffenen privaten Interessen abgewogen werden. Eine Anordnung ist unverhältnismässig, wenn deren negative Wirkungen im konkreten Fall schwerer wiegen als das öffentliche Interesse daran, dass die Anordnung getroffen wird.

> Fragen zur Grundrechtseinschränkung
> Sozialarbeiterisches Handeln kann die Grundrechte der Klienten/-innen berüh-ren, insbesondere im Rahmen vormundschaftlicher Tätigkeit oder bei Kindes-schutzmassnahmen. Über die gesetzliche Grundlage und das öffentliche Inter-esse hinaus müssen die entsprechenden Grundrechtseingriffe verhältnismässig sein. Nach welchen Kriterien ist die «Eignung» einer grundrechtsbeschränken-den Massnahme zu messen?

2.3.6 Rechtsschutz von Grundrechtsverletzungen

2.3.6.1 Die Verfassungsbeschwerde[305]

Ein wichtiges Instrument zur gerichtlichen Durchsetzung der Grundrechte bildet die Verfassungsbeschwerde nach Art. 113 Bundesgerichtsgesetz (BGG). Zuständig für die Beurteilung der Verfassungsbeschwerde ist das Bundesgericht. Es beurteilt Ver-fassungsbeschwerden gegen kantonale Entscheide wegen Verletzung verfassungsmäs-siger Rechte der Bürger.

Am häufigsten wird eine Verletzung von Bestimmungen der Bundesverfassung gerügt, die die Gleichheit der Bürger vor dem Gesetz garantiert. Die Rechtsprechung hat daraus die Garantie zahlreicher Grundrechte abgeleitet, den Anspruch auf recht-liches Gehör oder Willkürverbot, namentlich bei der Würdigung von Beweisen. Die Verfassungsbeschwerde (vor dem 1.1.2007 Staatsrechtliche Beschwerde), hat auch

---

305 Siehe dazu auch 1.9.5.

zur Folge, dass die kantonalen Prozessvorschriften in den wichtigsten Punkten harmonisiert werden.

2.3.6.2   Rechtsfolgen einer Grundrechtsverletzung

Stellt das Bundesgericht eine Grundrechtsverletzung fest, sind folgende Rechtsfolgen möglich:

- Das Gesetz wird aufgehoben oder nicht angewendet[306];
- der Entscheid wird als ungültig erklärt und (eventuell mit Vorgaben) zur Neuentscheidung zurückgewiesen[307];
- es wird eine Anweisung zum Tätigwerden gegeben[308];
- es wird eine finanzielle Entschädigung geleistet[309].

2.3.7   Bedeutung der Grundrechte für die Soziale Arbeit

Die Grundrechte spielen in der Sozialen Arbeit eine überaus wichtige Rolle, gerade in den Bereichen, in denen Soziale Arbeit im Rahmen staatlicher Institutionen geleistet wird, was insbesondere für den Bereich des Vormundschaftswesens und der Sozialhilfe zutrifft. Die Grundrechte stellen einerseits Auftrag für ein Tätigwerden Sozialer Arbeit dar. Andererseits bilden sie aber auch eine Schranke vor zu weit gehenden Eingriffen. Weiter sind in den Grundrechten wegweisende Wertungsentscheidungen des Verfassungsgebers enthalten, die auch für die Soziale Arbeit massgebend sind.

2.4   Die Person im Staat

Nach der Auseinandersetzung mit dem Individuum und seinem Schutz durch internationale Menschenrechte und in der Verfassung verankerter Grundrechte geht es im Folgenden darum, das Verhältnis Staat-Person näher zu bestimmen. Dabei wird eine Beschränkung auf drei Themen vorgenommen.

- Schweizerbürger/innenrecht – wie sind der Erwerb und der Verlust des Schweizerbürger/innen-Rechts geregelt?
- Ausländerrecht – welche Ausländer/innen dürfen in die Schweiz einreisen, sich hier aufhalten und welche müssen ausreisen?

---

306 BGE 124 I 127, 137.
307 BGE 122 I 294, 303; 113 IA 304, 308.
308 BGE 118 IA 223, 228; 117 IA 336, 340.
309 Im Rahmen der Staatshaftung; siehe insb. Art. 5 Ziff. 5 und Art. 41 EMRK; während Art. 5 Ziff. 5 auch von innerstaatlichen Gerichten angeordnet werden kann (BGE 124 I 274, 279; 119 IA 221, 230; siehe aber 123 I 283, 287 f.).

- Rechtsgleichheit und Diskriminierungsverbot – welche Differenzierungen sind dem Staat im Umgang mit den Individuen erlaubt und welche verboten?

2.4.1 Bürgerrecht

2.4.1.1 Die verfassungsrechtliche Ordnung

Der Bund hat nach Art. 38 Abs. 1 BV die Kompetenz zur Regelung des Erwerbs der Bürgerrechte durch Abstammung, Heirat und Adoption. Für die ordentliche Einbürgerung sind in erster Linie die Kantone zuständig. Der Bund erlässt nur Mindestvorschriften (Art. 38 Abs. 2 BV).

Wiederholt hat sich der Souverän Bestrebungen widersetzt, dem Bund für erleichterte Einbürgerungen mehr Kompetenz zu verschaffen. Zuletzt scheiterten in der Volksabstimmung vom 26. September 2004 zwei Vorlagen, die den Bürgerrechtserwerb für in der Schweiz aufgewachsene Jugendliche erleichtert und damit ihre politische und gesellschaftliche Integration gefördert hätte. Die Einbürgungsgesetzgebung und die restriktive Praxis führen zu einer im internationalen Vergleich sehr tiefen Einbürgerungsquote[310]. Damit steigt gleichsam automatisch die Quote ausländischer Mitbürgerinnen und Mitbürger, was sich politisch von entsprechenden Interessengruppen bestens instrumentalisieren lässt.

2.4.1.2 Struktur und Inhalt des Bürger/innenrechts

Nach Art. 37 BV ist SchweizerIn, wer Bürger oder Bürgerin einer Gemeinde und des entsprechenden Kantons ist. Alle Schweizerinnen und Schweizer gehören demzufolge allen drei Gemeinwesen an. Die drei Bürgerrechte bilden zusammen eine untrennbare Einheit[311].

Das dreistufige Bürgerrecht der Schweiz bildet Ausdruck der föderalistischen Struktur der Schweiz. Zwar behält sich der Bund die Verleihung der eigentlichen Staatsbürgerschaft vor, anerkennt jedoch die Bedeutung der Beziehungen der Bürgerinnen und Bürger zum Kanton und zur Gemeinde. Entsprechend belässt der Bund den Kantonen Raum im Bereich der Gesetzgebung zum Erwerb des Schweizerbürgerrechts[312].

Schweizerbürger/innen stehen «exklusiv» die politischen Rechte auf Bundesebene (Art. 39 und 136 BV) und die Niederlassungsfreiheit (Art. 24 BV) zu. Schwei-

---

310 BIANCHI DORIS, 2003, S. 155.
311 HAEFELIN/HALLER/KELLER, 2008, N 1308.
312 BIANCHI DORIS, 2003, S. 167.

zerinnen und Schweizer dürfen zudem nur mit deren Einverständnis an ausländische Behörden ausgeliefert werden (Art. 25 Abs. 1 BV).

Träger/innen des Schweizerbürgerrechts haben auch Pflichten. Nur die Schweizermänner unterstehen der Militärdienstpflicht (Art. 59 Abs. 1 BV). Allen Schweizer/innen ist der Einsatz für eine fremde Armee verboten. Das kantonale Recht sieht weitere Pflichten von Bürgerinnen und Bürgern vor wie beispielsweise die Pflicht zur Mitwirkung in einem Wahl- und Abstimmungsbüro.

2.4.1.3   Erwerb des Schweizerbürgerrechts

Die wichtigste Form des Erwerbs des Schweizerbürgerrechts folgt dem Prinzip des jus sanguinis (Erwerb durch Abstammung). In anderen Staaten wie in den USA bildet der Geburtsort den Anknüpfungspunkt (jus soli). Die rechtlichen Grundlagen des Erwerbs auf Bundesstufe sind im Bürgerrechtsgesetz (BüG) geregelt.

Durch Abstammung erwerben kann das Schweizerbürgerrecht ein Kind, dessen Eltern miteinander verheiratet sind und dessen Vater oder Mutter das Schweizerbürgerrecht hat (Art. 1 Abs. 1 lit. a BüG). Schweizerin oder Schweizer wird weiter das unmündige ausländische Kind einer Schweizer Mutter, die mit dem Vater nicht verheiratet ist (Art. 1 Abs. 1 lit. b BüG) und das unmündige ausländische Kind, wenn der Schweizer Vater die Mutter nachträglich heiratet (Art. 1 Abs. 2 BüG).

Auch die Adoption kann zum Schweizer/innenpass führen. Ein unmündige Adoptivkind erhält die Rechtsstellung der Adoptiveltern bzw. des adoptierenden Elternteils (Art. 267a ZGB). Wird ein ausländisches Kind von Schweizereltern adoptiert, so erhält das Kind das Schweizerbürgerrecht.

Ausser durch Abstammung und Adoption kann das Schweizerbürgerrecht durch Einbürgerung erlangt werden

2.4.1.4   Voraussetzungen der Einbürgerung

Der Bundesgesetzgeber stellt im BüG Mindestanforderungen für eine Einbürgerung auf, die von den Kantonen ergänzt werden dürfen.

Eingebürgert werden kann, wer während zwölf Jahren Wohnsitz in der Schweiz hatte. Die in der Schweiz verbrachten Lebensjahre zwischen dem 10. und dem 20. Altersjahr werden doppelt gezählt (Art. 15 BüG). Darüber hinaus müssen die Bewerbenden für die Einbürgerung «geeignet» sein. Die Eignung knüpft an die folgenden Kriterien an:

•   Integration in der Schweiz,
•   Vertrautheit mit den Verhältnissen und Lebensformen in der Schweiz,
•   Beachtung der schweizerischen Rechtsordnung.

In einzelnen Kantonen werden zusätzlich gesicherte finanzielle Verhältnisse[313], guter Ruf[314] oder eine Angleichung an die örtlichen Lebensgewohnheiten[315] gefordert.

2.4.1.5 Verfahren

Beim Einbürgerungsverfahren müssen zwei Ebenen auseinander gehalten werden. Die Einbürgerungsbewilligung des zuständigen Bundesamtes für Migration bildet die Voraussetzung für die Einbürgerung in einen Kanton und in eine Gemeinde (Art. 12 Abs. 2 BüG). Das eigentliche Verfahren, die Abklärung, ob die bundesrechtlichen Voraussetzungen und allenfalls ergänzende kantonale Bedingungen zur Einbürgerung erfüllt sind, wird vom Wohnsitzkanton vorgenommen.

Der Endentscheid über die Erteilung des Bürgerrechts ist in vielen Gemeinden gestützt auf das kantonale Recht der Gemeindeversammlung vorbehalten oder dem obligatorischen Referendum unterstellt.

Demokratie kontra Rechtsstaat: Einbürgerung an der Urne

In der Urnenabstimmung der Gemeinde Emmen vom 12. März 2004 stimmten die Stimmberechtigten der Einbürgerung von acht Gesuchstellern aus Italien zu; alle anderen Einbürgerungsgesuche – überwiegend von Personen aus dem ehemaligen Jugoslawien – wurden abgelehnt.

Für das Bundesgericht sind Urnenabstimmungen über Einbürgerungen nicht mit der Bundesverfassung vereinbar (BGE 129 I 217, Fall Emmen; BGE 129 I 232, Ungültigerklärung einer stadtzürcherischen Volksinitiative «Einbürgerungen vors Volk»). Die Begründung des Bundesgerichts geht dahin, dass der nach Art. 29 Abs. 1 BV verankerte Anspruch auf rechtliches Gehör die Verpflichtung einschliesst, ablehnende Entscheide zu begründen. Eine solche Begründung ist bei Volksentscheiden an der Urne nicht möglich. In BGE 130 I 140 hat das Bundesgericht Möglichkeiten angedeutet, Einbürgerungsentscheide an Gemeindeversammlungen dennoch verfassungskonform auszugestalten.

Frage: Welche Rolle kann oder könnte im Zusammenhang mit dieser Problematik das in Art. 8 Abs. 2 BV verankerte Diskriminierungsverbot spielen?

---

313 Kanton ZG: § 5 Bürgerrechtsgesetz vom 3.9.1992.
314 Kanton FR: Art. 6 Gesetz über das freiburgische Bürgerrecht vom 15.11.1996
315 Kanton GR: Art. 11 Bürgerrechtsgesetz vom 6.6.1993.

2.4.2   Ausländer- und Asylrecht (Kurt Pärli, Adrienne Marti)[316]

2.4.2.1   Die ausländerrechtliche Rahmenordnung

Die Gesetzgebung ist nicht gänzlich frei, wie sie die Rechtsstellung der ausländischen Personen regeln will. Sie hat völkerrechtliche Mindestbestimmungen über die Stellung der Ausländer und das zwingende Völkerrecht zu befolgen. Beispiele sind das in Art. 25 Abs. 2 und 3 BV verankerte «*Non-Refoulement-Gebot*[317]» und die Gewährung elementarer Menschenrechte. Bei der Ausgestaltung des Asylrechts muss die Genfer Flüchtlingskonvention[318] beachtet werden. Sehr wichtig ist die innerhalb des Gebietes der Europäischen Gemeinschaft geltende Personenfreizügigkeit, zu der sich die Schweiz im Rahmen der bilateralen Verträge mit der Europäischen Union verpflichtet hat.

Ausländer- und Asylrecht zeichnen sich durch eine grosse Normendichte und eine komplexe Aufteilung der Vollzugszuständigkeit zwischen Bund und Kantonen aus. Die wichtigsten Erlasse auf Bundesebene sind:
- das Bundesgesetz über die Ausländerinnen und Ausländer (AuG),
- das Personenfreizügigkeitsabkommen der Schweiz mit der EU (PFA),
- das Asylgesetz (AsylG).

Aus politischen Gründen erfährt das Ausländer- und Asylrecht regelmässig Revisionen. Seine Anwendung durch die zuständigen Behörden kann variieren und die Rechtssprechung sich ändern. Es ist daher wichtig, sich in diesem Bereich immer über den neusten Stand zu informieren und Fachliteratur bzw. Fachleute zu konsultieren. Im Rahmen dieses Kapitels ist es daher auch nicht möglich und sinnvoll, konkret auf die einzelnen Bestimmungen einzugehen.

2.4.2.2   Einreise, Aufenthalt, Arbeitstätigkeit und Integration

Das seit dem 1.1.2008 geltende Ausländerinnen- und Ausländergesetz hat drei Hauptziele: es soll die Zuwanderung von erwerbstätigen Personen regeln und kanalisieren, die Integration aller Ausländer und Ausländerinnen fördern und Missbräuche bekämpfen.

---

316 Die Ausführungen zum Ausländer- und Asylrecht sind ausserordentlich knapp gehalten. Detaillierte Informationen zu den Rechtsquellen, der Rechtsprechung und zu vielen praktischen Fragen finden Sie auf der Internetseite des Bundesamtes für Migration, http://www.bfm.admin.ch/. Zum Asylrecht ist ergänzend die Internetseite der Schweizerischen Flüchtlingshilfe zu kontaktieren, diese thematisiert auch die kritischen Aspekte der schweizerischen Asylpolitik. http://www.osar.ch. Als juristisches Standardwerk zum Ausländerrecht ist der Kommentar zum Migrationsrecht von Spescha/Thür/Zünd/Bolzli, 2008 (siehe Literaturverzeichnis) zu empfehlen.

317 Prinzip der Nichtrückschaffung in einen Staat, in welchem Folter, Tod und grausame Strafen drohen.

318 Abkommen vom 28. Juli 1951 über die Rechtsstellung der Flüchtlinge (mit Anhang), SR 0.142.30.

Zuwanderungsregelungen von erwerbstätigen AusländerInnen: deren Zulassung erfolgt grundsätzlich immer nur im Interesse der Gesamtwirtschaft. AusländerInnen aus EU-Ländern haben dabei Vorrang. Für sie gelten in erster Linie das Personenfreizügigkeitsabkommen (siehe unten). AusländerInnen aus anderen Staaten erhalten nur unter bestimmten (strengen) Bedingungen eine Aufenthalts- und Arbeitsbewilligung (z.B. Spezialisten, Führungskräfte). Besondere Zuwanderungsbestimmungen gelten bei nachziehenden Familienangehörigen, bei Studierenden und bei Aufenthaltsbewilligungen aus humanitären Gründen.

Integration: Art. 4 AuG postuliert das Zusammenleben von ausländischer und inländischer Bevölkerung auf der Basis von Toleranz, Achtung und der in der BV verankerten Werte. Integration bedeutet hier Teilhabe am wirtschaftlichen, sozialen und kulturellen Leben. Gleichzeitig fordert das Gesetz aber auch von den Ausländerinnen und Ausländern, dass sie integrationswillig sind und sich aktiv einbringen. Dies kann im konkreten Fall bedeuten, dass eine Aufenthaltsbewilligung vom Besuch eines Sprachkurses abhängig gemacht wird (Art. 54 AuG).

Missbrauchsbekämpfung: mittels verschiedenster Bestimmungen soll verhindert werden, dass Aufenthalts- und Arbeitsbewilligungen erschlichen werden können. So können z.B. Eheschliessungen bei Verdacht auf eine Scheinehe verweigert, biometrische Daten zur Identifikation einer Identität gesichert oder der Telefonverkehr eines mutmasslichen Schleppers überwacht werden.

Das AuG unterscheidet verschiedene Typen von Aufenthaltsgenehmigungen, wobei es in den meisten Fällen im Ermessen der Behörden liegt, ob sie erteilt werden oder nicht (Ausnahmen gelten beim Familiennachzug und oft bei der Verlängerung von Bewilligungen), die Zahl einem Kontingent unterliegt und die Lohn- und Arbeitsbedingungen kontrolliert werden.

2.4.2.3 Asylrecht

Flüchtlinge sind nach Art. 3 des Asylgesetzes Personen, die in ihrem Heimatstaat oder im Land, in dem sie zuletzt wohnten, wegen ihrer Rasse, Religion, Nationalität, Zugehörigkeit zu einer bestimmten sozialen Gruppe oder wegen ihrer politischen Anschauungen ernsthaften Nachteilen ausgesetzt sind oder begründete Furcht haben, solchen Nachteilen ausgesetzt zu werden. Als ernsthafte Nachteile gelten namentlich die Gefährdung des Leibes, des Lebens oder der Freiheit sowie Massnahmen, die einen unerträglichen psychischen Druck bewirken. Den frauenspezifischen Fluchtgründen ist Rechnung zu tragen.

Das Asylgesuch ist das Begehren eines ausländischen Staatsbürgers um Aufnahme in der Schweiz. Ein Asylgesuch ist an keine Formvorschriften gebunden. Es kann mündlich oder schriftlich bei einer schweizerischen Vertretung im Ausland, an einem Grenzposten oder bei der Grenzkontrolle eines Schweizer Flughafens vor-

gebracht werden. Grundsätzlich muss jedes Asylgesuch geprüft werden. Die Flücht-
lingseigenschaft muss glaubhaft gemacht werden. Wem dies gelingt, der/die erhält
Asyl und kann somit dauerhaft in der Schweiz bleiben.

Das Asylgesetz wurde in den letzten Jahren laufend verschärft. Seit der letzten Revision des Asylgesetzes (2006) müssen Asylsuchende innert 48 Stunden den Behörden ihre
Reise- oder Identitätspapiere abgeben, andernfalls wird auf das Gesuch nicht eingetreten.

Eine deutliche Mehrheit der Asylgesuche wird abgelehnt. Das bedeutet nicht, dass
diese Personen sehr legitime Gründe haben, ihr Heimatland zu verlassen (wirtschaftliche Not, unstabile politische Verhältnisse usw.). Die Fluchtgründe entsprechen aber
nicht den relativ engen Voraussetzungen für die Erteilung des Asylstatus.

2.4.2.4   Personenfreizügigkeit

Mit dem Freizügigkeitsabkommen wurde (und wird) der freie Personenverkehr, wie er
innerhalb der Europäischen Union gilt, auf die Schweiz ausgedehnt. Die Arbeitsmärkte
werden anhand von Übergangsfristen und Zuwanderungsbeschränkungen (Inländervorrang, Kontingente, Sicherheitsklausel) schrittweise und kontrolliert geöffnet[319].
Sowohl Arbeitnehmende als auch Selbständigerwerbende erhalten in den jeweiligen
Vertragsstaaten (Schweiz und EU-Mitgliedstaaten) das Recht, eine Erwerbstätigkeit aufzunehmen und sich niederzulassen. Flankiert wird diese Öffnung durch die gegenseitige
Anerkennung der Berufsdiplome sowie durch die Koordinierung der Sozialversiche-
rungssysteme. Recht auf Aufenthalt erhalten auch die Nichterwerbstätigen, sofern sie
krankenversichert sind und über ausreichende finanzielle Mittel verfügen.

Das Freizügigkeitsabkommen mit den fünfzehn alten EU-Staaten ist seit dem 1.
Juni 2002 in Kraft. Eine erste Übergangsfrist betreffend den Inländervorrang sowie
die vorgängige Kontrolle der Lohn- und Arbeitsbedingungen ist am 31. Mai 2004
abgelaufen. Zum Schutz der schweizerischen Arbeitnehmern/-innen vor Lohn- und
Sozialdumping traten zu diesem Zeitpunkt flankierende Massnahmen in Kraft, welche für alle Arbeitnehmer und Arbeitnehmerinnen gelten – künftig daher auch für
diejenigen aus den neuen EU-Mitgliedstaaten. Die Möglichkeit der Kontingentierung
von Langzeit- und Kurzzeitaufenthaltsbewilligungen endet am 31. Mai 2007. Aber
im Fall einer übermässigen Einwanderung können auch nachher Kontingente wieder eingeführt werden («Schutzklausel», bis max 2014). Bis 31. Mai 2009 muss die
Schweiz in einem referendumsfähigen Bundesbeschluss über die endgültige Weiterführung des Abkommens entschieden haben.

In Bezug auf die zehn neuen Mitgliedstaaten, welche am 1. Mai 2004 der EU beigetreten sind, haben sich die Schweiz und die EU auf ein separates Übergangsregime

---

319   Nähere Angaben siehe www.europa.admin.ch.

geeinigt, welches in einem Protokoll zum Freizügigkeitsabkommen geregelt wird: Die Schweiz erhält die Möglichkeit, für Arbeitnehmende während einer Übergangsperiode bis längstens 30. April 2011 arbeitsmarktliche Beschränkungen (Inländervorrang, Lohnkontrolle) weiterzuführen. Sie gewährt während dieser Periode jährlich zunehmende Kontingente für Kurzaufenthalter und Jahresaufenthalter.

> Fragen zum Ausländer/innen- und Asylrecht
> Welchen Einfluss hat der Aufenthaltsstatus (ausländerrechtliche Bewilligung) auf die soziale Situation von Ausländern/-innen?
> Die ausländerrechtlichen Bewilligungen sind mehrheitlich an einen bestimmten Zweck gebunden. Welches sind die Folgen, wenn der (ursprüngliche) Aufenthaltszweck wegfällt, bspw. eine Ehe geschieden wird oder wenn sich der Gesundheitszustand, der Grundlage einer humanitären Aufenthaltsbewilligung bildete, verbessert?
> In der Schweiz leben zahlreiche Personen ohne gültige Aufenthaltspapiere[320]. Haben diese Personen zivilrechtlichen Wohnsitz?

2.4.3 Rechtsgleichheit und Diskriminierungsverbote

2.4.3.1 Das differenzierte Rechtsgleichheitskonzept in Art. 8 BV

Art. 8 BV umfasst unter dem Titel «Rechtsgleichheit» sowohl ein Gleichheitsgebot (Abs. 1) als auch ein Diskriminierungsverbot (Abs. 2). Weiter erhält der Gesetzgeber in Art. 8 Abs. 3 den Auftrag, für die rechtliche und tatsächliche Gleichstellung von Frau und Mann zu sorgen, und in Abs. 4 wird er angewiesen, Massnahmen zur Beseitigung von Benachteiligungen der Behinderten vorzusehen.

Das Rechtsgleichheitsgebot und das Diskriminierungsverbot beschränken sich nicht auf einen bestimmten Lebensbereich, sondern sind selbständige verfassungsmässige Rechte mit Querschnittsfunktion, d.h., dass in sämtlichen Lebens- und Tätigkeitsbereichen alle Menschen den Anspruch auf rechtsgleiche Behandlung durch staatliche Behörden und Instanzen haben[321].

2.4.3.2 Rechtsgleichheit nach Art. 8 Abs. 1 BV

«Alle Menschen sind vor dem Gesetz gleich» (Art. 8 Abs. 1 BV). In dieser Bestimmung ist die allgemeine Rechtsgleichheit enthalten, die ein zentrales Grundprinzip der Ver-

---

320 Siehe www.sans-papiers.ch.
321 Tschannen Pierre/Zimmerli Walter /Kiener Regine, 2000, S. 188 f.

fassung darstellt und die ganze Rechtsordnung durchdringt. Das Rechtsgleichheitsgebot gilt sowohl für den Gesetzgeber wie für das Gericht und die Verwaltung.

Nicht jede Ungleichbehandlung ist verboten, manchmal ist eine Ungleichbehandlung im Lichte der Rechtsgleichheit sogar geboten. Als Beispiel dafür kann die Steuerlast bezeichnet werden. Die Steuerbelastung ist für höhere Einkommen auch proportional grösser als diejenige für kleine Einkommen. Dies stellt keinen Verstoss gegen die Rechtsgleichheit dar. Massgebend für die Steuerlast ist die wirtschaftliche Leistungsfähigkeit. In diesem Punkt muss Gleichheit bestehen. Deshalb ist die ungleiche Steuerbelastung gerechtfertigt. Für diese relative Rechtsgleichheit verwendet das höchste Gericht der Schweiz (das Bundesgericht) in ständiger Rechtsprechung mit Berufung auf Aristoteles die Formel «*Gleiches ist nach Massgabe seiner Gleichheit gleich und Ungleiches nach Massgabe seiner Ungleichheit ungleich zu behandeln*»[322].

Das Rechtsgleichheitsgebot erlaubt Ungleichbehandlungen (bei tatsächlich gleichen Verhältnissen) oder Gleichbehandlungen (bei tatsächlichen Ungleichbehandlungen) überdies dann, wenn ernsthafte, sachliche Gründe vorliegen. So ist es beispielsweise gerechtfertigt, eine bestimmte körperliche Kondition zu verlangen, wenn eine solche für die Ausübung des Polizeiberufs notwendig ist.

2.4.3.3   Diskriminierungsverbote nach Art. 8 Abs. 2 BV

«*Niemand darf diskriminiert werden*», hält Art. 8 Abs. 2 BV fest. Diesem bemerkenswerten Grundsatz folgen exemplarisch Kriterien, aufgrund derer eine Person nicht diskriminiert werden darf (Rasse, Geschlecht, soziale Herkunft, Lebensform, religiöse oder politische Überzeugung usw.). Diese im Diskriminierungsverbotsartikel aufgeführten sozialen Tatbestände zeichnen sich dadurch aus, dass sie einen *nicht oder nur schwer veränderbaren Teil der Identität* eines Menschen bilden[323]. Menschen können ihre soziale Herkunft oder ihre Rasse nicht verändern. Auch ist im Verständnis der schweizerischen Verfassung Menschen nicht zuzumuten, ihre religiöse oder politische Überzeugung zu ändern.

Das Diskriminierungsverbot bezweckt die *Behebung, Verminderung oder Vermeidung* von *Ausgrenzung, Herabwürdigung und Aussonderung* von Personen unter *Bezugnahme* auf die *sensiblen Merkmale*[324]. Nach der bundesgerichtlichen Rechtsprechung zu Art. 8 Abs. 2 BV stellt die Diskriminierung eine «qualifizierte Art der Ungleichbehandlung von Personen in vergleichbaren Situationen dar, indem sie eine Benachteiligung bewirkt, die als Herabwürdigung oder Ausgrenzung einzustufen ist, weil sie

---

322   Siehe zum Beispiel BGE 125I 166.
323   WALDMANN BERNHARD, 2003, S. 252.
324   MÜLLER JÜRG PAUL, 1999, S. 412.

an ein Unterscheidungsmerkmal anknüpft, das einen wesentlichen, nicht oder nur schwer aufgebbaren Bestandteil der Identität der betreffenden Person ausmacht»[325].

Eine gesetzliche Regel beispielsweise, die vorsehen würde, dass Personen einer bestimmten Glaubensrichtung keinen Zugang zu staatlichen Unterstützungsleistungen hätten, wäre dann diskriminierend, wenn nicht ein besonders wichtiger Grund diese Regelung notwendig machen würde. Die verfassungsrechtliche Wertung verlangt aber eine *besondere intensive sachliche Begründung* für entsprechende *Ungleichbehandlungen*[326].

Das Diskriminierungsverbot umfasst sowohl die direkte wie die indirekte Diskriminierung. Eine *direkte Diskriminierung* liegt vor, wenn eine Regelung eine diskriminierende Ungleichbehandlung offen ausspricht. Jede Ungleichbehandlung, die ausdrücklich als massgebliches Kriterium an eines der in Art. 8 Abs. 2 BV aufgeführten Merkmale anknüpft, lässt nach der bundesgerichtlichen Rechtsprechung die Vermutung entstehen, dass sie in rechtlicher Hinsicht widerrechtlich ist[327]. Damit die Vermutung der widerrechtlichen Ungleichbehandlung widerlegt werden kann, sind besonders gewichtige Gründe («triftige und ernsthafte Gründe»[328]) anzubringen.

Eine *indirekte Diskriminierung* liegt vor, wenn eine Regelung zwar keine offensichtliche Benachteiligung geschützter Gruppen enthält, d.h. neutral formuliert ist, sich jedoch in ihrer konkreten Anwendung so auswirkt, dass die Mitglieder der geschützten Gruppen überproportional häufig benachteiligt werden, ohne dass dies gerechtfertigt wäre. Der Begriff der indirekten Diskriminierung hat sich aus der Einsicht entwickelt, dass sich scheinbar neutrale Kriterien benachteiligend auf die betroffenen Personen auswirken können. Als solche «verdächtige» neutrale Kriterien kommen bspw. der Wohnsitz, eine bestimmte körperliche Konstitution oder der Beschäftigungsgrad in Frage. Eine unterschiedliche Behandlung, die an den Wohnsitz anknüpft, kann sich für Fahrende benachteiligend auswirken (Diskriminierungskriterium «Lebensform»). Das Verlangen einer Mindestgrösse für den Polizeidienst ohne Abstufung nach Geschlechtern oder evtl. sogar nach ethnischem Hintergrund kann im Ergebnis Angehörige des weiblichen Geschlechts oder Angehörige einer bestimmten Ethnie benachteiligen. Sind in einem Betrieb gewisse Vergünstigungen nur für Vollzeitangestellte vorgesehen, kann dies Frauen überproportional betreffen. Die scheinbar geschlechtsneutrale Regelung wirkt sich im Ergebnis als indirekte Dis-

---

325 BGE 126 II 377, Erw. 6a.

326 WALDMANN BERNHARD, 2003, S. 310 ff.

327 BGE 126 II 393: «Knüpft der ablehnende Entscheid nicht an ein gemäss Art. 8 Abs. 2 BV verpöntes Kriterium […] an, so kann von einer direkten Diskriminierung von vornherein nicht gesprochen werden.»

328 BGE 106 Ib 189; 116 V 208.

kriminierung aufgrund des Geschlechts aus. Auch indirekte Diskriminierungen sind rechtfertigungsfähig[329].

2.4.3.4   Gesetz über die Gleichstellung der Geschlechter

In Art. 8 Absatz 3 BV wird die besondere Bedeutung der Gleichberechtigung zwischen Frauen und Männern hervorgehoben. Der Gesetzgeber erhält einen umfassenden Auftrag zur Herstellung der rechtlichen und tatsächlichen Gleichheit. Die Forderung nach tatsächlicher Gleichheit zielt auf die faktische Gleichstellung.

Im dritten Satz von Art. 8 Abs. 3 BV ist der Anspruch von Frauen und Männern auf gleichen Lohn für gleichwertige Arbeit enthalten. Dieser Bestimmung kommt die direkte Wirkung zu, d.h. Frauen und Männer können sich vor Gericht unmittelbar auf die Verfassung berufen, wenn sie für gleichwertige Arbeit ungleichen Lohn erhalten. Damit liegt ausnahmsweise eine direkte Drittwirkung vor[330].

Dem Verfassungsauftrag nach einer Gesetzgebung zur Verwirklichung der Gleichstellung ist der Gesetzgeber mit dem 1996 in Kraft getretenen Gleichstellungsgesetz (GlG) nachgekommen. Das GlG bezweckt die Gleichstellung von Frau und Mann im öffentlich-rechtlichen *und* privatrechtlichen Arbeitsverhältnis[331].

2.4.3.5   Gesetz für die Gleichstellung von Menschen mit einer Behinderung

Der Bund hat den Verfassungsauftrag gemäss Art. 8 Abs. 4 BV mit dem Behindertengleichstellungsgesetz (BehiG) umgesetzt. Das BehiG ist am 1.1.2004 in Kraft getreten. Es schreibt in vier zentralen Bereichen Massnahmen zugunsten von Menschen mit Behinderung vor:

- Transport
- Bildung
- Bauen und Wohnen
- Arbeit

Das Behindertengleichstellungsrecht ist Ausdruck der Einsicht, das sich Behinderung nicht auf ein individuelles, gesundheitliches Problem reduzieren lässt. Anders als früher wird heute davon ausgegangen, dass auch gesellschaftliche Rahmenbedingungen Behinderungen bewirken. Ziel des Gleichstellungsrechts ist es daher, diese behindernden Rahmenbedingungen zu verändern[332].

---

329   Zur Figur der indirekten Diskriminierung in Art. 8 Abs. 2 BV siehe WALDMANN BERNHARD, 2003, S. 338 ff.
330   Zur indirekten Drittwirkung siehe 2.3.4.3 (Die Drittwirkung der Grundrechte).
331   Für nähere Informationen zum GlG siehe www.gleichstellungsgesetz.ch (eingesehen am 25.11.2008)
332   Für nähere Information zum BehiG siehe www.edi.admin.ch/ebgb/ (eingesehen am 25.11.2008)

2.4.3.6 Bedeutung der Diskriminierungsverbote für die Soziale Arbeit

Soziale Arbeit und Rechtsgleichheit/Diskriminierungsverbot stehen in einem gewissen Spannungsfeld. Das zeigt sich deutlich in der Sozialhilfe. Die Stärke der Soziahilfe ist ihr Auftrag und ihre Möglichkeit zur Differenz (Individualisierungsprinzip[333]).

Die unterschiedliche Behandlung von Sozialhilfeempfängerinnen und -empfängern muss (auch) dem Gebot der Rechtsgleichheit nach Art. 8 Abs. 1 BV und dem Diskriminierungsverbot nach Art. 8 Abs. 2 BV standhalten. Die Aufnahme oder Nichtaufnahme in ein spezifisches Unterstützungsmodell basierend auf einer Gruppenbildung führt zu einer unterschiedlichen Behandlung von Sozialhilfeempfängern und -empfängerinnen. Die Kriterien für die Ungleichbehandlung müssen sachlich begründet sein. Wo direkt oder indirekt in Art. 8 Abs. 2 BV aufgeführte sensible Kriterien genannt sind, muss die Ungleichbehandlung qualifiziert gerechtfertigt werden.

Fragen zur Rechtsgleichheit und zum Diskriminierungsverbot
In vielen Kantonen ist die Höhe der wirtschaftlichen Sozialhilfe bei Schweizern/-innen und niedergelassenen Ausländern/-innen höher als bei vorläufig aufgenommenen Ausländern/-innen. Sehen Sie dabei ein Problem mit der Rechtsgleichheit oder mit den Diskriminierungsverboten?
Bundesgerichtsentscheid zum Diskriminierungsverbot bei der Einschulung behinderter Kinder, BGE 130 I 352. Leitsätze:
Den Kantonen steht bei der Regelung des Grundschulwesens ein erheblicher Gestaltungsspielraum zu; sie haben auch für Behinderte eine den individuellen Fähigkeiten des Kindes und seiner *Persönlichkeitsentwicklung* entsprechende, unentgeltliche Grundschulausbildung sicherzustellen (E. 3.1 und 3.2).
Eine behinderungsbedingte Nichteinschulung in die Regelschule ist qualifiziert zu rechtfertigen, kann aber mit dem Diskriminierungsverbot gemäss Art. 8 Abs. 2 BV und Art. 20 BehiG vereinbar sein; massgebend ist das Wohl des behinderten Kindes im Rahmen des effektiv Möglichen (E. 6–6.1.3).
Ein schwer behindertes Kind muss nicht in eine Einführungsklasse aufgenommen werden, die auf normal begabte Kinder mit verzögerter Entwicklung ausgerichtet ist (E.4.1 und 4.3), selbst wenn seine Sonderschulung nur ausserhalb des Heimatkantons möglich sein sollte (E. 5 und 6.2).
Lesen Sie den ganzen Entscheid (www.bger.ch) und diskutieren Sie das Ergebnis und die Begründung.

---

333 Siehe dazu Kapitel 4.

2.5   Die Person im Privatrecht

Nachdem im vorangehenden Unterkapitel ausgewählte Aspekte des Verhältnisses der Person zum Staat thematisiert wurden, handeln die folgenden Passagen vom privatrechtlichen Verhältnis der Personen untereinander. Die Grundlagen finden sich im Personenrecht des ZGB. Nach einem einleitenden Überblick folgen die Erläuterung der wichtigen Bestimmungen zur Rechts- und Handlungsfähigkeit, zu Wohnsitz und Heimat sowie zum Persönlichkeitsschutz der natürlichen Personen. In knapper Form wird anschliessend das Recht der juristischen Person dargestellt. Auf die für das Sozialwesen besonders wichtigen juristischen Personen Verein und Stiftung wird gesondert eingegangen.

2.5.1   Das Personenrecht im ZGB

2.5.1.1   Überblick

Das Personenrecht regelt in den Art. 11 bis 89bis ZGB im Wesentlichen die folgenden Fragen:

- Wer kann Träger/in von Rechten und Pflichten sein (natürliche Personen, Art. 11–51 ZGB, juristische Personen, Art. 52–89bis ZGB)?
- Beginn und Ende der Persönlichkeit (Art. 31–38 ZGB)
- Welches sind die Voraussetzungen, damit eine Person durch eigene Handlungen Rechte und Pflichten begründen kann (Art. 12–19 ZGB)?
- Wie lässt sich eine Person individualisieren (Verwandtschaft, Heimat, Wohnsitz, Name, Art. 20–26 und 30 ZGB)?
- Wie schützt die Rechtsordnung die Person vor sich selbst und vor anderen Personen (Art. 27–28 ZGB)?

2.5.1.2   Juristische und natürliche Personen

Alle Menschen gelten als natürliche Personen. Wie noch zu zeigen sein wird, haftet auch der natürlichen Person etwas Juristisches an. Der Zeitpunkt, ab wann der Mensch eine Person ist und ab wann der Mensch aufhört, Person zu sein, ist normativ festgelegt[334].

Juristische Personen sind von der Rechtsordnung anerkannte Zusammenschlüsse natürlicher Personen oder einem bestimmten Zweck gewidmete Vermögenswerte. Juristische Personen sind von Menschen gedachte Konstrukte. Damit diese als Rechtssubjekte am Rechtsverkehr teilnehmen können, braucht es ein Medium, durch

---

334   Beginn und Ende der Rechtspersönlichkeit, siehe HAUSHEER/AEBI-MÜLLER, 1999, S. 9–17.

Absolute Höchstpersönliche Rechte
→ Keine gesetzliche Vertretung möglich
z.B Heirat, Verlobung
Kindsanerkennung

das die juristischen Personen handeln können. In der Rechtssprache handelt es sich um Organe. Die juristische Person handelt durch ihre Organe. Mit dieser Vorstellung ist eine Analogie zum Menschen und zur natürlichen Person verbunden. Wie der Mensch seinen Willen durch seine Organe zum Ausdruck bringt, wird auch die juristische Person mit einem «Willenstransportmittel» ausgestattet.

Relative Höchstpersönliche Rechte

2.5.2   Die natürlichen Personen

Gesetzliche Vertretung kann bei Urteilsunfähigkeit
2.5.2.1   Die Rechtsfähigkeit   *das Recht ausüben*

Die Rechtsfähigkeit betrifft die Fähigkeit, Träger/in von Rechten und Pflichten zu sein. Nach Art. 11 ZGB ist jedermann rechtsfähig. Alle natürlichen Personen sind also rechtsfähig, Kleinkinder genauso wie Geisteskranke, In– oder Ausländer/innen, Strafgefangene, Neugeborene. Die allen Menschen gleichermassen zustehende Rechtsfähigkeit ist ein allgemein anerkanntes Menschenrecht. Die Rechtsfähigkeit verleiht noch keine Rechte, sie bedeutet lediglich die *Möglichkeit*, Trägerin von Rechten und Pflichten zu sein.

Die Rechtsfähigkeit steht allen Menschen grundsätzlich gleich zu. Art. 11 Abs. 2 ZGB legt ergänzend fest «… *in den Schranken der Rechtsordnung*». So tritt beispielsweise die Ehemündigkeit erst mit 18 Jahren ein (Art. 94 Abs. 1 ZGB) oder eine Adoption ist dem oder der Adoptierenden erst mit 35 Jahren möglich. Trotz der grundsätzlichen Gleichheit der Geschlechter (Art. 8 Abs. 3 BV) bestehen Unterschiede in der Rechtsfähigkeit aufgrund des Geschlechts, bspw. im Namen- und Bürgerrecht (Art. 160 und 161 ZGB).

Nur Rechtssubjekte können rechtsfähig sein. Tiere gelten nach der erfolgten Gesetzesrevision im Jahre 2002 nicht mehr als Sachen im Sinne von Art. 641 ZGB, sie nehmen heute eine Art Zwischenkategorie zwischen Rechtssubjekt und Rechtsobjekt ein. Besondere Regeln für Tiere finden sich im Recht der Teilung von Miteigentum. Das Gericht soll Tiere im Streitfall der Partei zusprechen, die in tierschützerischer Hinsicht für das Tier geeignet ist (Art. 651a ZGB).

Auch keine Rechtssubjekte und damit nicht rechtsfähig sind «Geisteswesen». In BGE 116 II 351 entschied das Bundesgericht in einem urheberrechtlichen Streit wie folgt: «*Jenseitige Wesen sind keine Subjekte schweizerischen Rechts, sie können daher auch nicht rechtswirksam Gedanken zum Ausdruck bringen. Inspirationen aus dem Jenseits sind demzufolge ihrem menschlichen Empfänger zuzuordnen und können nur*

z.B Arztbehandlung, Klagen auf Unterhalt

von diesem zu einer urheberrechtlich geschützten Darstellung gebracht werden (…) Die schweizerische Rechtsordnung steht fest auf dem Boden der Rationalität»[335].

2.5.2.2   Beginn und Ende der Rechtspersönlichkeit

Ab welchem Zeitpunkt gilt ein Mensch als ein Mensch? Die autoritative Festlegung des Beginns der Rechtsfähigkeit ist ein politischer Entscheid und abhängig von Werturteilen über den Beginn des rechtlichen Schutzes menschlichen Lebens. Im Zivilrecht beginnt die Rechtsfähigkeit (Rechtspersönlichkeit) grundsätzlich mit der vollendeten Geburt (Art. 31 Abs. 1 ZGB). Bereits das ungeborene Kind ist jedoch bedingt rechtsfähig. Nach Art. 31 Abs. 2 ZGB ist das ungeborene Kind unter dem Vorbehalt rechtsfähig, dass es lebendig geboren wird.

Die Rechtsordnung hat das ungeborene Kind zu schützen. Art. 118 StGB verbietet den Schwangerschaftsabbruch und regelt zugleich die Ausnahmen (straffreier Schwangerschaftsabbruch). Auch in zivilrechtlicher Hinsicht enthält die Rechtsordnung Schutzvorschriften für das ungeborene Kind. So kann bereits für das ungeborene Kind ein Beistand zur Wahrung der Kindesinteressen eingesetzt werden (Art. 393 Ziff. 3 ZGB, siehe auch Art. 309 Abs. 1 ZGB).

Die Rechtspersönlichkeit endet mit dem Tod (Art. 31 Abs. 1 ZGB). Der Gesetzgeber verzichtete in weiser Zurückhaltung auf eine Legaldefinition des Todes. Nach der Zivilstandsverordnung (ZStV) erfolgt die Todesfeststellung durch einen Arzt. Die Ärzte und Ärztinnen richten sich dabei nach den einschlägigen Richtlinien der Schweizerischen Akademie für medizinische Wissenschaften[336]. Diese gehen heute vom Hirntod als massgebendem Todeszeitpunkt aus.

Das ZGB enthält Sonderregeln für verschwundene Personen. Trotz fehlender Leiche gilt der Tod einer Person als erwiesen, wenn die Person «unter Umständen verschwunden ist, die ihren Tod als sicher erscheinen lässt» (Art. 34 ZGB). Ist der Tod hingegen zwar höchst wahrscheinlich, aber nicht sicher, kann eine Person als verschollen erklärt werden (Art. 35–38 ZGB).

2.5.2.3   Die Handlungsfähigkeit

Die Handlungsfähigkeit ist in den Artikeln 13 bis 19 ZGB geregelt. Wer handlungsfähig ist, kann durch Handlungen Rechte und Pflichten begründen (Art. 11 ZGB). Die Handlungsfähigkeit ist die Voraussetzung, um Rechtsgeschäfte tätigen zu können, zum Beispiel einen Vertrag abzuschliessen oder einen Vertrag zu künden. Wer hand-

---

335 BGE 116 II 354 E. 2c.

336 Die Chancen einer erfolgreichen Organtransplantation sind umso höher, je früher die Organe nach dem Tod dem Körper des Spenders entnommen werden.

lungsfähig ist, kann weiter aus unerlaubter Handlung schadenersatzpflichtig werden (Art. 41 OR).

Während die Rechtsfähigkeit grundsätzlich allen Menschen voraussetzungslos zusteht, ist die Handlungsfähigkeit an Voraussetzungen gebunden. Nach Art. 13 ZGB ist handlungsfähig, wer mündig und urteilsfähig ist. Die Mündigkeit tritt mit dem vollendeten 18. Lebensjahr ein (Art. 14 ZGB). Während die Mündigkeit ein biologisches und vergleichsweise einfach festzustellendes Kriterium ist, besteht in der Beurteilung der Urteilsfähigkeit Spielraum. Nach Art. 16 ZGB ist urteilsfähig « … *ein jeder, dem nicht wegen seines Kindesalters oder infolge von Geisteskrankheit, Geistesschwäche, Trunkenheit oder ähnlichen Zuständen die Fähigkeit mangelt, vernunftgemäss zu handeln».* Das vernunftgemässe Handeln beinhaltet also sowohl, Vernunft zu haben, wie auch entsprechend dieser Vernunft handeln zu können.

Welche Gründe können dem vernünftigen Handeln entgegenstehen? Die im Gesetz genannten Gründe Geisteskrankheit und Geistesschwäche sind Rechtsbegriffe, die nicht zwingend mit der medizinischen Terminologie übereinstimmen müssen. Aus der medizinischen Beurteilung einer Geisteskrankheit folgt also nicht zwingend die rechtliche Urteilsunfähigkeit[337]. Die weiteren Gründe für die Urteilsunfähigkeit sind «Trunkenheit oder ähnliche Zustände». Unter Letzterem sind beeinträchtigende Rauschzustände zu verstehen, wobei es auf die Ursache des Rausches nicht ankommt. Auch «Schlafwandeln» ist ein solcher «ähnlicher Zustand». Handlungen, die in solchen Zuständen vorgenommen werden, entfalten keine Rechtswirkungen (Art. 18 ZGB).

Das Vorliegen der Urteilsfähigkeit ist immer bezogen auf eine konkrete Handlung zu entscheiden. Dieselbe Person kann für eine bestimmte Handlung urteilsunfähig und zum gleichen Zeitpunkt für eine andere urteilsfähig sein. Das zeigt sich ohne weiteres am Beispiel des Kindesalters als möglichem Kriterium fehlender Urteilsfähigkeit. Art. 16 ZGB ist nicht so zu verstehen, dass Kindern ganz generell die Urteilsfähigkeit fehlt. Vielmehr gilt auch bei Kindern die grundsätzliche gesetzliche Vermutung ihrer Urteilsfähigkeit[338]. Bei einem Kleinkind wird die Frage der Urteilsfähigkeit für das Verhalten im Strassenverkehr nicht gleich beurteilt wie bei einem zehn- oder gar fünfzehnjährigen Kind.

	mündig	unmündig
Urteilsfähig	volle Handlungs-fähigkeit	Beschränkte Handlungs-fähig- u. -unfähigkeit
nicht Urteilsfähig	keine Handlungs-fähigkeit	keine Handlungs-fähigkeit

---

337 SCHMID JÜRG, 2001, N 604.
338 BGE 124 III 5 ff., Erw. 1b, 90 II 9 ff., Erw. 3.

[Handschriftliche Notizen am oberen Rand: Handlungsfähigkeit setzt sich zusammen aus ⟶ Deliktfähigkeit → zivilrechtliches Einstehen für unerlaubte Handlungen. Fähigkeit zur Einsicht in Schädigungsmöglichkeit ⟶ i. d. R ab 7 Jahre z. B Scheibe einschlagen]

Frage zur Handlungsfähigkeit

Sowohl Sozial- wie Privatversicherer kennen die Regel, wonach bei Selbsttötungen keine Leistungen erbracht werden. Können Angehörige von Suizidopfern gegenüber Versicherungen geltend machen, die Selbsttötung sei im Zustand der Urteilsunfähigkeit erfolgt?

Zu dieser Frage hat das Versicherungsgericht Sankt Gallen den folgenden Entscheid gefällt: «Art. 48 UVV stellt im Rahmen einer Selbsttötung oder eines Suizidversuches auf die gänzliche Unfähigkeit des Versicherten ab, vernunftgemäss zu handeln. Es ist nicht die strafrechtliche Zurechnungsfähigkeit gemäss Art. 10 f StGB entscheidend, sondern die fehlende Urteilsfähigkeit gemäss Art. 16 ZGB. «Gänzlich» urteilsunfähig ist nur, wer zur Zeit der Tat infolge einer psychotischen Störung vollständig unfähig war, angesichts der realen Gesamtsituation die Unsinnigkeit der Tat einzusehen» (Versicherungsgericht St. Gallen, Entscheid vom 18.05.1995, Nr. 953).

[Handschriftliche Notiz: und Geschäftsfähigkeit → Rechtsgeschäftliche Handlungen verbindlich vornehmen zu können ⟶ Willenbildungsfähigkeit z. B Grundstückkau... ⟶ Willenumsetzungsfähigkeit]

2.5.2.4   Stufen der Handlungsfähigkeit

Insgesamt kommen vier Stufen der Handlungsfähigkeit vor:

- Volle Handlungsfähigkeit
- Volle Handlungsunfähigkeit
- Beschränkte Handlungsfähigkeit
- Beschränkte Handlungsunfähigkeit

Volle Handlungsfähigkeit liegt bei mündigen und urteilsfähigen Personen vor. Fehlt es an der Urteilsfähigkeit, egal, aus welchen Gründen, liegt eine volle Handlungsunfähigkeit vor (Art. 18 ZGB).

Als beschränkt handlungsfähig gelten Personen unter Beiratschaft. Die Beiratschaft (Art. 395 ZGB) stellt eine vormundschaftliche Massnahme dar, die bezweckt und bewirkt, dass die Handlungsfähigkeit für bestimmte Lebenssituationen eingeschränkt ist.

Beschränkt handlungsunfähig sind Personen, denen es an der Mündigkeit mangelt (Unmündige oder Entmündigte), die jedoch für eine bestimmte Handlung urteilsfähig sind. Rechtsgeschäftliche Verpflichtungen dieser Personen bedürfen der Zustimmung des gesetzlichen Vertreters (Art. 19 Abs. 1 ZGB). Ohne Zustimmung dürfen sie unentgeltliche Vorteile erlangen, also beispielsweise ein Geschenk annehmen (Art. 19 Abs. 2 ZGB, erster Halbsatz). Äusserst bedeutsam ist schliesslich die Bestimmung, wonach urteilsfähige Unmündige oder Entmündigte Rechte ausüben können, «die ihnen um ihrer Persönlichkeit willen zustehen» (Art. 19 Abs. 2 ZGB, zweiter Halbsatz). In der juristischen Lehre werden diese Rechte «höchstpersönliche Rechte» genannt. Dazu zu zählen ist die Entscheidung über Eingriffe in die physische und psychische Integrität, zum Beispiel ärztliche Eingriffe. Auch das Einreichen einer Scheidungsklage (Art. 114 ZGB) wird zu den höchstpersönlichen Rechten gezählt[339]. Eine entmündigte, aber bezogen auf diese Frage urteilsfähige Person kann dieses Recht deshalb auch ohne Zustimmung des Vormundes wahrnehmen.

Gehört das Recht, ein Auto fahren zu dürfen, zu den «höchstpersönlichen Rechten»?
Beschränkt handlungsunfähige Personen können höchstpersönliche Rechte selbständig ausüben. Kann eine entmündigte Person selbständig Beschwerde führen gegen den Führerausweisentzug? Mit dieser Frage musste sich der Regierungsrat des Kantons Obwalden auseinandersetzen (Entscheid des Regierungsrates Obwalden vom 31. Oktober 1995, Nr. 492). Die Frage wurde verneint, da das Recht, ein Motorfahrzeug zu führen, nicht zu den Rechten gehört, die einer Person um ihrer Persönlichkeit willen zustehen. Ohne Zustimmung des Vormundes war deshalb keine Beschwerde möglich.

2.5.3   Die Person in ihrer Umwelt

2.5.3.1   Verwandtschaft

In den Art. 20 bis 22 ZGB wird das rechtliche Verhältnis der Person zu ihrer Familie definiert. Die in Art. 20 Abs. 1 ZGB genannte Verwandtschaft basiert entweder auf Blutsverwandtschaft oder auf Adoption. Verwandt im Sinne des ZGB sind Personen dann, wenn die eine von der anderen abstammt (gerade Linie) oder wenn zwei Personen von einer dritten Person abstammen (Seitenlinie). Das Verhältnis zwischen Eltern und Kindern basiert auf der geraden Linie, dasjenige zwischen Geschwistern auf der Seitenlinie.

Aus dem blossen Vorliegen einer Verwandtschaft ergeben sich noch keine Rechtsfolgen. Diese treten erst im Zusammenwirken mit anderen Rechtsnormen ein. Ein Beispiel dafür bildet Art. 328 ZGB, wonach zur Verwandtenunterstützung verpflichtet ist, wer in günstigen Verhältnissen lebt. Unterstützt werden müssen lediglich Verwandte in auf- und absteigender Linie, also Eltern und/oder Kinder, nicht aber

---

339   Siehe BGE 78 II 100 f., 116 II 387 f.; 122 III 349 E. 4b («Scheidung nach ghanaischem Gewohnheitsrecht»).

Geschwister. In der Sozialhilfepraxis spielt die Verwandtenunterstützungspflicht eine grosse Rolle. Wird an Bedürftige Sozialhilfe geleistet, klären die Behörden ab, ob unter Bezugnahme auf Art. 328 ZGB die unterstützungspflichtigen Verwandten (als Kinder oder Eltern) für die Sozialhilfeleistungen ganz oder teilweise aufkommen müssen.

Fragen zur Verwandtenunterstützungspflicht
Sie finden im Gesetz den Begriff «in günstigen Verhältnissen». Wo liegen Ihrer Ansicht nach die entsprechenden Einkommens- und Vermögensgrenzen? Gibt es dazu bundesrechtliche Vorschriften?
Wie können Ansprüche gegenüber Verwandten, die in günstigen Verhältnissen leben, durchgesetzt werden?
Das Walliser Kantonsgericht hat 2004 entschieden, eine Gemeinde könne die Sozialhilfeunterstützung davon abhängig machen, dass gegen die unterstützungspflichtigen Verwandten eine Klage eingereicht wird (Entscheid des Kantonsgerichts Wallis vom 16. Dezember 2004 i.S. A.B.c. Gem.Z). Was halten Sie von dieser Entscheidung?

2.5.3.2   Wohnsitz

Der zivilrechtliche Wohnsitz beschreibt die besondere Beziehung einer Person zu einem bestimmten Ort. Der Wohnsitz gilt als allgemeine «rechtliche Adresse» einer natürlichen Person.

Nach Art. 23 Abs. 1 ZGB befindet sich der Wohnsitz einer Person an dem Orte, an dem sie sich mit der Absicht des dauernden Verbleibens aufhält. Dieser Wohnsitzbegriff enthält ein faktisches, objektives und ein subjektives Element. Beim faktischen Element interessiert, wo sich eine Person tatsächlich aufhält. Die subjektive Komponente bezieht sich auf die «Absicht des dauernden Verbleibens». Nun kann sich eine Person faktisch an mehr als einem Ort aufhalten (wenn auch nicht gleichzeitig). Nach der Rechtsprechung kommt es darauf an, wo eine Person ihren Lebensmittelpunkt hat. Dabei sind berufliche Kriterien genau so zu berücksichtigen wie ausserberufliche[340].

Jede Person kann nur einen Wohnsitz haben (Art. 23 Abs. 2 ZGB), und der einmal begründete Wohnsitz bleibt bis zum Erwerb eines neuen Wohnsitzes bestehen (Art.

---

340 Wohnsitzbegriff: 127 V 238 Erwägung 1; 130 V 404 Erwägung 5. 6 Zum zivilrechtlichen Wohnsitz bei urteilsfähigen Personen, die in ein Altersheim eintreten: 127 V 239 Erwägung 2b–d, Zivilrechtlicher Wohnsitzbegriff im Zusammenhang mit der Unterstellung von Ausländern (Schwarzarbeitern) unter das Krankenversicherungsobligatorium des KVG: 129 V 79 Erwägung 5.2, Zivilrechtlicher Wohnsitzbegriff als Voraussetzung für den Anspruch auf eine ausserordentliche Rente und eine Hilflosenentschädigung der Invalidenversicherung: 130 V 404 Erwägung 5, 6.

24 Abs. 1 ZGB). Bei unklarem Wohnsitz gilt der Aufenthaltsort als Wohnsitz (Art. 24 Abs. 2 ZGB). Unmündige haben ihren Wohnsitz am Wohnsitz der Eltern (Art. 25 Abs. 1 ZGB), bevormundete Personen am Sitz der Vormundschaftsbehörde (Art. 25 Abs. 2 ZGB).

Nach Art. 26 ZGB begründen der Aufenthalt an einem Ort zum Zwecke des Besuches einer Lehranstalt und die Unterbringung einer Person in einer Erziehungs-, Versorgungs-, Heil- oder Strafanstalt keinen Wohnsitz. Bei dieser Bestimmung handelt es sich um eine widerlegbare Vermutung, dass der Aufenthalt in einer der genannten Institutionen keinen Lebensmittelpunkt begründet. Widerlegbar bedeutet, dass wenn der Beweis gelingt, dass sich der Lebensmittelpunkt tatsächlich am Orte der Institution befindet, dieser Ort als Wohnsitz gilt[341].

Die Bedeutung des zivilrechtlichen Wohnsitzes liegt vor allem in Fragen der Zuständigkeit von Behörden und Gerichten. Für zivilrechtliche Verfahren gilt als Gerichtsstand nach der Verfassung (Art. 30 Abs. 2 BV) der Wohnsitz der beklagten Partei. Ausnahmen müssen in einem Gesetz vorgesehen sein[342]. Eine wichtige Rolle spielt der Wohnsitz ferner im Bereich des Steuerrechts. Der Wohnsitz ist das vorrangige Steuerdomizil für natürliche Personen.

2.5.3.3   Name

Der Name einer Person dient ihrer Individualisierbarkeit und ist als Aspekt der Persönlichkeit rechtlich geschützt. Nach Art. 29 ZGB kann die unbefugte Verwendung des Namens einer anderen Person gerichtlich untersagt werden.

Die Individualisierbarkeit einer Person liegt auch im öffentlichen Interesse[343]. Entsprechend bestimmt Art. 30 ZGB, dass die Änderung des Namens bewilligungspflichtig ist. Liegen wichtige Gründe vor, wird der Namenswechsel bewilligt.

---

341 BGE 108 V 22, 127 V 237.

342 Das Gerichtsstandsgesetz (GestG) regelt die örtliche Zuständigkeit in bundesrechtlichen Zivilsachen abschliessend und lässt somit keinen Raum mehr für kantonalrechtliche Zuständigkeitsvorschriften. Das GestG funktioniert vereinfacht gesagt nach folgendem Prinzip: Grundsätzlich ist der Richter am Wohnsitz des Beklagten zur Beurteilung einer Klage zuständig (s. BV 30 II, GestG 3), was auch als allgemeiner Gerichtsstand bezeichnet wird. Am allgemeinen Gerichtsstand kann eine Person immer dann belangt werden, wenn nicht ein abweichender besonderer Gerichtsstand gegeben ist (z.B. GestG 18 I, 23 I).

343 BGE 122 III 60 ff., Erw. 2a.

Gerichtsentscheid zum Wohnsitz

Nach Art. 25 Abs. 1 ZGB haben unmündige Kinder den gleichen Wohnsitz wie ihre Eltern. Nach der Gerichtspraxis ist der Ort des Sorgerechts und nicht der tatsächliche Aufenthalt massgebend. Auszug aus dem Urteil des bernischen Verwaltungsgerichts vom 1. Juli 2005 i.S. Einwohnergemeinde S.:

«Steht die elterliche Sorge bloss einem Elternteil zu, so befindet sich der Wohnsitz des unmündigen Kindes am Wohnsitz dieses Elternteils. Dabei ist grundsätzlich unerheblich, wo sich das Kind tatsächlich aufhält und ob es sich unter der Obhut des Inhabers oder der Inhaberin der elterlichen Sorge befindet. Auch Kinder, die unter der Obhut Dritter stehen, haben somit ihren Wohnsitz an jenem ihrer Eltern bzw. des mit der elterlichen Sorge betrauten Elternteils, solange diesen bzw. diesem noch die elterliche Sorge zusteht».

2.5.4 Privatrechtlicher Persönlichkeitsschutz

2.5.4.1 Allgemeines

Die Privatautonomie ist ein zentraler Wert der schweizerischen Rechtsordnung. Die Privatautonomie wird als «Prinzip der Selbstgestaltung der Rechtsverhältnisse durch den Einzelnen nach seinem Willen»[344] verstanden. Ein Rechtssubjekt hat also die Befugnis, sich gegenüber anderen Rechtssubjektiven allein aufgrund eines einseitigen Willens (etwa einer letztwilligen Verfügung, eines Testaments) oder eines gegenseitig übereinstimmenden Willens (bei einem Vertrag) rechtlich zu verpflichten. Der Begriff «Willkür» ist deshalb im Privatrecht nicht negativ besetzt, vielmehr drückt er aus, was das Privatrecht schützt: *das Recht, (...) nach dem eigenen Willen zu küren.*

Die privatrechtliche Freiheit des eigenen Willens, sei es zur Selbstverpflichtung oder zur Durchsetzung von Interessen gegenüber anderen, wird im Privatrecht selbst durch die Art. 27 und 28 ZGB beschränkt. Die Beschränkung ist eine doppelte. Zum einen sind wir gleichsam zur Freiheit verpflichtet, Art. 27 ZGB beschränkt unsere Freiheit, die eigene Freiheit übermässig einzuschränken, Art. 28 schützt unsere Freiheit vor ungerechtfertigter Einwirkung Dritter. Der Persönlichkeitsschutz steckt insofern die Grenzen des zulässigen Handelns ab[345]. Die Grenzen der eigenen Persönlichkeitsentfaltung enden dort, wo der Schutz der anderen Person anfängt. Dieser Gedanke

---

344 FLUME W., 1979, S. 70.
345 HAUSHEER HEINZ/ AEBI-MÜLLER REGINE, 1999, S. 100.

geht letztlich auf die Philosophie Kants der Abgrenzung der Freiheitssphären der Einzelnen gegeneinander durch Regulierungsinstanzen zurück.

In der Präambel der Verfassung steht: «dass nur frei ist, wer seine Freiheit gebraucht». Ob ein Mensch Rechte nicht wahrnimmt, weil er sich nicht getraut, weil er nicht weiss, was ihm zusteht, oder weil er vom Staat gehindert wird, ist vom Ergebnis her gesehen das Gleiche, seine Ausgangsposition hat sich nicht verändert.

2.5.4.2 Schutz der Personen vor sich selbst

Nach Art. 27 Abs. 1 ZGB kann niemand ganz oder teilweise auf die Rechts- und Handlungsfähigkeit verzichten. Jeder Mensch ist verpflichtet, Rechtssubjekt zu sein, eine selbst gewählte Degradierung zum Rechtsobjekt widerspricht fundamentalen Werten der Rechtsordnung. Rechtsgeschäftliche Verpflichtungen zu einer Heirat oder für eine lebenslange Mitgliedschaft in einem Verein[346] sind rechtlich unwirksam.

Wesentlicher Teil der Privatautonomie bildet die Vertragsfreiheit, die auch die Freiheit beinhaltet, unsinnige oder unvorteilhafte Verträge einzugehen. Jeder Vertrag schränkt die Entscheidungsfreiheit der Vertragsparteien ein, führt zu Verpflichtungen. Als Schranke einer übermässigen Selbstverpflichtung hält Art. 27 Abs. 2 ZGB fest, dass eine übermässige (rechtsgeschäftliche) Selbstbeschränkung von der Rechtsordnung nicht geschützt wird. Ohne Rechtswirkung bleiben deshalb unkündbare, «ewige» Verträge[347] oder vertragliche Verpflichtungen im engsten persönlichen Freiheitsbereich[348]. Die Beurteilung, ob ein Vertrag die Freiheit übermässig einschränkt, erfolgt nach den gesamten Umständen des konkreten Falles.

2.5.4.3 Schutz vor Dritten

Art. 28 ZGB gewährt Rechtsschutz vor widerrechtlicher Verletzung der Persönlichkeit. Ein Verständnis dieser Bestimmung setzt voraus, dass wir uns mit der Persönlichkeit, der Widerrechtlichkeit und dem Rechtsschutz auseinandersetzen.

Eine Legaldefinition des Begriffs Persönlichkeit fehlt. Allgemein anerkannt ist die folgende Einteilung der Persönlichkeitsrechte[349]:

---

346 Bspw. in einer Glaubensgemeinschaft oder in einem Orden.
347 BGE 114 II 162 ff. (Fall «Bierlieferung») «Soweit die (…) Bezugsverpflichtung, die nach Art. 27 zulässige Höchstdauer überschreitet, führt sie zur Teilnichtigkeit des Vertrages gemäss Art. 20 Abs. 2 OR, die durch Vertragsergänzung aufgrund des hypothetischen Parteiwillens zu beheben ist.» Siehe auch BGE 107 II 216 ff.; 102 II 211.
348 BGHZ 97, 372, Amtl. Leitsatz a.: «Eine unter Partnern einer nichtehelichen Gemeinschaft getroffene Abrede über den Gebrauch empfängnisverhütender Mittel berührt den engsten persönlichen Freiheitsbereich und ist einer rechtsgeschäftlichen Regelung nicht zugänglich. Hält sich einer der Partner nicht an eine solche Abrede, so kann daraus auch kein vertraglicher Schadensersatzanspruch hergeleitet werden, wenn er dies dem anderen nicht mitteilt.»
349 Siehe zum Ganzen: Schmid Jürg, 2001, N. 800 ff.

- Rechte der physischen Persönlichkeit (z.b. Recht auf Leben, auf psychische und physische Integrität, sexuelle Freiheit),
- Rechte der emotionalen oder affektiven Persönlichkeit (z.b. Recht auf Beziehungen zu nahen Angehörigen),
- Rechte der sozialen Persönlichkeit (z.b. Schutz des Namens, Respektierung des Privatlebens, Freiheit der wirtschaftlichen Betätigung).

Werden diese Persönlichkeitsrechte durch eine andere Person verletzt, bedeutet dies zunächst eine Widerrechtlichkeit. Nach Art. 28 Abs. 2 ZGB ist eine Persönlichkeitsverletzung nur dann (aber dann immer) widerrechtlich, wenn kein Rechtfertigungsgrund vorliegt. Rechtfertigungsgründe sind:
- Einwilligung des Verletzten,
- überwiegendes öffentliches oder privates Interesse,
- ein Gesetz.

Diese Widerrechtlichkeitskonstruktion bedeutet, dass bpsw. jeder ärztliche Eingriff zunächst eine widerrechtliche Persönlichkeitsverletzung darstellt, der jedoch durch die Einwilligung[350] des Patienten oder der Patientin gerechtfertigt ist (sofern er oder sie über die möglichen Folgen und Risiken nachweislich im Bilde gewesen ist). Das bedeutet aber auch, dass der ärztliche Eingriff ohne Einwilligung widerrechtlich bleibt, soweit nicht ein überwiegendes öffentliches Interesse oder ein Gesetz einen nicht durch Einwilligung gedeckten ärztlichen Eingriff ausnahmsweise erlaubt.

Gegen widerrechtliche Persönlichkeitsverletzungen stehen Abwehrklagen (Unterlassung, Beseitigung der Verletzung) und Wiedergutmachungsklagen zur Verfügung (Art. 28a bis 28f ZGB).

---

350 BGE 117 Ib 197 ff.: «*Die Aufklärungspflicht gehört deshalb zu den allgemeinen Berufspflichten des Arztes, und zwar unabhängig davon, ob er im Rahmen eines privatrechtlichen Vertragsverhältnisses oder als Beamter oder Angestellter des Staates handelt.*» Derselbe: «*(…) Allgemein gilt aber, dass der Arzt bei gewöhnlich mit grossen Risiken verbundenen Operationen, die schwerwiegende Folgen haben können, den Patienten ausführlicher aufklären und informieren muss, als wenn es sich um einen im Allgemeinen unproblematischen Eingriff handelt.*»

Zulässige Detektiv-Überwachung bei Verdacht auf Versicherungsbetrug?

Als Folge eines schweren Strassenverkehrsunfalls machte V. gegenüber der Haftpflichtversicherung des Unfallverursachers eine Forderung von 2,6 Millionen Franken geltend. Die Versicherung hegte starke Zweifel an den gesundheitlichen Beschwerden und liess V. durch einen Privatdetektiv überwachen. V. klagte darauf gegen den Versicherer wegen Persönlichkeitsverletzung.

Das Bundesgericht hält zunächst fest, dass ein «Eingriff» in die Persönlichkeitsrechte von V. vorliegt, und prüft anschliessend die Rechtsmässigkeit dieses Eingriffs. Nach Art. 28 Abs. 2 ZGB sei ein solcher Eingriff rechtswidrig, es sei denn, ein den Täter schützendes, überwiegendes Interesse wirke rechtfertigend. Ein Versicherer habe sich zum Schutze des Versicherungsnehmers, dessen Haftpflicht er decke, und der Kollektivität der Versicherten zu vergewissern, ob eine Leistungspflicht bestehe. Er sei berechtigt, private Abklärungen vorzunehmen und Beweise zu sammeln. Der Geschädigte habe dies hinzunehmen und müsse auch ein ohne sein Wissen vor sich gehendes Handeln dulden, wenn der Zweck dieses erfordere. Solches Vorgehen könne Eingriffe in die Persönlichkeitsrechte rechtfertigen. Im vorliegenden Falle sei vom öffentlichen Grund und Boden aus beobachtet und das Ergebnis nur zu prozessualen Zwecken festgehalten worden. Angesichts des hohen, der Versicherung gegenüber geforderten Betrags seien die eingesetzten Mittel zweckmässig gewesen. Die Klage wurde abgewiesen (Bundesgerichtsentscheid vom 18. Dezember 1997).

Frage: Ist zur Abklärung allfälligen Sozialhilfemissbrauchs der Einsatz von Privatdetektiven zulässig?

2.5.5 Die juristischen Personen

2.5.5.1 Arten von juristischen Personen

Juristische Personen sind entweder Anstalten und Körperschaften. Körperschaften haben Mitglieder. Eine Anstalt definiert sich durch einen bestimmten Zweck, sie hat keine Mitglieder.

Zu unterscheiden sind juristische Personen weiter nach ihrer rechtlichen Legitimation. Es gibt juristische Personen des Privatrechts und solche des öffentlichen Rechts.

Das Privatrecht sieht abschliessend (Numerus clausus) sechs Formen juristischer Personen vor. Es handelt sich um den Verein (Art. 60–79 ZGB), die Stiftung (Art. 80 bis 89bis ZGB), die Aktiengesellschaft (Art. 620 ff. OR), die Kommanditaktiengesellschaft (Art. 764 ff. OR), die Gesellschaft mit beschränkter Haftung (Art. 772 OR) und die Genossenschaft (Art. 828 OR). Nach Art. 53 ZGB sind die juristischen Personen aller Rechte und Pflichten fähig, die nicht die natürlichen Eigenschaften des Menschen wie Geschlecht, Alter oder Verwandtschaft zur notwendigen Voraussetzung haben.

Keine juristischen Personen sind die einfache Gesellschaft, die Kollektiv- und die Kommanditgesellschaft. Hier handelt es sich um Personenzusammenschlüsse, die Rechtswirkungen treten nur bei den einzelnen Personen, nicht aber bei der Gesellschaft ein.

Die wichtigste juristische Person des öffentlichen Rechts ist der Staat auf allen staatlichen Ebenen (Bund, Kantone, Gemeinden). Daneben kennt das öffentliche Recht zahlreiche andere juristische Personen, die als öffentlich-rechtliche Körperschaften oder öffentlich-rechtliche Anstalten ausgestaltet sind.

Art. 60 ZGB → keinen wirtschaftlichen Zweck

2.5.5.2   Der Verein

Ein Verein ist eine auf Dauer angelegte Personenvereinigung, die einen gemeinsamen Zweck verfolgt, Statuten und einen Vereinsnamen besitzt. Das Recht auf Gründung eines Vereins ist grundrechtlich in Art. 23 der Bundesverfassung verankert. Die Gründung ist einfach, das Vereinsleben kann weitgehend frei gestaltet werden. Aus diesen Gründen sind private Sozialwerke als Vereine organisiert.

Nach Art. 60 ZGB handelt es sich bei einem Verein um eine körperschaftliche Personenverbindung, die eine eigene Rechtspersönlichkeit erlangt und die konzipiert wurde für die Verfolgung ideeller Zwecke (d.h. nicht wirtschaftlicher Zwecke). Ein Verein darf wirtschaftlich tätig sein, wenn die wirtschaftliche Tätigkeit eine untergeordnete Rolle spielt.

Der Verein entsteht, sobald der Wille, als Körperschaft zu bestehen, aus den Statuten ersichtlich ist[351]. Die Mitglieder des Vereins können natürliche Personen oder juristische Personen sein. Von Gesetzes wegen hat der Verein zwei Organe: Vorstand[352] und Vereinsversammlung[353]. Die übrige Organisation steht in der Autonomie der Vereine.

---

351 Art. 60 ZGB.
352 Art. 69 ZGB.
353 Art. 64 Abs. 1 ZGB.

2.5.5.3   Die Stiftung[354]   *Art. 80 – 89 ZGB*

In der Schweiz gibt es ungefähr 10 000 Stiftungen, mehr als zwei Drittel davon sind im Non-Profit-Sektor (Bildung/Forschung, Soziales und Gesundheit) tätig.

Das Stiftungsrecht ist im Schweizerischen Zivilgesetzbuch (ZGB) in den Art. 80–89bis geregelt. Eine Stiftung ist ein Vermögen, das zu einem bestimmten Zweck gestiftet worden ist. Im Gegensatz zu einem Verein hat die Stiftung keine Mitglieder. In der Stiftungsurkunde werden die Organe der Stiftung bestellt und die Art der Verwaltung geregelt. Die Stiftungen stehen unter der Aufsicht von Bund, Kanton oder Gemeinde.

2.6   Datenschutz, Amts- und Berufsgeheimnis

2.6.1   Bedeutung für den Schutz der Person

Sowohl die Datenschutzgesetzgebung wie auch die gesetzlich verankerten Amts- und Berufsgeheimnisse dienen bei einer breiten Betrachtungsweise dem Schutz der Person. In den oft nicht freiwilligen Kontakten von Privaten mit Behörden (gerade im Bereich von Sozialhilfe und Vormundschaft) ist es für das Vertrauen in die Rechtsordnung unerlässlich, dass die Informationsbeschaffung und Informationsweitergabe in fairer und nachvollziehbarer Weise vor sich geht. Während das Amtsgeheimnis vorwiegend dem Schutz des Vertrauens in die Behördentätigkeit dient, trägt der Gesetzgeber im Berufsgeheimnis dem besonderen Vertrauensverhältnis Rechnung, das die Beziehung von BürgerInnen zu ÄrztInnen, RechtsanwältInnen und Geistlichen prägt.

Die Bearbeitung von Personendaten gegen den Willen der Betroffenen oder ohne deren Wissen ist kein Phänomen der jüngeren Geschichte. In verschiedenen Staats- und Gesellschaftsordnungen wurden auch in der Vergangenheit Persönlichkeitsrechte durch willkürliche und unverhältnismässige Datenbearbeitung des Staates oder Privater missachtet. Zur Illustration genügt ein Blick in die Geschichte des Staatsschutzes. Im angeblichen oder tatsächlichen Staatsinteresse wurde mit einem willkürlichen Sammeln von Informationen über missliebige oder verdächtige Personen nicht nur in

---

354   Einen hervorragenden Überblick zum Stiftungsrecht inkl. praktischer Hilfen (Musterstiftungsurkunde und Musterstiftungsreglement) bietet die Internetseite der Eidgenössischen Stiftungsaufsicht unter www.edi.admin.ch/esv/index.html (eingesehen am 25.11.2008).

totalitären Staaten, sondern auch in der Schweiz (Fichenaffaire[355]) massiv in die Privatsphäre der BürgerInnen eingegriffen.

Die Gefahr der Verletzung der Privatsphäre und der Persönlichkeit ging (und geht) aber nicht nur vom Staat aus. Zu erwähnen sind etwa schwarze Listen von Arbeitgebern über gewerkschaftlich aktive ArbeiterInnen oder ein gezieltes Ausgrenzen von Personen aus Familie, Miethaus, Schule oder Team durch das Verbreiten von Gerüchten oder Indiskretionen. Vom Klatsch geht ein hohes Gefährdungspotenzial aus. Klatsch hat zwar auch eine sozial integrierende Funktion, birgt aber immer auch die Gefahr der Ausgrenzung und Verletzung von Persönlichkeitsrechten in sich.

2.6.2   Das Bundesgesetz über den Datenschutz

2.6.2.1   Zweck, Geltungsbereich und Begriffe

Der Begriff Datenschutz bzw. Datenschutzrecht ist verfänglich. Es geht beim Datenschutz nicht um den Schutz der Daten, sondern um den Schutz der Persönlichkeit vor widerrechtlicher Datenbearbeitung. Nach Art. 1 des Datenschutzgesetzes des Bundes (DSG) besteht denn auch der Zweck des Datenschutzes im Schutz der Persönlichkeit *und* der Grundrechte von Personen, über die Daten bearbeitet werden.

Damit wird der doppelte Geltungsbereich des Gesetzes bereits im Zweckartikel festgeschrieben. Mit dem «Schutz der Persönlichkeit» ist die Datenbearbeitung zwischen Privaten und mit «Schutz der Grundrechte» die Datenbearbeitung durch staatliche Behörden angesprochen.

Der Geltungsbereich des DSG ist auf die Datenbearbeitung Privater und die Datenbearbeitung durch Behörden des Bundes beschränkt. Die Datenbearbeitung durch kantonale Behörden untersteht der kantonalen Datenschutzgesetzgebung.

Als Personendaten im Sinne des DSG gelten Angaben, die sich auf bestimmte oder bestimmbare Personen beziehen[356]. Ob es sich bei den personenbezogenen Angaben um Tatsachendarstellungen oder Werturteile handelt, spielt keine Rolle. Bestimmbar ist eine Person, wenn sie aufgrund der personenbezogenen Angaben individualisierbar ist.

---

355 Nachdem durch die sogenannte Fichenaffaire bekannt wurde, dass der Staat über Tausende unbescholtene BürgerInnen Fichen angelegt hatte, wurde eine Volksinitiative «S.O.S. Schweiz ohne Schnüffelstaat» eingereicht. Mit dem Bundesgesetz über Massnahmen zur Wahrung der inneren Sicherheit (BWIS) vom 21. März 1997 (BBl 1997 II 586) wurde ein indirekter Gegenvorschlag schliesslich heute geltendes Recht. Das Gesetz will Gefährdungen durch Terrorismus, verbotenem Nachrichtendienst und gewalttätigem Extremismus vorbeugen, nennt insbesondere die zulässigen vorbeugenden Massnahmen, aber auch ihre Schranken.

356 Art. 3 lit. a DSG.

Abschliessend aufgelistet sind in Art. 3 lit. c Ziffer 2 DSG die besonders schützenswerten Personendaten, für deren Bearbeitung schärfere Restriktionen gelten. Es handelt sich um Daten über die religiösen, weltanschaulichen, politischen oder gewerkschaftlichen Ansichten oder Tätigkeiten, die Gesundheit, die Intimsphäre oder die Rassenzugehörigkeit, Massnahmen der sozialen Hilfe, administrative oder strafrechtliche Verfolgungen und Sanktionen.

Persönlichkeitsprofile sind *eine Zusammenstellung von Daten, die eine Beurteilung wesentlicher Aspekte der Persönlichkeit einer natürlichen Person erlaubt.* Als typische Fälle von Persönlichkeitsprofilen können graphologische Gutachten, Lebensläufe, Personalakten, detaillierte Kreditkartenabrechnungen oder Schulberichte genannt werden.

In Art. 3 DSG wird auch geklärt, welche Aktivitäten im Zusammenhang mit Personendaten unter das Gesetz fallen. Unter Bearbeiten im Sinne des DSG ist *jeder Umgang mit Personendaten, unabhängig von den angewandten Mitteln und Verfahren, insbesondere das Beschaffen, Aufbewahren, Verwenden, Umarbeiten, Bekanntgeben, Archivieren oder Vernichten von Daten,* zu verstehen. Das Bekanntgeben von Daten wird weiter präzisiert. Unter Bekanntgeben ist auch das Weitergeben von Personendaten zu verstehen. Jede Art des Zugänglichmachens ist hier miterfasst.

2.6.2.2 Voraussetzungen rechtmässiger Datenbearbeitung

Das DSG unterscheidet zwischen den «Spielregeln» für die Datenbearbeitung durch Private und solchen für den Bund. Private dürfen Personendaten bearbeiten, solange die Datenbearbeitung keine Persönlichkeitsverletzung darstellt (Art. 12 DSG). Für Bundesorgane ist die Datenbearbeitung nur erlaubt, wenn dafür entsprechende gesetzliche Grundlagen vorhanden sind.

Wer Personendaten bearbeitet, darf die Persönlichkeit der betroffenen Person(en) nicht widerrechtlich verletzen. Widerrechtlich ist die Datenbearbeitung dann, wenn ohne Rechtfertigungsgrund eine oder mehrere der folgenden Datenschutzregeln missachtet werden[357]:

- Personendaten dürfen nur rechtmässig beschafft werden,
- die Bearbeitung hat nach Treu und Glauben zu erfolgen,
- die Bearbeitung muss verhältnismässig sein,
- Personendaten dürfen nur zu dem Zwecke bearbeitet werden, der bei der Beschaffung angegeben wurde, aus den Umständen ersichtlich oder gesetzlich vorgegeben ist,

---

357 Die «Gebote» 1–7 stammen aus dem 1. und 2. Abschnitt des DSG, sie gelten demnach auch für die Datenbearbeitung durch Bundesorgane. Diese brauchen darüber hinaus eine Rechtsgrundlage (Art. 17 DSG).

- die bearbeiteten Personendaten müssen richtig sein,
- die Bekanntgabe von Personendaten ins Ausland ist nur zulässig, wenn dadurch die Persönlichkeit der betroffenen Daten nicht schwerwiegend gefährdet wird,
- die bearbeiteten Personendaten müssen durch angemessene technische und organisatorische Massnahmen gegen unbefugtes Bearbeiten geschützt werden,
- das Bearbeiten von Daten einer Person gegen deren ausdrücklichen Willen ist ohne Rechtfertigungsgrund nicht zulässig,
- besonders schützenswerte Daten oder Persönlichkeitsprofile dürfen Dritten ohne Rechtfertigungsgrund nicht bekannt gegeben werden,
- Übertragen der Datenbearbeitung an Dritte ist nur zulässig, wenn der Auftraggeber dafür sorgt, dass die Daten so bearbeitet werden, wie er es selbst tun dürfte, und keine gesetzlichen oder vertraglichen Geheimhaltungspflichten verletzt werden.

Nach Art. 12 Abs. 3 DSG liegt in der Regel keine Persönlichkeitsverletzung vor, wenn die betroffene Person die Daten allgemein zugänglich gemacht und eine Bearbeitung nicht ausdrücklich untersagt hat. Wer seine Personendaten allgemein zugänglich macht, beispielsweise im Telefonbuch, hat noch immer die Möglichkeit, die Bearbeitung durch Dritte ausdrücklich zu untersagen.

Die Einwilligung ist eine Willenserklärung, die je nach Kontext ausdrücklich oder auch stillschweigend erfolgen kann. Im Sinne des Verhältnismässigkeitsgrundsatzes gilt: Je heikler die zu bearbeitenden Personendaten sind, desto klarer muss die Einwilligung sein. Bei besonders schützenswerten Daten, dazu gehören insbesondere auch Angaben über die Gesundheit, sind generell höhere Anforderungen an die Einwilligung zu stellen als bei anderen Personendaten.

2.6.2.3   Das Auskunftsrecht

Von sehr grosser praktischer Bedeutung ist das in Art. 8 DSG verankerte Recht auf Auskunft über die persönlichen Daten. Das Auskunftsrecht ist der Dreh- und Angelpunkt der ganzen Datenschutzgesetzgebung. Dank dem Einsichtsrecht haben die von der Datenbearbeitung betroffenen Personen die Möglichkeit, festzustellen, ob eine Datenschutzverletzung erfolgt ist. Wer Inhaber einer Datensammlung ist und mit einem Einsichtsgesuch konfrontiert wird, muss über alle bearbeiteten Daten und den Zweck der Bearbeitung Auskunft geben.

Nach Art. 8 Abs. 5 DSG ist die Auskunft in der Regel kostenlos zu erteilen. In der Verordnung zum Datenschutzgesetz wird eine Kostenbeteiligung bei besonders aufwändigen Auskunftserteilungen von maximal Fr. 300.– bestimmt.

2.6.2.4 Rechtsfolgen der Datenschutzverletzung

Die gesetzliche Regelung im DSG ist einfach: Art. 15 DSG verweist für Klagen und vorsorgliche Massnahmen zum Schutz der Persönlichkeit auf die Art. 28–28l des ZGB und präzisiert, der Kläger könne insbesondere verlangen, dass die Personendaten berichtigt oder vernichtet werden oder dass ihre Bekanntgabe an Dritte gesperrt wird. Das in Art. 8 DSG verankerte Auskunftsrecht kann klageweise durchgesetzt werden.

In einem weiteren Sinne ebenfalls zu den Rechtsbehelfen zu zählen ist die Möglichkeit einer Beratung durch den Eidgenössischen Datenschutzbeauftragten. Dieser klärt von sich aus oder auf Meldung Dritter hin sogenannte Systemfehler ab, kann Empfehlungen abgeben und kann, wenn diese nicht befolgt werden, die Angelegenheit der Eidgenössischen Datenschutzkommission zum Entscheid vorlegen.

Das DSG enthält Strafbestimmungen im Sinne des Nebenstrafrechts. Zum einen sind in Art. 34 DSG die Folgen einer Verletzung von Auskunfts-, Melde- und Mitwirkungspflichten geregelt. Wer die genannten Pflichten verletzt, wird auf Antrag mit Haft oder Busse bestraft. Zweck der Norm ist eine Absicherung gegen den «Ungehorsam» der Datenbearbeiter. Rechtsgut ist das öffentliche Interesse an einer funktionierenden Datenschutzverwaltung. Art. 35 DSG regelt die berufliche Schweigepflicht für alle Personen, die bei der Ausübung ihres Berufes oder ihrer Tätigkeit besonders schützenswerte Personendaten erfahren. Auf Antrag wird mit Haft oder Busse bestraft, wer vorsätzlich geheime oder besonders schützenswerte Personendaten bzw. Persönlichkeitsprofile unbefugt bekannt gibt, von denen er bei der Ausübung seines Berufes, der die Kenntnis solcher Daten erfordert, erfahren hat.

Fragen zum Datenschutzrecht

«Die Sensibilität der Sozialdaten erfordert besondere Anstrengungen in der alltäglichen Umsetzung des Datenschutzes. Der Schutz der im Sozialhilfebereich bearbeiteten Daten stellt nicht nur eine Rechtspflicht nach DSG dar, sondern ist eine vertrauensbildende Massnahme und Teil der «Unternehmenskultur» einer Sozialhilfebehörde. Soziale Sicherheit setzt Sicherheit und Schutz der Sozialdaten voraus.» (Aus: Sensible Daten im Sozialbereich, Informationsschreiben des Datenschutzbeauftragten des Kantons Zürich, siehe www.datenschutz.ch).

Welche Inhalte der Sozialarbeitsausbildung tragen dazu bei, Professionelle der Sozialen Arbeit zu befähigen, datenschutzkonform zu arbeiten? Sehen Sie Spannungsfelder zwischen methodisch sinnvollem Handeln und Einhalten der Vorschriften des Datenschutzes?

Datenschutz = Schutz vor widerrechtlicher Datenbeschaffung

Amtsgeheimnis ⇒ *Schutz des Vertrauens in die*
(Schweigepflicht) Behördlichkeit

Berufsgeheimnis ⇒ *Schutz des Vertrauens in das*
(Schweigepflicht) besondere Vertrauensverhältnisses

2.6.3 Schweigepflichten, Amts- und Berufsgeheimnis

2.6.3.1 Strafrechtlicher Geheimnisschutz

Gesetzliche Schweigepflichten sind mit dem Datenschutz eng verwandt. Hinzuweisen ist auf Art. 320 (Amtsgeheimnis) und Art. 321 (Berufsgeheimnis). Beim Berufsgeheimnis wird nicht etwa der Beruf (Arzt, Notar usw.) geschützt, sondern die KlientInnen oder PatientInnen der Berufsinhaber. In den in Art. 321 StGB abschliessend aufgeführten Berufen (Geistliche, Rechtsanwälte, Verteidiger, Notare, nach Obligationenrecht zur Verschwiegenheit verpflichtete Revisoren, Ärzte, Apotheker, Hebammen sowie ihre Hilfepersonen) ist folglich das Vertrauensverhältnis zu den Kunden/-innen strafrechtlich vor Missbrauch geschützt.

Sozialarbeiterinnen und Sozialarbeiter unterstehen nicht dem strafrechtlichen Berufsgeheimnis, soweit sie nicht im Auftrag von Personen tätig sind, die ihrerseits dem strafrechtlichen Berufsgeheimnis unterstehen. Je nach Funktion fallen Sie aber unter das strafrechtliche Amtsgeheimnis.

2.6.3.2 Schweigepflichten in der Sozialversicherung

In allen Bundessozialversicherungsgesetzen finden sich gesetzliche Grundlagen für die Bearbeitung von Personendaten[358]. Die einzelnen Sozialversicherungen regeln darüber hinaus spezifische Schweigepflichten. So bestimmt Art. 83 KVG eine Schweigepflicht für Personen, die an der Durchführung, Kontrolle oder Beaufsichtigung der sozialen Krankenversicherung beteiligt sind. Eine berufliche Schweigepflicht für alle Personen, die an der Durchführung, Kontrolle und Beaufsichtigung der beruflichen Vorsorge beteiligt sind, kennt auch das BVG[359].

2.6.3.3 Schweigepflichten in Sozialhilfegesetzen

Schweigepflichten sind weiter in den Sozialhilfegesetzen verankert, beispielsweise im Sozialhilfegesetz des Kantons Solothurn:

Sozialhilfegesetz Kanton Solothurn
§ 21. Schweige- und Auskunftspflicht der Sozialhilfeorgane
1 Die Mitglieder der Behörden sowie die Mitarbeiter der Sozialhilfeorgane sind verpflichtet, über die ihnen in ihrer Stellung zur Kenntnis gelangten Angelegenheiten gegenüber Dritten Stillschweigen zu bewahren. Insbesondere dürfen die Namen der Hilfesuchenden und -empfängern nicht veröffentlicht werden.

---

358 Art. 17 DSG verlangt von Bundesorganen für die Datenbearbeitung eine gesetzliche Grundlage.
359 Art. 86 BVG. Zu beachten ist auch die Verordnung über die Ausnahmen von der Schweigepflicht in der beruflichen Vorsorge und über die Auskunftspflicht der AHV/IV-Organe (VSAB).

2 Diese Verpflichtung bleibt auch nach Auflösung des Dienstverhältnisses bestehen.

3 Gegenüber der unterstützenden Behörde besteht eine Auskunftspflicht.

2.6.4 Bedeutung des Datenschutzes und der Geheimhaltungspflichten für die Soziale Arbeit

2.6.4.1 Allgemeines

Die Bedeutung der Datenschutzgesetzgebung für die Soziale Arbeit ist eine mehrfache. Zum einen gehört «Datenschutz-Know-how» zu den notwendigen Fachkenntnissen, um Klienten/-innen beraten zu können, sich gegen allfällige Verletzungen von Datenschutzvorschriften zur Wehr zu setzen. Dies bedingt Kenntnisse über die Datenschutznormen in den einzelnen Sozialversicherungsgesetzen. Das Datenschutzgesetz des Bundes (DSG) schreibt vor, dass Bundesorgane und Stellen, die mit der Durchführung öffentlicher Aufgaben betraut sind, Daten auf der Basis einer gesetzlichen Grundlage bearbeiten dürfen. Entsprechend finden sich in allen Bundessozialversicherungsgesetzen entsprechende Datenschutznormen. Sie halten die Voraussetzungen der zulässigen Datenbearbeitung für die mit der Durchführung der Sozialversicherung betrauten Organe fest. Das DSG beinhaltet weiter Regeln für die Datenbearbeitung Privater. Darunter fallen Privatversicherungen, Arbeitgeber, Vermieter usw. Für kantonale Behörden ist auf kantonales Datenschutzrecht abzustützen.

Die andere, ja prioritäre Bedeutung der Datenschutzgesetzgebung für die Soziale Arbeit besteht darin, dass sich Sozialarbeitende selbst selbstverständlich ebenfalls an die Vorschriften des Datenschutzes halten müssen. Die Beratung von Klienten/-innen ist zwangsläufig mit einer Datenbearbeitung verknüpft und diese muss den «zehn Geboten» der korrekten Datenbearbeitung folgen. Wichtig zu wissen ist weiter, dass die Klienten/-innen einen Anspruch darauf haben, jederzeit ihre Akten einzusehen[360].

2.6.4.2 Weitergaben von Personendaten an Drittpersonen

Grundsätzlich dürfen Personendaten nicht an Dritte weitergegeben werden. Die rechtliche Basis des grundsätzlichen Verbotes der Weitergabe von persönlichkeitsrelevanten Daten findet sich für Sozialarbeiter/innen je nach Fall in Art. 320 StGB (Amtsgeheimnis), Art. 35 DSG, im kantonalen Datenschutzrecht oder im jeweiligen Dienstrecht. Öffentlich-rechtlich Angestellte müssen sich dabei jeweils gemäss den

---

360 Siehe 1.9.2.2.

entsprechenden Rechtsgrundlagen durch die vorgesetzte Behörde von der amtlichen Schweigepflicht befreien lassen.

Zu erwähnen ist auch Art. 6 des Berufskodex der Sozialen Arbeit. Danach sind die Professionellen der Sozialen Arbeit verpflichtet, das Berufsgeheimnis zu wahren. Der Kodex anerkennt das Interesse an interdisziplinärer Zusammenarbeit, setzt aber grundsätzlich das Einverständnis der Klientinnen und Klienten voraus. Eine Zusammenarbeit (und damit ein Datenaustausch) gegen den Willen der Klientinnen und Klienten kann nach Berufskodex nur erfolgen, wenn dies durch eine gesetzliche Grundlage oder überwiegende Interessen Dritter gerechtfertigt ist. Die interdisziplinäre Kooperation ist den Klientinnen und Klienten immer offen zu legen.

Als Dritte in diesem Sinne gelten auch Berufskolleginnen und Berufskollegen. Auch hier dürfen Daten, z. B. im Rahmen von Fachberatung oder Supervision, nur anonymisiert verwendet werden.

2.6.4.3   Rechtfertigungsgründe für die Datenweitergabe

Die Bekanntgabe von Personendaten an Dritte kann unter den folgenden Voraussetzungen gerechtfertigt oder ausnahmsweise sogar notwendig sein. Die vier Rechtfertigungsgründe sind:

- gesetzliche Grundlage,
- Einwilligung der betroffenen Person,
- überwiegendes öffentliches Interesse,
- überwiegendes privates Interesse.

Weitergabe der Personendaten nur möglich, wenn ←

Gesetzliche Rechtfertigungsgründe finden sich in den Mitteilungspflichten und -rechten in verschiedenen Bundesgesetzen und kantonalen Erlassen. Eine generelle zivil- oder strafrechtliche Anzeigepflicht kennt das schweizerische Recht jedoch nicht. Bloss für bestimmte Personen, z.B. Polizistinnen/Polizisten, Behördenmitglieder, Lehrpersonen o.Ä. sind in einschlägigen Gesetzen Anzeigepflichten vorgesehen, etwa an die Vormundschaftsbehörden bei Kindesschutzgefährdungen.

Das Verbot, Personendaten an Dritte weiterzugeben, wird weiter durch die in den Straf- und Zivilprozessordnungen geregelte Zeugnispflicht durchbrochen. Grundsätzlich ist jede Person verpflichtet, im Rahmen eines Zivil- oder Strafprozesses Zeugnis abzulegen. Ein allfälliges Zeugnisverweigerungsrecht ist in den jeweiligen Zivil- oder Strafprozessordnungen geregelt. Es steht vor allem Personen zu, die ein enges verwandtschaftliches oder ein sonstiges Vertrauensverhältnis zu einer Prozesspartei (Zivilprozess) bzw. zum Angeschuldigten/Angeklagten (Strafprozess) haben. In einigen Kantonen wird das Zeugnisverweigerungsrecht auch Professionellen der Sozialen Arbeit zugestanden. Personen, die dem Amtsgeheimnis unterstehen, haben sich vor der Zeugenaussage von der amtlichen Schweigepflicht entbinden zu lassen: Dabei entscheidet die zuständige Behörde über Art und Form der Aussage (z. B. mündliche Vorladung, Amtsbericht etc.) unter Abwägung des Interesses an der Wahrheitsfindung und der Geheimhaltung.

Die *Einwilligung* in die Datenweitergabe *der betroffenen Person* muss ausdrücklich erfolgen. Dabei gilt die Regel: Je sensibler die Personendaten sind, desto ausdrücklicher muss die Einwilligung erfolgen.

Als wichtiges Beispiel für ein *überwiegendes öffentliches Interesse* als Rechtfertigung für die Informationsweitergabe ist die so genannte Amtshilfe zu nennen. Das bedeutet, Personendaten über Klienten/-innen werden auf Anfrage an andere Behörden geleitet. Für die Datenweitergabe im Rahmen einer Amtshilfe gelten die folgenden Rahmenbedingungen:

- Ein Gesuch der öffentlichen Stelle liegt vor und
- die Daten dienen zur Erfüllung eines gesetzlichen Auftrages und
- eine andere Beschaffung ist nur unter unverhältnismässigem Aufwand möglich und
- der ursprüngliche Zweck der Datenbeschaffung wird gewahrt.

3 Die Person in Interaktion

(Peter Mösch Payot)

Kren Kostiewicz Jolanta/Bertschinger Urs/Breitschmid Peter/Schwander Ivo (2008). Handkommentar zu Schweizerischen Obligationenrecht. Zürich.

Kren Kostiewicz Jolanta/Schwander Ivo/Wolf Stephan (2006). Handkommentar zum Schweizerischen Zivilgesetzbuch. Zürich.

Roberto Vito (2002). Schweizerisches Haftpflichtrecht. Zürich.

Schwenzer Ingeborg (2006). Schweizerisches Obligationenrecht, Allgemeiner Teil. Bern.

3.1 Allgemeine Grundlagen

Die Lebenswelt aller Individuen ist geprägt von rechtlich bedeutsamer Interaktion mit anderen Individuen oder Institutionen. Der rechtlich relevante Kontakt mit Institutionen ist dabei über die Vermittlung von Individuen möglich, die in der Institution eine bestimmte Funktion innehaben und nach aussen für die Institution agieren.

Die Rechtsordnung benennt die Art und die Formen des rechtlich relevanten Austausches zwischen Personen (und zwar sowohl juristischen wie auch natürlichen Personen[361]) und benennt die Rechtswirkungen bzw. einen minimalen Rahmen für die selbständige Ausgestaltung durch die betroffenen Parteien.

In diesem Kapitel werden einige der für die Soziale Arbeit besonders bedeutsamen rechtlichen Interaktionen und die entsprechenden Rechtsfolgen dargestellt. Nach einem Überblick über die möglichen rechtlichen Ansprüche werden im Kapitel 3.2 die Rechtsverhältnisse beim Kontakt von Klientinnen/Adressaten mit Institutionen der Sozialen Arbeit und deren Angestellten beleuchtet.

Danach sollen einzelne Anspruchsarten unter die Lupe genommen werden: Im Kapitel 3.3 wird der Vertrag, insbesondere der Arbeits- und der Mietvertrag, erläutert, darauf folgt in Kapitel 3.4 eine Darstellung der Haftung (bzw. Verantwortlichkeit) für Schädigungen. Im Kapitel 3.5 werden dann die Rechte und Pflichten in familiären Beziehungen thematisiert, wobei die Fragen des Kindesrechts und des Scheidungsrechts für Klienten/Adressatinnen der Sozialen Arbeit besonders relevant sind.

---

361 Siehe 2.5.2.

Schliesslich wird das Kapitel abgerundet mit einer kurzen Darstellung der Durchsetzung rechtlicher Ansprüche in zivilrechtlichen Verhältnissen: Recht haben und Recht bekommen sind nämlich nicht dasselbe.

Die verschiedenen Ansprüche aus Interaktionen zwischen Menschen lassen sich übersichtsartig in folgende Gruppen einteilen:

- *Vertragliche Ansprüche*[362] ergeben sich aus Verträgen, also aus dem Austausch gegenseitig übereinstimmender Willenserklärungen zur Begründung von Rechten und Pflichten zwischen handlungsfähigen Personen (Art. 1 OR). Aus dem Vertrag folgt auch ein Anspruch, im Rahmen von Vertragsbeziehungen nicht geschädigt zu werden. So haftet zum Beispiel die Mieterin vertragsrechtlich dafür, die Mietsache während der Mietdauer nicht zu zerstören bzw. zu beschädigen. Zudem hat die juristische Theorie und Praxis *Ansprüche aus vertragsähnlichen Situationen* anerkannt: So besteht ein Anspruch auf faires Verhalten bei Vertragsverhandlungen[363] bzw. auf allfälligen Schadenersatz, wenn dieses Fairnessgebot verletzt wird.
- Bei *Ansprüchen aus ungerechtfertigter Bereicherung*[364] (Art. 62 ff. OR) kann der Ausgleich eines Vermögensvorteils bei einer bereicherten Person verlangt werden. So können insbesondere fehlerhafte Zuwendungen, wie zum Beispiel Lohnbuchungen auf ein falsches Bankkonto, herausverlangt werden.
- *Ansprüche aus unerlaubter Handlung*[365] (Art. 41 ff. OR) haben eine grosse praktische Bedeutung: Verursacht eine Person einen Schaden, so soll sie unabhängig davon, ob sie eine vertragliche Beziehung mit der Geschädigten hat, den schuldhaft verursachten Schaden ersetzen und unter Umständen ein Schmerzensgeld (Genugtuung) leisten müssen: Dieser Schadenausgleich ist in der Regel an das Kriterium des Verschuldens des Schädigers geknüpft. Bei typischerweise gefährlichen Tätigkeiten kann eine gesetzliche Haftung ohne Verschulden (sog. scharfe Kausalhaftung) oder eine Verschuldensvermutung (sog. milde Kausalhaftung) vorgesehen sein[366].
- *Ansprüche aus familienrechtlichen Beziehungen*[367] finden ihre Regelung insbesondere im ZGB (Art. 90–456 ZGB): Aus der Ehe (Art. 90–251 ZGB) bzw. der ein-

---

362 Siehe Schwenzer Ingeborg (2006), S. 159 ff.

363 Siehe Schwenzer Ingeborg (2006), S. 324 ff.

364 Siehe Schwenzer Ingeborg (2006), S. 385 ff.

365 Siehe vertiefend, mit Hinweisen zum Stand der rechtsdogmatischen Diskussion rund um das Haftpflichtrecht: Roberto Vito (2002) S. 71 ff; Schwenzer Ingeborg (2006), S. 331 ff.

366 So zum Beispiel die milde Kausalhaftung des Familienoberhauptes nach Art. 333 ZGB, die unter anderem auch für sozialpädagogische Einrichtungen bedeutsam sein kann; siehe 3.4.

367 Siehe 3.5.

getragenen Partnerschaft[368] und für die Beziehung von Eltern und Kindern entstehen eine Vielzahl von Rechten und Pflichten finanzieller und tatsächlicher Art. Als Beispiel seien der Unterhaltsanspruch von Kindern gegenüber ihren Eltern (Art. 276 ff. ZGB) oder der Anspruch auf persönlichen Verkehr zwischen Kindern und Eltern (Art. 273 ZGB) genannt. In der Sozialarbeit bedeutsam ist überdies der Art. 328 ZGB, der für Verwandte in auf- und absteigender Linie (Kinder, Eltern, Grosseltern) eine Unterstützungspflicht in Notlagen auferlegt. Auf dieser Grundlage können Sozialhilfeleistungen ganz oder teilweise von Verwandten des Sozialhilfebezügers zurückgefordert werden.

- *Ansprüche aus Erbrecht*[369]: Beim Tod eines Menschen stellt sich die Frage, an wen dessen Vermögen übergeht. Das ZGB folgt einer Mischung aus freiem Entscheidrecht des Erblassers (Testament, Erbvertrag) und gesetzlich vorgesehenen Pflichterben (Art. 457–640 ZGB).

- *Ansprüche auf Sachen (z.B. Eigentum und Besitz)* finden in einer individualistischen Rechtsordnung wie der unseren speziellen Schutz: Als wichtigste Ansprüche gelten sicherlich der Schutz der tatsächlichen Sachherrschaft (z.B. des Mieters), der Besitz (Art. 919 ff. ZGB) und das Vollrecht an einer Sache, das Eigentum (Art. 641 ff. ZGB). Daneben bestehen insbesondere für Grundstücke eine Vielzahl besonderer Rechtsbeziehungen wie die Nutzniessung oder Pfandrechte[370]. Ausserhalb des ZGB bestehen zudem Sonderregeln für Rechte an geistigen Erzeugnissen (Urheberrecht)[371].

- Der *Anspruch auf Schutz der Persönlichkeit* schützt die physische und psychische Unversehrtheit vor Beeinträchtigungen durch andere Personen (Art. 28 ZGB)[372]. Neben Schadenersatz und Genugtuung kennt der Persönlichkeitsschutz auch präventive Schutzansprüche wie das Verbot einer drohenden oder die Beseitigung einer bestehenden Verletzung (Art. 28a ZGB). Für Persönlichkeitsverletzungen durch die Presse wurde ein besonderes Recht auf Gegendarstellung eingeräumt (Art. 28g ZGB). Besondere Schutznormen wie Betretungs- und Annäherungsverbote bestehen seit neuestem gegen Verletzungen der physischen und psychischen Integrität, namentlich aus dem Bereich der häuslichen Gewalt (Art. 28b ZGB)[373].

---

368 Siehe http://www.admin.ch/ch/d/sr/2/211.231.de.pdf (eingesehen am 19.11.2008).
369 Das Erbrecht kann im Rahmen dieses Lehrbuches nicht genauer thematisiert werden. Es wird insoweit auf die umfangreiche Ratgeberliteratur zum Erbrecht, z.B. Studer Benno (2005), verwiesen.
370 Das Sachenrecht findet in diesem Lehrbuch keine Darstellung. Es sei insoweit verwiesen auf Schmid Jörg/Huerlimann-Kaup Bettina (2003).
371 Siehe dazu Barrelet Denis/Egloff Willi (2000).
372 Der analoge Schutz der Persönlichkeit vor Beeinträchtigungen durch den Staat wird insb. durch Grundrechte gewährt; siehe 2.3.
373 Siehe dazu http://www.admin.ch/ch/d/as2007/137.pdf (eingesehen am 19.11.2008).

Weitere Spezialnormen wie der Art. 328 OR für das Arbeitsrecht oder das Datenschutzgesetz komplettieren den Persönlichkeitsschutz vor Eingriffen Dritter. Art. 27
ZGB schützt gar einen Kern der Persönlichkeit vor eigenen Willensentscheiden[374].

- *Öffentlich-rechtliche Ansprüche*[375]: Soweit Personen mit öffentlichrechtlichen Institutionen interagieren und dabei von den Institutionen öffentliche Interessen
wahrgenommen werden (müssen), so sind die jeweiligen Rechte und Pflichten
der Beteiligten in den öffentlich-rechtlichen Spezialerlassen enthalten. Die generell-abstrakten Regeln in den Gesetzesnormen werden durch eine individuell-
konkrete Verfügung oder einen verwaltungsrechtlichen Vertrag für den individuell-konkreten Fall anwendbar gemacht.

> Beispiele für Rechtsgrundlagen öffentlich-rechtlicher Ansprüche:
> • Die Rechte und Pflichten von Sozialhilfeempfängern sind in den kantonalen
> Sozialhilfegesetzen enthalten.
> • Die Rechte und Pflichten der Benutzerinnen eines Quartierzentrums ergeben
> sich aus kommunalen Reglementen oder aus Normen der Institutionen selbst.

Aus all diesen Rechtsbeziehungen entstehen unterschiedliche Rechte und Pflichten für Personen gegenüber anderen: Sachleistungen, Geldleistungen, Arbeits- oder
Dienstleistungen.

Im Folgenden sollen die Rechtsverhältnisse zwischen Fachpersonen der Sozialen
Arbeit, der Klientschaft und den Institutionen, für die Sozialtätige handeln, genauer
beleuchtet werden.

3.2 Rechtsverhältnisse zwischen Klientschaft, Institution und Fachpersonen Sozialer Arbeit

3.2.1 Übersicht

Zwischen Institutionen der Sozialen Arbeit (Soziokulturellen Animatorinnen, Sozialarbeitern oder Sozialpädagoginnen) und ihren Adressaten, Klientinnen oder Benutzern besteht eine rechtliche Beziehung, aus der gegenseitig Rechte und Pflichten abgeleitet werden können.

---

374 Knebelverträge, die eine sehr langdauernde, übermässige Bindung beinhalten, sind deswegen ungültig, siehe BGE 104 II 108 ff.
375 Häfelin Ulrich/Müller Georg, Uhlmann Felix (2006), S. 155 ff.

Insbesondere sind *Fachpersonen der Sozialen Arbeit sind oftmals Vertreter einer Institution* und treten stellvertretend für diese mit Adressaten und Klientinnen in Kontakt. Für die Fachpersonen der Sozialen Arbeit besteht dafür meist eine Grundlage in einem Arbeitsvertrag oder einem Auftrag.

Dieses stellvertretende Handeln hat zur Folge, das Rechte und Pflichten direkt zwischen der Institution und der Klientschaft entstehen.

Folgendes Modell bietet die Grundlage, um die für die Soziale Arbeit typischen Rechtsbeziehungen näher zu betrachten:

Übersicht Institutionen Rechtsverhältnisse

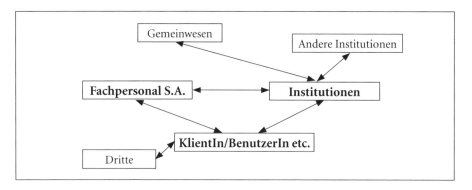

Beispiele Rechtsverhältnis Fachperson-Institution-Klientin/Benutzer/Adressatin: Die Sozialarbeiterin der Jugendanwaltschaft trifft Abklärungen bezüglich der Notwendigkeit einer Heimeinweisung oder einer ambulanten Massnahme für einen Jugendlichen: Die Sozialarbeiterin tut dies auf der Basis des Arbeitsvertrages mit dem Kanton X für die Jugendanwaltschaft. Sie handelt im Rahmen der einschlägigen Regeln des Jugendstrafrechts und des Jugendstrafverfahrensrechts (kant. StPO) und tritt gegenüber dem Klienten als Vertreterin der Jugendanwaltschaft auf.
Die Soziokulturelle Animatorin und der Sozialpädagoge, die ein Ferienprojekt mit Jugendlichen durchführen, handeln auf der Basis eines Arbeitsvertrages oder eines Auftrages mit dem Verein oder einer Stiftung oder Gemeinde. Gegenüber den Jugendlichen treten sie als Vertreterin des Trägers des Ferienprojektes (privater Verein oder Stiftung, Gemeinde etc.) auf.

Die Rechte und Pflichten zwischen sozialen Institutionen bzw. Fachpersonen der Sozialen Arbeit und Klienten/Adressatinnen oder Benutzern entstehen vor allem durch Verfügung (bei öffentlich-rechtlichen Verhältnissen), aus Vertrag (Art. 1 ff. OR) oder aus unerlaubter Handlung (Art. 41 ff. OR bzw. Staatshaftungsrecht).

Die aus diesen Rechtsbeziehungen fliessenden Rechte und Pflichten, welche die Fachpersonen der Sozialen Arbeit treffen, können ganz unterschiedlichen Charakter haben: Es kann sich um Geldleistungen, Sachleistungen oder Dienstleistungen handeln; möglich sind sowohl Handlungs- wie auch Unterlassungspflichten.

Von Handlungs- und Unterlassungspflichten:
- Ein Sozialarbeiter auf dem Gemeindesozialdienst muss als Vertreter der Gemeinde bzw. der Fürsorgekommission die gemäss dem kantonalen Sozialhilfegesetz und entsprechenden Verordnungen vorgesehenen Sozialhilfeleistungen in einer Verfügung eröffnen und dann auszahlen.
- Mitarbeitende des städtischen Quartiertreffs dürfen kein Hausverbot aussprechen, das dem verfassungsmässigen Diskriminierungsverbot widerspricht – z.B. nur ausländische Jugendliche trifft –, keine genügende gesetzliche Basis hat oder unverhältnismässig ist.
- Bei der Abklärung einer Kindesschutzmassnahme muss die Sozialarbeiterin mit dem urteilsfähigen Jugendlichen, dessen Gefährdung in Frage steht, ein Einzelgespräch ohne Beisein der Eltern führen, um dem Jugendlichen das rechtliche Gehör zu gewähren.

Frage/Auftrag
- Welche Art von Pflichten müssen die Fachpersonen der Sozialen Arbeit in obigen Beispielen wahrnehmen?
- Suchen Sie selbst je ein Beispiel für eine Handlungs- und eine Unterlassungspflicht in einem beliebigen Berufsfeld einer Sozialarbeiterin, eines Soziokulturellen Animators oder einer Sozialpädagogin.

3.2.2 Das Rechtsverhältnis zwischen Klientin und Institution

Grundlegende Unterschiede für die Rechte und Pflichten der Beteiligten ergeben sich je nachdem, ob es sich um ein *öffentliches* oder um ein *privates Rechtsverhältnis* handelt. Daraus leitet sich ab,

- *welche Rechtsgrundlagen* bestehen und somit welche Rechte und Pflichten entstehen.
- *welche Formen* bei der Begründung von Rechten und Pflichten zu beachten sind. Die Begründung vieler öffentlich-rechtlicher Rechte und Pflichten ist nur in der strengen Form der Verfügung möglich.
- *welcher Rechtsweg* bei Streitigkeiten gewählt werden muss und welches Prozessrecht dabei zur Anwendung gelangt. Bei privatrechtlichen Streitigkeiten ist das Zivilprozessrecht anwendbar; bei öffentlich-rechtlichen Streitigkeiten dagegen das Verwaltungsverfahrens- und Verwaltungsprozessrecht.
- *ob eine Grundrechtsbindung* vorliegt, ob die Institution und die beteiligten Fachpersonen der Sozialen Arbeit also bei ihrem Vorgehen an die Grundrechte gebunden sind. Nur im Rahmen von öffentlich-rechtlichen Rechtsbeziehungen besteht grundsätzlich eine Grundrechtsbindung, wobei sich im Privatrecht aus dem Persönlichkeitsschutz (Art. 28 ZGB) teilweise ähnliche Anforderungen für das Verhalten der Beteiligten ergeben.

Es handelt sich immer dann um ein öffentliches Rechtsverhältnis, wenn die Rechtsbeziehung und die Pflichten und Rechte zwischen den Beteiligten in verwaltungsrechtlichen Erlassen vorgesehen sind. Meist liegt zwischen Institutionen und Klient/Benutzerin auch dann ein öffentlich-rechtliches Rechtsverhältnis vor, wenn die Leistung von Privaten im öffentlichen Interesse erfolgt und öffentlich finanziert wird[376].

Beispiel
Die Jugendarbeit in der Stadt Bern wird durch einen privaten Verein, den Trägerverein Offene Jugendarbeit (TOJ), erbracht, der von der Stadt Bern mittels eines Leistungsvertrages entsprechend beauftragt ist und über ein Globalbudget grösstenteils öffentlich finanziert wird. Das Rechtsverhältnis zwischen Benutzerinnen der Institutionen und der Institution ist öffentlich-rechtlich geprägt, weil die Angebote im öffentlichen Interesse bestehen und über kommunales Recht und den Leistungsvertrag gesetzlich vorgesehen sind.

Im öffentlichen Recht werden die *Rechtsbeziehungen zu den Klientinnen oder Adressaten* oft durch die jeweils spezifisch geltenden öffentlichen-rechtlichen Erlasse geregelt. Die Grundlagen können bundes-, kantonal- oder kommunalrechtlich verankert sein. Viele Rechtsfragen der Begründung und des Inhalts der Pflichten und Rechte im Rahmen der Rechtsbeziehung zu Klienten und Adressatinnen sind abhängig vom spe-

---

376 Häfelin Ulrich/Müller Georg, Uhlmann Felix (2006), S. 155 ff.

zifischen Auftrag (Beispiel: Sozialhilfe, Vormundschaft, Erwerbslosenprojekt, Bewährungshilfe, Jugendstrafrecht oder Opferhilfe). Die entsprechenden Spezialnormen sind für konkrete Fragestellungen immer heranzuziehen. Oft müssen verschiedene Rechtsgrundlagen kombiniert werden. Neben den spezifischen Normen zum jeweiligen Arbeitsbereich sind für Verfahrensfragen oftmals die kantonalen Verfahrensgesetze zu beachten.

Rechtsgrundlagen für die Aufträge Sozialer Arbeit

Beispiele:

- Kantonales Sozialhilferecht und Verwaltungsverfahrensrecht regeln den Bereich der Sozialhilfe. Gleichzeitig ist die Bundesverfassung[377] (Grundrechte, Verfahrensrechte, Verhältnismässigkeitsprinzip etc.) zu beachten.
- Kantonale Rahmengesetze und kommunale Reglemente regeln vielerorts die Jugendarbeit. Gleichzeitig ist die Bundesverfassung zu beachten.
- Öffentlich-rechtliche Regeln im Vormundschafts- und Kindesrecht des ZGB, im kantonalen EG ZGB (Einführungsgesetz zum ZGB) und im kantonalen Verwaltungsverfahrensrecht oder in der ZPO sind für die Rechtsbeziehung von abklärender Sozialarbeiterin zu Eltern und ihrem Kind bei der Abklärung einer Kindesschutzmassnahme zentral[378]. Gleichzeitig ist die Bundesverfassung zu beachten.

Auftrag: Suchen und recherchieren Sie für Ihren Kanton die Grundlagen für die sozialarbeiterische Tätigkeit in einem selbst gewählten Bereich (berücksichtigen Sie auch die Bundesverfassung und allfällige bundesrechtlichen Vorgaben) und beschreiben Sie zwei bis drei wesentliche Rechte und Pflichten.

3.2.3   Das Rechtsverhältnis zwischen Fachperson der Sozialen Arbeit und Institution

Für das *Verhältnis der Animatorin oder des Sozialarbeiters mit dem öffentlichen Arbeit- oder Auftraggeber* gilt grundsätzlich das öffentliche Dienstrecht. Eine Anstellung bei einer privaten Institution, die öffentliche Aufgaben wahrnimmt, kann ganz oder teilweise dem Anstellungsrecht des OR unterstellt sein.

Das öffentliche Recht regelt die Rechtsbeziehung oft lückenhaft. Meist wird daher ergänzend das Obligationenrecht herangezogen (z.B. für Grundfragen des Vertrags-

---

377 Siehe dazu 2.3.
378 Als Anomalie ist hier aus historischen Gründen ein öffentlich-rechtliches Rechtsverhältnis im ZGB und entsprechend das Vefahren in einigen Kantonen auch in der Zivilprozessordnung geregelt.

schlusses und der Stellvertretung, für gewisse Fragen im Arbeitsvertrag etc.). Kommt eine Klientin oder ein Adressat durch eine Tätigkeit der Animatorin, des Sozialpädagogen oder der Sozialarbeiterin zu Schaden, ist zudem das kantonale Staatshaftungsrecht massgebend.

Die Form des Vertrages prägt nicht nur viele Anstellungsverhältnisse von Fachpersonen der Sozialen Arbeit, sondern auch sonst sehr bedeutsam. Darum wird im nun folgenden Kapitel 3.3 der Vertrag als Quelle von Rechten und Pflichten genauer dargestellt.

3.3   Verträge und Soziale Arbeit

3.3.1   Bedeutung der Verträge für die Soziale Arbeit

Die einzelnen Fachpersonen der Sozialen Arbeit handeln in der Regel im Rahmen von Arbeitsverträgen oder Aufträgen mit ihrer Institution. Viele Institutionen wiederum erbringen Dienstleistungen im Rahmen von Zusammenarbeitsverträgen mit anderen Institutionen oder im – leistungsvertraglichen – Auftrag von Gemeinden und Kantonen. Zudem ist die Lebenswelt der Klienten und Adressatinnen der Sozialen Arbeit stark von Verträgen geprägt.

3.3.2   Überblick über die Rechtsgrundlagen des Vertragsrechts

Das Vertragsrecht findet sich zum grössten Teil im Obligationenrecht (OR). Es ist geprägt von der Idee der *Vertragsfreiheit*[379]. Die gesetzlichen Regeln sind also nur subsidiär geltend, grundsätzlich sollen die Vertragspartnerinnen ihre Verhältnisse selbst frei bestimmen.

Die Vertragsfreiheit kann durch besondere öffentliche Schutzinteressen beschränkt sein. So bestehen zum Beispiel im Arbeits- und im Mietvertragsrecht zum Teil zwingende Normen im OR, welche die typischerweise schwächere Position der Arbeitnehmerin bzw. des Mieters aufwiegen sollen. Auch sind bestimmte Verträge wie der Grundstückkauf an die Formvorschrift der öffentlichen Beurkundung (und den Grundbucheintrag) gebunden, was die Vertragsparteien vor der übereilten Übernahme wesentlicher Verpflichtungen schützen soll. Besonderes öffentliches Recht kann die Vertragsfreiheit beschränken wie z.B. das Arbeitsgesetz[380] den Arbeitsvertrag

---

379   Siehe Schwenzer Ingeborg (2006), S. 159 f.
380   Siehe Kapitel 3.3.6.

hinsichtlich Arbeits- und Ruhezeitvorschriften und andere Normen zum Gesundheitsschutz.

Die *erste Abteilung* des Obligationenrechts (= OR Allgemeiner Teil) enthält die allgemeinen Bestimmungen über die Entstehung von Obligationen (= Verpflichtungen bzw. Berechtigungen) aus einem Vertrag. Die wesentlichsten Regeln sind folgende:

- Vertragsabschluss, Form, Auslegung, Inhalt, Mängel, Stellvertretung (Art. 1– 40 OR)
- Erfüllung der Obligation aus Vertrag (Art. 68–96 OR)
- Folgen der Nichterfüllung des Vertrages (Art. 97–109 OR)
- Erlöschen der Obligation aus Vertrag (Art. 114–142 OR)

Die *zweite Abteilung* (= OR Besonderer Teil) umfasst in den Art. 184–551 OR die einzelnen Vertragsverhältnisse. Dabei gelten für spezifische Vertragstypen (wie Arbeitsvertrag, Mietvertrag etc.) Sonderregeln, die vom Allgemeinen Teil des OR abweichen können.

Die einzelnen Verträge kann man von ihrer Rechtswirkung her unterscheiden. Die wesentlichsten Verträge sind folgende (Verträge, die für die Soziale Arbeit als besonders relevant erscheinen, sind kursiv markiert):

- Übereignungsverträge (Kaufvertrag, Art. 184 ff. OR, Tauschvertrag, Art. 237 f. OR, Schenkungsvertrag, Art. 239 ff. OR)
- Gebrauchsüberlassungsverträge (*Mietvertrag*, Art. 253 ff. OR, Pachtvertrag, Art. 275 ff. OR, Leihe, Art. 305 ff. OR, Darlehen, Art. 312 OR)
- Dienstleistungsverträge (*Arbeitsvertrag*, Art. 319 ff. OR, Werkvertrag, Art. 363 OR, *Auftrag*, Art. 394 ff. OR)[381].

Einige wenige Verträge sind in neuen Spezialgesetzen geregelt, so der Konsumkreditvertrag im Bundesgesetz über den Konsumkredit[382] oder der Pauschalreisevertrag im Pauschalreisevertragsgesetz[383].

Daneben bestehen in der Rechtswirklichkeit viele nicht spezifisch geregelte Verträge, sog. *Innominatskontrakte*. Diese Verträge sind nach den Regeln des allgemeinen Vertragsrechts oder nach Regeln verwandter spezieller Verträge zu beurteilen.

---

381 Zu Einzelfragen der spezifischen Vertragstypen siehe GAUCH PETER/AEPLI VIKTOR/STÖCKLI HUBERT (2006).

382 http://www.admin.ch/ch/d/sr/2c221_214_1.html (eingesehen am 19.11.2008): Das Konsumkreditgesetz enthält unter anderem ein Widerrufsrecht, Formvorschriften für Kleinkredite und Kreditkartenverträge und einen per Verordnung festzulegenden Höchstzinssatz von derzeit 15%.

383 http://www.admin.ch/ch/d/sr/9/944_3/index.html (eingesehen am 25.11.2008).

> Beispiel: Leasingverträge sind ein Mix aus Miet- und Kaufvertrag; hier werden grundsätzlich analog Miet- und Pachtrecht angewendet, oft kommt zudem das Bundesgesetz über den Konsumkredit zur Anwendung, siehe zu dessen Anwendungsbereich Art. 1 Abs. 2 lit. a KKG, Art. 8 Abs. 1 KKG.

3.3.3 Entstehung, Wirkung und Beendigung des Vertrages

Ein Vertrag entsteht durch den Austausch übereinstimmender Willenserklärungen (Art. 1 Abs. 1 OR). Diese Willenserklärungen können ausdrücklich oder stillschweigend erfolgen (Art. 1 Abs. 2 OR).

Schriftlichkeit ist grundsätzlich nicht Voraussetzung für die Gültigkeit des Vertrages im schweizerischen Recht, ausser wenn das Gesetz dies verlangt. Die weit verbreitete Laienmeinung, nur schriftliche Verträge seien gültig, ist zwar juristisch falsch. Immerhin machen aber Beweisprobleme die Durchsetzung von mündlichen Verträgen oft sehr schwierig, weshalb bei wichtigen Fragen Schriftform zu empfehlen ist.

Das gültige *Zustandekommen* des Vertrages setzt voraus, dass die Parteien sich über die wesentlichen Inhalte des Vertrages einig geworden sind (Art. 2 Abs. 1 OR). Was dieser *wesentliche Inhalt* eines Vertrages ist, ist nach der Art des Rechtsgeschäftes und der konkreten Umstände zu bestimmen.

> Beispiel: Bei einem Kaufvertrag setzt das Zustandekommen Einigkeit bezüglich Preis, Kaufgegenstand und Bereitschaft zur Übergabe der Sache voraus.

Mit dem Abschluss des Vertrages entstehen die gegenseitigen Vertragspflichten, die erfüllt werden müssen. Mit der Erfüllung der vertraglichen Leistungspflichten befassen sich die Art. 68–109 OR. Diese Bestimmungen kommen zur Anwendung, wenn für den in Frage stehenden Vertrag nicht spezifische Vorschriften gelten, wie das z.B. für den Arbeitsvertrag nach Art. 319 ff. OR oder den Auftrag nach Art. 394 ff. OR der Fall ist. Der besondere Teil des OR geht also dem allgemeinen Teil des OR vor.

Grundsätzlich sind verschiedene Formen der Beendigung von Verträgen auseinanderzuhalten: Verträge können, rückblickend betrachtet, nicht gültig zustande gekommen sein. Beispiele sind Verträge mit einem unmöglichen, widerrechtlichen oder unsittlichen Inhalt (Art. 20 OR, sog. Nichtigkeit)[384]. Weist der Vertrag einen Wil-

---

384 Siehe SCHWENZER INGEBORG (2006), S. 234 ff.

lensmangel auf, etwa wenn ein Vertragspartner durch den anderen getäuscht worden ist oder wenn der Vertrag nur durch Drohung oder unter Zwang abgeschlossen wurde, dann ist innert einer bestimmten Frist ein Widerruf des Vertrages möglich (Art. 21, Art. 23–29 OR)[385]. Eine weitere mögliche Form der Vertragsbeendigung ist die Erfüllung des Vertrages. Ein Kaufvertrag ist beispielsweise erfüllt, wenn die Verkäuferin das Geld und die Käuferin die Ware erhalten hat. Schliesslich kann ein Vertrag durch Widerruf oder Kündigung aufgelöst werden. Ein Widerruf ist auf den Zeitpunkt der Vertragsentstehung zurückbezogen und nur möglich, wo dies gesetzlich vorgesehen ist – wie bei Haustürgeschäften (Art. 40a ff. OR) oder bei Kleinkreditverträgen (Art. 16 KKG) oder wenn vertraglich ein Rücktrittsrecht vereinbart wurde. Eine Kündigung wiederum ist typischerweise möglich bei Dauerschuldverhältnissen, wie bei einem Mietvertrag oder einem Arbeitsvertrag. Die Kündigung wirkt in die Zukunft, ab dem Zeitpunkt der Kündigung.

3.3.4   Im Besonderen: Zusammenarbeits- und Zielvereinbarungen in der Sozialen Arbeit

Die Benutzung der Form von Verträgen in der Praxis der Sozialarbeit (und etwas weniger ausgeprägt auch der Sozialpädagogik und der Soziokulturellen Animation) hat im Verlaufe der letzten Jahre stetig zugenommen. Es wird dabei methodisch von «contracting» gesprochen. Die Verträge werden oft als Vereinbarungen, Zusammenarbeits- oder Zielvereinbarung bezeichnet. Brisant ist die Frage, ob diese «Verträge» rechtliche Pflichten bewirken und ob die Verletzung des Abgemachten sanktioniert werden darf.

Soweit die Tätigkeit von Fachpersonen der Sozialen Arbeit im öffentlich-rechtlichen Kontext stattfindet, sind diese Fragen nach den allgemeinen Grundsätzen des öffentlichen Rechts zu beantworten. Viele dieser «Zusammenarbeitsvereinbarungen» mögen von methodischer Bedeutung sein, können aber keine rechtliche Wirkung entfalten.

Warum? Im Bereich des öffentlichen Rechts ist der Einsatz von Verträgen untypisch. Zum hoheitlich agierenden Staat passt die Form der *Verfügung*[386] besser, das gilt auch dann, wenn – wie im Bereich der Sozialen Arbeit – staatliche Leistungen erbracht werden. Der Spielraum, mittels *verwaltungsrechtlicher Verträge* Rechte oder Pflichten einzuräumen, ist eng:

---

385   Siehe SCHWENZER INGEBORG (2006), S. 260 ff.
386   Siehe 4.4.7 zu Möglichkeiten – am Beispiel der Sozialhilfe – Verfügungen mit konsensualen Elementen zu verbinden.

- Für Fragen, für die das anwendbare Gesetz (= Spezialnorm oder Verwaltungsverfahrensrecht) eine abschliessende, zwingende Regelung beinhaltet, darf kein Vertrag abgeschlossen werden. Das ergibt sich aus dem Legalitätsprinzip[387].
- Pflichten oder Sanktionen (auch als Bedingung oder Auflage) brauchen immer eine gesetzliche Grundlage.
- Für Fragen, die gemäss den gesetzlichen Grundlagen mit Verfügung zu entscheiden sind, ist die Form des verwaltungsrechtlichen Vertrages ausgeschlossen. Auch dies ergibt sich aus dem Gesetzmässigkeitsprinzip.
- Die Verfahrensrechte der Betroffenen (z.B. Rechtsmittelbelehrung!) können nicht durch die Benutzung der Vertragsform ausgeschaltet werden.
- Die verfassungsmässigen Prinzipien wie die Gleichbehandlung (Art. 8 BV) und das Verhältnismässigkeitsprinzip sind auf jeden Fall zu beachten.

Das bedeutet für Fachpersonen der Sozialen Arbeit, die öffentliche Aufgaben wahrnehmen, dass mit Verträgen nicht über die gesetzlichen Grundlagen hinaus neue Rechte oder Aufgaben eingeräumt oder Sanktionen auferlegt werden können. Daraus ergeben sich für den Einsatz von Verträgen/Vereinbarungen etc. im Bereich der öffentlichen Sozialen Arbeit folgende Grundsätze:

- Vereinbarungen können gesetzliche Pflichten konkretisieren, aber keine neuen Pflichten auferlegen. Die entsprechenden gesetzlichen Grundlagen sind immer klar zu benennen.
- Immer dann, wenn Klienten/Benutzerinnen etc. Pflichten auferlegt werden sollen, deren Nichteinhaltung für sie negative Folgen haben kann (Bsp.: Kürzung Sozialhilfe, Entzug elterliche Sorge, Treffverbot etc.), ist im Zweifel eine Verfügung zu erlassen.
- Immer dann, wenn Gesetze/Verordnungen etc. Rechte und Pflichten eindeutig beinhalten, ist eine Verfügung zu erlassen.
- Beim Einsatz von Zusammenarbeitsverträgen/Zielvereinbarungen etc. aus methodischen Gründen (bessere Akzeptanz etc.) ist den Klienten und Benutzerinnen transparent zu vermitteln, welche Bedeutung den eingesetzten Vereinbarungen zukommt.

---

387 Siehe 1.4.1.

Beispiele für «Verträge» mit Klientinnen/Benutzern/Adressatinnen:
- Soweit im Bereich der gesetzlichen Sozialarbeit (z.B. Bewährungshilfe, Kindesschutz, öffentliche Sozialhilfe) die Verletzung von Mitwirkungspflichten sanktioniert werden soll, sind die wesentlichen Mitwirkungspflichten, um deren Sanktionierung es geht, durch Verfügung zu erlassen. Insoweit kann ein Vertrag als blosses methodisches, nicht aber als rechtlich relevantes Instrument eingesetzt werden!
- Verträge können im Sozialhilfebereich abgeschlossen werden, wenn das anwendbare Sozialhilfegesetz nicht ausdrücklich das Handeln durch eine Verfügung verlangt. Fragen, die im Sozialhilfegesetz oder in der dazugehörigen Verordnung abschliessend geregelt sind (z.B. Höhe der Leistungen, Sanktionierung bei Verletzung von Mitwirkungspflichten), können nicht durch Vertrag geregelt werden, insoweit ist eine Verfügung zu erlassen!
- In einem kommunalen Jugendhaus ist ein vorübergehendes Treffverbot in der Regel durch Verfügung zu erlassen. Inwieweit eine solche Verfügung schriftlich zu erfolgen hat, richtet sich nach dem kantonalen Verwaltungsverfahrensgesetz.

Die Vermietung eines Jugendraumes an Private dagegen ist in aller Regel durch Vertrag möglich, wobei es sich hier oft um verwaltungsrechtliche Verträge handelt, da mit den Privatvermietungen auch öffentliche Interessen wahrgenommen werden (z.B. Zurverfügungstellung von billigen Veranstaltungsräumen für Jugendliche).

3.3.5   Vollmacht und Stellvertretung

3.3.5.1   Allgemeines

Wird ein Auftrag erteilt oder ein Arbeitsvertrag abgeschlossen, erfolgt dies in der Regel zusammen mit einer Vollmacht, die dem Beauftragten erlaubt, in einem bestimmten Rahmen für den Auftraggeber tätig zu sein. Der Auftrag und die Vollmacht sind aber gedanklich auseinanderzuhalten. Der Auftrag oder das Arbeitsverhältnis betrifft das Innenverhältnis. Die Vollmacht dagegen betrifft das Aussenverhältnis[388].

---

388 Siehe weiterführend SCHWENZER INGEBORG (2006), S. 290 ff.

> Beispiel:
> Eine Sozialpädagogin hat mit einem Heim einen Arbeitsvertrag. Sie handelt auf
> der Basis dieses Vertrages für das Heim, betreut zum Beispiel mehrere Heimbe-
> wohner. Der Arbeitsvertrag betrifft das Innenverhältnis, also das Verhältnis zwi-
> schen Sozialpädagogin und Institution. Es stellt sich aber dann die Frage, ob die
> Sozialpädagogin stellvertretend für das Heim handeln kann, zum Beispiel gegen-
> über den Heimbewohnern. ob sich also das Heim das Verhalten der Sozialpäd-
> agogin gegenüber dem Bewohner anrechnen lassen muss. Das ist die Frage der
> Vollmacht und des Aussenverhältnisses.

Für ein rechtlich gültiges Handeln im Namen eines anderen braucht es beides, einen
Auftrag/Arbeitsvertrag und eine Vollmacht.

Das gilt auch bei stellvertretendem Handeln einer Beratungsstelle bzw. der angestellten Sozialarbeiterin für einen Klienten: Der Klient bevollmächtigt die Beratungsstelle, ihre Interessen gegenüber einem aussenstehenden Dritten (z.B. der IV-Stelle,
dem Gemeindesozialdienst oder der Krankenkasse) wahrzunehmen. Die Beratungsstelle handelt dann stellvertretend und muss im Interesse des Klienten handeln.

3.3.5.2 Die gültige Stellvertretung

Die massgebenden Bestimmungen zur Stellvertretung finden sich in den Art. 32–39
OR.

Art. 32 OR lautet:
Wenn jemand, der zur Vertretung eines andern ermächtigt ist, in dessen Namen
einen Vertrag abschliesst, so wird der Vertretene und nicht der Vertreter berech-
tigt und verpflichtet.

Stellvertretung bedeutet rechtserhebliches Handeln für eine andere Person. Hat die
vertretende Person ein Rechtsgeschäft für die vertretene Person abgeschlossen, wird
die vertretene Person aus dem Geschäft unmittelbar berechtigt und verpflichtet, wenn
die vertretende Person für den Dritten erkennbar in fremdem Namen gehandelt hat
(Offenkundigkeitsprinzip), und wenn die vertretende Person Vertretungsmacht
besitzt.

Es kann sich dabei um *gewillkürte (rechtsgeschäftliche) Vertretungsmacht* (Vollmacht) oder *gesetzliche Vertretungsmacht* handeln. Die gesetzliche Vertretung ist
gerade dort vorgesehen, wo dem Vertretenen wegen fehlender oder beschränkter
Handlungsfähigkeit die Rechtwirkung eigenen Handelns abgesprochen wird. Sinn
und Zweck ist dabei vor allem die persönliche Fürsorge. Als gesetzliche Vertreterin

kommen die Eltern (Art. 304 ZGB), die Vormundin (Art. 407 ZGB) oder die Beiständin (Art. 392 ZGB) in Frage.

3.3.5.3   Die Vollmacht

Nach dem Umfang der Vollmacht ist zu unterscheiden zwischen der *Spezialvollmacht*, die ein ganz bestimmtes Geschäft betrifft, und einer *Gattungsvollmacht*, die eine ganz bestimmte Art von Geschäften betrifft, sowie einer *Generalvollmacht*, die alle Geschäfte wirtschaftlicher Natur bezüglich eines bestimmten Vermögens betrifft.

Weiter zu differenzieren sind zudem Einzelvollmachten, hier ist ein Vertreter allein zur Vertretung befugt, und Kollektivvollmachten, hier können nur mehrere Vertreter gemeinschaftlich vertreten.

Eine zusätzliche Unterscheidung betrifft die Hauptvollmacht und die Substitutionsvollmacht. Bei Letzterer ermächtigt der Vollmachtgeber den von ihm bevollmächtigten Vollmachtnehmer, gegebenenfalls eine weitere Person in seinem Namen zu bevollmächtigen.

Jede Vollmacht wird nur durch einseitige, empfangsbedürftige Erklärung des Vertretenen gegenüber dem Vertreter erteilt. Die Vollmacht ist kein Vertrag, sie kann aber im Rahmen des Abschlusses eines Vertrages eingeräumt werden. Eine besondere Form ist durch das Gesetz nicht vorgeschrieben. Aus Beweissgründen empfiehlt sich selbstverständlich Schriftlichkeit.

Eine Vollmacht erlischt aus den folgenden Gründen: Widerruf durch den Vollmachtgeber; Zeitablauf bei befristeter Vollmacht; Tod von Vollmachtgeber oder Bevollmächtigtem; Konkurs von Vollmachtgeber oder Bevollmächtigtem; Entmündigung des Vollmachtgebers. Zum Widerruf einer Vollmacht ist Folgendes zu beachten (vgl. Art. 34 OR):

Art. 34 OR

[1] *Eine durch Rechtsgeschäft erteilte Ermächtigung kann vom Vollmachtgeber jederzeit beschränkt oder widerrufen werden, unbeschadet der Rechte, die sich aus einem unter den Beteiligten bestehenden anderen Rechtsverhältnis, wie Einzelarbeitsvertrag, Gesellschaftsvertrag, Auftrag ergeben können.*

[2] *Ein vom Vollmachtgeber zum Voraus erklärter Verzicht auf dieses Recht ist ungültig.*

Es fragt sich, in welcher Form dieser Widerruf erfolgen muss. Als Grundregel gilt, dass für den Widerruf die gleiche Form wie für die Erteilung zu wählen ist. Erfolgte also die Vollmachtserteilung schriftlich, so muss auch der Widerruf schriftlich erfolgen.

In der Praxis der Sozialen Arbeit ist es wichtig, so genannte Blankovollmachten zu vermeiden. Unter Umständen sind solche Blankovollmachten ungültig, weil für die

Vollmachtgeberin im Voraus gar nicht absehbar war, welche Handlungsweisen eingeschlossen waren.

Die Vollmacht ist aus Gründen des Daten- und Persönlichkeitsschutzes daher auf bestimmte oder wenigstens bestimmbare Bereiche zu beschränken.

> Beispiel:
> Ist es notwendig, für eine Klientin Auskünfte einzuholen oder zu erteilen, so ist in der entsprechenden Vollmacht möglichst genau zu bestimmen, wo wer kontaktiert werden darf.

Nachdem mit der Stellvertretung und der Frage der Vollmacht eine spezifische Konstellation im Zusammenhang mit (vertraglichen) Rechtsbeziehungen dargestellt wurde, soll im Folgenden auf zwei Verträge mit besonderer Bedeutung für die Soziale Arbeit, den Arbeits- und der Mietvertrag, genauer eingegangen werden.

3.3.6 Besondere Vertragsverhältnisse I: Arbeitsvertrag

Verträge sind grundsätzlich geprägt vom aus der Aufklärung stammenden Prinzip der Vertragsfreiheit, welche als Grundprinzip das Schweizerische Obligationenrecht prägt. Die wesentlichen Inhalte eines Vertrages (wie bei Verträgen auf eine Arbeitsleistung Lohn, Arbeitszeit, Arbeitsinhalt, Lohnfortzahlung bei Krankheit, Kündigungsregelung etc.) sind also im Prinzip durch Absprache zwischen den Parteien zu regeln.

Dementsprechend gelten für die meisten der im Obligationenrecht geregelten *Verträge auf Arbeitsleistung* nur wenige und subsidiär geltende gesetzliche Regelungen. Zwingende Normen sind selten. Das gilt insbesondere für den *Werkvertrag* (Art. 363 ff. OR) und den *Auftrag* (Art. 394 ff. OR). Beim Werkvertrag wird dabei ein bestimmtes Ergebnis (ein sog. Erfolg) geschuldet und beim Auftrag besteht die typische Leistung in einem Tätigwerden, einer Dienstleistung im Interesse des Auftraggebers (wie z.B. durch eine Anwältin oder einen Therapeuten), ohne dass eine eigentliche Erfolgsgarantie gewährt wird.

Beim wichtigsten Vertrag auf Arbeitsleistung, dem *Arbeitsvertrag* (Art. 319 ff. OR)[389], dem rund 85% aller in der Schweiz Beschäftigten[390] unterstehen, muss dieses Prinzip der Vertragsfreiheit zugunsten des Sozialschutzes teilweise verlassen werden. Eine Vielzahl zwingender Normen prägt diesen Vertragstyp. Worum geht es dabei? Der Arbeitsvertrag unterscheidet sich vom Auftrag und vom Werkvertrag dadurch, dass die Arbeitnehmerin ihre Tätigkeit weniger selbständig wahrnimmt. Es geht

---

389 Siehe weiterführend GEISER THOMAS/MÜLLER ROLAND (2005), S. 23.
390 Siehe Bundesamt für Statistik (2005), S. 30.

beim Arbeitsvertrag also um *Arbeit, die in einem Unterordnungsverhältnis gegenüber dem Arbeitgeber gegen Entgelt erbracht wird* (Art. 319 Abs. 1 OR). Die Arbeitsleistung erfolgt durch Eingliederung in eine fremde Arbeitsorganisation und die Unterstellung des Arbeitsvollzuges in persönlicher, organisatorischer, zeitlicher und wirtschaftlicher Direktionsgewalt des Arbeitgebers. Neben diesem typischen Arbeitsvertrag bestehen Sonderformen, namentlich der in den Art. 344 bis 346a OR geregelte Lehrvertrag, der Handelsreisendenvertrag (Art. 347–350a OR) und der Heimarbeitsvertrag (Art. 351–354 OR). Es ist zudem zu beachten, dass heute viele weitere Arbeitsverhältnisse besondere Eigenschaften aufweisen, die keine spezielle Regelung im Gesetz gefunden haben. Solche Verträge nennt man Innominatskontrakte, auf welche die im OR bestehenden Normen nach Sinn und Zweck direkt oder analog anwendbar sind, wobei oft erst die Rechtsprechung eine gewisse Rechtssicherheit gewähren kann[391].

Die komplexe Vielfalt des heutigen Arbeitsrechts spiegelt den Versuch seit Mitte des 19. Jahrhunderts, zwischen dem Interesse der Vertragsfreiheit und demjenigen des Sozialschutzes einen Ausgleich zu finden[392]. Im Bereich des privaten Arbeitsvertragsrechts bestehen zum Schutz der Arbeitnehmenden zahlreiche Sozialschutzinstrumente, wie zahlreiche zwingende Normen zum Vertragsinhalt (Art. 361 und 362 OR), die besondere Bedeutung von kollektiv ausgehandelten Vertragsregeln (Gesamtarbeitsverträge), besondere Vorschriften des Gesundheits- und Sozialschutzes, die Anknüpfung des Schutzes von Sozialversicherungen und Erleichterungen im Prozessrecht. Besondere Sozialschutznormen rechtfertigen sich, weil oft keine gleichgewichtige Verhandlungsmacht zwischen Arbeitgeberin und Arbeitnehmer besteht: Arbeitnehmende sind existenziell auf das Anbieten ihrer Arbeitskraft angewiesen, da diese oft ihre einzige Einkommensquelle darstellt. Überdies sind viele Arbeitnehmer weniger verhandlungsgewohnt als Arbeitgeberinnen. Schliesslich ist die Ressource der Arbeit für die meisten Wirtschaftsbereiche zum grössten Teil der Zeit im Übermass vorhanden. Das entstehende Marktungleichgewicht führt zu einer strukturellen Übermacht der Arbeitgeberinnen auf dem Arbeitsmarkt.

Das Schweizerische Arbeitsrecht sieht im Einzelnen folgende rechtlichen Instrumente des Sozialschutzes vor, welche als Rahmenbedingungen der Regelungsmöglichkeiten in (mündlich oder schriftlich abgeschlossenen) Einzelarbeitsverträgen zu beachten sind:

---

391 So hat das Bundesgericht in den BGE 124 III 249 und 125 III 65 festgehalten, dass bei der sogenannten Arbeit auf Abruf auch der Bereitschaftsdienst (also die Zeit, während der man auf einen Einsatz wartet) entschädigt werden muss. Das Bundesgericht verweist dabei auf die gesetzliche Regelung der Akkordarbeit (Art. 326 Abs. 4 OR), die besagt, dass ein Zeitlohn auch dann zu vergüten ist, wenn nicht genügend Akkordlohnarbeit oder andere Arbeit zugewiesen wird.

392 Zur Geschichte des Arbeitsrechts in der Schweiz siehe eindrücklich Tschudi Hans Peter (1987), S. 1 ff.

- Die *UN-Menschenrechtspakte*[393] *und die Bundesverfassung* schützen das Recht auf kollektive Wahrnehmung von Interessen der Arbeitnehmenden und ein (bedingtes) Streikrecht (Art. 8 Abs. 1 lit. d UNO-Pakt I, Art. 22 Abs. 1 UNO-Pakt II, Art. 28 BV)
- Für *öffentlich-rechtliche Arbeitsverhältnisse*, also Anstellungen bei der öffentlichen Hand, gelten von vornherein Sondernormen des kommunalen, kantonalen oder eidgenössischen öffentlichen Dienstrechtes[394]: Ist der Arbeitgeber also eine Institution des öffentlichen Rechtes wie ein Kanton, eine Gemeinde, ein Gemeindezweckverband oder eine öffentlich-rechtliche Körperschaft oder Stiftung (wie z.B. viele Spitäler), so liegt meist ein öffentlich-rechtliches Arbeitsverhältnis vor: Die Grundlagen der Anstellung finden sich hier primär in spezifischen öffentlich-rechtlichen Normen (kantonales oder kommunales Dienstrecht, Personalgesetz, Angestelltenreglemente).

Historisch erklärt sich dies dadurch, dass von Angestellten der öffentlichen Hand traditionellerweise eine besondere Treu und Vertraulichkeit verlangt wurde. Nach dem Zweiten Weltkrieg wurden die Arbeitsbedingungen für Angestellte der öffentlichen Verwaltung dann kontinuierlich verbessert, auch über das Mass der Privatwirtschaft hinaus: Der Staat sollte als Vorbild gegenüber anderen Arbeitgeberinnen wirken. Gegen Ende des 20. Jahrhunderts kehrte sich der Trend um: Öffentlich-rechtliche Arbeitsverhältnisse werden vermehrt privatrechtlichen Anstellungen angeglichen. Dafür wurden die speziellen Dienstrechtsnormen flexibilisiert (zum Beispiel bezüglich automatischer Lohnstufenanstiege), die Arbeitsbedingungen wurden eher verschlechtert, öffentlich-rechtliche Anstellungsverträge ersetzen die frühere Anstellung durch Verfügung. Für viele Bereiche kommt zudem das Arbeitsvertragsrecht des OR auch im Bereich des öffentlichen Rechts zur Anwendung[395].

- Das *Arbeitsgesetz*[396] dient primär dem Gesundheitsschutz und kommt grundsätzlich nur für privatrechtliche Arbeitsverträge zur Anwendung. Es ist aus den kantonalen

---

393 Siehe dazu 2.2.4 und 2.2.5.

394 Die entsprechenden Gesetze sind auf den Homepages der entsprechenden Gemeinwesen zu finden oder bei den jeweiligen Kanzleien oder Personaldiensten zu beziehen.

395 Hierfür bestehen zwei Konstellationen: Zum Teil werden heute öffentliche Leistungen vermehrt durch privatrechtlich konstituierte Gesellschaften oder Körperschaften erbracht, die dann ihre Mitarbeitenden privatrechtlich anstellen, zu einem anderen Teil wird im öffentlichen Dienstrecht auf die Regeln des Arbeitsvertragsrechts verwiesen und dieses so auch im öffentlich-rechtlichen Bereich anwendbar gemacht.

396 Siehe http://www.admin.ch/ch/d/sr/8/822.11.de.pdf (eingesehen am 19.11.2008). Besonders hilfreich für Detailfragen zum Arbeitsgesetz ist die Homepage des seco (Staatssekretariat für Wirtschaft), dem, zusammen mit kantonalen Behörden, die Durchsetzung des Arbeitsgesetzes obliegt: http://www.seco.admin.ch/themen/arbeit/arbeitnehmer (eingesehen am 11.04.2006).

Fabrikgesetzen des 19. und frühen 20. Jahrhunderts entstanden, welche die teilweise unmenschlichen Arbeitsbedingungen in den Fabriken des Frühkapitalismus verbessern wollten. Das Arbeitsgesetz enthält unter anderem Normen zur Höchstarbeitszeit, beschränkt die Sonntags- und Wochenendarbeit und die Arbeitseinsätze von Jugendlichen, enthält besondere Schutznormen für Schwangere und ein Arbeitsverbot für Frauen während acht Wochen nach der Geburt. Das Arbeitsgesetz ist kompliziert, da es in vier Verordnungen viele Ausnahmen kennt, welche den besonderen Verhältnissen in den unterschiedlichen Branchen Rechnung tragen sollen. Insgesamt lässt das Arbeitsgesetz den Bedürfnissen der Wirtschaft nach einem flexiblen Einsatz der Ressource Arbeit sehr viel Raum. Für den Bereich der öffentlich-rechtlichen Anstellungen gilt das Arbeitsgesetz prinzipiell nicht, weil der Bundesgesetzgeber davon ausgeht, dass bei Anstellungen durch den Staat die entsprechenden öffentlichen Personalrechte den Gesundheitsschutz sicherstellen. Es ist fraglich, ob dies auch heute, nach der weitgehenden Angleichung öffentlich-rechtlicher Anstellungen an das Privatrecht, noch richtig ist.

• Weitere öffentlich-rechtliche Bestimmungen[397] wie insbesondere *sozialversicherungsrechtliche Bestimmungen*[398], *das Datenschutzgesetz des Bundes*[399] *und das Gleichstellungsgesetz*[400] treffen direkt oder indirekt privatrechtliche Arbeitsverhältnisse.

• Das privatrechtliche Arbeitsvertragsrecht (Art. 319 ff. OR) enthält zahlreiche Bestimmungen, die als Minimalstandard nicht abänderbar sind. Diese Bestimmungen gelten als *zwingendes Recht*. Solche Bestimmungen haben auch dann Geltung, wenn in einem Einzelarbeitsvertrag eine davon abweichende Regelung getroffen wurde. Der Katalog dieser Bestimmungen findet sich in den Art. 361 (beidseitig zwingende Normen) und 362 OR (Normen, von denen zuungunsten des Arbeitnehmers nicht abgewichen werden darf). Im Bereich des zwingenden Rechts wird der Wert des Sozialschutzes höher bewertet als derjenige der Vertragsfreiheit. Diese speziellen Schutzbestimmungen des Arbeitsvertragsrechtes wie Ferienanspruch, Lohn bei Krankheit oder Sozialversicherungsbeiträge gelten bei den anderen Verträgen auf Leistung einer Arbeit nicht.

• Für einige Berufsbranchen wird ein Teil der Arbeitsbedingungen durch abschliessende arbeitsrechtliche Regelungen in *Gesamtarbeitsverträgen* (GAV) geregelt

---

397 Grosse Teile des Sozialversicherungsrechts knüpfen zur Abfederung der Folgen von Risiken wie Unfall, Krankheit, Arbeitslosigkeit oder Alter hinsichtlich der Beiträge und der Leistungen zu einem beträchtlichen Teil an die Erwerbsarbeit an. Eine vollständige Liste findet sich bei GEISER THOMAS/ MÜLLER ROLAND, (2005), S. 4.

398 Verweis Kapitel 4.3.

399 http://www.admin.ch/ch/d/sr/2/235.1.de.pdf (eingesehen am 19.11.2008).

400 http://www.admin.ch/ch/d/sr/1/151.1.de.pdf (eingesehen am 19.11.2008).

(Art. 356–358 OR). Der Gesamtarbeitsvertrag ist eine kollektive Vereinbarung von Arbeitsbedingungen zwischen Arbeitgebern oder deren Verbänden und den Gewerkschaften[401]. Der Geltungsbereich der inhaltlichen Normen erstreckt sich grundsätzlich auf die beteiligten Arbeitgeber und Arbeitnehmer, d.h. also nur auf diejenigen Personen, welche den Vertragsparteien des GAV – also den Gewerkschaften auf der einen und den Arbeitgeberverbänden auf der anderen Seite – angehören[402]. Durch die kollektive Vereinbarung von Vertragsbedingungen zwischen Arbeitnehmerverbänden und Arbeitgeberverbänden soll die faktische Übermacht der Arbeitgeberin gegenüber dem einzelnen Arbeitnehmer ausgeglichen werden. In Branchen mit GAV sind das Lohnniveau und die übrigen Arbeitsbedingungen zumeist besser als in vergleichbaren Branchen ohne GAV. Ob für ein bestimmtes Arbeitsverhältnis ein GAV gilt, kann bei Antritt einer Stelle bei der Arbeitgeberin erfragt werden; im Zweifel sollten die zuständigen Arbeitsgerichte und Gewerkschaften Kenntnis über die bestehenden Gesamtarbeitsverträge und ihre Gültigkeit haben. Liegt ein Gesamtarbeitsvertrag vor, so werden die Arbeitsbedingungen primär durch die GAV-Normen geregelt (Art. 357 OR). Der GAV kann aber vorsehen, dass bestimmte Fragen im Einzelarbeitsvertrag abweichend geregelt werden können. Zudem sind in jedem Fall die im Arbeitsvertragsrecht zwingend aufgestellten Normen zu beachten (Art. 362 ZGB).

- Die Regeln eines Gesamtarbeitsvertrages, insbesondere Lohn und sonstige Arbeitsbedingungen, können nach Massgabe des Bundesgesetzes über die *Allgemeinverbindlicherklärung von GAV*[403] von Amtes wegen auf alle Arbeitnehmer und Arbeitgeber der entsprechenden Branche ausgedehnt werden. Dafür bestehen aber restriktive Voraussetzungen, so sind GAV denn auch nur für wenige Berufe (Maler, Schreiner, Coiffeur) als allgemeinverbindlich erklärt[404]. Im Zusammenhang mit dem freien Personenverkehr mit der Europäischen Union wurde die Möglichkeit der Allgemeinverbindlicherklärung von GAV-Normen, namentlich zu Lohn und Arbeitszeit, zur Verhinderung von «Lohn- und Sozialschutzdumping» erweitert[405].

---

401 Siehe weiterführend Vischer Frank (2005), S. 323 ff.; Geiser Thomas/Müller Roland (2005), S. 134.

402 Rund 1/3 aller Arbeitnehmenden gehören in der Schweiz einer Gewerkschaft an; siehe zu einem Kurzüberblick über die Gewerkschaftsbewegung in der Schweiz Geiser Thomas/Müller Roland (2005), S. 128, N 634 ff.

403 Siehe SR 221.215.311.

404 Siehe http://www.seco.admin.ch/themen/00385/00420/00430/index.html (eingesehen am 19.11.2008).

405 Geiser Thomas/Müller Roland (2005), S. 168.

- Für einige Branchen erlassen der Bund oder die Kantone besondere Verordnungen für bestimmte Vertragstypen und Vertragsgebiete. Diese so genannten *Normalarbeitsverträge (NAV)* sind in allgemeiner Hinsicht in den Art. 359 bis 360f OR geregelt und enthalten Bestimmungen über den Abschluss, den Inhalt und die Beendigung des Arbeitsverhältnisses. Der NAV enthält dispositives Recht[406], was dem Sinn und Zweck des Arbeitnehmendenschutzes an sich zuwiderläuft. Die praktische Bedeutung des Normalarbeitsvertrages liegt in gewerkschaftlich schwach organisierten Sektoren, wo sich deshalb die Gesamtarbeitsverträge noch nicht durchsetzen konnten, der Schutz der betroffenen Arbeitnehmenden aber umso dringlicher ist[407].

- Das OR sieht in Art. 343 für privatrechtliche Arbeitsverhältnisse besondere prozessuale Sozialschutzbestimmungen vor: Der Arbeitsprozess muss bis zu einem Streitwert von CHF 30 000.– in einem so genannten *einfachen und raschen Verfahren* erledigt werden. Es werden zudem keine Gerichtskosten erhoben. Das Gericht stellt den Sachverhalt von Amtes wegen fest und würdigt die Beweise nach freiem Ermessen. Das bedeutet vor allem für die Arbeitnehmenden eine wesentliche Erleichterung. Viele Kantone haben spezielle Arbeitsgerichte eingerichtet, in denen Arbeitnehmer- und Arbeitgeberinnenvertreter zusammen mit Amtspersonen die Fälle unbürokratisch beurteilen. Die Zielsetzung, durch die bürgerinnenfreundliche Ausgestaltung des Arbeitsprozesses für gleich lange Spiesse von Arbeitnehmerinnen und Arbeitgebern zu sorgen, wird getrübt dadurch, dass es in den meisten Kantonen möglich ist, im Arbeitsprozess die Anwaltskosten auf die unterliegende Partei zu überwälzen.

Im Zentrum des schweizerischen Arbeitsrechts steht der individuelle Arbeitsvertrag, der im Rahmen oben genannter öffentlich- oder privatrechtlicher Bestimmungen abgeschlossen werden kann.

Folgende Punkte sollten bei Abschluss des Arbeitsvertrages besonders beachtet werden: *Arbeitszeit pro Woche; Höhe des Lohnes* (wenn möglich Monatslohn und nicht Stunden- oder Taglöhne festlegen, da Letztere bei Absenzen unvorteilhaft sind); *13. Monatslohn*: Er wird nur geschuldet, wenn er speziell im Vertrag abgemacht wird. Unbestimmte Begriffe wie «Gratifikation» sollten vermieden werden; *Lohnfortzahlung bei Krankheit und Unfall*: Wenn immer möglich sollte eine Krankentaggeldver-

---

406 Siehe 1.2.3. Im Zusammenhang mit der Personenfreizügigkeit mit der EU können aber Normalarbeitsverträge mit zwingenden Mindestlöhnen vorgesehen werden (Art. 360a– 360 f. OR).

407 Verordnungen als Normalarbeitsverträge bestehen insbesondere für das Hauspersonal, Mitarbeitende in der Landwirtschaft, für das Erziehungspersonal von Heimen und Internaten, für das Pflegepersonal und bei Assistenzärzten (im privaten Sektor).

sicherung abgeschlossen werden; *Teuerungsausgleich*: Wenn im Vertrag dazu nichts bestimmt wird, besteht kein Anspruch auf Teuerungsausgleich; *Ferienanspruch*: Sofern nichts anderes vereinbart wird, gilt das gesetzliche Minimum von vier Wochen; *Länge der Kündigungsfrist*: Das Gesetz enthält nur Mindestkündigungsfristen; längere Fristen müssen per Vertrag vereinbart werden; *Konkurrenzklauseln vermeiden*: Nur ohne ein solches Konkurrenzverbot ist die Arbeitnehmerin nach Vertragsende bei der Stellensuche frei.

Fragen zum Arbeitsrecht

a) Welche Risiken sind über obligatorische Sozialversicherungen[408] durch den Abschluss eines Arbeitsverhältnisses abgesichert?

b) Suchen Sie sich aus untenstehender Liste zwei Themen aus, die Sie besonders interessieren, und erklären Sie mit Hilfe einschlägiger Ratgeberliteratur[409], was die Bedeutung und der Inhalt der entsprechenden privatarbeitsrechtlichen Ansprüche sind:

Treuepflicht der Arbeitnehmerin; Fürsorgepflicht des Arbeitgebers; Sorgfaltspflicht; Überstundenarbeit und deren Entschädigung; Ferienanspruch und Freizeit; Lohnfortzahlung bei Krankheit; Lohngleichheit; Anspruch auf Arbeitszeugnis; Möglichkeit der Änderungskündigung; ordentliche Beendigung bei befristeten und unbefristeten Verträgen; missbräuchliche Kündigung; Kündigung zur Unzeit; Fristlose Kündigung

c) Suchen Sie für Ihren Kanton die gesetzlichen Regelungen der Arbeitsbedingungen für kantonal angestellte Arbeitnehmende hinsichtlich der genannten Inhalte und vergleichen Sie diese mit den Mindestbestimmungen gemäss OR.

3.3.7   Besondere Vertragsverhältnisse II: Miete und Mietvertrag

Bei der Miete überlässt eine Vermieterin einem Mieter eine Sache zum Gebrauch; dieser wiederum verpflichtet sich dafür zur Leistung des Mietzinses. Das Mietrecht umfasst zwei grundlegende Arten der Miete:

- Miete von beweglichen Sachen wie Autos, Fernsehgeräte, Maschinen etc.
- Miete von unbeweglichen Sachen wie Wohnungen, Zimmer, Geschäftsräumen etc.

---

408 Siehe zu den Sozialversicherungen 4.3.
409 Zum Beispiel: Boehringer Peter (2001); Bräunlich Keller Irmtraud (2007); Gabathuler Thomas/Schumacher René/Stauffer Hans Ulrich/Thür Hanspeter (2007); Geiser Thomas/Müller Roland (2005).

Der Mietvertrag spielt einerseits hinsichtlich von Geschäftsräumen[410] und andererseits – und vor allem – für die Miete von Wohnraum eine grosse praktische Rolle: In der Schweiz leben ca. 70 % der Bevölkerung zur Miete. Sie decken durch den Mietvertrag das Grundbedürfnis des Wohnens ab. Diese Bedarfslage führt dazu, dass Mietende typischerweise strukturell in der schwächeren Position sind als die Vermieterschaft. Neben der Miete wird das Grundbedürfnis des Wohnens vor allem durch Wohneigentum abgedeckt. Es gibt heute aber auch interessante Sonder- bzw. Zwischenformen wie das Stockwerkeigentum (Art. 712a ff. ZGB)[411] und die Wohngenossenschaft[412].

Gleich wie für das Arbeits(vertrags)recht gilt auch für das Miet(vertrags)recht, dass der im Vertragsrecht übliche Grundsatz der Vertragsfreiheit zugunsten des Schutzes sozialer Interessen eingeschränkt werden muss. Mietrecht muss dabei unterschiedliche schützenswerte Interessen austarieren: einerseits das Interesse der Vermietenden, als Eigentümer frei von ihrem Eigentum profitieren zu können[413], und andererseits das Interesse der Mietenden, in ihrem Grundbedürfnis des Wohnens geschützt zu werden.

Die Mieterschutzbestimmungen finden ihre Grundlage in der Bundesverfassung (Art. 109 BV) und betreffen vor allem Kündigungs- und Mietzinsfragen. Das heute geltende Mietrecht ist seit dem 1. Juli 1990 abschliessend in den Artikeln 253 bis 274g OR sowie in der Verordnung über die Miete und Pacht von Wohn- und Geschäftsräumen[414] geregelt. Der Versuch, das Mietrecht zu revidieren und namentlich die Mietzinsgestaltung vermehrt nach Regeln des freien Marktes zu ermöglichen, scheiterte in einer Volksabstimmung im Februar 2004.

Insgesamt sind im Mietrecht zum Schutz der Mietenden im Vergleich zu anderen Verträgen viele Formvorschriften (Fristen, Schriftlichkeit etc.) zu beachten. Ausserdem sollen zwingende Bestimmungen zum Inhalt des Vertrages vor Missbräuchen der strukturellen Übermacht der Vermieterschaft dienen. Folgende ausgewählten Mieterinnenschutzregeln[415] sind für die Wohnungsmiete von besonderer Bedeutung:

Die Mieterin darf ihre Mieträume *untervermieten*. Dies setzt voraus, dass die Mieterin die Zustimmung vorgängig einholt (Art. 262 OR). Die Vermieterin kann die Zustimmung aber nur verweigern, wenn die Mieterin sich weigert, die Bedingun-

---

410 Darauf kann in der Folge nicht eingegangen werden, siehe dazu HEUSI CLAUDIA (2000).

411 Siehe BIRRER MATHIAS (2005).

412 Siehe ENGLER URS (1996).

413 Zur Eigentumsgarantie: Art. 26 BV.

414 http://www.admin.ch/ch/d/sr/2/221.213.11.de.pdf (eingesehen am 19.11.2008).

415 Eine hilfreiche Beantwortung vieler Einzelfragen zur Wohnungsmiete findet sich im Internet unter http://www.mieterverband.ch/smv_fragen_antworten.0.html (eingesehen am 19.11.2008) sowie bei MACHER PETER/TRÜMPY JOSEF (2008).

gen der Untermiete bekannt zu geben (dabei muss sich die Vermieterin erfolglos bei der Mieterin nach den Bedingungen erkundigt haben) oder wenn die Bedingungen im Vergleich zur Hauptmiete missbräuchlich sind (insbesondere wenn die Mieterin durch die Untermiete einen übersetzten Ertrag erzielt) oder wenn der Vermieterin aus der Untermiete wesentliche Nachteile entstehen (Zweckänderung der Wohnung, z.B. Einrichtung eines Massagesalons). Verweigert die Vermieterin die Zustimmung, kann die Mieterin die Schlichtungsbehörde anrufen. Schliesst sie trotz der Weigerung ein Untermietverhältnis ab, so riskiert die Mieterin eine fristlose Kündigung nach Art. 257f Abs. 3 OR.

Zwischen der Mieterin und dem Untermieter besteht im Übrigen ein Mietverhältnis, auf welches alle Bestimmungen des Mietrechts ebenfalls anwendbar sind (Formularpflicht, Anfechtungen, Kündigungsschutz etc.). Der Mieter ist also gegenüber der Untermieterin selbst in der Stellung des «Vermieters». Darum lohnt es sich auch für beide Seiten, einen speziellen Untermietvertrag abzuschliessen.

Das Mietrecht beinhaltet auch *Schutznormen im Zusammenhang mit Mängeln* (Art. 259 bis Art. 259i OR): Die Vermieterin ist verpflichtet, der Mieterin die Mietsache in tauglichem Zustand zu überlassen und zu erhalten. Die Mieterin ihrerseits ist verpflichtet, die Mietsache sorgfältig zu gebrauchen. Ein Mangel liegt immer dann vor, wenn der Mieter die Sache nicht wie vertraglich vorgesehen gebrauchen kann oder zugesicherte Eigenschaften fehlen (Bspw.: unzureichende Heizung, feuchte Wohnung, Ungeziefer, nicht funktionierende Waschmaschine etc.). Die Mieterin hat zwar kleine, für den gewöhnlichen Unterhalt erforderliche Reinigungen oder Ausbesserungen selbst zu bezahlen (z.B. Entstopfen von Abläufen, Auswechseln von Sicherungen, abgenützte Rollgurten etc.). Im Übrigen aber kann der Mieter bei Beeinträchtigung der Nutzung die Herabsetzung des Mietzinses bis zur Beseitigung des Mangels und allenfalls auch Schadenersatz für aus dem Mangel entstandene Schäden verlangen. In sehr krassen Fällen der Unbenutzbarkeit der Wohnung ist auch die fristlose Kündigung möglich. Als Druckmittel kann der Mietzins bei einer kantonal bezeichneten Stelle hinterlegt werden, falls der Vermieter die Mängel trotz Aufforderung nicht behebt. Es lohnt sich in Fällen, in denen die Vermieterschaft nicht selbst den Mangel behebt, die Rechtsberatung der Mieterverbände[416] in Anspruch zu nehmen.

Die *Mietzinsgestaltung* unterliegt bestimmten inhaltlichen Missbrauchsgrenzen (Art. 269–Art. 270e OR): Während bei der Begründung des Mietvertrages relativ grosse Vertragsfreiheit herrscht, ist eine Mietzinserhöhung während der Vertragsdauer

---

416 Adressen unter www.mieterverband.ch (eingesehen am 19.11.2008).

nur unter bestimmten Voraussetzungen zulässig[417]. Von grosser Bedeutung sind auch hier die Formvorschriften: Mietzinserhöhungen/Erhöhungen der Nebenkosten müssen der Mieterin spätestens 10 Tage vor Beginn der Kündigungsfrist unter Gebrauch des amtlich genehmigtem Formulars mitgeteilt werden.

Wird die Mietzinserhöhung nicht auf dem amtlichen Formular, ohne Begründung oder unter Androhung der Kündigung ausgesprochen, so ist sie nichtig und entfaltet keine rechtlichen Wirkungen (Art. 269d Abs. 2 OR). Hält die Vermieterin die Fristen nicht ein, ist die Mietzinserhöhung zwar nicht ungültig, entfaltet aber ihre Wirkung erst auf den nächstmöglichen Kündigungstermin. Handelt es sich beim Mietobjekt um eine Familienwohnung, so ist die Mietzinserhöhung zwingend beiden Ehegatten je separat zuzustellen. Eine Anfechtung einer Mietzinserhöhung ist unbedingt innert 30 Tagen nach Erhalt bei der Schlichtungsstelle einzureichen, ansonsten gilt die Mietzinserhöhung als akzeptiert.

Für die *Kündigung* besteht für Wohnräume von Mieterin und Vermieter eine gesetzliche Mindestfrist von drei Monaten[418]. Vertraglich kann eine längere Frist oder eine feste Dauer des Mietverhältnisses abgemacht sein. Neben der Kündigungsfrist sind die vertraglich festgelegten oder vom Ortsgebrauch bestimmten Kündigungstermine zu beachten.

Die Kündigung hat von Seiten der Vermieterschaft auf einem amtlichen Formular zu erfolgen, sonst ist sie nichtig! Diese formale Vorschrift dient der Transparenz und der Sicherstellung der notwendigen Informationen, namentlich hinsichtlich Anfechtungsmöglichkeiten. Formvorschriften sind somit ein Instrument des Schutzes der Mietenden als typischerweise schwächere Vertragspartei[419]. Ein Grund für die Kündigung muss nicht vorliegen und auch nicht angegeben werden. Es besteht aber ein gewisser Schutz vor Kündigungen, die gegen Treu und Glauben verstossen, konkret also vor bestimmten Kündigungsmotiven[420]. Die Mieterin kann die Kündigung innert

---

417 Die Frage zur inhaltlichen Zulässigkeit von Anfangsmietzinsen bzw. Mietzinserhöhungen ist relativ kompliziert und verlangt fast immer nach einer rechtlichen Beratung; siehe zu Details Art. 269 ff. OR; http://www.mieterverband.ch/smv_fragen_antworten.0.html (eingesehen am 19.11.2008).

418 Bei Geschäftsräumen gilt eine Mindestfrist von sechs Monaten auf den vertraglichen oder ortsüblichen Termin, bei möblierten Zimmern, Einstellplätzen oder Ähnlichem eine Frist von zwei Wochen auf Ende einer einmonatigen Mietdauer (Art. 266c, d und e OR):

419 Auch hier gilt: keine Regel ohne Ausnahme: In Fällen des Zahlungsrückstandes kann die Vermieterin gemäss Art. 257d OR mit einer verkürzten Frist kündigen, sie muss dafür aber die Mietzinszahlung unter Androhung der Kündigung abmahnen und für die Kündigung – wie sonst auch – ein amtliches Formular verwenden. Eine fristlose Kündigung ist für Mieterinnen und Vermieterinnen zudem möglich, wenn das Abwarten der Kündigungsfrist unzumutbar wäre, z.B. wenn Mietende die Wohnung wegen deren schlechten Zustands gar nicht gebrauchen können.

420 Art. 271 und 271a OR.

30 Tagen nach Erhalt bei der Schlichtungsstelle anfechten und verbinden mit der Forderung nach Mieterstreckung.

Die *Mieterstreckung* (Art. 272 ff. OR) ist ebenfalls ein Instrument des Mieterinnenschutzes: Wo die Kündigung für Mietende eine besondere Härte bedeutet, die Vermietenden aber nicht im gleichen Masse auf die sofortige Kündigung angewiesen sind, wird eine Erstreckung – meist für einige Monate – gewährt: Damit bleibt den Mietenden etwas mehr Zeit, um eine neue Wohnung zu finden.

Auch die Mietenden müssen sich aber an bestimmte Regeln für die Kündigung halten: Die vertragliche Kündigungsfrist und der Kündigungstermin sind einzuhalten. Die Kündigung durch die Mieterschaft muss rechtzeitig erfolgen, das heisst, sie muss am letzten Tag vor Beginn der Kündigungsfrist beim Vermieter eintreffen[421], ansonsten verlängert sich die Pflicht, Mietzins zu bezahlen, bis zum nächsten ordentlichen Kündigungstermin. Zur Flexibilisierung besteht die Möglichkeit des vorzeitigen Auszuges, wenn der Vermieterschaft rechtzeitig mindestens eine zumutbare Nachmieterin gestellt wird, welche die Wohnung zu denselben Bedingungen zu übernehmen bereit ist[422].

Verlässt die Mieterin nach Ablauf der Kündigungsfrist die Wohnung nicht, so wird der Vermieter ein Ausweisungsverfahren nach kantonalem Recht einleiten. In einem solchen Fall ist rechtliche Unterstützung ratsam.

Der Kanton regelt das Verfahren für Streitigkeiten aus dem Mietverhältnis in den Zivilprozessordnungen und den Gerichtsorganisationsgesetzen. Art. 274a ff. OR enthalten bundesrechtliche Mindestbestimmungen, die vorsehen, dass für Streitigkeiten aus Wohn- und Geschäftsmietverträgen ein einfaches, rasches, kostenloses Schlichtungsverfahren eingerichtet werden muss.

Die Schlichtungsbehörde kann in einigen wenigen Fällen selbst eine Entscheidung fällen, namentlich über die Gültigkeit der Kündigung und die Erstreckung und bei der Frage der Verwendung von hinterlegten Mietzinsen (bei Mängeln). In allen anderen Fällen hat sie eine schlichtende Funktion und kann mithelfen, eine Einigung zu finden oder, falls dies nicht gelingt, die Nichteinigung feststellen, z.B. betreffend Mietzinsgestaltung und Nebenkosten. Die Schlichtungsstellen haben auch beratende Funktion für Mietende und Vermieter.

Sachlich ist die Schlichtungsstelle als erste Instanz zwingend für jede Mietangelegenheit zuständig[423]. Kommt dort keine Einigung zustande oder wird der Entscheid

---

421 Da die eingeschrieben geschickte Kündigung bei Abwesenheit des Vermieters am siebten Tage nach der Vorweisung durch die Postangestellte als zugestellt gilt, sollte die Kündigung, wenn möglich, zehn Tage vor Beginn der Kündigungsfrist aufgegeben werden.

422 Der vorzeitige Auszug führt oft zu Streitigkeiten. Siehe daher bei entsprechenden Fragen eingehender http://www.mieterverband.ch/smv_fragen_antworten.0.html (eingesehen am 19.11.2008).

423 Eine Ausnahme bieten Mietzinsfragen bei staatlich gefördertem Wohnungsbau.

der Schlichtungsbehörde angefochten, sind je nach Kanton das Bezirksgericht, Amtsgericht, Mietgericht oder das Zivilgericht zuständig.

> Fragen und Fälle zum Mietrecht:
> a) Was rechtfertigt den besonderen Schutz von Mietenden?
> b) Was wären die absehbaren Folgen, wenn Mieterschutzbestimmungen, z.B. bzgl. Mietzins und Kündigung, aufgehoben würden?
> c) Wozu dienen Formvorschriften im Mietrecht?
> d) Was könnte insbesondere der Sinn der Regel sein, dass eine Kündigung bei einer Familienwohnung beiden Ehegatten separat zuzustellen ist? (Art. 266l, n OR)
> e) Zwei Fälle (bitte konsultieren Sie die angegebene Spezialliteratur):
>
> Robert Koch hat seine Traumwohnung gefunden und möchte daher seinen bisherigen Mietvertrag so schnell als möglich kündigen. Was ist zu tun?
>
> Christina Meier wohnt in einer Dachwohnung. Sie hat ihrem Vermieter mündlich mitgeteilt, dass es in ein Zimmer tropft, und er soll den Schaden beheben. Seit mehr als zwei Wochen ist nun nichts passiert. Was kann Christina tun?

3.4   Haftung und Verantwortlichkeit

Rechte und Pflichten können nicht nur aus Verträgen, wie den eben dargestellten Miet- oder Arbeitsverträgen, entstehen, sondern auch aus unerlaubten schädigenden Handlungen. Man nennt das Haftung[424].

Haftung bedeutet Einstehen müssen für einen fremden Schaden. Dies ist die Ausnahme; prinzipiell muss jede/r seinen erlittenen Schaden selbst tragen. Die Rechtsordnung stellt aber Regeln auf, wer unter welchen Voraussetzungen und in welchem Ausmass für einen Schaden einer anderen Person einstehen muss.

Dieses Einstehenmüssen des Schädigers hat verschiedene rechtliche Grundlagen:
- Das *Strafrecht*[425] beinhaltet viele schädigende Verhaltensweisen (wie Körperverletzung, Eigentumsdelikte, Sexualdelikte) und belegt diese mit Strafe. Im Strafrecht geht es dabei weniger um die Entschädigung des Opfers als vielmehr darum, dass

---

424 Siehe dazu grundlegend Roberto Vito (2002), S. 5 ff.
425 Siehe dazu 5.1.2.

der Staat entsprechende Verhaltensweisen als schädlich für die gesamte Sozialordnung betrachtet und darum mit Strafe belegt[426].

- Im *Verwaltungsrecht* haben Kantone und Bund für Schaden aus staatlicher Tätigkeit spezifische Staatshaftungsgesetze geschaffen (vgl. auch Art. 61 OR).
- Im *Zivilrecht* bestehen im Wesentlichen zwei zentrale Haftungsgrundlagen: die vertragliche Haftung (Art. 97 ff. OR im Rahmen von Vertragsbeziehungen) und Art. 41 ff. OR (sog. ausservertragliche Haftung). Dabei geht es bei der Haftung einerseits um den Ersatz eines Vermögensschadens, also um den Ausgleich des vermögensmässigen Nachteils, andererseits bei der Genugtuung um Schmerzensgeld (Art. 49 OR).

Vertragliche Haftung kennzeichnet sich dadurch, dass zwischen dem Geschädigten und der Schädigerin eine Vertragsbeziehung besteht und die Schädigung eine Vertragsverletzung bedeutet. Die ausservertragliche Haftung dagegen besteht zwischen allen Personen.

Spezialnormen im Privatrecht oder in Sondergesetzen beinhalten besondere, meist strengere Haftungsgrundlagen wie die Haftung im Strassenverkehr (Art. 58 SVG), die Haftung der Eltern für ihre Kinder (Art. 333 ZGB), die Haftung Urteilsunfähiger (Art. 54 OR), die Geschäftsherrenhaftung (Art. 55 OR), die Werkeigentümerhaftung (Art. 58 OR) etc.

Die Haftung öffentlicher Institutionen im Bereich der Sozialen Arbeit richtet sich nach den öffentlich-rechtlichen Staatshaftungsgesetzen[427].

Privatrechtlich organisierte Institutionen der Sozialen Arbeit (Vereine oder Stiftungen) wie Heime haften grundsätzlich nach Regeln des Privatrechts, also im Rahmen der vertraglichen oder ausservertraglichen Haftung.

Soweit private Institutionen öffentliche Aufträge wahrnehmen oder öffentlich subventioniert sind, kann Staatshaftungsrecht anwendbar sein. Die Frage der Rechtsgrundlage der Haftung kann mittels der jeweiligen Normen beantwortet werden; jeder öffentlich-rechtliche Erlass legt auch seine Anwendbarkeit fest.

Im Folgenden sollen beispielhaft die Haftungtatbestände der Vertragshaftung und der ausservertraglichen Haftung, der Haftungsausschluss, die Hilfspersonenhaftung und die Staatshaftung erläutert werden.

---

426 Immerhin kann aber das Opfer bei Straftaten gegen die physische, sexuelle und psychische Integrität im Strafverfahren prozessual erleichtert Genugtuung und Entschädigung fordern, vgl. Art. 9 OHG i.V.m. Art. 2 OHG.
427 Siehe 3.4.4.

3.4.1   Haftungsvoraussetzungen

Ohne vertragliche Bindung kann eine Haftung entstehen, wenn aus Absicht oder Fahrlässigkeit widerrechtlich Schaden zugefügt wird (Art. 41 OR). Mit dem Eingehen eines Vertrages entsteht im Falle einer Vertragsverletzung einer Haftung für den entstandenen Schaden. Die Grundnorm dazu bildet Art. 97 OR.

Art. 97 Abs. 1 OR:

Kann die Erfüllung der Verbindlichkeit überhaupt nicht oder nicht gehörig bewirkt werden, so hat der Schuldner für den daraus entstandenen Schaden Ersatz zu leisten, sofern er nicht beweist, dass ihm keinerlei Verschulden zur Last falle.

Damit die Rechtsfolge (Schadenersatzpflicht) entsteht, müssen somit die folgenden vier Tatbestandselemente erfüllt sein[428]:

- Schaden
- Vertragsverletzung (Art. 97 OR) oder Widerrechtlichkeit (Art. 41 OR)
- Kausalzusammenhang zwischen Vertragsverletzung/Widerrechtlichkeit und Schaden
- Verschulden

Als erste Voraussetzung muss für den Klienten oder die Adressatin ein *Schaden*[429] entstanden sein, und zwar als Folge der unsachgerechten Handlung. Zivilrechtlich besteht ein Schaden dann, wenn eine unfreiwillige Vermögensverminderung eintritt. Der Schaden bemisst sich nach der Differenz zwischen dem tatsächlichen Vermögensstand nach dem schädigenden Ereignis und dem hypothetischen Vermögensstand bei richtiger Vertragserfüllung[430].

Die *Vertragsverletzung* besteht darin, dass der Schuldner *(z.B. das Heim, die Kulturorganisation, der Sozialdienst etc.)* die Verpflichtung (eine fach- und sachgerechte Beratung, der Schutz der Teilnehmenden an einem Event) nicht oder nicht gehörig bewirkt. Ohne Vertrag tritt die Widerrechtlichkeit an Stelle der Vertragsverletzung. Widerrechtlich ist eine Schädigung nach herrschender Lehre und Praxis dann, wenn absolute Rechte wie Eigentum, körperliche Integrität etc. verletzt werden oder wenn eine spezifische Schutznorm verletzt wird wie z.B. die Regeln der FIS beim Skifahren.

---

428 Dies gilt im Wesentlichen auch für die Staatshaftung; siehe 3.4.4.
429 Siehe vertiefend Schwenzer Ingeborg (2006), S. 73 ff.
430 So genanntes positives Vertragsinteresse.

Beispiele:
- Die Heilungskosten bei einer Verletzung, die ein Teilnehmer eines Lagers bei einer zu gefährlichen Aktion, zum Beispiel beim Abseilen ungeübter Teilnehmerinnen, erleidet, sind ein Schaden im Sinne des Haftpflichtrechts.
- Der Schaden des falsch beratenen Klienten kann in den finanziellen Folgen einer verspäteten Anmeldung bei der Invalidenversicherung oder Ergänzungsleistung bestehen[431].

Zwischen der Vertragsverletzung / der Widerrechtlichkeit und dem eingetretenen Schaden muss überdies ein *Kausalzusammenhang*[432] bestehen: Die schädigende Handlung (also die Vertragsverletzung bzw. die widerrechtliche Handlung) muss nach dem gewöhnlichen Lauf der Dinge und der allgemeinen Lebenserfahrung geeignet sein, den entstandenen Schaden herbeizuführen.

Beispiel
Das Abseilen mit ungeübten Teilnehmenden ist sicherlich kausal für einen entsprechenden Unfall und den daraus folgenden Schaden (Heilungskosten). Das unerlaubte Abseilen ist aber nicht kausal für einen Schaden, der aus einem Unfall entsteht, den ein Teilnehmer erleidet, der während des Abseilens wegen eines zuvor nicht bekannten Hirntumors das Bewusstsein verliert und auf der Stelle stirbt.

Das Verschulden[433] bildet das vierte Tatbestandselement der Haftung. Die folgenden Verschuldensarten werden unterschieden:
- *Vorsatz/Absicht:* Die vertragswidrige bzw. rechtswidrige Schädigung erfolgt absichtlich.
- *Eventualvorsatz:* Die vertragswidrige bzw. rechtswidrige Schädigung erfolgt zwar nicht absichtlich, wird aber in Kauf genommen.
- *Fahrlässigkeit*, welche bedeutet, dass die Schädigung weder gewollt noch bewusst in Kauf genommen wird. Das vorwerfbare Verhalten besteht vielmehr darin, dass die Handlung nicht sach- und fachgerecht erfolgt ist. Bei der Fahrlässigkeit ist weiter zwischen verschiedenen Graden der Unsorgfalt zu unterscheiden. Dabei bildet das richtige Handeln eines hypothetischen Dritten den Gradmesser für die Differenzierung:

---

431 In der Praxis ist es sehr schwierig, eine falsche Beratung zu beweisen.
432 Siehe SCHWENZER INGEBORG (2006), S. 122 ff.
433 Siehe vertiefend SCHWENZER INGEBORG (2006), S. 133 ff.

- Leichte Fahrlässigkeit: «So wäre besser nicht gehandelt worden.»
- Mittlere Fahrlässigkeit: «So hätte wirklich nicht gehandelt werden dürfen.»
- Grobe Fahrlässigkeit: «Wie konnte man nur so handeln.»

Hinsichtlich des Verschuldens besteht eine *strengere Haftung für Vertragspartner* als für Dritte: Steht nämlich die Vertragswidrigkeit fest, muss die vertragsverletzende Partei den Nachweis erbringen, dass die Vertragswidrigkeit nicht verschuldet ist. Im Rahmen der *ausservertraglichen Haftung* trägt dagegen der Geschädigte die Beweislast für das Verschulden der Schädigerin.

Im Rahmen der so genannten *Kausalhaftung* kann sich aber im ausservertraglichen Bereich aus Spezialnormen eine Haftung ohne Verschulden *(sog. scharfe Kausalhaftung)* ergeben, so zum Beispiel für Halter von Motorfahrzeugen (Art. 58 SVG), oder für den Bund im Rahmen der Staatshaftung[434]. Bei bestimmten Normen wird eine Beweislastumkehr (sog. *milde Kausalhaftung*) statuiert, so für den Werkeigentümer (Art. 58 OR) oder das Familienoberhaupt (Art. 333 ZGB): Die milde Kausalhaftung bedeutet, dass die Schädigerin beweisen muss, dass sie alle gebotene Sorgfalt aufgewendet hat, wenn sie für eine verursachte Schädigung nicht haften will.

Sind die vier Haftungsmerkmale (Schaden, Vertragsverletzung bzw. Widerrechtlichkeit, Kausalzusammenhang, Verschulden) erfüllt, tritt die Rechtsfolge ein: Schadenersatz und unter Umständen Genugtuung (Schmerzensgeld).

Fragen zum Haftpflichtrecht I:
a) Konsultieren Sie den Berufskodex des Berufsverbandes der Sozialen Arbeit – Avenir Social. Welche Bedeutung könnten die dortigen «Handlungsleitlinien» für die Haftungsfrage haben?
b) Wie können Institutionen der Sozialen Arbeit sicherstellen, dass es möglichst wenig zu Haftpflichtfällen kommt?

---

434 Siehe 3.4.4.

3.4.2   Haftungsausschluss

Angesichts des für das ganze Privatrecht massgebenden Grundsatzes der Privatautonomie ist es den Vertragsparteien erlaubt, im Vertrag selbst die Haftung für einen allfälligen Schaden wegzubedingen (sogenannte *Freizeichnung*) oder die Haftung im Vergleich zu gesetzlichen Regel zu verschärfen. Das gilt nicht bzw. nur sehr beschränkt für den Bereich der Staatshaftung[435]; dort richtet sich eine allfällige Freizeichnung nach den jeweiligen Staatshaftungsgesetzen, sie ist klassischerweise ausgeschlossen.

Aber auch im Bereich des privatrechtlichen Handelns gilt die Vertragsfreiheit nicht (ganz) schrankenlos. Nach Art. 19 Abs. 1 OR kann der Inhalt eines Vertrages nur, aber immerhin, «in den Schranken des Gesetzes» frei bestimmt werden. Zu diesen Schranken gehört Art. 100 Abs. 1 OR:

> *Art. 100 Abs. 1 OR:*
>
> *«Eine zum voraus getroffene Vereinbarung, dass die Haftung für rechtswidrige Absicht oder grobe Fahrlässigkeit ausgeschlossen sein würde, ist nicht gültig.»*

Grundsätzlich möglich ist also eine Freizeichnung von Haftung wegen leichter und mittlerer Fahrlässigkeit, wobei das Gesetz in Art. 100 Abs. 2 zweiter Teilsatz OR auch diese Form der Haftungsbeschränkung für bestimmte Fälle einschränkt: Nicht erlaubt ist der Haftungsausschluss in Abhängigkeitsverhältnissen und bei behördlich konzessionierten Gewerben wie Bahn, Post, Banken, Luftseilbahnen. Auch Ärzte, Notare, Anwältinnen, Apotheker und Gastwirtinnen gehören zu den Branchen, in denen eine vertragliche Haftungsbeschränkung nicht zulässig ist[436]. Im Kontext dieser Rechtslage ist davon auszugehen, dass auch eine privatrechtlich tätige Beratungsstelle/Institution des Sozialbereiches die Haftung für mittlere und leichte Fahrlässigkeit nicht ausschliessen darf.

3.4.3   Haftung für Hilfspersonen

Soweit die Haftung öffentlich-rechtlicher Institutionen in Frage steht, richtet sich die Haftung für Hilfspersonen nach Staatshaftungsrecht.

Bei privatrechtlichem Handeln sind die Bestimmungen von Art. 55 OR für die ausservertragliche Haftung und Art. 101 OR über die Hilfspersonenhaftung bei Vertragsverhältnissen im Zusammenhang mit der Sozialen Arbeit von gewisser Bedeutung.

Zunächst zur *Haftung für Hilfspersonen im Rahmen von Verträgen*: In der Praxis wird beispielsweise im sozialpädagogischen Kontext oft ein Vertrag zwischen

---

435 Siehe 3.4.4.
436 SCHWENZER INGEBORG (2006), S. 154 ff.

einer Institution der Sozialarbeit und der Klientin abgeschlossen und die Leistung (z.B. Beratung/Betreuung etc.) wird durch eine Angestellte oder einen Angestellten erbracht.

Art. 101 Abs. 1 OR
Wer die Erfüllung einer Schuldpflicht oder die Ausübung eines Rechtes aus einem Schuldverhältnis, wenn auch befugterweise, durch eine Hilfsperson wie Hausgenossen oder Arbeitnehmer vornehmen lässt, hat dem anderen den Schaden zu ersetzen, den die Hilfsperson in Ausübung ihrer Verrichtung verursacht.

Die *Institution* hat für das Handeln ihrer Arbeitnehmer/innen einzustehen. Nach Art. 101 Abs. 2 OR kann diese Hilfspersonenhaftung durch eine im Voraus getroffene Verabredung wegbedungen werden. Einschränkend hält aber Art. 101 Abs. 3 OR fest:

Art. 101 Abs. 3 OR
Steht aber der Verzichtende im Dienst des anderen oder folgt die Verantwortlichkeit aus dem Betrieb eines obrigkeitlich konzessionierten Gewerbes, so darf die Haftung höchstens für leichtes Verschulden wegbedungen werden.

Bei Beratungsstellen/Institutionen der Sozialen Arbeit handelt es sich zwar nicht um obrigkeitlich konzessionierte Gewerbe. Bietet die Beratungsstelle/Institution ihre Dienstleistung aber im Rahmen eines Leistungsvertrages mit dem Staat an, verlangt der Zweck von Art. 101 Abs. 3 OR, dass auch Institutionen der Sozialen Arbeit die Haftung für ihre Hilfspersonen lediglich für leichtes Verschulden wegbedingen dürfen. Gleiches gilt, wenn in diesen Fällen direkt oder analog Staatshaftungsrecht zur Anwendung gelangt.

Soweit sich die Frage der *Haftung für Hilfspersonen ausserhalb von Verträgen* im Privatrechtsbereich stellt, so kommt die Geschäftsherrenhaftung nach Art. 55 OR zur Anwendung. Die Haftung ist milder als im Vertragsbereich, weil da dem Geschäftsherrn (also der Institution) der Beweis offen steht, dass er den Angestellten gut ausgewählt, instruiert und überwacht hat sowie die Tätigkeit gut organisiert hat. In der Praxis gelingt dieser Beweis nur selten, so dass die Geschäftsherrenhaftung mit der Haftung für Hilfspersonen nach Art. 101 OR faktisch mehr oder weniger übereinstimmt.

3.4.4   Staatshaftung

3.4.4.1   Haftung des Bundes

Das Verantwortlichkeitsgesetz (VG) vom 14. März 1958 und die dazugehörenden Verordnungen regeln die Staatshaftung auf Bundesebene. Massgebendes Prinzip ist dasjenige der primären Kausalhaftung des Bundes (Art. 3 VG). Der Bund haftet demnach für den Schaden, den ein Beamter in Ausübung seiner Tätigkeit einem Dritten widerrechtlich zugefügt hat. Das Verschulden des Beamten ist nicht massgebend. Die Bestimmungen des Verantwortlichkeitsgesetzes gelten nicht nur für die Beamten der Zentralverwaltung des Bundes. Nach Art. 19 VG sind einzelne Bestimmungen des VG vielmehr auch für Angestellte einer mit öffentlich-rechtlichen Aufgaben des Bundes betrauten und ausserhalb der ordentlichen Bundesverwaltung stehenden Organisation anwendbar.[437]

Die Voraussetzungen für die Staatshaftung sind also:
- Schaden
- Widerrechtlichkeit
- Kausalzusammenhang

Der öffentlich-rechtliche Schadensbegriff unterscheidet sich nicht von demjenigen des Privatrechts[438]. Auch das Erfordernis des Kausalzusammenhangs ist vergleichbar.

Wie im ausservertraglichen Haftpflichtrecht erfordert die Staatshaftung ein widerrechtliches Verhalten (hier der öffentlich-rechtlich Angestellten). Immer widerrechtlich ist die Verletzung eines von der Rechtsordnung absolut geschützten Rechtsgutes wie «Leben», «körperliche und geistige Integrität» oder «Eigentum». Das Vermögen an sich ist kein absolut geschütztes Rechtsgut. Eine Vermögensschädigung ist daher nur dann widerrechtlich, wenn das fragliche Verhalten von der Rechtsordnung (unabhängig von der Auswirkung auf das Vermögen) rechtlich verboten ist. Die verletzte Verhaltensnorm muss überdies dem Schutz vor diesen Schädigungen dienen[439].

Über das Verantwortlichkeitsgesetz des Bundes hinaus existieren auf Bundesebene weitere Haftungsnormen, etwa die Haftung der Organe der Vormundschaftsbehörden (Art. 426 ff. ZGB) oder im Bereich der Sozialversicherungen die Haftung nach Art. 70 AHVG, Art. 11 IVG und Art. 52 BVG.

Die Haftungsvoraussetzungen sind jeweils in den jeweiligen einschlägigen Bestimmungen nachzulesen, entsprechen aber in der Regel dem allgemeinen Konzept.

---

437 Siehe Häfelin Ulrich/Müller Georg/Uhlmann Felix (2006), S. 472 ff.
438 BGE 107 I b 155, Erw. 3.
439 Gross Jost (1999), S. 108 f.

3.4.4.2   Haftung der Kantone

Jeder Kanton kennt für sein Hoheitsgebiet ein eigenes Staatshaftungsgesetz. Auch wenn sich die *26 kantonalen Staatshaftungsgesetze* in ihrem Grundsatz ähneln, fallen doch Besonderheiten auf. So unterstehen zum Teil nur öffentliche rechtliche Körperschaften und Anstalten (z.B. Gemeinden, öffentliche Spitäler etc.) dem Staatshaftungsgesetz, wogegen in anderen Kantonen auch private Organisationen darunterfallen können, soweit sie öffentliche Aufgaben wahrnehmen.

3.4.4.3   Haftpflichtversicherungen

Für Institutionen der Sozialen Arbeit ist dringend erforderlich, eine Haftpflichtversicherung abzuschliessen. Im Bereich des öffentlichen Rechts (bei der Wahrnehmung öffentlicher Aufträge) ist dies zum Teil gemäss kantonalem Recht zwingend vorgesehen.

Insbesondere Stellen, die auch Beratungen anbieten, deren Fehlerhaftigkeit zu Schäden führen kann, sollten dabei eine Versicherungsdeckung auch für sog. reine Vermögensschäden (finanzielle Einbussen, unabhängig von Personen- oder Sachschäden) abschliessen.

Fragen zum Haftpflichtrecht II

a) Nach welcher Rechtsnorm richtet sich die Haftung einer kantonalen Sozialinstitution?

b) Suchen Sie die entsprechende Norm für Ihren Kanton!

c) Inwieweit kann in Ihrem Kanton bei einem Haftungsfall auf die fahrlässig handelnde Fachperson zurückgegriffen werden? Recherchieren Sie im entsprechenden kantonalen Haftungs- bzw. Verantwortlichkeitsgesetz.

d) Benennen Sie eine Verhaltensweise, die Sie für eine Fachperson der Sozialen Arbeit als grobfahrlässig bezeichnen würden! Stellen Sie sich bei Bedarf einen konkreten Tätigkeitsbereich und die entsprechenden Aufgaben vor.

Nach der ausführliche Darstellung von vertragsrechtlichen Fragen und der Haftung soll im Folgenden eine andere spezielle Form der rechtlichen Interaktion zwischen Personen betrachtet werden: die familienrechtlichen Beziehungen.

Das Familienrecht umfasst die Gesamtheit der Normen welche die personen- und vermögensrechtlichen Beziehungen der durch Ehe- od. Verwandschaft verbundenen Personen regeln, sowie das Vormundschaftsrecht

3.5 Ausgewählte Rechtsbeziehungen des Familienrechts

3.5.1 Überblick über die familienrechtlichen Rechtsgrundlagen

Die familiären Beziehungen von Menschen gehören nach wie vor zu den intensivsten Kontakten vieler Menschen und begründen eine Vielzahl wichtiger Rechte und Pflichten. Dem Familienrecht kommt daher in der Rechtsordnung eine besondere Stellung zu. Es regelt die personen- und vermögensrechtlichen Belange verwandter Personen und umfasst als erste Abteilung in den Art. 90–251 ZGB das Ehe- und Scheidungsrecht, als zweite Abteilung in den Art. 252–348 ZGB die Verwandtschaft, wobei insbesondere das Kindesrecht in den Art. 252–327 ZGB von grosser praktischer Bedeutung ist, als dritte Abteilung in den Art. 360–455 ZGB das Vormundschaftsrecht[440].

Im Folgenden werden zunächst wichtige Fragen des Ehe- und Scheidungsrechts erläutert, darauf folgen dann für die Praxis wichtige Aspekte des Kindesrechts, wobei das Kindesschutzrecht (Art. 307–317 ZGB) an anderem Ort in diesem Buch dargestellt wird, Gleiches gilt für das Erwachsenenschutzrecht[441].

3.5.2 Ehe- und Scheidungsrecht/Partnerschaftsrecht

Art. 90 – 251 ZGB

3.5.2.1 Eingetragene Partnerschaft und eheähnliche Lebensformen

Der soziale Tatbestand der tatsächlichen und emotionalen Nahebeziehung zwischen zwei (oder mehreren) Menschen hat in der Form der Ehe[442], die durch eine formale Erklärung begründet wird, besondere Regelung erfahren. Im Verlaufe der letzten Jahrzehnte wurden aber gewisse Rechtsfolgen von der Anknüpfung an die Ehe entkoppelt. So bestehen hinsichtlich der rechtlichen Beziehung zu Kindern heute nur noch wenige Unterschiede zwischen verheirateten und unverheirateten Eltern und im Steuerrecht wird vermehrt an tatsächliche Verhältnisse (gemeinsamer Haushalt, gemeinsame Ver-

---

440 Siehe dazu Kap. 4.6: Es handelt sich beim Vormundschafts-, oder Erwachsenenschutzrecht, obwohl im ZGB geregelt, um verwaltungsrechtliche Normen, die staatlichen Schutz und Hilfe gewähren.

441 Siehe dazu Kap. 4.6: Es handelt sich beim Kindesschutzrecht, obwohl im ZGB geregelt, genaugenommen nicht um die Normierung zivilrechtlicher Beziehungen, sondern um staatliche Eingriffe in die Rechtsstellung von Eltern und Kindern im öffentlichen Schutzinteresse des Kindes. Analoges gilt für das Erwachsenenschutzrecht.

442 Zur Soziologie und Geschichte des Rechtsinstituts und des sozialen Tatbestandes der Ehe vgl. Höpflinger François (1996).

antwortung für Kinder) und weniger an die formelle Ehe angeknüpft. Diese Entwicklung ist nicht abgeschlossen, sondern dürfte in Zukunft weitere «Aufweichungen» der rechtlichen Anknüpfung an die Ehe mit sich bringen.

3.5.2.1.1   Eheähnliche Gemeinschaften

Das Bundesgericht hatte es in einem Grundsatzentscheid zu Beginn der 80er Jahre ausdrücklich abgelehnt, das Eherecht analog auf eheähnliche Gemeinschaften anzuwenden. Für Paare (mit oder ohne Kinder) ohne Trauschein stellen sich aber rechtliche Fragen, z.B. der Unterhaltspflicht, des Vermögens oder der Kinderzuteilung, namentlich bei Auflösung der Beziehung, oft genauso wie für Ehegatten.

Es ist möglich, für viele dieser Fragen mit vertraglichen Regelungen vorzusorgen[443]. Je enger zwei Menschen ihr Leben sachlich und wirtschaftlich verknüpfen, desto mehr wird der Abschluss eines solchen Vertrages zur Notwendigkeit. Für die Auflösung solche eheähnlicher Gemeinschaften finden überdies die Regeln zur einfachen Gesellschaft (Art. 530–551 OR) Anwendung.

Ein Konkubinatsvertrag kann je nach Vorlieben der Betroffenen folgende Aspekte beinhalten:

- Regelung des Eigentums an gemeinsamen Anschaffungen (z. B. sie gehören derjenigen Person, die sie bezahlte und die Rechnung und den Kaufvertrag aufbewahrt).
- Abmachung, wie die gemeinsamen Lebenskosten (Essen, Miete, Telefon etc.) bestritten werden sollen, und Regeln zur Aufteilung der Haus- und Lohnarbeit.
- Regelung bzgl. Kosten, welche die Partner füreinander übernehmen.
- Gegenseitige Verpflichtungen bei einer Notlage und nach einer allfälligen Auflösung der Partnerschaft.
- Regelung der Kündigung der gemeinsamen Wohnung und der Wohnungszuweisung bei Trennung.
- Gegenseitige Entbindung der Ärzte und Behörden vom Arzt- und Amtsgeheimnis und Antrag an die Vormundschaftsbehörde zur gegenseitigen Einsetzung als Beistand bzw. Vormundin bei Urteilsunfähigkeit.
- Kinderbezogene Verpflichtungen für Stiefeltern.

Rechtsfragen öffentlich-rechtlicher Natur können dagegen nicht vertraglich geregelt werden. Hier bestehen für nichteheliche Lebensgemeinschaft zum Teil Vorteile und zum Teil Nachteile gegenüber Ehegatten.

---

443   Siehe weiterführend HAUSER SONJA (2004), S. 11 ff.

Beispiele zu unterschiedlichen Rechtsfolgen von Ehe und Konkubinat:
Bezüglich der *Erbschaftssteuer* (wo sie noch besteht) sind die Tarife für bedachte Ehegatten deutlich tiefer.

Im *Ausländerrecht* bestehen für nicht verheiratete Paare erhebliche Nachteile: Für die familienbedingte Erteilung oder Verlängerung einer Aufenthaltsbewilligung sind die Ehe und das tatsächliche Zusammenleben Voraussetzung. Das blosse Zusammenleben ohne Ehe genügt nicht für eine ausländerrechtliche Aufenthaltsbewilligung.

Im Bereich der *Sozialversicherungen* bestehen zum Teil eindeutige Vorteile für Ehepartner, die nicht erwerbstätig sind (Begünstigung an der Hälfte des durch den erwerbstätigen Partner angesparten Altersguthabens der ersten und zweiten Säule im Rahmen des Splittings bzw. nach Art. 141 ff. ZGB). Zum Teil bestehen aber auch Nachteile für Ehepartner, so für ältere Ehepaare gegenüber älteren nicht verheirateten Paaren, da die Ehepaarrente bei der AHV auf 150 % der maximalen Einzelrente plafoniert ist (zur Zulässigkeit vgl. BGE 120 V 1 ff.) .

3.5.2.1.2 Die eingetragene Partnerschaft

Während Paaren, die in einer heterosexuellen nichtehelichen (Lebens)gemeinschaft leben, das Eingehen der Ehe rechtlich möglich ist, haben homosexuelle Paare nach geltendem Recht keine Möglichkeit zur Eheschliessung.

Seit dem 1. Januar 2007 ist es homosexuellen Paaren ermöglicht, einen besonderen eheähnlichen Rechtsstatus für ihre Partnerschaft anzunehmen, die sog. eingetragene Partnerschaft[444]. Sie bringt eine Angleichung an die Ehe, insb. auch für die erb- und sozialversicherungsrechtlichen Rechtsfolgen. Wichtige Unterschiede bleiben aber bestehen:

* Die gemeinsame Adoption oder die Fortpflanzungsmedizin für homosexuelle Paare ist ausgeschlossen.
* Güterrechtlich gilt im Regelfall die Gütertrennung, wobei der Regelgüterstand der Ehe, die Errungenschaftsbeteiligung, gewählt werden kann.
* Die Auflösung der registrierten Partnerschaft gegen den Willen des Partners ist schon nach einem Jahr tatsächlicher Trennungsdauer (bei der Ehe zwei Jahre) möglich.
* Die registrierte Partnerschaft ändert nichts an Namen und Bürgerrecht der Partner/innen.

---

444 Das Partnerschaftsgesetz findet sich unter http://www.admin.ch/ch/d/sr/211.231.de.pdf (eingesehen am 19.11.2008).

3.5.2.2   Überblick über das Eherecht

Das Eherecht im ZGB umfasst diejenigen Normen, welche Voraussetzungen und personen- und vermögensrechtlichen Folgen der Ehe regeln[445].

Das Eherecht ist eingeteilt in:

*   Eheschliessung (Art. 90–110 ZGB),
*   Wirkungen der Ehe (Art. 159–180 ZGB),
*   Güterrecht (Art. 196–251 ZGB),
*   Ehescheidung und Ehetrennung (Art. 111–149 ZGB).

Auch andere Rechtsbereiche des ZGB, des OR, des weit verzweigten öffentlichen Rechts und des Verfassungsrechts knüpfen in verschiedenen Normen an den Tatbestand der Ehe an. Zum Beispiel spielen Normen des Kindesrechts eine grosse Rolle, so die Vaterschaftsvermutung (Art. 255–259 ZGB), der Anspruch auf persönlichen Verkehr (vgl. Art. 275 Abs. 2 ZGB), das Unterhaltsrecht (v. a. Art. 278 ZGB) oder die elterliche Sorge (Art. 297 ZGB).

3.5.2.3   Eheschliessung

Grundsätzlich gilt das Recht zur Ehe im liberalen Rechtsstaat als Grundrecht des/der Einzelnen. Es findet seine Verankerung in Art. 14 BV, in Art. 12 EMRK und in Art. 23 Abs. 2 des UNO-Pakts über bürgerliche und politische Rechte. Somit ist das Recht auf Ehe nur aus überwiegenden öffentlichen Interessen und bei Beachtung der Verhältnismässigkeit staatlich einschränkbar.

Im ZGB gelten als Voraussetzungen der Ehe die Ehefähigkeit sowie das Nichtvorliegen verschiedener Ehehindernisse:

Die Brautleute müssen das 18. Altersjahr zurückgelegt haben und urteilsfähig sein (Ehemündigkeit). Entmündigte brauchen die Zustimmung zur Ehe durch den/die gesetzliche/n Vertreter/in, wobei diese/r den Entscheid nach dem Grundsatz des Mündelwohls und nach Massgabe möglicher gesundheitlicher, geistiger oder wirtschaftlicher Folgen der Ehe für die entmündigte Person zu fällen hat.

Die Eheschliessung ist verboten zwischen Verwandten in gerader Linie (vgl. dazu Art. 20 Abs. 2 ZGB) wie z. B. Vater und Tochter, Grossvater und Enkelin etc. und zwischen Geschwistern und Halbgeschwistern, ganz gleich, ob sie durch Abstammung oder durch Adoption miteinander verwandt sind. Die Gründe dafür sind eugenischer Natur (Verhinderung der Kumulierung ungünstiger Erbanlagen), aber auch sozialer Art (erotische Neutralisierung der Familie nach innen, Schaffung von Beziehungen der Familie nach aussen). Es darf bei keinem der Brautleute eine Ehe bestehen: Frühere

---

445   Siehe weiterführend Hegnauer Cyril/Breitschmid Peter (2000).

Ehen müssen durch Tod, Ungültigerklärung oder Scheidung aufgelöst worden sein. Die Verschollenerklärung einer Person löst dabei die Ehe ebenfalls auf (Art. 38 Abs. 3 ZGB). Gerade bei internationalen Paaren kann in der Praxis der Nachweis der Ehelosigkeit grosse Probleme schaffen. Eine zu formalistische Haltung der Zivilstandsämter kann einen Verstoss gegen das verfassungsmässige Recht auf Ehe bedeuten.

Wird eine Ehe geschlossen, obwohl eine der Voraussetzungen nicht gegeben ist, kann die Ehe ungültig sein. Wurde die Ehe im Irrtum oder unter dem Eindruck von Drohung oder Täuschung geschlossen, so kann sie ebenfalls wegen Ungültigkeit aufgelöst werden. Die entsprechenden Regeln finden sich in den Art. 104–110 ZGB.

Die Ehe kommt durch gegenseitige übereinstimmende Willenserklärung des Paares zustande, ganz gleich wie andere Verträge der Rechtsordnung. Die entsprechenden Willensäusserungen müssen aber in einem besonderen Verfahren vor dem Zivilstandsamt abgegeben werden. Kaum ein anderes Rechtsgeschäft ist an so strenge Formvorschriften gebunden. Das soll den Abschluss ungültiger bzw. unmöglicher Ehen verhindern und zudem sichern, dass die Brautleute ihren Willen wohlüberlegt und unbeeinflusst kundtun. Historisch lässt sich die Formstrenge auch mit dem Bedürfnis nach einem klaren Beweis der Eheschliessung erklären[446].

3.5.2.4 Wirkungen der Ehe

Die Rechtswirkungen der Ehe sind einerseits in den Art. 159 ff. ZGB geregelt, andererseits hat die Ehe in vielen weiteren Bereichen des Privatrechts (so im Kindesrecht, im Erbrecht und im Vertragsrecht) und des öffentlichen Rechts (insb. im Sozialrecht, im Steuerrecht und Ausländerrecht) rechtliche Konsequenzen.

Im Folgenden wird eine Auswahl wichtiger Rechtswirkungen dargestellt:

- Die Eheleute bilden gemäss Art. 159 ZGB die eheliche Gemeinschaft, tragen gemeinsam Sorge für Gemeinschaft und Kinder und sind sich zu Treue und Beistand verpflichtet. Die konkrete Rollenverteilung bei der Erledigung der gemeinsamen Aufgaben wählen die Eheleute frei.
- Der Name des Ehemannes gilt grundsätzlich als Familienname (Art. 160 ZGB), es sei denn, die Eheleute stellen vor der Trauung unter Angabe von achtenswerten Gründen ein Gesuch, den Namen der Frau als Familienname führen zu wollen (Art. 30 Abs. 2 ZGB). Bei entsprechender Erklärung vor dem Zivilstandsbeamten kann die Frau (oder – wo der Name der Frau Familienname ist – der Mann) den Familiennamen hinter dem eigenen Nachnamen ohne Bindestrich dazustellen (sog. Doppelname). Nach Auflösung der Ehe bleibt der Familienname bestehen,

---

446 Siehe zum Eheschliessungsverfahren im Einzelnen Art. 98 ff. ZGB; Kren Kostiewicz Jolanta/ Schwander Ivo/Wolf Stephan (2006), S. 98 ff.

es sei denn, es werde innerhalb eines Jahres nach Auflösung der Ehe die Wieder-
annahme des angestammten Namens erklärt.

- Mit der Ehe erwirbt die schweizerische Ehefrau zusätzlich das Bürgerrecht des
  Mannes und behält dieses auch nach Auflösung der Ehe bei. Kinder erhalten das
  Bürgerrecht des Vaters, wenn sie während der Ehe geboren werden (Art. 271 Abs.
  1 ZGB), ansonsten erhalten sie das Bürgerrecht der Mutter. Gemäss dem Bürger-
  rechtsgesetz können ausländische Ehepartner eines Schweizer Bürgers oder einer
  Schweizer Bürgerin das Schweizer Bürgerrecht im Verfahren der erleichterten
  Einbürgerung erhalten, wenn sie insgesamt 5 Jahre in der Schweiz sind, seit einem
  Jahr am entsprechenden Ort leben und seit mindestens drei Jahren in ehelicher
  Gemeinschaft mit einer/einem Schweizer Bürger/in leben.
- Gemäss Art. 162 ZGB wird die Ehewohnung von den Ehegatten gemeinsam bestimmt, dies beinhaltet auch die grundsätzliche Entscheidfreiheit, nicht
  gemeinsam wohnen zu wollen (wobei sich in diesem Fall für Ausländer/innen
  allenfalls aufenthaltsrechtliche Probleme ergeben können). Die Familienwohnung, welche dauernd als gemeinsame Unterkunft dient und in der sich der Mittelpunkt des Ehe- und Familienlebens abspielt (BGE 118 II 489), kann nur mit
  Zustimmung beider Ehegatten gekündigt bzw. veräussert werden. Eine Kündi-
  gung/Veräusserung ohne Zustimmung des Ehegatten ist in jedem Falle ungültig.
  Kann die entsprechende Zustimmung des Ehegatten nicht eingeholt werden oder
  wird sie gegen Treu und Glauben verweigert, so kann das Gericht die entsprechende Zustimmung erteilen.
- Die Eheleute bestreiten die Kosten der Familie (sog. Unterhalt) gemeinsam. Dabei
  trägt jede/r nach seinen Kräften gemäss den konkreten Abmachungen der Ehegatten zur Kostentragung bei. Bei Streitigkeiten entscheidet das Eheschutzgericht.
  Die Leistungen können durch Geldleistungen oder Naturalbeiträge (Haushalt,
  Kinderbetreuung etc. erbracht werden. Die ehelichen Unterhaltsansprüche sind
  höchstpersönlicher Natur und weder übertragbar noch verzichtbar (BGE 119 II
  6). Die Ansprüche sind vollstreckungsrechtlich privilegiert (Anschlusspfändung,
  Rangprivileg (Art. 219 SchKG)). Wenn ein Ehegatte / eine Ehegattin den Haushalt besorgt, Kinder betreut oder in Beruf/Gewerbe des anderen hilft, hat er/sie
  Anspruch auf einen angemessenen Betrag zur freien Verfügung. Die Bemessung
  erfolgt nach den konkreten finanziellen Umständen, wobei unter anderem eigene
  Einkünfte des/der Berechtigten und der Unterhaltsbedarf der Familie zu beachten sind.
- Für laufende Bedürfnisse der Familie besteht für die Ehepartner ein gegensei-
  tiges Vertretungsrecht (und entsprechende Rechtswirkungen) von Gesetzes wegen
  (Art. 166 ZGB). Sonst sind für die Vertretung eine Vollmacht durch die Part-

nerin / den Partner oder eine Ermächtigung des Eheschutzgerichtes nötig oder dann muss ein dringlicher Fall vorliegen. Bei Verträgen die über die laufenden Bedürfnisse hinaus gehen, verpflichtet sich jeder Ehegatte primär selber. Auch hier ist es aber möglich, dass der Ehegatte gegenüber dem Dritten mitverpflichtet wird: nämlich immer dann, wenn die Handlung nicht für den Dritten erkennbar über die Vertretungsbefugnis des Ehegatten hinausgeht. Bei Verträgen, die über die laufenden Bedürfnisse hinausgehen (z. B. Kauf eines Autos), kann der Dritte nicht ohne weiteres von der Zustimmung des Ehegatten ausgehen. Es braucht konkrete Hinweise, dass der Ehegatte dem entsprechenden Vertrag zugestimmt hat, wenn der Dritte auf den Ehegatten zurückgreifen will. Wohnen die Ehepartner nicht mehr zusammen, so gilt der Gutglaubensschutz für den Dritten nicht: Die Personen verpflichten sich in diesem Fall mit ihren Rechtsgeschäften ausschliesslich selbst.

- Die Eheleute sind frei, miteinander oder mit Dritten Verträge abzuschliessen. Immerhin kann das besondere Vertragsrecht Zustimmungserfordernisse statuieren, wie sie für den Mietvertrag (Art. 266m und n OR), die Kündigung der Familienwohnung (Art. 169 ZGB) und die Bürgschaft (Art. 494 OR) bestehen. Auch müssen die Ehegatten bei der Wahl des Berufs oder des Gewerbes aufeinander Rücksicht nehmen.
- Die Eheleute haben gegenseitig Recht auf Auskunft über Einkommen, Vermögen und Schulden (Art. 170 ZGB). Eheschutzgerichte können dabei Ehegatten oder auch Dritte zur Auskunft verpflichten. Vorbehalten bleiben die Berufsgeheimnisse von Rechtsanwältinnen, Notaren, Ärztinnen, Geistlichen und deren Hilfspersonen. Gleiches gilt – aus öffentlichem Recht – für das Amtsgeheimnis.

Weitere wichtige Rechtswirkungen der Ehe ergeben sich aus dem übrigen Privatrecht. So beispielsweise die Vaterschaftsvermutung für Ehemänner im Kindesrecht (Art. 252 und 255 ZGB), das Vorrecht des Ehegatten bei der Vormundbestellung (Art. 380 ZGB), die besonderen Erbansprüche zwischen Ehegatten (vgl. Art. 462, Art. 471, Art. 473, Art. 612a ZGB) oder der haftpflichtrechtliche Anspruch auf Schadenersatz (Versorgerschaden) und Genugtuung bei einer Körperverletzung oder Tötung des Ehegatten (Art. 45 und 47 OR).

Im öffentlichen Recht spielen folgende Rechtswirkungen eine besondere Rolle:
- Nach geltendem Ausländer/innenrecht ist die Ehe ein Grund für die Erteilung oder Verlängerung einer Aufenthaltsbewilligung: Bei einer Heirat einer Ausländerin oder eines Ausländers mit einer Person mit Schweizer Bürgerrecht oder mit einer in der Schweiz niedergelassenen Person (Bewilligung C) besteht ein Rechtsanspruch auf Erteilung oder Verlängerung einer Aufenthaltsbewilligung, solange

Rechtswirkungen mit besonderer Rolle im öffentlichen Recht (handwritten marginal note) die Ehegatten zusammen wohnen und sofern kein besonderer Ausweisungsgrund vorliegt. Ein Anspruch auf Niederlassungsbewilligung entsteht nach fünf Jahren ununterbrochenem Aufenthalt und ununterbrochenem gemeinsamem Wohnen in der Schweiz, ausser bei Scheinehen. Wird die Ehe vor fünf Jahren Aufenthalt aufgelöst, so erlischt der Anspruch auf eine Niederlassungsbewilligung. Bei einer Ehe mit einer Ausländerin, die in der Schweiz nur eine Aufenthaltsbewilligung hat, bestehen noch weitergehende Voraussetzungen für eine Aufenthaltsbewilligung und ein relativ weites behördliches Ermessen (vgl. Art. 44 AuG).

- Das Einkommen und Vermögen der Ehegatten wird steuerrechtlich weitgehend als Einheit betrachtet. Es besteht dabei ein eigener Steuertarif für Ehegatten, und in der Regel werden höhere Abzüge als bei nicht verheirateten Personen gewährt. Zum Teil bestehen steuerrechtliche Nachteile der Ehegatten gegenüber Konkubinatspaaren, falls beide verdienen. Diese Nachteile werden/wurden in verschiedenen Kantonen in Steuerrechtsrevisionen beseitigt. Steuerrechtliche Vorteile für Ehepaare bestehen in der Regel dann, falls nur ein Ehegatte verdient. In den meisten Kantonen bestehen überdies deutlich tiefere Erbschaftssteuern bzgl. des Vermögens, das dem Ehegatten zugewendet wird, als für Zuwendungen an Dritte.
- Im Sozialversicherungsrecht besteht eine Vielzahl von Spezialbestimmungen für Ehepaare. So werden z. B. durch verschiedene Sozialversicherungen Leistungen an den hinterlassenen Ehegatten bei Tod ausgeschüttet, so im Rahmen der AHV, IV, Unfallversicherung, Militärversicherung und oft auch der Pensionskassen. Zum Teil bestehen Spezialbestimmungen für die ausgeschütteten Leistungen, so ist die AHV-Ehepaarrente auf 150 % der maximalen Einzelrente beschränkt. Die Beiträge an die Sozialversicherung werden zum Teil dem anderen Ehegatten angerechnet, so im Rahmen der AHV/IV (sog. Splitting) und der Pensionskassenansprüche bei Auflösung der Ehe.
- Für Zivil- und Strafprozesse besteht in allen Kantonen ein Recht auf Zeugnisverweigerung in den Ehegatten betreffenden Angelegenheiten. Der Sinn davon ist der Schutz der bestehenden Vertrauensbeziehung; Eheleute sollen vor Gewissens- und Interessenkonflikten bewahrt werden.

Eine wichtige Rolle spielt die Auswirkung der Ehe auf das Vermögen der Ehegatten, das sog. *Ehegüterrecht*. Diese komplexe Materie kann hier nur rudimentär dargestellt werden. In der Praxis sollte bei entsprechenden Fragen eine Anwältin oder ein Anwalt konsultiert werden.

Die Errungenschaftsbeteilung ist der ordentliche Güterstand, der immer dann gilt, wenn die Ehegatten nicht durch Ehevertrag notariell beurkundet einen anderen Güterstand, die Gütertrennung oder die Gütergemeinschaft[447], gewählt haben.

Während der Ehe behalten Mann und Frau im Güterstand der Errungenschaftsbeteilung ihr eigenes Vermögen und verwalten es auch selbst. Erst bei Auflösung der Ehe durch Scheidung oder Tod (oder wenn die Ehepartner einen anderen Güterstand wählen) sind beide Ehepartner am Erfolg des anderen beteiligt.

Diese Aufteilung des Vermögens bei Auflösung der Ehe nennt man güterrechtliche Auseinandersetzung. Dabei gilt, dass jeder Ehegatte an der Errungenschaft – nach Abzug der Schulden und soweit dabei noch etwas übrig bleibt – zur Hälfte (wenn nichts anderes vereinbart ist) beteiligt ist. Diese Errungenschaft umfasst dabei diejenigen Vermögenswerte, welche der Ehegatte während der Dauer des Güterstandes entgeltlich erworben hat, wie namentlich Arbeitserwerb oder Rentenleistungen[448]. Das sog. Eigengut[449] verbleibt aber dem jeweiligen Ehegatten.

In der Praxis ist die Beweisbarkeit das grosse Problem bei der Feststellung des Vermögens und bei der Frage, ob Eigengut oder Errungenschaft vorliegt. Darum empfiehlt es sich, während der Ehe Bankbelege, Kaufverträge, Steuererklärungen etc. aufzubewahren. Sinnvoll kann es auch sein, die jeweiligen Vermögenswerte in einem privaten Vertrag, der von beiden Ehegatten unterschrieben wird, zu dokumentieren. Behauptetes Eigentum an einer Sache muss bewiesen werden; im Zweifel wird Miteigentum der beiden Ehegatten angenommen. Sind die Eigentumsverhältnisse klar, so stellt sich die zweite Frage, ob jeweils Errungenschaft oder Eigengut vorliegt. Das Vermögen gilt dabei, ausser bei Beweis des Gegenteils, als Errungenschaft.

Die güterrechtliche Beteilung erfolgt bei Tod des Ehegatten vor der erbrechtlichen Verteilung des Vermögens des Ehepartners: als Ehepartner bestehen kumula-

---

447 Diese beiden Güterstände können hier nicht weiter ausgeführt werden; es wird insoweit auf die Spezialliteratur, z.B. STECK DANIEL (2005), S. 627 ff., verwiesen. Einen praxisnahen Überblick bietet auch STUDER BENNO (2005), S. 110 ff.

448 Zur Errungenschaft gehören der Arbeitserwerb, sowohl des Arbeitnehmers als auch der Selbständigerwerbenden; Leistungen von Pensionskassen, AHV, IV, ALV, Unfall- und Krankentaggeldversicherung, Sozialhilfe, Geldbeiträge im Rahmen des ehelichen Unterhaltes etc.; Erträge aus Eigengut, z. B. die Zinsen und Dividenden für in die Ehe eingebrachte Obligationen oder Aktien; Entschädigungen wegen Arbeitsunfähigkeit; vor allem einer Haftpflichtversicherung nach einem Unfall wegen Erwerbsunfähigkeit und
Ersatzanschaffungen für Errungenschaft; z. B. wenn aus dem Arbeitserwerb Aktien gekauft werden.

449 Als Eigengut gelten all jene Gegenstände, welche zum ausschliesslichen persönlichen Gebrauch eines Ehegatten dienen, z. B. Kleider, Schmuck, Hobbygegenstände sowie Gegenstände, die in die Ehe eingebracht werden, die während der Ehe unentgeltlich erworben werden, wie z. B. Erbschaften, Schenkungen etc. Ebenso Ersatzanschaffungen für Eigengut und Genugtuungsansprüche, die einem Ehegatten, z. B. nach einem Unfall, zufliessen.

tive Ansprüche aus der güterrechtlichen und der erbrechtlichen Verteilung des Vermögens des verstorbenen Ehegatten / der verstorbenen Ehegattin.

> Frage/Auftrag zu eheähnlichen Gemeinschaften und Wirkungen der Ehe:
> a) Welche Regeln gelten für die Verteilung der Einrichtung, die noch bestehenden Schulden etc., wenn ein junges nicht verheiratetes Paar seinen gemeinsamen Haushalt in Folge Trennung auflöst? (vgl. BGE 108 II 204 ff.,109 II 228 ff.).
> b) Stellen Sie für sich selbst eine Liste auf mit (rechtlichen (!)) Vor- und Nachteilen der Eheschliessung für Ihre eigene Situation. Recherchieren Sie wichtige Rechtsfolgen der Ehe mit Hilfe der einschlägigen Ratgeberliteratur.

3.5.2.5   Eheschutzrecht

Gerät die eheliche Gemeinschaft in eine Krise, so soll nach dem Willen des Gesetzgebers die Scheidung nicht der einzige Ausweg sein, zudem sind die besonderen Schutzbedürfnisse der Eheleute in dieser schwierigen Lebensphase gesetzlich anerkannt. Deswegen bestehen staatlich finanzierte Ehe- und Familienberatungsstellen (Art. 171 ZGB), in denen oft Fachpersonen der Sozialen Arbeit tätig sind. Es besteht ein striktes Amtsgeheimnis für Mitarbeitende dieser Familien- und Eheberatungsstellen.

Daneben bestehen in den Art. 172 ff. ZGB weitere Eheschutzmassnahmen[450], die bei einer kantonal genannten Gerichtsinstanz, meist einer Einzelrichterin, verlangt werden können. Örtlich ist das zuerst angerufene Gericht am Wohnsitz eines Gatten zuständig. Von besonderer Bedeutung sind folgende Massnahmen:

- *Festsetzung von Geldleistungen auf Begehren eines Ehegatten*: Das Eheschutzgericht kann zur Festsetzung des Geldbetrages an den Unterhalt der Familie angerufen werden (Art. 173 Abs. 1 ZGB i. V. mit Art. 163 und 278 ZGB). Auch kann die Festsetzung des Geldbetrages für den Ehegatten, der den Haushalt besorgt, die Kinder betreut oder dem anderen in Beruf/Gewerbe hilft, gefordert werden (Art. 173 Abs. 2 ZGB i. V. mit Art. 164 ZGB). Dem Gericht kann zudem hinsichtlich des Unterhaltes eine *Schuldneranweisung (Art. 177 ZGB)* beantragt werden. Damit wird eine Anweisung an den Schuldner des einen Ehegatten (z. B. an den Arbeitgeber) erlassen, die Zahlung direkt dem anderen Ehegatten zukommen zu lassen. Eine solche Massnahme wird vor allem bei Nichtzahlung der Unterhaltspflichten erlassen.
- *Regelung des Getrenntlebens (Art. 175/176 ZGB)*: Auf Begehren eines Ehegatten kann bei Gefährdung der Persönlichkeit, der wirtschaftlichen Sicherheit oder

---

450   Siehe weiterführend Art. 171 ff. ZGB; Kren Kostiewicz Jolanta/Schwander Ivo/Wolf Stephan (2006), S. 165 ff.

(Randnotiz: Eheschutzmassnahmen)

des Familienwohls das tatsächliche Getrenntleben der Ehepartner bewilligt werden. Dabei wird das Eheschutzgericht bei entsprechenden Begehren versuchen, eine einvernehmliche Lösung zu finden, bzw. einen Entscheid fällen für folgende Punkte: Unterhaltsbeiträge, Benützung der Wohnung und des Hausrates, evtl. Anordnung der Gütertrennung, Obhut der Kinder, Besuchsrecht, Kinderunterhaltsbeiträge, allenfalls Kindesschutzmassnahmen. Während der eheschutzrichterlichen Trennung bleibt die Ehe formal bestehen. Die Abmachungen bzw. der Urteilsinhalt können im Nachhinein abgeändert werden. Dies wird aber vom Eheschutzgericht nur zugelassen, wenn eine dauernde und wesentliche Veränderung der Verhältnisse nachgewiesen werden kann (Art. 179 ZGB). Leben die Ehegatten wieder freiwillig zusammen, so wird die Vereinbarung oder auch die gerichtliche Regelung, mit Ausnahme der Gütertrennung und allfälliger Kindesschutzmassnahmen, automatisch hinfällig (Art. 179 Abs. 2 ZGB).

In der Praxis dienen die Regelungen des Eheschutzes vor allem dazu, einerseits die Ehepartner in ihren Ansprüchen untereinander (Unterhalt, physische und psychische Integrität etc.) zu schützen und andererseits vorläufige Regelungen (Obhut der Kinder, Wohnung etc.) für die Dauer der tatsächlichen Trennung bis zum Anhängigmachen der Scheidungsklage zu treffen.

Die diesbezüglichen Entscheidungen des Eheschutzgerichts haben oft vorentscheidende Wirkung für die Regelungen im Scheidungsverfahren; die Gerichtsverhandlungen sollten daher durch die Betroffenen gut vorbereitet werden.

Das Verfahren des Eheschutzes ist kantonal geregelt, wobei in allen Kantonen ein summarisches Verfahren durchgeführt wird, das heisst vor allem, dass es zur Bewilligung von Massnahmen genügt, dass die jeweiligen Tatsachen glaubhaft gemacht werden. Die Begehren können in der Regel auch mündlich gestellt werden. Das Gericht sichtet die vorgelegten Beweise und hört die Parteien an. Zur Frage der Neuregelung der elterlichen Obhut werden allenfalls, auch ohne entsprechende Anträge der Parteien, Berichte eingeholt.

Das Eheschutzverfahren kann grundsätzlich auch ohne Anwältin bestritten werden; man sollte sich aber im Voraus in jedem Fall gut informieren, sei es bei einer Fachstelle, in Sprechstunden beim Gericht oder dann bei einem Anwalt. Dabei kann auch genauer abgeklärt werden, ob im konkreten Fall nicht doch eine anwaltschaftliche Vertretung und Unterstützung sinnvoll ist.

Die Gerichtskosten müssen von den Parteien bezahlt werden. Deren Höhe ist von Kanton zu Kanton unterschiedlich; auf jeden Fall aber tiefer als bei einer Scheidung. Meist werden die Kosten je hälftig verteilt, das Gericht kann aber eine andere Verteilung anordnen. Bedürftige Parteien können beim Gericht unentgeltliche Prozessführung[451] beantragen.

3.5.2.6   Beendigung der Ehe; insb. Scheidungsrecht

3.5.2.6.1   Faktische Trennung, eheschutzrichterliche Trennung und Scheidung

Das Ehe wird, neben dem Tod und der Verschollenerklärung, durch die Scheidung formell beendet.

Neben der Scheidung (Art. 111 ZGB) kann aber das Zusammenleben auch durch eine bloss faktische Trennung oder eine eheschutzrichterliche Trennung (Art. 175/176 ZGB (vorläufig) beendet werden[452].

Die jeweilige Form der Beendigung des Zusammenlebens hat unterschiedliche rechtliche (und tatsächliche) Auswirkungen[453].

Für allenfalls vorübergehende Trennungen bei akuten Beziehungskrisen ist die blosse faktische Trennung für ein Ehepaar sinnvoll. Es genügt, unmittelbar zu regeln, wer die Wohnung weiter benutzen kann und wer welche Gegenstände mitnehmen darf.

Eine schriftliche private Regelung ist dann notwendig, wenn die faktische Trennung über längere Zeit fortdauern soll; die Notwendigkeit von Unterhaltszahlungen besteht z.B. in Fällen, wo die Partnerin bislang den Haushalt geführt hat oder wenn das Paar Kinder hat.

Die Regelung des Sorgerechts für das Kind bedarf dabei immer einer gerichtlichen oder vormundschaftlichen Anordnung; rein private Abmachungen sind insoweit rechtlich unwirksam. Ebenso ist die Änderung des Kindesunterhaltes nur gültig mit einer gerichtlichen oder vormundschaftsbehördlichen Genehmigung (Art. 287 Abs. 1 und 3 ZGB).

Eine Änderung des Güterstandes, namentlich die Vereinbarung der Gütertrennung, wiederum muss notariell beurkundet sein.

Die Vorteile einer privaten Lösung liegen darin, dass teure Gerichts- und allenfalls auch Anwaltskosten gespart werden können und dass die psychische Belastung durch das Vermeiden des Scheidungsverfahrens allenfalls gemildert werden kann. Ebenso sind die Abmachungen, ausser bezüglich der elterlichen Sorge, des Kindesunterhaltes und des Güterstandes, leicht abänderbar.

---

451 Siehe 2.3.3.5.

452 Daneben besteht noch die Möglichkeit der in der Praxis unbedeutenden Ehetrennung nach Art. 117 ZGB.

453 Für weitere Fragen ist aus der reichhaltigen Ratgeberliteratur besonders empfehlenswert: BAUD GERTRUD/GABATHULER THOMAS/RICHTERICH LUKAS (2008), S. 20 ff. Siehe für alle Spezialfragen vertiefend SCHWENZER INGEBORG (2005).

Letzteres kann aber gleichzeitig einen Nachteil darstellen, da man auf die Einhaltung der Abmachungen wenig vertrauen und nicht entsprechend planen kann.

Eine rein private Vereinbarung genügt auch nicht, um Alimentenbevorschussung zu erhalten. Ebenso kann es notwendig sein, eine gerichtliche Trennung zu verlangen, um Sozialhilfe zu erhalten; andernfalls wird zur Berechung des verfügbaren Einkommen meist das Einkommen und Vermögen beider Ehepartner zusammengezählt.

Als einfache Form bietet sich darum die bereits dargestellte *eheschutzrichterliche Trennung* (Art. 172 Abs. 3 i. V. mit Art. 175 ZGB) an. In der Praxis geht es vor allem darum, dass gewisse Trennungfolgen streitig sind und darum gerichtlich geregelt werden müssen bzw. dass ein Ehegatte einen richterlichen Entscheid zur Ausweisung das anderen benötigt, weil er zukünftig allein (oder mit den Kindern) in der ehelichen Wohnung bleiben will.

Von der eheschutzrichterlichen Trennung (Art. 172 Abs. 3 i. V. mit Art. 175 ZGB) ist die Trennungsregelung als vorsorgliche Massnahme nach Einreichung eines Scheidungsbegehrens nach Art. 137 Abs. 2 ZGB zu unterscheiden. In letzterem Fall gilt die Trennungsregelung als vorsorgliche Massnahme für die Dauer des Scheidungsverfahrens.

[handschriftliche Notiz:] → Scheidung auf gemeinsames Begehren u. Scheidungsklage

3.5.2.7 Im Besonderen: Ehescheidung

Die Ehescheidung bedeutet die definitive Auflösung der Ehe. Es bestehen dazu verschiedene Möglichkeiten: die *Scheidung auf gemeinsames Begehren* und *die Scheidungsklage*.

Zur *Scheidung auf gemeinsames Begehren* (Art. 111/112 ZGB) ist zunächst eine schriftliche Erklärung beider Ehegatten um die Scheidung beim Scheidungsgericht einzureichen.

Danach kommt es zu einer Anhörung der Ehegatten durch das Gericht. Das Gericht ist verpflichtet abzuklären, ob das Scheidungsbegehren bei beiden Ehegatten auf freiem Willen und reiflicher Überlegung beruht. Allenfalls kann das Gericht eine weitere Verhandlung anberaumen oder den Ehegatten die Empfehlung aussprechen, eine Eheberatungsstelle aufzusuchen.

Nach einer gesetzlichen Bedenkfrist von zwei Monaten haben die Ehegatten dann eine zweite schriftliche Erklärung des Scheidungswillens einzureichen. Allenfalls kann es wiederum zu einer mündlichen Anhörung durch das Gericht kommen. Dann spricht das Gericht die Scheidung aus.

Die Ehegatten können ihrem gemeinsamen Scheidungsbegehren eine vollständige Vereinbarung (*Konvention*) über die Scheidungsfolgen (Kinderbelange, Unterhaltsbeiträge, Güterrecht etc.) einreichen. Das Gericht prüft bei der Anhörung die Genehmigung der Konvention.

Die Ehegatten können sich auch über nur einen Teil der Scheidungsfolgen einigen und ansonsten deren Regelung dem Gericht überlassen. Das Gericht prüft in diesem Fall, ob es die Teileinigung genehmigen kann, und versucht, bezüglich der übrigen Punkte einen Vergleich zu erreichen. Gelingt dies nicht, wird über die streitigen Punkte auf der Basis von Anträgen der Ehegatten ein Beweisverfahren durchgeführt.

Die Scheidung auf gemeinsames Begehren ist auch bei völliger Uneinigkeit über die Scheidungsfolgen möglich; die Ehegatten überlassen hier die Regelung der Scheidungsfolgen dem Gericht. In diesem Fall müssen sie ihre Standpunkte in Form von Anträgen formulieren.

Die Genehmigung der Konvention über die Scheidungsfolgen bei der Ehe auf gemeinsames Begehren wird ausgesprochen, wenn das Gericht sich überzeugt hat, dass:

- die Ehegatten aus freiem Willen und nach reiflicher Überlegung die Konvention geschlossen haben,
- die Konvention klar, vollständig und nicht offensichtlich unangemessen ist,
- die Regelung des Unterhaltes für die Kinder und die Regelung des persönlichen Verkehrs dem Kindeswohl entspricht. Zu diesen Fragen werden allenfalls auch Berichte eingeholt (Art. 111 ZGB).

Die *Scheidungsklage* (Art. 114 und 115 ZGB) kann auch ohne bzw. gegen den Willen des Ehepartners eingereicht werden. Bei einem nachträglichen Einverständnis in die Scheidung ist der Wechsel in die Scheidung «auf gemeinsames Begehren» möglich:

- *Scheidungsklage nach zweijähriger Trennung* (Art. 114 ZGB): Voraussetzung für diese Form der Scheidung ohne bzw. gegen den Willen der Partnerin / des Partners ist die zweijährige Trennungszeit, wobei die gewollte faktische Trennung genügt. Als Indizien für den Beweis der faktischen Trennung gelten z. B. die Abmeldung bei der Gemeinde, eine Adressänderung bei der Post, eine neue Telefonnummer etc. Nicht genügend ist es gemäss der Praxis, wenn die Trennung aus objektiven Gründen erfolgt, z. B. wegen Spitalaufenthalt oder aus fremdenpolizeilichen Gründen. In diesen Fällen sollte der Trennungswunsch dem anderen Ehegatten – aus Beweisgründen – schriftlich mitgeteilt werden. Eine kurze Wiederaufnahme des Zusammenlebens stellt dabei keine Unterbrechung der Trennungszeit dar. Falls die Ehegatten aber wieder für längere Zeit zusammen leben, so beginnt die Zweijahresfrist neu zu laufen.
- *Scheidungsklage wegen Unzumutbarkeit* (Art. 115 ZGB): Die Scheidung ohne oder gegen den Willen des anderen Ehegatten ist vor Ablauf der zweijährigen Frist möglich, wenn die Fortsetzung der Ehe dem klagenden Ehegatten aus schwer-

[handschriftliche Randnotiz:] Voraussetzungen für Genehmigung der Konventionen

wiegenden Gründen nicht zugemutet werden kann. Der scheidungswillige Ehegatte darf dabei nicht selbst schuld am Grund der Unzumutbarkeit der Ehe sein. Die Scheidung wegen Unzumutbarkeit verlor im Zusammenhang mit der Verkürzung der Trennungsfrist an Bedeutung.

3.5.2.7.1   Scheidungsfolgen

Die Scheidung löst die Ehe auf und hat eine Reihe wichtiger Rechtsfolgen[454]:

• *Unterhaltsbeiträge (Art. 125–132 ZGB):* Jene Partei, die während der Ehe in erster Linie für die Hausarbeit oder für die Betreuung der Kinder zuständig war, kann nach der Scheidung nicht sofort für ihren eigenen Unterhalt aufkommen, erst recht nicht, wenn sie weiterhin Kinder betreut. Darum ist hier der sog. «gebührende» Unterhalt geschuldet, der sich am bisherigen Lebensstandard orientiert. Bei der Bemessung spielen insb. die Aufgabenteilung während der Ehe, die Ehedauer, das Alter und die Gesundheit der Eheleute, das Einkommen und Vermögen der Eheleute und die voraussichtliche Rolle bei der Kinderbetreuung eine Rolle. Der Unterhaltsbeitrag für Erwachsene wird in der Regel bei kinderlosen Ehen nur bei über 10 Jahren Dauer ausgesprochen. Bei Ehe unter 10 Jahren Dauer kann eine Übergangsrente dann verfügt werden, wenn ein Ehepartner (meist die Frau) wegen der Ehe Karriere- oder Einkommensverluste hinnehmen musste (sog. Ausgleich von ehebedingten Nachteilen). Einen lebenslänglichen Unterhaltsbeitrag erhält dabei in der Regel nur, wer über 45 Jahren alt ist. Ausnahmen sind vor allem bei Krankheit, Behinderung oder einer langen Absenz vom Berufsleben etc. möglich. Sind Kinder zu betreuen, so hat der nach der Ehe betreuende Ehegatte in der Regel Anspruch auf einen Unterhaltsbeitrag. Dabei gilt eine Teilzeitarbeit gemäss bundesgerichtlicher Rechtsprechung dann für den betreuenden Elternteil als zumutbar, wenn das jüngste Kind ca. 7 Jahre alt ist. Eine Vollzeitarbeit gilt ab dem 16. Altersjahr des jüngsten Kindes als zumutbar. Soweit der betreuende Elternteil älter als 45 Jahre alt ist, kann auch in weiterem Umfange ein Unterhaltsbeitrag geschuldet sein; ebenso wenn genügend Einkommen vorhanden ist (um eine Doppelbelastung des betreuenden Ehegatten zu Lasten der Kinder zu vermeiden). Der Unterhalt wird mit einem Vergleich des jeweiligen familienrechtlichen Grundbedarfs berechnet. Dieser berechnet sich ähnlich wie das betreibungsrechtliche Existenzminimum, es werden aber zur Berechnung – ausser bei Mangellagen – die Steuern, die üblichen Versicherungsprämien und Kommunikationskosten (Telefon etc.) addiert. Bei beiden Parteien ist für die Berechnung des zumutbaren Unterhaltsbeitrages von der tatsächlichen Leistungsfähigkeit auszugehen; darum kann bei freiwilliger Erwerbs-

---

454   Siehe Baud Gertrud/Gabathuler Thomas/Richterich Lukas (2008), S. 20 ff.

losigkeit «ein hypothetisches Einkommen» mitberechnet werden. Genügt das Einkommen beider Parteien nicht, um die gesamten Kosten zu tragen (sog. Manko), so muss dieses die Partei tragen, welche den Unterhaltsbeitrag zugute hat: Der unterhaltspflichtige Ehegatte wird nur bis zum Existenzminimum belastet (BGE 123 III 1, BGE 121 I 97). Solche Fehlbeträge sollten in der Scheidungskonvention und im Urteil festgehalten werden, um bei einer späteren Veränderung der Verhältnisse eine Überprüfung der Beiträge zu beantragen: Die Festsetzung bzw. die Erhöhung der Ehegattenrente kann bei Veränderung der Verhältnisse innerhalb von fünf Jahren nach der Scheidung verlangt werden (Art. 129 Abs. 3 ZGB). Eine Festsetzung/ Erhöhung der vereinbarten Kinderalimente kann bei einer massgeblichen Veränderung der Verhältnisse jederzeit verlangt werden (Art. 286 ZGB). Bei der Wiederverheiratung erlischt der eherechtliche Unterhaltsanspruch. Die Unterhaltsbeiträge für die Kinder werden aber weiterhin geschuldet, wenn nichts anderes vereinbart worden ist. Bei einem so genannten stabilen Konkubinat (drei bis fünf Jahre) kann die unterhaltspflichtige Partei die Sistierung, die Herabsetzung oder Aufhebung der Rentenzahlung verlangen, sofern sich die Situation der berechtigten Person massgeblich verbessert hat.

- *Kindesbezogene Scheidungsfolgen*: Hinsichtlich der Kinder sind die elterliche Sorge, das Besuchsrecht und der Kindesunterhalt zu regeln: In der Regel wird die elterliche Sorge bei der Scheidung an einen Elternteil übertragen, dem anderen Ehegatten wird ein mehr oder weniger grosszügiges Besuchsrecht eingeräumt. Es besteht aber die Möglichkeit, dass die Eltern die gemeinsame elterliche Sorge beantragen. Damit das Gericht bei der Scheidung die gemeinsame elterliche Sorge verfügen kann, müssen folgende Voraussetzungen kumulativ erfüllt sein (Art. 133 Abs. 2 ZGB): gemeinsamer Antrag der Eltern; klare, vollständige und angemessene Vereinbarung betr. Anteil an Betreuung und Verteilung der Unterhaltskosten: Kindeswohlverträglichkeit der gemeinsamen elterlichen Sorge und der vorgesehenen Regelung.

- *Familienwohnung*: Die Familienwohnung wird in der Regel der Partei zugewiesen, welche die Kinder betreut oder die sonst den stärkeren Bedarf für die Wohnung hat (z. B. wenn sie zur Ausübung des Berufes notwendig ist etc.). Dabei kann das Gericht dem einen Ehegatten den Mietvertrag allein übertragen. Der Vermieter kann dies nicht ablehnen (Art. 121 ZGB). Der andere Ehegatte haftet solidarisch für den Mietzins bis zum frühesten Kündigungstermin der Wohnung, höchstens aber zwei Jahre.

- *Altersvorsorge und Scheidung*: Mit der Scheidung werden die AHV-Guthaben und Pensionskassen-Guthaben, die während der Ehe angespart wurden, gesplittet. Dies bringt vor allem derjenigen Partei, welche den Haushalt geführt hat, einen angemessenen Anteil an der Altersvorsorge. Die erwerbstätige Partei wiederum muss dank dem Splitting in der Regel weniger Unterhaltsbeiträge bezahlen.

- *Güterrecht und Erbrecht:* Mit der Scheidung wird das eheliche Vermögen nach den Regeln des Güterrechts aufgeteilt. Mit der Scheidung erlöschen alle erbrechtlichen Ansprüche gegen den Partner / die Partnerin.
- *Aufenthaltsbewilligung für Ausländer/innen:* Die faktische Aufgabe des Zusammenlebens und erst recht die Scheidung gefährdet die Verlängerung einer ehebedingten Aufenthaltsbewilligung. Bei einer Scheidung muss der ausländische Ehegatte gemäss Praxis der kantonalen Fremdenpolizeibehörden bei Ehen mit bis ca. drei Jahre Dauer in jedem Fall ausreisen. Bei Ehen, die länger als drei Jahre gedauert haben, findet, insb. bei Ehen zwischen Ausländern mit Schweizern oder Niedergelassenen (Bewilligung C), eine vertiefte individuelle Prüfung statt.

Fragen zu Trennungs- und Scheidungsrecht:

a) Bei der eheschutzrichterlichen Trennung bleibt die Ehe formal bestehen, während sie bei der Scheidung aufgelöst wird: Was sind somit die vermögensrechtlichen Unterschiede von Scheidung und Trennung für die Betroffenen?

b) Was sind die konkreten Unterschiede der gemeinsamen elterlichen Sorge zur Obhutszuteilung für ein geschiedenes Paar?

c) Welche Fälle können Sie sich vorstellen, in denen die gemeinsame elterliche Sorge nicht gewährt werden kann, weil es an der Voraussetzung der Kindeswohlverträglichkeit fehlt?

d) Welches sind die besonderen Verfahrensrechte der Kinder in Scheidungsverfahren? (vgl. Art. 144 ff. ZGB)

Kindeswohl ⇒ Inbegriff der Voraussetzung für optimale Entwicklung der Persönlichkeit des Kindes
↳ Gefährdung liegt vor, wenn nach den Umständen die ernst-

3.5.3   Kindesrecht

3.5.3.1   Allgemeines

Fragen nach den Rechten und Pflichten von Kindern und Jugendlichen in ihren verschiedenen Lebensrollen stellen sich insbesondere gegenüber den Eltern, im Umgang mit anderen Jugendlichen und Erwachsenen, als Schülerinnen gegenüber der Schule oder als Konsumenten. Die Rechtsposition von Kindern und Jugendlichen in der Rechtsordnung wird im Spannungsfeld von Schutz und Fürsorge einerseits und Freiheit andererseits umrissen: Auf der Grundlage der Kinderrechtskonvention der UNO

liche Möglichkeit einer Beeinträchtigung des körperlichen, sittlichen od. geistigen Wohles des Kindes voraus zu setzen ist.

(KRK)[455] und der Bundesverfassung finden sich insbesondere im ZGB (Personenrecht, Kindesrecht) und im kantonalen öffentlichen Recht (Schulrecht, Gastwirtschaftsrecht und dergleichen) Grundlagen für die Rechtsstellung von Jugendlichen. Im Folgenden werden einführend kurz die völker- und verfassungsmässigen Grundlagen der Rechtsstellung von Kindern dargestellt, um dann das Verhältnis von Kindern zu ihren Eltern zu beleuchten[456]. Die Kinderrechtskonvention umreisst mit internationalem Geltungsanspruch die Rechte von Kindern und Jugendlichen gegenüber staatlichen Instanzen. Gemäss ihrem Art. 1 gelten dabei Menschen, die das 18. Lebensjahr noch nicht vollendet haben, als Kinder: Kinder sind einerseits als eigenständige Persönlichkeiten zu achten, andererseits haben sie Anspruch auf besonderen Schutz und Fürsorge. Die an der Erziehung Beteiligten (Eltern, Schule, Jugendarbeit etc.) haben die Interessen von Kindern zu wahren und zu schützen. Diesen soll entsprechend ihrer Reife das selbständige Wahrnehmen ihrer Interessen möglich sein. Die verschiedenen Kinderrechte basieren auf folgenden Grundprinzipien:

* *Das Recht auf Gleichbehandlung (Art. 2 KRK):* Kein Kind darf wegen seines Geschlechts, seines Status, seiner Herkunft, seiner Sprache oder Religion, seiner Hautfarbe, aufgrund einer Behinderung, wegen seiner politischen Ansichten oder seines Vermögens benachteiligt werden
* *Das Prinzip des Kindeswohls beziehungsweise Kindesinteresses (Art. 3 KRK):* Bei allem staatlichem Handeln ist das Wohl des Kindes zu beachten. Kinder haben das Recht, geschützt, aber auch gefördert zu werden.

> Beispiel: Wird ein Kind, z. B. im Rahmen einer Kindesschutzmassnahme nach Art. 306 ff. ZGB, in einem Heim platziert, so muss dies im Interesse des Kindes liegen und darf nicht in erster Linie z. B. im Interesse der Eltern geschehen.

* Das Recht auf Leben und auf Entwicklung in grösstmöglichem Umfang (Art. 6):

> Beispiel: Es verstösst gegen die KRK, Kinder von Asylbewerbern über längere Zeit nicht einzuschulen mit der Argumentation, so würde die Rückkehr nach Abweisung des Gesuches erschwert.

* *Die Beachtung der Meinung und des Willens des Kindes (Art. 12 KRK):* Kinder haben das Recht, ihrem Alter und ihrer Reife entsprechend als Personen ernst

---

455 http://www.admin.ch/ch/d/sr/c0_107.html (eingesehen am 19.11.2008); siehe auch 2.2.6.
456 Für eine weitergehende Darstellung von Rechten und Pflichten von Kindern und Jugendlichen siehe Mösch Payot Peter (2004b), S. 92 ff.

genommen zu werden. Sie dürfen ihre Meinung äussern und sollen in Angelegenheiten, die sie selbst betreffen, Einfluss auf die Entscheidung nehmen können.

Beispiel: Urteilsfähigen Kindern steht im Rahmen von Scheidungsprozessen hinsichtlich der Regelung der elterlichen Sorge das Recht auf Anhörung zu (vgl. Art. 144 Abs. 2 ZGB).

Die Kinderrechtskonvention definiert völkerrechtlich verbindliche Grundrechte von Kindern, die von den Unterzeichnerstaaten in den nationalen Rechtsordnungen umzusetzen sind. Die Einhaltung der Konvention überprüft ein UNO-Komitee, das periodisch von den Staaten Rechenschaftsberichte einfordern kann. Weitergehende Instrumente, etwa eine Beschwerdemöglichkeit für Kinder, deren Rechte verletzt werden, besteht nicht[457].

Die Bundesverfassung (BV) als «Grundgesetz» der Schweiz enthält einen Katalog von Grundrechten, die bei Verletzung durch Behörden und in staatlichem Interesse handelnden Privaten gerichtlich eingefordert werden können. Entsprechend der Ausrichtung der KRK verbrieft die BV das Recht von Kindern und Jugendlichen auf besonderen Schutz der Unversehrtheit und der Förderung ihrer Entwicklung. Auch Selbstbestimmung ist ein wichtiger Wert in der BV: Im Rahmen ihrer Urteilsfähigkeit sollen Kinder und Jugendliche ihre Rechte eigenständig ausüben können (Art. 11 BV). Insbesondere verbietet die BV auch jede Diskriminierung wegen Geschlecht, Herkunft, Rasse etc., aber auch wegen des Alters (Art. 8 Abs. 2 BV) und vermittelt – Kindern und Jugendlichen wie Erwachsenen – Freiheitsrechte wie u. a. den Schutz der Privatsphäre (Art. 13 BV), das Recht auf Familie (Art. 14 BV), die Glaubens-, Gewissens- und Meinungsfreiheit (Art. 15 und 16 BV).

Eine besondere Bedeutung hat das Recht auf Grundschulunterricht (Art. 19 BV): Die BV vermittelt den klagbaren Anspruch auf ausreichenden und unentgeltlichen Grundschulunterricht. Im Übrigen ist die Regelung des Schulwesens Sache der Kantone (vgl. Art. 62 BV).

Im Rahmen von Sozialzielen verpflichtet die BV (Art. 41 Abs. 1. lit. c, f und g) zudem Bund, Kantone und Gemeinden, sich dafür einzusetzen:

- dass Familien als Gemeinschaften von Erwachsenen und Kindern geschützt und gefördert werden.
- dass Kinder und Jugendliche sich nach ihren Fähigkeiten aus- und weiterbilden können.

---

457 Siehe 2.2.1.3.

• dass Kinder und Jugendliche in ihrer Entwicklung zu selbständigen und sozial
  verantwortlichen Personen gefördert und in ihrer sozialen, kulturellen und politischen Integration unterstützt werden.

Diese Sozialziele vermitteln zwar keine klagbaren Rechte für Kinder und Jugendliche,
stellen aber immerhin Leitlinien für die Gesetzgebung und die Regierungstätigkeit
von Bund, Kantonen und Gemeinden dar.

3.5.3.2   Kinder und ihre Eltern

Eine besondere Bedeutung hat das Verhältnis der Kinder zu ihren Eltern. Die Entstehung und die Folgen des Kindesverhältnisses zu den Eltern sind im Wesentlichen
im Kindesrecht des ZGB geregelt (Art. 252 ff. ZGB).

3.5.3.2.1   Entstehung des Kindesverhältnisses

Die Frage, wie die Elternschaft im rechtlichen Sinne entsteht, richtet das Gesetz nach
der biologischen Abstammung, aber auch nach sozialpsychischen Beziehungen: Die
Menschen, von denen ein Kind biologisch abstammt, sind oft, aber nicht immer, die
Eltern im rechtlichen Sinn[458].

Das Kindesverhältnis zur Mutter entsteht mit der Geburt durch Abstammung
(Art. 252 Abs. 1 ZGB). Es kann auch durch Adoption entstehen (vgl. Art. 264 ff.
ZGB)[459]. Wenn die Mutter verheiratet ist, entsteht automatisch ein Kindesverhältnis
zum Ehemann der Mutter (Art. 255 ff. ZGB). Vater und Kind haben aber die Möglichkeit, das Kindesverhältnis durch Anfechtung zu beseitigen. Tun sie es nicht, bleibt
es rechtlich bestehen, auch wenn der Ehemann nicht der biologische Erzeuger des
Kindes ist.

Das ausserehelische Kindesverhältnis entsteht durch Anerkennung (Art. 260
ff. ZGB), Urteil (Art. 261 ff. ZGB) oder Adoption (Art. 264 ff. ZGB). Die Anerkennung bedarf nicht des Nachweises der biologischen Vaterschaft, sie kann aber durch
die Mutter oder das Kind angefochten werden. Die Vormundschaftsbehörde hat für
die Feststellung der Vaterschaft, durch Anerkennung des Vaters oder allenfalls durch
Urteil, zu sorgen[460]. Dies dient dem (finanziellen) Schutz und der Identitätsbildung
des Kindes.

---

458 Siehe weiterführend Häfeli Christoph (2005), S. 47 ff.; Hegnauer Cyril (1999), S. 36 ff.
459 Siehe Häfeli Christoph (2005), S. 59 ff.
460 Siehe Häfeli Christoph (2005), S. 56 ff.

3.5.3.2.2   Das Rechtsverhältnis zwischen Kindern und Eltern

Eltern und Kinder schulden sich grundsätzlich «Beistand, Rücksicht und Achtung» (Art. 272 ZGB). In allen Fällen ist das Kindeswohl oberstes Gebot: Ist das Kindeswohl bei den Eltern nicht gewährleistet, muss die Vormundschaftsbehörde den Eltern in ihrer Aufgabe Hilfestellungen bieten (Beistandschaft etc.) und allenfalls mit stärkeren Massnahmen (Weisungen, Obhutsentzug und Heimeinweisung, Entzug der elterlichen Sorge) das Wohl des Kindes sichern[461].

Im Folgenden werden einige der wichtigsten rechtlichen Regeln für das Verhältnis zwischen Kindern und Eltern erläutert:

- *Bestimmung des Namens*: Das Kind trägt den Familiennamen (Nachnamen) der Eltern, bei nicht verheirateten Eltern grundsätzlich denjenigen der Mutter. Der Vorname des Kindes wird vom Inhaber oder den Inhabern der elterlichen Sorge gewählt. Eine spätere Änderung des Vor- oder Nachnamens ist nur in sehr beschränkten Ausnahmefällen und bei der Adoption möglich.
- *Elterliche Sorge*: Den Eltern unmündiger Kinder kommt die elterliche Sorge zu. Das beinhaltet das Recht, aber auch die Verantwortung, für die Erziehung und das Wohl des Kindes zu sorgen und es zu vertreten, zu fördern und zu schützen (Art. 301 ff. ZGB). Sind die Eltern miteinander verheiratet, so üben sie die elterliche Sorge gemeinsam aus. Bei Unverheirateten oder nach einer Scheidung wird die elterliche Sorge einem Elternteil zugeordnet. Die Eltern haben aber die Möglichkeit, auch in diesen Fällen bei der Vormundschaftsbehörde beziehungsweise dem Scheidungsgericht zu beantragen, die Elternrolle gemeinsam wahrzunehmen (sog. gemeinsame elterliche Sorge). Ist ein Elternteil nicht fähig, die elterliche Sorge auszuüben (weil er z. B. selbst noch unmündig ist oder entmündigt wurde), so kann die Vormundschaftsbehörde die elterliche Sorge dem anderen Elternteil zuteilen; allenfalls wird für das Kind ein Vormund bestellt (Art. 296 bis 298a ZGB). Die Inhaber der elterlichen Sorge leiten die Erziehung, mit Blick auf das Wohl des unmündigen Kindes, wobei Körperstrafen und Misshandlungen psychischer und physischer Art verboten sind und strafrechtlich verfolgt werden können. Sie treffen für das unmündige Kind die Entscheidungen, die es im Rahmen der beschränkten Handlungsfähigkeit nicht selbständig tätigen darf. Sie haben Kindern und Jugendlichen, entsprechend des Alters und der Reife, immer mehr Eigenständigkeit und Selbstbestimmung zuzubilligen. Die Inhaber elterlicher Sorge bestimmen über die Ausbildung und müssen dabei mit der Schule zusammenarbeiten und sie entscheiden bis zum 16. Altersjahr des Kindes über dessen religiöse Erziehung. Zudem verwalten sie das Vermögen des Kindes, wobei Vermögenserträge für Unterhalt, Erziehung und Aus-

---

461   Das Kindesschutzrecht der Art. 307 ff. ZGB wird in 4.6 dargestellt.

[handschriftliche Randnotiz: Rechtliche Regeln für das Verhältnis zw. Kindern u. Eltern]

bildung, und allenfalls auch für Haushaltskosten, verwendet werden. Die Substanz des Vermögens darf nur mit Zustimmung der Vormundschaftsbehörde verbraucht werden (zu Ausnahmen dazu vgl. Art. 320 ZGB).

• *Vertretungsrecht der Eltern:* Dem unmündigen Kind fehlt die volle Handlungsfähigkeit: Es kann in gewissen Bereichen nicht selbständig durch seine Handlungen Rechte und Pflichten erwerben. Das gilt insbesondere, wenn es die konkrete Situation und die Konsequenzen eines Entscheides oder einer Handlung noch nicht einschätzen kann (sog. fehlende Urteilsfähigkeit). Auch urteilsfähige Jugendliche können von den Eltern vertreten werden. Diese haben aber seinen Willen und seine Meinung gebührend zu berücksichtigen. Ausgeschlossen ist die elterliche Vertretung urteilsfähiger Unmündiger bei höchstpersönlichen Fragen, z. B. mit wem eine sexuelle Beziehung eingegangen wird.

• *Selbständiges Entscheidungsrecht des Kindes:* Ist das Kind urteilsfähig, so kann es in bestimmten Bereichen auch selbständig, mitunter gar ohne oder gegen den Willen der Eltern handeln (vgl. Art. 19 Abs. 2, Art. 323 ZGB). Dabei besteht für die Urteilsfähigkeit keine bestimmte Altersgrenze. Relevant sind die konkreten Verhältnisse, die Tragweite der Entscheidung und die Reife des Kindes. Namentlich können urteilsfähige Unmündige sich durch ihre Handlungen (z. B. Verträge) verpflichten, soweit die Eltern (stillschweigend und allenfalls auch nachträglich) zustimmen (Art. 19 Abs. 1 ZGB).

> Beispiel: Lebt eine Jugendliche mit Zustimmung der Eltern in einer eigenen Wohnung, so kann sie die mit der eigenen Haushalts- und Lebensführung typischerweise zusammenhängenden Verträge (Strom, Wasser, Einrichtung etc.) selbständig abschliessen, ohne Zustimmung der Eltern.

Sie können auch selbständig verwalten und verwenden, was sie durch eigene Arbeit erwerben (z. B. durch Ferienjobs) (Art. 323 Abs. 1 ZGB), unentgeltliche Vorteile können sie erwerben, wie z.B. Geschenke (Art. 19 Abs. 2 ZGB) und Persönlichkeitsrechte selbst ausüben.

> Beispiele von Persönlichkeitsrechten, die urteilsfähige Jugendliche selbständig, unabhängig von der Zustimmung der Eltern, ausüben können: Entbindung vom Arztgeheimnis, Zustimmung zu einer ärztlichen Behandlung, Empfängnisver- hütung, Anzeige bei der Polizei, Beitritt zu einem Verein, Entscheid über die Berufswahl. Mit ca. 14 bis 16 Jahren dürfte für diese Fragen die Urteilsfähigkeit in der Regel vorliegen.

- Die Frage der religiösen Ausrichtung darf der Jugendliche mit 16 Jahren selbständig entscheiden (Art. 303 Abs. 3 ZGB). Ab diesem Zeitpunkt ist z. B. ein Austritt aus einer Landeskirche gegen den Willen der Eltern möglich.
- In der altersgemässen Gestaltung von sexuellen Kontakten sind die Jugendlichen entsprechend ihrer Reife frei. Die Eltern haben die Pflicht, ihnen einen altersgemässen Zugang zur Sexualität zu ermöglichen, sie aber auch bei der eigenen Auseinandersetzung mit der Sexualität zu unterstützen, unter Umständen auch Grenzen zu setzen.
- *Informationsrecht der Eltern:* Eltern haben das Recht, über wesentliche die Erziehung betreffende Lebensfragen informiert zu sein, da ihnen die Hauptverantwortung für die Erziehung zukommt (Art. 302 ZGB). Dieses Recht der Eltern ist beschränkt durch das Recht der Jugendlichen, gemäss ihrer Reife je länger, desto mehr Entscheide, die ihre Persönlichkeit betreffen, selbständig treffen zu können. Dazu gehört auch das Recht, zu entscheiden, wer wem welche persönlichen Informationen weitergeben darf. Die Eltern – mit oder ohne elterliche Sorge – können grundsätzlich bei Drittpersonen, die an der Betreuung des Kindes beteiligt sind, namentlich bei Lehrkräften, Ärztinnen oder auch Fachpersonen der Sozialen Arbeit, Auskünfte über den Zustand und die Entwicklung des Kindes oder Jugendlichen einholen; selbst dann, wenn ihnen die elterliche Sorge nicht zukommt (Art. 275a Abs. 2 ZGB). Bei urteilsunfähigen Kindern kann die Information der Eltern beschränkt werden, wenn dies zum Schutz und Wohl des Kindes notwendig ist. So muss eine Ärztin oder Sozialarbeiterin, die eine Abklärung wegen Verdacht auf Kindesmissbrauch vornimmt, die Eltern (noch) nicht über ihr Vorgehen informieren, da und insoweit diese Information zu einer zusätzlichen Gefährdung des Kindes führen würde oder eine Vertuschung des kindeswohlgefährdenden Sachverhaltes zur Folge hätte. Ist der Jugendliche urteilsfähig, so ist die Informationsweitergabe an die Eltern wie auch an Dritte über die Persönlichkeit betreffende Tatsachen (wie aus den Bereichen der körperlichen Gesundheit und der Sexualität) grundsätzlich von der Einwilligung des Jugendlichen abhängig: So ist ärztliches Personal gegenüber urteilsfähigen Jugendlichen prinzipiell zum Arztgeheimnis verpflichtet und kann sich nur von diesen selbst oder von der übergeordneten Behörde davon entbinden lassen. Eine Informationsweitergabe an die Eltern oder an Dritte (z.B. Kindesschutzbehörde) auch ohne Einwilligung des urteilsfähigen Kindes ist aber immer dann notwendig, wenn das Interesse des Schutzes und des Wohles des Kindes schwerer wiegt als das Geheimnisinteresse des Jugendlichen. Notwendig ist also immer eine sorgfältige Abwägung der Interessen der Beteiligten.
- *Haftung von Kindern und ihren Eltern:* Für (finanzielle) Schäden, die anderen zugefügt werden, sind urteilsfähige Jugendliche selbst verantwortlich (Art. 19

Abs. 3 ZGB). Entscheidend für das Ob und den Umfang der Haftung ist dabei, inwieweit die Jugendliche die Bedeutung ihres schädigenden Verhaltens und dessen Folgen abschätzen konnte und ob sie den Schaden hätte vorhersehen oder vermeiden können. Im Rahmen von Haftpflichtversicherungen kann die Haftung für fahrlässige Schadensverursachung vertraglich an eine Versicherung abgetreten werden. Eine Haftung der Eltern für das Verhalten der Kinder besteht (nur) dann, wenn die Aufsichtspflicht verletzt wurde, die ihnen gegenüber ihrem Kind obliegt (Art. 333 ZGB). Mit zunehmendem Alter der Kinder sind die Eltern immer weniger verpflichtet, dessen Handlungen umfassend zu überwachen. Denn zur Ermöglichung der Entwicklung des Kindes ist es notwendig, dass ihm zunehmend die notwendige Freiheit und Selbstverantwortung eingeräumt werden. Eine Haftung wegen Verletzung der Aufsichtspflicht kann sich auch für Institutionen der Jugendarbeit ergeben, wenn ihnen vertraglich die Aufsichtspflicht vorübergehend übertragen wurde, z. B. im Rahmen eines Sommerlagers.

- *Elterliche Obhut, Aufenthalt und Ferien:* Den Inhabern der elterliche Sorge kommt in der Regel die elterliche Obhut zu, also das Recht, über den Aufenthaltsort des Kindes zu bestimmen: Das Kind kann im Haushalt mit dem Elternteil beziehungsweise den Eltern wohnen, es kann aber auch einer Pflegefamilie oder einer geeigneten Institution, z. B. einem Internat, anvertraut werden oder selbständig in einer Unterkunft wohnen. Reisen, die auswärtige Übernachtung und die Teilnahme an Ferienangeboten sind für unmündige Kinder nur mit der Einwilligung der Inhaber der elterlichen Sorge möglich[462]. Im Rahmen der eheschutzrichterlichen Trennung verbleibt zwar jeweils die elterliche Sorge bei beiden Elternteilen, die elterliche Obhut aber muss meist einem der Elternteile zugeordnet werden. Wenn ein Kind nicht unter der Obhut des einen oder beider Elternteile lebt, so stellen sich die Frage des Besuchs- und Kontaktrechts und die Frage des Beitrages des nicht obhutsberechtigten Elternteils an den Unterhalt. Diese beiden zentralen Fragen zum Besuchsrecht und zum Unterhalt haben hohe Praxisrelevanz und sollen daher etwas näher beleuchtet werden.

3.5.3.2.3   Im Besonderen: Besuchs- und Kontaktrecht (Art. 273 ff. ZGB):

Das Recht auf persönlichen Verkehr (Besuchsrecht, Recht auf telefonischen und brieflichen Kontakt) garantiert Kindern und Elternteilen, denen nicht die elterliche Obhut

---

462 Die Kindesschutzbehörden können, wenn es zum Schutz des Kindeswohls unvermeidlich ist, den Eltern das Obhutsrecht entziehen und das Kind selbst fremdplatzieren. Urteilsfähige Kinder haben auf jeden Fall das Recht, vor einer allfälligen Platzierung bei Dritten angehört zu werden. Auf die Meinung des Kindes ist Rücksicht zu nehmen, sofern keine guten Gründe dagegensprechen (Art. 301 Abs. 2 ZGB, Art. 12 UKRK).

zukommt, das Aufrechterhalten der persönlichen Beziehungen. Das Kontaktrecht hat grundrechtlichen Charakter und folgt für die Eltern aus der Garantie des Privat- und Familienlebens durch Art. 8 Ziff. 1 EMRK (BGE 107 II 304) und für das Kind aus Art. 9 KRK. In Ausnahmefällen kann dieses Recht auch anderen Personen als den Eltern zukommen (Art. 274a ZGB). Im Rahmen der Ehescheidung oder von Eheschutzverfahren legt das Gericht den persönlichen Verkehr von Amtes wegen durch Urteil fest. Sind die Eltern nicht miteinander verheiratet oder haben sich die Verhältnisse seit der Ehescheidung verändert, so ist es Sache der Vormundschaftsbehörde, den persönlichen Verkehr durch Verwaltungsverfügung festzulegen. Oft werden mit der Vorbereitung der Besuchsrechtsregelung Fachpersonen der Sozialen Arbeit betraut, wobei in der Regel versucht wird, mit den Eltern und den betroffenen urteilsfähigen Kindern eine Übereinkunft zu finden.

Die Ausgestaltung und der Umfang des Besuchsrechts hängen stark von den konkreten Verhältnissen, dem Alter des Kindes, der Lebenssituation des Kindes und seiner Eltern etc. ab und folgen der Maxime des Kindeswohls. Ist das Kind urteilsfähig, so sind auch seine Meinung und seine Wünsche bei der Festlegung des Besuchsrechts zu berücksichtigen[463]. Bei der konkreten Ausgestaltung der Besuchsordnung sollte eine einfache und konfliktfreie Abwicklung angestrebt werden. Die Differenziertheit der gerichtlichen bzw. behördlichen Regelung ist abhängig von der Kooperationsfähigkeit der Eltern und vom jeweiligen Konfliktpotential.

Häufigkeit und Dauer sind in jedem Fall festzulegen; die folgenden Punkte bedürfen möglicherweise im Einzelfall der Regelung: Die Bestimmung der Besuchstage (z.B. 1. Sonntag im Monat); der Beginn und das Ende der Besuchszeit; der Ausfall oder das Nachholen der Besuche, wenn Besuchstage in Ferien des Kindes mit dem obhutsberechtigten Elternteil fallen; die Tragung der Kosten; die Abholung oder Zuführung des Kindes; bestimmte Weisungen für das Verhalten während des Besuches; der Ausschluss des Kontaktes zu bestimmten Personen, wenn deren Gegenwart das Kindeswohl gefährdet; ein allfälliges Verbot, mit dem Kind die Schweiz zu verlassen[464].

Ist das Wohl des Kindes durch den Kontakt, das Nichtkümmern des Inhabers des Besuchsrechts oder aus anderen wichtigen Gründen gefährdet, so kann der Anspruch auf persönlichen Verkehr verweigert oder gar entzogen werden. Eine besondere Bedeutung kommt dabei dem begleiteten Besuchsrecht zu; hierbei treffen sich Besuchsberechtigte und Kind an einem von Sozialarbeitern oder Sozialpädagoginnen geführten Treffpunkt. Bei Besuchsrechtskonflikten kann die Vormundschaftsbehörde

---

463 Siehe BGE 124 III 93; Art. 12 UN-KRK.
464 Siehe Häfeli Christoph (2005), S. 83 ff.

eingeschaltet werden. Es ist überdies möglich, weitere Schutzinstrumente des Kindes-
schutzrechts anzuwenden[465].

Fall Interessenabwägungen bei Besuchsrechtskonflikten:

Das Bundesgericht hält in BGE 120 II 229 und in BGE 122 III 404 fest, dass selbst
bei schweren Besuchsrechtskonflikten die vollständige Aufhebung des Besuchsrechts nur als ultima ratio in Frage komme, wenn die negativen Auswirkungen der
Besuche auf das Kind sich nicht in vertretbaren Grenzen halten. Vor einem vollständigen Entzug des Besuchsrechts sei zu prüfen, ob durch eine besondere Ausgestaltung des Besuchsrechts die negativen Folgen für das Kind in Grenzen gehalten werden könnten. Selbst die Beschränkung durch ein begleitetes Besuchsrecht
wird dabei nur zugelassen, wenn das Kindeswohl durch den unbegleiteten Kontakt konkret gefährdet wird. Das Kantonsgericht St. Gallen hat einem geschie-
denen Vater einer damals 8-jährigen Tochter das Besuchsrecht aberkannt, weil
dieser das Kind jahrelang vernachlässigt hatte, keinen Anteil an der Entwicklung
des Kindes nahm, gegen die eheschutzrichterliche Anordnung eines begleiteten
Besuchsrechts verstossen, überdies seine Unterhaltspflicht vernachlässigt hatte
und auch im Zeitpunkt des Urteils keinerlei Bereitschaft zeigte, auf die Bedürfnisse des unter psychischen Störungen leidenden Kindes Rücksicht zu nehmen,
so dass auch ein beschränktes Besuchsrecht das Kindeswohl zu gefährden drohte
(Entscheid auszugsweise abgedruckt in: ZVW 2000 Nr. 20, S. 204 ff.).

a) Welche Interessen müssen bei Besuchsrechtskonflikten gegeneinander abgewogen werden?

b) Wie beurteilen Sie die allgemeinen Leitprinzipien für die Frage der Einschränkung bzw. des Entzuges des Besuchsrechts, wie sie das Bundesgericht aufstellt?
Welches allgemeine Rechtsprinzip steht dahinter?

c) Wie beurteilen Sie die Interessenabwägungen des St. Galler Obergerichts im
erwähnten Fall? Begründen Sie!

Manchmal führen Eltern einen erbitterten Streit um das Besuchsrecht. In solchen Fällen spielt es oft eine Rolle, dass eine noch unverarbeitete konfliktive Paarbeziehung
auf die Frage der Gestaltung der Eltern-Kind-Beziehung einwirkt[466]. Es zeigt sich hier,
dass rechtliche Regelungen alleine – und mögen sie noch so klar sein – emotional auf-
geladene menschliche Konflikte nicht zu lösen vermögen.

   Die entscheidende Instanz (Gericht oder Vormundschaftsbehörde) muss in solchen Fällen eine anspruchsvolle Abwägung der Interessen des Kindes, des obhuts-

---

465 Siehe 4.6.
466 Vgl. zu den Hintergründen von Besuchsrechtskonflikten HÄFELI CHRISTOPH (2005), S. 91 ff.

berechtigten Elternteils und des besuchsberechtigten anderen Elternteils vornehmen. Dafür werden zum Teil von Fachpersonen der Sozialen Arbeit auf Fachdiensten
Berichte eingeholt. Oft werden Eltern in solchen Fällen an eine Fachstelle gewiesen
(z.B. im Rahmen einer Weisung nach Art. 307 Abs. 3 ZGB); es kann auch eine Beistandschaft nach Art. 308 Abs. 2 ZGB errichtet werden, wobei der Beistand mit der
Vermittlung bei Besuchsrechtsproblemen beauftragt wird[467].

Fragen Besuchsrechtsbeistandschaft:
Ein Auftrag des Gerichts oder der Vormundschaftsbehörde lautet folgendermassen:
Für die Kinder Rahel Meier, geboren am 07.04.2000 und Thomas Meier, geboren
am 06.02.2003, wird eine Beistandschaft nach Art. 308 Abs. 2 ZGB errichtet.
Der Beistand wird beauftragt, unter Einbezug aller Beteiligten die Modalitäten
des Besuchsrechts festzulegen, die Ausübung des Besuchsrechts zu überwachen,
bei Konflikten zu vermitteln und die Regelung bei Bedarf an Veränderungen der
Umstände anzupassen.
a) Nach welchen Kriterien und Leitlinien gehen Sie vor?
b) Inwieweit sind die Kinder bei der Regelung einzubeziehen?

Zur Vermittlung bei Besuchsrechtskonflikten nach Festsetzung des Besuchsrechts
bzw. zur Durchsetzung des von der Vormundschaftsbehörde oder vom Gericht festgesetzten Besuchsrechts dienen verschiedene gesetzliche Instrumente:

So kann die Vormundschaftsbehörde gemäss Art. 273 Abs. 2 ZGB die Eltern, die
Pflegeeltern oder das Kind ermahnen und ihnen Weisungen erteilen, insbesondere
wenn sich die Ausübung oder Nichtausübung des persönlichen Verkehrs für das Kind
nachteilig auswirkt. Zudem können Kindesschutzmassnahmen ergriffen werden,
wobei die bereits erwähnte Besuchsrechtsbeistandschaft nach Art. 308 Abs. 2 ZGB im
Vordergrund steht.

Strafrechtlich kann eine eigenmächtige Beanspruchung des persönlichen Verkehrs
auf Antrag als Entziehen von Unmündigen (Art. 220 ZGB) mit Busse oder Gefängnis
geahndet werden. In der Praxis ist vor allem an Fälle zu denken, wo Kinder nach der
Besuchszeit oder den Ferien vom besuchsberechtigten Elternteil nicht rechtzeitig dem
Inhaber der elterlichen Obhut zurückgebracht werden. Möglich wäre bei Kindern
unter 16 Jahren auch die Bestrafung wegen Art. 183 Ziff. 2 StGB (Entführung).

---

467 Zum Vorgehen von Beiständen/-innen bei Aufträgen im Zusammenhang mit Besuchsrechtskonflikten siehe Häfeli Christoph (2005), S. 94 ff.; siehe auch 4.6.

> Strafrecht und Besuchsrecht:
> Fachleute sagen, die strafrechtlichen Behelfe seien in der Praxis nur sehr
> beschränkt wirksam zur Behebung von Besuchsrechtsproblemen.
> Wie erklären Sie sich, dass strafrechtliche Massnahmen hier oft untauglich sind?

Die Vollstreckung der Besuchsrechtsregelung richtet sich prinzipiell nach kantonalem
Zivilprozessrecht: Es ist gesetzlich möglich, durch eine Verfügung die Einhaltung der
Besuchsverpflichtung unter Androhung von Strafe (Art. 292 StGB) vom Kind oder
auch vom Besuchsberechtigten einzufordern. Auch die direkte Durchsetzung durch
die Zuführung des Kindes durch die Vormundschaftsbehörde, den Beistand oder/und
die Polizei wäre grundsätzlich denkbar. Die Zwangsvollstreckung des Besuchsrechts
widerspricht aber dessen Zweck und ist mit dem Kindeswohl in der Regel nicht vereinbar[468].

In internationalen Fällen richtet sich die Vollstreckung in Europa nach dem europäischen Übereinkommen über die Anerkennung und Vollstreckung von Entscheidungen über das Sorgerecht von Kindern und die Wiederherstellung des Sorgerechts
vom 20.05.1980 und zum Teil nach bilateralen Verträgen der Schweiz mit einer Reihe
von Staaten. In internationalen Fällen mit aussereuropäischem Bezug, wo es gemäss
einem ausländischen Urteil zum Beispiel um die Rückgabe eines Kindes, das sich in
der Schweiz aufhält, an einen Elternteil im Ausland geht, kann auch das Übereinkommen über die zivilrechtlichen Aspekte internationaler Kindesentführung vom
25.10.1980 (sogenannte Haager Abkommen) zur Anwendung kommen. Subsidiär ist
in der Schweiz das IPRG anwendbar[469].

In allen wesentlichen Abkommen kann aus Gründen des Kindeswohls die Durchsetzung oder Vollstreckung ausländischer Urteile verweigert werden.

---

468 So auch HÄFELI CHRISTOPH (2005), S. 97, BGE 107 II 303; siehe aber BGE 120 Ia 376.
469 All diese komplexen Normen bei internationalen Fällen finden sich bei BUCHER ANDREAS (2003)
      oder unter der Ziffer «0» in der systematische Rechtssammlung des Bundes.
      Für Unterstützung bei rechtlichen Fragen der Ausübung des Besuchsrecht bei internationalen Fällen
      steht im Bundesamt für Justiz die Zentralbehörde zur Behandlung internationaler Kindesentfüh-
      rungen zur Verfügung; weitere Informationen dazu finden sich unter:
      http://www.bj.admin.ch/bj/de/home/themen.html (eingesehen am 19.11.2008).
      Hilfe in internationalen Verhältnissen kann auch die Schweizerische Stiftung des internationalen
      Sozialdienstes vermitteln. Weitere Informationen unter www.siss.ch (eingesehen am 13.06.2006).

3.5.3.2.4 Recht auf Unterhalt des Kindes (Art. 276 ff. ZGB)

Zum Unterhalt[470] gehört alles, was ein Kind zum Leben und zu seiner Entwicklung braucht. Dies umfasst die zentralen Lebensgrundlagen wie Bekleidung, Unterkunft, Körper- und Gesundheitspflege, Nahrung etc. Es gehören aber auch psychisch-emotionale Bedürfnisse wie Beistand, Geborgenheit und Achtung dazu. Zum Unterhalt werden auch die Kosten im Zusammenhang mit der Entwicklung des Kindes, namentlich Kosten der Ausbildung und Erziehung, gezählt. Der Unterhalt kann durch Pflege und Erziehung oder, wenn das Kind nicht zusammen mit den Eltern wohnt, durch Geldzahlungen (Unterhaltsbeiträge) geleistet werden. Grundsätzlich müssen die Eltern für den Unterhalt ihrer Kinder aufkommen.

Das Kind hat selbst zum Unterhalt beizutragen, soweit es ihm zugemutet werden kann (z. B. aus eigenem Arbeitserwerb). Unterhaltsansprüche bestehen auch gegenüber Elternteilen, welche die elterliche Sorge, z. B. nach einer Scheidung, nicht oder nicht mehr innehaben.

Die Unterhaltpflicht der Eltern dauert grundsätzlich bis zum 18. Altersjahr des Kindes. Darüber hinaus müssen sie bis zum Abschluss einer angemessenen Ausbildung weiter zum Unterhalt ihres Kindes beitragen, soweit es ihnen nach den gesamten Umständen zugemutet werden kann. Dabei spielt die Art der Beziehung der Eltern zum Kind ebenso eine Rolle wie die Höhe des Einkommens und des Vermögens der Eltern und des Kindes. Kein Unterhaltsrecht besteht in der Regel für Zweit- und Zusatzausbildungen (Art. 277 ZGB).

Fragen zum Mündigenunterhalt:

In der Praxis kommt es immer wieder zu Auseinandersetzungen über den Mündigenunterhalt, wenn jemand eine Zusatz- oder Zweitausbildung absolviert. Gemäss noch herrschender Praxis des Bundesgerichts ist bei einer neuen Ausbildung des Kindes nach der Mündigkeit ein Unterhalt nur geschuldet, wenn die Ausbildung Teil eines bereits vor der Mündigkeit gefassten Lebensplanes ist (z.B. BGE 115 II 126).

a) Wie beurteilen Sie die Praxis des Bundesgerichts zu Zusatz- und Zweitausbildungen?

b) Was sagen Sie zum Argument, dass die heutige Praxis eindeutig Lehrlinge, Berufsleute und Fachhochschulstudierende gegenüber Absolventinnen einer Universität benachteiligt?

c) Inwieweit sollen aus Ihrer Sicht die Eltern nach der Mündigkeit des Kindes noch unterhaltpflichtig sein? Wie könnte eine entsprechende Regelung aussehen?

---

470 Siehe weiterführend Häfeli Christoph (2005), S. 98 ff.

Die Unterhaltsverpflichtung kann vertraglich zwischen dem Kind und dem Elternteil geregelt werden. Der Vertrag wird für das nicht urteilsfähige Kind vom gesetzlichen Vertreter (Inhaber elterlicher Sorge, Beistand nach Art. 308 Abs. 2 ZGB oder Vormund nach Art. 368 ZGB) abgeschlossen. Ist das Kind urteilsfähig, so kann es den Vertrag mit dem Unterhaltsverpflichteten selbst mit Zustimmung des gesetzlichen Vertreters (Art. 19 Abs. 1 ZGB) abschliessen. Unterhaltsverträge zwischen unmündigen Kindern und ihren Eltern sind durch die Vormundschaftsbehörde oder das Gericht zu genehmigen (Art. 134 ZGB, Art. 287 ZGB). Es ist zum Schutz des Kindes unbedingt nötig, dass die Unterhaltsverpflichtung in einem genehmigten Vertrag oder einem gerichtlichen Urteil festgelegt ist. Nur so besteht ein Unterhaltstitel, der vollstreckbar ist und eine allfällige Alimentenbevorschussung ermöglicht.

Ist der Unterhalt streitig, so ist das Gericht anzurufen. Das Kind kann gegenüber dem Vater und/oder der Mutter Leistung des Unterhaltes für die Zukunft und ein Jahr vor der Klagerhebung verlangen (Art. 279 ff. ZGB).

Das unmündige Kind hat in solchen Fällen einen gesetzlichen Vertreter (Elternteil, Beistand nach Art. 308 Abs. 2 ZGB, Vormund) oder kann mit Zustimmung des gesetzlichen Vertreters bei Urteilsfähigkeit seine Position auch selbst oder mit Hilfe einer Anwältin oder eines Anwaltes vertreten. Das mündige Kind muss auf jeden Fall selbst Klage erheben oder eine Anwältin/einen Anwalt dafür bestellen.

In der Praxis kommt es immer wieder vor, dass die vertraglich oder gerichtlich festgelegten Unterhaltszahlungen nicht (freiwillig) erfolgen.

Es bestehen verschiedene besondere Hilfsmittel zur Durchsetzung des Anspruchs auf Kindesunterhalt:

- Die Vormundschaftsbehörde oder Jugend- und Familienberatungsstellen leisten gemäss Art. 290 ZGB unentgeltlich *Inkassohilfe*, was insbesondere Beratung, Unterstützung bei der Schuldbetreibung oder auch die Kontaktaufnahme mit dem Schuldner beinhalten kann.
- Im kantonalen Sozialhilferecht ist vorgesehen, dass Kindesunterhalt unter gewissen, kantonal unterschiedlichen Voraussetzungen durch das Gemeinwesen bevorschusst werden kann (sog. *Alimentenbevorschussung*). In diesem Fall gehen alle nachfolgend beschriebenen Rechte des Unterhaltsberechtigten auf das leistende Gemeinwesen über.
- Das Gericht kann auf Antrag eine *Schuldneranweisung* erlassen (Art. 291 ZGB). Das bedeutet, dass ein bestimmter Schuldner des Unterhaltsverpflichteten, in der Praxis meist der Arbeitgeber, den Unterhaltsbeitrag direkt an eine bestimmte Stelle zu leisten hat.
- Das Gericht kann auch die unterhaltsverpflichtete Person anweisen, eine *Sicherheit* (Bargeld, Kontosperre, Wertschriften etc.) für zukünftige Unterhaltsbeiträge

zu leisten (Art. 292 ZGB). Voraussetzung dieser Massnahme ist, dass die Erfüllung der Unterhaltspflicht beharrlich verweigert wird oder dass eine Flucht bevorsteht bzw. Vermögen verschleudert wird.

- Unterhaltsforderungen können als Geldforderungen auf dem Wege der *Betreibung* auf Pfändung geltend gemacht werden.
- Wer die Unterhaltspflicht nicht erfüllt, obwohl er die Mittel dazu hätte oder haben könnte, kann auf Antrag gemäss Art. 217 StGB *strafrechtlich* belangt und mit Gefängnis bestraft werden. Die Strafanzeige ist oft nicht sehr wirksam. Immerhin kann in gewissen Fällen die Motivation zur Unterhaltszahlung durch die Androhung einer Strafanzeige oder – nach einer bedingten Verurteilung – wegen der Angst vor einer unbedingten Strafe beeinflusst werden.

3.6   Durchsetzung von Ansprüchen gegen Personen

3.6.1   Überblick über das Zivilprozessrecht

Rechtsansprüche werden im materiellen Recht begründet und nach Regeln des formellen Rechts (Verfahrensrecht) durchgesetzt[471]. Das gilt auch für die in diesem Kapitel dargestellten privatrechtlichen Ansprüche wie z.B. Geld, Sach- oder Dienstleitungen aus Vertrag, wegen unerlaubter Handlung oder aus familienrechtlichen Tatbeständen.

Die Feststellung und Durchsetzung solcher privatrechtlicher Rechte und Pflichten folgt auf dem Wege des Zivilprozesses[472]. Das Zivilprozessrecht umfasst insoweit die Normen, die den Gang des Verfahrens der Erledigung privater Streitigkeiten regeln, wobei sowohl die Feststellung der entsprechenden Ansprüche (im sog. Erkenntnisverfahren) und in einem weiteren Sinne auch die Zwangsvollstreckung privatrechtlicher Ansprüche umfasst sind[473].

---

471 Siehe 1.8.3.

472 Für öffentlich-rechtliche Rechte und Pflichten, wie den Anspruch auf Sozialhilfe, steht dagegen der Verwaltungsweg und danach der Verwaltungsprozess offen (sog. öffentliches Prozessrecht), siehe 1.8.4. Im Strafprozess geht es ebenfalls nicht um eine privatrechtliche Streitigkeit, sondern um die Feststellung von Schuld und Strafe einer Person, weil sie eine bei Strafe verbotene Tat verübt hat. Für den Unterschied zwischen privatrechtlichen und öffentlich-rechtlichen Ansprüchen siehe VOGEL OSCAR/SPÜHLER KARL (2006), S. 33 ff.

473 Anders die herrschende Lehre, z.B. VOGEL OSCAR/SPÜHLER KARL (2006), S. 36, die nur die (noch) kantonal geregelten Normen der Zwangsvollstreckung zum Zivilprozessrecht zählen. Nach der hier vertretenen (funktionalen) Auffassung gehören auch die bundesrechtlich verankerten Regeln der Zwangsvollstreckung von Geldschulden (SchKG) zum Zivilprozessrecht im weiteren Sinne.

Der Staat gewährt für privatrechtliche Forderungen Rechtsschutz, da Selbsthilfe bis auf wenige Ausnahmen[474] verboten ist: Im entsprechenden Verfahren wird zunächst im Erkenntnisverfahren das Bestehen des streitigen Anspruchs festgestellt und dann wo nötig die Zwangsvollstreckung durch staatliche Organe vollzogen.

Im Zivilprozess stehen sich Klägerin und Beklagter gegenüber, die von einem Gericht die autoritative Feststellung von Ansprüchen erwarten. Die entsprechenden Verfahren sind derzeit noch nach kantonalen Normen geregelt, wobei ein Entwurf für eine Eidgenössische Zivilprozessordnung vorliegt[475]. Soweit es um die Durchsetzung einer Geldforderung geht, so ist das SchKG[476] anwendbar.

Gewöhnlich beginnt der Zivilprozess mit einem obligatorischen *Vermittlungsverfahren*[477], welches das Ziel verfolgt, eine Verständigung zwischen den Parteien zu bewirken, bzw. zu einem Klagerückzug oder eine Klageanerkennung zu bewegen.

Danach wird die Klage bei einem Gericht eingereicht, welches je nach kantonaler Gerichtsorganisation unterschiedlich heissen[478] und organisiert sein kann. Die Klage muss konkrete Anträge beinhalten und je nach Verfahren mehr oder weniger dicht begründet sein. Die Frage der Form und des Inhaltes einer Klage ist für die Prozesschancen von grosser Bedeutung und sollte daher im Regelfall mit Hilfe einer Anwältin / eines Anwalts, der möglichst mit den Regeln und Abläufen im entsprechenden Kanton vertraut ist, eingereicht werden.

Das Gericht prüft dann von Amtes wegen die formellen Voraussetzungen des Prozesses und seine Zuständigkeit.

Im eigentlichen Hauptverfahren muss die Klägerin die geltend gemachten Ansprüche begründen und Tatsachen behaupten, welche die Ansprüche belegen bzw. widerlegen sollen. Die Beklagte kann Abweisung der Klage beantragen, aber auch ihrerseits Ansprüche gegen die Klägerin geltend machen (sog. Widerklage)[479].

---

474 Notwehr und Notstand, siehe Art. 52 OR.

475 Die kant. Zivilprozessordnungen weichen in vielen Fragen voneinander ab, weshalb die nachfolgenden Ausführungen nur einen groben Überblick geben können. Siehe zum Stand der Gesetzgebung zur Eidg. ZPO: http://www.bj.admin.ch/bj/de/home/themen/staat_und_buerger/gesetzgebung/zivilprozessrecht.html (eingesehen am 19.11.2008).

476 Siehe dazu 3.6.2.

477 Dieses Vermittlungsverfahren findet teilweise vor Friedensrichterinnen statt, für das Arbeitsrecht sind in vielen, im Mietrecht in allen Kantonen spezielle Schiedsstellen eingerichtet, welche teilweise die Aufgabe von Friedensrichtern übernehmen, teilweise aber auch Entscheidkompetenzen haben.

478 Z.B. Bezirksgericht, Zivilgericht, Amtsgericht etc.

479 So werden z.B. bei Arbeitsprozessen, wo eine Arbeitnehmerin auf Auszahlung offener Überstundenguthaben klagt, oft vom Arbeitgeber widerklageweise Gegenansprüche auf Schadenersatz geltend gemacht.

Danach werden über die bestrittenen Tatsachen Beweise erhoben durch Urkunden, Befragungen, Augenschein oder auch Gutachten. Die Beweise sind im Regelfall durch die Parteien beizubringen bzw. zu beantragen.

Ist ein Fall entscheidreif, so fällt das Gericht ein Urteil, welches dann an obere Instanzen weitergezogen werden kann. In relativ vielen Fällen endet ein Prozess nicht mit einem Urteil, sondern einem Vergleich unter den Parteien, oder – seltener – einem Rückzug der Klage oder einer Klageanerkennung.

Die Berechtigte kann dann Vollstreckung des Rechts verlangen. Die Vollstreckung kann sich je nach Natur des Anspruchs sehr unterschiedlich gestalten: Die Vollstreckung von Geldforderungen ist im SchKG geregelt, diejenige anderer Forderungen wie Sach- oder Dienstleistungen ergibt sich primär aus den kantonalen Zivlprozessrechtsgesetzen.

Beispiele für Vollstreckungsarten:
- Geldforderungen werden so vollstreckt, dass dem Schuldner autoritativ Einkommensteile entzogen und Vermögensteile verwertet werden, die dann einen (meist kleinen) Teil der Schuld decken.
- Ausstehende persönliche Dienstleistungen, wie z.B. die Arbeitsleistung gemäss Arbeitsvertrag, können kaum je real vollstreckt werden; hier wird aber öfter Schadenersatz verlangt werden können.
- Forderungen nach Sachleistungen, wie zum Beispiel einem bezahlten, aber noch nicht gelieferten Möbelstück, können notfalls mit Polizeigewalt bei der Schuldnerin abgeholt werden.
- Beim Besuchsrecht von Kindern würde die Zwangsvollstreckung die polizeiliche Vorführung des Kindes beim Besuchsberechtigten bedeuten. Dem stehen aber das Kindeswohl und insoweit oft das Verhältnismässigkeitsprinzip entgegen, weshalb in solchen Fällen oft von der Zwangsvollstreckung abgesehen wird.

«Recht haben» und «Recht bekommen» sind nicht immer dasselbe, weil es manchmal rechtliche und tatsächliche Hürden gibt, sein Recht durchzusetzen: Neben dem zeitlichen und finanziellen Aufwand ist insbesondere daran zu denken, dass Abhängigkeitsverhältnisse zwischen Privaten einer Geltendmachung von Ansprüchen entgegenstehen können.

> Beispiel: Es bestehen oft grosse Hürden, bei bestehendem Arbeitsverhältnis Ansprüche gegen die Arbeitgeberin auf dem Rechtsweg durchzusetzen.

Die Rechtsordnung sieht verschiedene Regeln vor, die solche Hürden abbauen und damit allen Menschen den Zugang zum Gericht ermöglichen sollen: So sieht Art. 343 OR für Arbeitsstreitigkeiten bis zu einem Streitwert von 30 000 CHF ein einfaches und rasches Verfahren vor, bei welchem auf die Erhebung von Gerichtsgebühren verzichtet wird. Auch in Mietrechtsprozessen bestehen Erleichterungen[480]. Zudem besteht ein bedingter verfassungsmässiger Anspruch auf unentgeltliche Rechtspflege für Bedürftige (Art. 29 Abs. 3 BV)[481].

3.6.2   Überblick über die Durchsetzung von Geldforderungen

Die Durchsetzung von Geldforderungen[482] gegen den säumigen Schuldner richtet sich nach dem Bundesgesetz betreffend Schuldbetreibung und Konkurs, genannt SchKG, in Kraft seit 1889[483]. Das SchKG regelt das Verfahren und tariert die entgegengesetzten Interessen von Schuldner und Gläubigerin aus.

In historischer Zeit fiel ein Schuldner noch in Leibeigenschaft des Gläubigers (so im römischen Recht); noch bis ins 19. Jahrhundert konnte er immerhin in Haft gesetzt werden, bis er von einem Dritten «ausgelöst» wurde. Das SchKG verwirklicht demgegenüber bis zu einem gewissen Grad das Postulat des Schuldnerschutzes: Die Haftung beschränkt sich heute von vornherein strikte auf das Einkommen bzw. Vermögen des Schuldners und diesem wird das zur Existenzsicherung Notwendige an Vermögen und Einkommen belassen. Insoweit schützt ihn das Gesetz vor dem Zugriff des Gläubigers. Von Staates wegen werden im Vollstreckungsverfahren von Geldforderungen primär das Betreibungs- bzw. Konkursamt aktiv, überdies sind auch Zivilgerichte[484] in das Verfahren involviert.

---

480 Siehe 3.3.7.
481 Siehe Häfelin Ulrich/Haller Walter/Keller Helen (2008), S. 243 f.
482 Siehe weiterführend Verein für Schuldensanierung Bern (2005).
483 http://www.admin.ch/ch/d/sr/c281_1.html (eingesehen am 19.11.2008).
484 Die Namen variieren je nach Kanton: Amtsgerichte oder Bezirksgerichte sind dabei gängige Bezeichnungen für Gerichtsinstanzen mit (auch) zivilprozessualer Funktion.

3.6.2.1 Die Betreibungsarten

Man unterscheidet folgende Betreibungsarten:

- *Betreibung auf Pfändung:* Sie betrifft Schuldner, die nicht im Handelsregister eingetragen sind, also insbesondere handlungsfähige Privatpersonen[485]. Überdies werden Steuerschulden, Bussen, familienrechtliche Unterhaltsbeiträge und Sozialversicherungsbeiträge[486] in jedem Falle (also auch gegen Schuldner, die sonst der Konkursbetreibung unterliegen) auf dem Wege der Pfändung eingetrieben. Das Verfahren bei der Betreibung auf Pfändung nennt man Einzelexekution, weil nur so viel Vermögen und Einkommen des Schuldners beschlagnahmt (= gepfändet) wird, wie notwendig ist, um die zur Betreibung gebrachte Forderung plus Zinsen und Verfahrenskosten zu decken.
- *Betreibung auf Konkurs:* Ihr unterliegen alle mit bestimmten Eigenschaften[487] im Handelsregister eingetragenen Schuldnerinnen. Es geht dabei im Wesentlichen um private Kaufleute und Handelsgesellschaften (z.B. Aktiengesellschaft, Kollektivgesellschaften). Diese natürlichen und juristischen Personen unterliegen für Privat- und für Geschäftsschulden der Betreibung auf Konkurs[488].

Schon ein einzelner Gläubiger kann seinen Schuldner zum Konkurs bringen. Ist der Konkurs eröffnet, so führt der Konkurs zur Vollstreckung aller Gläubigerforderungen, wobei das gesamte Vermögen des Konkursiten herangezogen wird. Man spricht von Generalexekution.

- *Betreibung auf Pfandverwertung:* Bei Forderungen, die durch ein Pfand geschützt wurden[489], kann in einem verkürzten Verfahren von allen Schuldnern die Verwertung des Pfandes verlangt werden. Daraus wird die pfandgesicherte Forderung exklusiv befriedigt.

---

485 Urteilsfähige Unmündige und Entmündigte können im Rahmen ihrer erlaubten Berufs- und Geschäftstätigkeit bzw. ihres freien Vermögens (siehe dazu 3.5.3.2) selbständig betrieben werden. Ihren gesetzlichen Vertreterinnen ist aber ebenfalls ein Zahlungsbefehl zuzustellen. Gleiches gilt grundsätzlich für Beistände und Beirätinnen; siehe auch Art. 68 lit. c und d SchKG. Verheiratete Personen können dagegen alleine betrieben werden, ausser sie leben unter dem Güterstand der Gütergemeinschaft.

486 Siehe Art. 43 SchKG.

487 Siehe Art. 39 SchKG.

488 Für heute selten gewordene Forderungen aus einem Wechsel oder Cheque besteht zudem die Möglichkeit einer beschleunigten Form der Betreibung, die sog. Wechselbetreibung; siehe Art. 177 SchKG.

489 In der Praxis spielt vor allem die Sicherung von Krediten durch Grundpfänder (sog. Hypothek) eine enorme Rolle.

3.6.2.2   Das Betreibungsverfahren: ein Überblick

Das Betreibungsverfahren in der Schweiz ist unkompliziert, billig und (in der ersten Phase) ausserordentlich gläubigerfreundlich:

Eine Betreibung kann von jeder und jedem ohne Nachweis des behaupteten Guthabens und unter Sicherstellung der geringen Betreibungskosten[490] mit einem Betreibungsbegehren beim Betreibungsamt eingeleitet werden. Damit beginnt das sog. *Einleitungsverfahren:* Dem Schuldner wird ein Zahlungsbefehl zugestellt. Wenn der Schuldner diesen ohne Reaktion annimmt, so kann der Gläubiger nach einer bestimmten Zeit das Fortsetzungsbegehren stellen, mit dem dann je nachdem das Vollstreckungsverfahren zur Pfändung bzw. zum Konkurs beginnt.

Der Schuldner kann sich aber gegen den Zahlungsbefehl wehren, indem er innert 10 Tagen Rechtsvorschlag erklärt[491], womit das Betreibungsverfahren vorläufig still steht. In diesem Fall geht der Ball zurück an den Gläubiger, der nun diesen Rechtsvorschlag beseitigen muss: Soweit er für seine Forderung schriftliche Beweise hat, so kann er die Rechtsöffnung in einem einfachen und raschen Verfahren beim Gericht am Betreibungsort[492] verlangen. Ohne schriftliche Beweise für die Forderung muss er den kostspieligen Weg des ordentlichen Prozesses gehen und versuchen, dort die Existenz der Forderung zu beweisen[493].

Ist der Rechtsvorschlag beseitigt oder nie erhoben worden, so kann die Gläubigerin mit dem sog. Fortsetzungsbegehren das *Vollstreckungsverfahren* einleiten, das je nach Betreibungsart unterschiedlich ausgestaltet ist. Bezeichnend für das Verfahren ist, dass jeder Schritt von neuem von der Gläubigerin initiiert werden muss: So wird bei der Betreibung der Pfändung nach dem Fortsetzungsbegehren (Art. 88 SchKG) der Schuldnerin unverzüglich die Pfändung angekündigt (Art. 90 SchKG). Dann erfolgt die Pfändung. Auf Begehren der Gläubiger werden die gepfändeten Gegenstände schliesslich verwertet und die Gläubigerinnen werden aus dem Erlös ganz bzw. meist teilweise befriedigt.

---

490 Zur Höhe der Betreibungskosten siehe: Gebührenverordnung zum SchKG (GebV).
491 Siehe Art. 74 ff. SchKG.
492 Die definitive Rechtsöffnung kann verlangt werden, wenn für die Forderung ein Gerichtsurteil oder eine öffentlich-rechtliche Verfügung Grundlage ist; die sog. provisorische Rechtsöffnung kann bei anderen schriftlichen Beweisstücken der Forderung verlangt werden. Bei der provisorischen Rechtsöffnung steht dem Schuldner die sog. Aberkennungsklage offen: Dort muss er das Nichtbestehen der Schuld beweisen, wenn er die Sistierung der Betreibung aufrechterhalten will.
493 Siehe Art. 79 SchKG.

3.6.2.3   Schuldnerschutz und Schuldensanierung

3.6.2.3.1   Das betreibungsrechliche Existenzminimum

Dem Vollstreckungsziel entsprechend darf in einem Pfändungsverfahren nicht mehr gepfändet werden, als für die Forderungen der Gläubigerinnen samt Zins und Kosten benötigt wird. An erster Stelle werden bewegliche Sachen und Forderungen des Schuldners gepfändet.

Von der Pfändung sind zum Schutz des Schuldners Gegenstände zum persönlichen Gebrauch sowie die sogenannten Kompetenzstücke ausgenommen (Art. 92 SchKG)[494]:

Alle Vermögensstücke, die für den Schuldner und seine Familie zum Leben und zur Ausübung des Berufs unentbehrlich sind – wie Kleider, Tisch und Stühle, Kochgeschirr, Bett, Werkzeuge, Geräte, Instrumente, Bücher – sind nicht pfändbar.

Ebensowenig sind Gegenstände pfändbar, die einem Dritten gehören, wie z.B. eine ausgeliehene Nähmaschine oder ein geleastes Fahrzeug (bei diesem verbleibt das Eigentum beim Verkäufer). Falls Zweifel an den Eigentumsansprüchen des Dritten bestehen, kann der Gläubiger den Anspruch bestreiten und allenfalls Klage erheben.

Liegenschaften und Grundstücke werden nur gepfändet, wenn kein anderes Vermögen vorhanden ist oder wenn der Gläubiger und der Schuldner es gemeinsam verlangen.

Es darf auch vom Lohn nur jener Teil gepfändet werden, der das betreibungsrechtliche Existenzminimum des Schuldners übersteigt. Gleiches gilt für Einkommen, die lohnähnlichen Charakter haben, wie Unterhaltsbeiträge oder lohnersetzende Unfallversicherungs- oder Invalidenrenten.

Dem Schuldner verbleibt der Teil des Einkommens, der für den Schuldner und seine Familie unumgänglich notwendig ist (sog. Notbedarf). Der Betreibungsbeamte hat das gesetzlich geschützte Existenzminimum nach seinem Ermessen in jedem einzelnen Fall festzusetzen. Zu bestimmen ist dabei der tatsächliche, objektive Notbedarf des Schuldners und seiner Familie. Es bestehen heute Richtlinien, die bei der Bemessung berücksichtigt werden müssen und kantonal leicht voneinander abweichen können[495]. Die Lohnpfändung ist ausserdem zeitlich auf 12 Monate befristet.

---

494 Siehe vertiefend Amonn Kurt/Walther Fridolin (2008), S. 164 ff.
495 Siehe für den Kanton Zürich: http://www.schulden.ch/mm/ExistenzminimumZH.pdf und für den
      Kanton Bern: http://www.schuldenhotline.ch (eingesehen am 19.11.2008).

3.6.2.3.2   Einvernehmliche private Schuldenbereinigung
(Art. 333–336 SchKG)

Das SchKG sieht verschiedene Formen der Schuldenbereinigung vor, von besonderer Bedeutung für Privatschuldner ist der aussergerichtliche Nachlassvertrag im Sinne der einvernehmlichen privaten Schuldenbereinigung.

Bei einem entsprechenden Begehen bei der Nachlassrichterin wird zunächst geprüft, ob eine minimale Aussicht besteht, dass die Schulderin in der Lage ist, auf der Basis ihrer persönlichen und wirtschaftlichen Verhältnisse die Schulden zu sanieren.

Bei einem positiven Entscheid wird der Schuldnerin für drei Monate Stundung gewährt und ein Sachwalter eingesetzt. Dieser führt für die überschuldete Person Verhandlungen mit den Gläubigern und überwacht die Sanierung. Eine solche Schuldensanierung hat im Regelfall nur Aussicht auf Erfolg, wenn ein regelmässiges, gesichertes Einkommen besteht, das über den Notbedarf hinaus eine gewisse Schuldentilgung zulässt, und wenn die Gläubigerinnen bereit sind, auf einen Teil ihrer Forderungen zu verzichten.

3.6.2.3.3   Insolvenzerklärung (Privatkonkurs) [496]

Wenn eine private Schuldenbereinigung nicht möglich ist, so kann die sog. Insolvenzerklärung der Schuldensanierung dienen (Art. 197 SchKG). Nach dem Antrag der verschuldeten Person beim Konkursamt entscheidet das Gericht, ob der Konkurs durchgeführt werden kann oder ob eine einvernehmliche private Schuldenbereinigung in die Wege geleitet werden muss. Das Konkursverfahren kostet – je nach Anzahl der Gläubiger – rund Fr. 5000.–. Dieser Betrag muss als Vorschuss geleistet werden.

Wird der Konkurs eröffnet, fallen die bereits vollzogenen Pfändungen (auch die Lohnpfändungen) dahin. Bereits während des Konkursverfahrens kann die verschuldete Person wieder frei über ihr Einkommen verfügen, die Gläubiger erhalten für den nicht gedeckten Betrag ihrer Forderungen einen Konkursverlustschein.

Die Konkurseröffnung wird im Amtsblatt und/oder im offiziellen Publikationsorgan der Region veröffentlicht. Die Post der überschuldeten Person kann für den Zeitraum von sechs bis acht Wochen über das Konkursamt geleitet und dort kontrolliert werden. Bank- und Postkonten können gesperrt werden. Post und Elektrizitätswerk können für künftige Gebühren ein Depot verlangen. Der Vermieter ist berechtigt, innert angemessener Frist eine Kaution für rückständigen und laufenden Mietzins zu fordern.

Das Konkursamt fragt den Vermieter an, ob das bestehende Mietzinsdepot zur Deckung von Gläubigerforderungen freigegeben und ans Konkursamt überwiesen

---

496 Siehe vertiefend Amonn Kurt/Watlher Fridolin (2008), S. 348 f.

wird. Ist dies der Fall, kann seitens des Vermieters eine neue Kaution vom Mieter gefordert werden.

Vorhandene Wertgegenstände (Motorfahrzeuge, Antiquitäten, Stereoanlage, Fernseher etc.) werden durch das Konkursamt versteigert oder verkauft, der Erlös wird den Gläubigern verteilt.

In persönlicher Hinsicht hat der Privatkonkurs zur Folge, dass die Kreditwürdigkeit geschmälert ist und sich negativ auf die Wohnungs- und Stellensuche auswirken wird. Für verschuldete Personen mit B-/C-Bewilligung wird sich der Konkurs regelmässig nachteilig auf die Verlängerung resp. Umwandlung der Bewilligung auswirken.

Der Konkurs ist eine Totalliquidation von Schulden und Vermögen. Nach Abschluss des Konkursverfahrens bestehen die Schulden in Form von Konkursverlustscheinen weiter. Diese Verlustscheine verjähren erst nach 20 Jahren. Nach dem Konkurs kann die verschuldete Person aber erst dann wieder für Forderungen aus dem Konkurs betrieben werden, wenn sie zu neuem Vermögen gekommen ist oder über vermögensbildendes Einkommen verfügt. Neues Vermögen wird nach der Rechtsprechung auch angenommen, wenn die verschuldete Person allein oder mit dem Ehepartner zusammen ein Einkommen erzielt, das ihr ohne weiteres erlauben würde, Vermögen zu bilden.

Nach dem Konkurs kann die Gläubigerin aufgrund des Konkursverlustscheines eine neue Betreibung einleiten. Die verschuldete Person kann auf dem Zahlungsbefehl die Einrede des mangelnden Vermögens anbringen, soweit sie weder zu neuem Vermögen noch zu vermögensbildendem Einkommen gekommen ist. Unterlässt die verschuldete Person dies, kann ihr Lohn trotz Konkurs wieder bis auf das Existenzminimum gepfändet werden. Der Gläubiger kann sich gegen den Rechtsvorschlag wehren, indem er ein Rechtsöffnungsverfahren einleitet: Durch das Gericht wird festgestellt, ob neues Vermögen oder vermögensbildendes Einkommen (rückwirkend auf ein Jahr) vorhanden ist. Die Berechnung ist kantonal verschieden, geht aber von den Grundlagen des betreibungsrechtlichen Existenzminimums aus.

Fragen zum Schuldbetreibungs- und Konkursrecht

a)   Darf eine IV-Rente gepfändet werden?

b)   Berechnen Sie für sich persönlich das betreibungsrechtliche Existenzminimum. Verwenden Sie dafür die oben genannten Richtlinien.

c)   Wie beurteilen Sie die Forderung, Schuldnern auch das Existenzminimum pfänden zu können? Was spricht dafür, was dagegen?

d)   Wie wird der Erlös einer Pfändung verteilt, wenn mehrere Gläubiger und zu wenig Erlös vorhanden sind? Lesen Sie dazu die Artikel 219 und 220 SchKG.

e)   Welches sind die Vorteile, welches die Nachteile eines Privatkonkurses?

4 Die Person und ihr staatlicher Schutz

Literaturhinweis zum Sozialversicherungsrecht:
LOCHER THOMAS, Grundriss des Sozialversicherungsrechts, Bern 2003
KIESER UELI, Schweizerisches Sozialversicherungsrecht, St. Gallen 2008

Literaturhinweis zum Sozialhilferecht:
WOLFFERS FELIX, Grundriss des Sozialhilferechts, Bern 1993 (2. Auflage)

4.1 Einleitung (KURT PÄRLI)

Im vorliegenden Kapitel werden nach Ausführungen zur Sozialverfassung (S. 217 ff.) vier Felder staatlicher Schutznormen zugunsten schutzbedürftiger Personen herausgegriffen und erläuternd dargestellt:
- Sozialversicherungsrecht,
- Soziale Sicherheit von EU/EFTA-Ausländern/-innen,
- Sozialhilferecht,
- Kindesschutz- und Vormundschaftsrecht.

Der staatliche Schutz der Person ist selbstverständlich nicht auf diese vier Themen beschränkt. Vielmehr zieht sich der Schutz der Person wie ein roter Faden durch die ganze Rechtsordnung hindurch. Das zeigt sich insbesondere in den Grundrechten, aber auch in der Verankerung von Sozialschutzgedanken im Vertragsrecht, namentlich im Bereich Miete und Arbeit. In der sozialarbeiterischen Praxis spielen Rechtsfragen der Sozialversicherung, der Sozialhilfe, des Kindesschutzes und der Vormundschaft eine wichtige Rolle. Immer bedeutender werden die rechtlichen Fragen der sozialen Sicherheit von Personen aus dem EU- und EFTA-Raum. Alle vier Gebiete zeichnen sich durch eine sowohl für Laien wie Professionelle anspruchsvolle Normenvielfalt und Normendichte aus. Studierende der Sozialen Arbeiten können (und sollen) sich im Rahmen des Rechtsunterrichts während der Ausbildung grundsätzlich mit der Materie dieser vier Gebiete auseinandersetzen. Gefragt ist nicht die unreflektierte Aneignung von Detailwissen[497], sondern vielmehr die Kompetenz zum Überblick und ein grundsätzliches Verständnis.

---

497 Im Recht allgemein und insbesondere in den Rechtsgebieten der Sozialen Sicherheit haben Rechtsinformationen eine ausserordentlich kurze Halbwertszeit.

Wer in der Praxis mit *sozialversicherungsrechtlichen* Fragen konfrontiert wird, kann auf Informationen der einzelnen Sozialversicherungsträger[498] und auf zahlreiche Publikationen zum Sozialversicherungsrecht zurückgreifen[499]. Für Ausländerinnen und Ausländer aus dem EU- und EFTA-Raum finden die Bestimmungen des europäischen koordinierenden Sozialrechts Anwendung. Zu dieser Thematik fehlt es weitgehend an praxistauglichen Informationen der Behörden oder verständlicher Fachliteratur. Aus diesem Grunde widmen wir dieser Thematik ein eigenständiges Unterkapitel[500].

4.2   Verfassungsrechtlicher Überblick (Kurt Pärli)

4.2.1   Sozialverfassung Schweiz

In der Bundesverfassung kommt das Bekenntnis zum Sozialstaat an verschiedenen Stellen zum Ausdruck. Die Bundesverfassung ist (auch) eine Sozialverfassung.

- Unter dem Titel "Wohnen, Arbeit, Soziale Sicherheit und Gesundheit" (Art. 108–120 BV) enthält der Aufgabenkatalog des Bundes eine ganze Reihe von Gesetzgebungsaufträgen zum Schutze von Familien, Betagten, Kranken, Arbeitnehmerinnen und Arbeitnehmern usw.

- bei den Grundsätzen zur Wirtschaftsordnung (Art. 94 Absatz 2 BV) wird Bund und Kantonen die Verpflichtung auferlegt, zusammen mit der Wirtschaft zur Wohlfahrt und zur wirtschaftlichen Sicherheit der Schweiz beizutragen,

- im Grundrechtsteil (Art. 7–36 BV) sind verschiedene soziale Grundrechte enthalten, so etwa das individuelle Recht auf Hilfe in Notlagen (Art. 12 BV) sowie der Anspruch auf unentgeltliche Rechtspflege und auf einen unentgeltlichen Rechtsbeistand (Art. 29 Absatz 3 BV) oder der Anspruch von Kindern und Jugendlichen auf besonderen Schutz (Art. 11 BV),

- in Art. 41 sind mit der Revision von 1999 nach dem Vorbild verschiedener neuerer kantonaler Verfassungen in Form eines eigentlichen Katalogs *Sozialstaatsziele* aufgeführt.

---

498 Wir empfehlen die Interneteinstiegseite des Bundesamtes für Sozialversicherung www.bsv.admin. ch.

499 Siehe: Kieser Ueli, Schweizerisches Sozialversicherungsrecht, 2008, Widmer Dieter, Die Sozialversicherung in der Schweiz, 5. Auflage, Zürich 2005, Kaiser Rudolf, Akte Sozialversicherung, 15. Auflage, Zürich 2008 (erscheint jährlich).

500 Siehe hinten, Kapitel 4.4.

Das Sozialstaatsbekenntnis entnimmt sich bereits aus der Präambel: «Das Schweizervolk und die Kantone (…) gewiss, dass nur frei ist, wer seine Freiheit gebraucht, und dass die Stärke des Volkes sich misst am Wohl der Schwachen». Diese soziale Grundüberzeugung wird im Zweckartikel der Eidgenossenschaft, Art. 2 BV, wiederholt, indem die soziale Wohlfahrt als einer der Zwecke der Eidgenossenschaft aufgeführt wird. Auch die Verpflichtung zur Chancengleichheit (Art. 3 BV) hat Sozialstaatscharakter.

Eine auffallende Eigenart der schweizerischen Sozialverfassung liegt in einer Betonung der Subsidiarität staatlicher Hilfeleistungen gegenüber der Eigenverantwortung und der privaten Initiative. Auf dieses Prinzip weist u.a. Art. 6 der Bundesverfassung ausdrücklich hin: «Jede Person nimmt Verantwortung für sich selbst wahr und trägt nach ihren Kräften zur Bewältigung der Aufgaben in Staat und Gesellschaft bei.» Die Einführung dieser Bestimmung in die Bundesverfassung von 1999 durch die eidgenössischen Räte ist im Kontext der damaligen (und heute noch aktuellen) Finanzierungsprobleme der Sozialversicherungen zu verstehen[501]. Die Formulierung in Art. 6 enthält das alte liberale Postulat der Selbstverantwortung, dem aber durch den Teilsatz «trägt nach ihren Kräften» eine notwendige Relativierung beigefügt wird. Darüber hinaus verlangt Art. 6 BV, dass jede Person nach ihren Kräften zur Bewältigung der Aufgaben in Staat und Gesellschaft beitragen soll. Über die Selbstverantwortung hinaus wird eine Verantwortung für das Gemeinwohl gefordert. Selbstverantwortung und Gemeinsinn sind als moralischer Appell zu verstehen. Bei Art. 6 BV handelt es sich um eine *Grundwertnorm* und diese ist schon deshalb von den *Grundrechtsnormen* zu unterscheiden[502]. Insbesondere handelt es sich bei Art. 6 BV auch nicht um eine die Grundrechte kontrastierende justiziable *Grundpflichtnorm*. In den Vorarbeiten zur Verfassungsrevision wurde zunächst ein ganzer Katalog von Grundpflichten vorgeschlagen[503], im Ergebnis blieb jedoch nur der mehr appellativ zu verstehende Art. 6 BV übrig[504]. Trotz des fehlenden grundrechtlichen Gehalts oder besser des fehlenden Grundpflichtengehalts bleibt die Feststellung, dass die Betonung der Selbstverantwortung ein Ausdruck des schweizerischen Selbstverständnisses gerade auch in Bezug auf die Gestaltung des Sozialstaates darstellt[505]. Dem der schweizerischen Politik und Verfassung innewohnenden Verständnis eines «liberal-rechtsstaatlichen Sozialstaatsprinzips[506]» wird damit in Art. 6 BV recht präzise Ausdruck verliehen.

---

501 Zur Entstehungsgeschichte von Art. 6 BV siehe BERTSCHI MARTIN/ GÄCHTER THOMAS, 2000, S. 3 ff.
502 PÄRLI KURT, 2004, S. 47.
503 MAHON PASCAL, 2003, N 1 zu Art. 6 BV.
504 MAHON PASCAL, 2003, N4 zu Art. 6 BV.
505 PÄRLI KURT, 2005a, S. 11.
506 Die Formulierung stammt von MASTRONARDI PHILIPPE, 2001, S. 235, N 44.

Weder die Präambel noch die Zweckbestimmung noch Art. 6 BV und die Sozial-
zielbestimmung in Art. 41 BV sind justiziabel. Sie verleihen keine einklagbaren individuellen Rechte und verankern keine rechtlich verbindlichen Pflichten. Sie dienen
indes den Gerichten als Auslegungshilfe. Und im politischen Diskurs kann (und
soll) auf diese Bestimmungen Bezug genommen werden. Das verfassungsrechtliche
Bekenntnis zum Sozialstaat Schweiz ist klar[507]. Es wird bekräftigt durch die von der
Schweiz ratifizierten internationalen Übereinkommen wie den Internationalen Pakt
über wirtschaftliche, soziale und kulturelle Rechte[508] oder die zahlreichen Übereinkommen der Internationalen Arbeitsorganisation IAO[509].

4.2.2   Verfassungsgrundlagen

4.2.2.1   Verfassungsgrundlage Sozialversicherung

Die Bundesverfassung enthält Kompetenzbestimmungen und Gesetzgebungsauf-
träge, die das in Art. 41 Abs. 1 lit. a BV aufgeführte Sozialziel «Teilhabe an der Sozialen Sicherheit» näher ausführen[510].

Zu erinnern ist an dieser Stelle an die Hauptnorm zur Kompetenzverteilung zwischen dem Bund und den Kantonen, an Art. 3 der Bundesverfassung. Die Kantone
sind souverän, soweit ihre Kompetenz nicht durch die Bundesverfassung beschränkt
wird[511]. Im Kontext der Sozialversicherung bedeutet dies, dass jedes Tätigwerden des
Bundes im Bereich der Sozialversicherungen durch eine Kompetenznorm in der Verfassung legitimiert sein muss. Verfassungsänderungen bedürfen der Zustimmung des
Souveräns. Entsprechend wurde die Sicherung der Sozialrisiken in der Schweiz nicht
planmässig, sondern unkoordiniert zur Erfüllung dringender Bedürfnisse und entsprechend den Schwankungen der öffentlichen Meinung aufgebaut[512]. Auf- und Aus-
bau des Sozialversicherungsnetzes standen (und stehen) im Zentrum politischer Auseinandersetzungen[513]. Die Verfassungsinitiative, aber auch das Gesetzesreferendum
haben die Entwicklung und die Strukturen der Sozialversicherung massgeblich mitgeprägt[514].

---

507 Pärli Kurt, 2005a, S. 11 ff.
508 Siehe dazu Kapitel 2.
509 Siehe dazu den Überblick unter www.seco.admin.ch (eingesehen am 25.11.2008).
510 Locher Thomas, 2003, S. 84, N 4.
511 Siehe dazu Kapitel 1.
512 Tschudi Hanspeter, 1989, S. 128.
513 Siehe dazu umfassend Tschudi Hanspeter, 1989.
514 Maurer Alfred, 1993, S. 8.

In der Bundesverfassung von 1999 sind die folgenden Bestimmungen für die Sozialversicherung bestimmend:

- Art. 111 BV hält das für das schweizerische Sozialversicherungssystem charakteristische Dreisäulensystem der Alters- und Invalidenvorsorge fest. Die erste Säule soll den Existenzbedarf angemessen decken, während die zweite Säule die Fortsetzung des gewohnten Lebensstandards bezweckt und die dritte Säule die individuelle Ergänzung des Sozialversicherungsschutzes durch steuerbegünstigte private Vorsorge erlaubt[515]. Nach Art. 111 Abs. 2 BV verpflichtet sich der Bund, dafür zu sorgen, dass die erste und zweite Säule ihren Zweck dauerhaft erfüllen können.
- Art. 112 BV bildet Kompetenzgrundlage und Gesetzgebungsauftrag für die Alters- und Hinterlassenenversicherung sowie für die Invalidenversicherung.
- Art. 113 BV enthält den Gesetzgebungsauftrag für die Schaffung der obligatorischen beruflichen Vorsorge für Arbeitnehmerinnen und Arbeitnehmer.
- Art. 114 BV beinhaltet sowohl den Gesetzgebungsauftrag für die obligatorische Arbeitslosenversicherung für Arbeitnehmerinnen und Arbeitnehmer und eine freiwillige Versicherung für Selbständigerwerbende. Bis heute hat der Bund den zweiten Teil des Verfassungsauftrages (Arbeitslosenversicherung für Selbständigerwerbende) nicht erfüllt. Art. 114 BV bestimmt weiter, dass die Arbeitslosenversicherung grundsätzlich aus den Prämien der Versicherten und der Arbeitgebenden finanziert werden muss. Nur bei aussergewöhnlichen Umständen können Bund und Kantone zur ergänzenden Finanzierung herangezogen werden.
- Art. 116 BV ist die Grundlage für Bundesgesetz über die Familienzulage und für die Mutterschaftsentschädigung. Seit 1. Januar 2009 ist das Bundesgesetz über die Familienzulagen in Kraft. Damit besteht nun in der ganzen Schweiz eine einheitliche Ordnung der Familienzulagen. Der Verfassungsauftrag für die Schaffung einer *Mutterschaftsversicherung* besteht seit 1945 und wurde erst im Jahre 2005 mittels Integration eines Entschädigungssystems für erwerbstätige Mütter in den Sozialversicherungszweig Ersatzerwerbsordnung umgesetzt[516].
- Der Gesetzgebungsauftrag für die Schaffung einer Kranken- und Unfallversicherung ist in Art. 117 BV verankert.
- Lediglich in den Übergangsbestimmungen zur Bundesverfassung (dort in Art. 196 Ziffer 10) findet sich die Kompetenzgrundlage für die Ergänzungsleistungen zur AHV und IV. Die Ergänzungsleistungen sichern die Erreichung des verfassungsrechtlichen Ziels der Existenzgarantie auf der Basis einer AHV- oder

---

515 Dazu statt vieler Kieser Ueli, 2003, S. 66.
516 Zur leidvollen Geschichte der Entstehung einer Mutterschaftsversicherung siehe Locher Thomas, 2003, S. 82, N 18.

IV-Rente. Trotz ihrer Verankerung in den Übergangsbestimmungen haben die Ergänzungsleistungen eine prominente und dauerhafte Stellung im schweizerischen Sozialversicherungssystem erhalten[517].

Die Pflicht zur Schaffung von Sozialversicherungen ergibt sich auch aus für die Schweiz verbindlichen völkerrechtlichen Verträgen, so beispielsweise aus dem IAO-Übereinkommen Nr. 102 vom 28. Juni 1952 über die Mindestnormen der Sozialen Sicherheit[518] und dem Übereinkommen Nr. 128 über Leistungen bei Invalidität und Alter und an Hinterbliebene[519]. Solche Abkommen setzen für den Gesetzgeber verbindliche Aufträge zur Entwicklung und Ausgestaltung der Sozialversicherung bzw. Schranken des Um- und Abbaus[520]. Sind die Bestimmungen des Abkommens zudem hinreichend bestimmt und klar, um im Einzelfall direkte Grundlage einer richterlichen Entscheidung bilden zu schaffen, müssen Verwaltungsbehörden und Gerichte die völkerrechtlichen Normen im Einzelfall anwenden[521].

4.2.2.2   Verfassungsgrundlage für die Sozialhilfe

In der Bundesverfassung fehlt es an einer ausdrücklichen materiellen Bundeskompetenznorm für die Sozialhilfe[522]. Die Kompetenz der Kantone für den Bereich Sozialhilfe ergibt sich nicht aus Art. 115 Satz 1 BV, sondern aus der Generalkompetenz der Kantone zur Gesetzgebung in den Gebieten, in denen der Bund nicht zuständig ist (Art. 3 i.V.m. Art. 42 f. BV).

Die Bestimmung in Art. 115 BV lautet: «Bedürftige werden von ihrem Wohnkanton unterstützt. Der Bund regelt die Ausnahmen und die Zuständigkeiten». Art. 115 Satz 1 BV statuiert also die verfassungsrechtliche Verpflichtung der Kantone zur Unterstützung ihrer Einwohnerinnen und Einwohner am Wohnort. Diese wohnörtliche Unterstützung ist in der historischen Perspektive in erster Linie als Abkehr von der

---

517   CARIGET WERNER, 1998, S. 3, N 8.
518   Übereinkommen Nr. 102 vom 28. Juni 1952 über die Mindestnormen der Sozialen Sicherheit (mit Vorbehalten der Schweiz), SR 0.831.102.
519   Übereinkommen Nr. 128 vom 29. Juni 1967 über Leistungen bei Invalidität und Alter an Hinterbliebene, SR 0.831.105.
520   Siehe dazu Kapitel 2.9.1.
521   Siehe BGE 121 V 229 ff.
522   Das Bundesamt für Justiz kommt in einem Gutachten zum Schluss, es müsse zumindest derzeit angenommen werden, dass Art. 115 BV dem Bund im Bereich der Unterstützung Bedürftiger keine neuen Kompetenzen verschaffte, Art. 115 BV begründe daher für den Bund keine Rechtsetzungskompetenz, die den Erlass einer gesetzlichen Grundlage zur Ausrichtung von Ergänzungsleistungen für Familien im Sinne des Tessiner Modells rechtfertigen würde (Gutachten des Bundesamts für Justiz vom 11. Dezember 2001, in: JAAC-VPB, 66-23).

Unterstützung durch den Heimatkanton bzw. die Heimatgemeinde zu verstehen[523]. Der Bund hat von seiner Kompetenz zum Erlass von Kollisionsnormen für die unterstützungspflichtigen Kantone mit dem Erlass des Bundesgesetzes über die Zuständigkeit für die Unterstützung Bedürftiger vom 24. Juni 1977 Gebrauch gemacht (Zuständigkeitsgesetz, ZUG).

Eine zentrale Stellung nimmt das in Art. 12 BV verankerte Grundrecht auf Hilfe in Notlagen ein.

Für die Organisation und Ausrichtung der Soziahilfe, für die notwendigen Abklärungen und für Auflagen und Weisungen entfaltet die Verfassung für die Soziahilfe ihre *Schrankenfunktion*[524]. In der Verfassung verankerte Grundrechte wie der Schutz vor Willkür[525], Rechtsgleichheitsgebot»[526], Diskriminierungsverbot[527], der Schutz der Menschenwürde[528], das Recht auf Leben und persönliche Freiheit[529], der Schutz der Privatsphäre[530], das Recht auf Ehe und Familie[531] bieten über Art. 12 BV hinaus Schutz für Personen in wirtschaftlicher und/oder persönlicher Notlage[532]. Sozialhilfeempfängerinnen und -empfänger haben Anspruch auf gleichen Grundrechtsgenuss wie Personen, die keine Sozialhilfe beziehen. Das in Art. 8 Abs. 2 BV verankerte Verbot der Diskriminierung aufgrund der sozialen Stellung gilt es hier besonders zu beachten[533]. Die wirtschaftliche Lage gehört zur sozialen Stellung. In diesem Kontext kommt dem Grundrecht auf Hilfe in Notlagen die Stellung einer *Konkretisierung* des Diskriminierungsverbotes zu[534].

Zur Ausgestaltung der Sozialhilfe bietet die Verfassung erheblichen *Spielraum*. In einem jüngeren den Kanton Zürich betreffenden Entscheid[535] bestätigte das Bundesgericht seine Praxis der Rücksichtnahme auf die verfassungsmässige Kompetenzordnung im föderalistischen Bundesstaat[536]. Das Bundesgericht lehnte die staatsrechtliche Beschwerde wegen Verletzung verfassungsmässigen Rechts einer Bestimmung des

523 BLAISE KNAPP, 1987, Kommentar aBV, Art. 48, Rz. 1 ff..

524 AMSTUTZ KATHRIN, 2002, S. 126, 198, 210, 230, 253, 264, PÄRLI KURT, (Verfassungsrechtliche Aspekte), S. 51.

525 Art. 9 BV.

526 Art. 8 Abs. 1 BV.

527 Art. 8 Abs. 2 BV.

528 Art. 7 BV.

529 Art. 10 BV.

530 Art. 13 BV.

531 Art. 14 BV.

532 PÄRLI KURT, 2004, S. 53.

533 PÄRLI KURT, 2004, S. 53.

534 WALDMANN BERNHARD, 2003, S. 757.

535 BGE 130 I 82.

536 BGE 129 I 12 E. 3.2 S. 15; 125 I 71 E. 1c S. 76

Zürcher Sozialhilfegesetzes ab[537]. Die fragliche Norm sei der verfassungs- und völker-rechtskonformen Auslegung in vertretbarer Weise zugänglich[538].

4.2.2.3 Verfassungsgrundlagen für Kindesschutz und Vormundschaft

Kindesschutz und Vormundschaft sind im Schweizerischen Zivilgesetzbuch ZGB geregelt. Das ZGB bildet die Kodifikation des Zivilrechts ab. Nach Art. 122 Abs. 1 BV ist die Gesetzgebung auf dem Gebiete des Zivilrechts Sache des Bundes. Art. 122 Abs. 2 BV belässt den Kantonen die Autonomie für die Organisation der Gerichte, das gerichtliche Verfahren und die Rechtsprechung in Zivilsachen. Der Bund ist somit grundsätzlich zuständig für das *materielle* und die Kantone für das *formelle* Kindes-schutz- und Vormundschaftsrecht. Diese äusserlich richtige Einteilung erweist sich allerdings bei genauer Betrachtung als ungenau. Die Normen des ZGB im Vormund-schafts- und Kindesschutzrecht sind Eingriffsnormen. Damit stellt das Vormund-schafts- und Kindesschutzrecht, obwohl äusserlich dem ZGB zugehörend, der Sache nach öffentliches Bundesrecht dar[539]. Konsequenterweise ist denn auch die Hoheit der Kantone im Vormundschaftsverfahren eingeschränkt[540].

Ausgehend von seinem Charakter als Eingriffsrecht hat sich Vormundschafts- und Kindesschutzrecht an den Grundrechtspositionen der zu schützenden Kinder und Erwachsenen zu orientieren. Namentlich (aber nicht abschliessend) zu erwäh-nen sind das Recht auf persönliche Freiheit (Art. 12 BV) aber auch das Recht auf Hilfe und Betreuung in Notlagen (Art. 12 BV).

Zu den verfassungsrechtlichen Grundlagen des Kindesschutzes ist weiter der in Art. 11 BV verankerte Anspruch von Kindern und Jugendlichen auf besonderen Schutz ihrer Unversehrtheit und auf Förderung ihrer Entwicklung zu zählen[541].

---

537   Art. 5 Abs. 1 Satz 2 und § 5b Abs. 2 des Sozialhilfegesetzes Kanton Zürich.
538   BGE 130 I 82.
539   RIEMER HANS MICHAEL, 1997, S. 9.
540   Siehe hinten, 4.6.
541   Siehe REUSSER RUTH/LÜSCHER Kurt, 2002, N 9 zu Art. 11 BV.

4.3 Sozialversicherungsrecht

4.3.1 Rechtsquellen[542]

4.3.1.1 Gegenstand

Die Sozialversicherung deckt ein soziales Risiko ab – ein Ereignis, dessen zukünftiger Eintritt möglich, aber ungewiss ist – und gewährt Schutz gegen die wirtschaftlichen Folgen, wenn das Risiko eintritt. Sozialversicherungsrecht umfasst die Rechtsnormen zur Ausgestaltung und Durchführung der Sozialversicherungen.

Sozialversicherungsrecht ist fast ausschliesslich Bundesrecht. Kantonales Recht findet Anwendung im Bereich des Sozialversicherungsverfahrens[543], soweit dieses nicht durch Bundesnormen bestimmt ist. Materielles kantonales Sozialversicherungsrecht ist noch massgebend für die Familienzulagen[544], im Bereich der Krankenversicherung für die Ausgestaltung der Prämienverbilligung[545] und für die Höhe der Ergänzungsleistung[546]. Kantonales Recht ist weiter dort massgebend, wo die Bundesgesetze dem Kanton Vollzugsaufgaben übertragen[547].

4.3.1.2 Bundesgesetze und Verordnungen

Das Bundessozialversicherungsrecht findet sich in den folgenden zwölf Erlassen:

- Bundesgesetz vom 6.10.2000 über den Allgemeinen Teil des Sozialversicherungsrecht (ATSG, SR 830.01).
- Bundesgesetz vom 20.12.1946 über die Alters- und Hinterlassenenversicherung (AHVG, SR 831.10).
- Bundesgesetz vom 19.6.1959 über die Invalidenversicherung (IVG, SR 831.20).
- Bundesgesetz vom 19. März 1965 über Ergänzungsleistungen zur Alters-, Hinterlassenen- und Invalidenversicherung (ELG, SR 831.30).
- Bundesgesetz vom 25. Juni 1982 über die berufliche Alters-, Hinterlassenen- und Invalidenvorsorge (BVG, SR. 831.30).
- Bundesgesetz vom 18. März 1994 über die Krankenpflegeversicherung (KVG, SR 832.10).

---

542 Zu den Rechtsquellen zählen selbstverständlich auch die verfassungs- und völkerrechtlichen Grundlagen des Sozialversicherungsrechts, siehe dazu oben, 2 f.
543 Zum Verfahren siehe hinten, S. 2 ff.
544 Der Bund hat von seiner Kompetenzgrundlage für die Schaffung einer bundesrechtlichen Lösung erst kürzlich Gebrauch gemacht, siehe oben, S. 219.
545 Art. 65 f. KVG.
546 Art. 5 ELG.
547 Z.B Einführungsgesetze zum AHVG.

- Bundesgesetz vom 20. März 1981 über die Unfallversicherung (UVG, SR. 832.20).
- Bundesgesetz vom 19. Juni 1992 über die Militärversicherung (MVG, SR. 833.1).
- Bundesgesetz vom 25. September 1952 über den Erwerbsersatz für Dienstleistende und bei Mutterschaft (EOG, SR. 834.1).
- Bundesgesetz vom 20. Juni 1952 über die Familienzulagen in der Landwirtschaft (FLG, SR. 836.1).
- Bundesgesetz über Familienzulagen vom 24. März 2006 (FamZG, SR 836.2)
- Bundesgesetz über die obligatorische Arbeitslosenversicherung und die Insolvenzentschädigung (AVIG, SR. 837.0).

Suchen Sie die Verfassungsgrundlagen der aufgeführten Bundessozialversicherungsgesetze.

Stellen Sie fest, welche Frist jeweils zwischen Verfassungsauftrag und Bundesgesetz verstrichen ist. Versuchen Sie, diese Fristen auf der Grundlage Ihres Wissens aus anderen Modulen (Sozialpolitik, Sozialgeschichte u.Ä.) zu analysieren.

Die Normenvielfalt und Komplexität im Sozialversicherungsrecht ist bereits auf Gesetzesstufe beachtlich. Versicherungsunterstellung, Finanzierung und Ausgestaltung der Leistungen und die Vollzugsregeln werden in zahlreichen *Verordnungen*[548] und *Verwaltungsweisungen*[549] weiter konkretisiert. Für die Arbeit im Sozialversicherungsalltag sind diese Erlasse zum Teil wichtiger als das formelle Gesetzesrecht[550].

---

548 Die Verordnungen des Bundessozialversicherungsrechts finden sich allesamt in Teil 8 der Systematischen Sammlung des Bundesrechts, beispielsweise die Verordnung vom 20. Dezember 1982 über die Unfallversicherung (UVV) unter SR 832.112.

549 Nach Art. 76 Abs. 1 ATSG ist der Bund für die Überwachung der Durchführung der Sozialversicherungen zuständig. Der Bund delegiert diese Aufgabe den zuständigen Bundesämtern (Bundesamt für Sozialversicherung BSV für die AHV, IV, EL und EO, Bundesamt für Gesundheit für KV und UV, Staatssekretariat für Wirtschaft seco für die ALV), die ihrerseits Verwaltungsweisungen zur Sicherung der einheitlichen Rechtsanwendung erlassen. Für den Bereich AHV/IV/EO/EL sind die geltenden Verwaltungsweisungen auf dem Internet unter der Adresse www.bsv-vollzug.ch abrufbar.

550 Locher Thomas, 2003, S. 94, N 42.

4.3.1.3 Rechtsstaatliche Grundsätze

Über das Gesetzes- und Verordnungsrecht hinaus stellen schliesslich auch allgemeine Rechtsgrundsätze und Grundsätze rechtsstaatlichen Handelns wichtige Rechtsquellen des Sozialversicherungsrechts dar[551]. Im Sozialversicherungsrecht kommt den auf Verfassungsstufe festgehaltenen rechtsstaatlichen Grundregeln «Gesetzmässigkeitsprinzip», «Grundsatz des Handelns nach Treu und Glauben» sowie dem «Verhältnismässigkeitsgrundsatz» eine wichtige Bedeutung zu.

Nach dem Grundsatz der Gesetzmässigkeit (Legalitätsprinzip) müssen Sozialversicherungsleistungen, aber auch deren Entzug auf einer formal-gesetzlichen Grundlage beruhen. Die Auferlegung von Pflichten an versicherte oder anspruchsberechtigte Personen bedarf ebenfalls einer gesetzlichen Grundlage. Weitere Konsequenz des Legalitätsprinzips ist, dass Sozialversicherungsträger keine freiwilligen Leistungen ausrichten können, wie dies etwa Privatversicherungen aus Kulanzgründen zu tun pflegen.

Der Grundsatz des Handelns nach Treu und Glauben (Vertrauensschutz) schützt namentlich das berechtigte Vertrauen der Bürgerinnen und Bürger in behördliches Verhalten. Die Verwaltung, das gilt auch für alle an der Durchführung der Sozialversicherung beteiligten Organe, darf sich nicht widersprüchlich verhalten. Der Vertrauensschutz spielt in der Praxis eine wichtige Rolle, namentlich wenn Sozialversicherungsorgane Versicherten falsche Auskünfte erteilen. Unter den folgenden Voraussetzungen sind die Versicherten in ihrem Vertrauen auf die Richtigkeit der behördlichen Auskunft geschützt[552]:

- Eine Behörde muss in einer konkreten Situation in Bezug auf eine bestimmte Person gehandelt haben.
- Die Behörde muss für die Erteilung der fraglichen Auskunft zuständig gewesen sein oder die Bürgerin bzw. der Bürger durfte die Behörde mit guten Gründen als zuständig erachten.
- Die Bürger bzw. der Bürger konnte die Unrichtigkeit der Auskunft nicht ohne weiteres erkennen.
- Die Bürgerin bzw. der Bürger hat im Vertrauen auf die Richtigkeit der Auskunft Dispositionen getroffen, die nicht ohne Nachteil rückgängig gemacht werden können.
- Die gesetzliche Ordnung hat seit der Auskunftserteilung keine Änderung erfahren.

---

551 MAURER ALFRED, 1993, S. 25 ff.
552 Erstmals in BGE 106 V 143 Erw. 3, siehe weiter BGE 125 I 275, Erw. 4c, 127 I 36, Erw. 3a. Zur Ausdehnung dieser Rechtsprechung auf Fälle unrichtiger Beratung im Kontext der Beratungspflicht von Sozialversicherungsorganen siehe Kapitel 4.3.3.4.

Merkblätter mit falschen Angaben
Dürfen sich Bürgerinnen und Bürger auf die Richtigkeit von Informationen in
Merkblättern von Sozialversicherungsorganen verlassen? Mit dieser Frage musste
sich das Bundesgericht in BGE 109 V 52 auseinandersetzen. In Erw. 3b der Entscheidung steht:
b) Hinsichtlich der in Ziffer 1 genannten Voraussetzung ist festzustellen, dass ein
von der Verwaltung herausgegebenes fehlerhaftes Merkblatt in der Regel keine
vom materiellen Recht abweichende Behandlung zu begründen vermag, weil es
sich an einen unbestimmten Adressatenkreis richtet und eine Vielzahl von Sach-
verhalten betrifft (vgl. Gueng, Zur Verbindlichkeit verwaltungsbehördlicher Auskünfte und Zusagen, ZBl 71 S. 475 ff.). Verlangt der Bürger aber zu einer bestimmten, ihn betreffenden Frage eine Auskunft und erteilt ihm die Behörde diese in
Form der Abgabe eines Merkblattes (oder einer ähnlichen behördlichen Information), kann damit eine individuell-konkrete Zusicherung verbunden sein.
Trifft dies zu, kann sich der Betroffene auf die Unrichtigkeit der Auskunft berufen, sofern die übrigen Voraussetzungen des Vertrauensschutzes erfüllt sind.
Was halten Sie von dieser Entscheidung? Lesen Sie dazu auch Art. 27 Abs. 1
ATSG.

Der Verhältnismässigkeitsgrundsatz bindet alle staatlichen Institutionen. Erstmals
wandte das Eidgenössische Versicherungsgericht EVG den Verhältnismässigkeitsgrundsatz 1968 an. Ein Versicherter hatte während eines Krankheitsfalls ein Restau-
rant besucht und die Ortsgrenze überschritten, obwohl die Statuten der Krankenkasse
ein solches Verhalten aus Gründen der Schadenminderungspflicht untersagten. Die
Krankenkasse entzog dem Versicherten daraufhin sämtliche Krankengeldleistungen.
Das EVG hielt fest, eine Sanktion müsse in einem vernünftigen Verhältnis zum von
der Kasse verfolgten Zweck und zum Verschulden des Versicherten stehen. Die Kasse
musste in der Folge eine mildere, den Verhältnissen angepasste Massnahme anordnen[553]. Nach der Gerichtspraxis müssen schwere Rechtsnachteile als Folge pflichtwid-
rigen Verhaltens den Versicherten vorgängig ausdrücklich aufgezeigt werden[554]. Der
Grundsatz verhältnismässiger Auferlegung von Mitwirkungspflichten und Schadenminderungspflichten findet sich heute in den Art. 21 Abs. 4 und 43 Abs. 3 des ATSG.

---

553 EVGE 1968, S. 160.
554 ARV 1993/1994 Nr. 32, S. 234 Erw. 2a.

4.3.1.4 Weitere Rechtsquellen

Die Durchführung der Sozialversicherungen erfolgt in der Regel nicht durch die staatliche Zentralverwaltung, sondern durch ausgelagerte Verwaltungseinheiten (z.B. Ausgleichskassen) oder im Bereich der Krankenversicherung und beruflichen Vorsorge durch Organisationen in Privatrechtsform (Vereine, Genossenschaften, Stiftungen). Stiftungsurkunden, Statuten und Reglemente der Versicherer bilden bedeutsame Rechtsquellen der Sozialversicherung.

Auch Verträge können Rechtsquellen der Sozialversicherung darstellen. In vielen Zweigen der Sozialversicherung werden Leistungen durch Personen erbracht, die nicht zum Versicherer gehören, etwa durch Spitäler und Ärztinnen oder Ärzte im Bereich der Kranken- und Unfallversicherung. Die Beziehungen zwischen dem Sozialversicherer und den Leistungserbringern ist grundsätzlich auf vertraglicher Basis geregelt. Auch *Vertragsrecht* ist deshalb relevant. Die vertraglichen Beziehungen werden dabei nicht frei, sondern im Rahmen der gesetzlichen Vorgaben ausgestaltet. So enthält Art. 35 f. bsw. einen so genannten Kontrahierungszwang. Das bedeutet, Krankenversicherer sind gezwungen, mit allen zugelassenen Ärzten und Ärztinnen einen Vertrag abzuschliessen[555].

Eine nicht zu unterschätzende, aber vielfach wenig bekannte Rechtsquelle bildet weiter das *Versicherungsvertragsgesetz* (VVG), das namentlich im Bereich der Zusatzversicherung zur obligatorischen Krankenpflegeversicherung[556], der Krankentaggeldversicherung nach VVG[557] und auch im Bereich der weitergehenden beruflichen Vorsorge Sozialversicherungsrecht ergänzt bzw. verdrängt. Privatversicherungsrecht hat im Bereich der Sozialversicherung auch eine lückenfüllende Funktion. So finden nach der Rechtsprechung die Regeln der Anzeigepflichtverletzung nach den Art. 4 ff. VVG mangels statutarischer oder reglementarischer Regelung auch im Bereich der freiwilligen Krankentaggeldversicherung[558] oder der weitergehenden beruflichen Vorsorge Anwendung[559].

---

555 Dieser Vertragszwang ist allerdings politisch umstritten.
556 Siehe Art. 12 Abs. 3 KVG.
557 Die freiwillige Taggeldversicherung nach KVG (Art. 67 ff.) ist von derjenigen nach VVG strikt zu unterscheiden.
558 BGE 125 V 292.
559 BGE 119 V, Erw. 287 Erw. 5a.

Langdauernde krankheitsbedingte Arbeitsunfähigkeit und Taggeldversiche-
rungen
Arbeitgebende und Arbeitnehmende können gemäss Art. 324a Abs. 4 OR durch
schriftliche Vereinbarung von der gesetzlichen Lohnfortzahlung bei Krankheit
abweichen. Viele Unternehmungen machen davon Gebrauch und versichern den
Erwerbsausfall mittels einer Krankentaggeldversicherung. Es kommen Lösungen sowohl nach KVG oder VVG in Frage. Bei beiden Versicherungsarten stellt
sich die Frage, ob bei andauernder Krankheit nach Ende des Arbeitsverhältnisses
weiterhin ein Anspruch auf Krankentaggelder der Kollektiv-Krankentaggeldversicherung besteht. Das Bundesgericht hat im Entscheid BGE 127 V 106 festgehalten, bei einer Taggeldversicherung nach KVG gehe der Anspruch auf Taggelder mit dem Ausscheiden der versicherten Person aus dem Kreis der Versicherten
unter. Das heisst, über das Ende des Arbeitsverhältnisses hinaus besteht keine
Leistungspflicht der Kollektiv-Krankentaggeldversicherung[560].
Anders verhält es sich bei einer Taggeldversicherung nach VVG. Da das VVG keine
Bestimmung enthält, welche die Leistungsdauer auf das Ende des Arbeitsverhältnisses beschränkt, besteht grundsätzlich ein Leistungsanspruch des Arbeitnehmers auch für die Zeit danach, falls er weiterhin aufgrund derselben Krankheit
arbeitsunfähig ist. Gemäss BGE 127 lll 106 besteht diese Pflicht der Versicherung
jedoch nur «en l'absence de clauses conventionnelles limitant ou supprimant le
droit aux prestations au delà de la periode de couverture». Die Versicherung hat
also das Recht, im Kollektiv-Versicherungsvertrag ihre Leistungspflicht auf das
Ende des Arbeitsverhältnisses zu begrenzen. Tut sie dies, so hat der Arbeitnehmer darüber hinaus grundsätzlich keinen Anspruch auf Taggelder. Im erwähnten
Bundesgerichtsentscheid hat der Versicherer seine Leistungsdauer nicht auf das
Ende des Arbeitsverhältnisses beschränkt, weshalb nach wie vor kranke Arbeitnehmer und Arbeitnehmerinnen weiterhin Anspruch auf Taggelder der Kollek-
tiv-Taggeldversicherung haben.

---

560 Siehe aber Art. 71 KVG (Übertrittsrecht der versicherten Person in die Einzelversicherung).

4.3.2 Übersicht «Versicherte Risiken, versicherte Personen, Finanzierung und Leistungen»

4.3.2.1 Vorbemerkungen

Die Sozialversicherungen spielen im System der Sozialen Sicherheit eine zentrale Rolle. Und es wurde bereits erwähnt: Die Sozialversicherungen der Schweiz wurden in der Schweiz nicht planmässig, sondern unkoordiniert zur Erfüllung dringender Bedürfnisse und entsprechend den Schwankungen der öffentlichen Meinung aufgebaut[561]. Die Komplexität erschöpft sich nicht im Nebeneinander der zehn Sozialversicherungszweige in den insgesamt elf bundesgesetzlichen Erlassen (elf Einzelgesetze sowie das ATSG). Vielfalt bildet auch das Merkmal bezüglich Versichertenunterstellung, Durchführungsstellen, Organisationsformen, Verfahrensabläufen und Gerichtsbarkeit. Seit dem Inkrafttreten des ATSG hat sich die Ausgangslage insofern verbessert, als wichtige Begriffe wie «Arbeitsunfähigkeit», «Krankheit», «Unfall» für alle Einzelgesetze gleich definiert, einheitliche Regeln für die Koordination von Sozialversicherungsleistungen eingeführt und Verfahrensabläufe harmonisiert wurden.

Angesichts dieser Ausgangslage muss das Unternehmen, im Rahmen dieses Lehrbuches den Studierenden auf wenigen Seiten das relevante Sozialversicherungsrecht umfassend darzustellen, zwangsläufig scheitern. Aus diesen Gründen folgt lediglich ein kurzer und nicht vollständiger Überblick der einzelnen Sozialversicherungen hinsichtlich Versicherte, Leistungen und Finanzierung. Anschliessend werden ausgewählte Aspekte des Sozialversicherungsrechts wie das Verhältnis des ATSG zu den Einzelgesetzen, die Schadenminderungspflicht der Versicherten, Verfahrensfragen und die Beratungs- und Informationspflicht der Sozialversicherungsträger thematisiert.

Das Unternehmen einer umfassenden Darstellung im Rahmen dieses Lehrbuches wäre auch deshalb nicht sinnvoll, weil das Sozialversicherungsrecht einem raschen Wandel unterliegt. Leistungen und Prämien werden angepasst oder neue Hilfsmittel oder Therapien finden Eingang in die einschlägigen Leistungskataloge der Invaliden- oder Krankenversicherung. Zudem reagiert der Gesetzgeber in manchmal erstaunlichem Tempo, um nicht zu sagen in unvorteilhafter Hektik, auf tatsächliche oder politisch aufgebauschte Finanzierungsprobleme der gesamten Sozialversicherung oder einzelner Sozialversicherungszweige[562].

---

561 Tschudi Hans Peter, 1989, S. 128.
562 Ein Lehrstück dazu bildet die 5. IV-Revision. Zur Lösung der dringenden Finanzierungsprobleme hat der Gesetzgeber in kürzester Zeit neue Massnahmen wie die Früherfassung und Frühintervention eingeführt, ohne sorgfältig zu prüfen, ob diese Massnahmen denn tatsächlich den gewünschten Effekt bringen werden.

4.3.2.2 Versicherte Risiken

In der Sozialversicherung sind die folgenden sozialen Risiken versichert[563]:

- Alter,
- Tod,
- Invalidität,
- Krankheit und Berufskrankheit,
- Mutterschaft,
- Unfall und Berufsunfall,
- Arbeitslosigkeit, Kurzarbeit, Zahlungsunfähigkeit des Arbeitgebers und witterungsbedingte Arbeitsunfälle.

Unter dem Begriff *Alter* ist das Erreichen einer durch Gesetz oder eine andere Rechtsquelle festgesetzte Altersgrenze zu verstehen[564]. Das Risiko «Alter» verwirklicht sich, ohne dass eine Einschränkung des Gesundheitszustandes oder der Erwerbstätigkeit vorliegen muss. «Alter» bildet Gegenstand der AHV, Beruflichen Vorsorge (BV) und der Militärversicherung (MV).

Sozialversicherungsrechtlich ist für den *Todesbegriff* der irreversible Ausfall der Gehirnfunktionen massgebend. Tritt der Tod ein, so sind die gesetzlichen Leistungen fällig. Die AHV und die BV leisten dabei unabhängig von der Todesursache. Die UV hingegen richtet bei Suizid die Todesfallleistungen nur dann aus, wenn der Suizid bei völliger Urteilsunfähigkeit ausgeübt wurde[565]. Nochmals anders ist die Situation in der MV. Diese erbringt die Todesfallleistungen, wenn ein Kausalzusammenhang zwischen der Tat und einer durch das Militär hervorgerufenen psychischen Verfassung nachgewiesen werden kann. Völlige Urteilsunfähigkeit ist nicht Voraussetzung[566].

Das Risiko *Invalidität* ist in der Invalidenversicherung (IV), der BV, der Ergänzungsleistung (EL), der Unfallversicherung (UV) und der MV versichert. Für all diese Sozialversicherungen gilt der Invaliditätsbegriff nach Art. 7 und 8 ATSG. Erstes Tatbestandselement ist eine Beeinträchtigung der körperlichen oder geistigen Gesundheit. Invalid im sozialversicherungsrechtlichen Sinne ist aber nur, wer aufgrund der gesundheitlichen Beeinträchtigung eine Erwerbseinbusse erleidet. Der Invaliditätsbegriff ist relativ und funktional. Das bedeutet, der Versicherungsfall tritt ein, wenn die für die Begründung des Anspruchs auf eine bestimmte Leistung erforderliche Art und Schwere der Einschränkung erreicht ist. Für berufliche Massnahmen der IV genügt

---

563 Die Liste ist zu ergänzen mit familienbedingten Mehrkosten, die im Rahmen der mehrheitlich kantonalen Kinder- und Familienzulagesysteme abgegolten werden.
564 Kieser Ueli/Riemer-Kafka Gabriela, 2003, S. 19.
565 Art. 48 UVV:
566 Siehe Art. 4 MVG.

unter Umständen bereits eine drohende gesundheitsbedingte Erwerbseinbusse, während die notwendige Erwerbsunfähigkeit für den Anspruch auf eine IV-Rente erst nach zumutbarer Behandlung oder Eingliederung und Verwertung der Arbeitskraft auf dem in Betracht kommenden ausgeglichenen Arbeitsmarkt errechnet werden kann[567].

Eine *Krankheit* liegt vor bei einer Störung des physischen oder psychischen Wohlbefindens (Definition der WHO). Sozialversicherungsrechtlich ist der Krankheitsbegriff in Art. 3 ATSG definiert: «*Krankheit ist jede Beeinträchtigung der körperlichen, geistigen oder psychischen Gesundheit, die nicht Folge eines Unfalles ist und die eine medizinische Untersuchung oder Behandlung erfordert oder eine Arbeitsunfähigkeit zur Folge hat*». Ob beispielsweise eine Störung eine Behandlung erfordert, ist Ermessensfrage. Die Rechtsprechung hat eine Krankheit bspw. bejaht bei Drogensucht[568], Unfruchtbarkeit[569], verneint jedoch bei «Altsein» ohne konkrete Behandlungsbedürftigkeit[570]. Das Risiko *Krankheit* ist in der Krankenversicherung (KV) und in der MV versichert. Die *Berufskrankheit* ist in der UV versichert und ist eine Krankheit, die bei der beruflichen Tätigkeit ausschliesslich oder vorwiegend durch schädigende Stoffe oder bestimmte Arbeiten verursacht worden ist (Art. 9 Abs. 1 UVG) oder wenn nachgewiesen worden ist, dass sie ausschliesslich oder stark überwiegend durch die berufliche Tätigkeit verursacht worden ist (Art. 9 Abs. 2 UVG).

Mutterschaft umfasst nach Art. 5 ATSG Schwangerschaft und Niederkunft sowie die nachfolgende Erholungszeit der Mutter. Die Niederkunft bildet das versicherte Risiko für die Ausrichtung der Mutterschaftsentscheidung nach der Ersatzerwerbsordnung (EO).

Das Risiko *Unfall* ist in der UV, der MV und subsidiär in der KV[571] versichert. Als Unfall gilt eine schädigende Einwirkung auf den Körper, die

- plötzlich erfolgt,
- nicht beabsichtigt ist,
- ungewöhnlich ist
- und von aussen auf den menschlichen Körper einwirkt.

---

567   Art. 7 ATSG in Verbindung mit Art. 16 ATSG.
568   BGE 112 V 26.
569   BGE 121 V 293.
570   BGE 123 V 44.
571   Die obligatorische Krankenversicherung nach KVG versichert grundsätzlich auch das Unfallrisiko. Die Deckung für Unfälle kann allerdings für Versicherte, die als Arbeitnehmende der obligatorischen Unfallversicherung unterstehen, sistiert werden (Art. 8 KVG).

Zwischen dem Unfallereignis und der Körperschädigung muss ein so genannter adäquater Kausalzusammenhang vorliegen[572].

Das Risiko *Arbeitslosigkeit* ist ausschliesslich in der ALV gedeckt. Arbeitslosigkeit liegt vor, solange die versicherte Person in keinem Arbeitsverhältnis steht, eine Arbeit sucht, sich beim Arbeitsamtes des Wohnsitzes zur Arbeitsvermittlung meldet und durch den Arbeitsausfall auch einen Erwerbsausfall erleidet. Arbeitslos ist auch, wer eine Teilzeitbeschäftigung ausübt, jedoch vollzeitlich arbeiten möchte und arbeiten kann. In der ALV sind zusätzlich die Risiken *Kurzarbeit, Zahlungsunfähigkeit des Arbeitgebers* und *witterungsbedingte Arbeitsausfälle* versichert.

Invaliditätsbegriff

Der Begriff «Invalidität» im Sinne der Legaldefinition von Art. 7 und 8 Abs. 1 ATSG enthält drei Elemente:

ein medizinisches Element (Gesundheitsschaden),

ein wirtschaftliches Element (Auswirkungen auf die Erwerbsfähigkeit)

und den Kausalzusammenhang zwischen dem medizinischen und dem wirtschaftlichen Element.

Nach der Rechtsprechung stellt «Sucht» als solche in der Invalidenversicherung keinen die Erwerbsfähigkeit beeinträchtigenden Gesundheitsschaden dar. Das EVG hat diese umstrittene Rechtsprechung mit Entscheid vom 31. Januar 2000 i.Sa.M.P. bestätigt:

Art. 4 IVG. Die Drogensucht kann nicht für sich allein, sondern nur in Verbindung mit einem die Erwerbsfähigkeit beeinträchtigenden geistigen oder körperlichen Gesundheitsschaden mit Krankheitswert, der zur Sucht geführt hat oder als deren Folge eingetreten ist, eine Invalidität gemäss Art. 4 IVG begründen (Bestätigung der Rechtsprechung). Therapie und soziale Rehabilitation sind keine selbständigen Zielsetzungen der IV, für die gesetzlich umschriebene Leistungen ausgerichtet werden können.

Welche Folgen hat diese Rechtsprechung für die Praxis?

4.3.2.3   Versicherte Personen

Nicht alle in der Schweiz wohnhaften Personen gehören in allen Sozialversicherungen zu den versicherten Personen. Grundsätzlich ist zwischen *Volksversicherungen* und *Arbeitnehmerversicherungen* zu unterscheiden. Zur Kategorie der Volksversicherungen gehören die AHV, die IV, die EO und die KV. Die Versicherungen knüpfen für

---

572   Siehe bspw. BGE 122 V 416 ff.

die Bestimmung der versicherten Personen an den Wohnsitz an. Wer Wohnsitz im Sinne der Art. 23 ff. ZGB hat, gehört in den genannten Versicherungen zum Kreis der versicherten Personen. Umstritten ist, wie weit illegal in der Schweiz lebende Personen ebenfalls Versicherte dieser Sozialversicherungen sein können. Gemäss einer Weisung des Bundesamtes für Sozialversicherung (BSV) vom 19. Dezember 2002 sind die Krankenversicherer unter Strafandrohung verpflichtet, Personen ohne gültige Ausweispapiere, die im Übrigen die Voraussetzung des Art. 24 ZGB erfüllen, in die obligatorische Krankenversicherung aufzunehmen[573].

Zu den obligatorischen *Arbeitnehmerversicherungen* gehören die ALV, die BV und die UV, wobei es zu präzisieren gilt, dass nicht alle Arbeitnehmenden in der BV versichert sind. Voraussetzung ist, dass ein jährlicher Mindestverdienst von Fr. 19 350.– erzielt wird. Als eine Versicherung für erwerbstätige Mütter ist die in die EO integrierte Mutterschaftsentschädigung konzipiert.

Ausserhalb der Volks- und Arbeitnehmerversicherung knüpfen die MV und die EO an eine Funktion an, um den Kreis der versicherten Personen zu bestimmten (Militärdienst, Zivildienst, ziviler Ersatzdienst, Jugend + Sport-Kursleitende usw.).

4.3.2.4   Finanzierung

Die Sozialversicherungen werden entweder durch die öffentliche Hand und/oder durch die Prämien bzw. Beiträge der Versicherten oder Arbeitgeber finanziert. Ausschliesslich durch die öffentliche Hand finanzieren sich die MV und die EL. Bei den durch Prämien (mit)finanzierten Sozialversicherungen ist zwischen den folgenden Konstellationen zu unterscheiden:

- Die Versicherten leisten einkommensunabhängige Prämien: Dieses Modell ist massgeblich in der Krankenversicherung.
- Arbeitnehmende und Arbeitgebende leisten einkommensabhängige Beiträge: Diese Aufteilung gilt für die UV, ALV, AHV/IV/EO und die BV, Beitragssubstrat bildet der massgebende Lohn.
- Selbständig Erwerbende entrichten Beiträge an die AHV/IV/EO auf der Grundlage ihres Einkommens.
- Nichterwerbstätige entrichten Beiträge an die AHV/IV/EO auf der Basis ihres Vermögens.

Zu ergänzen gilt, dass sich Bund und Kantone in der Krankenversicherung durch die Prämienverbilligung für Versicherte in bescheidenen wirtschaftlichen Verhältnissen an der Finanzierung der Versicherung mitbeteiligen.

---

573 Kreisschreiben des BSV vom 19. Dezember 2002 an die Krankenversicherer.

Selektive Prämienverbilligung

Eine kantonale Regelung zur Prämienverbilligung sieht vor:

§ 11 Kurzaufenthalter

Ausländer und Ausländerinnen mit einer Aufenthaltsbewilligung, die weniger als zwölf Monate gültig ist, haben keinen Anspruch auf Prämienverbilligung.

Für das Bundesgericht verstösst diese Regelung nicht gegen die Rechtsgleichheit.

Aus BGE 122 I 343:

Art. 65 KVG verlangt nicht, dass von Bundesrechts wegen alle obligatorisch Versicherten ohne Rücksicht auf die Dauer ihres Aufenthalts und die Intensität ihrer Beziehung zur Schweiz in den persönlichen Geltungsbereich der Prämienverbilligung fallen (E. 3). Es verstösst weder gegen Art. 65 KVG noch gegen Art. 4 BV, Saisonniers und Kurzaufenthalter von der Prämienverbilligung auszuschliessen (E. 4).

Wie beurteilen Sie diese Entscheidung im Lichte von Art. 8 Abs. 2 BV?

4.3.2.5   Leistungen[574]

Die Leistungen der einzelnen Sozialversicherungen lassen sich nach verschiedenen Kriterien katalogisieren, wobei zu bemerken ist, dass die gleiche Leistungsart nicht selten von mehr als einer Sozialversicherung ausgerichtet wird. Koordinationsfragen und -probleme sind die Folge. Geläufig ist eine Aufteilung zwischen Sachleistungen und Geldleistungen[575].

Nach Art. 14 ATSG stellen insbesondere die Heilbehandlung, die Hilfsmittel und die individuellen Eingliederungsmassnahmen und Aufwendungen für Krankentransporte und Ähnliches *Sachleistungen* dar. Heilbehandlungsleistungen werden in der Krankenversicherung nur ausgerichtet, wenn die Behandlung wirksam, zweckmässig und wirtschaftlich ist[576]. Berufliche Eingliederungsmassnahmen kennen die IV und die MV. In Frage kommen insbesondere Berufsberatung, Arbeitsvermittlung, Umschulung, Kapitalhilfe und Sonderschulung. Die IV hat das Leistungsangebot im Rahmen der fünften IV-Revision durch die Früherkennung und Frühbehandlung ergänzt. Berufliche Eingliederungsmassnahmen kennt auch die ALV[577] (Einarbei-

---

574   Die bereits weiter oben (S. 229 f.) angebrachten Einschränkungen bezüglich Vollständigkeit der Darstellung des Sozialversicherungsrechts gelten erst recht für den Bereich der Leistungen. Gerade hier sind in der Praxis der Blick ins Gesetzes- und Verordnungsrecht sowie allenfalls eine ergänzende Konsultation der Verwaltungsweisungen absolut unumgänglich.

575   So bspw. Locher Thomas, 2003, S. 205 ff.

576   Art. KVG 32.

577   Art. 59 ff. AVIG.

tungs- und Ausbildungszuschüsse, Förderung der selbständigen Erwerbstätigkeit und Förderung der Arbeit ausserhalb der Wohnregion).

Auch der Begriff *Geldleistungen* ist im ATSG definiert: «*Geldleistungen sind insbesondere Taggelder, Renten, jährliche Ergänzungsleistungen, Hilflosenentschädigungen und Zulagen zu solchen, nicht aber der Ersatz für eine von den Versicherten zu erbringende Sachleistung*». Geldleistungen umfassen im Wesentlichen ein Ersatzeinkommen für vermindertes oder weggefallenes Erwerbseinkommen oder ein Zusatzeinkommen, wenn als Folge des Eintritts eines in der Sozialversicherung versicherten Risikos (zusätzliche) finanzielle Lasten anfallen[578]. Geldleistungen werden an einzelne Versicherte in der Form von Taggeldern, Renten oder Integritätsentschädigungen ausgerichtet. Darüber hinaus sehen das AHVG und das IVG vor, dass Beiträge an Institutionen und Organisationen ausgerichtet werden können, welche die Eingliederung der versicherten Personen bezwecken[579].

Die Ausrichtung von Sozialversicherungsleistungen, handle es sich um Sach- oder Geldleistungen, setzt das Vorhandensein der leistungsbegründenden Tatsachen voraus. Ein Lebenssachverhalt, z.B. eine eingeschränkte berufliche Leistungsfähigkeit, muss unter der einschlägigen Norm subsumiert werden können. Angesichts der Komplexität und Dichte sozialversicherungsrechtlicher Normen ist es für Laien schier unmöglich, im Normendschungel den Überblick zu behalten und die dem Lebenssachverhalt angepassten Normen zu finden, die letztendlich der versicherten Person den Zugang zu den ihnen zustehenden Leistungen ermöglichen. Grosse Bedeutung kommt deshalb der Informations- und Beratungspflicht der Sozialversicherungsorgane zu[580].

Der Bezug von Sozialversicherungsleistungen darf nicht dazu führen, dass eine versicherte Person nach dem Eintritt des versicherten Ereignisses wirtschaftlich besser dasteht als vorher. Die Ausrichtung von Sozialversicherungsleistungen steht also unter dem Vorbehalt des Überentschädigungsverbotes (Art. 69 ATSG). Ausgehend von dieser Grundnorm wird im ATSG die Koordination der Leistungen aus den verschiedenen Sozialversicherungszweigen koordiniert. Kommen in einem Versicherungsfall Leistungen von Privatversicherungen hinzu, sind für die Fragen der Koordination und Überentschädigung ergänzend die einschlägigen Regeln der betroffenen Privatversicherer zu konsultieren.

---

578 Locher Thomas, 2003, S. 246.
579 Art. 73 IVG und Art. 101bis AHVG.
580 Siehe dazu Kapitel 4.3.3.4.

Ohne Mitwirkung kein Leistungsanspruch

Die Mitwirkungspflicht kann von einem Versicherten auch erfordern, sich einer ärztlichen Begutachtung zu unterziehen. Hintergrund des vom EVG am 7. Februar 2003 entschiedenen Falles bildete eine versicherte Person mazedonischer Abstammung, die es ablehnte, für eine medizinische Abklärung in die Schweiz zu kommen. Die zuständige Stelle entschied danach gestützt auf die vorliegenden (unvollständigen) Akten. Der Beschwerdeführer machte daraufhin eine Verletzung des Untersuchungsgrundsatzes geltend.

In Erw. 4.4 und 4.5 hält das EVG fest:

4.4 Das Verhalten des Beschwerdeführers stellt jedoch auch eine wiederholte und krasse Verletzung der Mitwirkungspflichten dar. Nicht nur hat er durch die Flucht ins Ausland die angeordnete Abklärung vereitelt, sondern er hat sich sodann – aus nachvollziehbaren Gründen – von vornherein geweigert, sich in der Schweiz abklären bzw. begutachten zu lassen, und auf die Abklärungsmöglichkeit durch den mazedonischen Versicherungsträger verwiesen. Aus dem Grundsatz von Treu und Glauben fliessen u.a. das Verbot widerspruchsvollen oder rechtsmissbräuchlichen Handelns und das Vertrauensschutzprinzip. Daraus folgt, dass das Verhalten (Willenserklärungen, faktische Handlungsweisen, Stillschweigen) desjenigen, welcher von einem Sozialversicherer Leistungen beansprucht, so aufzufassen ist, wie sie dieser in guten Treuen verstehen durfte und verstehen musste (Guhl/Merz/Kummer, OR, 7. Aufl. S. 91). Der Beschwerdeführer verhält sich deshalb widersprüchlich und rechtsmissbräuchlich, wenn er eine unvollständige Abklärung des Sachverhalts bzw. eine Verletzung des Untersuchungsgrundsatzes rügt, nachdem er diese Abklärung zunächst während Jahren schuldhaft vereitelt hat und – nach der Wiederaufnahme des Verfahrens – nicht bereit war, seiner Mitwirkungspflicht umfassend nachzukommen, sondern von vornherein eine Abklärung in der Schweiz verweigerte.

4.5 Unter diesen Umständen ist eine schuldhafte Unterlassung der notwendigen und zumutbaren Mitwirkung des Beschwerdeführers bei der Abklärung des Sachverhalts erstellt. Die Verwaltung war deshalb berechtigt, im Sinne von Art. 73 IVV auf Grund der Akten zu entscheiden und ergänzende Abklärungen nur insoweit vorzunehmen, als dies ohne Schwierigkeiten und besonderen Aufwand möglich war (BGE 108 V 230 f., ZAK 1965 S. 110, ZAK 1965 S. 168). Da ein Rechtsanspruch auf Begutachtung im Ausland nicht besteht (ZAK 1976 S. 98, ZAK 1978 S. 255) und eine solche Begutachtung mit besonderem Aufwand verbunden ist, hat die Verwaltung vorliegendenfalls ihre Untersuchungspflicht nicht verletzt, weil sie ohne Durchführung einer weiteren Begutachtung im Ausland auf Grund der Akten entschied.

4.3.3 Ausgewählte Sonderfragen

4.3.3.1 ATSG und das Verhältnis zu den Einzelgesetzen

Das Bundessozialversicherungsrecht besteht aus den elf Einzelgesetzen und dem Bundesgesetz über den Allgemeinen Teil des Sozialversicherungsrechts (ATSG), dessen Zweck in der Koordination des Sozialversicherungsrechts des Bundes besteht. Das Gesetz definiert Grundsätze, Begriffe und Instrumente des Sozialversicherungsrechts, legt ein einheitliches Verfahren fest und regelt die Rechtspflege sowie die Koordination der Leistungen und den Rückgriff der Sozialversicherungen auf Dritte (Art. 1 ATSG).

Das Verhältnis der Einzelgesetze zum ATSG erschliesst sich aus Art. 2 ATSG: «Die Bestimmungen dieses Gesetzes sind auf die bundesgesetzlich geregelten Sozialversicherungen anwendbar, wenn und soweit die einzelnen Sozialversicherungsgesetze es vorsehen». Das bedeutet: Es ist im Einzelgesetz nachzuschlagen, ob das ATSG anwendbar ist[581]. Dies trifft auf alle Sozialversicherungen mit Ausnahme der beruflichen Vorsorge zu. Diese untersteht grundsätzlich nicht dem ATSG, einzelne Bestimmungen werden jedoch trotzdem als anwendbar erklärt.

Trotz der grundsätzlichen Anwendbarkeit des ATSG in einem bestimmten Sozialversicherungszweig ist es möglich, dass ein Einzelgesetz für bestimmte Fragen vom ATSG abweicht. Konkret sieht z.B. Art. 7 Abs. 2 IVG vor, dass Taggelder und Hilflosenentschädigungen in Abweichung von Art. 21 Abs. 4 ATSG weder verweigert noch gekürzt werden.

4.3.3.2 Schadenminderungspflichten der Versicherten

Ob Sozialversicherungsleistungen beansprucht werden können, ist in verschiedenen Sozialversicherungen auch vom *Verhalten* der versicherten Personen abhängig. Das gilt insbesondere dann, wenn ein Gesundheitsschaden Teil des versicherten Risikos bildet. Die Frage liegt auf der Hand, ob durch Versicherte und Steuermittel finanzierte Versicherungen auch für Leistungen aufkommen müssen, die bei anderem Verhalten der Versicherten nicht notwendig gewesen wären. Angesprochen sind Fragen der Schadenminderungspflicht, aber auch der Kürzung oder Verweigerung von Leistungen[582].

---

581 Siehe bspw. Art. 1 Abs. 1 AVIG: Die Bestimmungen des Bundesgesetzes vom 6. Oktober 2000 über den Allgemeinen Teil des Sozialversicherungsrechts (ATSG) sind auf die obligatorische Arbeitslosenversicherung und die Insolvenzentschädigung anwendbar, soweit das vorliegende Gesetz nicht ausdrücklich eine Abweichung vom ATSG vorsieht.

582 Siehe dazu umfassend: RIEMER-KAFKA, GABRIELA, 1999.

Die angesprochenen Fragen werden im ATSG in Art. 21 Abs. 1–4 geregelt. Eine Sozialversicherungsleistung kann gekürzt oder verweigert werden, wenn der Versicherungsfall vorsätzlich oder bei der vorsätzlichen Ausübung eines Verbrechens oder Vergehens herbeigeführt oder dadurch verschlimmert wird. Nur vorsätzliches, also absichtliches Herbeiführen einer Krankheit oder eines Unfalles wird mit Leistungsverweigerung oder -kürzung sanktioniert. Zudem sieht der Gesetzestext vor, dass die Leistungen gekürzt werden *können*. Das bedeutet, die Versicherung hat einen Ermessensspielraum (Entschliessungsermessen[583]), den sie rechtsgleich und willkürfrei anwenden muss[584].

Die so genannte Schadenminderungspflicht ist ausführlich in Art. 21 Abs. 4 ATSG verankert. Sie sieht vor, dass sich eine versicherte Person einer zumutbaren Behandlung oder Eingliederung ins Erwerbsleben unterziehen muss, die zu einer wesentlichen Verbesserung der Erwerbsfähigkeit oder einer neuen Erwerbsmöglichkeit führt. Weiter muss aus eigenem Antrieb das einer versicherten Person Zumutbare für die Verminderung des Schadens unternommen werden. Verstösse gegen diese Schadenminderungspflicht können mit vorübergehenden oder dauernden Leistungskürzungen oder -verweigerungen sanktioniert werden. Voraussetzung für solche Sanktionen ist allerdings, dass die versicherte Person vorher schriftlich gemahnt und auf die Rechtsfolgen hingewiesen wird. Auch ist eine angemessene Bedenkzeit einzuräumen. Schliesslich enthält Art. 21 Abs. 4 letzter Satz auch eine Schranke der Eingliederungspflicht: «*Behandlungs- und Eingliederungsmassnahmen, die eine Gefahr für Leben und Gesundheit darstellen, sind nicht zumutbar.*» In der gesetzlichen Verankerung der Schadenminderungspflicht zeigt sich die Betonung der Eigenverantwortung als wesentliches Prinzip unserer Rechtsordnung.

Von diesen Grundregeln der Leistungskürzung und Schadenminderungspflicht wird in der Arbeitslosenversicherung zu Ungunsten der Versicherten abgewichen. Das AVIG erklärt in Art. 1 Abs. 2, Art. 21 ATSG sei nicht anwendbar. Entsprechend können die Sanktionsbestimmungen in Art. 30 AVIG Sanktionen für den Fall von fehlenden Arbeitsbemühungen oder Arbeitslosigkeit als Folge selbst gekündigter Stellen vorsehen. Selbst eine durch Entlassung hervorgerufene Arbeitslosigkeit kann Sanktionen der Arbeitslosenversicherung hervorrufen. Das gilt dann, wenn die Kündigung durch die Arbeitnehmerin oder den Arbeitnehmer durch entsprechendes Verhalten provoziert worden ist[585].

---

583 Zum Begriff des Ermessens siehe Kapitel 1.
584 Locher Thomas, 2003, S. 265.
585 Zu beachten ist Art. 20 lit. b des IAO-Übereinkommens Nr. 168, wonach eine versicherte Person die Entlassung vorsätzlich bewirkt haben muss. Nur in diesen Situationen sind Sanktionen zulässig. Siehe dazu Locher Thomas, 2003, S. 266.

4.3.3.3   Verfahrensfragen, unentgeltliche Rechtspflege und Parteientschädigung

Das Verfahrensrecht bestimmt die Formen, welche Behörde wie zu handeln hat und welche Rechte und Pflichten die versicherte oder anspruchsberechtigte Person gegenüber diesem Organ besitzt Der unübersichtlichen Rechtslage im Bereich des materiellen Sozialversicherungsrechts entspricht die nicht weniger verwirrende Vielfalt von Verfahrensbestimmungen, welche die zahlreichen Durchführungsorgane der Sozialversicherungen oder Sozialhilfeorgane anzuwenden haben. Das zeigt ein Blick auf die rechtlichen Grundlagen. Relevante Verfahrensbestimmungen finden sich in Art. 6 der Europäischen Menschenrechtskonvention (EMRK), in den Art. 27 ff. des ATSG, im Bundesgesetz über das Verwaltungsverfahren (VwVG), im Bundesgesetz über die Organisation der Bundesrechtspflege (OG) sowie im kantonalen Verfahrensrecht. Zudem sehen einzelne Sozialversicherungsgesetze Abweichungen von den Verfahrensbestimmungen des ATSG vor.

Beim Sozialversicherungsverfahren ist zwischen dem Verwaltungsverfahren und dem Verwaltungsgerichtsverfahren zu unterscheiden. Das Verwaltungsverfahren wird von Amtes wegen (i.d.R. bei der Festsetzung von Prämien) oder durch Anmeldung (i.d.R. bei Begehren um die Ausrichtung von Leistungen) eingeleitet. Für die Abklärungsphase gilt der Untersuchungsgrundsatz, der Versicherungsträger hat den rechterheblichen Sachverhalt abzuklären, wobei die Versicherten Mitwirkungspflichten zu erfüllen haben. Das Verfahren endet i.d.R. mit einer Verfügung. Nicht verfügungsberechtigt sind die Einrichtungen der Beruflichen Vorsorge. Ihre Entscheidungen müssen auf dem Weg der Klage beim kantonalen Gericht angefochten werden[586]. Verfügungen des Sozialversicherungsträgers können mit einer Einsprache beim Sozialversicherer angefochten werden. Das Einspracheverfahren ist noch kein Gerichtsverfahren. Erst der Einspracheentscheid kann beim zuständigen kantonalen Versicherungsgericht angefochten werden. Erst jetzt handelt es sich um ein Verwaltungsgerichtsverfahren. Es gelten das Untersuchungsprinzip, der Grundsatz des raschen Verfahrens sowie grundsätzlich die Kostenfreiheit[587]. Entscheide des kantonalen Gerichts sind zu begründen und mit einer Rechtsmittelbelehrung zu versehen[588]. Der Entscheid des kantonalen Versicherungsgerichts unterliegt der Beschwerde an das Bundesgericht. Die Gerichtskosten betragen in Verfahren um Sozialversicherungsleistungen zwischen 200 und 1000 Franken[589].

---

586   Art. 73 BVG.
587   Siehe aber Art. 69 Abs. 1 [bis] IV 6 (Kostenpflicht).
588   Art. 61 lit. h ATSG.
589   Art. 65 Abs. 4 lit. a BGG.

Sowohl im Verwaltungsverfahren wie auch im Verwaltungsgerichtsverfahren besteht grundsätzlich ein Anspruch auf Vertretung. Wo die Verhältnisse es rechtfertigen, besteht ein Anspruch auf einen unentgeltlichen Rechtsbeistand. Für das Verfahren vor dem kantonalen Versicherungsgericht ist dieser Anspruch in 61 lit. f ATSG festgeschrieben. Nach der Gerichtspraxis besteht bei besonders komplexen Verfahren bereits im Verwaltungsverfahren Anspruch auf eine unentgeltliche Rechtsvertretung[590].

Die Parteientschädigung ist von der unentgeltlichen Verbeiständung zu unterscheiden. Eine Parteientschädigung wird an die beschwerdeführende Partei ausgesprochen, falls diese den Prozess gewinnt. Eine Parteientschädigung wird nur im Gerichtsverfahren, i.d.R. aber aber nicht im Einspracheverfahren ausgerichtet[591]. Anspruch auf Parteientschädigung besteht nach der Praxis des EVG selbst dann, wenn die Vertretung unentgeltlich, z.B. durch den Schweizerischen Invalidenverband, erfolgte[592]. Als Begründung führte das EVG an, wer einen Prozess verliere, habe grundsätzlich «nach Massgabe seines Unterliegens» die Gegenpartei zu entschädigen, und zwar unabhängig davon, ob dieser aufgrund einer Abmachung mit einer dritten Partei (vorliegend dem Schweizerischen Invalidenverband, heute Procap) an sich gar keine Kosten erwachsen wären. In weiteren Entscheiden bestätigte das EVG diese Rechtsprechung für den Rechtsdienst für Behinderte[593] und für die Pro Infirmis[594]. Abgelehnt hat das EVG jedoch einen Anspruch auf Parteientschädigung für das Hospice Général, eine öffentliche Institution der Genfer Sozialhilfe[595].

> **(Keine) Beschwerdelegitimation für Sozialhilfebehörden im Streit um Sozialversicherungsleisten**
>
> Die Legitimation zur Beschwerde steht grundsätzlich nur Personen zu, die an der Aufhebung oder Abänderung einer Verfügung ein rechtlich geschütztes Interesse haben. Das schutzwürdige Interesse bestehe im praktischen Nutzen, den die Gutheissung der Beschwerde dem Verfügungsadressaten verschaffen würde. Bei einer Drittbeschwerde (Beschwerde durch eine andere Person oder Institution als die durch die Verfügung direkt betroffene) besteht die Legitimation nur dann, wenn der Dritte ein unmittelbares und konkretes Interesse an der Aufhebung oder Änderung der Verfügung hat.

590 Siehe BGE 125 V 32.
591 Art. 52 Abs. 3 ATSG.
592 BGE 122 V 278 ff.
593 Entscheid des EVG vom 21. Februar 1997.
594 Entscheid des EVG vom 30. April 1998.
595 BGE 126 V 11.

Das Eidg. Versicherungsgericht hat mit Urteil vom 14. Oktober 2004 wegweisend entschieden, eine Sozialhilfebehörde sei nicht zur Beschwerdeführung gegen die Anrechnung eines im Rahmen einer beruflichen Massnahme erzielten Zwischenverdienstes legitimiert. Die dem Gemeinwesen kraft Gesetzes obliegende Fürsorgepflicht bestehe unabhängig von einer allfälligen Leistungspflicht der Arbeitslosenversicherung, ein legitimes finanzielles Interesse an der Aufhebung der Beschwerde wurde deshalb nicht anerkannt. Kein Gehör fand beim EVG schliesslich auch das allgemeine Interesse an der Klärung der sozialversicherungsrechtlichen Qualifikation von Abgeltungen im Rahmen von beruflichen Integrationsmassnahmen. Da es in casu nicht um die Bewilligung oder Verweigerung von Versicherungsleistungen ging, wurden die Prozesskosten von Fr. 500.– der Sozialhilfebehörde auferlegt[596].

4.3.3.4 Informations- und Beratungspflichten

Mit der Einführung des Bundesgesetzes über den Allgemeinen Teil des Sozialversicherungsrechts (ATSG) im Jahre 2003 wurde eine Beratungspflicht für die Durchführungsorgane der Sozialversicherungen verankert. Dieser Pflicht steht ein individuelles Recht auf Aufklärung und Beratung interessierter bzw. versicherter Personen entgegen. Aus der verletzten Aufklärungs- und Beratungspflicht darf für die Versicherten kein Schaden entstehen. Nach Art. 27 Abs.1 ATSG haben interessierte Personen einen Anspruch darauf, unentgeltlich über Rechte und Pflichten aufgeklärt zu werden. Art. 27 Abs. 2 ATSG verleiht einen Anspruch auf Beratung über die Rechte und Pflichten in einem konkreten Verfahren. Die Auskunfts- und Beratungspflicht des Sozialversicherers wird in Art. 27 Abs. 3 ATSG mit einer Verpflichtung ergänzt, wonach die versicherte Person und ihre Angehörigen über bestehende Ansprüche auf Leistungen anderer Sozialversicherer zu informieren sind.

Die Aufklärungs-, Informations- und Beratungspflichten nach Art. 27 ATSG verpflichten «nur» die Sozialversicherer. Soweit diese Aufgaben an Private delegiert sind, gehen auch die entsprechenden Pflichten auf diese über. Bei den Anspruchsberechtigten gilt es zu unterscheiden. Einen rechtlichen Anspruch auf Auskunft (Art. 27 Abs. 1 ATSG) haben interessierte Personen. Der Anspruch auf Beratung (Art. 27 Abs. 2 ATSG) steht jeder Person im Rahmen eines konkreten Verfahrens offen. Mitarbeitende von Sozialdiensten werden regelmässig mit Sozialversicherungsfragen ihrer Klientschaft konfrontiert. Beratungsanspruch haben jedoch nur die versicherten Personen selbst.

Die Folgen der fehlenden Beratung sind im ATSG selbst nicht geregelt. Das Bundesgericht zog jedoch den Grundsatz von Treu und Glauben bei, um die Fälle pflicht-

---

596 Pärli Kurt, 2005b, S. 27 f.

widrig unterbliebener oder ungenügender Beratung zu lösen[597]. Die Pflicht zur (korrekten) Beratung geht dabei sehr weit. In einem Streitfall zur Arbeitslosenversicherung argumentierte das Bundesgericht, es gehöre zum Kern der in Art. 27 Abs. 2 ATSG statuierten Beratungspflicht, die versicherte Person darauf aufmerksam zu machen, dass der Verzicht auf den Bezug von erworbenen Ferientagen innerhalb der entsprechenden Rahmenfrist den Anspruch auf diese Ferientage gefährde. Dieser Umstand führte im konkreten Fall dazu, dass der Anspruch der versicherten Person auf so genannte Stempelferien nicht wegen Ablaufs der dazugehörenden Rahmenfrist verfallen war. Die Arbeitslosenkasse muss in der Folge die bisher verweigerten, in die neue Rahmenfrist fallenden Ferientage nachzahlen[598].

Beratungspflichten für Sozialhilfebehörden?

Was halten Sie von den für Sozialversicherungsbehörden geltenden Informations- und Beratungspflichten? Enthalten Sozialhilfegesetze für die Sozialhilfebehörden vergleichbare Pflichten? Welches sind (in dieser Beziehung) die Gemeinsamkeiten und wo die Unterschiede zwischen Sozialhilfe und Sozialversicherung?

4.4   Die Stellung der EU/EFTA-Ausländer/-innen in der Sozialen Sicherheit (EDGAR IMHOF)

4.4.1   Weitgehende Gleichbehandlung von EU/EFTA-Ausländer/-innen mit Schweizer/-innen

EU/EFTA-Ausländer/-innen sind in Sozialhilfe, Sozialversicherungen und Aufenthaltsrecht besser gestellt als andere Ausländergruppen in der Schweiz, ja ihre Situation nähert sich stark derjenigen der Schweizer/-innen an. Diese Stellung rührt von besonderen vertraglichen Vereinbarungen zwischen den EU/EFTA-Staaten und der Schweiz. Das am 1. Juni 2002 in Kraft getretene Personenfreizügigkeitsabkommen Schweiz-EU (FZA) wurde ursprünglich zwischen der Schweiz einerseits und der EU sowie ihren 15 alten Mitgliedstaaten andererseits (EU 15) abgeschlossen. Ebenfalls am 1. Juni 2002 trat das inhaltsgleiche revidierte EFTA-Übereinkommen mit Island, Norwegen und Liechtenstein in Kraft. Schliesslich wurden die Regeln des FZA mit einem Zusatzprotokoll (ZP) per 1. April 2006 auf die 10 neuen EU-Mitgliedstaaten (sog. Osterweiterung) ausgedehnt.

---

597   Siehe dazu oben, S. 2 f.
598   Siehe PÄRLI 2006, S. 11 f.

Das FZA/EFTA-Übereinkommen verleiht EU/EFTA-Ausländer/-innen ein eigentliches Recht, in der Schweiz eine Erwerbstätigkeit auszuüben und hier mit ihren Familienagehörigen zu wohnen. Allerdings steht dieses Recht während einer Übergangszeit noch unter dem Vorbehalt von Kontingenten u.Ä.[599]. Weiter regelt das FZA/EFTA-Übereinkommen die Stellung der EU/EFTA-Ausländer/-innen im Bereich der sozialen Sicherheit. Im Zentrum steht dabei ein streng gehandhabtes Verbot der direkten und indirekten Diskriminierung von EU/EFTA-Ausländer/innen im Vergleich zu Schweizer/-innen. Es betrifft namentlich den Bereich der Sozialversicherungen und jenen jeglicher anderer sozialer Vergünstigungen (wie beispielsweise die Sozialhilfe, Opferhilfe, Geburtszulagen, Familienleistungen, Wohnzuschüsse, Fahrpreisermässigungen usw.) sowie die Lohn- und Arbeitsbedingungen.

4.4.2 Schnittstellen zwischen Sozialhilfe und Aufenthaltsrecht

Im Verhältnis von Sozialhilfe und Aufenthaltsrecht bringt das FZA/EFTA-Übereinkommen einen eigentlichen Paradigmenwechsel. Danach haben EU/EFTA-Erwerbstätige und ihre Familienagehörigen nicht nur denselben Anspruch wie Schweizer/-innen auf Sozialhilfe, sondern die Sozialhilfebedürftigkeit – sei es als Working Poor, Verunfallte, Erkrankte, Arbeitslose und Ausgesteuerte oder Berentete – darf nicht mehr zum Verlust der Aufenthaltsbewilligung führen. Von diesem Grundsatz bestehen lediglich zwei Ausnahmen: Erstens kann eine Aufenthaltsbewilligung B EU/EFTA oder eine Niederlassungsbewilligung C EU/EFTA entzogen werden, wenn die Arbeitsmigrantin freiwillig arbeitslos geworden ist[600]. Zweitens kann die Verlängerung einer Aufenthaltsbewilligung B EU/EFTA auf mindestens ein Jahr beschränkt werden, wenn der Arbeitsmigrant oder die Arbeitsmigrantin im Zeitpunkt der ersten Verlängerung nach Ablauf der ersten fünf Jahre während mehr als zwölf Monaten arbeitslos ist[601]. Kurzaufenthaltsbewilligungen L /EU/EFTA werden für eine gleich lange Dauer wie das zugrunde liegende befristete unterjährige Arbeitsverhältnis ausgestellt. Sie erlöschen nach Ablauf dieser Zeit automatisch. Während der laufenden Bewilligung haben Kurzaufenthalter/-innen und ihre Familienangehörigen ebenfalls ein gleiches Recht auf Sozialhilfe. Arbeitsmigrant/-innen, denen eine Rente der AHV/IV/BV/UV zugesprochen wird, und ihre Familienangehörigen erhalten bereits nach kurzer vor-

---

599 Die Kontingentierung dauert für die EU 15 voraussichtlich bis 31. Mai 2007, hingegen Inländervorrang, Kontingentierung und Kontrolle der Lohnbedingungen für die 10 neuen EU-Mitgliedstaaten voraussichtlich bis 31. Mai 2009 bzw. bis 31. Mai 2011.

600 Art. 6 Abs. 6 Anhang I FZA im Umkehrschluss, diese Norm betrifft ebenso die nachfolgend im Text genannten Kurzaufenthalter/-innen L EU/EFTA.

601 Art. 6 Abs. 1 Anhang I FZA.

gängiger Aufenthaltsdauer ein Verbleibrecht in der Schweiz, welches ebenfalls mit einem Recht auf Gleichbehandlung in der Sozialhilfe verknüpft ist[602].

Die nichterwerbstätigen Familienangehörigen von Arbeitsmigrant/-innen sowie die Verbleibberechtigten sind sorgfältig von den eigentlichen Nichterwerbstätigen im Sinne des FZA/EFTA-Übereinkommens zu unterscheiden. Zu den Letzteren gehören z.B. Privatiers und Rentner/-innen, welche unmittelbar vor der Berentung in einem EU/EFTA-Staat gearbeitet haben und nach der Berentung in die Schweiz gezogen sind. Sie erhalten eine Aufenthaltsbewilligung EU/EFTA für Nichterwerbstätige nur unter der Voraussetzung, dass sie über einen Krankenversicherungsschutz und finanzielle Mittel in der Höhe der Sozialhilfe oder des ELG-Minimums verfügen. Sie haben zwar ebenfalls Anspruch auf Gleichbehandlung in allen sozialen Fragen, jedoch können Krankenbehandlungen zu Lasten der öffentlichen Hand oder der Bezug von Sozialhilfe ihrem Aufenthaltsrecht schaden.

4.4.3   Die Stellung der EU/EFTA-Ausländer/innen in den Sozialversicherungen

4.4.3.1   Die grundlegenden Prinzipien im Bereich der Sozialversicherungen

Das FZA/EFTA-Übereinkommen verweist für die Behandlung der Sozialversicherungen auf Verordnung Nr. 1408/71, welche auch im Verhältnis unter den EU/EFTA-Staaten die sozialversicherungsrechtliche Stellung der Arbeitsmigrant/-innen und ihrer Familienangehörigen verbessert. Diese Verordnung Nr. 1408/71 basiert auf fünf grundlegenden Grundsätzen:

- Die Arbeitsmigrant/-innen sind in aller Regel den Sozialversicherungen des Beschäftigungsstaates unterstellt, und zwar ungeachtet ihres Wohnortes.
- Verbot der direkten und indirekten Diskriminierung von Arbeitsmigrant/-innen und ihren Familienangehörigen im Vergleich zu Schweizer/-innen. Direkte Diskriminierungen sehen entweder (1) die Versicherungsunterstellung oder eine Leistung nur für Schweizer/-innen vor oder (2) verlangen von EU/EFTA-Ausländer/-innen ein im Vergleich zu Schweizer/-innen zusätzliches Erfordernis. Indirekt diskriminierend sind dagegen nachteilige Normen, die zwar gleichermassen für Inländer/-innen wie für EU/EFTA-Ausländer/-innen gelten, die aber typischerweise häufiger die EU/EFTA-Ausländer/-innen treffen.

---

602   Siehe Art. 4 Anhang I FZA und im Detail die dort verwiesenen EU-Rechtsakte.

- Export von Geldleistungen der Sozialversicherungen ins EU/EFTA-Ausland, vor allem mittels der Technik der Gleichsetzung eines ausländischen mit dem inländischen Wohnort.

- Hinzurechnung von Versicherungszeiten, die der Arbeitsmigrant in einer EU/EFTA-ausländischen Sozialversicherung zurückgelegt hat, an schweizerische Versicherungszeiten, insbesondere wo dies für das Bestehen von Mindestversicherungszeiten (z.B. der zwölfmonatigen Mindestbeitragszeit in der Arbeitslosenversicherung) und von Wartefristen (z.B. des maximal fünfjährigen Vorbehalts in der KVG-Taggeldversicherung) notwendig ist.

- Zusammenarbeit in- und EU/EFTA-ausländischer Versicherungsträger bei der Feststellung von Sozialversicherungsansprüchen von Arbeitsmigrant/-innen.

4.4.3.2 Einige wichtige Auswirkungen des Verbots der direkten Diskriminierung

Direkte Ungleichbehandlungen von Ausländer/-innen im Vergleich zu Schweizer/-innen finden sich in verschiedenen Leistungsbereichen des AHVG, IVG und ELG. Aufgrund des Diskriminierungsverbots im FZA/EFTA-Übereinkommen sind die entsprechenden Leistungen nunmehr den EU/EFTA-Ausländer/-innen unter denselben Voraussetzungen zu gewähren, die das Gesetz für Antragsteller/-innen mit Schweizer Bürgerrecht versieht:

- *Eingliederungsleistungen, Hilfsmittel, und Hilflosentschädigungen der AHV/IV* können Schweizer/-innen und nunmehr EU/EFTA-Ausländer/-innen auch dann beziehen, wenn die Eingliederungsbedürftigkeit, die Hilfsmittelbedürftigkeit oder die Hilflosigkeit bereits vor der Versicherungsunterstellung im EU/EFTA-Ausland eingetreten ist[603, 604].

- *Ausserordentliche Renten für Frühinvalide und Frühhinterlassene* stehen Schweizer/-innen und nunmehr EU/EFTA-Ausländer/-innen zu, die vor dem 1. Dezember des der Vollendung des 20. Altersjahres folgenden Kalenderjahres als Versicherte invalid wurden, ohne zu diesem Zeitpunkt während mehr als elf Monaten

---

603 Siehe betreffend IV-Sonderschulbeiträge EVGE vom 2. Februar 2006 in Sachen J., I 582/04, Erw. 7.

604 Immerhin knüpft das Gesetz die Ausrichtung von Hilfsmitteln und Hilflosenentschädigungen der AHV an die Voraussetzung, dass die Antragstellerin als Grundleistung eine Altersrente oder Ergänzungsleistung der schweizerischen Versicherung bezieht. Hier ist nach Art. 10a der Verordnung Nr. 1408/71 der Bezug einer ausländischen Altersrente dem Bezug einer schweizerischen Altersrente gleichzusetzen.

Beiträge bezahlt zu haben[605], sowie früh verwitweten und verwaisten Personen[606], wenn der oder die verstorbene Versicherte vor dem 1. Dezember des der Vollendung des 20. Altersjahres folgenden Kalenderjahres verschied und zu diesem Zeitpunkt weniger als elf Monate und einen Tag Beiträge geleistet hatte[607]; tritt der Versicherungsfall nach dem 1. Januar nach Vollendung des 20. Altersjahres ein, so muss die invalide oder verstorbene Person ab Jahresbeginn bis zum Risikoeintritt grundsätzlich lückenlos Beiträge geleistet haben[608].

- *Ergänzungsleistungen* stehen Schweizer/-innen und nunmehr EU/EFTA-Ausländer/-innen nicht nur dann zu, wenn ihre Mittel das Existenzminimum nach ELG nicht erreichen und sie eine AHV-Rente, eine Hilflosenentschädigung oder eine IV-Taggeld beziehen, sondern auch dann, wenn sie zwar invalid, betagt oder hinterlassen sind, aber keinen Anspruch auf eine der soeben genannten Grundleistungen haben.

4.4.3.3 Welche Personen und welche Leistungen fallen genau unter die Verordnung Nr. 1408/71?

4.4.3.3.1 Persönlicher Anwendungsbereich

Die Verordnung Nr. 1408/71 begünstigt in persönlicher Hinsicht hauptsächlich unselbständig oder selbständig erwerbstätige Arbeitsmigrant/-innen, die Bürger/-innen eines EU/EFTA-Staates oder der Schweiz sind, sowie ihre Familienangehörigen, Letztere ungeachtet ihrer Staatsangehörigkeit. Allerdings vertritt das Bundesamt für Sozialversicherung (BSV) die Ansicht, dass nichterwerbstätige Familienangehörige von Arbeitsmigrant/-innen einzig hinsichtlich der von den erwerbstätigen Migrant/-innen abgeleiteten Rechte (z.B. Witwen- und Waisenrente, Zusatzrente für den Ehegatten, Kinderrente) von den vorteilhaften Regeln der Verordnung Nr. 1408/71 begünstigt werden und hinsichtlich der sog. eigenen Rechte (eigene Alters- oder Invalidenrente, IV-Eingliederungsmassnahmen) weiterhin unter die bisherigen zweiseitigen Sozialversicherungsabkommen zwischen der Schweiz und ihrem Bürgerrechtsstaat[609] fal-

---

605   Art. 39 Abs. 1 IVG. Zu beachten ist, dass der Anspruch auf eine (ausserordentliche) IV-Rente frühestens am Monatsersten nach Vollendung des 18. Altersjahres entstehen kann (Art. 29 Abs. 2 IVG).

606   Gleiche Rechte haben ausländische Hinterlassene, wenn der oder die Verstorbene Schweizer Bürger/-in oder nunmehr Bürger/-in eines EU/EFTA-Staates war (siehe Art. 42 Abs. 1 Satz 2 AHVG).

607   Art. 42 AHVG.

608   Dies deshalb, weil die AHV/IV-Beitragspflicht für Nichterwerbstätige am 1. Januar nach Vollendung des 20. Altersjahres beginnt. Demgegenüber sind Erwerbstätige ab dem 1. Januar nach Vollendung des 17. Altersjahres beitragspflichtig.

609   Jedoch bestehen keine zweiseitigen Sozialversicherungsabkommen mit Island, Malta, Polen und den baltischen Staaten, so dass Familienangehörige mit Bürgerrecht dieser Staaten einzig unter die in den einzelnen schweizerischen Sozialversicherungsgesetzen vorgesehen Regeln fallen würden.

len[610]. Diese Ansicht, welche mit dem berühmten EuGH-Urteil *Cabanis-Issarte* nicht zu vereinbaren ist, wurde bislang vom Eidgenössischen Versicherungsgericht nicht endgültig beurteilt[611]. Sie bringt für die Familienangehörigen von Arbeitsmigrant/-innen erhebliche Nachteile, wie die nachfolgenden Beispiele zeigen:

Beispiel 1: EU/EFTA-ausländische Arbeitsmigrant/-innen ziehen zusammen mit ihrem im Herkunftsland invalid geborenen Kind in die Schweiz. Nach den Regeln des Landesrechts und der bisherigen zweiseitigen Sozialversicherungsabkommen hat es keinen Anspruch auf medizinische IV-Eingliederungsleistungen, wenn die risikospezifische Invalidität bereits im Ausland aufgetreten war. Demgegenüber hat es aufgrund des Diskriminierungsverbots in der Verordnung Nr. 1408/71 gleich einem invalid im Ausland geborenen Schweizer Kind hier Anspruch auf medizinische Massnahmen.

Beispiel 2: Ein EU/EFTA-ausländisches Kind erwirbt mit 18 Jahren eine ausserordentliche IV-Rente. Es kann die Rente aufgrund der Anspruchsvoraussetzungen des schweizerischen Wohnsitzes, die das Landesrecht und die zweiseitigen Sozialversicherungsabkommen für ihre Ausrichtung vorsehen, bei einer späteren Rückkehr ins EU/EFTA-Ausland nicht mitnehmen. Hingegen ermöglicht die in der Verordnung Nr. 1408/71 angeordnete Aufhebung von nationalen Wohnsitzerfordernissen für Alters-, Hinterlassenen- und Invalidenrenten den Export der ausserordentlichen IV-Rente ins EU/EFTA-Ausland.

In Zusammenhang mit dem ersten Beispiel ist indes zu beachten, dass das FZA/EFTA-Übereinkommen nicht nur in der Verordnung Nr. 1408/71 ein Verbot der Diskriminierung bei den Systemen der Sozialen Sicherheit enthält, sondern überdies in Art. 9 Abs. 2 Anhang I FZA ein Verbot der Diskriminierung bei sozialen Vergünstigungen im Aufnahmestaat kennt. Wenn nun eine bestimmte Rechtsfrage nicht in den persönlichen oder sachlichen Anwendungsbereich der Verordnung Nr. 1408/71 fällt, dann ist subsidiär das *Diskriminierungsverbot bei sozialen Vergünstigungen* heranzuziehen. Dieses Verbot ist nicht nur auf die Arbeitsmigrant/-innen, sondern auch auf ihre nichterwerbstätigen Familienangehörigen anwendbar, sofern die fragliche Leistung den Arbeitsmigranten oder die Arbeitsmigrantin bei der Unterhaltsgewährung entlastet. Mithin ist die streitige Eingliederungsmassnahme bereits aufgrund des Verbots der direkten Diskriminierung dem im EU/EFTA-Ausland invalid gewordenen und später in die Schweiz gezogenen EU/EFTA-ausländischen Kind gleich Schweizer Kindern mit demselben Lebenslauf zu gewähren.

---

610 BSV, KSBIL (Stand 1. April 2006), Rz. 1008.

611 Das EVG hat in seinem Urteil vom 2. Februar 2006 in Sachen J., I 582/04, Erw. 5.2.2 die Änderung der EuGH-Rechtsprechung durch das Urteil Cabanis wiedergegeben, konnte aber deren Bedeutung für den streitigen Fall offen lassen.

4.4.3.3.2   Sachlicher Anwendungsbereich

Die Verordnung Nr. 1408/71 gilt für Leistungen der Mitgliedstaaten über folgende Risiken oder Zweige der sozialen Sicherheit:

- Leistungen bei Krankheit und Mutterschaft
- Leistungen bei Invalidität einschliesslich der Leistungen, die zur Erhaltung oder Besserung der Erwerbsfähigkeit bestimmt sind
- Leistungen bei Alter
- Leistungen an Hinterbliebene
- Leistungen bei Arbeitsunfällen und Berufskrankheiten
- Sterbegeld
- Leistungen bei Arbeitslosigkeit
- Familienleistungen

Leistungen, welche eines der aufgezählten Risiken beschlagen, fallen ungeachtet der Tatsache, ob sie durch Beiträge oder Steuern finanziert werden, unter den sachlichen Anwendungsbereich der Verordnung Nr. 1408/71. Daher werden auch die steuerfinanzierten Hilflosenentschädigungen der AHV/IV, die Ergänzungsleistungen nach ELG und nach kantonalem Recht sowie weitere kantonale Leistungen, die eines der aufgezählten Risiken betreffen, von der Verordnung Nr. 1408/71 erfasst.

Immerhin können die Vertragsstaaten aus öffentlichen Mitteln finanzierte Leistungen im Grenzbereich zwischen Sozialversicherung und Sozialhilfe als sog. *beitragsunabhängige Sonderleistungen* in die Anhänge der Verordnung Nr. 1408/71 eintragen und damit vom Geldleistungsexport ausnehmen. Die Schweiz hat die Härtefallrente der IV, die Ergänzungsleistungen des Bundes und der Kantone, bestimmte kantonale Arbeitslosenhilfen und – umstritten – die Hilflosentschädigungen der AHV/IV eingetragen. Jedoch müssen diese Leistungen den Arbeitsmigrant/-innen innerhalb des Gastlandes diskriminierungsfrei gewährt werden. Weiter dürfen die Vertragsstaaten bestimmte Leistung mittels eines Eintrages in die Anhänge der Verordnung Nr. 1408/71 von ihrem sachlichen Anwendungsbereich ausnehmen. Die Schweiz hat diesbezüglich die Geburts- und Adoptionszulagen zahlreicher Kantone und die Familienzulagen für selbständig Erwerbstätige der Kantone Luzern, St. Gallen und Graubünden eingetragen. Allerdings gilt auch hier grundsätzlich, dass aus dem sachlichen Anwendungsbereich der Verordnung Nr. 1408/71 herausfallenden Leistungen subsidiär dem *Diskriminierungsverbot bei sozialen Vergünstigungen* unterstehen.

Die Abgrenzung der in der Verordnung Nr. 1408/71 aufgezählten Risiken erfolgt nach europarechtlichen Gesichtspunkten und stimmt nicht in jedem Fall mit der

Abgrenzung zwischen den entsprechenden landesrechtlichen Versicherungszweigen überein[612]. Dieser Aspekt soll hier aber nicht weiterverfolgt werden.

4.4.3.4 Ausführungen zu den einzelnen Versicherungszweigen

4.4.3.4.1 Arbeitslosenversicherung

Arbeitslos gewordene Arbeitsmigrant/-innen beziehen die Arbeitslosenentschädigung grundsätzlich im Staat der letzten Beschäftigung. Die wichtigste Ausnahme betrifft die Grenzgänger/-innen. Sie erhalten die Entschädigung grundsätzlich im Wohnstaat und nur subsidiär im Beschäftigungsstaat, sofern sie zu diesem persönliche und berufliche Beziehungen solcherart aufrechterhalten, dass sie dort die besseren Wiedereingliederungschancen in den Arbeitsmarkt haben[613].

Die zuvor in ausländischen Arbeitslosenversicherungen zurückgelegten Beschäftigungszeiten sind an die zwölfmonatige Mindestbeschäftigungsdauer nach Art. 13 AVIG anzurechnen, wenn die in der Schweiz arbeitslos gewordene Person allein aufgrund der hier zurückgelegten Beschäftigungszeiten die Mindestbeitragsdauer nicht erfüllt. Die Schweiz hat sich allerdings für eine bis zum 31. Mai 2009 dauernde Übergangsphase eine Ausnahme ausgehandelt, wonach den in der Schweiz arbeitslos gewordenen Kurzaufenthalter/-innen L EU/EFTA die zuvor im EU/EFTA-Ausland zurückgelegten Beschäftigungszeiten nicht in der schweizerischen Arbeitslosenversicherung angerechnet werden. Vielmehr können diese Arbeitnehmer/-innen die Entschädigung im Herkunftsstaat beziehen.

Beispiel 3: Ein Arbeitnehmer mit einem unbefristeten oder überjährigen Arbeitsvertrag erhält eine fünf Jahre gültige Aufenthaltsbewilligung B EU/EFTA. Bereits zwei Monate nach Beginn des Arbeitsverhältnisses wird er unfreiwillig arbeitslos. Er kann sich zwecks Erfüllung der zwölfmonatigen Mindestbeitragszeit nach AVIG die zuvor im Ausland zurückgelegten Beschäftigungszeiten an die zwei Monate Beschäftigungszeiten in der Schweiz anrechnen lassen. Seine Aufenthaltsbewilligung kann ihm nicht entzogen werden, und nötigenfalls hat er Anspruch auf Sozialhilfe.

---

612 Während beispielsweise die beruflichen Massnahmen der IV auch europarechtlich dem Risiko «Invalidität» zugeordnet bleiben (siehe EVGE vom 9. Februar 2006 in Sachen G., I 383/05, Erw. 3, betreffend berufliche Umschulungsmassnahmen), fallen die medizinischen Massnahmen der IV unter das europarechtliche Risiko «Krankheit und Mutterschaft» (EVGE vom 28. November 2005 in Sachen M., H 215/03, 3.2.3). Die richtige europarechtliche Zuordnung der landesrechtlichen Leistungen ist insofern wichtig, als namentlich die im besonderen Teil der Verordnung Nr. 1408/71 enthaltenen Vorschriften über die einzelnen Leistungszweige ebenfalls der europarechtlichen Abgrenzung folgen und für die so definierten Risiken oder Zweige unterschiedliche Rechtsfolgen vorsehen können.

613 EuGH-Urteil vom 12. Juni 1986 in der Rs. 1/85, Miethe.

Arbeitslosentschädigung kann nur bezogen werden, wenn sich die Arbeitnehmerin der Arbeitsmarktbehörde des entschädigenden Staates zur Verfügung hält. Eine gewisse Ausnahme im Sinne eines ‚Leistungsexports' ist für maximal drei Monate vorgesehen, wenn sich die arbeitslose Person zwecks Stellensuche in einen andern Vertragsstaat begibt und sich der Kontrolle der dortigen Arbeitsmarktbehörde unterzieht.

4.4.3.4.2   Kranken- und Mutterschaftsversicherung

Betreffend die Versicherung bei Krankheit und Mutterschaft ist vorab auf eine Besonderheit hinzuweisen. Da in vielen (alten) EU-Staaten die Krankenversicherung durch Lohnbeiträge finanziert wird und die nichterwerbstätigen Familienangehörigen als in der Versicherung der erwerbstätigen Familienangehörigen eingeschlossen gelten (sog. *Familienmitversicherung*), stellen die Ansprüche der nichterwerbstätigen Familienmitglieder im Bereich der Krankenversicherung sog. abgeleitete Ansprüche dar. Daher müssen sich im Ausland wohnhafte nichterwerbstätige Familienmitglieder von in der Schweiz tätigen Arbeitsmigrant/-innen grundsätzlich in der Schweiz krankenversichern. Allerdings sieht das FZA/EFTA-Übereinkommen im Verhältnis zu zahlreichen EU/EFTA-Staaten Ausnahmen für die zurückgebliebenen Familienangehörigen vor.

Eine Person, die in der Schweiz versichert und im EU/EFTA-Ausland wohnhaft ist (und umgekehrt), hat grundsätzlich gegenüber dem Wohnstaat Anspruch auf Sachleistungen bei Krankheit und Mutterschaft nach dem Recht und Leistungskatalog des Wohnstaates; in der Folge muss der Träger des Versicherungsstaates dem Versicherungsträger des Wohnstaates die Kosten der Behandlung nach dessen Tarifen erstatten (sog. *Sachleistungsaushilfe*). Grenzgänger/-innen haben grundsätzlich ein Wahlrecht zum Bezug der Leistungen im Versicherungs- oder im Wohnstaat. Rentner unterstehen ungeachtet ihres Wohnortes der Krankenversicherung des Rentenstaates und beziehen die Sachleistungen im Wohnstaat[614]. Alle erkrankten Arbeitnehmer/-innen können mit Zustimmung ihres Krankenversicherers in den Wohnstaat zurückkehren und erhalten dort die Sachleistungen nach dem Recht des Wohnstaates zu Lasten des Trägers des Versicherungsstaates[615].

Beispiel 4: Ein in Deutschland wohnhafter Grenzgänger arbeitet in der Schweiz und ist daher in der Schweiz krankenversichert. Er begibt sich in Deutschland in

---

614 Besondere Regeln gelten für Rentner/-innen, die von mehreren Staaten eine Rente beziehen. Ein Mehrfachrentner untersteht der Krankenversicherung des Wohnstaates, wenn er vom Wohnstaat ebenfalls eine Rente bezieht. Wohnt er in einem Nichtrentenstaat, so untersteht er der Krankenversicherung jenes Rentenstaates, in dem er die längste Versicherungsdauer zurückgelegt hat.

615 Die Zustimmung darf nur aus medizinischen Gründen verweigert werden.

zahnärztliche Behandlung. Weil die Zahnbehandlung im deutschen Leistungskatalog enthalten ist, hat in der Folge der schweizerische Krankenversicherer dem deutschen Versicherer die Kosten für diese Behandlung zu erstatten. Geht umgekehrt eine Grenzgängerin, die in der Schweiz wohnt und in Deutschland arbeitet und daher in Deutschland krankenversichert ist, in der Schweiz zum Zahnarzt, so hat der deutsche Versicherer die Kosten der Zahnbehandlung nicht zu übernehmen, weil diese im schweizerischen Leistungskatalog nicht vorgesehen ist.

Ungeachtet ihres Erwerbstatus haben alle Vertragsstaatsbürger/-innen während eines vorübergehenden Auslandaufenthalts im EU/EFTA-Raum Anspruch auf jene Krankenbehandlungen, die angesichts ihres Gesundheitszustands und der voraussichtlichen Aufenthaltsdauer notwendig sind (siehe *EU-Krankenversicherungskarte*). Überdies haben sie das Recht, sich mit Zustimmung ihres Krankenversicherers zwecks angemessener Behandlung ins EU/EFTA-Ausland zu begeben[616].

Das Prinzip der Anrechnung ausländischer Vorversicherungszeiten spielt in der KVG-Taggeldversicherung für Krankheit, wo die Versicherer nach Landesrecht einen maximal fünfjährigen Vorbehalt für vorbestehende Krankheiten machen dürfen, und in der KVG-Taggeldversicherung für Mutterschaft, wo eine 270-tägige Wartefrist nach Versicherungsabschluss gilt. Allerdings hat die Schweiz hier eine Ausnahme ausgehandelt. Danach gilt diese Anrechnungsregel nur, wenn die aus dem EU/EFTA-Ausland kommende Person innert drei Monaten nach Beendigung des ausländischen Versicherungsverhältnisses beim schweizerischen Taggeldversicherer die Aufnahme in die Versicherung beantragt. In der Mutterschaftsentschädigung nach EOG sind entsprechende ausländische Zeiten an die neunmonatige Vorversicherungszeit vor der Geburt, von denen mindestens fünf Monate zugleich Beschäftigungszeiten sein müssen[617], anzurechnen. Geldleistungen bei Krankheit und Mutterschaft sind ins EU/EFTA-Ausland zu exportieren.

---

616 Voraussetzung ist, dass die entsprechende Behandlung auch im Leistungskatalog inländischen Staates vorhanden ist, jedoch hier nicht oder nicht rechtzeitig erhältlich ist. Die Anspruchsvoraussetzungen werden dabei liberaler als in den analogen Normen von Art. 36 KVV und 23bis IVV gehandhabt, insofern nach dem EuGH-Urteil vom 30. April 2004 in der Rs. C-8/02, Leichtle, eine Erheblichkeitsschwelle im Sinne des Erfordernisses einer erheblich wirksameren Behandlung im Ausland nicht zulässig ist.

617 Für die neunmonatige Mindestversicherungszeit und fünfmonatige Mindestbeschäftigungszeit werden nach Landesrecht ersatzweise auch Zeiten, während denen die erkrankte, arbeitsunfähige oder verunfallte Schwangere Taggelder der AHV/IV/UV oder nach KVG/VVG bezogen hat bzw. die arbeitslose Schwangere Taggelder des AVIG tatsächlich bezogen hat oder auch nur zu beziehen berechtigt gewesen wäre, berücksichtigt.

4.4.3.4.3   Berufsunfallversicherung

Für Taggelder, Renten und Hilflosenentschädigungen der Versicherung für Berufs-
unfälle und Berufskrankheiten (BUV) gilt das Geldleistungsexportprinzip. Selbstverständlich spielt die Sachleistungsaushilfe auch im Bereich der BUV. Der verunfallte
Arbeitnehmer darf zwecks Behandlung ebenfalls in seinen Wohnstaat zurückkehren.
Spezifische Regeln enthält die Verordnung Nr. 1408/71 für Leistungen infolge Berufskrankheit.

4.4.3.4.4   Rentenversicherung

Meldet sich ein Arbeitsmigrant in einem Vertragsstaat zum Rentenbezug an, so gilt
die Anmeldung auch in sämtlichen andern EU/EFTA-Staaten als eröffnet, in denen
der Migrant Versicherungszeiten zurückgelegt hat (sog. Gesamtantrag)[618]. Der materielle Invaliditätsgrad bestimmt sich in jedem beteiligten Staat allein aufgrund des
dortigen Rechts, der von einem Vertragsstaat ermittelte Invaliditätsgrad ist für die
andern Vertragsstaaten nicht verbindlich. Immerhin sind die Arztberichte aus den
andern beteiligten Staaten zu berücksichtigen[619].

Aufgrund eines Eintrags in die Anhänge der Verordnung Nr. 1408/71 kann die
Schweiz die AHV/IV-Hauptrenten bei eurointernationalen Versicherungsverläu-
fen autonom nach den Regeln des AHVG/IVG berechnen[620]. Jeder Staat, in dem die
Migrantin Versicherungszeiten zurückgelegt hat, richtet bei Risikoeintritt eine Teil-
rente entsprechend den in seiner Versicherung zurückgelegten Zeiten aus[621]. AHV/IV-
Kinderrenten[622] hingegen schuldet ein einziger Staat unter Hinzurechnung der in den
andern Vertragsstaaten zurückgelegten Versicherungszeiten[623].

Das Prinzip des Geldleistungsexports ins EU/EFTA-Ausland gilt auch für die IV-
Viertelsrenten, wohingegen Härtefallrenten von der Exportpflicht befreit sind[624]. Aus-

---

618 Hat die Verwaltung die Weiterleistung des Antrags an die beteiligten ausländischen Versicherer
      unterlassen, so weist das Gericht sie auf diese Pflicht hin; siehe BGE 130 V 56 Erw. 6.

619 BGE 130 V 257 Erw. 2.4.

620 BGE 130 V 55 Erw. 5.4, 131 V 371. Auch bei Vorliegen einer bloss unterjährigen Beitragszeit in der
      Schweiz findet in aller Regel keine Hinzurechnung ausländischer Versicherungszeiten statt; siehe
      BGE 131 V 400 Erw. 6.2.2. Fehlende Beitragsjahre können nicht durch im EU-Ausland zurückgeleg-
      te Versicherungszeiten aufgefüllt werden; siehe BGE 131 V 209.

621 BGE 130 V 55 Erw. 5.2, 130 V 247, 131 V 383 Erw. 7.1.

622 Demgegenüber werden Waisenrenten aufgrund eines schweizerischen Eintrags in die Anhänge der
      Verordnung Nr. 1408/71 wiederum autonom berechnet; siehe Mitteilung an die AHV-Ausgleichs-
      kassen Nr. 138.

623 BGE 131 V 406 f. Erw. 10. Die Leistungspflicht trifft dabei in erster Linie den einzigen Hauptrenten-
      staat und unter mehreren Hauptrentenstaaten denjenigen Hauptrentenstaat, in dem die Kinder
      wohnen, sowie bei Wohnort der Kinder in einem Drittstaat den Hauptrentenstaat mit der längsten
      Versicherungsdauer.

624 BGE 130 V 255, Erw. 2.3.

serordentliche IV-Renten sind ebenfalls ins EU/EFTA-Ausland zu exportieren, zumindest wenn die versicherte Person eine kurze Erwerbstätigkeit in der Schweiz ausgeübt hat und damit als Arbeitnehmerin unter den persönlichen Anwendungsbereich der Verordnung Nr. 1408/71 fällt[625].

Unter die europarechtlichen Regeln zur Rentenversicherung fallen nicht nur die Renten der AHV/IV, sondern auch jene der obligatorischen beruflichen Vorsorge und der NBUV. Während einer bis 31. Mai 2007 dauernden Übergangsphase können sich Arbeitsmigrant/-innen, welche die Schweiz endgültig verlassen, die Freizügigkeitsleistung aus der obligatorischen beruflichen Vorsorge bar auszahlen lassen. Hingegen fällt die überobligatorische berufliche Vorsorge nicht unter die Regeln der Verordnung Nr. 1408/71, weshalb deren Freizügigkeitsleistung dem abwandernden Arbeitsmigranten/-innen auch nach Ablauf der genannten Übergangsperiode bar ausbezahlt wird.

4.4.3.4.5 Familienleistungen

Zu den Familienleistungen im europarechtlichen Sinne gehören namentlich die Kinder- und Familienzulagen. Die grundsätzlich ebenfalls hierunter fallenden Geburts- und Adoptionszulagen zahlreicher Kantone sowie die Familienzulagen für Selbständige der Kantone Graubünden, Luzern und St. Gallen wurden mittels Eintrag in die Anhänge der Verordnung Nr. 1408/71 von ihrem Anwendungsbereich ausgenommen.

Der Beschäftigungsstaat schuldet dem Arbeitsmigranten oder der Arbeitsmigrantin die Familienleistungen unabhängig vom Wohnort der Kinder, und zwar ohne Kaufkraftabstufung. Komplizierter ist die Rechtslage dort, wo Vater und Mutter in unterschiedlichen Vertragsstaaten beschäftigt sind bzw. im Wohnstaat der Kinder Familienleistungen unabhängig von einem Beschäftigungsverhältnis gewährt werden. Für diese Fälle enthält die Verordnung Nr. 1408/71 Konkurrenzregeln, welche das Bundesgericht mittlerweile auch auf interkantonale Verhältnisse anwendbar erklärt hat[626]. Ist danach erstens im Wohnstaat eine Familienleistung geschuldet, ohne dass dort ein Familienangehöriger berufstätig wäre, dann bleibt primär das Beschäftigungsland des Arbeitsmigranten oder der Arbeitsmigrantin leistungspflichtig; sekundär schuldet das Wohnland die Differenz zwischen der Höhe der Leistung des Beschäftigungslandes und der allfällig höheren eigenen Leistung. Ist dagegen zweitens im Wohnstaat der Familienangehörigen ein Familienangehöriger berufstätig, dann ist, ungeachtet dessen, ob die Familienleistung aufgrund dieser Erwerbstätigkeit oder

---

625 BGE 130 V 145. Für nie erwerbstätig gewesene Bezüger/-innen von ausserordentlichen AHV/IV-Renten siehe vorne Beispiel 2.

626 BGE 129 I 264 ff. Erw. 5.3.

unabhängig von dieser Tätigkeit geschuldet ist, primär der Wohnstaat der Familienangehörigen leistungspflichtig; der Beschäftigungsstaat des Arbeitsmigranten oder
der Arbeitsmigrantin ist hingegen bloss sekundär leistungspflichtig, er schuldet nur
den Differenzbetrag.

Beispiel 5: Ein Ehepaar und seine siebzehnjährige Tochter (in Ausbildung) woh-
nen in Zürich. Beide Eltern arbeiten Vollzeit, die Mutter in Zürich und der Vater in
Zug. Demnach schuldet der Kanton Zürich seine volle Kinderzulage in der Höhe von
Fr. 195.–; und der Kanton Zug bezahlt die Differenz zwischen diesem Betrag und der
Höhe der eigenen Kinderzulage (grundsätzlich Fr. 300.–), also Fr. 105.–. Dasselbe gilt
im eurointernationalen Verhältnis[627].

4.4.4 Das Verbot der Diskriminierung bei sozialen Vergünstigungen

Das Verbot der Diskriminierung bei sozialen Vergünstigungen in Art. 2 FZA und Art. 9
Anhang I FZA hat einen äusserst weiten sachlichen Anwendungsbereich. Laut EuGH-
Rechtsprechung gehören dazu beispielsweise die Sozialhilfe und andere Existenzhilfen,
Altersmindesteinkommen zur Ergänzung unzureichender oder zum Ersatz fehlender
Renten, Beihilfen für Behinderte, Massnahmen zur Wiedereinstellung oder Verbes-
serung der Arbeitsfähigkeit behinderter Arbeitnehmer/-innen und zu ihrer sozialen
Wiedereingliederung, Opferhilfe, Wohnzuschüsse, verbilligte Darlehen, Kindergeld,
Stipendien, Einschreibegebühren an Hochschulen, Geburts- und Mutterschaftsbeihilfe, Erziehungsgeld bei erziehungsbedingter Reduktion der Erwerbstätigkeit durch
einen Elternteil, diverse Leistungen und Vergünstigungen für kinderreiche Familien,
darunter solche im Bildungs-, Gesundheits-, Wohnungs-, Verkehrs- und Rechtspfle-
gewesen, Gewährung eines Überbrückungsgeldes für Schulabgänger/-innen, eine ein-
malige Arbeitnehmerentschädigung wegen Entlassung infolge Betriebsstilllegung, ja
sogar immaterielle Vorteile wie das gleiche Aufenthaltsrecht des Konkubinatspart-
ners[628]. Hervorzuheben ist, dass einige der soeben aufgezählten Leistungen grundsätzlich Leistungen der sozialen Sicherheit darstellen, welche subsidiär – etwa wenn im
konkreten Fall der persönliche oder sachliche Anwendungsbereich der Verordnung
Nr. 1408/71 nicht greift – unter das Verbot der Diskriminierung bei sozialen Vergünstigungen fallen[629]. Angesichts der Breite der rechtsprechungsgemäss vom Begriff der

---

627 Zu unbefriedigenden und freizügigkeitswidrigen Ergebnissen kann die Differenzbetragsregel
    allerdings bei Teilzeitarbeitsverhältnissen führen, insofern viele Kantone und Staaten diesfalls eine
    proportional reduzierte Kinderzulage ausrichten; siehe zu diesem Problem AHI 2003, 410. Jedoch
    untersagt das FZA nicht die Anwendung günstigeren Landesrechts.
628 Siehe auch die Beispiele in BGer-Urteil vom 7. November 2003 in Sachen A., 2P.142/2003.
629 Siehe vorne in Abschnitt III C.

sozialen Vergünstigungen erfassten Leistungen wurde in der bundesdeutschen Literatur auch schon etwa karikiert, es falle «schlechterdings alles» darunter.

Nicht nur die Arbeitsmigrant/-innen selbst, sondern auch ihre nichterwerbstätigen Familienangehörigen haben gleich wie die Bürger/-innen des Aufnahmestaates Anspruch auf soziale Vergünstigungen, sofern die fragliche Leistung den Arbeitsmigranten oder die Arbeitsmigrantin bei der Unterhaltsgewährung entlastet[630]. Arbeitnehmer im Sinne des Diskriminierungsverbots bei sozialen Vergünstigungen bleiben auch die im Inland arbeitslos gewordene Arbeitsmigrant/-innen, solange sie sich der Arbeitsmarktbehörde zur Verfügung halten und Arbeit suchen. Überdies werden alle ehemaligen Arbeitnehmer/-innen hinsichtlich solcher Rechte, die mit der vormaligen Ausübung des Arbeitsverhältnisses zusammenhängen, vom Diskriminierungsverbot begünstigt. Die selbständig erwerbstätigen EU/EFTA-Ausländer/-innen profitieren ebenfalls vom Verbot der Diskriminierung bei sozialen Vergünstigungen[631]. Die Inanspruchnahme von Sozialhilfe durch selbständige Arbeitsmigrant/-innen kann m.E. nicht zum Entzug der Aufenthaltsbewilligung B EU/EFTA führen[632]. Schliesslich haben auch die verbleibberechtigten Rentner/-innen ein gleiches Recht auf soziale Vergünstigungen[633].

Soziale Vergünstigungen können in der Regel nicht ins EU/EFTA-Ausland exportiert werden. Jedoch folgt aus dem Verbot der indirekten Diskriminierung, dass etwa Mindestwohnzeiten vor Leistungsbezug unzulässig sind:

Beispiel 6: Ein Gemeinwesen knüpft die Ausrichtung einer Geburts- oder Adoptionszulage an die Bedingung, dass die Mutter vor der Geburt mindestens zwölf Monate im Inland gewohnt hat. Dieses Erfordernis gereicht öfter Arbeitsmigrant/-innen sowie deren Familienangehörigen zum Nachteil als den eigenen Staatsbürger/-innen. Daher stellt die Mindestwohndauervoraussetzung eine indirekte Diskriminierung dar. Sie darf im Falle von EU/EFTA-Ausländer/-innen nicht angewendet werden[634].

---

630 EuGH-Urteil vom 18. Juni 1987 in der Rs. 316/85, Lebon.
631 EuGH-Urteile vom 10. März 1993 in der Rs. C-111/91, Kommission v. Luxemburg (betreffend Mutterschaftsbeihilfe), EuGH-Urteil vom 14. Januar 1988 in der Rs. 63/86, Kommission v. Italien (betreffend Wohnungsbeihilfen).
632 Laut IMES, VEP-Weisungen, Ziff. 4.5.3 verlieren die selbständigen Arbeitsmigrant/-innen das Aufenthaltsrecht, wenn sie nicht mehr für ihren Lebensunterhalt aufkommen können und sozialhilfeabhängig werden. Diese Ausführungen stimmen nicht mit der EuGH-Rechtsprechung überein, wonach einerseits die Selbständigen ebenfalls ein gleiches Recht auf soziale Vergünstigungen haben (siehe die unmittelbar vorangehende Fn., auch wenn kein EuGH-Urteil betreffend die soziale Vergünstigung ‚Sozialhilfe') und andererseits wirtschaftliche und fiskalische Gründe die Freizügigkeit im Sinne des Aufenthaltsrechts grundsätzlich nicht beschränken können. Die in VEP-Weisungen, Ziff. 4.5.3, zum Beleg angeführte Literaturstelle ist unbehelflich.
633 Siehe vorne im Text bei Fn. 607.
634 EuGH-Urteil vom 10. März 1993 in der Rs. C111/91, Kommission v. Luxemburg, Rz. 16 f.

4.5   Sozialhilferecht (JOHANNES SCHLEICHER)

4.5.1   Vorbemerkung zur Terminologie

Der Begriff «Sozialhilfe» hat in den letzten zwei Jahrzehnten auch in der Umgangssprache die Rede von der «öffentlichen Fürsorge» weitgehend ersetzt. Inhaltlich hat
sich allein hierdurch aber wenig verändert und auch nicht viel geklärt. Unter Sozialhilfe wird gemeinhin die direkt aus dem Steueraufkommen finanzierte, individuell und bedarfsabhängig bemessene, materielle Hilfeleistung verstanden, ob sie nun
in Form von Bargeld oder anderen geldwerten Leistungen ausgerichtet wird. Typischerweise ist in der Schweiz diese «materielle Hilfe» mit der nichtmateriellen oder
«persönlichen Hilfe» verknüpft. Wer der öffentlichen Unterstützung bedarf, so der
angenommene Regelfall, braucht auch Beratung, vielleicht Betreuung, allenfalls Vermittlung und Erschliessung weiterer Hilfsquellen. Der diese beiden Leistungskate-
gorien umfassenden *individuellen* Sozialhilfe wird in der Fachterminologie die *in-
stitutionelle* Sozialhilfe gegenübergestellt (zuweilen auch «direkte» und «indirekte»
Sozialhilfe). Hiermit wird im Wesentlichen die Subventionierung von Institutionen
des Sozialwesens aus Mitteln der öffentlichen Hand verstanden, wobei der Begriff der
«Subvention» zunehmend vermieden wird und hinter vertraglichen Konstruktionen
(«Leistungsvereinbarung») zurücktritt. Zum Bereich der institutionellen Sozialhilfe
gehören nach heutigem Verständnis aber auch die Prävention und die Erforschung
von Armut und Sozialhilfe und ihrer Auswirkungen.

> Zum Begriff der Subvention
> Eine «Stiftung für die Jugend» bietet Jugendlichen Bugdet- und Schuldenbe-
> ratung an. Bis im Jahre 2003 erhielt sie Subventionen vom Kanton. Seither gilt
> eine Leistungsvereinbarung, gemäss der das kantonale Sozialamt bei der Stiftung
> mindestens 2000 und höchstens 2500 Beratungsstunden einkauft.
> Was ist der Unterschied?

Nicht vereinfacht wird die Systematik im Bereiche der Sozialhilfe dadurch, dass die
auf kantonaler Ebene bestehende Vielfalt risiko-spezifischer Unterstützungsleistungen (gesondert geregelte Beihilfen für Arbeitslose, Alleinerziehende, Rentenbezüger-
innen, Stipendien usw.) von ihrer Finanzierung und von ihrer Bedarfsabhängigkeit
her der Sozialhilfe «im weiteren Sinne» zuzurechnen sind. Und schliesslich diffundiert
der Begriff der «Sozialhilfe» in den Bereich der Unterstützungsleistung aus nichtöf-
fentlichen Mitteln («öffentliche» und «private Sozialhilfe»).

Der Begriff «Sozialfall» war nie ein Fachbegriff, und er sollte auch aus der Umgangssprache verschwinden. Er transportiert allerlei negative Konnotationen, die in ihrer Diffusität der individuellen Lage der von Armut betroffenen Person nicht gerecht werden.

Was ist ein Sozialfall?

Erstellen Sie eine Liste von Alternativen zum Begriff «Sozialfall» und überprüfen Sie sie auf ihre Alltagstauglichkeit für die Umgangssprache unter Laien und Politikerinnen.

Im Folgenden ist von «Sozialhilfebezug» und «Anspruchsberechtigung» die Rede. Unter «Sozialhilfe» wird, sofern nichts anderes erwähnt, die individuelle, bedarfsabhängige, aber nicht ursachenspezifische Hilfe aus Mitteln der öffentlichen Hand verstanden (öffentliche Sozialhilfe «im engeren Sinne»). Im Zentrum der Aufmerksamkeit steht dabei die materielle Hilfe, das heisst die Ausrichtung von Geld oder anderen geldwerten Leistungen. Denn dieser Bereich ist letztlich auch pièce de résistance in der politischen und juristischen Auseinandersetzung.

Nicht eingehend zur Sprache kommen damit die Voraussetzungen eines Rechtsanspruchs auf *immaterielle* Hilfe, insbesondere Beratung. Unbestritten ist, dass die Rechtsordnung einen solchen Anspruch gleichermassen anerkennt wie den auf materielle Hilfe[635]. Nur indirekt zur Sprache kommt auch der Rechtsanspruch auf weitere Integrationshilfen, insbesondere auf Teilnahme an Integrationsprogrammen. Praktisch wird diese Frage bis heute weniger dort, wo ausreichende Angebote eingeklagt würden, sondern vor allem dort, wo diese Teilnahme verweigert wird und die Konsequenzen dieser Verweigerung in Frage stehen. Die Verweigerung zumutbarer Integrationsmassnahmen wird heute in der Regel als Pflichtverletzung gewürdigt und häufig mit Sanktionen bewehrt. Hiermit sind wir auf die Frage zurückgeworfen, inwiefern und in welchem Ausmass der Anspruch auf materielle Hilfe von der Pflichterfüllung abhängig gemacht werden darf.

Im Folgenden wird einleitend die Sozialhilfe im System sozialer Sicherheit verortet, insbesondere in ihrem Verhältnis zu den Sozialversicherungen und vor dem Hintergrund der Aufgabenteilung zwischen Bund und Kantonen. Diese Verortung bildet die Grundlage für das Verständnis der wesentlichen sozialhilferechtlichen Funktionsprinzipien. Die vier wichtigsten davon werden anschliessend kurz dargestellt. Erst dann wenden wir uns der konkreten Organisation der Sozialhilfe zu und finden

---

635 Art. 12 BV nennt Hilfe, Betreuung und die für ein menschenwürdiges Dasein unerlässlichen Mittel in einem Atemzug.

Strukturen vor, die tief vom Föderalismus geprägt sind. Verständlich wird dies nicht ohne Kenntnis der Geschichte unseres Bundesstaates.

Dass öffentliches Recht sich als «auskristallisierte Politik» verstehen lässt, zeigt besonders gut die Auseinandersetzung mit aktuell umstrittenen Themen. Der Stellung von Migrantinnen in der Sozialhilfe wird deshalb ebensolche Aufmerksamkeit geschenkt wie der Frage, wieweit Verträge für die Regelung der Sozialhilfeunterstützung ein dienliches Instrument sein können. Dasselbe gilt für das Thema des Sozialhilfemissbrauchs. Weil der Missbrauchsvorwurf eine klare Definition von Rechten und Pflichten voraussetzt, wird die diesbezügliche Rechtsstellung der Bezüger von Sozialhilfe erst im letzten Teil umrissen. Ein besonderes Kapitel wird zuvor aber noch der Frage nach der Verwandtenbeitragspflicht und der Rückerstattung von Sozialhilfeleistungen gewidmet.

4.5.2   Zur Einleitung: Vom Verhältnis der Sozialhilfe zu den Sozialversicherungen

Sozial*versicherungen* knüpfen ihre Leistungen an die Verwirklichung ausgewählter, gesetzlich definierter Risiken: Krankheit, Unfall, Invalidität, Arbeitslosigkeit usw. (*Kausalprinzip*). Sie fragen nicht wirklich nach dem Bedarf.

> Zur Repetition
> Wo ist der individuelle Bedarf erstens für den Anspruch an sich und zweitens für die Höhe der Leistungen im Bereich der Sozialversicherungen relevant?

Demgegenüber reicht es für den Anspruch auf Sozial*hilfe* prinzipiell aus, ihrer bedürftig zu sein; hier kommt es auf die Ursache der Bedürftigkeit grundsätzlich nicht an (*Finalprinzip*[636]). Denn Sozialhilfe hat Auffangfunktion zu übernehmen in einem Gesamtsystem sozialer Sicherung, das insgesamt den Anspruch erhebt, niemanden von den überlebensnotwendigen Gütern auszuschliessen, das zugleich aber dem Subsidiaritätsgedanken folgt, das historisch gewachsen, mehrschichtig aufgebaut und deshalb nicht frei ist von Inkohärenz und Lückenhaftigkeit. Wo immer gegen soziale Risiken und ihre materiellen Folgen nicht oder nicht hinreichend vorgesorgt und abgesichert wurde, hat Sozialhilfe als «letztes Netz» für die Einlösung des auf Verfassungsstufe erhobenen Anspruchs auf Sozialstaatlichkeit zu sorgen – zunächst einmal ganz unabhängig davon, was die Ursache der Notlage im Einzelfall denn nun gewesen ist.

---

636   Siehe WOLFFERS FELIX, 1993, S. 34; BGE 131 I 174.

Sozialhilfe hat Grundrechtsschutz und insbesondere die Verwirklichung des Rechts auf Existenzsicherung auch im unvorhergesehenen und in seiner Singularität auch nicht vorhersehbaren Einzelfall zu gewährleisten[637].

Die Kompetenzordnung und die sich daraus ergebende Organisation der Sozialhilfe folgen dieser Konzeption. Es liegt primär in der Kompetenz des Bundesverfassungs- und Bundesgesetzgebers, zu entscheiden, welche Risiken durch sozialversicherungsrechtliche Ansprüche materiell abzusichern seien, und in welchem Mass. Die Auffangeinrichtung Sozialhilfe dagegen bleibt grundsätzlich den Kantonen überlassen. Sie sind im Rahmen des übergeordneten Rechts in deren konkreter Ausgestaltung frei. Sozialhilferecht ist kantonales Recht.

Dies ist Gegenstand von Kritik. Die Unterschiede zwischen den Sozialhilfeordnungen der Kantone seien heute durch nichts mehr zu rechtfertigen, umso mehr, als die grosse Mehrheit der Kantone den Vollzug der Sozialhilfe an die Gemeinden weiterdelegiere[638], was die Landkarte unzeitgemäss kleinteilig erscheinen lasse. Es brauche zumindest ein Bundesrahmengesetz über die Sozialhilfe, das minimal standards setzt[639]. Ausserdem führten Lücken und Vollzugsdefizite im Sozialversicherungssystem des Bundes zwangsläufig zur Verlagerung von Problem- und Kostendruck auf das Sozialhilfesystem der Kantone[640]. – Die Befürworter von kantonaler Souveränität und Gemeindeautonomie führen dagegen an, gerade die Kleinräumigkeit der Sozialhilfe erlaube es, den lokalen Gegebenheiten Rechnung zu tragen und auf die sozialen Netzwerke vor Ort zu bauen. Die lokale Zuständigkeit gewährleiste im Übrigen die nötige Akzeptanz bei der Bevölkerung, beim Steuerzahler. Nur so könne kostenbe-

---

637 Das Sozialamt einer mittelgrossen Stadt hat mit stark steigender Fallbelastung zu tun. Es wird umorganisiert. Im Brennpunkt steht der Sozialhilfebezug junger Erwachsener. Nach dem Kriterium des Geburtsjahres werden sie einem neugebildeten Team innerhalb der Organisation zugewiesen. Die Neuerung wird von der Öffentlichkeit mit Genugtuung registriert; die Beunruhigung war nach einer Diskussion in der städtischen Legislative zu diesem Thema spürbar gewesen. – Die Typen-Bildung («Klientenkategorien») aufgrund bestimmter Merkmale (Alleinerziehende, Arbeitslose, Ausländerinnen, Junge Erwachsene) mag in der administrativen Praxis als Mittel zur Komplexitätsbewältigung nahe liegen; der Auffangfunktion der Sozialhilfe ist sie jedoch im Grundsatz unangemessen. Besondere Vorsicht ist dort geboten, wo Typenbildung nicht nach Massgabe fachlicher, aus Theorie und Praxis der Sozialen Arbeit heraus entwickelter Kriterien erfolgt, sondern aufgrund kurzfristiger politischer Aktualität oder unbesehen entlang der Kategorien des vorgelagerten Sozialversicherungsnetzes. Was verwaltungsökonomisch sinnvoll erscheinen mag, führt im zweiten Falle dazu, dass die systemimmanenten Dysfunktionalitäten des Sozialversicherungsapparates durchschlagen auf die Sozialhilfe und dass diese in der Folge ihrer Auffangfunktion nicht mehr gerecht zu werden vermag.

638 Einzige Ausnahmen: GE, TI.

639 Ein entsprechender Vorschlag der sozialdemokratischen Partei blieb ohne Erfolg.

640 Die langfristigen Entwicklungskurven von Arbeitslosigkeit und Sozialhilfebezug weisen denn auch in der Tat unübersehbare Parallelen auf. Allerdings nur in der steigenden Tendenz: Mit zunehmender Arbeitslosigkeit steigt parallel auch die Anzahl Sozialhilfebezüger – bei konjuktureller Erholung sinkt Letztere aber nicht wieder!

wusste und hochgradig individuell massgeschneiderte Hilfe geleistet werden. Regelmässig sind die beschlussfassenden Gremien denn auch nach dem Miliz-System aus
Laien (Nicht-Sozialarbeiterinnen) zusammengesetzt[641].

Tatsache ist, dass die föderalistische Ordnung der Schweiz die originäre Staatlichkeit bei den Kantonen belässt; was nicht auf dem Wege über die Bundesverfassung
explizit dem Bund zugewiesen wurde, ist Aufgabe der Kantone[642].

Hierbei ist es in der Sozialhilfe bis heute geblieben: Der Bund hat keine materielle
Gesetzgebungskompetenz im Bereiche der Sozialhilfe.

Föderalismus oder Zentralisierung?
Suchen Sie in der jüngsten sozialpolitischen Diskussion drei Wortmeldungen zur
Verteidigung der kleinräumigen Strukturen und drei Rufe nach Zentralisierung.
Lassen sich Muster erkennen?

Lücken füllt die Schweizerische Konferenz für Sozialhilfe (SKOS). Als privatrechtlich
organisierter Fachverband setzt sie es sich seit über hundert Jahren zum Ziel, die Leistungen der Sozialhilfe auf dem Weg der freiwilligen interkantonalen Koordination zu
harmonisieren, wo möglich zu standardisieren. Ihre Richtlinien für die Ausgestaltung
und Bemessung der Sozialhilfe[643] sind heute im Grossen und Ganzen akzeptiert. Aber
ihr Erlass erfolgt ausserhalb des ordentlichen Gesetzgebungsverfahrens und sie haben
deshalb nicht die Verbindlichkeit und Beständigkeit einer gesetzlichen Ordnung[644].

Sozialhilferecht ist kantonales Recht. Wie aber lässt sich föderalistisches, das heisst
zersplittertes Recht, als Ganzes beschreiben?

---

641   Stellvertretend für alle Ausnahmen sei Bern erwähnt: SHG BE belässt es bei Laien-Behörden,
      schränkt ihren Auftrag aber auf strategische Funktionen ein («kommunale Sozialpolitik»). Im
      operativen Bereich, also insbesondere über Unterstützungsgesuche und über die Bemessung von
      Sozialhilfe im Einzelfall, entscheiden nur noch Fachleute, das heisst diplomierte Sozialarbeiterinnen
      oder Sozialarbeiter in solchermassen professionalisierten Sozialdiensten.
642   Art. 3 BV.
643   www.skos.ch.
644   In einigen Kantonen ist die nahe liegende Möglichkeit erwogen worden, die SKOS-Richtlinien in
      den Sozialhilfegesetzen für verbindlich zu erklären. Auch wer dies inhaltlich begrüsst und der SKOS
      den nötigen Sachverstand zubilligt, müsste sich entgegenhalten lassen, dass hiermit Normen für ver-
      bindlich erklärt würden, die ausserhalb eines regulären Verfahrens erlassen wurden und auch wieder
      geändert werden könnten. Geschieht die Übernahme der SKOS-Richtlinien in Form einer «dynami-
      schen Verweisung», die auch für künftige Änderungen gilt, so ist dies in der Tat nach h.L. mit dem
      Legalitätsprinzip nicht zu vereinbaren. Wird die Form einer «statischen Verweisung» gewählt, so ist
      jedenfalls das Gesetz nicht der richtige Ort: Änderungen, etwa bei einem Teuerungsschub, wären zu
      aufwändig. Verordnungen aber werden zuweilen das Opfer politischer Launen. Ein gesetzgeberisches
      Dilemma.

Zum Ersten: Die soeben dargestellte Position der Sozialhilfe als Auffangeinrichtung führt zwangsläufig zu einigen wenigen grundsätzlichen Funktionsprinzipien, anhand derer sich die Sozialhilfe «kantonsübergreifend» rechtlich charakterisieren lässt.

Zum Zweiten: Die Kantone sind nur im Rahmen des einschlägigen übergeordneten Rechts frei, die Sozialhilfe zu regeln. Eine Vielzahl von Normen des internationalen und nationalen Verfassungs- und Gesetzesrechts stecken diesen Rahmen ab.

Zum Dritten: Hier und dort hat der Bundesverfassungsgeber den Kantonen denn doch ihre sozialhilferechtliche Rechtsetzungsbefugnis entzogen: etwa bei der Sozialhilfe für Asylsuchende und Auslandschweizer[645], bei der Regelung der interkantonalen Zuständigkeit für die Sozialhilfeunterstützung[646] und natürlich auch mit der Gewährleistung eines Rechts auf Existenzsicherung[647].

Diese Einschränkungen kantonaler Souveränität führen insgesamt dazu, dass es in der Schweiz zwar 26 Sozialhilfe*gesetze* samt den je dazugehörigen Verordnungen und Weisungen auf kantonaler und kommunaler Ebene gibt – aber eben doch *ein* Sozialhilfe*recht*. Wir verstehen hierunter die Gesamtheit aller Rechtsnormen, die Leistungsvoraussetzungen, Leistungsumfang, Organisation und Verfahren der Sozialhilfe regeln. Sozialhilferecht ist Teil des Besonderen Verwaltungsrechts, wie Baurecht, Schulrecht, Umweltschutzrecht, Ausländerrecht, Sozialversicherungsrecht usw. Wo keine Sondernormen geschaffen werden, ist bei seiner Anwendung auf Allgemeines Verwaltungsrecht und Verwaltungsverfahrensrecht zurückzugreifen.

So verschlungen ist die Rechtsordnung eines föderalen Staatswesens. Mit nur einem Gesetzestext in der Hand sind wir selten bedient. Gesetze können nur in ihrem systematischen Gesamtzusammenhang verstanden und interpretiert werden.

Internationales Recht und Sozialhilfe
Welche Auswirkungen mag das Inkrafttreten des Übereinkommens über die Rechte des Kindes (UN-Kinderrechtskonvention) im Jahr 1997 auf Organisation und Praxis der Sozialhilfe gehabt haben?

Das Sozialhilferecht als zersplittertes Recht soll in der Folge anhand einiger ausgewählter gemeinsamer Grundzüge, Problemfelder und juristischer Brennpunkte charakterisiert werden. Hiermit wird aber höchstens die Grundlage gelegt für eine für die Praxis unumgängliche eingehende Vertiefung.

---

645 Art. 40 BV, Art. 121 BV.
646 Art. 115 BV.
647 Art. 12 BV.

4.5.3   Grundprinzipien des Sozialhilferechts

Prinzipien sind keine zwingenden Normen, sondern lediglich Orientierungshilfen, Handlungsleitlinien[648]. Sie werden nicht nach einem Ja-oder-Nein-Schema angewandt, sondern sie sind der Abwägung zugänglich, dem Mehr-oder-Weniger. Sie systematisieren die Güterabwägung im Einzelfall und bieten dabei Raum und Argumentationshilfe für fachlich sinnvolle, ausgewogene Entscheide. In der Sozialhilfepraxis stehen die im Einzelfall relevanten Grundprinzipien häufig in einem Gegensatz zueinander. Was dem Mutlosen als Widerspruch erscheint, eröffnet in Wahrheit Handlungsspielräume.

Die Literatur führt unterschiedliche Prinzipien auf[649]. Wir beschränken uns hier auf vier für die Sozialhilfe spezifische Grundprinzipien[650]: das Finalprinzip, die Subsidiarität, das Bedarfsdeckungs- und das Individualisierungsprinzip.

4.5.3.1   Das Finalprinzip

Nicht die Ursache der Bedürftigkeit (lat. causa) ist entscheidend für den Anspruch auf Sozialhilfe, sondern das Ziel, der Zweck (lat. finis) – ihre Behebung. So wäre beispielsweise eine kategorische Einschränkung des Sozialhilfebezugs auf «unschuldig in Not geratene» Personen unzulässig. Wohl aber kann Art und Umfang der Hilfeleistung abhängig gemacht werden vom Dazutun der berechtigten Person zur Entstehung der Notlage – oder sinnvoller: zu deren Behebung[651].

> Recht und Pflicht
> Wie entstehen Pflichten? Wie Rechte?

In der Sozialhilfepraxis und auch in der Politik bereitet die Verschuldensunabhängigkeit des Anspruchs auf Sozialhilfe mitunter Akzeptanzschwierigkeiten. Ist es unserem

---

648 Siehe TSCHENTSCHER AXEL, 2003, S. 123.

649 Vgl. WOLFFERS FELIX, 1993, S. 69 ff; www.schleicher.ch.

650 Sozialhilfe ist Teil der öffentlichen Verwaltung. Sie unterliegt damit a priori den sich direkt aus der Verfassung ergebenden Grundsätzen, etwa dem Grundsatz der Verhältnismässigkeit, der Rechtsgleichheit usw. Deren Geltung und Kenntnis wird hier vorausgesetzt. Nicht zu den Grund*prinzipien* des Sozialhilferechts wird im Folgenden (im Unterschied zu FELIX WOLFFERS, 1993, S. 69) der Grundsatz der Wahrung der Menschenwürde gezählt. Die Menschenwürde ist in der schweizerischen Rechtsordnung unantastbar, d.h. sie stellt eine absolute Grenze jedes staatlichen Handelns dar. Wo eine Verletzung der Menschenwürde auf dem Spiel steht, ist kein Raum für Abwägungen. Es handelt sich deshalb nicht um ein Grundprinzip im hier verwandten Sinne des Begriffs.

651 Die Revision der Richtlinien für die Ausgestaltung und Bemessung der Sozialhilfe (SKOS-Richtlinien) im Jahre 2005 trug diesem Gedanken in hohem Masse Rechnung: Wer sich um seine Integration bemüht, wird seither systematisch besser gestellt als diejenige, die ihrer Schadenminderungspflicht nicht nachkommt.

Rechtsempfinden fremd, dass ein Recht nicht verliert, wer seine damit verbundenen Pflichten nicht erfüllt oder es gar missbräuchlich in Anspruch nimmt? Die Auseinandersetzungen um die Nothilfe für abgewiesene und illegal in der Schweiz verbleibende Asylsuchende etwa zeigen, wie umstritten Rechtsansprüche sind, die unabhängig vom eigenen Verhalten sollen in Anspruch genommen werden können. Der Streit ist politischer Natur, nicht juristischer: Wo immer ein menschenwürdiges Dasein anders nicht möglich ist, bejaht unsere Rechtsordnung einen unbedingten Anspruch auf Schutz und Unterstützung[652].

> Gibt es Rechte ohne Pflichten?
>
> Nennen Sie drei Rechte, die jedem Menschen bedingungslos zustehen, drei, die von Voraussetzungen abhängen, die er nicht beeinflussen kann, und drei, die von Voraussetzungen abhängen, die er beeinflussen kann.

4.5.3.2   Das Subsidiaritätsprinzip

Die Sozialhilfe soll erst dann bzw. nur in dem Masse zum Zuge kommen, als andere Hilfsquellen entweder gar nicht vorhanden bzw. versiegt sind oder nur unter unzumutbaren Voraussetzungen bzw. nicht rechtzeitig in Anspruch genommen werden können. Nur «wer nicht in der Lage ist, für sich selbst zu sorgen», soll in den Genuss von Sozialhilfeleistungen kommen[653]. Insbesondere gehen Mittel aus Erwerbstätigkeit vor, ebenso Zuwendungen Dritter, beispielsweise unterstützungspflichtiger oder unterstützungsfreudiger Verwandter sowie Sozialversicherungsleistungen[654].

---

652   BGE 130 I 71, 131 I 179. Die menschliche Würde steht dem Menschen «um seiner selbst willen» zu, also unabhängig von seinem Verhalten.

653   Art. 12 BV. Das Subsidiaritätsprinzip war dem Parlament wichtig genug, um diesen Nebensatz im Laufe der Beratungen nachträglich einzubauen (Amtl. Bull. NR, 1998, S. 687 ff., BBl 1998 S. 372 und 441). Die Lehre meint dazu: Er gilt ohnehin; denn wer in der Lage ist, für sich selbst zu sorgen, ist gar nicht in einer Notlage im Sinne von Art. 12 BV (MÜLLER JÖRG PAUL, 1999, S. 179 f.). Die Auslegung des Nebensatzes gibt seither Rätsel auf. Dass erst das Parlament ihn eingefügt hat, wurde in der Folge zum Anlass für die Behauptung genommen, es habe auch jene vom Sozialhilfeanspruch ausschliessen wollen, die in der Lage *wären* (BGE 130 I 71, oder noch weitergehender: *gewesen wären*), sich selbst zu helfen Das Subsidiaritätsprinzip reicht indessen nicht aus, Sozialhilfemissbrauch zu bekämpfen (und schon gar nicht die Formulierung in Art. 12 der Bundesverfassung).

654   Diese Formulierung ist zu präzisieren: Sozialversicherungsleistungen gehen sachlich vor, zeitlich hingegen gehen sie oft *nach*: Der Nachweis, dass die Anspruchsvoraussetzungen erfüllt sind, ist gegenüber Sozialversicherungen in der Regel ungleich aufwändiger als gegenüber der Sozialhilfe. Sofern eine Notlage vorliegt, wird damit regelmässig zunächst die Sozialhilfe zahlungspflichtig, und sei es nur im Sinne eines Vorschusses auf Sozialversicherungsleistungen.

Subsidiarität

Frau C. ist seit über drei Jahren arbeitsunfähig und seit gut zwei Jahren zum Bezug von IV-Leistungen angemeldet. Verschiedene Wiedereingliederungsversuche schlugen fehl. Ab 1. Januar des laufenden Jahres wurde ihr eine Rente zugesprochen, 6 Monate rückwirkend. Das Sozialamt ist bei der Vermittlung von Ergänzungsleistungen behilflich und stellt dann seine Unterstützungsleistungen ein, von denen Frau C. in den letzten Monaten gelebt hat. Die rückwirkenden IV-Rentenleistungen werden direkt an das Sozialamt überwiesen. Frau C. bekommt eine abschliessende Abrechnung und gilt nun in der Statistik als «abgelöst». – Während der für sie schwierigen Jahre hat Frau C. erhebliche Schulden gemacht. Ausserdem hat sich ihr langjähriger Partner von ihr getrennt und sie kommt auch mit dem Wegfall der Erwerbsarbeit, die ihren Alltag strukturiert hatte, schlecht zurecht.

Was heisst Subsidiarität – ökonomisch, fachlich, rechtlich?

Das Subsidiaritätsprinzip ist ein grundlegendes Strukturprinzip der Sozialhilfe, gilt aber nicht uneingeschränkt. Es ist zurzeit vor allem insofern Kritik ausgesetzt, als seine strenge Anwendung dazu führe, dass sich für Sozialhilfebezügerinnen Arbeit nicht mehr lohne. Eine nach dem Subsidiaritätsprinzip konsequente Anrechnung von Einkommen an die Sozialhilfeleistungen hätte in der Tat zur Folge, dass es derjenigen, die sich erfolgreich um ein Nebeneinkommen zur Sozialhilfe bemüht, materiell nicht besser ginge als demjenigen, der sich mit seinem Sozialhilfebezug einzurichten weiss und zufrieden gibt. Vor diesem Hintergrund kommen heute bei der Bemessung der Sozialhilfe allerlei «Anreizsysteme» zur Anwendung[655]; sie stellen regelmässig einen Einbruch dar in den Grundsatz der Subsidiarität. Ihre Wirkung ist nicht unumstritten.

4.5.3.3   Bedarfsdeckungsprinzip

Aus dem Subsidiaritätsgedanken ergibt sich die grundsätzliche Beschränkung der materiellen Unterstützungsleistungen auf die Deckung des aktuellen (akuten) und konkreten Bedarfs. Im Gegensatz zum Bedürfnis ist der Bedarf eine zu objektivierende Grösse. Messlatte ist anerkanntermassen[656] das sog. *Soziale Existenzminimum*. Hiermit wird die Schwelle bezeichnet, unter der – über das physische Überleben hinaus – das Fortbestehen des vorhandenen sozialen Netzes bzw. der Aufbau eines sol-

---

655 Die Revision der Richtlinien für die Ausgestaltung und Bemessung der Sozialhilfe (SKOS-Richtlinien) im Jahre 2005 trägt diesem Anliegen erstmals breit Rechnung, etwa mit der Einführung eines die realen Erwerbsunkosten übersteigenden Einkommensfreibetrags.

656 …wenn auch nicht mehr ausnahmslos.

chen im Einzelfall als gefährdet erscheint. Die mittel- und langfristige Sicherung einer in diesem weiten Sinne menschenwürdigen Existenz schliesst die Gewährleistung der Teilnahme und Teilhabe am kulturellen Leben des im Einzelfall relevanten Umfeldes ein.

Der akute Bedarf

Mit Schulden lässt sich leben, sie werden oft gemanagt, nicht zurückbezahlt. Folglich übernimmt die Sozialhilfe in der Regel keine Schulden, sondern hilft (nichtmaterielle Sozialhilfe) wo nötig im Umgang mit den Gläubigerinnen: Steuerverwaltung, Freunde und Verwandte, Geschäftspartner, Banken, oftmals bereits vertreten durch das Betreibungs- und Konkursamt. Das Sozialamt prüft die Begleichung von Schulden aber beispielsweise dann, wenn das Fortbestehen eines in Abwägung aller Umstände erhaltenswert erscheinenden Mietverhältnisses davon abhängt.

Inwiefern ist es Aufgabe behördlicher Sozialer Arbeit, anderen Behörden im Kontakt mit den Bürgerinnen behilflich zu sein bzw. sie zu entlasten?

Wie lässt sich die Übernahme von Mietzinsschulden zwecks Erhaltung der Wohnung rechtlich begründen?

4.5.3.4 Individualisierungsprinzip

Aus dem bisher Gesagten ergibt sich, dass Sozialhilfe, die Ermittlung des Bedarfs an materieller und nichtmaterieller Hilfe, die Suche nach Lösungen und Ablösungen, die Bemessung materieller Hilfeleistungen usw. Massarbeit ist. Alles Streben nach Gleichbehandlung stösst in der Sozialhilfe-Praxis rasch an die Grenze des bundesgerichtlichen Gebots, nur Gleiches dürfe gleich, Ungleiches hingegen müsse ungleich behandelt werden[657]. Was für die eine Person zumutbar und verhältnismässig erscheint, ist es für die andere aufgrund ihrer persönlichen Umstände nicht. Die zu Gebote stehenden Verfassungsgarantien machen es notwendig, jeden Einzelfall nach Massgabe der gesamten Umstände zu beurteilen[658]. Mit Standardisierungen und Pauschalierungen, aus verwaltungsökonomischer Sicht naheliegend, ist Zurückhaltung zu üben. Durch eine im Sozialhilferecht im Allgemeinen geringe Normendichte[659], durch die häufige Verwendung «unbestimmter Rechtsbegriffe» und durch die häufige und grosszügige

---

657 Rechtsgleichheit, s. 2.4.3.
658 Welche «Umstände» für das Kriterium «gleich/ungleich» im Einzelfall relevant sind, ist in erster Linie eine fachliche, keine juristische Frage.
659 WOLFFERS FELIX, 1993, S. 27.

Einräumung von Ermessen ermöglicht es die Rechtsordnung bzw. fordert sie dazu auf, in hohem Masse Einzelfallgerechtigkeit zu üben[660].

> **Nur eine Richtlinie**
>
> Die Gemeinde X erlässt eine «Richtlinie über die höchstzulässigen Mietzinse für Bezügerinnen und Bezüger von Sozialhilfe». Die Beträge sind abgestuft nach Grösse des Haushaltes.
>
> Fingieren Sie drei Fallbeispiele, in denen von den Beträgen nach oben abgewichen werden *muss*, und formulieren Sie die jeweilige, rechtlich durchsetzungsfähige Begründung.

Schon hier ist auf zwei Kehrseiten des Individualisierungsprinzips hinzuweisen, eine grundsätzliche und eine, die sich oft erst im Vollzug offenbart.

Einzelfallgerechtigkeit geht regelmässig auf Kosten der Rechtssicherheit; es ist für denjenigen, der bei der Sozialhilfe vorspricht, kaum je vorausberechenbar, wie hoch die materielle Hilfe in Franken und Rappen liegen wird und wie lange er sie wird beanspruchen können[661].

Die individuelle Bemessung der Hilfeleistung aufgrund der individuellen Situation setzt die genaue Kenntnis dieser Situation durch die bemessende Behörde voraus. Dies bedingt regelmässig mehr oder weniger tiefe Eingriffe in die private Sphäre, mithin in das Grundrecht der persönlichen Freiheit. Moderne Sozialhilfegesetze enthalten entsprechende Ermächtigungen bzw. Auskunftspflichten der gesuchstellenden Personen[662].

---

660 So besehen sind Richtlinien *nur* Richtlinien. Rechtlich übergeordnete, fachlich korrekt herangezogene Grundsätze vermögen die Sozialarbeiterin oftmals zu zwingen, von den Richtlinien abzuweichen bzw. sich nach Massgabe der jeweiligen Kompetenzordnung bei der hierfür kompetenten Instanz für Ausnahmen einzusetzen. Ausnahmen sind selten blosse Launen des Gesetzgebers bzw. Rechtsanwenders, sondern einzelfallbezogener Ausfluss des Grundsatzes, dass sich übergeordnetes Recht (zum Beispiel Verfassungsgrundsätze) gegen untergeordnetes Recht (zum Beispiel eine Norm aus einem kantonalen Sozialhilfegesetz) im Konfliktfall durchzusetzen hat. Kein Gesetz bietet Garantie, im Anwendungsfall niemals zu verfassungswidrigen Ergebnissen zu führen.

661 Die Prekarität des Sozialhilfebezugs wird darüber hinaus aber zum Teil auch gewollt, mit dem Ziel, missbräuchliche Inanspruchnahme zu verhindern. Wieweit die gezielte Aufrechterhaltung einer *Perspektive der Unsicherheit* der sozialen Integration förderlich ist, ist wiederum einzelfallbezogen und aufgrund fachlicher Prognosen, nicht juristischer Kriterien zu entscheiden. Es gibt nun Indizien, dass auch Sozialhilfeklientinnen vermehrt den Rechtsweg einschlagen. Zunehmende Judikatur wird wie schon in anderen Gebieten des Besonderen Verwaltungsrechts auch im Sozialhilferecht zu einer Verbesserung der Rechtssicherheit beitragen.

662 Sie z.B. Art. 2 Abs. 2 SHG AG, Art. 28 SHG BE, Art. 27f SHG TI.

4.5.4 Zuständigkeitsordnung, Organisation, Finanzierung

Sozialhilferecht ist kantonales Recht. Das wirft in der Praxis rasch die Frage auf nach der Abgrenzung der kantonalen Hoheiten voneinander. Dies war schon früher so, verschärfte sich aber in dem Masse, in dem lohnabhängige wie steuerzahlende Menschen mobil sind. Seit 1975 gilt uneingeschränkt das *wohnörtliche Unterstützungsprinzip*: Unterstützungsbedürftige Personen werden an und von ihrem Wohnort unterstützt. Sie dürfen nicht mehr wegen «Armengenössigkeit» an ihren Heimatort zurückgeschafft werden, wie das vorher noch weithin Brauch gewesen ist. Abgesehen davon, dass die zwangsweise Verschaffung an einen anderen Ort nach unserem heutigen Verständnis einen schweren Eingriff in die Niederlassungsfreiheit[663] bedeutet, hat sich die Erkenntnis durchgesetzt, dass Sozialhilfe, um ihren Auftrag der Sozialen Integration erfüllen zu können, in hohem Masse auf die lokalen Strukturen und Netze der betroffenen Personen bauen muss und diese keinesfalls durch «Heimschaffungen» zerreissen darf[664].

Rückführung oder Heimschaffung?
Die heutige hier und dort praktizierte «Rückführung» drogenabhängiger Personen in ihre Wohngemeinde macht auf den ersten Blick den Anschein eines Rückfalls in die Zeit der Heimschaffungen.
Was sind die Unterschiede, was die Gemeinsamkeiten?
Nehmen Sie auch inhaltlich Stellung aus rechtlicher und aus fachlicher Sicht.

Die Anerkennung des «fürsorgerechtlichen Wohnortsprinzips» bedurfte einer Verfassungsänderung auf Bundesebene und verschiedener Gesetzesrevisionen. Heute bekennt sich Artikel 115 der Bundesverfassung unzweideutig zu einer lebensweltbezogenen Zuständigkeit und gibt dem Bund die Kompetenz, die Einzelheiten zu regeln: «Bedürftige werden von ihrem Wohnkanton unterstützt. Der Bund regelt die Ausnahmen und Zuständigkeiten.»

Dies hat der Bund mit Erlass des Gesetzes über die Zuständigkeit für die Unterstützung Bedürftiger ZUG getan[665]. Das ZUG betrifft, das ist zunächst zu beachten, nur das *inter*kantonale Verhältnis, denn Art. 115 BV bezieht sich nur auf das Verhältnis zwischen den Kantonen. Das heisst, «Wohnsitz» im Sinne des ZUG meint zunächst

---

663 Art. 24 BV. Die für Schweizer Bürgerinnen und Bürger uneingeschränkte Niederlassungsfreiheit wurde 1975 in die Bundesverfassung aufgenommen. Dies ging mit einer Revision des ZUG einher.
664 Immerhin hat noch heute in den ersten zwei Jahren der Heimatkanton dem Wohnkanton die Unterstützungsauslagen zu ersetzen, siehe Art. 15 ff. ZUG.
665 Zur Geschichte des ZUG siehe Thomet Werner, 1994, S. 21 ff.

nur den Unterstützungskanton, nicht die Unterstützungsgemeinde. Die bestimmt sich nach dem jeweiligen kantonalen Recht. Die Regeln des ZUG zur Bestimmung des Unterstützungswohnsitzes lehnen sich an die des ZGB zur Bestimmung des zivilrechtlichen Wohnsitzes an[666]. In der grossen Mehrheit der Fälle ist der zivilrechtliche Wohnsitz mit dem fürsorgerechtlichen Wohnsitz identisch. Mit zwei Ausnahmen: Steht der zivilrechtliche Wohnsitz nicht zweifelsfrei fest, oder ist eine Notlage dringend zu beheben, gilt nicht der «fiktive» zivilrechtliche Wohnsitz[667], sondern es wird der schlichte faktische Aufenthaltsort unterstützungspflichtig[668]. Und zum Zweiten: Im Gegensatz zur Regelung des ZGB können auch Unmündige einen selbständigen Unterstützungswohnsitz begründen. Sie können unabhängig von der Inhaberin der elterlichen Sorge unterstützt werden, wenn sie erwerbstätig und in der Lage sind (will sagen, in der Lage *wären* und in absehbarer Zeit voraussichtlich wieder sein werden), für sich selbst aufzukommen[669].

Im *inner*kantonalen Verhältnis sind die Kantone frei, wie sie die örtliche Zuständigkeit für die Unterstützung bedürftiger Personen regeln wollen. Sie lehnen sich aber zumeist an die Regeln des ZUG an: Was zwischen den Kantonen gilt, gilt auch zwischen den Gemeinden desselben Kantons.

Es gibt für die Praxis eine Faustregel zur Bestimmung des Unterstützungswohnsitzes, die, umsichtig verwendet, in der grossen Mehrheit der Zweifelsfälle weiterführt. Es soll nicht ausreichen, wenn eine Klientin die zur Bestimmung des Wohnsitzes notwendige «Absicht dauernden Verbleibs» mündlich auf dem Sozialamt kundtut. Schon nach den Regeln des ZGB muss sich diese Absicht in konkretem Verhalten ausdrücken. Hier sind drei Hauptfälle denkbar: der Abschluss eines Mietvertrags, die Annahme einer Arbeit (Abschluss eines oder mindestens Aussicht auf einen Arbeitsvertrag[670]) und die Anmeldung auf der Gemeinde[671]. Sind an einem Ort zwei dieser drei Kriterien

---

666 S. 2.5.3.2. Nach den Regeln von Art. 23 ff ZGB bestimmt sich der Wohnsitz einer Person als ihr Lebensmittelpunkt nach zwei kumulativ zu erfüllenden Bedingungen, einer objektiven und einer subjektiven: dem *faktischen Verweilen* mit der *Absicht dauernden Verbleibs*. Weil im Gegensatz zum ZUG das ZGB Teil des Privatrechts ist, auferlegt sich der Bund hier mit der Regelung auch *inner*kantonaler Verhältnisse weniger Zurückhaltung. Im Bereich des Privatrechts ist der Bund alleine für die Gesetzgebung zuständig (Art. 122 BV).

667 Art. 24 Abs. 2 ZGB.

668 Art. 12 ff. ZUG.

669 Art. 7 ZUG.

670 Zu beachten ist hier immer, dass grundsätzlich auch mündliche Verträge Verträge sind, ungeachtet der Beweisschwierigkeiten, die das in der Praxis aufwerfen mag.

671 Achtung: Die «Hinterlegung der Schriften» allein begründet noch keinen Wohnsitz! Wer seine Schriften nicht dort hat, wo sein Lebensmittelpunkt ist, muss seine Schriften, nicht seinen Lebensmittelpunkt verlegen.

erfüllt, kann mit grosser Wahrscheinlichkeit davon ausgegangen werden, dass dieser Ort auch zuständig ist für die Unterstützung.

Ungeachtet solcher hard facts gibt den Ausschlag aber letztlich immer die Frage, wo sich der *soziale Lebensmittelpunkt* der Person befinde, ihr soziales Beziehungsnetz und ihre objektiven und subjektiven Perspektiven. Dies führt gelegentlich zu Grenzfällen und Ermessensentscheidungen, die nach fachlichen Kriterien und in Absprache mit den involvierten Behörden möglichst unpedantisch zu treffen sind.

Erleichternd wirkt sich hierbei aus, dass Zuständigkeit für die Unterstützung und Zuständigkeit für die Finanzierung nicht notwendigerweise zusammenfallen. Im interkantonalen Verhältnis kennt das ZUG zahlreiche Situationen, in denen ein zweites, kostenpflichtiges Gemeinwesen dem ersten, unterstützenden Gemeinwesen die Auslagen zu vergüten hat, beispielsweise in Notfällen[672]. Im innerkantonalen Verhältnis kennen zahlreiche Kantone spezifisch sozialhilferechtliche Lastenausgleichssysteme. Sie schaffen einen Ausgleich zwischen belasteten und weniger belasteten Kommunen und sind insofern auch geeignet, der Versuchung bürokratischer Abwehr entgegenzuwirken.

4.5.5 Exkurs: Zur Rechtslage von Ausländerinnen und Ausländern in der Sozialhilfe

Das Grundrecht auf Hilfe in Notlagen gilt – anders als beispielsweise das Grundrecht der Niederlassungsfreiheit – unabhängig von Staatsangehörigkeit und Aufenthaltsstatus, den eine Person in der Schweiz geniesst[673]. Überzeugender Beleg hierfür ist die Tatsache, dass das Grundrecht auf Existenzsicherung (als damals noch «ungeschriebenes Grundrecht») vom Bundesgerichts erstmals anhand zweier sich in der Schweiz illegal aufhaltender Brüder anerkannt wurde, die *infolge* dieser Illegalität in eine unstrittige Notlage geraten waren[674].

---

672   Art. 14 ff. ZUG.
673   BGE 131 I 172.
674   BGE 121 I 367.

> Ungeschriebene Grundrechte
>
> Im leading case zum Anspruch auf Existenzsicherung aus dem Jahre 1995 aner-
> kennt das Bundesgericht diesen Anspruch als «ungeschriebenes Grundrecht»
> (BGE 121 I 367, Erw. 2.a ff. Zur Figur «ungeschriebener Grundrechte s. auch
> BGE 96 Ia 104, Erw. 1).
>
> Was sind die Vorteile, was die Nachteile einer solchen Argumentationsfigur? Was
> wäre geschehen, wenn die eidgenössischen Räte oder zuletzt das Volk mit Artikel
> 12 der neuen Bundesverfassung dem Vorgreifen des Bundesgerichts 4 Jahre spä-
> ter nicht gefolgt wären?

An diesem Verständnis von BV 12 als «Menschenrecht» hat sich bis heute nichts
geändert. Lehre und Rechtsprechung anerkennen den engen Zusammenhang mit der
Menschenwürde; der Schutz der Menschenwürde steht notfalls jedem Menschen zu
– auch demjenigen, der gegen die Rechtsordnung verstösst. Differenzierungen wurden hingegen vorgenommen, was den Anspruchs*inhalt* betrifft, d.h. Art und Umfang
der aus Art. 12 der Verfassung fliessenden Leistungsansprüche. Unter dem Druck der
öffentlichen Auseinandersetzungen, allem voran im Bereich der Asylpolitik, tasten
sich gegenwärtig Rechtsprechung und Rechtsetzung an das Minimum heran, das mit
dem von der Verfassung geforderten «menschenwürdigen Dasein» gerade noch vereinbar erscheint[675].

> Verfassungsgerichtsbarkeit?
>
> Was geschieht in der Schweiz und was geschieht in Deutschland, wenn ein Bun-
> desgesetz erlassen wird, das der jeweiligen Bundesverfassung widerspricht? Ken-
> nen Sie Beispiele?

Resultat dieser Entwicklung ist eine punktuelle Unterschichtung der von der SKOS
vorgeschlagenen Existenzminima – des «sozialen Existenzminimums», das auch
Aspekte der sozialen Integration und kulturellen Teilhabe schützt, ohnehin, aber auch
desjenigen «absoluten Existenzminimums», das nach Diktion der SKOS etwa auch bei
einer Kürzung belassen werden muss[676].

---

675 Illustrativ hierzu BGE 131 I 166 ebenso wie auch die jüngste Teilrevision des Asylgesetzes (ange-
     nommen durch Volk und Stände am 2.9.2006).

676 *Dass* die Politik, insbesondere die asylpolitischen Auseinandersetzungen der vergangenen Jahre
     hierauf einen nicht unwesentlichen Einfluss hatten, ist einem funktionierenden Rechtsstaat so lange
     nicht anzulasten, als nicht politische Launen verfassungsrechtliche Grundwertentscheidungen
     leichtfertig umzustossen vermögen. Ob dies zu geschehen droht oder allenfalls schon geschehen ist,
     bleibt allerdings seinerseits eine Wertungsfrage.

Nur grundsätzlich gilt, dass sich Voraussetzungen und Inhalt des Sozialhilfeanspruchs von Ausländerinnen nicht kategorisch von demjenigen von Schweizer Bürgern unterscheiden. Regelfall ist in Lehre und Praxis die Bemessung nach denselben Grundlagen, die Staatsangehörigkeit allein ist *hier* kein Kriterium für ungleiche Behandlung. Das gilt auch für die inter- wie die innerkantonale Zuständigkeitsordnung. Was die Kostentragungspflicht anbelangt, wurden in der ersten Hälfte des 20. Jahrhunderts mit einigen Nachbarstaaten bilaterale «Fürsorgeabkommen» geschlossen, die die gegenseitige Verrechnung vorsahen; sie haben in der Zwischenzeit weitgehend an Bedeutung verloren. Im Übrigen gilt das ZUG sinngemäss[677].

Der *Grundsatz* der Gleichbehandlung bedeutet indessen nur, dass auf den Rechtsstatus nichts ankommt, solange keine entgegenstehenden Regelungen gelten. Das Bundesrecht kann Einschränkungen machen und tut dies auch, im Ausländerrecht und insbesondere im Asylrecht. So sah das Ausländerrecht vor, dass jede fremdenpolizeiliche Bewilligung entzogen oder deren Verlängerung verweigert werden kann, sofern die betroffene Person der öffentlichen Wohltätigkeit «fortgesetzt und in erheblichem Masse zur Last fällt»[678]. Zumindest bei Personen mit Niederlassungsbewilligung (Ausweis C) war bislang die Praxis bei der Anwendung dieser Bestimmung zurückhaltend. Anders bei den zweckgebundenen Aufenthaltsbewilligungen (B): Fällt der ursprüngliche Zweck weg, entfällt spätestens mit ihrem Fristablauf ohne weiteres auch die Bewilligung. Wer sich «zu Erwerbszwecken» in der Schweiz aufhält und arbeitslos wird, geht also mit der Anmeldung zum Bezug von Sozialhilfeleistungen ein erhöhtes Risiko ein, ebenso die geschiedene Ehefrau, deren Aufenthalt in der Schweiz durch die Ehe mit dem hier ansässigen Ehegatten legitimiert worden war.

Im Bereiche des Asyls wird die Problematik durch weitere Aspekte verschärft. Aus der Zuständigkeit des Bundes für die Gewährung von Asyl[679] wird zunächst auch seine Zuständigkeit für die Unterstützung von Asylsuchenden und Flüchtlingen abgeleitet. Diese Zuständigkeit beschränkt sich mittlerweile auf die Kostragungspflicht des Bundes gegenüber den mit dem Vollzug beauftragten Kantonen, und zwar von der Einreichung des Asylgesuchs bis zu dessen rechtskräftiger Erledigung.

Im Falle einer Gutheissung des Asylgesuchs dauert die Kostentragungspflicht bis zur Erteilung der Niederlassungsbewilligung C fünf Jahre nach der Einreise. Die Bemessungspraxis entspricht weitgehend derjenigen, wie sie in der normalen Sozialhilfepraxis zur Anwendung kommt.

---

677 Art. 20 ff. ZUG.

678 Art. 10 ANAG. Das neue Ausländergesetz (AuG) bedient sich einer zeitgemässeren Terminologie und differenziert zwischen der Niederlassungsbewilligung C und den übrigen Bewilligungen. In der Sache selbst ändert sich freilich wenig (Art. 62f AuG). Zu Differenzierungen betreffend Personen, die Personenfreizügigkeitsabkommen unterstellt sind, s. 4.4.2.

679 Art. 121 BV.

Solange über das Asylgesuch noch nicht entschieden worden ist oder solange ein ablehnender Entscheid etwa aufgrund völkerrechtlicher Verpflichtungen nicht vollstreckt werden kann («vorläufige Aufnahme»), trägt der Bund ebenfalls die Kosten. Weil und solange aber die soziale Integration der betroffenen Personen kein Ziel darstellen darf (die Möglichkeit einer Rückkehr soll offen gehalten werden), wird Sozialhilfeunterstützung auf entscheidend tieferem Niveau geleistet[680]. Die Entschädigung der Kantone geschieht in Form von Tagespauschalen und geht zunächst vom Regelfall einer gemeinschaftlichen Unterbringung aus. Die Unterstützung wird wo immer möglich in Form von Sachleistungen bzw. Naturalien geleistet und überdies in Art und Umfang abhängig gemacht vom Wohlverhalten der um Asyl nachsuchenden Person[681]. Zu beachten ist, dass aufgrund von Arbeitsverboten für Asylsuchende deren Mittellosigkeit phasenweise die Regel ist.

Im Fall schliesslich der Ablehnung des Asylgesuches oder des Nichteintretens endet die Kostentragungspflicht des Bundes mit Ablauf einer abschliessend und rechtskräftig gesetzten Ausreisefrist. Vollziehen die Kantone diese rechtmässige Ausschaffung nicht, sind sie von Verfassung wegen verpflichtet, überlebensnotwendige «Nothilfe» auf minimalem Niveau auszurichten. Hierfür tragen sie auch die Kosten – und minimieren sie.

Schaffen Sie Übersicht!
Stellen Sie den Ablauf des Verfahrens samt Zuständigkeiten grafisch dar.

4.5.6   Rückerstattung und Verwandtenunterstützungspflicht

Auch wenn die OECD diese beiden Rechtsinstitute als «archaisch» bezeichnet hat[682]: Rückerstattung und Verwandtenunterstützungspflicht leben in Lehre und Praxis fort. Während die Pflicht zur Rückerstattung bezogener Sozialhilfeleistungen im kantonalen Recht uneinheitlich geregelt ist, handelt es sich bei der Pflicht zur Unterstützung in Not geratener Verwandter um ein bundesrechtliches Institut. Die Verwandtenunterstützungspflicht ist in Art. 328 f. ZGB einheitlich geregelt, aber in der Praxis – die wie die gesamte Sozialhilfe den Kantonen obliegt – wird auch sie uneinheitlich gehandhabt.

---

680   BGE 130 I 11 f, mit weiteren Differenzierungen (die hier zu weit führen).
681   Art. 83 AsylG.
682   OECD (1999): Bekämpfung sozialer Ausgrenzung. Band 3. Sozialhilfe in Kanada und in der Schweiz.

Die Verwandtenunterstützungspflicht nach Art. 328 ZGB ist zu unterscheiden von der elterlichen Unterhaltspflicht gegenüber unmündigen bzw. in Ausbildung befindlichen Kindern[683] und auch von der gegenseitigen ehelichen Unterhaltspflicht zwischen Ehegatten[684]. Art. 328 ZGB ist Ausdruck der Überzeugung, dass die Familie noch immer und auch unter ihren erwachsenen Mitgliedern eine Solidargemeinschaft ist; hierin ist die Pflicht zur Unterstützung in Not geratener Angehöriger ein Pendant zum Erbrecht, insbesondere zur diesbezüglich privilegierten Stellung der direkten Verwandten in auf- und absteigender Linie (Pflichtteilschutz). Darauf deutet unter anderem hin, dass die erwachsenen Geschwister aus der Unterstützungspflicht gemäss Art. 328 ZGB im gleichen Zuge entlassen wurden, wie sie auch den Pflichtteilschutz verloren[685].

Die gesetzlichen Voraussetzungen der Verwandtenunterstützungspflicht sind enger gefasst als diejenigen der elterlichen und der ehelichen Unterhaltspflicht. Art. 328 ZGB beschränkt sich auf «günstige Verhältnisse» und überlässt die Konkretisierung der Rechtsprechung. Die bundesgerichtliche Rechtsprechung ist umfangreich und in hohem Masse dem Wandel der Zeit unterworfen. Dies gilt erst recht für die kantonale Praxis, die häufig die gesetzlichen Möglichkeiten aus Opportunitäts- oder verwaltungsökonomischen Gründen nicht ausschöpft. Die SKOS macht Vorschläge, was unter «günstigen Verhältnissen» zu verstehen sei: ein «überdurchschnittliches Einkommen und Vermögen»[686]

Die Geltendmachung von Unterstützungsleistungen der Eltern für ihre sozialhilfeberechtigten Kinder dürfte nicht zuletzt auch aufgrund der Senkung des Mündigkeitsalters auf 18 Jahre[687] wieder aktueller geworden sein. Sie löst regelmässig familiendynamische Prozesse aus, die, sorgsam gehandhabt, von Fachleuten der Sozialen Arbeit mitunter im wohlverstandenen Interesse einer spät-adoleszenten, etwa unvollständig vom Elternhaus abgelösten Klientschaft genutzt werden können.

In der administrativen Praxis sollten die sog. «Verwandtenbeiträge» geltend gemacht werden, indem zunächst (in Absprache mit der unterstützten Person) mit den in Frage kommenden Angehörigen Kontakt aufgenommen wird. Sind die Verwandten unterstützungspflichtig, aber zu einer einvernehmlichen Regelung nicht bereit, muss das Zivilgericht angerufen werden. «Verfügt» werden kann die Verpflichtung von der Sozialhilfebehörde nicht, weil es sich um ein zivilrechtliches und kein öffentlich-rechtliches Institut handelt.

---

683 Art. 276 ff. ZGB.
684 Art. 159 und 163 ff. ZGB.
685 BBl 1996 I 166.
686 Siehe SKOS-Richtlinien 04/05, S. F4-1. m.w.H.
687 Revision des Art. 14 ZGB im Jahre 1994.

> **Pädagogisieren im Recht?**
> Was spricht für und was gegen das «archaische» Rechtsinstitut der Verwandtenunterstützungspflicht? Listen Sie alle denkbaren Gesichtspunkte auf und beziehen Sie Stellung.
> Ist die Instrumentalisierung von Rechtsinstituten wie der Verwandtenunterstützungspflicht für die Verfolgung pädagogischer Ziele mit dem Rechtsstaatsgedanken zu vereinbaren?

Während der Verwandtenunterstützungspflicht unter dem Hinweis auf allfällige erbrechtliche Anwartschaften eine gewisse Plausibilität nicht abzusprechen ist, geht die Rückerstattungspflicht vom Konzept eines biografisch vorübergehenden Sozialhilfebezugs aus. Sobald die vorübergehend unterstützte Person wieder zu Eigeneinkommen oder Vermögen gelangt ist, so die Idee, soll sie, sofern zumutbar, die bezogenen Leistungen rückerstatten, in der Regel in Raten. Materielle Sozialhilfe soll nicht à fonds perdu geleistet werden.

Ob der jeweilige kantonale Gesetzgeber mit der Rückerstattungspflicht eine abschreckende Wirkung bezweckte oder nicht – das Instrument ist heikel und daher nicht schematisch, sondern einzelfallbezogen und folgenorientiert anzuwenden; die Beurteilung des Einzelfalls gehört in die Hand von Fachleuten. Die SKOS empfiehlt die Einschränkung der Rückerstattungspflicht auf besondere Fälle (unrechtmässiger Bezug, vorhandenes, aber nicht sofort verwertbares Vermögen, z.B. Liegenschaften, Rückerstattung aus dem Nachlass verstorbener unterstützter Personen, grösserer Vermögensanfall während der Unterstützung). Aus Erwerbseinkommen, empfiehlt die SKOS, solle niemals Rückerstattung geleistet werden müssen, weil damit eine primäre Zielsetzung der Sozialhilfe, die Erreichung der wirtschaftlichen Unabhängigkeit, gefährdet werde.

4.5.7   Verfahrensrechtliche Probleme: autoritatives und konsensuales Handeln

In der fachlichen Diskussion herrscht weitgehend Einigkeit, dass Sozialhilfe ihren Integrationsauftrag nur dann wirklich und wirksam wahrnehmen kann, wenn Ziele und Vorgehensweisen im Einverständnis mit – wenn nicht gar im Auftrag – der betroffenen Klientschaft gewählt und eingesetzt werden[688]. Dies drückt sich aus in der breiten Übernahme der Figur des Vertrags für die Regelung der Sozialhilfeunterstützung

---

688   Siehe auch: Berufskodex der Professionellen Sozialer Arbeit, avenir social (2006).

im Einzelfall: Problemdefinition, Zielsetzung, Mitteleinsatz, Vorgehen und Evaluation sind, so die herrschende Lehre, in Form einer Vereinbarung[689] transparent und verbindlich zu machen[690].

Aus juristischer Sicht entsteht Verbindlichkeit im Falle des Vertrags durch den (im idealtypischen Regelfall freiwilligen) Austausch eines reziprok übereinstimmenden Verpflichtungswillens beider Parteien[691]: Dem Anspruch der einen Partei steht die Verpflichtung der anderen Partei gegenüber und umgekehrt; bleibt die Leistung aus, ist auch die Gegenleistung zumindest in Frage gestellt. Leistung und Gegenleistung sind in einem sog. synallagmatischen Verhältnis miteinander verknüpft, lat. do ut des, ich gebe, damit du gibst.

Das Sozialhilferecht regelt Voraussetzungen und Folgen des Sozialhilfebezugs, das heisst Rechte und Pflichten der unterstützungsbedürftigen Person einerseits, der unterstützungspflichtigen Behörde andererseits. Die Rahmenbedingungen für die Gestaltung solcher Recht-Pflicht-Beziehungen zwischen Bürger und Staat sind seit der Aufklärung und der damit verbundenen Entstehung des Rechtsstaats gesetzlich umschrieben bzw. zu umschreiben. Insbesondere sind verfassungsrechtliche Schranken (etwa die Grundrechte) zu beachten und die Behörde ist ans Gesetz gebunden. Ihre Entscheide müssen rechtsgleich, transparent, begründet und anfechtbar sein. Diese unsere Erwartungen an behördliches Handeln sind im öffentlichen Recht konkretisiert worden. Sozialhilferecht ist öffentliches Recht.

Im öffentlichen Recht entstehen Rechte und Pflichten traditionellerweise und in aller Regel bis heute durch einseitig autoritatives, «hoheitliches» Handeln der hierzu befugten Behörde[692]. Die klassische Figur zur Begründung individueller Rechte und Pflichten im öffentlichen Recht ist nicht der Vertrag, sondern die Verfügung.

Nicht verschwiegen sei, dass mit der Legitimationskrise der öffentlichen Verwaltung in den neunziger Jahren (Deregulierung, New Public Management) und gefördert durch ein konkordanzorientiertes Staatsverständnis der verwaltungsrechtliche Grundsatz des hoheitlichen Handelns unter Druck geraten ist. Über den traditionellen «verwaltungsrechtlichen Vertrag» geht man dabei weit hinaus. Neue, konsens-

---

689 Irrelevant ist letztlich die genaue Terminologie: Hilfsplan, Unterstützungsvereinbarung, Unterstützungsvertrag usw. Wesentlich im vorliegenden Zusammenhang ist die Tatsache, dass in der Praxis die Unterschrift der Klientin als Voraussetzung für die Verbindlichkeit dieser aus methodischer Sicht zentralen Grundlage materieller und immaterieller Unterstützung betrachtet wird.

690 Siehe z.B. Art. 27 SHG BE, Art. 4a SHG FR. Der Überzeugung der Fachwelt von der Sinnhaftigkeit einer Vereinbarung tut keinen Abbruch, dass die breite Rezeption des Vertragsparadigmas in eine Zeit fiel, da auch in vielen anderen Verwaltungsbereichen hoheitliches Handeln zugunsten konsensualen Handelns zurückgedrängt wurde.

691 Art. 1 OR.

692 Bzw., sofern sie direkt aus dem Gesetz entstanden sind, wird dies, ebenfalls durch einseitiges autoritatives Handeln, festgestellt («Feststellungsverfügung»).

orientierte Partizipationsformen erfreuen sich in vielen Bereichen des besonderen Verwaltungsrechts neuer Beliebtheit, der Gesetzgeber beschränkt sich gerne auf Zielbestimmungen oder Normen sog. finalen Charakters, die lediglich die gewünschte Richtung vorgeben und die Umsetzung den Parteien bzw. dem mediativen Geschick der Verwaltung überlassen[693].

Konsensorientierung?
Fertigen Sie eine Auslegeordnung der Chancen und Grenzen des «Aushandlungsprinzips» im Bereich der Sozialhilfe an – der institutionellen wie der individuellen, der materiellen wie der persönlichen.

Das klassische Instrument der Behörde, einseitig, d.h. unabhängig vom Vorliegen eines Konsenses Verbindlichkeit herzustellen, bleibt indessen die Verfügung. Für die Verfügungsadressatin umgekehrt ist die Verfügung Voraussetzung und Instrument zugleich, im Zweifelsfalle die Rechtmässigkeit des Inhalts der Verfügung von einer verwaltungsunabhängigen Instanz überprüfen lassen zu können. Im Gegensatz zum Vertrag hat sie in diesem Falle mit keiner Unterschrift oder dgl. ihr Einverständnis zu den Anordnungen der Behörde gegeben, sondern sie ist blosse Adressatin und nur als solche gebunden. Nichteinhaltung der in der Verfügung auferlegten Pflichten führt deshalb auch nicht automatisch zum Verlust der in derselben Verfügung eingeräumten Rechte, sondern das Dahinfallen der Rechte müsste in aller Regel mit einer neuen Verfügung eröffnet werden. Der Erlass einer Verfügung schliesslich setzt ein Verfahren voraus, das der Adressatin zwar Mitwirkungspflichten auferlegt, aber auch Mitwirkungsrechte einräumt, allen voran das rechtliche Gehör, das seinerseits das Recht auf Begründung und das Akteneinsichtsrecht einschliesst. Hieraus wird ersichtlich, dass die mit dem Erlass einer Verfügung verbundenen Form- und Verfahrensvorschriften zahlreiche Elemente des Schutzes der Klientin vor behördlicher Willkür bezwecken, die nicht ohne Not preisgegeben und durch «vertragliches» Handeln ersetzt werden können und dürfen.

Während im privaten Recht synallagmatische Rechtsverhältnisse allgegenwärtig sind, sind sie unter den Verhältnissen eines Rechtsstaates im öffentlichen Recht die Ausnahme. Die Frage, ob Rechte und Pflichten direkt, «automatisch» voneinander abhängig sind, steht im öffentlichen Recht unter anderen Vorzeichen als im privaten Recht. Öffentliches Recht ist in der Regel zwingendes Recht. Insbesondere verfassungsmässige Rechte lassen sich nicht ohne weiteres von der Erfüllung von Pflichten oder Gegenleistungen abhängig machen[694]. Hierüber ist die Vertragsfigur geeignet hinwegzutäuschen.

---

693 Siehe Tschentscher Axel, 2003, S. 102 ff.
694 BGE 131 I 174 ff.

Sofern zulässig, lässt sich immerhin auch innerhalb des Verfügungsparadigmas die Frage einer gegenseitigen Abhängigkeit von Recht und Pflicht differenziert regeln:

- Von der Erfüllung einer *Bedingung* hängen Rechte direkt ab: «Unter der Bedingung, dass Frau A. einer Erwerbstätigkeit nachgeht, wird ihr zusätzlich zum Grundbedarf für den Lebensunterhalt eine Erwerbsunkostenpauschale von Fr. 250.– pro Monat ausbezahlt». Geht Frau A. der Erwerbstätigkeit nicht mehr nach, fällt der Anspruch auf die Pauschale ohne weiteres weg; bezieht sie ihn dennoch, tut sie dies widerrechtlich.
- Von der Erfüllung einer *Auflage* hängen Rechte nicht direkt ab: «Frau A. hat sich um eine Teilzeitarbeit zu bemühen; sie weist dies durch Kopien ihrer Bewerbungsschreiben nach.» Die Nichterfüllung der Auflage kann Sanktionen zur Folge haben, die aber nicht automatisch eintreten, sondern zu gegebener Zeit angedroht, ergriffen und gesondert verfügt werden müssen.
- Von der Erfüllung einer *Weisung* hängen Rechte nicht ab: «Frau A. sucht bis Ende Juni nach einer neuen Wohnung.» Der Unterschied zur Auflage ist lediglich ein formeller: Während Auflagen typischerweise als eine unter mehreren Bestimmungen im Rahmen *einer* Verfügung gemacht werden, weil sie in einem sachlich engen Zusammenhang zu ihr stehen (Nebenbestimmungen im Dispositiv), sind Weisungen unabhängige Verfügungen, die nicht im direkten Zusammenhang einer anderen Verfügung stehen. Die Nichterfüllung der Weisung kann Sanktionen zur Folge haben, die aber nicht automatisch eintreten, sondern zu gegebener Zeit angedroht, ergriffen und verfügt werden müssen.

Das Spannungsverhältnis zwischen dem öffentlich-rechtlichen Grundsatz autoritativen Handelns einerseits und der methodischen Wünschbarkeit konsensualen Handelns andererseits zeigt sich auch anderswo. In der Sozialhilfepraxis wird zu Recht grosser Wert darauf gelegt, dass die hilfesuchende Person einen Antrag an die zuständige Behörde richtet; mehr oder weniger Hilfestellung muss ihr bei der Antragstellung geleistet werden. Die Rechtsordnung geht weiter; im Sozialhilferecht gilt nicht anders als im Vormundschaftsrecht die *Untersuchungsmaxime*. Die Behörde ist nicht nur befugt, sondern auch verpflichtet, von Amtes wegen die Bedürftigkeit abzuklären, sobald ihr Anhaltspunkte vorliegen, dass eine Person bedürftig und anspruchsberechtigt sein könnte – auch ohne dass ein Antrag vorliegt. Dies stellt in der Praxis freilich den Ausnahmefall dar[695].

---

695   Art. 49 SHG BE, verschlungen Art. 24 Abs. 2 SHG FR.

4.5.8   Recht und Pflicht, Missbrauch, Sanktion

Angesichts der Aktualität des Themas in der tagespolitischen Auseinandersetzung überrascht die Spärlichkeit der Fachliteratur zum Sozialhilfemissbrauch. Nichts erschiene aber der Glaubwürdigkeit einer professionalisierten Sozialhilfe abträglicher als Berührungsängste der Fachwelt gegenüber diesem Thema.

> Relativierungsversuche
>
> Mit dem Ziel, der politisch motivierten Missbrauchspolemik die Spitze zu brechen, wird hin und wieder hingewiesen auf die vermutungsweise bizarren Grössenverhältnisse im Vergleich zur Deliktsumme bei der Steuerhinterziehung oder auf die hohe Nichtbezugsquote in der Sozialhilfe.[696]
>
> Was halten Sie von dieser Argumentation?

Aufdeckung, Ahndung und Prävention des Sozialhilfemissbrauchs setzt unter anderem die Entwicklung klarer rechtlicher Begrifflichkeiten voraus. Nicht zuletzt der auch im Verwaltungsstrafrecht geltende Grundsatz nulla poena sine lege[697] verlangt unzweideutige Rechtsgrundlagen mindestens für jede Sanktion mit Strafcharakter.

Die kantonalen Sozialhilfegesetze auferlegen Sozialhilfebezügern regelmässig, wenn auch ohne einheitliche Systematik, Mitwirkungs-, Informations- und Schadenminderungspflichten. Sie entstehen schon mit Einreichung des Gesuchs: Die Gesuchstellerinnen werden verpflichtet, im Rahmen des Zumutbaren bei der Feststellung des Sachverhalts mitzuwirken, etwa die nötigen Unterlagen zu beschaffen und Einblick in dieselben zu gewähren. Während der Dauer der Unterstützung sind die anspruchsberechtigten Personen verpflichtet, auch unaufgefordert alle Auskünfte zu erteilen, die Einfluss auf die Anspruchsberechtigung haben könnten – allem voran die Deklaration allfälliger Einkünfte oder anderer Änderungen der Vermögens- und Bedarfslage. Ferner obliegt es den Bezügern von Sozialhilfe, alles Zumutbare vorzukehren, das zur Verminderung, Vermeidung[698] oder Behebung ihrer Bedürftigkeit beiträgt, insbesondere – dies in den Gesetzestexten oft ausdrücklich – eine zumutbare Arbeit anzuneh-

---

696   Das Zahlenverhältnis der effektiv Sozialhilfe beziehenden zu den insgesamt anspruchsberechtigten Personen wird auf ca. 50 % geschätzt. Das heisst, rund die Hälfte der Bezugsberechtigten nimmt die Sozialhilfe nicht in Anspruch. Leu et al., 1997, S. 171.

697   Keine Strafe ohne Gesetz – die strafrechtliche, strenge Ausprägung des Legalitätsprinzips.

698   Art. 28 SHG BE. Hierbei würde es sich wörtlich genommen um eine Pflicht handeln, die schon vor der Entstehung der Notlage besteht. Das wirft Schwierigkeiten auf, denn der Vorwurf einer Pflichtverletzung setzt den Nachweis voraus, dass die fehlbare Person im Moment der Verletzung von ihrer Pflicht wusste, hier also auch von der drohenden Notlage. Dieser Nachweis dürfte in der Praxis mitunter schwerfallen.

men oder beispielsweise an einem geeigneten Integrationsprogramm teilzunehmen[699]. Ferner wird regelmässig festgehalten, die anspruchsberechtigte Person habe den Weisungen der Behörde Folge zu leisten. Anders als der lapidare Wortlaut vermuten liesse, sind Letzteres keine Generalvollmachten für die Behörde, denn vorausgesetzt wird selbstredend, dass die Pflichterfüllung bzw. die Befolgung der Weisung im Einzelfall zumutbar ist: Es gelten die verfassungsrechtlichen Grundprinzipien, allen voran das Verhältnismässigkeitsprinzip. Bei Lichte besehen vermögen Weisungen, Auflagen und Bedingungen lediglich der Konkretisierung der Pflichten in der spezifisch vorliegenden Situation unter den spezifisch vorliegenden Voraussetzungen zu dienen. Dies tut ihrer Verbindlichkeit freilich keinen Abbruch.

Was die Pflichtverletzung und deren Sanktionierung angeht, so setzt Letztere nach den allgemeinen Regeln des Strafrechts einen Schuldvorwurf voraus, im Falle des Vorsatzes Wissen und Wollen, im Falle der Fahrlässigkeit, dass die fehlbare Person um ihre Pflichten hätte wissen müssen. Beides wirft in der Praxis erhebliche Beweisprobleme auf, was dazu führt, dass in der Regel der um Sozialhilfe nachsuchenden Person schon zu Beginn eine schriftliche und zu quittierende Belehrung über die mit ihren Rechten einhergehenden Pflichten erteilt wird. In der Regel wird aber die Strafbarkeit fahrlässigen Handelns in diesem Bereich ausgenommen. Die Einzelheiten sind den Strafbestimmungen der kantonalen Sozialhilfegesetze zu entnehmen.

Schwerer wiegt der Vorwurf des Sozialhilfemissbrauchs; er dürfte über die blosse Pflichtverletzung – ob vorsätzlich oder fahrlässig – insofern hinausgehen, als er den Vorwurf einer Bereicherungsabsicht einschliesst. Wird die Absicht einer unrechtmässigen Bereicherung verlangt, würde damit zugleich der fahrlässige Missbrauch ausgeschlossen.

Es sind verschiedene Missbrauchstypen zu unterscheiden:

- Der unrechtmässige Bezug, ausgelöst etwa durch die Vortäuschung von Bezugsvoraussetzungen oder durch das Verschweigen von Umständen, die einem Leistungsanspruch entgegenstehen. Beispiel: das Verschweigen von Erwerbseinkommen. In der Höhe des verschwiegenen Einkommens (abzüglich allfälliger Erwerbsunkosten) werden Sozialhilfeleistungen zu Unrecht bezogen. Die vorsätzliche Unterlassung setzt voraus, dass irgendwo eine Meldepflicht geregelt ist und dass die Täterin hierüber informiert wurde oder zumindest nach den gesamten Umständen des Einzelfalles davon hätte wissen können und müssen.
- Die unrechtmässige Verwendung. Sozialhilfeleistungen sind an einen mehr oder weniger eng bestimmten Zweck gebunden (Finalprinzip). Werden (selbst zu Recht) bezogene Sozialhilfeleistungen für einen anderen Zweck verwendet als für

---

699 Siehe z.B. Art. 28 SHG BE.

denjenigen, für den sie ausgerichtet worden waren, so wird die Erfüllung dieses Zwecks vereitelt. Beispiel: Ein Vater frönt seinem Hobby und investiert Unterstützungsleistungen in seine Modelleisenbahn, statt seine Kinder so zu kleiden, dass sie in der Schule nicht negativ auffallen. Sozialhilfeleistungen werden missbraucht, indem sie zweckentfremdet werden. Die Bereicherung liegt in der nicht gemeinten Verschönerung der Modelleisenbahn.

Von diesen zwei Hauptfällen des Sozialhilfemissbrauchs im engeren Sinne zu unterscheiden ist der Rechtsmissbrauch.
*   Rechtsmissbrauch setzt voraus, dass der Missbrauchende das missbrauchte Recht «hat», denn *hat* er es nicht, kann er es auch nicht missbrauchen. Rechtsmissbrauch bezeichnet die Verwendung eines Rechts zu einem Zweck, zu dem es nicht gedacht war[700]. Das Recht auf Sozialhilfe kann in diesem Sinne dadurch missbraucht werden, dass entweder zu Recht bezogene Sozialhilfeleistungen zweckentfremdet verbraucht oder anderweitig eine Notlage arglistig herbeigeführt wird – *nur um* anschliessend in den angestrebten Genuss des (erneuten) Sozialhilfebezugs zu kommen. Beispiel: Ein junger und gesunder Mann schlägt wiederholt zumutbare Arbeit aus, weil er damit rechnet, dann (weiterhin) unterstützt zu werden. In der unbestreitbaren Notlage, die er angestrebt hat, meldet er dann seinen Anspruch an. Missbraucht werden beim Rechtsmissbrauch weniger die Sozialhilfeleistungen als die Sozialhilfe selbst. Rechtsmissbrauch ist Missbrauch des *Instituts*, Missbrauch im engeren Sinne hingegen Missbrauch der *Leistungen*. Die Komplexität des Rechtsmissbrauchs legt es nahe, zurückhaltend mit diesem Vorwurf umzugehen.

Fälle bilden
Entwickeln Sie zwei Fälle pro Missbrauchstyp.
Entwerfen Sie aus sozialarbeiterischer Sicht die je sinnvollen Reaktionsweisen.

Nicht alle angemessenen Reaktionen auf Pflichtverletzung und Missbrauch sind Sanktionen im *poenalen* (strafenden) Sinn. Zu prüfen ist in der Regel zunächst die blosse Anpassung der Modalitäten der materiellen Unterstützung (Änderung des Auszahlungsrhythmus, direkte Auszahlung an Dritte, teilweiser Ersatz von Geldleistungen durch andere Sachleistungen bzw. Gutsprachen an Dritte, Essensgutscheine und dgl.).

---

700 Antiker Paradefall ist die Schikane-Baute. Wer das Recht hat, seinen Garten mit einer Mauer zu umzäunen, missbraucht dieses Recht, wenn er es zum einzigen Zweck tut, seinem Nachbarn Schatten auf das Gemüsebeet zu werfen. Obwohl er das Recht hat, handelt er unrechtmässig.

Eine derartige, sachlich begründete Anpassung des Unterstützungsmodus ist keine Sanktion im eigentlichen Sinne, sondern sie dient lediglich der zukünftigen *Sicherung* der mit der Unterstützung im Einzelfall verfolgten Zwecke, d.h. der Prävention und der Verhütung weiteren Schadens.

Verwaltungsrechtliche (nicht verwaltungsstrafrechtliche) Sanktionen spielen im Zusammenhang mit Pflichtverletzungen in der Praxis eine grosse Rolle. Solche verwaltungsrechtliche Sanktionen sind direkt oder indirekt auf die *Durchsetzung* der gesetzlich verankerten Pflichten gerichtet und nicht mit einer Strafdrohung versehen: Exekutorische Sanktionen dienen der direkten Durchsetzung, so etwa die in der Regel befristeten Leistungskürzungen zur teilweisen oder vollständigen Wiederherstellung des rechtmässigen Zustandes (Verrechnung in Raten). Hiervon zu unterscheiden sind «echte» Leistungskürzungen, wie sie die kantonalen Sozialhilfegesetze in der Regel vorsehen[701]. Sie gehören zu den repressiven verwaltungsrechtlichen Sanktionen. Sie stehen in keinem unmittelbaren sachlichen Wiedergutmachungszusammenhang mit einem entstandenen wirtschaftlichen Schaden, etwa infolge eines unrechtmässigen Bezugs, sondern sie bezwecken die mittelbare Durchsetzung durch Ausübung von *Druck*. Die Wirkung repressiver Sanktionen ist in Fachkreisen umstritten, ihre Ergreifung zuweilen Ausdruck einer gewissen Hilflosigkeit.

Über die Zulässigkeit der schärfstmöglichen verwaltungsrechtlichen Sanktion, des vollständigen Leistungsentzugs, ist eine anhaltende, grundsätzliche Auseinandersetzung im Gange. Die Frage stellt sich regelmässig in Zusammenhang mit vermutetem Rechtsmissbrauch, weil die missbräuchliche Ausübung eines Rechts in der schweizerischen Rechtsordnung grundsätzlich nicht geschützt wird[702]. Die Leistungseinstellung wäre die direkte Folge einer missbräuchlichen Ausübung des Grundrechts auf Hilfe in Notlagen. Die Frage nach der Zulässigkeit der Leistungseinstellung stellt die Praxis aber auch überall dort, wo eklatante und provokative Pflichtverweigerung den Griff zu drakonischen Massnahmen nahe legt. Wer die Zulässigkeit einer vollständigen Einstellung von Sozialhilfeleistungen ablehnt, verweist auf die absolute Unverletzlichkeit des Kerngehalts von Art. 12 BV (Schutz der Menschenwürde). Die Gegenseite verweist auf das unzweideutige Rechtsmissbrauchverbot und für alle übrigen Fälle auf die im Wortlaut von Artikel 12 der Bundesverfassung explizite Einschränkung des Anspruchs auf Personen, «die nicht in der Lage sind, für sich zu sorgen»: Wer ungerechtfertigt zumutbare Selbsthilfe verweigere, sei in der Lage (gewesen) und habe daher gar keinen Anspruch.

---

701 Siehe z.B. Art. 36 SHG BE, Art. 24 ZHG ZH.

702 Art. 2 ZGB, mit unbestrittener Wirkung für die gesamte Rechtsordnung. Das deutsche Grundgesetz kennt für bestimmte Fälle der rechtsmissbräuchlichen Grundrechtsausübung die Rechtsfolge der «Verwirkung» des Grundrechts. Zur Anwendung kommt sie aber nicht.

Die Lehre hält – sofern eine aktuelle Notlage besteht – die vollständige Leistungseinstellung als Sanktion mehrheitlich für unzulässig; das Bundesgericht hat die Frage bis heute offen gelassen[703].

Die verwaltungsrechtlichen Sanktionen werden schliesslich ergänzt durch die strafrechtlichen Sanktionen. Ihre Rechtsgrundlage findet sich zum einen im Verwaltungsstrafrecht (Strafnormen innerhalb des kantonalen Verwaltungsrechts; moderne Sozialhilfegesetze enthalten heutzutage explizite Strafbestimmungen[704]), zum anderen im Strafgesetzbuch (StGB). Hier sind insbesondere zu nennen Art. 146 und Art. 292 StGB. Beide Bestimmungen stellen vergleichsweise hohe Anforderungen an die Beweislage und an das Verfahren. Gemäss Art. 7 des Berufskodexes[705] ist mit Strafanzeigen gegenüber der eigenen Klientschaft grosse Zurückhaltung zu üben.

> Übersicht schaffen
> Stellen Sie die Systematik der Sanktionstypen grafisch dar.
> Qualifizieren Sie die oben aus sozialarbeiterischer Sicht ins Auge gefassten Reaktionen vor dem Hintergrund dieser Systematik juristisch.

In jedem Fall sind bei der Verhängung von Sanktionen, gleich welcher Art, Kautelen formeller und materieller Art zu beachten.

Materiell haben alle Massnahmen vor den verfassungsmässigen Rechten standzuhalten, d.h.:
- Sie bedürfen einer gesetzlichen Grundlage.
- Das Verhältnismässigkeitsprinzip ist zu beachten (Eignung, Erforderlichkeit, Zumutbarkeit).
- Die Kerngehaltsgarantien tangierter Grundrechtspositionen sind unantastbar.

Formell, d.h. in verfahrensmässiger Hinsicht, ist zu beachten:
- Wo immer möglich hat der Verhängung einer Sanktion eine Mahnung, evtl. mit Fristansetzung, vorauszugehen.
- Die verfassungsrechtlichen Verfahrensrechte sind einzuhalten: rechtliches Gehör, Akteneinsichtsrecht, Begründung.
- Verwaltungsrechtliche Sanktionen werden mittels rekursfähiger Verfügung ausgesprochen.

---

703 BGE 131 I 177 f. m.w.H. Das Bundesgericht hat es auch bis heute vermieden, Rechtsmissbrauch zu erkennen.
704 Z.B. Art. 59 SHG AG, Art. 85 SHG BE, Art. 37a SHG FR.
705 Berufskodex der Professionellen Sozialer Arbeit, avenir social (2006), Art. 7.

Die konsequente Aufdeckung und angemessene Ahndung von Pflichtverletzung und Sozialhilfemissbrauch ist nicht nur politisch opportun, sondern auch fachlich eine Selbstverständlichkeit. Die Verhängung von Sanktionen ist aber alles andere als ein Automatismus. Sie darf nicht schematisch erfolgen, sondern sie setzt sorgfältiges Abwägen nach fachlichen Gesichtspunkten im Einzelfall voraus. Neben den genannten verfassungsrechtlichen Prinzipien der Fairness und der Verhältnismässigkeit sind auch Aspekte der methodischen Angemessenheit und Opportunität und der Prognose zu berücksichtigen. Dies stellt hohe Anforderungen an die betreuende Person, gehört aber in ihre Hände.

4.6 Kindesschutz und Erwachsenenschutz (Vormundschaftsrecht)[706] (Christoph Häfeli)

Häfeli Christoph, Wegleitung für vormundschaftliche Organe, 4. Aufl., Zürich 2005

4.6.1 Übersicht

In der Lehre wird unterschieden zwischen dem Vormundschaftsrecht im engeren Sinn, dem Vormundschaftsrecht im weiteren Sinn und dem Vormundschaftsrecht im weitesten Sinne.

Das Vormundschaftsrecht im engeren Sinne ist in der 3. Abteilung des Familienrechts in den Artikeln 360–456 ZGB unter dem Titel «Die Vormundschaft» geregelt.

Das Vormundschaftsrecht im weiteren Sinne umfasst «die Gesamtheit der Regeln des Bundesprivatrechts, welche von Vormundschaft, vormundschaftlichen Organen und Ähnlichem handeln, aber ausserhalb der 3. Abteilung des Familienrechts angesiedelt sind»[707]. Es handelt sich um Bestimmungen, die vormundschaftlichen Organen ausserhalb des Vormundschaftsrechts im engeren Sinne Aufgaben zuweisen. Sie kommen in allen Teilen des ZGB und auch im OR vor. Von Bedeutung sind insbesondere:

- verschiedene Aufgaben der vormundschaftlichen Organe im Adoptionsrecht (Art. 265 Abs. 3; Art. 265a Abs. 2 ZGB; Art. 265d Abs. 1 ZGB; 269c Abs. 2 ZGB),

---

706 Es werden hier die beiden Begriffe verwendet, die in der Botschaft zur Totalrevision des Vormundschaftsrechts (Dritte Abteilung, Die Vormundschaft, Art. 360-455 ZGB) vom 28. Juni 2006 verwendet werden, BBl 2006, 7001.

707 Schnyder/Murer, 1984, Syst. Teil N 6.

im Kindesschutzrecht (Art. 307 ff. ZGB) und im übrigen Kindesrecht (Art. 260
Abs. 2 ZGB, Art. 275 ZGB; Art. 287 ZGB; Art. 288 ZGB);
• andere Aufgaben des Vormundes und der Vormundschaftsbehörde im Erb- und
  Sachenrecht und im OR.

Das Vormundschaftsrecht im weitesten Sinne umfasst «die Gesamtheit der Rechtsregeln ausserhalb des Bundesprivatrechts, welche auf das Vormundschaftsrecht im
engeren Sinn oder weiteren Sinn Bezug nehmen»[708]. Solche Bestimmungen finden
sich im kantonalen und im öffentlichen Recht des Bundes sowie in Staatsverträgen
und internationalen Übereinkommen.

Dazu gehören zudem die Bestimmungen des kantonalen öffentlichen Rechts, die
der Verwirklichung des Vormundschaftsrechts im engeren Sinne dienen, das heisst,
es handelt sich in erster Linie um Organisations- und Verfahrensrecht. Nicht zum
Vormundschaftsrecht im weitesten Sinne, obwohl sachlich ihm nahe stehend, gehört
das kantonale öffentliche Sozialhilferecht[709]. In diesem Kapitel werden die Massnahmen des Kindes- und Erwachsenenschutzes, die Ausübung des vormundschaftlichen
Amtes und die vormundschaftlichen Organe dargestellt und abschliessend auf die
wichtigsten Punkte der Revisionsvorlage hingewiesen.

4.6.2 Kindesschutz

4.6.2.1 Begriff und System des Kindesschutzes

Der Kindesschutz beinhaltet alle gesetzgeberischen und institutionalisierten Massnahmen zur Förderung einer optimalen Entwicklung von Kindern und Jugendlichen
sowie zum Schutz vor Gefährdungen und zur Milderung und Behebung der Folgen
von Gefährdungen. Neben allgemeinen sozialpolitischen und familienpolitischen
Massnahmen, wie Kinder- und Familienzulagen, steuerlichen Entlastungen, Stipen-
diengesetzgebung, gibt es eine Vielzahl von freiwilligen, öffentlich-rechtlichen und
internationalrechtlichen Massnahmen und Normen, die der Verwirklichung des Kindeswohls dienen.

4.6.2.2 Bereiche des Kindesschutzes

Freiwilliger Kindesschutz: Unter freiwilligem Kindesschutz werden all jene Massnahmen und Beratungseinrichtungen verstanden, die von Eltern, Kindern und Jugendlichen in Anspruch genommen werden können. Es handelt sich um private und öffent-

708 A.a.O., N 9.
709 Siehe 4.5.

liche Jugend- und Familienberatungsstellen, kommunale und regionale Sozialdienste, Erziehungsberatungsstellen, schulpsychologische und kinder- und jugendpsychiatrische Dienste, Mütter- und Väterberatung.

Öffentlich-rechtlicher Kindesschutz: Die schweizerische Bundesverfassung BV[710] enthält gleich mehrere Bestimmungen, die dem Schutz von Kindern und Jugendlichen gelten. Nach Art. 11 BV im Grundrechtskatalog haben Kinder und Jugendliche Anspruch auf besonderen Schutz ihrer Unversehrtheit und auf Förderung ihrer Entwicklung, Art.19 BV garantiert den Anspruch auf ausreichenden und unentgeltlichen Grundschulunterricht und Art. 41 BV über die Sozialziele verpflichtet Bund und Kantone, sich in Ergänzung zu persönlicher Verantwortung und privater Initiative dafür einzusetzen, dass Familien als Gemeinschaften von Erwachsenen und Kindern geschützt und gefördert werden. Kinder und Jugendliche sollen sich nach ihren Fähigkeiten bilden, aus- und weiterbilden können, sie sollen in ihrer Entwicklung zu selbständigen und sozial verantwortlichen Personen gefördert und in ihrer sozialen, kulturellen und politischen Integration unterstützt werden. Im Abschnitt über Bildung, Forschung und Kultur verpflichtet Art. 67 BV Bund und Kantone, bei der Erfüllung ihrer Aufgaben den besonderen Förderungs- und Schutzbedürfnissen von Kindern und Jugendlichen Rechnung zu tragen. Der in der Verfassung grundgelegte Kindesschutz wird in einer Vielzahl von bundesrechtlichen und kantonalrechtlichen Normen – Arbeitsrecht, Schulrecht, Opferhilfegesetz, Sozial- und Jugendhilfegesetzen – konkretisiert.

Strafrechtlicher Kindesschutz: Von besonderer Bedeutung ist der rechtssystematisch ebenfalls zum öffentlich-rechtlichen Kindesschutz gehörende strafrechtliche Kindesschutz. Er umfasst zwei Gruppen von Normen: die Straftatbestände des Erwachsenenstrafrechts, die körperliche (Art. 111 ff. StGB, Art. 122 ff. StGB) und psychische Misshandlung (Art. 180 ff. StGB), sexuelle Handlungen mit Kindern und Jugendlichen (Art. 187 ff. StGB; 213 StGB) sowie deren Vernachlässigung (Art. 219 StGB) unter Strafe stellen, und das Jugendstrafrecht (Art. 82–100 StGB)[711]. Es enthält ein Sanktionensystem für Kinder und Jugendliche, die straffällig werden. Dieses Erziehungs- und Behandlungsstrafrecht enthält neben Strafen insbesondere Erziehungs- und therapeutische Massnahmen, die Kinder und Jugendliche vor weiteren Gefährdungen bewahren sollen.

Internationalrechtlicher Kindesschutz: Zahlreiche internationale Abkommen dienen dem Schutz von Kindern und Jugendlichen. Von besonderer Bedeutung sind

---

710 Bundesverfassung vom 18. Dezember 1998 (BV), von Volk und Ständen am 18. April 1999 angenommen und vom Bundesparlament am 28. September 1999 per 1. Januar 2000 in Kraft gesetzt.

711 Das Jugendstrafrecht ist revidiert worden und trat am 1. Januar 2007 in Kraft: Bundesgesetz über das Jugendstrafrecht (Jugendstrafgesetz, JStG) vom 20. Juni 2003.

(handschriftliche Randnotiz: internationalrechtlicher Kinderschutz)

das Haager Minderjährigenschutzabkommen (MSA)[712], das die Zuständigkeit der schweizerischen Kindesschutzorgane und die Anwendung des schweizerischen Rechts gegenüber ausländischen Minderjährigen in der Schweiz regelt, und die UNO-Konvention über die Rechte des Kindes (UKRK)[713]. In Art. 3 UKRK werden das Kindeswohl und die Menschenwürde als Richtschnur für alle das Kind betreffenden Massnahmen und Entscheide deklariert und die Eltern werden als primär Verantwortliche für Erziehung und Entwicklung des Kindes bezeichnet. Art. 18 UKRK enthält das Recht des Kindes auf Überleben, den Schutz vor schädlichen Einflüssen, das Recht auf körperliche, geistige und seelische Entwicklung und das Recht auf aktive Teilnahme am kulturellen und gesellschaftlichen Leben. Art. 19, 21 und 32–36 UKRK postulieren den Schutz des Kindes vor physischen und psychischen Misshandlungen, sexueller und sonstiger Ausbeutung und Verwahrlosung.

4.6.2.3   Leitideen des zivilrechtlichen Kindesschutzes

Der schweizerische Gesetzgeber überträgt primär den Eltern die Pflicht, dafür zu sorgen, dass sich ihre Kinder in körperlicher und geistiger, psychischer und sozialer Hinsicht optimal entwickeln können. Als Inhaber der elterlichen Sorge sind sie mit allen notwendigen Rechten und Pflichten ausgestattet, die für die Wahrung des Kindeswohls erforderlich sind[714]. Wird dieser umfassende Auftrag von den Eltern nicht oder unvollständig wahrgenommen und ist dadurch das Wohl des Kindes gefährdet, trifft die Vormundschaftsbehörde die geeigneten Massnahmen zum Schutz des Kindes. Eine Gefährdung liegt vor, sobald nach den Umständen die ernstliche Möglichkeit einer Beeinträchtigung des körperlichen, sittlichen, geistigen oder psychischen Wohls des Kindes vorauszusehen ist[715].

Der Kindesschutz dient somit immer der Abwendung einer Gefährdung des Kindeswohls[716]. Gefährdungen gehören bis zu einem gewissen Grad zum Leben des Kindes und des Menschen überhaupt. Ihre Ursachen sind mannigfaltig. Es kann sich um vorübergehende Familienkonflikte, Krankheit in der Familie, Tod eines Elternteils oder eines Geschwisters handeln. All diese Erscheinungen gehören zu den Belastungen des Lebens; sie bedeuten nicht nur Gefährdung, sondern auch Chance für

---

712 Übereinkommen über die Zuständigkeit der Behörden und das anzuwendende Recht auf dem Gebiet des Schutzes von Minderjährigen, Den Haag 5. Oktober 1961, in Kraft getreten für die Schweiz am 4. Februar 1989. Wird am 1.7.2009 abgelöst durch das Haager Kinderschutzübereinkommen vom 19.10.1996 (HKsÜ).

713 Übereinkommen der Vereinten Nationen vom 20. November 1989, für die Schweiz mit fünf Vorbehalten in Kraft getreten am 26. März 1997.

714 Siehe Art. 301–306 ZGB.

715 HEGNAUER CYRIL, 1999, N 27.14.

716 A.a.O., N 27.09.

die Entwicklung und Reifung des Menschen. Das Kind selbst und seine Umgebung, insbesondere die Eltern, allenfalls mit Hilfe von Verwandten, Freunden und Organisationen des freiwilligen Kindesschutzes (Beratungsstellen), entwickeln normalerweise Kräfte und mobilisieren Hilfsquellen zur Meisterung solcher Belastungen und Gefährdungen. Die Gefährdung muss darum eindeutig und erheblich sein, damit sie rechtlich relevant ist und die Behörde zum Eingriff legitimiert und verpflichtet ist. Immerhin muss nicht zugewartet werden, bis eine Schädigung eingetreten ist[717].

Der zivilrechtliche Kindesschutz greift somit nur, wenn die Eltern nicht von sich aus Abhilfe schaffen oder wenn sie dazu ausserstande sind (Art. 307 Abs. 1 ZGB). Auch sollen zuerst die Möglichkeiten des freiwilligen Kindesschutzes ausgeschöpft werden, bevor zivilrechtliche Massnahmen angeordnet werden. Es gilt also der Grundsatz der Subsidiarität. Dabei spielt es keine Rolle, ob den Eltern aus ihrem Verhalten ein Vorwurf gemacht werden kann, der Eingriff ist vielmehr verschuldensunabhängig[718]. Kindesschutzmassnahmen sollen jedoch die elterlichen Fähigkeiten und die Verantwortung der Eltern nicht verdrängen, sondern lediglich ergänzen. Man spricht in diesem Zusammenhang vom Grundsatz der Komplementarität[719].

Schliesslich wird der zivilrechtliche Kindesschutz dominiert vom Grundsatz der Verhältnismässigkeit, d. h. der Eingriff muss notwendig sein zur Abwendung der Gefährdung, er muss tauglich sein zur Abwendung oder Milderung der Gefährdung und er muss dem Grad der Gefährdung entsprechen, d.h. er darf nicht stärker sein als notwendig, jedoch auch nicht geringer als notwendig, um überhaupt eine Wirkung zu erzielen[720].

4.6.2.4 Geeignete Massnahmen Art. 307 Abs. 3 ZGB

Art. 307 Absatz 1 ZGB formuliert den Grundsatz und die Voraussetzung für das Handeln der Vormundschaftsbehörde. Absatz 2 enthält den wichtigen Hinweis, dass Kindesschutzmassnahmen auch gegenüber Kindern möglich sind, die bei Pflegeeltern untergebracht sind oder sonst ausserhalb der häuslichen Gemeinschaft der Eltern leben. Absatz 3 zählt erste konkrete Massnahmen auf, dabei ist zu beachten, dass es sich nicht um eine abschliessende Aufzählung handelt; so gehört zu diesen Massnahmen ausser den aufgezählten sicher auch die Beratung durch die Vormundschaftsbehörde oder die Vermittlung einer Fachberatung bei einer Organisation des freiwilligen Kindesschutzes. Ausdrücklich aufgezählt werden:

---

717 Siehe u.a. Henkel Helmut, 1977, S. 19–44.
718 Hegnauer Cyril, 1999, N 27.10.
719 A.a.O., N 27.11.
720 A.a.O., N 27.12.

[handschriftlich: Massnahmen der Vormundschaftbehörde bei Gefährdung des Kindes]

- Ermahnung an Eltern, Pflegeeltern oder Kind. Über die Wirksamkeit solcher Ermahnungen, die wohl nur darin bestehen können, Eltern oder Kind an ihre Pflichten zu erinnern, kann man geteilter Meinung sein. Sie setzen Erziehungsfähigkeit und Erziehungswilligkeit voraus.

- Weisungen sind im Gegensatz zur Ermahnung verbindliche Anordnungen der Vormundschaftsbehörde, welche Eltern und/oder Kind zu einem bestimmten Tun, Unterlassen oder Dulden verpflichten. Sie sind angezeigt, wenn die Gefährdung des Kindes durch eine solche Einzelmassnahme behoben werden kann.

Voraussetzung ist z.B. dass der Adressat subjektiv und objektiv in der Lage ist, die behördlichen Weisungen zu befolgen. Eine Beschränkung der elterlichen Sorge im Rahmen von Weisungen ist möglich. Beispiele von Weisungen sind:

[handschriftlich vertikal am Rand: Weisungen (behördlich)]

- Aufforderung an die Eltern, sich sachkundig beraten zu lassen;
- Verpflichtung, das Kind von einem Sachverständigen, Arzt, Psychiater, Schulpsychologen usw. ambulant untersuchen zu lassen. Damit kann auch ein Gutachtenauftrag an den Experten verbunden werden;
- allenfalls Weisungen mit Bezug auf die Ernährung und Bekleidung;
- Verbot, das Kind zu bestimmten Tätigkeiten, zum Beispiel zu harten und zeitintensiven Arbeiten, heranzuziehen;
- Anordnungen bezüglich Schulung und Ausbildung (Sonderschulung, Berufslehre, Mittelschule usw.);
- Ermöglichung von sinnvollen Freizeitbeschäftigungen und Betätigungen in Vereinen;
- bei ungenügender Betreuung des Kindes tagsüber, Weisung, das Kind an einem geeigneten Tagespflegeplatz, in einer Krippe oder einem Hort unterzubringen;
- vorübergehende stationäre Beobachtung, Untersuchung oder Behandlung des Kindes in einem Spital oder einer Beobachtungsstation.

Weisungen sind ähnlich wie die Ermahnung von fraglicher Wirksamkeit. In vielen Fällen dürften sie nicht genügen zur Behebung einer erheblichen Gefährdung, die meistens doch von komplexer Ursache ist[721]. Weitere Massnahmen:

[handschriftlich vertikal am Rand: weitere Massnahmen]

- Bezeichnung einer geeigneten Stelle oder Person, der Einblick oder Auskunft zu geben ist. Diese Massnahme ist bekannt unter der nicht sehr glücklichen Bezeichnung vormundschaftliche Aufsicht oder auch vormundschaftliche Erziehungsaufsicht und beinhaltet die Institutionalisierung des Kontaktes zwischen Eltern und Aufsichtsperson bzw. -stelle. Damit können Pflege und Erziehung eines Kin-

---

721 Siehe HENKEL HELMUT a.a.O. S. 76–88.

des einer permanenten, mit Beratung verbundenen Kontrolle unterstellt werden. Sie kann auch sinnvoll sein zur Überwachung der Befolgung von erteilten Weisungen. Diese Massnahme wurde schon im alten Kindesrecht gestützt auf Art. 283 ZGB angeordnet. Sie war lange Zeit die häufigste Kindesschutzmassnahme. Falls es zu einem Vertrauensverhältnis zwischen Aufsichtsperson und Eltern bzw. Kind kommt, ist sehr vieles möglich, obwohl die Aufsichtsperson wenige Kompetenzen besitzt. Sie hat lediglich kontrollierende und beratende Funktion. Diese doppelte Funktion ist nicht unproblematisch, denn Beratung ist nur möglich in einem Vertrauensverhältnis, Kontrolle andererseits beinhaltet und fördert potentiell Misstrauen. Doch auch in Fällen, in denen mangels eines Vertrauensverhältnisses keine Beratung möglich ist, bieten Aufsicht und Kontrolle einen minimalen Kindesschutz.

Das doppelte Mandat von Beratung und Kontrolle
Wie bewältigen Sie sozialarbeiterisch-methodisch dieses doppelte Mandat und wie legitimieren Sie dieses berufsethisch?
Worin besteht der minimale Kindesschutz, wenn sich die Intervention auf Aufsicht und Kontrolle beschränken muss?

4.6.2.5   Beistandschaft Art. 308 ZGB

Dieser Artikel enthält ein in sich fein abgestuftes Repertoire von Massnahmen mit einem generellen Auftrag, die Eltern in ihrer Erziehungsaufgabe zu unterstützen, ohne Beschränkung der elterlichen Sorge (Abs. 1), der Möglichkeit, der Beiständin bestimmte, näher umschriebene Aufgaben zu übertragen, ebenfalls ohne Einschränkung der elterlichen Sorge (Abs. 2) und zusätzlich der Möglichkeit, gestützt auf Abs. 3 die elterliche Sorge gezielt zu beschränken in Aufgabenbereichen, die der Beiständin gestützt auf Abs. 2 übertragen wurden. Dank dieser Flexibilität ist es möglich, für viele Gefährdungssituationen eine massgeschneiderte Massnahme im Einzelfall zu errichten. Darum ist es nicht verwunderlich, dass heute mehr als die Hälfte aller Kindesschutzmassnahmen Beistandschaften nach Art. 308 ZGB sind[722].

Erziehungsbeistandschaft Art. 308 Abs. 1 ZGB: Bereits aus der bestimmteren und verbindlicheren Formulierung geht hervor, dass eine Gefährdung vorausgesetzt wird, für deren Behebung die Massnahmen nach Art. 307 ZGB nicht ausreichen. Es ist vielmehr eine aktive Einwirkung durch eine Betreuungsperson (Beiständin) erfor-

---

722 Konferenz der kantonalen Vormundschaftsbehörden, Vormundschaftsstatistik 2006, ZVW 6/2007 S. 332 ff.

lich. Diese ist im Gegensatz zur Aufsichtsperson bei Art. 307 Abs. 3 ZGB befugt, den Eltern Empfehlungen und Anleitungen zu geben bei der Erziehung und mit ihnen zusammen auf das Kind einzuwirken. In der Praxis besteht allerdings inhaltlich kaum ein Unterschied zwischen der Erziehungsaufsicht gemäss Art. 307 Abs. 3 ZGB und der Erziehungsbeistandschaft nach Art. 308 Abs. 1 ZGB. Die «griffigere» Formulierung von Art. 308 Abs. 1 ZGB ist wohl der Hauptgrund, warum die Erziehungsaufsicht immer weniger angeordnet und zunehmend durch die Erziehungsbeistandschaft «verdrängt» wird. Der sinnvolle Name für diese Form der Beistandschaft hat sich in der Praxis herausgebildet und kommt im Gesetzestext nicht vor. Wie bereits erwähnt, ist die Erziehungsbeistandschaft mit keiner Einschränkung der elterlichen Sorge verbunden. Sie setzt darum wie die Erziehungsaufsicht die Kooperationsbereitschaft der Eltern voraus; andernfalls bleibt sie auf eine reine Kontrollfunktion beschränkt.

Erziehungsbeistandschaft Art. 308 Abs. 1 und 2 ZGB: Gestützt auf Art. 308 Abs. 2 ZGB kann die Beiständin mit besonderen Befugnissen ausgestattet werden, die in der Regel für die Eltern mit einer faktischen, nicht aber notwendigerweise mit einer rechtlichen Beschränkung der elterlichen Sorge verbunden sind. Das Gesetz erwähnt ausdrücklich die Vertretung des Kindes bei der Wahrung seines Unterhaltsanspruches und die Überwachung des persönlichen Verkehrs (Besuchsrechtsbeistandschaft). Die Wahrung des Unterhaltsanspruchs schliesst nach Bedarf auch die Erhebung der Unterhaltsklage (Art. 279 ff. ZGB), die Vollstreckung in der Schuldbetreibung und die Stellung des Strafantrages wegen Vernachlässigung der Unterstützungspflicht (Art. 217 StGB) ein, wozu der Beiständin gestützt auf Art. 421 Ziffer 8 ZGB Prozessvollmacht erteilt werden muss. Falls die elterliche Sorge nicht gestützt auf Art. 308 Abs. 3 ZGB ausdrücklich beschränkt wird, hindert die Vertretungsbefugnis der Beiständin die Inhaberin der elterlichen Sorge nicht daran, zusätzlich selbständig eine Unterhaltsklage einzureichen.

Die Besuchsrechtsbeistandschaft umfasst den Auftrag, die Ausübung des Besuchsrechts zu überwachen, bei Konflikten zu vermitteln und unter Einbezug aller Beteiligten die Modalitäten des Besuchsrechts festzulegen und diese der jeweils veränderten Situation neu anzupassen. Die Formulierung im Gesetzestext: «Überwachung des persönlichen Verkehrs» ist unglücklich; Beratung und Vermittlung bei Konflikten sind adäquatere Begriffe für die Funktion der Beiständin, die in erster Linie versuchen wird, mit den Beteiligten Vereinbarungen für die Ausübung des Besuchsrechts zu treffen. Sie kann jedoch im Rahmen ihres Auftrages auch Anordnungen treffen, welche die Modalitäten des Besuchsrechts betreffen, zum Beispiel Übergabeort, Art und Weise der Ausübung des Besuchsrechts usw. Der Umfang des Besuchsrechts muss gemäss ständiger bundesgerichtlicher Rechtsprechung von der Vormundschaftsbehörde (275 Abs. 1 ZGB) oder vom Gericht im eherechtlichen Verfahren (Art. 275

Abs. 2 ZGB) festgelegt werden und darf von der Beiständin gegen den Willen der betroffenen Eltern weder sistiert, eingeschränkt noch ausgedehnt werden. Auch die Anordnung eines begleiteten Besuchsrechts bei Gewissheit oder Verdacht auf sexuelle Übergriffe fällt in die Zuständigkeit der das Besuchsrecht anordnenden Behörde. Vermittlung bei Besuchsrechtskonflikten und die Wahrung des Unterhaltsanspruchs sind in der Praxis die häufigsten, wenn auch nicht die einzigen Aufgaben der Beiständin nach Art. 308 Abs. 2 ZGB. Sie kann in diesem Rahmen auch mit dem Vollzug von Anordnungen (Weisungen) gemäss Art. 307 Abs. 3 ZGB beauftragt werden, wenn die Eltern diesen nicht nachkommen. Andere sinnvolle Befugnisse sind zum Beispiel, die nötigen Anordnungen und Entscheidungen für die berufliche Ausbildung zu treffen, das Kind einer notwendigen ärztlichen oder therapeutischen Behandlung zuzuführen, die Zustimmung zu einer Operation zu erteilen, Sozialversicherungsleistungen geltend zu machen[723]. Im Rahmen der ihr gestützt auf Art. 308 Abs. 2 ZGB erteilten besonderen Befugnisse ist die Beiständin voll handlungsfähig und gesetzliche Vertreterin des Kindes, ohne dass jedoch die Vertretungsbefugnis der Eltern in diesen Bereichen tangiert wird. Die Beschränkung der Vertretungsbefugnis der Eltern ist auch nicht notwendig, solange diese mit der Beiständin kooperieren. Die in den Art. 404 ZGB, 421 ZGB und 422 ZGB erwähnten Rechtsgeschäfte bedürfen jedoch der Zustimmung der Vormundschaftsbehörde bzw. der vormundschaftlichen Aufsichtsbehörde.

4.6.2.6 Beistandschaft für das Kind von nicht miteinander verheirateten Eltern Art. 309 ZGB

Auftrag: Die Beistandschaft nach Art. 309 ZGB umfasst einen Hauptauftrag und zwei Nebenaufträge: Der Hauptauftrag ist, das (rechtliche) Kindesverhältnis zum Vater herzustellen. Das Kind nicht miteinander verheirateter Eltern hat einen Rechtsanspruch auf Feststellung des Kindesverhältnisses zum Vater; die Mutter ist nach Art. 272 ZGB verpflichtet, der Beiständin die nötigen Angaben zu machen, damit der Vater des Kindes ermittelt werden kann. Diesen Hauptauftrag erfüllt die Beiständin durch die Ermittlung des Vaters unter Mitwirkung der Mutter und indem sie ihn über die notwendigen Schritte für die Herstellung des Kindesverhältnisses durch Anerkennung informiert. Kommt es dennoch nicht zur Anerkennung, hat sie die Vaterschaftsklage nach Art. 261 ff. ZGB zu erheben und das Kindesverhältnis durch Urteil herzustellen. Die Nebenaufträge bestehen in der Beratung und Betreuung der Mutter und in der Beurteilung, ob nach Herstellung des Kindesverhältnisses durch Anerkennung oder Urteil weitere Kindesschutzmassnahmen anzuordnen sind. Die Beratung und Betreuung der Mutter ist in vielen Fällen nicht erforderlich; es genügt eine

---

723 Siehe ausführlich dazu Biderbost Yvo, 1996, S. 330–358.

umfassende Information über ihre Rechte und Pflichten als nicht verheiratete Mutter. In anderen Fällen, namentlich bei sehr jungen Müttern oder Frauen, die schon ohne diese in der Regel ungeplante Mutterschaft grosse Probleme hatten, kann dieser Nebenauftrag geradezu zum Hauptauftrag werden. Dies kann jedoch sehr wohl auch im Interesse des Kindes liegen, dessen primäre Interessen die Beiständin zu wahren hat. Wenn es gelingt, die Belastungen, welche eine aussereheliche Schwangerschaft für die Mutter mit sich bringen kann, zu reduzieren, kommt dies auch dem Kind zugute, weil die Mutter so eher ihre Pflichten ihm gegenüber erfüllen kann und besser in der Lage ist, ihm gute Entwicklungsmöglichkeiten zu bieten. Der zweite Nebenauftrag ist vor allem im Zusammenhang mit der Aufhebung der Massnahme von Bedeutung. Er soll sicherstellen, dass im Falle einer Gefährdung des Kindeswohls nach der Herstellung des Kindesverhältnisses und der Regelung der Unterhaltspflicht rechtzeitig die erforderlichen Kindesschutzmassnahmen getroffen werden.

Anordnung: Diese Beistandschaft wird entgegen dem Wortlaut nicht zwingend errichtet[724]. Falls das Kindesverhältnis zum Vater mittels Anerkennung bereits bei der Geburt oder schon vorher feststeht, ist laut Bundesgerichtl keine Beistandschaft zu errichten. Die Justizdirektion des Kantons Zürich hat in einem Kreisschreiben vom 1. November 1982 die Voraussetzungen für das Absehen von der Errichtung einer Beistandschaft wie folgt präzisiert: Falls die Anerkennung innerhalb zirka eines Monats nach der Geburt des Kindes erfolgt, kann in der Regel auf die Errichtung einer Beistandschaft verzichtet werden. In Ausnahmefällen (insbesondere bei Ausländern, die für die Beschaffung der notwendigen Dokumente zur Anerkennung in der Regel noch mehr Zeit brauchen) kann diese Frist noch ausgedehnt werden. In der Praxis wird nicht strikte auf diesen Monat geachtet. Massgebend ist vielmehr die ganzheitliche Beurteilung der Situation, wobei u.a. folgende Gesichtspunkte für das Vorliegen von Schwierigkeiten bei der Anerkennung von Bedeutung sein können:

- Der Vater stammt aus einem Land, von wo er die für die Anerkennung notwendigen Dokumente nicht oder nicht rechtzeitig beschaffen kann.
- Der von der Mutter bezeichnete Vater äussert Zweifel an seiner Vaterschaft und zögert darum mit der Anerkennung. In diesen Fällen empfiehlt es sich, eine Beistandschaft auch dann anzuordnen, wenn der mutmassliche Vater zur Einholung eines aussergerichtlichen naturwissenschaftlichen Gutachtens Hand bietet.
- Es bestehen manifeste Beziehungskonflikte zwischen Vater und Mutter, die eine Anerkennung innert nützlicher Frist als fraglich erscheinen lassen.
- Die Mutter weigert sich, den Namen des Erzeugers bekannt zu geben.

---

724 BGE 107 II 312 ff.

- Reduzierte Erziehungsfähigkeit und allgemeine Lebenstüchtigkeit der Mutter. Einige Mütter sind, wenn der Vater oder andere Personen sie nicht unterstützen, subjektiv und objektiv überfordert und auf Hilfe angewiesen.
- Der Gesundheitszustand des Kindes. Ein krankes oder behindertes Kind stellt höhere Anforderungen als ein gesundes Kind.

Die vordergründig problemloseste Situation, die praktisch nie zu einer Anordnung der Beistandschaft gemäss Art. 309 ZGB führt, ist diejenige, in der die nicht verheirateten Eltern des Kindes in Hausgemeinschaft (Konkubinat) miteinander leben.

Nicht in allen Fällen, in denen eine Beistandschaft nach Art. 309 ZGB errichtet wird, muss es notwendigerweise zu einer gerichtlichen Feststellung der Vaterschaft aufgrund einer Vaterschaftsklage (Art. 261 ZGB) kommen. Oft gelingt es der Beiständin, wenn auch manchmal nach langwierigen und intensiven Bemühungen, eine Anerkennung zu erwirken. Da jedoch im voraus nicht ausgeschlossen werden kann, dass die Herstellung des Kindesverhältnisses nur mittels Vaterschaftsklage gelingt, wird der Beiständin regelmässig Prozessvollmacht mit Substitutionsbefugnis gemäss Art. 421 Ziff. 8 ZGB erteilt.

4.6.2.7 Kombination der Beistandschaft nach Art. 309 ZGB mit der Beistandschaft nach Art. 308 Abs. 2 ZGB

Gleichzeitig mit der Herstellung des Kindesverhältnisses muss als unmittelbare Wirkung des Kindesverhältnisses der Unterhaltsanspruch des Kindes geregelt werden. Dies kann durch Vertrag oder Unterhaltsklage geschehen. Deshalb wird in der Regel mit der Beistandschaft nach Art. 309 ZGB gleichzeitig eine Beistandschaft nach Art. 308 Abs. 2 ZGB errichtet und die Beiständin beauftragt, die Interessen des Kindes bei der Wahrung seines Unterhaltsanspruches wahrzunehmen. Sie wird versuchen, mit dem Vater einen Unterhaltsvertrag auszuarbeiten, den sie der Vormundschaftsbehörde zur Genehmigung unterbreitet (Art. 287 Abs. 1 ZGB). Falls keine vertragliche Einigung zustande kommt, wird die Beiständin zusammen mit der Vaterschaftsklage die Unterhaltsklage nach Art. 279 ZGB einreichen.

Aufhebung der Beistandschaft: Sobald das Kindesverhältnis hergestellt und der Unterhalt geregelt ist, kann die Beistandschaft aufgehoben werden. Die Beiständin hat darum nach Erledigung ihres Auftrages den Schlussbericht zu erstatten und dabei auch Stellung zu nehmen zur Frage, ob andere Kindesschutzmassnahmen anzuordnen seien. Dabei gelten die gleichen Voraussetzungen wie bei der Anordnung von Kindesschutzmassnahmen überhaupt. D.h., das Kindeswohl muss gefährdet und die Mutter muss nicht von sich aus in der Lage sein, dieser Gefährdung wirksam zu begegnen. In vielen Fällen genügt es auch, die Mutter auf die freiwilligen Dienstleistungen für Alleinerziehende und die Beratungsmöglichkeiten für Eltern von Säuglingen und Kleinkindern aufmerksam zu machen. Die Fortführung der Beistandschaft nach Art. 309 ZGB ist nur indiziert, wenn die Herstellung des Kindesverhältnisses nach Ablauf von zwei Jahren seit der Geburt noch nicht möglich war, in diesem Zeitpunkt aber Aussicht darauf besteht, dass dies in absehbarer Zeit noch gelingt. Dies ist der Fall, wenn die Mutter z.B. den Namen des Erzeugers erst in diesem Zeitpunkt bekannt gegeben hat oder dieser erst jetzt auf andere Weise ermittelt werden konnte. Hingegen ist es nicht zulässig, die Beistandschaft gleichsam als «Sanktion» aufrechtzuerhalten, weil die Mutter bei ihrem Entscheid bleibt, den Namen des Erzeugers nicht bekannt zu geben.

> Weigerung der Mutter, die Identität des Vaters bekannt zu geben
> Diskutieren Sie den Konflikt der in Frage stehenden Persönlichkeitsrechte von Mutter und Kind.

4.6.2.8   Aufhebung der elterlichen Obhut Art. 310 ZGB

Die Aufhebung der elterlichen Obhut und die angemessene Unterbringung eines Kindes oder Jugendlichen in einer Pflegefamilie oder in einer stationären Einrichtung stellt einen schweren Eingriff in das Familien- und Privatleben i.S. von Art. 8 Ziff. 2 EMRK dar. Dieser staatliche Eingriff in das Recht auf Achtung des Privat- und Familienlebens ist zulässig, wenn er gesetzlich vorgesehen ist und eine Massnahme darstellt, die in einer demokratischen Gesellschaft zum Schutze der Rechte und Freiheiten anderer notwendig ist[725]. Art. 310 ZGB bietet die gesetzliche Grundlage für diesen schweren Eingriff in die Rechte der Eltern, er ist an entsprechend strenge Voraussetzungen geknüpft. Längst nicht alle Fremdplatzierungen erfolgen indes gestützt auf einen Obhutsentzug, es handelt sich im Gegenteil um eine Minderheit aller Platzierungen, die wenn immer möglich im Einverständnis der Eltern erfolgen. Aufhebungen der Obhut machen zudem weniger als 10 % aller Kindesschutzmassnahmen aus[726]. Begriff und Rechtsnatur der elterlichen Obhut: Das Obhutsrecht ist als Teil der elterlichen Sorge das Recht der Eltern, über den Aufenthaltsort (die Obhut) eines Kindes zu bestimmen, d.h. darüber zu entscheiden, ob das Kind im Haushalt der Eltern, dauernd oder zeitweise bei Verwandten oder einer anderen Pflegefamilie, in einem Internat oder einem Heim lebt. Wird den Eltern das Obhutsrecht oder die elterliche Sorge entzogen, ist die Vormundschaftsbehörde Inhaberin des Obhutsrechts. Das

---

725 BGE 120 II 387 E. 5.
726 Konferenz der kantonalen Vormundschaftsbehörden VBK, Vormundschaftsstatistik 2004, a.a.O.

Obhutsrecht ist wie die elterliche Sorge als Ganzes ein Persönlichkeitsrecht, das sich aus dem Kindesverhältnis ergibt (Art. 301 Abs. 3 ZGB): «Die (faktische) Obhut ist ein tatsächlicher Zustand: Das Kind befindet sich im Haushalt und unter Aufsicht einer bestimmten Person. Voraussetzungen für die Aufhebung der Obhut: Nach dem Wortlaut von Art. 310 Abs. 1 ZGB müssen zwei Voraussetzungen erfüllt sein für die Aufhebung der elterlichen Obhut: Es muss eine Gefährdung des Kindes gegeben sein, der nicht anders begegnet werden kann, z.B. durch Ermahnungen oder Weisungen, durch eine Aufsicht (Art. 307 Abs. 3 ZGB) oder durch eine Erziehungsbeistandschaft (Art. 308 ZGB). Dies ergibt sich aus dem Grundsatz der Verhältnismässigkeit, der das ganze Vormundschaftsrecht dominiert. Hingegen ist die Aufhebung der Obhut als vorsorgliche Massnahme für die Dauer einer Abklärung zulässig.

In Anlehnung an Blülle[727] können folgende Ausgangssituationen oder Fallgruppen unterschieden werden, in denen ein Obhutsentzug angezeigt sein kann:

- Defizit an erzieherischer/elterlicher Kompetenz: alle Formen der Misshandlung und sexuellen Ausbeutung, Unfähigkeit der Eltern, sich adäquat um das Kind zu kümmern, weil sie durch persönliche oder eheliche Probleme übermässig absorbiert sind; allgemeine Überforderung, adäquat auf entwicklungsbedingte Notlagen und Bedürfnisse des Kindes zu reagieren; disfunktionale Familienorganisation.
- Abweichendes Verhalten des Kindes: dissoziale Verhaltensweisen, Delinquenz, eingeschränkte Selbstkontrolle mit Gefährdung anderer, Selbstgefährdung durch Suchtmittelkonsum oder Suizidalität.
- Behinderung des Kindes: jegliche Formen der körperlichen, geistigen und psychischen Behinderung.
- Einschränkung der elterlichen Erziehungsmöglichkeiten trotz Vorhandensein der elterlichen Kompetenz: Einelternfamilien, unzureichende Wohnverhältnisse, Krankheit oder Tod eines Elternteils.

Nach Art. 310 Abs. 2 ZGB kann die Vormundschaftsbehörde die elterliche Obhut entziehen, wenn die Eltern oder das Kind darum ersuchen, das Verhältnis so schwer gestört ist, dass das Verbleiben des Kindes im gemeinsamen Haushalt unzumutbar geworden ist und nach den Umständen nicht anders geholfen werden kann, d.h. es genügt nicht, dass die Eltern oder das Kind um die Aufhebung der Obhut ersuchen (Grundsatz der Verhältnismässigkeit). Davon werden Fälle erfasst, in denen die Beziehung zwischen Eltern und Kind so schwer gestört ist, dass eine gedeihliche Erziehung nicht mehr möglich und die Entwicklung des meist schon herangewachsenen Jugend-

---

727 Blülle Stefan, 1996, S. 9 ff.

lichen ernstlich gefährdet ist[728]. Dabei ist es unerheblich, wer für diesen Zustand «verantwortlich» ist. Das Beziehungsgeschehen ist ohnehin etwas Wechselseitiges, in dem ein bestimmtes Verhalten zugleich Ursache und Wirkung ist. Die Aufhebung der Obhut kann in diesen Fällen dem Schutz der Persönlichkeit der Eltern oder des Kindes oder beider dienen.

Nach Art. 310 Abs. 3 ZGB kann die Vormundschaftsbehörde den Eltern die Rücknahme des Kindes untersagen, wenn das Kind (ohne vorgängigen Obhutsentzug) längere Zeit bei Pflegeeltern gelebt hat und die Rücknahme die Entwicklung des Kindes ernstlich zu gefährden droht. Damit will der Gesetzgeber jene Situationen erfassen, in denen die Eltern ein Kind kraft ihres Obhutsrechts freiwillig und von sich aus bei Pflegeeltern oder in einem Heim untergebracht haben und es ebenfalls kraft dieses Obhutsrechts wieder nach Hause nehmen wollen. Die Erfahrung zeigt, dass eine solche Rücknahme zur Unzeit und ohne entsprechende Vorbereitung, aber auch wenn die Ursachen bzw. Umstände, die seinerzeit zu dieser Platzierung geführt haben, nicht behoben sind, die Entwicklung des Kindes ernstlich gefährden können. Die Voraussetzung, wonach das Kind «längere Zeit bei Pflegeeltern gelebt» haben muss, kann nicht absolut umschrieben werden, weil Kinder je nach Alter einen unterschiedlichen Zeitbegriff haben. Auch die ernstliche Gefährdung der Entwicklung muss im Einzelfall beurteilt werden.

Inhalt der Massnahme: Die Aufhebung der Obhut beinhaltet eine dreifache Massnahme: 1. Entzug des Rechts, über den Aufenthalt des Kindes zu bestimmen, d.h. es wird ein Teilrecht der elterlichen Sorge aus dieser herausgelöst, während die übrigen Teilrechte und -pflichten erhalten bleiben (namentlich die Unterhaltspflicht, die bei einer Fremdplatzierung teilweise durch Geldzahlung erfüllt wird, Art. 276 Abs. 2 ZGB); 2. Wegnahme des Kindes bei den Eltern oder bei Dritten, falls es sich bei diesen befindet; 3. angemessene Unterbringung (dabei kommen alle Formen der Fremdplatzierung in Frage, wie (heilpädagogische) Pflegefamilie, Säuglings-, Kinder-, Schul- und Jugendheime, kinderpsychiatrische Einrichtungen usw.)

Kriterium für die Wahl der angemessenen Unterbringung ist das Wohl des betroffenen Kindes; die Konkretisierung ergibt sich aus den jeweiligen Erziehungs- und Pflegebedürfnissen, welche sich aus der Art der bestehenden Gefährdung und aus entwicklungspsychologischen Überlegungen ableiten lassen. Ferner sind Ausbildungsbedürfnisse und Bedürfnisse nach therapeutischer Behandlung des Kindes massgebend.

---

728 HEGNAUER CYRIL, 1999, N 27–37.

4.6.2.9 Kombination der Obhutsentziehung mit der Erziehungs-beistandschaft nach Art. 308 ZGB

Eine geeignete Platzierung vorzubereiten und durchzuführen ist eine anspruchsvolle und oft zeitintensive Aufgabe, die in der Regel nicht von der Vormundschaftsbehörde erledigt werden kann. Zudem ist die Aufgabe mit der erfolgreichen Platzierung nicht abgeschlossen; vielmehr muss das Pflegeverhältnis oder die Platzierung in einer stationären Einrichtung begleitet, bei Konflikten zwischen Eltern und Pflegeeltern vermittelt und die Herkunftsfamilie wenn möglich auf die Rückkehr des Kindes vorbereitet werden. In der Praxis wird darum mit der Aufhebung der Obhut regelmässig eine Beistandschaft nach Art. 308 Abs. 1 und 2 ZGB errichtet und die Beiständin beauftragt, für eine geeignete Platzierung besorgt zu sein und weitere im Zusammenhang mit der Platzierung anfallende Aufgaben zu erfüllen; die elterliche Sorge kann je nach Situation gestützt auf Art. 308 Abs. 3 ZGB zusätzlich beschränkt werden. Diese Beistandschaft ist jedoch rechtlich nicht zwingend. Falls eine Beratungsstelle oder ein Kinderpsychiatrischer oder Schulpsychologischer Dienst die Platzierung durchführt, die anschliessende Begleitung übernimmt und diese Stellen keine Kindesschutzmassnahmen führen, ist es nicht zweckmässig, eine weitere Person mit der Funktion einer Beistandschaft zu beauftragen. Dies würde lediglich zu einer unerwünschten Mehrfachbetreuung und zu Koordinationsproblemen unter den verschiedenen Helfern führen. Wird die elterliche Sorge gestützt auf Art. 311 oder 312 ZGB entzogen, ist auch die Obhut aufgehoben und diese muss nicht separat entzogen werden. Hingegen ist es nicht zulässig, die Obhut gestützt auf Art. 308 Abs. 2 ZGB (Beistandschaft mit besonderen Aufgaben) in Verbindung mit Art. 308 Abs. 3 ZGB (gezielte Beschränkung der elterlichen Sorge) zu entziehen.

4.6.2.10 Entziehung der elterlichen Sorge Art. 311 ZGB

Dieser schwerste Eingriff in die Rechte der Eltern ist richtigerweise an entsprechend strenge Voraussetzungen geknüpft. Andere Kindesschutzmassnahmen müssen erfolglos geblieben sein oder zum vornherein als ungenügend erscheinen. Zusätzlich müssen Eltern einen gesetzlichen Entziehungsgrund erfüllen. Der Gesetzgeber unterscheidet zwei Gruppen von Tatbeständen, die in den Artikeln 311 ZGB und 312 ZGB umschrieben sind. Diese Voraussetzungen nach Art. 311 ZGB sind:

- Die Eltern müssen objektiv unfähig sein, die elterliche Sorge pflichtgemäss auszuüben, sei es durch Unerfahrenheit, Krankheit, Gebrechen, Ortsabwesenheit oder ähnliche Gründe.
- Oder sie müssen sich um das Kind nicht ernstlich gekümmert oder ihre Pflichten gegenüber dem Kind gröblich verletzt haben.

Die elterliche Sorge, wie übrigens auch die anderen Kindesschutzmassnahmen, kann den Eltern nur gegenüber einem von mehreren oder gegenüber allen Kindern entzogen werden. Eine Entziehung gilt allerdings, wenn nicht ausdrücklich das Gegenteil angeordnet wird, auch gegenüber später geborenen Kindern (Art. 311 Abs. 3 ZGB). Es ist auch möglich – in den meisten Fällen aber wohl kaum sinnvoll –, nur einem Elternteil die elterliche Sorge zu entziehen. Der Entzug der elterlichen Sorge hat darum in der Regel die Errichtung einer Vormundschaft zufolge. Keinen Entziehungsgrund bildet die Entmündigung der Eltern; diese bewirkt vielmehr von Gesetzes wegen den Verlust der elterlichen Sorge (Art. 296 Abs. 2 ZGB). Dass es sich beim Entzug der elterlichen Sorge um einen besonders schweren Eingriff in die Rechtsstellung der Eltern handelt, wird auch daran sichtbar, dass der Gesetzgeber die Befugnis dazu nicht der Vormundschaftsbehörde, sondern der vormundschaftlichen Aufsichtsbehörde einräumt.

4.6.2.11 Entziehung der elterlichen Sorge gemäss Art. 312 ZGB durch die Vormundschaftsbehörde

Voraussetzungen nach Art. 312 ZGB: Dieser Artikel behandelt zwei Tatbestände, bei deren Vorliegen der Entzug der elterlichen Sorge durch die Vormundschaftsbehörde vorgenommen werden kann. Während bei Ersuchen der Eltern um Entziehung der elterlichen Sorge (Art. 312 Ziff. 1 ZGB) in der Regel ähnliche Gründe wie bei der Entziehung gemäss Art. 311 ZGB vorliegen dürften, die Eltern aber über die nötige Einsicht verfügen und die Vormundschaftsbehörde selbst um Hilfe ersuchen, liegt der Grund für die Entziehung der elterlichen Sorge nach Art. 312 Ziff. 2 ZGB in der tatsächlichen Unmöglichkeit für die Eltern, die elterliche Sorge auszuüben, da das Kind nach Einwilligung der Eltern in die Adoption durch ungenannte Dritte sich in der Regel in dieser künftigen Adoptivfamilie aufhält und die Eltern zu ihm keinen Kontakt mehr haben.

Kinder, deren Eltern die elterliche Sorge entzogen wurde, aber auch Kinder, deren Eltern gestorben sind, oder Kinder von Eltern, die selbst entmündigt wurden, stehen von Gesetzes wegen unter Vormundschaft. Die Voraussetzungen für diese Unmündigenvormundschaft sind in Art. 368 ZGB umschrieben: Es muss sich um unmündige Personen handeln und diese dürfen nicht unter elterlicher Sorge stehen.

Eltern, denen die elterliche Sorge entzogen wurde, haben auch kein Obhutsrecht mehr. Die Kinder leben in der Regel auch nicht mehr im Haushalt der Eltern, sondern sind in einer Pflegefamilie oder in einer stationären Einrichtung untergebracht. Damit ist die Voraussetzung von Art. 273 ZGB erfüllt und Eltern und Kinder haben Anspruch auf angemessenen persönlichen Kontakt miteinander. Die vormundschaftlichen Behörden, welche die elterliche Sorge entziehen, bzw. das Gericht, das dies in einem eherechtlichen Verfahren tut, müssen darum dieses Besuchsrecht regeln (Art.

275 ZGB). Bei Vorliegen entsprechender Voraussetzungen (Art. 274 ZGB) kann das Recht auf persönlichen Verkehr verweigert oder entzogen werden.

4.6.2.12 Vertretungsbeistandschaft Art. 306 Abs. 2/392 Ziff. 2 und 3 ZGB, Art. 146 ZGB für Unmündige

Systematisch bei den vormundschaftlichen Massnahmen für Erwachsene geregelt, gehört diese Form der Vertretungsbeistandschaft von der Sache her zu den Kindesschutzmassnahmen und wird daher hier erläutert. Sie muss immer dann errichtet werden, wenn die gesetzliche Vertretung (Inhaber/in der elterlichen Sorge oder Vormund/in) eines Unmündigen in einer Angelegenheit Interessen hat, welche denjenigen des von ihm/ihr Vertretenen widersprechen. Dabei genügt eine abstrakte Gefährdung der Interessen des Vertretenen, das heisst, wenn die Interessenverletzung nur möglich ist und auch wenn keine Hinweise dafür bestehen, dass die gesetzliche Vertretung die Interessen des Vertretenen verletzt, muss eine Beistandschaft errichtet werden. Die Hauptanwendungsfälle sind:

- Prozess betreffend Anfechtung der Ehelichkeit nach Art. 256 ZGB und betreffend Anfechtung der Anerkennung nach Art. 260 a ZGB. In diesen Verfahren sind beide Eltern und das Kind Parteien. Damit besteht eine mögliche Interessenkollision zwischen Kind und gesetzlicher Vertretung, weshalb für das Kind eine Vertretungsbeistandschaft errichtet werden muss.
- Erbteilung zwischen einem überlebenden Ehegatten und den unter seiner elterlichen Sorge stehenden Kindern. Der überlebende Ehegatte ist in dieser Situation selbst Erbe und gesetzlicher Vertreter seiner Kinder, die ebenfalls Erben sind. Es muss zwingend eine Vertretungsbeistandschaft errichtet werden.
- Vertretung der Interessen eines Kindes in einem Strafprozess gegen einen Elternteil, der gegenüber dem Kind eine strafbare Handlung begangen hat (Misshandlung, sexuelle Übergriffe).
- Vertretung des Kindes im Scheidungsverfahren seiner Eltern. Das revidierte Scheidungsrecht verpflichtet das Gericht, bei Vorliegen wichtiger Gründe die Vertretung des Kindes im Prozess durch einen Beistand anzuordnen (Art. 146 Abs. 1 ZGB). Auf Antrag des urteilsfähigen Kindes ist die Beistandschaft immer anzuordnen (Abs. 3).

Der Hauptanwendungsfall von Art. 392 Ziff. 3 ZGB, in dem für ein Kind eine Vertretungsbeistandschaft errichtet werden muss, weil der gesetzliche Vertreter an der Vertretung verhindert ist, betrifft minderjährige unbegleitete Asylbewerberinnen und Asylbewerber.

Vertretung des Kindes in eherechtlichen Verfahren seiner Eltern und in Kindes-schutzverfahren

Das revidierte Scheidungsrecht sieht eine Vertretung des Kindes bei Vorliegen «wichtiger» Gründe» vor. Art. 146 ZGB enthält eine nicht abschliessende Auf-zählung von Situationen, in denen das Gericht das Vorliegen wichtiger Gründe prüfen muss. Was halten Sie von dieser «defensiven» Formulierung des Vertre-tungsrechts im Scheidungsverfahren und davon, dass im Verfahren betreffend Kindesschutzmassnahmen von vormundschaftlichen Behörden zwar in Art. 314 Ziff. 1 ZGB die Anhörung des Kindes, aber nicht seine Vertretung vorgeschrie-ben wird?

4.6.2.13   Zuständigkeit und Verfahren

Sachliche Zuständigkeit: Die allgemeine sachliche Zuständigkeit liegt bei den vor-mundschaftlichen Behörden[729]. Die Vormundschaftsbehörde ist zuständig für die Anordnung aller Kindesschutzmassnahmen ausser für die Entziehung der elterli-chen Sorge gestützt auf Art. 311 ZGB, die aufgrund der Schwere des Eingriffs in die Zuständigkeit der Aufsichtsbehörde fällt. Die Vormundschaftsbehörde hat auch die vom Gericht angeordneten Massnahmen zu vollziehen (Art. 315a Abs. 1 ZGB a.E.). Die ausserordentliche Zuständigkeit des Gerichts, 315a Abs. 1 ZGB ist im folgenden Fall gegeben: «*Hat das Gericht nach den Bestimmungen über die Ehescheidung oder den Schutz der ehelichen Gemeinschaft die Elternrechte und die persönlichen Beziehungen der Eltern zu den Kindern zu gestalten, so trifft es auch die nötigen Kindesschutzmass-nahmen und betraut die vormundschaftlichen Behörden mit dem Vollzug.*»

Nach diesem klaren Wortlaut ist das Gericht nur im Rahmen von vorsorg-lichen Massnahmen im Scheidungsverfahren (Art. 135 ff. ZGB), im Scheidungs-, Trennungs- und Abänderungsverfahren (Art. 134 ZGB) zuständig. Rev. Art. 315a ZGB erweitert die Zuständigkeit des Gerichts auf das Eheschutzverfahren. Die Zuständigkeit der vormundschaftlichen Behörden bleibt aber auch in die-sen Fällen erhalten, wenn das Kindesschutzverfahren vor dem Scheidungsverfah-ren durchgeführt und eingeleitet worden ist (Art. 315a Abs. 2 Ziff. 1 ZGB) oder wenn die zum Schutze des Kindes sofort nötigen vorsorglichen Massnahmen vom Gericht nicht rechtzeitig getroffen werden können (Art. 315a Abs. 2 Ziff. 2 ZGB). Art. 315b ZGB dehnt die Zuständigkeit der vormundschaftlichen Behörden aus: Das Gericht ist nur noch zuständig für die Abänderung von gerichtlichen Anordnungen

---

729 HEGNAUER CYRIL, 1999, N 27–52.

über die Kinderzuteilung und den Kindesschutz während des Scheidungsverfahrens, im Rahmen eines hängigen Verfahrens zur Abänderung des Scheidungsurteils und in einem Verfahren zur Änderung von Eheschutzmassnahmen.

Örtliche Zuständigkeit: Grundsätzlich sind die vormundschaftlichen Behörden am Wohnsitz des Kindes (Art. 25 ZGB) zuständig für die Anordnung von Kindesschutzmassnahmen, Art. 315 Abs. 1. *«Lebt das Kind bei Pflegeeltern oder sonst ausserhalb der häuslichen Gemeinschaft der Eltern oder liegt Gefahr im Verzug, sind auch die Behörden am Ort zuständig, wo sich das Kind aufhält»* (Art. 315 Abs. 2 ZGB). Die Zuständigkeit der Wohnsitzbehörde und der Aufenthaltsbehörde sind rechtlich gleichwertig, es handelt sich um eine sog. konkurrierende Zuständigkeit. Dabei soll primär jene Behörde handeln, die mit den Verhältnissen besser vertraut ist und den Schutz des Kindes besser wahrnehmen kann. Das ist v.a. bei längeren Aufenthalten eines Kindes an einem Pflegeplatz i.d.R. die Aufenthaltsbehörde[730]. Das bedeutet jedoch, dass sich die beiden Behörden möglicherweise darüber verständigen müssen, welche von beiden handeln soll. Diese Doppelzuständigkeit kann durchaus dazu führen, dass keine Behörde oder keine der beiden rechtzeitig handelt, weil jede die andere für zuständig hält, womit aber genau das eintritt, was der Gesetzgeber mit der gleichwertigen Doppelzuständigkeit verhindern wollte. Trifft die Aufenthaltsbehörde eine Kindesschutzmassnahme, hat sie die Wohnsitzbehörde zu benachrichtigen (Art. 315 Abs. 3 ZGB).

Verfahren: Die vormundschaftlichen Behörden haben von Amtes wegen zu handeln, sobald sie von einer Gefährdung eines Kindes Kenntnis erhalten. Meldungen von Privaten, anderen Behörden oder Dienststellen ist nachzugehen. Das Verfahren wird durch das kantonale Recht geordnet. Seit der Revision des Scheidungsrechts sind die vormundschaftlichen Behörden verpflichtet, das Kind vor dem Erlass von Kindesschutzmassnahmen anzuhören, wenn nicht das Alter oder andere wichtige Gründe dagegen sprechen (Art. 314 Ziff. 1 ZGB). Laut Bundesgericht sind Kinder ab sechs Jahren anzuhören[731].

4.6.2.14 Die Pflegekindergesetzgebung als Teil des zivilrechtlichen Kindesschutzes

Das ZGB enthält seit der Revision von 1978 einige Artikel zur Rechtsstellung der Pflegeeltern (Art. 294, 300,, 307 Abs. 2 ZGB). Art. 316 ZGB statuiert die Bewilligungs- und Aufsichtspflicht für Pflegeverhältnisse, die in der Pflegekinderverordnung konkretisiert werden[732].

---

730 Hegnauer Cyril, 1999, N 27–59.
731 BGE 5C. 63/2005 vom 1. Juni 2005.
732 Verordnung über die Aufnahme von Kindern zur Pflege und zur Adoption (PAVO) vom 19. Oktober 1977, mit Revisionen vom 21. Dezember 1988 und 29. November 2002.

4.6.3 Erwachsenenschutz

4.6.3.1 Grundgedanken und Übersicht

Das Vormundschaftsrecht im ZGB schützt in erster Linie bestimmte Personenkategorien, psychisch Kranke und Menschen mit einer geistigen Behinderung (Art. 369 ZGB, 397a ZGB), Suchtkranke (Art. 370 ZGB, 397a ZGB), schwer Verwahrloste (397a ZGB), Menschen, die mit der Art und Weise ihrer Vermögensverwaltung sich selbst oder ihre Familie gefährden, sowie Menschen mit charakterlichen Defiziten und dissozialem Verhalten (Art. 370 ZGB), von strafrechtlichem Freiheitsentzug Betroffene (Art. 371 ZGB), Menschen mit altersbedingten psycho-physischen Schwächezuständen und Menschen mit mangelnder Lebenserfahrung (Art. 372 ZGB). Zudem schützt das ZGB neben Menschen auch nicht verwaltete Vermögen (Art. 393 Ziff. 1, 3, 4, 5 ZGB) und faktisch am Handeln Verhinderte (Art. 392 Ziff. 1 und 3 ZGB) sowie von einer Interessenkollision betroffene gesetzliche Vertreterinnen und Vertreter (Art. 392 Ziff. 2 ZGB).

Vormundschaftsrecht kommt jedoch in all diesen Fällen nur zum Zug, wenn die von einem Schwächezustand betroffene Person diesen nicht aus eigener Kraft oder unter der Mobilisierung von Ressourcen aus dem eigenen Umfeld kompensieren kann (Grundsatz der Subsidiarität). Vormundschaftsrecht ist Eingriffsrecht. Trotz der entsprechenden gesetzlichen Grundlagen muss im Einzelfall eine Interessenabwägung zwischen notwendiger Betreuung und der Freiheit des Einzelnen vorgenommen werden. Der Eingriff muss so gering wie möglich, aber so stark als notwendig sein. Er muss ausserdem geeignet sein, die bestehende Gefährdung zu mildern oder zu beheben (Verhältnismässigkeit).

Dieser Grundsatz widerspiegelt sich auch im Massnahmensystem, das Beistandschaften ohne Eingriff in die Handlungsfähigkeit, Beiratschaften mit einer Einschränkung der Handlungsfähigkeit und Vormundschaften vorsieht, bei denen die Handlungsfähigkeit entzogen ist.

Vormundschaftsrecht ist Bundesprivatrecht. Organisation und Verfahren sind jedoch den Kantonen vorbehalten. Im Interesse einer einheitlichen Anwendung des Bundesrechts hat der Bund jedoch gewisse Grundsätze für die Organisation und das Verfahren erlassen.

① Begleitbeistandschaft
② Vertretungsbeistandschaft
③ Mitwirkungsbeistandschaft
④ Umfassende Beistandschaft
⤷ Personen- u. Vermögenssorge auf allen Angelegenheiten

Personen- u./od. Vermögenssorge für einzeln zu umschreibende Aufgaben od. Aufgabenkreise

> Die Prinzipien des Vormundschaftsrechts im Lichte moderner professioneller Sozialarbeit
>
> Die Prinzipien des geltenden Vormundschaftsrechts sind fast 100 Jahre alt und zu einem Zeitpunkt entstanden, als es den Beruf der Sozialarbeiterin/des Sozialarbeiters noch nicht gab. Diskutieren und beurteilen Sie diese Prinzipien im Lichte moderner professioneller Sozialarbeit.

4.6.3.2 Beistandschaften Art. 392–394 ZGB

Beistandschaften sind die Massnahmen des Erwachsenenvormundschaftsrechts mit dem geringsten Eingriff in die Rechtsstellung der Person. Die Beistandschaft stellt in der Stufenfolge der Massnahmen im Verhältnis zu Vormundschaft und Beiratschaft stets den schwächeren Eingriff in die persönliche Freiheit der betroffenen Person dar. Allen Beistandschaften ist gemeinsam, dass sie keinen Einfluss haben auf die Handlungsfähigkeit der verbeiständeten Person (Art. 417 ZGB). Die verbeiständete Person kann somit am Rechtsverkehr teilnehmen und wirksam Verträge abschliessen oder ein Testament errichten. Fehlt allerdings im konkreten Einzelfall die Urteilsfähigkeit, ist ein in diesem Zustand abgeschlossenes Rechtsgeschäft unwirksam (Art. 18 ZGB). Die Beistandschaft ist deshalb nicht die geeignete Massnahme, eine Person von der selbstschädigenden Ausübung ihrer eigenen Handlungsfähigkeit abzuhalten. Sie setzt voraus, dass die betroffene Person aller Voraussicht nach bereit ist, mit dem Beistand zu kooperieren und ihn zu ihrem eigenen Wohle gewähren zu lassen bzw. ihre eigene Handlungsfähigkeit nicht zum eigenen Schaden zu benutzen[733]. Die verbeiständete Person muss sich jedoch die Handlungen des Beistandes anrechnen lassen; insofern ist ihre Handlungsfreiheit eingeschränkt[734]. Die Vertretungsmacht des Beistands findet ihre Grenze in den absolut höchstpersönlichen Rechten[735]. Hingegen können ihm durchaus Aufgaben im Bereich der persönlichen Betreuung übertragen werden[736]. Beistandschaften können ausnahmsweise auch für juristische Personen errichtet werden (Art. 393 Ziff. 4 ZGB).

- Vertretungsbeistandschaft Art. 392 ZGB: Eine Vertretungsbeistandschaft ist dann zu errichten, wenn eine Person in einer bestimmten Angelegenheit nicht selbst handeln kann und auch sonst niemand da ist, der für sie handeln kann

733 A.a.O. mit Hinweisen N 4.
734 A.a.O. N 9.
735 A.a.O. N 10.
736 A.a.O. N 11.

und darf[737]. Art. 392 ZGB erwähnt in einer nicht abschliessenden Aufzählung drei Fälle ausdrücklich: Art. 392 Ziff. 1 ZGB: Vertretung einer mündigen Person, die in einer dringenden Angelegenheit infolge Krankheit, Abwesenheit oder dergleichen weder selbst zu handeln noch einen Vertreter zu bezeichnen vermag. Es handelt sich um eine Spezialfürsorge meist vorübergehender Natur.: Art. 392 Ziff. 2 ZGB Beistandschaft bei Interessenkollision zwischen Vertreter und Vertretenem. Es handelt sich um den häufigsten Anwendungsfall der Vertretungsbeistandschaft. Die Anwendungsfälle gegenüber Unmündigen wurden bei den Kindesschutzmassnahmen erläutert[738]. Bei entmündigten Personen ist in erster Linie in folgenden beiden Fällen eine Vertretungsbeistandschaft zu errichten: bei Rechtsstreitigkeiten zwischen dem Vertretenen und dem Vertreter. Bei Rechtsgeschäften zwischen dem Vormund und der bevormundeten Person. Art. 392 Ziff. 3 ZGB sieht eine Vertretungsbeistandschaft vor für jene Fälle, in denen der gesetzliche Vertreter an der Ausübung seiner Vertretungsbefugnis verhindert ist. Als Verhinderungsgründe kommen *dieselben wie bei Art. 392 Ziff. 1 ZGB* in Frage.

- Verwaltungsbeistandschaft Art. 393 ZGB: Hauptvoraussetzung für alle 5 (Ziff. 1 bis 5) aufgezählten Fälle (keine abschliessende Aufzählung) ist, dass einem Vermögen die nötige Verwaltung fehlt. Der Beistand ist somit in diesen Fällen in erster Linie Vermögensverwalter. Die Vormundschaftsbehörde kann jedoch das Erforderliche auch selbst anordnen, ohne eine Beistandschaft zu errichten, so kann sie z.B. vermögenssichernde Massnahmen treffen oder Vermögen anlegen.

- Kombinierte Beistandschaft Art. 392 Ziff. 1/393 Ziff. 2 ZGB: Diese von der Praxis entwickelte und im Gesetz nicht vorgesehene, von der Lehre aber gutgeheissene Kombination ist ein schönes Beispiel für die Flexibilität und Anpassungsfähigkeit des geltenden Rechts an die gewandelten Bedürfnisse. Diese Beistandschaft stellt eine moderne Form der vormundschaftlichen Hilfe vor allem für betagte Personen dar, denen dadurch schwerwiegendere Eingriffe in ihre Rechtsstellung mit oft diskriminierendem und etikettierendem Charakter (Vormundschaft) erspart wird. Voraussetzung ist allerdings, dass die betroffene Person kooperationsbereit und -fähig ist und dass ein Vertrauensverhältnis zwischen ihr und dem Beistand besteht. Denn eine Einkommensverwaltung gegen den Willen der verbeiständeten Person ist ebenso wenig möglich wie eine Zwangsmassnahme im persönlichen Bereich[739].

- Beistandschaft auf eigenes Begehren Art. 394 ZGB: Die Beistandschaft auf eigenes Begehren ist die mildeste auf Dauer und umfassende Fürsorge angelegte vor-

Arten der Beistandschaften

---

737   Riemer Hans Michael, 1997, S. 130.
738   Siehe 4.6.2.9.
739   Schnyder/Murer, 1984, ZGB Art. 392 N 7.

mundschaftliche Massnahme[740]. Anders als die kombinierte Vertretungs- und Verwaltungsbeistandschaft nach Art. 392 Ziff. 1 ZGB und Art. 393 Ziff. 2 ZGB, die nur sekundär zur persönlichen Fürsorge und im Falle des Art. 392 Ziff. 1 ZGB auch nur beschränkt auf Dauer angeordnet werden darf, ist die Beistandschaft nach Art. 394 ZGB eine Dauermassnahme, die eine umfassende Vermögens- und Personensorge beinhaltet. Dabei ist es auch möglich, eine Beistandschaft nach Art. 394 ZGB ausschliesslich zur persönlichen Fürsorge anzuordnen[741]. Der Beistand nach Art. 394 ZGB hat also eine ebenso umfassende Aufgabe wie der Vormund. Der Erfolg seiner Tätigkeit hängt aber von der auf Freiwilligkeit beruhenden Kooperationsbereitschaft des Verbeiständeten ab, weil dessen Handlungsfähigkeit intakt bleibt und weil Zwangsmassnahmen durch den Beistand ausser Frage stehen und die Vertretungsmacht des Beistandes jene des nach Art. 392 ZGB und Art. 393 ZGB bestellten Amtsträgers nicht überschreitet[742]. Die Beistandschaft auf eigenes Begehren ist auch die einzige vormundschaftliche Massnahme, die auf Begehren der verbeiständeten Person aufgehoben werden muss. Besteht ein Schwächezustand und eine daraus resultierende Hilfsbedürftigkeit, muss sie durch eine andere geeignete Massnahme ersetzt werden. Bei allen anderen Massnahmen muss der Grund, der zu ihrer Anordnung geführt hat, weggefallen sein (Art. 436–439 ZGB).

4.6.3.3 Beiratschaften Art. 395 ZGB

Es sind drei Arten von Beiratschaften zu unterscheiden:

- Mitwirkungsbeiratschaft: Art. 395 Abs. 1 ZGB unterstellt die in Ziff. 1–9 aufgezählten Rechtsgeschäfte der Mitwirkung durch einen Beirat. Die Beschränkung der Handlungsfähigkeit besteht darin, dass diese Geschäfte nur durch das gemeinsame Handeln von Beirat und unter Mitwirkungsbeiratschaft stehender Person rechtsgültig zustande kommen. Einen der wichtigsten Anwendungsfälle gerade für Hilfsbedürftige in bescheidenen wirtschaftlichen Verhältnissen regelt Ziffer 5, wonach für die Gewährung und Aufnahme von Darlehen die Mitwirkung des Beirats erforderlich ist. Dabei fallen nach herrschender Lehre auch Abzahlungsverträge unter diese Bestimmung[743]. Damit sind alle Konsumkreditgeschäfte und alle Kreditkäufe abgedeckt.
- Verwaltungsbeiratschaft: Art. 395 Abs. 2 ZGB überträgt die Verwaltung eines Vermögens einem Beirat. Der Verbeiratete behält lediglich die freie Verfügung über

---

740 A.a.O. Art. 394 N 7.
741 A.a.O. N 12.
742 A.a.O. N 16.
743 A.a.O. N 92.

seinen Lohn und die Erträgnisse des Vermögens. In Bezug auf die Vermögensverwaltung wirkt Abs. 2 wie eine Entmündigung. Der Beirat ist gesetzlicher Vertreter, der ohne bzw. gegen den Willen des Verbeirateten umfassend zu handeln
vermag[744].

• Kombinierte Beiratschaft Art. 395 Abs. 1 und 2 ZGB. Obwohl aus dem Gesetzestext nicht ersichtlich, ist nach einheller Rechtsauffassung eine kombinierte
Beiratschaft möglich, ja sie dürfte in der Praxis sogar die häufigste Form der Beiratschaft sein. Sie ist am Platze, wenn einerseits die Mitwirkungs- und die Verwaltungsbeiratschaft je für sich allein nicht genügen, andererseits die Entmündigung
aber nicht nötig ist. Es müssen die Voraussetzungen sowohl des Abs. 1 als auch
des Abs. 2 vorliegen. Entsprechend kumulativ sind auch die Wirkungen[745].

Alle drei Arten von Beiratschaften können auch auf eigenes Begehren angeordnet
werden.

4.6.3.4   Vormundschaften Art 369–372 ZGB

In den Art. 368 ZGB bis 372 ZGB sind die sogenannten Bevormundungsfälle geregelt. Art. 368 ZGB handelt von der Bevormundung Unmündiger. Sie bedarf keiner
weiteren Erläuterung. Sie basiert auf der unwiderlegbaren Vermutung des Gesetzgebers, dass alle Unmündigen ganz oder teilweise handlungsunfähig und entsprechend
schutzbedürftig sind, und dass sie deshalb entweder unter elterliche Sorge oder unter
Vormundschaft gehören[746]. Der Begriff der Entmündigung meint jenen hoheitlichen
Akt, durch den einer natürlichen Person die Mündigkeit entzogen wird. Dieser Ent-
zug bewirkt zweierlei: den (teilweisen oder fast vollständigen) Entzug der Hand-
lungsfähigkeit und die Unterstellung der entmündigten Person unter ein besonderes
Schutz- und Abhängigkeitsverhältnis. Dieses umfasst drei Aspekte: die persönliche
Betreuung (Personensorge, Art. 405 ZGB und 406 ZGB), die Vermögensverwaltung
(Vermögenssorge, Art. 413 i.V. mit Art. 398–404 ZGB) und die rechtliche Vertretung
(Art. 407 ZGB). Die Art. 369 ZGB, Art. 370 ZGB und Art. 372 ZGB umschreiben eine
Reihe von Schwächezuständen, die sogenannten Entmündigungsgründe im engeren
Sinn. Das Vorliegen eines solchen Schwächezustandes allein genügt jedoch nicht, um
die Rechtsfolge der Entmündigung eintreten zu lassen, sondern es muss zusätzlich
eine besondere Schutz- Betreuungs- und Vertretungsbedürftigkeit gegeben sein. Man

---

744   A.a.O. Art. 395 N 14.
745   A.a.O. N 15.
746   A.a.O. Art. 368 N 98.

spricht in diesem Zusammenhang auch von den sozialen Voraussetzungen[747]. Die Entmündigung wegen Freiheitsstrafe (Art. 371 ZGB) nimmt eine Sonderstellung ein.

Die Entmündigung wegen «Geisteskrankheit» oder «Geistesschwäche» Art. 369 ZGB: Die Begriffe «Geisteskrankheit» und «Geistesschwäche» sind der Alltagssprache entnommen, sie decken sich nicht mit den medizinischen Begriffen. «Geisteskrankheit» im Sinne von Art. 369 ZGB wird wie folgt umschrieben: Beim Betroffenen treten «auf die Dauer psychische Störungen bzw. psychische Symptome und Verhaltensweisen» auf, «die einen stark auffallenden Charakter haben und die einem besonnenen Laien den Eindruck uneinfühlbarer, qualitativ tiefgehend abwegiger, grob befremdender und daher prinzipieller Störungszeichen machen»[748]. «Geistesschwäche» im Sinne von Art. 369 ZGB bedeutet: «Beim Betroffenen treten auf die Dauer psychische Störungen auf, «die dem besonnenen Laien auffallen, ihm jedoch nicht den Eindruck uneinfühlbarer, qualitativ tiefgehend abwegiger Störung und «Verrücktheit» wie bei Geisteskrankheit machen, sondern noch einfühlbar erscheinen, weil sie nach aussen nur als quantitativ vom «Normalen» abweichend in Erscheinung treten»[749]. Die Beeinträchtigung der psychischen Gesundheit und kognitiven Leistungsfähigkeit als Folge chronischer Alkoholabhängigkeit kann sich als Geistesschwäche i.S. von Art. 369 ZGB manifestieren[750].

«Geisteskrankheit» und «Geistesschwäche» als Entmündigungsgründe
Psychische Krankheiten und geistige Behinderung hatten vor 100 Jahren «ein anderes Gesicht» und andere soziale Auswirkungen als bei den heutigen Behandlungsmöglichkeiten. Diskutieren und beurteilen Sie diese Entmündigungsgründe im Lichte der heutigen Psychiatrie und Sonderpädagogik, m.a.W.: Müssen psychische Krankheiten und geistige Behinderung zu einer vormundschaftlichen Massnahme führen?

Entmündigung wegen «Verschwendung», «Trunksucht», «lasterhaftem Lebenswandel», «Misswirtschaft»: Art. 370 ZGB enthält vier Entmündigungsgründe im engeren Sinne als Schwächezustände, deren Gemeinsamkeit darin besteht, dass alle eine gewisse Unfähigkeit mit Bezug auf die Lebensführung umschreiben. Diesem Schwächezustand muss eine charakterlich bedingte Beeinträchtigung von Verstand und Willen zugrunde liegen; es geht also nicht um die moralische Wertung eines Verhaltens. Im Einzelnen fällt unter die obigen Begriffe Folgendes:

---

747 BASLER KOMMENTAR, 2006, ZGB Art. 369 N 4 f.
748 SCHNYDER/MURER, 1984, ZGB Art. 369 N 26.
749 A.a.O. N 68.
750 BGE vom 16.7.2001.

- Verschwendung: Eine Person tätigt «wegen eines charakterbedingten Mangels an Verstand oder Willen immer wieder unsinnige, zur eigenen wirtschaftlichen Leistungsfähigkeit im krassen Missverhältnis stehende und damit ihr Einkommen oder ihr Vermögen schwer gefährdende oder schädigende Ausgaben»[751].

- Trunksucht: Eine Person kann mangels Einsicht oder Willen «nicht mehr aus eigener Kraft auf den übermässigen Genuss von Alkohol verzichten»[752].

- Lasterhafter Lebenswandel: Dies bedeutet «ein auf einem Mangel an Verstand oder Willen beruhendes, gewohnheitsmässiges Verhalten, das in erheblichem Masse gegen die rechtlichen und sittlichen Anforderungen verstösst, welche die Gemeinschaft an den Einzelnen um seiner selbst und des Zusammenlebens willen stellen muss»[753].

- Art der Vermögensverwaltung: «Misswirtschaft liegt vor, wenn eine Person wegen eines charakterbedingten Mangels an Verstand oder Willen dauernd auf unsinnige Art und Weise ihr Vermögen verwaltet (oder eben nicht verwaltet) beziehungsweise ihre Einkommensverhältnisse gestaltet»[754].

Die hier erwähnten Tatbestände sind einerseits dem Wandel der Wertvorstellungen unterworfen und sind andererseits rein terminologisch diskriminierend und etikettierend. Wenn immer möglich wird darum heute eine Entmündigung gemäss Art. 370 ZGB vermieden, nicht selten wird sie ersetzt durch eine Entmündigung auf eigenes Begehren gemäss Art. 372 ZGB oder durch eine weniger einschneidende Massnahme. Die Entmündigungen nach Art. 370 ZGB machen denn auch weniger als 2% aller vormundschaftlichen Massnahmen aus.

Die Entmündigung wegen Freiheitsstrafe (Art. 371 ZGB): Nach dem Wortlaut von Art. 371 ZGB muss jede mündige Person entmündigt werden, die zu einer Freiheitsstrafe von einem Jahr oder darüber verurteilt worden ist. Es muss auch nicht eine besondere Hilfsbedürftigkeit nachgewiesen werden, sondern diese liegt in der Haft selbst. Lehre und Praxis haben diesen absoluten Entmündigungsgrund relativiert. Obwohl Art. 371 ZGB die Vermutung begründet, dass ein Häftling, der eine ein Jahr oder länger dauernde Freiheitsstrafe zu verbüssen hat, zu entmündigen ist, kann diese Vermutung durch den Nachweis widerlegt werden, dass im konkreten Fall die persönliche Fürsorge und die Vermögensinteressen anderweitig gewahrt werden können. Faktisch ist der Entmündigungsgrund wegen einer Freiheitsstrafe weitgehend

---

751 SCHNYDER/MURER, 1984, ZGB Art. 370 N 20.
752 A.a.O. N 106.
753 A.a.O. N 125.
754 A.a.O. N. 48.

bedeutungslos geworden, dies insbesondere auch weil in den letzten Jahrzehnten die Sozialdienste in Strafanstalten ausgebaut wurden.

Entmündigung auf eigenes Begehren (Art. 372 ZGB): Das eigene Begehren genügt nicht, sondern es müssen ein Schwächezustand und die Unfähigkeit zur Besorgung der eigenen Angelegenheiten gegeben sein. Als Schwächezustand kommen Altersschwäche, andere Einschränkungen oder Unerfahrenheit in Frage. Die Entmündigung auf eigenes Begehren ist von grosser praktischer Bedeutung. Sie ist allen anderen Gründen vorzuziehen. Nicht nur weil das Verfahren einfach ist – es ist insbesondere keine Begutachtung erforderlich –, sondern insbesondere weil eher die Kooperationsbereitschaft des Entmündigten vorausgesetzt werden kann und weil der trotz allem schwere Eingriff – die Wirkungen sind in jeder Hinsicht dieselben wie bei der Entmündigung nach Art. 369–371 ZGB – subjektiv doch weniger diskriminierend ist.

4.6.3.5 Fürsorgerische Freiheitsentziehung FFE Art. 397 a–f ZGB

Die Bestimmungen über die fürsorgerische Freiheitsentziehung (FFE) sind 1978 als 6. Abschnitt der Vormundschaft neu in das ZGB eingefügt worden. Sie lösten die sog. «administrativen Versorgungen» in Anstalten ab, wobei nach kantonalem Recht i.d.R. keine gerichtliche Beurteilung vorgesehen war. Diese Rechtslage verstiess gegen Art. 5 der Europäischen Menschenrechtskonvention (EMRK), der die Schweiz 1974 deshalb mit einem entsprechenden Ratifizierungsvorbehalt beigetreten war. Dieser Vorbehalt ist mit dem In-Kraft-Treten der Bestimmungen über die FFE am 1. Januar 1981 hinfällig geworden.

Art. 397a Abs. 1 ZGB enthält einen abschliessenden Katalog von Freiheitsentziehungsgründen für Mündige und Entmündigte. Es sind dies «Geisteskrankheit», «Geistesschwäche», Trunksucht und andere Suchtkrankheiten sowie schwere Verwahrlosung. «Schwer verwahrlost ist, wer wegen eines krankheitsähnlichen Verhaltens, das seine Entscheidungsfreiheit bereits eingeschränkt hat, ohne fürsorgerisches Tätigwerden in einen je nach Alter unterschiedlichen Zustand der Verkommenheit geraten würde, der mit der Menschenwürde schlechterdings nicht mehr vereinbar wäre»[755].

Die FFE stellt die einschneidendste Massnahme dar in der Stufenfolge der vormundschaftlichen Massnahmen. Sie bezweckt die persönliche Betreuung und Fürsorge von Personen mit bestimmten Schwächezuständen, denen nicht anders als mit einer stationären Betreuung geholfen werden kann. Diese Massnahme kann auch, muss aber nicht, in Kombination mit anderen, weniger einschneidenden vormund-

---

755 CAVIEZEL CHRISTOPH, 1988, S. 232.

schaftlichen Massnahmen ausgesprochen werden. Sie bezweckt in erster Linie den
Schutz der betroffenen, betreuungsbedürftigen Person vor sich selbst. Dabei ist auch
die Belastung zu berücksichtigen, welche die Person für ihre Umgebung bedeutet
(Art. 397 a Abs. 2 ZGB).

Belastung der Umgebung:

Mit Umgebung sind zunächst die Familienangehörigen, der Ehegatte, die Kinder und weitere im Haushalt lebende Personen gemeint. Ehegatten und Kinder trifft
eine Beistandspflicht (Art. 159 Abs. 3 ZGB und Art. 272 ZGB); ihnen ist darum eine
gewisse Belastung zuzumuten. Im Einzelfall ist eine Interessenabwägung zwischen
dem Persönlichkeitsrecht der belasteten Person und der Einschränkung des Freiheits-
rechts der betroffenen Person vorzunehmen. Ähnliches gilt für die weitere Umgebung
(z.B. Nachbarn). Dort ist nicht auf das individuelle Empfinden einer einzelnen Person
abzustellen, sondern darauf, was ein normaler Durchschnittsmensch als nicht mehr
erträglich erachten würde und wovor er sich nicht anderweitig schützen könnte. Die
Bestimmungen über die FFE regeln lediglich die Einweisung in eine stationäre Einrichtung, aber nicht die anschliessende notwendige Behandlung gegen den Willen der
eingewiesenen Person. Das Bundesgericht hat in konstanter Rechtsprechung festgehalten, dass die Bestimmungen über die FFE keine Rechtsgrundlage für eine Zwangsbehandlung darstellen[756]. In der Zwischenzeit hat mehr als die Hälfte der Kantone die
Zwangsbehandlung in Gesundheitsgesetzen oder Psychiatriegesetzen oder in Verordnungen geregelt.[757] Der Entwurf zum neuen Erwachsenenschutz schliesst diese bundesrechtliche Lücke. Das EMRK-konforme Verfahren für die FFE ist in Art. 397d–f
ZGB geregelt.

Wie im übrigen Vormundschaftsrecht bestimmen auch hier die Kantone das
nähere Verfahren und das zuständige Gericht.

4.6.4   Die Ausübung des vormundschaftlichen Amtes

Ausgehend von den drei Schwächezuständen: persönliche Schutz- und Beistandsbe-
dürftigkeit, schutzbedürftiges Vermögen und mangelnde Handlungsfähigkeit sind
mit dem vormundschaftlichen Amt drei Aufgabenbereiche verbunden: persönliche
Betreuung (persönliche Hilfe, persönliche Fürsorge), Vermögenssorge/Vermögens-
verwaltung, gesetzliche Vertretung.

---

756   BGE 118 II 254; 125 II 169; 126 I 112; 127 I 9.
757   Vgl. ausführlich dazu GEISER THOMAS, ZVW 4/2001, S. 225–243.

4.6.4.1 Persönliche Betreuung

Art. 405 Abs. 1 ZGB überbindet der Vormundin die Pflicht, für Unterhalt und Erziehung des unmündigen Bevormundeten das Angemessene anzuordnen. Diese allgemeine und zurückhaltende Umschreibung umfasst nicht nur die tatsächliche Betreuung in der Gewähr von Obhut, Nahrung, Kleidung, sondern erstreckt sich auch auf die einschlägigen Rechtshandlungen, sowohl die fürsorgerische Mitwirkung bei Rechtsgeschäften höchstpersönlicher Natur als auch auf die Vertretung[758].

Art. 405 Abs. 2 ZGB gesteht der Vormundin zu diesem Zwecke die gleichen Rechte zu wie den Eltern. Während aber die elterliche Sorge autonom ausgeübt wird, bedarf die Vormundin für wichtige Entscheidungen der Zustimmung der Vormundschaftsbehörde (Art. 404 ZGB, 421 ZGB, 422 ZGB). Sie untersteht der Aufsicht der Vormundschaftsbehörde und ist in ihren Entscheidungen der Beschwerdemöglichkeit des urteilsfähigen Kindes ausgesetzt[759]. Die Vormundin entscheidet im Rahmen ihres umfassenden Betreuungsauftrages selbst über die Platzierung in eine Pflegefamilie. Über die Unterbringung in einer stationären Einrichtung entscheidet auf Antrag der Vormundin die Vormundschaftsbehörde und nur, wenn Gefahr im Verzuge liegt, die Vormundin selbst (Art. 405 a Abs. 1 ZGB). Dafür gelten im übrigen die Vorschriften über die fürsorgerische Freiheitsentziehung in den Art. 397 a–f ZGB (Art. 405a Abs. 2 ZGB). Die Bestimmungen über die elterliche Sorge in Art. 301 ZGB und Art. 302 ZGB gelten auch für die Vormundin. Für Bevormundete im Mündigkeitsalter erstreckt sich die Fürsorge auf den Schutz und Beistand in allen persönlichen Angelegenheiten (Art. 406 Abs. 1 ZGB).

Die Unterbringung oder Zurückbehaltung in einer stationären Einrichtung kann die Vormundin nur anordnen, wenn Gefahr in Verzug ist (Art. 406 Abs. 2 ZGB). Grundsätzlich ist dafür eine vormundschaftliche Behörde am Wohnsitz zuständig (Art. 397 b).

In Übereinstimmung mit Art. 367 ZGB handelt es sich um eine sehr allgemeine und weit gefasste Umschreibung; sie gibt der Vormundin das Recht und die Pflicht zu allen durch das Schutzbedürfnis gebotenen Eingriffen und zu keinem, der darüber hinausgeht[760].

Inhalt und Umfang der persönlichen Betreuung müssen im Einzelfall bestimmt werden. Der Entmündigungsgrund mag dabei eine gewisse Richtung angeben. Wesentliche Voraussetzung für eine Entmündigung – unabhängig vom Entmündigungsgrund – ist ja die Unfähigkeit der schutzbedürftigen Person, die eigenen Angelegenheiten zu besorgen. Die konkreten Aufgaben der Vormundin können unterschied-

---

758 Zürcher Kommentar, 1948, Art. 405 N 14.

759 Basler Kommentar, 2006, Art. 405 N 21.

760 Zürcher Kommentar, 1948, Art. 406 N 2.

lich zahlreich und intensiv sein, je nachdem, ob die bevormundete Person in ihrer familiären Umgebung, in einem eigenen Haushalt oder in einer stationären Einrichtung mit einem umfassenden Betreuungsangebot lebt[761].

4.6.4.2   Vermögensverwaltung

Der Schwächezustand, der durch die vormundschaftliche Hilfe überwunden werden soll, ist die fehlende oder nicht sachgerechte Verwaltung eines Vermögens. Die Hilfe besteht in der Sorge für die Erhaltung und sachgerechte Verwendung des Vermögens durch die Vornahme oder Anordnung der notwendigen rechtlichen und tatsächlichen Handlungen[762].

Der Begriff des Vermögens ist im ZGB nicht näher umschrieben. Es wird darunter jedoch die Gesamtheit der geldwerten Rechte und Pflichten einer Person verstanden. Zweifellos fällt darunter auch das Einkommen, unabhängig vom Entstehungsgrund. Einkommen kann aus selbständiger oder unselbständiger Erwerbstätigkeit stammen, aus Vermögensertrag oder anderen Einnahmequellen, insbesondere Ersatzeinkommen aus Sozialversicherungen, aber auch Schenkungen, Erbschaften, Vermächtnisse und Lotteriegewinne. Zum Vermögen im engeren Sinne gehören auch Grundeigentum, Fahrhabe, ein Geschäft/Gewerbe, Nutzniessungsrechte, Autorenrechte, Bargeld, Guthaben, Wertpapiere, Lebensversicherungen, Beteiligungen an Erbschaften[763].

Auch der Begriff der Verwaltung ist im Gesetz nicht definiert. Man versteht darunter alle tatsächlichen und rechtlichen Handlungen, die dazu geeignet und bestimmt sind, das Vermögen des Schutzbedürftigen zu erhalten oder der seinem Zweck entsprechenden Verwendung zuzuführen[764]. Unter gewöhnlicher Verwaltung werden Handlungen verstanden, die nicht der Zustimmung der vormundschaftlichen Behörden bedürfen (Art. 421 ZGB und 422 ZGB). Der Begriff ist reichlich unscharf, es fallen alle Verwaltungshandlungen darunter, die zu einer regelmässigen vermögensrechtlichen Betreuung gehören. Welche Handlungen im Einzelfall vorgenommen werden müssen, ergibt sich nach den konkreten Umständen, wie Vermögenslage, Notwendigkeit, Zweckmässigkeit und Nutzen einer Handlung[765]. Art. 398 überbindet der Vormundin (Beiständin, Beirätin) und einer Vertretung der Vormundschaftsbehörde, die jedoch nicht Mitglied der Behörde sein muss, die Pflicht, nach der Übernahme des Amtes ein Inventar aufzunehmen. Das Inventar bildet die unverzichtbare Basis für die Vermögensverwaltung und die Rechnungsablage.

---

761 A.a.O. N 3–5.
762 SCHNYDER/MURER, 1984, Syst. Teil N 38.
763 A.a.O. S. 31.
764 A.a.O. S. 163.
765 A.a.O. S. 166.

Art. 399–404 ZGB enthalten weitere Bestimmungen über die Vermögensverwaltung. Nähere Bestimmungen sind zudem in kantonalen Verordnungen zu finden. Auch die Konferenz der kantonalen Vormundschaftsbehörden hat Empfehlungen zur Vermögensverwaltung herausgegeben[766].

4.6.4.3 Gesetzliche Vertretung

Die dritte Aufgabe der Vormundin ist die gesetzliche Vertretung eines Hilfsbedürftigen in den Bereichen der persönlichen Fürsorge und der Vermögenssorge wegen fehlender oder unvollständiger Handlungsfähigkeit.

Am umfassendsten ist die gesetzliche Vertretung bei den nicht Urteilsfähigen, denn wer nicht urteilsfähig ist, vermag unter Vorbehalt der gesetzlichen Ausnahmen durch seine Handlungen keine rechtlichen Wirkungen herbeizuführen (Art. 18 ZGB). Er kann weder Persönlichkeitsrechte (Art. 19 Abs. 2 ZGB) ausüben, noch rechtsgeschäftlich verbindlich handeln. Gesetzliche Vertreterinnen können im Bereich der absolut höchstpersönlichen Rechte die vollständig handlungsunfähige Person nicht vertreten und sie können deren Handeln auch nicht genehmigen oder durch Mitwirkung heilen[767]. Ein von einer urteilsunfähigen Person abgeschlossener Vertrag ist nichtig und kann unter keinem Titel nachträglich geheilt werden. Bei den relativ-höchstpersönlichen Rechten und im rechtsgeschäftlichen Handeln vertritt die gesetzliche Vertreterin die urteilsunfähige Person. Die Vormundin braucht jedoch für Geschäfte von besonderer Tragweite die Mitwirkung der vormundschaftlichen Behörden (Art. 407 i.V. mit 421/22 ZGB).

Urteilsfähige Unmündige und Entmündigte sind beschränkt handlungsfähig: Sie können sich mit Zustimmung der gesetzlichen Vertretung durch ihre Handlungen verpflichten (Art. 19 Abs. 1 ZGB), Rechte ausüben, die ihnen um ihrer Persönlichkeit willen zustehen, und unentgeltliche Vorteile erlangen (Abs. 2) und sie werden durch unerlaubte Handlungen schadenersatzpflichtig[768].

4.6.4.4 Genehmigungspflichtige und verbotene Geschäfte

Art. 421 ZGB enthält einen Katalog von 13 Rechtsgeschäften, die der Vormund nur mit Zustimmung der Vormundschaftsbehörde rechtsgültig abschliessen kann. Der Vormund schliesst solche Geschäfte in der Regel unter Vorbehalt der Genehmigung durch die Vormundschaftsbehörde ab und legt den endgültigen und bereits unterzeichneten Vertrag der Vormundschaftsbehörde zur Genehmigung vor. Für den Bevormundeten wird der Vertrag erst mit dieser Genehmigung verbindlich, wäh-

---

766 ZVW/6/2001, S. 332–335.
767 Brückner Christian, 2000, Rz. 193.
768 Siehe nähere Ausführungen dazu im Personenrecht.

rend der Dritte bereits gebunden ist. Die Aufzählung von genehmigungspflichtigen Geschäften in Art. 421 ZGB ist abschliessend. Es handelt sich neben prozessualen Handlungen insbesondere um Rechtsgeschäfte von erheblicher vermögensrechtlicher Tragweite. Der ebenfalls abschliessende Katalog von Rechtsgeschäften nach Art. 422 ZGB bedarf der Zustimmung der Aufsichtsbehörde, nachdem die Vormundschaftsbehörde darüber Beschluss gefasst hat.

Entgegen dem Gesetzestext, wonach die Mitwirkung der vormundschaftlichen Behörden nur für die Vormundschaft vorgesehen ist, gelten gestützt auf Art. 367 Abs. 3 ZGB die gleichen Regeln auch für die Beistandschaft [769]. Art. 408 ZGB verbietet das Eingehen von Bürgschaften, erheblichen Schenkungen und die Errichtung von Stiftungen zulasten des Bevormundeten. Dieses Verbot gilt für Vormundschaften (Art. 368–372 ZGB) absolut und die Verwaltungsbeiratschaft (Art. 395 Abs. 2 ZGB) mit Einschränkung, wenn die verbotenen Geschäfte nicht die Vermögenssubstanz, sondern das Einkommen betreffen [770]. Auf die Beistandschaft findet Art. 408 ZGB keine Anwendung. Die Erheblichkeit einer Schenkung beurteilt sich nach dem Einkommen und Vermögen der betroffenen Person [771].

4.6.4.5 Periodische Berichterstattung

Das Zivilgesetzbuch (Art. 413 ZGB, 423–425 ZGB, 451–453 ZGB) enthält eine Reihe von Bestimmungen über die periodische Berichterstattung und die Schlussberichterstattung von Vormundin, Beirätin und Beiständin. Diese Berichterstattung dient einem doppelten Zweck: Als Rechenschaftsbericht der Vormundin ermöglicht sie den vormundschaftlichen Behörden Kontrolle und Aufsicht ihrer Tätigkeit (Art. 423 ZGB). Als Standortbestimmung dient sie insbesondere der Überprüfung der Massnahme auf ihre Zwecktauglichkeit und Notwendigkeit. Die Berichterstattung erfolgt in der von der Vormundschaftsbehörde angesetzten Periode, mindestens aber alle 2 Jahre (Art. 413 Abs. 2 ZGB) und am Ende eines vormundschaftlichen Amtes (Art. 451 Abs. 1 ZGB).

Dieser Bericht über die persönlichen Verhältnisse soll möglichst eine gemeinsame Standortbestimmung von Vormundin und Betreutem sein und Rechenschaft ablegen über die von der Vormundin wahrgenommene persönliche Betreuung, über die Fortschritte des Bevormundeten, aber auch die Grenzen der Selbständigkeit des Bevormundeten und die daraus resultierende weitere Betreuungsbedürftigkeit dokumentieren. Bei Unmündigen soll der Bericht Auskunft geben über den Aufenthalt, die Betreuungs- und Erziehungssituation, den Gesundheitszustand, über die körperliche und seelisch-geistige Entwicklung, allfällige therapeutische Massnahmen, die schu-

---

769 Basler Kommentar, 2006, Art. 421/422 N 6 f.
770 Basler Kommentar, 2006, Art. 408, N 4.
771 A.a.O. N 15.

lische und berufliche Ausbildung, die Beziehung zu den Eltern und anderen Bezugspersonen. Bei Entmündigten interessieren die Verhältnisse in den wichtigsten Lebensbereichen wie Wohnen, Arbeit, soziale Einbettung, Verwendung des Einkommens, das seelisch-körperliche Befinden, Fortschritte und Rückschläge bei der Überwindung der Schwächezustände, die eine vormundschaftliche Massnahme erforderlich machten. Grundlage für die Berichterstattung bilden Aktennotizen über die Geschehnisse in der Berichtsperiode.

Mit der Berichterstattung hat die Vormundin regelmässig auch Antrag zu stellen betreffend Weiterführung oder Aufhebung der Vormundschaft, auf Umwandlung der Vormundschaft in eine andere Massnahme, Überweisung an eine andere Vormundschaftsbehörde, auf Bestätigung oder Entlassung der Vormundin aus dem Amte. Der Rechenschaftsbericht wird von der Vormundschaftsbehörde geprüft. Bei Unvollständigkeit oder fehlerhafter Berichterstattung lässt die Vormundschaftsbehörde die nötigen Ergänzungen bzw. Korrekturen anbringen (Art. 423 Abs. 1 und 2 ZGB). Das Ergebnis der Prüfung wird in einem Beschluss festgehalten.

> Die periodische Berichterstattung aus der Sicht der professionellen Sozialarbeit
> Welche Prinzipien und methodischen Aspekte der modernen professionellen Sozialarbeit finden in den rund 100-jährigen Bestimmungen des ZGB über die periodische Berichterstattung ihren Niederschlag?

4.6.5 Vormundschaftliche Organe

4.6.5.1 Begriff

Vormundschaftliches Organ ist der Oberbegriff für die vormundschaftlichen Behörden und die vormundschaftlichen Amtsträger/innen. Art. 360 ZGB und Art. 361 Abs. 1 ZGB enthalten eine abschliessende Aufzählung dieser Organe:

Die vormundschaftlichen Behörden sind die Vormundschaftsbehörde und die Aufsichtsbehörde (Art. 361 Abs. 1 ZGB). Es ist Pflicht und Recht der Kantone, diese Behörden zu bezeichnen und, wo zwei Instanzen der Aufsichtsbehörde vorgesehen sind, deren Zuständigkeit zu ordnen (Art. 361 Abs. 2 ZGB). Als Amtsträger nennt Art. 360 ZGB den Vormund und den Beistand. Da im Abschnitt über die Beistandschaft auch die Beiratschaft geregelt ist, gehört auch der Beirat zu den vormundschaftlichen Organen.

Aufgabe der vormundschaftlichen Organe ist es, das Vormundschaftsrecht im engeren Sinne und das Vormundschaftsrecht im weiteren Sinne zu verwirklichen.

4.6.5.2   Vormundschaftsbehörde

Die Vormundschaftsbehörde ist das zentrale vormundschaftliche Organ. Sie ist an der Anordnung, Aufhebung und Durchführung sämtlicher vormundschaftlicher Massnahmen beteiligt. Viele Massnahmen ordnet sie selbst an und hebt sie auf, bei anderen wirkt sie mit. Die Vormundschaftsbehörde hat auch eine Notzuständigkeit für Handlungen von Amtsträgern, die vorübergehend verhindert oder unfähig sind zu handeln. Sie ernennt und entlässt Vormund, Beistand und Beirat, überwacht deren Tätigkeit namentlich durch die Entgegennahme und Prüfung der periodischen Berichterstattung und Rechnungsablage und wirkt mit bei der Durchführung von bestimmten Massnahmen.

Die rudimentäre bundesrechtliche Umschreibung hat zu einer grossen Vielfalt von Organisationsformen geführt, wobei im Wesentlichen drei Hauptmodelle zu unterscheiden sind:

- der Gemeinderat (als Exekutive) oder ein Ausschuss des Gemeinderates. Dies ist die Lösung in den meisten Deutschschweizer Kantonen und im Kanton Jura.
- Eine gerichtliche Behörde: justice de paix (VD, FR), chambre des tutelles (GE), Dreiergremium des Bezirksgerichts (NE).
- «Spezialbehörden» auf kommunaler oder regionaler Ebene, mit unterschiedlicher Zusammensetzung und meist als Verwaltungsbehörden ausgestaltet. Graubünden kennt seit langem und der Kanton Tessin seit 2001 regionale Vormundschaftsbehörden. Die Landsgemeinde des Kantons Glarus hat 2006 beschlossen, eine einzige Vormundschaftsbehörde für den ganzen Kanton, der künftig auch nur noch drei Gemeinden umfassen soll, zu errichten. In anderen Kantonen (z.B. SZ) sind zurzeit Bestrebungen zu einer Regionalisierung im Gang.

Geregelt ist die Organisation der vormundschaftlichen Behörden in vielen Kantonen im EG ZGB zum Teil auch in Spezialgesetzen oder Verordnungen. Alle Autorinnen und Autoren, die sich in den letzten 25 Jahren zu Organisation und Zusammensetzung der Vormundschaftsbehörden geäussert haben, beurteilen die verbreitetste Lösung einer kommunalen Miliz- und Laienbehörde äusserst kritisch und postulieren durchwegs eine Professionalisierung und gleichzeitig gezielte Aus- und Weiterbildungsmöglichkeiten für die Behördemitglieder. Vereinzelt wird eine interdisziplinär zusammengesetzte Vormundschaftsbehörde gefordert[772]. Die Frage, ob die Vormundschaftsbehörden Verwaltungsbehörden oder gerichtliche Behörden sein sollen, ist kontrovers[773].

---

772 U.a. Baldegger Werner, 1970, S. 117.
773 Vgl. u.a. Galli-Widmer Marianne, ZVW 5/2003, S. 387 ff.

Professionalisierung der Vormundschaftsbehörden
Welche Gründe sprechen aus juristischer und sozialarbeiterischer Sicht für eine
Professionalisierung der Vormundschaftsbehörden?

4.6.5.3 Aufsichtsbehörde

Das ZGB überlässt es den Kantonen, ob sie nur eine oder zwei Aufsichtsbehörden ein-
richten wollen (Art. 361 Abs. 1 und 2 ZGB). Mehr als zwei Aufsichtsbehörden dürfen jedoch im Interesse der Beschränkung des Instanzenzuges nicht hintereinander
geschaltet werden. Damit soll sichergestellt werden, dass innert nützlicher Frist und
ohne weitschweifiges Verfahren ein formell rechtskräftiger Entscheid erwirkt werden
kann[774]. Das ZGB schreibt den Kantonen nicht vor, ob es sich um gerichtliche Behörden oder um Verwaltungsbehörden handeln muss. Entsprechend der Organisation
der Vormundschaftsbehörden haben sich zwei Hauptarten der Behördenorganisation
herausgebildet: In den Westschweizer Kantonen, in denen Friedensgerichte oder die
erstinstanzlichen Gerichte als Vormundschaftsbehörde tätig sind, wirkt das Kantonsgericht als Aufsichtsbehörde. In den Deutschschweizer Kantonen mit einer verwal-
tungsbehördlichen Organisation der Vormundschaftsbehörden ist in der Regel auf
Bezirksebene eine administrative Aufsichtsbehörde eingerichtet und der Regierungsrat wirkt als zweite Aufsichtsinstanz; eine Subvariante besteht darin, dass ein Departe-
ment des Regierungsrates als erste Aufsichtsbehörde und der Gesamtregierungsrat als
zweite Instanz tätig sind. Die Aufsicht bezweckt, die ordnungsgemässe Durchführung
der vormundschaftlichen Massnahmen und das korrekte Funktionieren der unteren
Behörden sicherzustellen.

4.6.5.4 Vormundin/Vormund, Beirätin/Beirat, Beiständin/Beistand

Art. 379–391 ZGB regeln Voraussetzungen und Wahl des Vormundes bzw. der Vor-
mundin. Diese Bestimmungen gelten analog auch für das Amt des Beirates und des
Beistandes (Art. 367 Abs. 3 ZGB). Die Vormundschaftsbehörde hat in erster Linie
eine Person zu wählen, die zu diesem Amte geeignet erscheint (Art. 379 Abs. 1 ZGB).
In der Lehre wird unterschieden zwischen einer allgemeinen und einer besonderen
Eignung.

---

774 Geiser Thomas, 1993, Ziff. 1.4.

Die allgemeine Eignung[775] ergibt sich aus den Aufgaben, die ein/e vormundschaftliche Mandatsträger/-in zu erfüllen hat. Ausgeschlossen sind somit Personen, die unmündig sind oder selbst unter Vormundschaft stehen (Art. 384 Ziff. 1 ZGB), wer Interessen hat, die in erheblicher Weise denjenigen der zu bevormundenden Person widerstreiten, oder wer mit ihr verfeindet ist (Art. 384 Ziff. 3 ZGB), die Mitglieder der beteiligten vormundschaftlichen Behörden, solange andere taugliche Personen vorhanden sind (Art. 384 Ziff. 4 ZGB). Diese letzte Bestimmung ist bereits eine Konzession, die auf dem Hintergrund des nicht professionalisierten Vormundschaftswesens im Zeitpunkt des Inkrafttretens des ZGB zu sehen ist. Behördemitglieder sollten jedoch prinzipiell selbst keine Massnahmen führen; ihre Aufgabe ist die Anordnung, Aufhebung und Mitwirkung bei bestimmten Geschäften sowie die Überwachung der Mandatsträger/-innen. Schliesslich ist auch allgemein nicht geeignet, wer selbst Mühe hat mit der Besorgung seiner Angelegenheiten und der Bewältigung der Aufgaben, die das Leben stellt.

Die besondere Eignung meint die Eignung, ein bestimmtes Mandat für eine bestimmte Person zu führen. Es braucht je andere Voraussetzungen und Fähigkeiten, je nachdem, ob es um die persönliche Betreuung einer suchtkranken oder geistig behinderten Person geht oder um die Verwaltung eines grossen Vermögens. Bei der Beurteilung der besonderen Eignung ist auch die Bereitschaft der Person zu würdigen, das Amt auszuüben[776].

Art. 380 ZGB enthält eine gesetzliche Eignungsvermutung zugunsten naher Verwandter. Dass diese Eignungsvermutung jedoch nicht ein absolutes Vorrecht der Verwandten ist, geht schon aus dem Wortlaut hervor: «Sprechen keine wichtigen Gründe dagegen, so hat die Behörde einem tauglichen nahen Verwandten oder dem Ehegatten des zu Bevormundenden bei der Wahl den Vorzug zu geben unter Berücksichtigung der persönlichen Verhältnisse und der Nähe des Wohnsitzes.» Auch für Verwandte gilt der grundsätzliche Eignungsvorbehalt von Art. 379 Abs. 1 ZGB; dazu kommen weitere Gesichtspunkte, die dazu geführt haben, dass heute dieses «Vorrecht» der Verwandten durchwegs kritisch beurteilt wird. Psychologische und soziologische Überlegungen, die in der Praxis bestätigt werden, lassen es in vielen Fällen als problematisch erscheinen, Verwandte mit der Führung eines vormundschaftlichen Amtes zu beauftragen.

Etwas anders verhält es sich mit dem so genannten Vertrauensvormund. Art. 381 ZGB räumt der zu bevormundenden Person und deren Vater oder Mutter das Recht ein, eine Person ihres Vertrauens als Vormund vorzuschlagen. Dieser Bezeichnung muss, sofern nicht wichtige Gründe dagegen sprechen, Folge geleistet werden. Da die

---

775 BASLER KOMMENTAR, 2006, Art. 379, N 11–14.
776 A.a.O. N 15–17.

erfolgreiche Ausübung eines vormundschaftlichen Amtes ein Vertrauensverhältnis voraussetzt, ist einem solchen Vorschlag hohe Beachtung zu schenken. Dieses Vorschlagsrecht wird denn auch in der Literatur weit positiver beurteilt als das Vorrecht der Verwandten. Dennoch ist auch hier die konkrete Eignung der vorgeschlagenen Person zu prüfen. Sie ist wie Verwandte bei gleicher Eignung im Vergleich zu anderen Kandidaten zu berücksichtigen[777].

Die Vormundschaftsbehörde ist im Rahmen des Verfahrens verpflichtet, Vorschläge der Vorschlagsberechtigten einzuholen. Tut sie dies nicht, verletzt sie das rechtliche Gehör der Beteiligten[778]. Entscheidet sich die Vormundschaftsbehörde nicht für die vorgeschlagene Person aus der Verwandtschaft oder des Vertrauens, hat sie die Nichtwahl zu begründen. Die Wahl kann von den nicht berücksichtigten Personen, der bevormundeten Person oder von Dritten in Anwendung von Art. 388 Abs. 2 ZGB bei der Vormundschaftsbehörde als gesetzwidrig angefochten werden. Die in Art. 382 ZGB statuierte allgemeine Pflicht zur Übernahme eines vormundschaftlichen Amtes ist heute von untergeordneter Bedeutung; sie soll in abgeschwächter Form im neuen Recht dennoch beibehalten werden.

4.6.5.5   Privatvormund/in/Amtsvormund/in

Der Begriff Amtsvormund/in kommt im Gesetz nicht vor. Das ZGB ist nur von einer Art Vormund, dem Privatvormund, ausgegangen. Es ist jedoch in Lehre und Praxis seit langem unbestritten, dass die professionelle Führung von vormundschaftlichen Mandaten zulässig ist. Alle Bestimmungen über den Vormund gelten sowohl für den Privatvormund als für den Amtsvormund. Rechtlich besteht somit kein Unterschied zwischen einem Privatvormund und einem Amtsvormund, und es kommt keinem der beiden eine Vorzugsstellung zu. Es geht vielmehr in jedem Fall darum, die für den konkreten Auftrag geeignete Person zu bezeichnen, dies kann einmal eine Amtsvormundin, ein andermal eine Privatvormundin sein.

---

777 Schnyder/Murer, 1984, Art. 380/381, N 20 und 31 ff.
778 BGE 107 Ia 343.

4.6.6 Vom Vormundschaftsrecht zum Erwachsenenschutz – zur Revision des Vormundschaftsrechts

Seit 1993 sind die Vorarbeiten für die letzte Etappe der Familienrechtsrevision im Gange. Nach einem breit angelegten Vernehmlassungsverfahren[779] zu einem Vorentwurf einer Expertenkommission hat der Bundesrat Anfang Juli 2006 dem Parlament einen definitiven Gesetzesentwurf mit grundlegenden Änderungen zugeleitet und am 12. September im «Bundesblatt» publiziert[780]. Einige wesentliche Merkmale des Entwurfs sind:

* Förderung des Selbstbestimmungsrechts durch Vorsorgeaufträge und Patientenverfügung
* die «behördliche Einheitsmassnahme» Beistandschaft, mit der im Einzelfall ein massgeschneidertes Massnahmenpaket mit fein abgestimmten Eingriffen in die Rechtsstellung und Handlungsfähigkeit geschnürt werden kann
* Massnahmen von Gesetzes wegen für dauernd urteilsunfähige Personen
* die Regelung der Zwangsbehandlung in stationären Einrichtungen
* eine Professionalisierung der Behördenorganisation und bundesrechtliche Minimalvorschriften für das im Übrigen kantonal geregelte Verfahren.

Der Entwurf hat in der parlamentarischen Beratung nur wenige Änderungen erfahren und wurde von beiden Räten mit grossem Mehr verabschiedet (SR 27.9.2007; NR 3.10.2008). Die Schlussabstimmung fand am 19.12.2008 statt. Die Anpassung der kantonalen Rechtsgrundlagen wird noch mehrere Jahre in Anspruch nehmen, so dass das neue Kindes- und Erwachsenenschutzrecht nicht vor 2012 in Kraft tritt.

---

779 Das Vernehmlassungsverfahren ist neben dem Entwurf einer Expertenkommission das zweite Hauptelement des vorparlamentarischen Verfahrens im schweizerischen Gesetzgebungsprozess. Der Expertenentwurf wird breiten politischen Kreisen während mehrerer Monaten zur schriftlichen Stellungnahme und Kommentierung unterbreitet. Neben den offiziell eingeladenen Kantonen, Parteien und Verbänden kann jede Bürgerin und jeder Bürger die Vernehmlassungsvorlage anfordern und sich dazu äussern. Nach Abschluss der Vernehmlassung werden die Resultate von der Verwaltung in einem öffentlich zugänglichen Bericht zusammengestellt und gestützt auf diese Meinungsäusserungen der definitive Gesetzesentwurf vorbereitet.

780 BBl 2006, 7001.

5   Person, Abweichung und Sanktion

Aebersold Peter (2007). Das schweizerische Jugendstrafrecht. Bern.
Baechtold Andrea (2005). Strafvollzug. Straf- und Massnahmenvollzug an Erwachsenen in der Schweiz. Bern.
Gomm Peter/Zehntner Dominik (2005). Kommentar zum Opferhilfegesetz, Bern.
Kunz Karl-Ludwig (2008). Kriminologie. Bern/Stuttgart/Wien.

5.1   Devianz, Kriminalität, Strafe und Sanktion: eine Einführung (Peter Mösch Payot)

Wo Menschen zusammenleben, kommt es und kam es zu allen Zeiten zu Verhaltensweisen, die von gesellschaftlich herrschenden Normen abweichen. Man spricht von deviantem Verhalten[781], soweit diese Abweichungen von der Norm negativ beurteilt werden.

Es gibt keinen festen Kanon von Verhaltensweisen, die als abweichend angesehen werden. Verletzungen an Leib, Leben und Seele (physische und psychische Integrität) oder Verletzungen an Vermögen und Eigentum können ebenso dazugehören wie Verhaltensweisen, die heute – anders als vor wenigen Jahrzehnten – in weiten Teilen der Gesellschaft als nicht mehr verwerflich (oder gar kriminell) betrachtet werden, wie das Zusammenleben im sogenannten Konkubinat oder die homosexuelle Partnerschaft.

Es lassen sich zwei gesellschaftliche Arten der Betrachtung von abweichendem Verhalten unterscheiden, die sich seit Jahrhunderten immer wieder vermischen und die staatliche Reaktionsweise auf deviantes Verhalten prägen: Abweichendes Verhalten kann als primär unmoralisch, verwerflich und verabscheuungswürdig betrachtet werden, oder dann kann bei der Beurteilung des Verhaltens darauf fokussiert werden, ob und inwieweit bestimmte Verhaltensweisen die Interessen, Positionen oder Güter von anderen Menschen, Menschengruppen oder der Gesellschaft als Ganzes gefährden oder verletzen.

Diese Betrachtungsweisen und somit auch die Reaktionsweise auf abweichendes Verhalten sind stark von den tragenden Grundwerten des Staatswesens und vom

---

781 Siehe Kunz Karl-Ludwig (2008), S. 7 ff.

Menschenbild in einer Gesellschaftsordnung abhängig. Die Ausgestaltung des Sanktionen- und insbesondere des Strafrechts ist deshalb immer auch ein Spiegelbild des Zustandes der Gesellschaft, ihres Menschenbildes[782], ihrer Werte und der entsprechenden Veränderungen im Verlaufe der Zeit.

So bestehen heute in einem liberalen und sozialen Rechtsstaat[783] unterschiedliche rechtliche Reaktionssysteme zum gesellschaftlichen Umgang mit deviantem Verhalten von Menschen:

- Geht es um die Verhinderung direkt negativer Auswirkungen des Verhaltens für Dritte oder für die Person selbst, so stehen Massnahmen des Polizeirechts (z.B. unmittelbares Eingreifen der Polizei zur Gefahrabwehr), Massnahmen des Gesundheitsrechts (z.B. Heroinabgabe) oder des intervenierenden Sozialrechtes (z.B. zivilrechtlicher Kindesschutz[784]) im Vordergrund.

- Soweit die bereits eingetretenen negativen Auswirkungen auf eine andere Person auszugleichen sind, so steht das (zivilrechtliche) Haftungsrecht mit seinen Möglichkeiten von Schadenersatz und Genugtuung zur Verfügung[785].

- Verhaltensweisen können aber auch explizit rechtlich verboten und die Übertretung des Verbotes mit Strafe belegt werden. Die klassische Domäne dieser Reaktion auf abweichendes Verhalten ist das Strafrecht. Die Voraussetzungen und das Verfahren der Verhängung solcher Strafe und die Ausgestaltung der entsprechenden Sanktionen können von ganz unterschiedlichen Zielen getragen sein, die von der Rache gegenüber dem Täter bis zur Besserung des Angeschuldigten reichen können. Der Begriff der *Kriminalität* umfasst die Gesamtheit dieser bei Androhung von Strafe verbotenen Verhaltensweisen. Auch «Kriminalität» ist aber nicht einfach eine Sammlung feststehender menschlicher Verhaltensweisen, sondern geprägt von der Bewertung menschlicher Handlungen durch die Gesellschaft.

Vor dem Hintergrund dieser ersten Annäherung an das Thema dieses Kapitels wird im Folgenden das Phänomen der Kriminalität und der gesellschaftlichen Reaktion darauf im Lichte der Statistik betrachtet. Dann wird ein Blick auf die Straf- und Sanktionierungstheorien geworfen, wobei die täterbezogene Resozialisierung und die opferbezogene Unterstützung besondere Beachtung verdienen, weil sie Grundlage für verschiedene gesellschaftliche Mandate an die Soziale Arbeit sind. Schliesslich wird dieser erste Teil des Kapitels abgeschlossen mit einer Darstellung des Spannungsfeldes von Opferschutz, Strafinteresse und Rechtsstaatlichkeit.

---

782 Siehe dazu AEBERSOLD PETER (1998), S. 39 ff.
783 Siehe 1.1.
784 Siehe 4.6.
785 Siehe dazu 3.4.

Daran anschliessend werden dann im zweiten Teil des Kapitels das Strafrecht und die strafrechtlichen Tatbestände überblickartig betrachtet, um dann das Strafverfahren, die Opferhilfe, die strafrechtlichen Sanktionen und den Strafvollzug, entsprechend ihrer Bedeutung für die Praxis der Sozialen Arbeit, etwas ausführlicher darzustellen. In einem nächsten Teil werden die Spezifika des Jugendstrafrechts – ebenfalls ein Berufsfeld der Sozialen Arbeit – erörtert. Das Kapitel wird abgeschlossen mit einer Darstellung ausgewählter Sanktionierungen ausserhalb des Korsetts des Strafrechts: Die polizeilichen und dabei im Besonderen die fremdenpolizeilichen Zwangsmassnahmen gewinnen zunehmend an Bedeutung und definieren die rechtlichen Rahmenbedingungen vieler Fachpersonen und Klient/-innen der Sozialen Arbeit. Zuerst nun aber zum beschränkten Wissen von Art und Umfang der Kriminalität und der jeweiligen gesellschaftlichen Reaktion.

5.1.1 Statistisches zu Kriminalität und abweichendem Verhalten

Die statistische Messung von Kriminalität ist geprägt von verschiedenen Problemen: So steht Kriminalität, der Gegenstand der Messung, nicht etwa tatsächlich fest, sondern wird durch die Ausgestaltung des Straf- und Polizeirechts gesellschaftlich nach Ort und Zeit vordefiniert. Würde eine Gesellschaft viele Verhaltensweisen entkriminalisieren, hätte das sofort den statistischen Rückgang der Kriminalität zur Folge. Zudem kann abweichendes und kriminelles Verhalten immer nur annäherungsweise und indirekt gemessen werden, da es nicht möglich ist und in einem Rechtsstaat auch nicht erwünscht sein kann, das gesamte kriminelle Verhalten direkt zu erfassen. Man spricht daher vom Dunkel- und Hellfeld der Kriminalität. Statistische Angaben über Veränderungen der Kriminalität müssen auch vorsichtig interpretiert werden: Kriminalität ist insgesamt ein gesellschaftlich normales Phänomen[786], wobei jede Gesellschaft darauf angewiesen ist, auf Normverstösse zu reagieren. So können unterdurchschnittliche Werte an Kriminalität ein Zeichen für die Erstarrung einer Gesellschaft ein. Normübertretungen signalisieren nämlich immer auch die Möglichkeit der Veränderungen gesellschaftlicher Wertentscheide; oft nehmen sie solche Änderungen gar vorweg[787].

---

786 Siehe Durkheim Emile (1968), S. 5 ff.

787 So lässt sich das bestehende Verbot des Konsums des Cannabis, im Gegensatz zu Alkohol oder Tabak, nur mit der noch herrschenden Drogenkultur in der Gesellschaft erklären; die gelegentliche oder ständige Übertretung der Norm durch einen grossen Teil der jüngeren Generation dürfte eine spätere Aufhebung des Verbotes vorwegnehmen.

In der öffentlichen Diskussion spielen folgende Statistiken eine Rolle: Die *polizeiliche Kriminalstatistik*[788] und die *Betäubungsmittelstatistik* geben Auskunft über die Anzahl der Anzeigen bzw. der eröffneten Strafverfahren. Sie liefern bestenfalls Hinweise zu polizeilichen Aktivitäten und Schwerpunkten bzw. zum Anzeigeverhalten der Bevölkerung, nur beschränkt aber zur tatsächlichen Kriminalität. Die *Strafurteilsstatistik*[789] gibt Auskunft über die Anzahl der Urteile und Freisprüche im Bereich des Erwachsenen- und Jugendstrafrechts: Auch hier spielen die Tätigkeit und Beurteilung der Gerichte bzw. der zuführenden Instanzen und das Anzeigeverhalten eine wesentliche Rolle, weshalb nur sehr bedingt Rückschlüsse auf die tatsächliche Kriminalität bzw. deren Struktur möglich sind. Die *Strafvollzugsstatistik*[790] enthält Auskünfte über Strafvollzugsanstalten, Insassen und deren Rückfälle. Unter den Gefangenen sind Männer, die Altersgruppe der 25- bis 34-jährigen und Inhaftierte mit ausländischer Nationalität im Vergleich zum Anteil an der Wohnbevölkerung deutlich überrepräsentiert[791]. Der Anteil an unbedingten Freiheitsstrafen ist in den letzten Jahren rückläufig, die Zahl der Untersuchungshäftlinge, der Ausschaffungshaft nach Ausländerrecht und der durchschnittlichen Haftdauer sind aber deutlich gestiegen. Das weist auf eine Verschärfung der Haftpraxis und eine gewisse Erhöhung des Strafmasses bei Verurteilungen hin. Die *Opferhilfestatistik* zeigt, dass die Angebote der Beratungsstellen und die angebotenen finanziellen Hilfe seit Inkrafttreten des OHG in steigendem Masse in Anspruch genommen werden. Dies ist vor allem auf den erhöhten Bekanntheitsgrad der Hilfen bei Behörden und Betroffenen zurückzuführen. In wissenschaftlichen Studien werden überdies Informationen über die Verhältnisse bei Opfern und Tätern von kriminellen Handlungen erhoben und im Rahmen der sogenannten Dunkelfeldforschung unter anderem Täter- und Opferbefragungen durchgeführt[792]. Auch diese Methoden können aber nur Hinweise auf die «wirkliche» Kriminalität ergeben[793]. Die Dunkelfeldforschung lässt vermuten, dass statistisch ein grosser Teil der Delikte auf relativ wenige Intensivtäter zurückgeht und die Zahl der Gewaltdelikte eher zunimmt.

---

788 Zusammenstellung der kantonalen Zahlen; neueste Zahlen siehe: www.fedpol.admin.ch/fedpol/de/home/dokumentation/zahlen_und_fakten.html (eingesehen am 19.11.2008).

789 http://www.bfs.admin.ch/bfs/portal/de/index/themen/19/03.html (eingesehen am 19.11.2008).

790 Sie umfasst auch die Untersuchungshaft, den FFE und die Gefangenschaft aus ausländerrechtlichen Gründen; siehe 5.5.2.1.

791 Siehe BAECHTOLD ANDREA (2005), S. 192.

792 Siehe zum Beispiel für die genauere Analyse der Gewaltkriminalität in Städten (am Beispiel von Basel-Stadt): EISNER MANUEL (1997).

793 Auch hier sind eine Vielzahl von Verzerrungen denkbar: zum Beispiel die Auswahl der Befragten und das Befragungssetting oder Verdrängungseffekte für Befragte, schwere und tabuisierte Delikte (z.B. Sexualdelikte) zuzugeben.

Insgesamt lässt sich aus den Statistiken ersehen, dass die registrierte Kriminalität und die entsprechenden Verurteilungen über die letzten Jahre erstaunlich stabil geblieben bzw. gar rückläufig sind. Die Deliktstruktur allerdings verändert sich: Während Vermögensdelikte zurückgehen, nehmen (leichte und mittelschwere) Gewaltdelikte sowie Strassenverkehrs- und Betäubungsmitteldelikte zu. Dabei dürfte der Anstieg der registrierten Gewaltdelikte (bzw. der entsprechenden Urteile) zumindest teilweise auf die erhöhte gesellschaftliche Sensibilität für Gewaltprobleme, insbesondere im sozialen Nahraum, zurückzuführen sein. Die Zunahme der SVG- und der BetmG-Delikte wiederum erklärt sich wohl vor allem durch entsprechende Schwerpunkte bei der polizeilichen Ermittlungsarbeit und die nur schwache gesellschaftliche Akzeptanz eines Teils der Normen[794].

In der Schweiz werden mehr als $1/3$ aller erwachsenen Männer im Verlauf ihres Lebens mindestens einmal verurteilt und ins Zentralstrafregister eingetragen. Allerdings werden nur 9 % der Erstverurteilten innert 7 Jahren erneut verurteilt. Der Frauenanteil an den Tatverdächtigen liegt regelmässig um 15 %, der Anteil der Minderjährigen bei ca. 20 %. Ca. die Hälfte der ermittelten Personen hatten eine ausländische Staatsangehörigkeit[795].

Fragen zu Vorkommen von deviantem bzw. kriminellem Verhalten
a) Welche Faktoren (bezogen auf Bevölkerung, Opfer und Polizei) können das Ergebnis von polizeilichen Kriminalstatistiken beeinflussen?[796]
b) Wie erklären Sie sich den hohen Anteil von Männern in allen Kriminalstatistiken?
c) Wie könnte sich der überproportionale Anteil von Personen mit ausländischer Staatsangehörigkeit in den verschiedenen Kriminalstatistiken erklären?
d) Welche Thesen können zur Erklärung der steigenden Körperverletzungsdelikte gebildet werden?

---

794 Siehe auch Niggli Marcel A. (2004), S. 32 ff.; für die Beurteilung der Kriminalitätsentwicklung in der zweiten Hälfte des 20. Jahrhunderts: Niggli Marcel A./Pfister Fritz (1997), S. 519 ff.
795 Siehe Kunz Karl-Ludwig (2008), S. 169 ff.
796 Siehe weiterführend und vertiefend hierzu Kunz Karl-Ludwig (2008), S. 173 ff.

5.1.2   Straf- und Sanktionstheorien:
Der Versuch der Legitimation von Strafen

Seit den Anfängen der Rechtsphilosophie wurde die Frage gestellt, was die Legitimation dafür sein könnte, dass von Staates wegen Menschen für bestimmte Verhaltensweisen bestraft werden[797].

Die Beantwortung dieser Frage ist eng mit der Frage des Menschen- bzw. Bürge-
rinnenbildes des jeweiligen strafenden Staats- oder Gemeinwesens verknüpft. Zudem
bestimmt der Strafzweck den Umfang und die Art der strafbar erklärten Verhaltensweisen ebenso wie die Ausgestaltung und das Mass der Sanktionen.

Zunächst wurden vor allem die *Vergeltung* und die Sühne als Zwecke des Stra-
fens gesehen: Strafe sollte ganz im Sinne des alttestamentarischen «Auge um Auge,
Zahn um Zahn»-Prinzips die begangene Tat in moralischer Hinsicht «neutralisieren».
Ein solches Strafkonzept liegt nahe beim ursprünglichen Ziel des klassischen staatlichen Strafrechts, nämlich dem Zurückdrängen der Privatrache. Die deutliche und
sichtbare Bestrafung sollte die Macht des Staates beweisen (und legitimieren) und die
Bedürfnisse der Opfer, für Selbstjustiz zu sorgen, minimieren.

Die Folge eines solchen Strafkonzepts waren masslose und grausame Strafen,
denen jeweils ein inquisitorisches Verfahren vorausging, in welchem mit Folterme-
thoden Geständnisse erpresst wurden. Mit dem Humanismus wurde das masslos vergeltende Strafen zunehmen kritisiert: Schon im 16. Jahrhundert wurde versucht, die
Härte der Strafe auf das Ausmass der moralischen Vorwerfbarkeit der Tat zu reduzieren, auf das Verschulden. Dieser Gedanke hat bis heute eine grosse Bedeutung: Das
«Verschulden» oder die «Vorwerfbarkeit der Tat» gegenüber einem Täter sind grundsätzlich die obere Grenze der möglichen Strafe[798], z.B. der Länge der Freiheitsstrafe
oder der Höhe der Busse.

Im Verlaufe der Jahrhunderte wurden verschiedene weitere «Theorien»[799] zur
Legitimation von Strafen diskutiert. Im Zuge der Aufklärung wurde verlangt, dass
Strafe, um legitim zu sein, Sinn haben müsse für die Gesellschaft und/oder für Täter
oder Opfer und darum mehr bieten müsse als blosse Vergeltung.

Vor allem bis ins 19. Jahrhundert wurde in diesem Sinne Strafe als Mittel der
Abschreckung der Bevölkerung *(negative Generalprävention)* verstanden: Strafe sollte
demnach dazu dienen, die (noch) nicht straffällige Bevölkerung von Straftaten abzuhalten. Diese Theorie geht von einem negativen Menschenbild aus: Der Mensch wird

---

797 Siehe weiterführend STRATENWERTH GÜNTHER (2005), S. 16 ff.

798 Anders bei Massnahmen, siehe 5.4.5.

799 In der juristischen Diskussion wird der Begriff «Theorie» auch für normative Positionen verwendet,
      die keine hohe Komplexität aufweisen müssen.

als potentielles Raubtier betrachtet, welches in Schach zu halten ist[800]. Eine solche Theorie rechtfertigt symbolisch starke und harte Strafen und liegt insoweit nahe bei der Vergeltung.

Eine andere Theorie fokussiert auf die abschreckende Wirkung der Strafe gegenüber dem Täter selbst (*negative Spezialprävention*). In diesem Sinne soll die Strafe dazu dienen, den Täter vor erneuter Delinquenz abzuhalten. Man geht davon aus, dass dies am besten gelingt, wenn dem Täter durch die Sanktion «eine Lektion, ein kurzer harter Schock» erteilt wird. Zu dieser Straftheorie passen in der heutigen Zeit z.B. die «Boot camps»[801] in den USA oder auch die unbedingte, kurze Freiheitsstrafe im bisherigen schweizerischen Strafrecht[802].

Zu Beginn des 20. Jahrhunderts kam verstärkt das Modell der sogenannten positiven Spezialprävention (Behandlungsmodell oder *Resozialisierungsmodell*) auf: Danach soll die Strafe positiv auf das Verhalten des Täters einwirken. Die Strafe wird so zu einem pädagogischen Instrument. Das Resozialisierungsmodell steht in engem Zusammenhang mit der Idee des Sozialstaates[803].

In der extremen Form des Behandlungsmodells wurden alle Straftäter als Kranke betrachtet, welche geheilt werden müssen. Hier liegt denn auch die Gefahr dieses Strafverständnisses: Die positive menschenfreundliche Grundausrichtung der Idee der «Erziehung und Behandlung» kann so missgedeutet werden, dass schwerwiegende Eingriffe in die Rechte der Betroffenen nicht mehr problematisiert werden. Es besteht daher unter Umständen ein Zielkonflikt zwischen dem Behandlungsmodell und der verfassungsmässigen Garantie von Freiheitsrechten sowie insbesondere dem verfassungsmässigen Grundsatz der Verhältnismässigkeit[804].

Das Behandlungsmodell steht in engem Zusammenhang mit der Humanisierung des Strafvollzugs seit Beginn des 20. Jahrhunderts. In der Schweiz zeugen die Bedeutung der Massnahmen im Erwachsenenstrafrecht[805], die Ausgestaltung des Jugend-

---

800 Ganz im Sinne von THOMAS HOBBES' berühmtem Satz: «homo homini lupus est» (der Mensch ist dem Menschen ein Wolf).

801 In «Boot camps» soll durch militärischen Drill und beschämende, schikanöse und erniedrigende Behandlung in relativ kurzer Zeit gelernt werden, strafbare Handlungen nicht zu wiederholen. Die positive Wirkung von «Boot camps» auf das Legalverhalten der Absolventen lässt sich nicht belegen; siehe weiterführend AEBERSOLD PETER (2005), S. 4.

802 Mit der Revision des Allgemeinen Teils des schweizerischen Strafrechts wird die kurze Freiheitsstrafe zurückgedrängt, weil deren abschreckende Wirkung sich wissenschaftlich nicht belegen liess. Allerdings folgen die Art und die Ausgestaltung der Untersuchungshaft in der Schweiz eindeutig der Idee des «short sharp schock» und sollten daher de lege ferenda hinterfragt werden; siehe weiterführend ALBRECHT PETER (2002), S. 355 ff.

803 Siehe 1.1.

804 Siehe zum Grundrechtsschutz 2.3.

805 Siehe dazu 5.4.1.

strafrechts[806] und die praktische Ausgestaltung des Strafvollzuges von der Bedeutung des Resozialisierungsmodells.

Seit Ende der 1970er Jahre wurden das Behandlungsmodell und insbesondere die entsprechende Ausgestaltung des Strafvollzuges wegen seiner (teilweise angeblichen) Wirkungslosigkeit[807] kritisiert. Das hatte vor allem mit zuvor übertriebenen Erwartungen des Erfolges von Therapien im Zwangskontext des Strafvollzugs zu tun. Diese Kritik hat dazu geführt, dass in Europa der Behandlungsvollzug zurückgedrängt wurde und einer differenzierteren Einschätzung der Möglichkeiten der Resozialisierung und von Therapien im Strafvollzug Platz gemacht hat.

Der Strafvollzug, und insbesondere die Ausgestaltung der langfristigen Freiheitsstrafe, sind in der Schweiz zentral von der Idee der Spezialprävention geprägt. Dazu gehört insbesondere, Freiheitsstrafen nur subsidiär, oft bedingt und auf keinen Fall für überlange Zeit auszusprechen; Schäden für den Täter durch den Strafvollzug zu minimieren; im Vollzug die Straftat therapeutisch aufzuarbeiten; den Alltag während der Freiheitsstrafe möglichst nahe am Normalleben auszurichten (Normalisierung des Vollzuges) und den Angeschuldigten auf seine Entlassung vorzubereiten und danach weiter zu begleiten[808].

In jüngster Zeit hat sich die Forderung Gehör verschafft, dass Resozialisierungsmassnahmen strikte an das Ziel der Rückfallvermeidung zu binden seien und dass bei therapeutischen Massnahmen die Auseinandersetzung mit der Straftat ins Zentrum rücken soll[809].

> Art. 75 Abs. 1 StGB (in Kraft ab 01.01.2007) besagt zum Vollzug von Freiheitsstrafen in der Schweiz:
> Der Strafvollzug hat das soziale Verhalten des Gefangenen zu fördern, insbesondere die Fähigkeit, straffrei zu leben. Der Strafvollzug hat den allgemeinen Lebensverhältnissen so weit als möglich zu entsprechen, die Betreuung des Gefangenen zu gewährleisten, schädlichen Folgen des Freiheitsentzugs entgegenzuwirken und dem Schutz der Allgemeinheit, des Vollzugspersonals und der Mitgefangenen angemessen Rechnung zu tragen.

Seit den 1980er Jahren ist vor allem im deutschsprachigen Raum das Modell der sogenannten positiven Generalprävention populär: Danach soll Strafrecht dazu dienen, die Geltung bestimmter Werte und Normen wie körperliche Integrität, Eigentum etc.

---

806   Siehe dazu 5.6.
807   Siehe dazu weiterführend CORNEL HEINZ/NICKOLAI WERNER (2004).
808   Siehe BAECHTOLD ANDREA (2005), S. 25 ff.
809   Siehe AEBERSOLD PETER (2005), S. 4 ff.

zu unterstreichen: Die Bestrafung von Menschen, die solche Normen missachten, dient demnach dazu, das Vertrauen der Mehrheit in die Geltung der Normen zu stärken. Die Voraussetzungen und Folgen dieser Straf-»Theorie» sind vage, das ist auch eine ihrer Schwächen: Wie soll z.b. festgestellt werden, welche Sanktionierungen denn zum Vertrauen in die Geltung des Tötungsverbotes tatsächlich nötig sind? Auch bietet die «positive Generalprävention» wenig Hilfestellung für die Frage der Ausgestaltung des Strafvollzuges[810].

In neuester Zeit ist die Diskussion um den Sinn von Sanktionierung und Strafe neu belebt worden: Im angelsächsischen Raum hat man sich im Bereich des Strafrechts fast gänzlich von der Idee, durch eine «sinnvolle» Strafe dem Straftäter ein normkonformes Leben zu ermöglichen (*positive Spezialprävention*), verabschiedet. Dafür wird die *Incapacitation* (wörtlich: Unschädlichmachung) als Strafzweck populärer: Strafrechtliche Sanktionen sollen demnach nur noch dazu dienen, es dem Straftäter schlicht nicht mehr möglich zu machen, zu delinquieren: Zu diesem Modell passen in den USA die Rückbildung des einst pädagogisch ausgerichteten Strafvollzuges zu einem blossen Verwahrvollzug, der massive Einsatz langer Freiheitsstrafen und die Renaissance der Todesstrafe. Der Theorie der Unschädlichmachung ist ein gänzlich simplifiziertes, mitunter zynisches Menschenbild eigen: Der delinquierende Mensch wird schlicht als «gefährlich» und «nicht heilbar» gebrandmarkt, gesellschaftliche und gruppendynamische Faktoren für Kriminalität werden dagegen ausgeblendet. In der Schweiz und in Westeuropa ist unter anderem an den Diskussionen um die Ausweitung der Verwahrung sichtbar, dass die Idee der Unschädlichmachung durch Strafrecht auch hier an Einfluss gewinnt[811].

Daneben hat die Verstärkung der Opferschutzidee auch die Frage nach dem Sinn von Strafen erfasst: So wird seit den frühen 1980er Jahren propagiert, Strafe solle der *Wiedergutmachung*, dem Ausgleich von Opfer und Täter, dienen. Auch diese Theorie kann sicherlich nicht das gesamte Strafrechtssystem erklären, hat aber doch beträchtlichen Einfluss auf neue Formen bzw. Sanktionen als Ersatz von Strafe wie Strafmediation oder Täter-Opfer-Ausgleich. Die Strafe als gesellschaftliches Sanktionsmittel wird hier zugunsten von Verständigung und Ausgleich zwischen Täter und Opfer zurückgenommen[812]. Zum Teil wird auch die «Wiedergutmachung» gegenüber der

---

810 Siehe Kunz Karl-Ludwig (2008), S. 254 ff.
811 Siehe zu den sich verändernden Grundzügen heutiger Kriminalpolitik Kunz Karl-Ludwig (2008), S. 289 ff.
812 Soweit damit Opfer ohne oder gegen ihren Willen mit erlittenen Verletzungen konfrontiert werden sollen, sind Strafmediation oder Täter-Opfer-Ausgleich problematisch. Das Konzept kann daher nur bei echter Freiwilligkeit für das Opfer funktionieren. Darin liegen auch die Grenzen der Wiedergutmachung als straflegitimierende Theorie.

Öffentlichkeit propagiert; insoweit weist der Ansatz eine gewisse Nähe zur Sühneidee auf; dazu passt zum Beispiel die Sanktion der Busse oder die gemeinnützige Arbeit.

Fragen zu Straf- und Sanktionstheorien:

a) In den 70er Jahren wurden die Abschaffung des Strafrechts verlangt und der Ersatz von Strafen durch positive Problemlösungsinstrumente verlangt? Was halten Sie davon?

b) Gibt es Verhaltensweisen, die Ihres Erachtens unberechtigterweise strafbar sind? Weshalb?

c) Welches sind die rechtlichen Grundlagen und Aufgaben für Fachpersonen der Sozialen Arbeit im Bereich des Strafrechts? (Recherchieren Sie!)

d) Welche Aufgaben der Sozialen Arbeit im Zusammenhang mit Strafrecht, Strafvollzug und nachträglicher Betreuung (Bewährungshilfe) lassen sich mit welchen Straftheorien in Zusammenhang bringen?

5.1.3   Rechtsstaatlichkeit, Opferschutz und Sanktionierung

Strafrecht ist in jedem Fall verbunden mit Eingriffen in die Rechtsstellung von Menschen: Schon die Eröffnung eines Strafverfahrens, erst recht aber strafprozessuale Zwangsmassnahmen, die gerichtliche Be- und Verurteilung und danach der Vollzug der Strafe oder einer Massnahme bedeuten schwere Eingriffe in die Grundrechte der Betroffenen. Somit hat sich der Staat im Bereich des Strafrechts, aber auch im Bereich der polizeirechtlichen Sanktionen[813] an verfassungsmässige Prinzipien wie das Legalitätsprinzip und das Verhältnismässigkeitsprinzip und an Regeln der Verfahrensfairness zu halten[814]. Vereinfacht kann gesagt werden, dass der Staat im Umgang mit den Angeschuldigten oder den von Polizeimassnahmen Betroffenen an die Schranken der Rechtsstaatlichkeit gebunden ist: Sanktionen haben also Schranken in den verfassungsmässigen Rechten des Einzelnen: Die Anerkennung solcher Schranken macht einen Staat im Bereich des Strafrechts zum Rechtsstaat.

Für das Strafrecht wurde seit der Aufklärung die Bedeutung der Rechtsstaatlichkeit in Theorie und Praxis intensiv diskutiert; die Rechtsstaatlichkeitsidee hat hier insbesondere auf das Verfahren, die Verhängung von Sanktionen und den Sanktionsvollzug Einfluss genommen.

---

813 Kapitel 5.7.
814 Art. 36 BV; siehe 1.4.

So besagt schon Art. 1 des StGB als Ausfluss des Legalitätsprinzips, dass eine Tat nur mit Strafe belegt werden dürfe, wenn sie durch das Gesetz ausdrücklich mit Strafe bedroht ist (nulla poena sine lege, nullum crimen sine legem)[815]. Wesentliche Rechte im Strafverfahren sind gar in der Bundesverfassung in Art. 32 BV verankert und werden auch durch die Europäische Menschenrechtskonvention und den UNO-Pakt über bürgerliche und politische Rechte (UNO-Pakt II) garantiert[816].

> Art. 32 BV besagt zum Strafverfahren grundlegend:
> [1] Jede Person gilt bis zur rechtskräftigen Verurteilung als unschuldig.
> [2]Jede angeklagte Person hat Anspruch darauf, möglichst rasch und umfassend über die gegen sie erhobenen Beschuldigungen unterrichtet zu werden. Sie muss die Möglichkeit haben, die ihr zustehenden Verteidigungsrechte geltend zu machen.
> [3]Jede verurteilte Person hat das Recht, das Urteil von einem höheren Gericht überprüfen zu lassen. Ausgenommen sind die Fälle, in denen das Bundesgericht als einzige Instanz urteilt.

In jüngster Zeit kam die Bedeutung rechtsstaatlicher Schranken vermehrt unter Druck, das gilt insbesondere für das Verhältnismässigkeitsprinzip und für die Verfahrensrechte der Betroffenen: So werden international im Bereich des so genannten «Krieges gegen den Terror» massive Eingriffe in die Grundrechte zugelassen. In der Schweiz zeugen insbesondere der immer zügellosere Einsatz der Freiheitsentziehung zur Durchsetzung öffentlicher Weghalteinteressen im Rahmen der sogenannten Zwangsmassnahmen im Ausländerrecht davon[817]. Im Bereich des Strafrechts fallen die steigende Verhängung der Untersuchungshaft, der wieder verstärkte Einsatz der Freiheitsstrafe[818] und die sukzessiven gesetzgeberischen Verschärfungen des Sanktions- und insbesondere des Verwahrungsrechts am Ende der Revision des Allgemeinen Teils des StGB auf.

Strafrecht und das Polizeirecht regeln grundsätzlich Konflikte zwischen dem Staat und einer Bürgerin, die wichtige Verhaltensnormen missachtet. Im Strafrecht wurden vor dem Hintergrund der Aufklärung Verfahrensrechte des Angeschuldigten gegen den (über)mächtigen strafenden Staat entwickelt [819].

---

815 Siehe Art. 1 StGB.
816 Insb. Art. 6 EMRK und Art. 13 UNO-Pakt II; siehe 2.5 und 2.7.
817 Siehe 5.7.6.
818 Siehe: http://www.bfs.admin.ch/bfs/portal/de/index/themen/19/05/key/ueberblick/wichtigsten_zahlen.html (eingesehen am 19.11.2008).
819 Weit weniger dagegen im Polizeirecht, wo bislang die Betroffenen einzig nach Massgabe des Verwaltungsrechts (siehe 1.4) geschützt sind. Zu polizeilichen Zwangsmassnahmen siehe 5.7.

Die Opfer von Straftaten blieben in diesem Verständnis des Strafrechts lange Zeit unbedeutend. Sie hatten einzig die Rolle als Auskunftspersonen oder Zeuginnen, die zur Rekonstruktion des Geschehenen beitragen sollten. Erst gegen Ende des 20. Jahrhunderts kam die Forderung auf, dass im Strafverfahren auch die Interessen der Opfer nach Schutz und Aufarbeitung der Tat Beachtung finden sollten. Seither wurden im gesamten westeuropäischen und angelsächsischen Raum die Rechte der Opfer massiv ausgebaut[820]. Teilweise wird dabei zu wenig beachtet, dass die Interessen des Opfers im Einzelfall sehr unterschiedlich sein können und nicht immer in erster Linie in der schärferen Sanktionierung der Angeschuldigten bzw. Verurteilten liegen. Zudem ist in der Praxis aufgrund des Sachverhaltes (bis zur formalen Definition der Rollen im gerichtlichen Urteil) oft gar nicht so eindeutig, wer eigentlich Opfer und wer Täter ist.

Die Austarierung der Zielkonflikte zwischen Freiheitsinteressen der Angeschuldigten, den konkreten Opferinteressen und den staatlichen Interessen nach Rechtsstaatlichkeit und Strafe wird eines der wesentlichen kriminalpolitischen Themenfelder der nächsten Jahrzehnte bleiben[821].

Fragen zu Rechtsstaatlichkeit, Opferschutz und Sanktionierung:

a) Was bedeutet Rechtsstaatlichkeit im Allgemeinen und was für das Strafrecht im Besonderen?

b) Welche Rolle spielen Sozialarbeiterinnen, Sozialpädagogen oder Soziokulturelle Animatorinnen im Zusammenhang mit Strafrecht und Opferschutz?

c) Welche Interessen müssen bei der Verhängung der Zwangsmassnahmen im Ausländerrecht gegeneinander abgewogen werden? Was bedeutet das Verhältnismässigkeitsprinzip in diesem Zusammenhang?

---

820 Siehe 5.3.3.
821 Siehe weiterführend MÖSCH PAYOT PETER (2004a), S. 207 ff.

5.2 Strafrecht und Strafvoraussetzungen
(Peter Mösch Payot)

5.2.1 Strafgesetzbuch und Nebenstrafrecht: ein historischer Abriss

Das Strafrecht als Teil der Rechtsordnung, der Verfahren, Voraussetzungen und Inhalt der staatlichen Strafe für gewisse Verhaltensweisen festlegt, hat sich im Verlaufe der Geschichte stark verändert:

So waren bis in die Neuzeit Verhaltensweisen wie Hexerei, Zauberei, Gotteslästerung oder Ehebruch Straftaten, die mit Folter und Tod belegt waren. Diese Verhaltensweisen stellen heute kein strafrechtlich relevantes Unrecht mehr dar. Andererseits rücken neue Verhaltensweisen, die vor wenigen Jahren noch kaum strafwürdig waren, plötzlich ins Zentrum strafrechtlicher Bemühungen (z. B. Korruption). Daneben bestehen Straftatbestände, wie die vorsätzliche Tötung oder der Diebstahl, die zu allen Zeiten als strafbar erachtetes Unrecht enthalten.

Ähnliches gilt für die Seite der Sanktionen: Die unmenschlichen harten Sanktionen der frühen Neuzeit wurden weitgehend abgemildert bis in die Spätmoderne: So ist heute die Todesstrafe in der Schweiz, auch im Militärstrafrecht, wo sie bis in die 1990er Jahre noch enthalten war, abgeschafft. Aktuell bestehen aber wieder Tendenzen zu härteren Strafen und zur Idee, durch die Eliminierung oder das Wegsperren von gewissen Kategorien von Straftätern Sicherheit herstellen zu können.

Das *Kernstrafrecht* der Schweiz ist im Strafgesetzbuch (StGB) enthalten. Dieses wurde 1938 in einer Volksabstimmung angenommen und trat 1942 in Kraft. Es enthält allgemeine Regeln zu generellen Voraussetzungen der Strafbarkeit von Verhaltensweisen und zu den möglichen Straftatfolgen (Allgemeiner Teil des Strafgesetzbuches, Art. 1–110 StGB) und eine Beschreibung der strafbaren Handlungen im Besonderen (Besonderer Teil des Strafgesetzbuches, Art. 111–332 StGB).

Neben dem StGB finden sich wichtige strafrechtliche Bestimmungen im Strassenverkehrsgesetz von 1958, im Betäubungsmittelgesetz von 1951 und in vielen anderen verwaltungsrechtlichen Erlassen (Nebenstrafrecht); auch verbleibt den Kantonen die Möglichkeit, im Bereich der Übertretungen eigene strafrechtliche Normen aufzustellen.

Das *Strafverfahrensrecht* blieb bis heute Sache der Kantone. Darum ist heute das Verfahren, in dem die Strafbarkeit von Verhaltensweisen festgestellt wird, in jedem Kanton unterschiedlich geregelt. Die neue Bundesverfassung enthält in Art. 123 BV die Kompetenznorm, dass das Strafverfahrensrecht bundesrechtlich zu regeln sei. Eine entsprechende Botschaft des Bundesrates liegt vor[822].

Das StGB wurde seit 1942 mehrfach teilrevidiert, wobei im 20. Jahrhundert für lange Zeit vor allem die Rücknahme des Strafrechts auf dessen Kernaufgabe des Schutzes wesentlicher Rechtsgüter[823] im Zentrum standen bzw. die Resozialisierungsidee die Reformen beeinflusste[824]. In jüngerer Zeit werden in rasantem Tempo neue Strafbarkeitsanliegen umgesetzt[825].

Seit den 1970er Jahren traten vermehrt die Opfer von Verbrechen und Vergehen ins Blickfeld der Aufmerksamkeit[826]. Zum Schutz der Opfer wurde 1991 ein spezielles Bundesgesetz, das OHG (Opferhilfegesetz), in Kraft gesetzt, das ein Anspruch auf Beratung und Unterstützung für Verbrechensopfer schafft, gewisse Schutzrechte im Strafverfahren garantiert und Ansprüche auf subsidiäre finanzielle Leistungen durch den Staat für die Opfer statuiert.

Zu Beginn des Jahres 2007 trat, nach rund 25-jähriger Vorarbeit, ein umfassend revidierter Allgemeiner Teil des StGB in Kraft: Er führt neben der Freiheitsstrafe und der Busse als klassische Sanktionen des bisherigen StGB neue, bisher in Pilotversuchen auf Vollzugsstufe erprobte Sanktionen – wie die gemeinnützige Arbeit – definitiv ein und modernisiert den Gesetzestext. An der Entwicklung des Reformprozesses von ersten Vorentwurf Mitte der 1980er Jahre bis zum jetzigen Gesetzestext zeigt sich, wie aktuelle (und meist vorübergehende) kriminalpolitische Tendenzen die Gesetzgebung beeinflussen: Aus einem liberalen, von einer sanktionsskeptischen Haltung geprägten Entwurf wurde ein Gesetzestext, der stark mitgeprägt ist von der Diskussion um «innere Sicherheit» und «zero tolerance».

---

822 Siehe weitere Informationen dazu unter: http://www.bj.admin.ch/bj/de/home/themen/sicherheit/gesetzgebung/strafprozess.html (eingesehen am 19.11.2008).

823 So bei der Revision des Sexualstrafrechts von 1992, wo «moralisierende» Normen wie die teilweise Strafbarkeit homosexueller Handlungen aus dem Strafrecht entfernt wurden.

824 Insbesondere bei der Teilrevision des Sanktionenrechts von 1971.

825 Als Beispiele: Bestrafung der Geldwäscherei, Art. 305bis StGB (1990); Verbot der Beteiligung an einer kriminellen Organisation, Art. 260ter StGB (1994); Verbot der Rassendiskriminierung, Art. 261bis STGB (1993/1995); Verlängerung der Verjährungsfrist bei Sexualdelikten gegen Kinder und Jugendliche (2002); Offizialisierung von Delikten im Zusammenhang mit häuslicher Gewalt (2004).

826 Für die Zielkonflikte zwischen Opferinteressen und Rechtsstaatlichkeit siehe vertiefend HASSEMER WINFRIED / REEMTSMA JAN PHILIPP (2002), S. 47 ff. und MÖSCH PAYOT PETER (2004a), S. 207 ff.

Beispiele:
- Gemäss dem Vorentwurf sollte der bedingte Vollzug noch für Straftaten von bis zu vier Jahren ermöglicht werden; in der nun endgültigen Fassung können Strafen bis 24 Monate bedingt ausgesprochen werden (alte Fassung StGB: Strafen bis 18 Monate).
- Die Regeln zur Verwahrung wurden, teilweise unter dem Eindruck einer Volksinitiative, verschärft und selbst auf erstmalige Straftäter ausgeweitet.

Neu ist das Jugendstrafrecht[827] in einem eigenen Gesetzbuch geregelt.

5.2.2 Das strafbare Verhalten: Tatbestand, Rechtswidrigkeit und Schuld

Die Frage, welche Verhaltensweisen wie strafbar sind, muss gesetzlich geregelt werden, sonst ist eine Strafbarkeit ausgeschlossen[828]. Der Allgemeine Teil des StGB (Art. 1–110 StGB) enthält generelle Regeln, die bei allen Straftatbeständen zu beachten sind (sogenannter *Allgemeiner Teil des StGB*). Der *Besondere Teil des StGB* beschreibt dann die einzelnen strafbaren Handlungen[829]. Im Besonderen Teil wird unterschieden in Delikte gegen Individualinteressen und Delikte gegen Allgemeininteressen.

Zu den Delikten gegen Individualinteressen gehören Handlungen gegen Leib und Leben (Art. 111–136 StGB); gegen das Vermögen (Art. 137–172 StGB); gegen die Ehre und den Geheim- oder Privatbereich (Art. 173–179[novies] StGB); gegen die Freiheit (Art. 180–186 StGB); die sexuelle Integrität (Art. 187–200 StGB) und gegen die Familie (Art. 213–220 StGB).

Zu den Delikten gegen Allgemeininteressen gehören unter anderem die Brandstiftung und ähnliche gemeingefährliche Delikte (Art. 221–230 StGB); Delikte gegen die öffentliche Gesundheit (Art. 231–236 StGB); gegen den öffentlichen Verkehr (Art. 237–239 StGB); Fälschungsdelikte, darunter die Urkundenfälschung (Art. 240–257 StGB); Delikte gegen den öffentlichen Frieden wie Landfriedensbruch (Art. 258–263 StGB); oder auch Delikte gegen die Amts- und Berufspflicht, worunter auch das Amts- und Berufsgeheimnis fallen (Art. 312–322bis StGB).

---

827 Siehe 5.6.
828 Siehe Art. 1 StGB.
829 Weitere strafbare Handlungen finden sich in einer Vielzahl weiterer verwaltungsrechtlicher Normen, wie z.B. dem SVG und dem BetmG (sog. Nebenstrafrecht).

Im Strafverfahren[830] wird abgeklärt bzw. gerichtlich entschieden, ob jemand für ein strafbares Verhalten bestraft werden kann und welches die Sanktion dafür ist. Die zentralen Fragen lauten insoweit:

- *Ist das Strafgesetzbuch für die entsprechende Person und Tat überhaupt anwendbar?* Diese Frage stellt sich in räumlicher[831], zeitlicher[832] und persönlicher[833] Hinsicht und ist in den Art. 2–9 StGB geregelt.

- *Ist das Verhalten der Person tatbestandsmässig?* Insoweit muss überprüft werden, ob das Verhalten den Voraussetzungen einer der Strafnormen des besonderen Teils bzw. des Nebenstrafrechts entspricht. Zum Tatbestand gehören zwei Elemente: Der objektive Tatbestand umfasst die äusserlich feststellbare Handlung (z.B. Tötung eines Menschen, vgl. Art. 111 StGB) und bei vielen Delikten deren Folgen (Tod des Menschen). Die verbotene Handlung muss dabei den Tod verursachen (Kausalität). Der subjektive Tatbestand ist erfüllt, wenn der Täter diesen objektiven Tatbestand vorsätzlich (mit Wissen und Willen, vgl. Art. 12 StGB) begeht. Wo speziell vorgesehen, ist auch schon die sorgfaltswidrige Begehung einer Tat strafbar (Fahrlässigkeitsdelikte[834]). Wenn eine Täterin die Tat und ihren Erfolg will, die Tatbegehung auch beginnt, aber schliesslich nicht zu Ende führt, besteht eine (fakultativ) mildere Bestrafung. Stoppt die Täterin ihr Handeln aus eigenem Antrieb, kann auf Strafe ganz verzichtet werden (Versuch, Art. 22 StGB und Rücktritt / tätige Reue, Art. 23 StGB). Strafbar ist im Übrigen nicht nur diejenige, die eine Tat ausführt, sondern auch sogenannte *Teilnehmer*, welche die Täterin anstiften (Art. 24 StGB) oder vorsätzlich Hilfe leisten (Art. 25 StGB).

- *Ist die tatbestandsmässige Handlung rechtswidrig?* Im Regelfall ist eine Handlung, die nach StGB verboten ist, rechtswidrig. Es gibt aber gesetzlich bestimmte Ausnahmen, in denen eine üblicherweise verbotene Handlung ausnahmsweise erlaubt ist[835]. Zu denken ist insbesondere an die Fälle der Einwilligung des Ver-

---

830 Siehe 5.3.1.

831 Grundsätzlich gilt, dass Taten in der Schweiz nach StGB bestraft werden. In steigendem Masse können auch Straftaten im Ausland in der Schweiz verfolgt werden (vgl. Art. 4–8 StGB).

832 Es gilt der Grundsatz, dass eine Straftat nach dem Gesetz zum Zeitpunkt ihrer Begehung beurteilt wird, vgl. Art. 2 StGB. Möglich ist es auch, dass eine Straftat verjährt ist, vgl. hierzu Art. 97 ff. StGB.

833 In persönlicher Hinsicht gilt, dass für Personen, die zum Zeitpunkt der Tat über 18-jährig sind, Erwachsenenstrafrecht anwendbar ist, während für Jüngere das Jugendstrafrecht gilt (siehe 5.7). Besondere Regeln gelten überdies für Personen im Militär (Militärstrafgesetzbuch) und für juristische Personen (siehe Art. 102 und Art. 102a StGB). Hinzu kommt, dass gewisse Delikte nur auf Antrag der verletzten Person strafbar sind (z.B. geringfügige Vermögensdelikte nach Art. 172ter StGB).

834 Von besonderer Bedeutung sind dabei die fahrlässige Tötung (Art. 117 StGB) und die fahrlässige Körperverletzung (Art. 125 StGB).

835 Siehe Trechsel Stefan/Noll Peter (2004), S. 102 ff.

letzten[836], der Notwehr[837] (Art. 15 StGB), die Formen des Notstandes[838] (Art. 17 StGB) und der besonderen gesetzlichen Erlaubnis für eine Handlung[839] (Art. 14 StGB).

- *Wurde die Straftat schuldhaft begangen*[840]? In diesem Rahmen wird geprüft, ob das strafbare Verhalten der Person *zurechenbar* ist: Hier geht es um die strafrechtliche Form der Urteilsfähigkeit[841]. Fehlt die Fähigkeit, das Unrecht der Tat einzusehen, oder die Möglichkeit, sich anders als unrecht zu verhalten, so entfällt die Schuldfähigkeit (vgl. Art. 16, Art. 18 und Art. 19 StGB). Eine Strafe ist dann nicht möglich, es können aber Massnahmen[842] angeordnet werden. Solche Fälle sind z.B. bei schweren psychischen Krankheiten denkbar. Bei bloss verminderter Schuldfähigkeit kann die Strafe gegenüber der üblicherweise vorgesehenen Sanktion gemildert werden. In der Praxis wird die Frage der Schuldfähigkeit in Zweifelsfällen durch ein psychiatrisches Gutachten abgeklärt.
- Welches ist die für die Straftat angemessene Sanktion?[843]

---

836 So ist eine ärztliche Operation bei Einwilligung der Patientin (in voller Kenntnis des Eingriffs und dessen Risiken) keine strafbare Körperverletzung der Ärztin.

837 So ist es keine strafbare Körperverletzung (Art. 122 ff. StGB), wenn die von ihrem Ehemann mit der Pistole bedrohte Ehefrau ihm diese unter Zufügung von Schmerzen aus der Hand schlägt.

838 Es ist kein strafbarer Hausfriedensbruch (Art. 186 StGB), wenn die von ihrem Ehemann bedrohte Ehefrau in die verlassene Wohnung der Nachbarin flüchtet.

839 So ist die Sozialpädagogin nicht wegen Freiheitsberaubung bzw. Entführung (Art. 183 StGB) strafbar, wenn sie im Rahmen einer Verfügung und auf gesetzlicher Grundlage basierend bei der Vollstreckung eines Fürsorgerischen Freiheitsentzuges (Art. 397a ff. ZGB) mitwirkt.

840 Siehe TRECHSEL STEFAN/NOLL PETER (2004), S. 129 ff.

841 Siehe 2.5.2.3.

842 Siehe 5.4.5.

843 Siehe nachfolgend 5.4.2.

Aufgaben/Fragen zu Strafrecht und Strafvoraussetzungen

a) Suchen Sie die wichtigsten Handlungen gegen Leib und Leben (Art. 111 bis Art. 136 StGB) und erarbeiten Sie mit Hilfe eines aktuellen Gesetzes und einschlägiger Literatur[844]:

aa) die Unterschiede zwischen fahrlässiger Tötung (Art. 117 StGB), Beihilfe zum Selbstmord (Art. 115 StGB) und Tötung auf Verlangen (Art. 114 StGB)

bb) die Unterschiede zwischen schwerer Körperverletzung (Art. 122 StGB), einfacher Körperverletzung (Art. 123 StGB) und Tätlichkeit (Art. 126 StGB)

cc) die Unterschiede zwischen einer einfachen Körperverletzung innerhalb einer häuslichen Gemeinschaft und im öffentlichen Raum?

b) Suchen Sie die wichtigsten Delikte gegen den Geheim- und Privatbereich (Art. 179 ff. StGB), die Freiheit (Art. 180–186 StGB), die sexuelle Integrität (Art. 187–200 StGB) und die Verletzung des Amts- und Berufsgeheimnisses (Art. 320/321 StGB) und beschreiben Sie, wo diese Delikte im Zusammenhang mit der Tätigkeit der Sozialen Arbeit relevant sein könnten.

c) Inwieweit ist der Handel bzw. der Konsum von und mit Betäubungsmitteln strafbar?[845] Was sagen Sie dazu?

5.3 Strafverfahrensrecht und Opferhilfe

(PETER MÖSCH PAYOT)

5.3.1 Übersicht über das Strafverfahren

Jeder Kanton hat derzeit noch seine eigene Strafprozessordnung; daher ergeben sich für die Verfahrensorganisation Unterschiede[846]. Die Sache wird noch komplizierter, weil der Bund bei gewissen Delikten für die Strafverfolgung zuständig ist[847]. Derzeit liegt aber eine eidgenössische Strafprozessordnung im Entwurf vor, die bis ca. 2008 in den eidgenössischen Räten diskutiert werden wird und eine Vereinheitlichung bringen soll.

---

844   Z.B. ECKERT ANDREAS/FLACHSMANN STEFAN/ISENRING BERNHARD/LANDSHUT NATHAN (2004); NIGGLI MARCEL A./RIKLIN Franz (2005).

845   Siehe dazu Art. 19 ff. BetmG; ALBRECHT PETER (1995).

846   In einigen Kantonen bestehen hilfreiche Ratgeber für den Umgang mit Strafverfahren: So kann beim Verein Neustart http://www.vereinneustart.ch (eingesehen am 19.11.2008) ein Ratgeber Strafverfahren für den Kanton Basel-Stadt bestellt werden.

847   Siehe Art. 336 ff. StGB.

Das Strafverfahren beginnt damit, dass die Polizei auf der Basis eigener Erkenntnisse oder einer Anzeige beginnt, in einem Fall zu ermitteln (Vorverfahren). Bei Antragsdelikten ist überdies ein Strafantrag im Sinne von Art. 30 StGB notwendig. In diesem Stadium sind das Verfahren und das Vorgehen der Polizei genau genommen noch kaum an Regeln des Strafprozesses gebunden; wesentlich sind vielmehr die kantonalen Polizeigesetze.

Wichtig ist in diesem Zusammenhang, dass Fachpersonen der Sozialen Arbeit grundsätzlich keine Pflicht haben, strafbare Handlungen bei der Polizei anzuzeigen. Es besteht aber praktisch überall ein Anzeigerecht: Über die Frage einer Anzeige[848] ist also fast immer nach berufsspezifischen Überlegungen zu entscheiden.

Bringen die Ermittlungen der Polizei keine Ergebnisse, so wird das polizeiliche Verfahren meist formlos beendet; besteht ein gewisser Anfangsverdacht weiter, so ist eine Strafuntersuchung durch eine Untersuchungsrichterin bzw. – je nach Kanton – die Staatsanwaltschaft zu eröffnen.

Nun laufen die weiteren Untersuchungen in einem formalisierteren Verfahren unter Leitung der Staatsanwaltschaft bzw. der Untersuchungsrichterin (*Untersuchungsverfahren*). Der Angeschuldigte weiss zu diesem Zeitpunkt noch nicht unbedingt, dass gegen ihn ein Strafverfahren im Gange ist. Es können nun, gemäss der jeweiligen Strafprozessordnungen, eine Vielzahl von strafprozessualen Zwangsmassnahmen eingesetzt werden, um den Sachverhalt weiter abzuklären. Möglich sind zum Beispiel Hausdurchsuchungen, gerichtsmedizinische Abklärungen, Zeugeneinvernahme, Telefonabhörung, DNA-Analysen etc.

Als Zeugen können unter Umständen auch Fachpersonen der Sozialen Arbeit vorgeladen werden. Dabei besteht bei der untersuchungsrichterlichen Behörde oder der Staatsanwaltschaft in vielen Kantonen eine gesetzliche Aussagepflicht; in einigen Kantonen besteht aber ein gesetzliches Zeugnisverweigerungsrecht zum Schutz des Vertrauensverhältnisses zur Klientschaft. Es lohnt sich insoweit in entsprechenden Fällen ein Blick in die kantonale Strafprozessordnung und im Zweifel, mit den zuständigen Strafbehörden Kontakt aufzunehmen, um den Verzicht auf die Vorladung zu erwirken – soweit zum Schutz des Vertrauensverhältnisses zu Klientinnen nicht ausgesagt werden soll. Bei einer Aussageverweigerung droht (lediglich) eine Ordnungsbusse, Falschaussagen dagegen sind strafbar.

---

848 Ausnahmen könnten sich aus kantonalen Strafprozessordnungen oder dem öffentlichen Dienstrecht für bestimmte Arbeitsbereiche (z.B. Sozialarbeit im Gefängnis) ergeben. Es lohnt sich, bei Unsicherheiten den genauen Umfang einer Anzeigepflicht von einer internen Fachperson (Rechtsdienst) oder einer externen Gutachterin (spezialisierter Jurist einer FH oder Uni oder Anwältin) abklären zu lassen. Achtung: Für die Frage einer Gefährdungsmeldung an die Vormundschaftsbehörde ergeben sich oftmals weitergehende Meldepflichten aus den kantonalen Einführungsgesetzen zum ZGB; siehe Kapitel 4.6.

Soweit ein dringender Tatverdacht und zusätzlich ein besonderer Haftgrund wie Verdunkelungs-, Flucht- oder akute Wiederholungsgefahr besteht, kann die Tatverdächtige auch in *Untersuchungshaft* genommen werden und je nach Art und Schwere des vermuteten Deliktes unter Umständen für Monate festgehalten werden. Dabei ist das Verhältnismässigkeitsprinzip zu beachten; die Untersuchungshaft darf auf keinen Fall annähernd so lange sein wie die zu erwartende Strafe.

Bei Verdacht auf schwerere Delikte oder bei längerer Untersuchungshaft bekommen Angeschuldigte in diesem Verfahrenabschnitt eine Pflichtverteidigung beigestellt.

Sind die Ermittlungen abgeschlossen, wird entschieden, ob Anklage zu erheben ist oder ob das Verfahren mit einem Strafbefehl erledigt oder gar eingestellt wird. Eine Einstellung ist insbesondere möglich wegen Geringfügigkeit (siehe z.B. Art. 19 Ziff. 2 StGB) oder mangels Beweisen. Zum Teil obliegt dieser Entscheid nicht der ermittelnden Behörde, sondern einer weiteren Instanz[849].

Im sogenannten Hauptverfahren urteilt das Gericht gemäss dem kantonalen Organisationsrecht als Kollegial- oder Einzelgericht. Es stellt zunächst aufgrund der Akten und teilweise unter eigener Beweisaufnahme (Unmittelbarkeitsprinzip) den für die Entscheidung erheblichen Sachverhalt fest. In meist geheimer Urteilsberatung werden die Beweise frei gewürdigt, wobei wesentliche Zweifel an der Sachlage nicht zuungunsten des Angeschuldigten ausgelegt werden dürfen (Grundsatz von in dubio pro reo). Steht der Sachverhalt fest, wird im zweiten Schritt der Urteilsberatung festgestellt, welche Normen des Strafgesetzbuches zur Anwendung gelangen (sogenannte Subsumtion[850]). In einem dritten Schritt wird die entsprechende Sanktion gefällt. Das Urteil wird dann mündlich oder schriftlich eröffnet. Danach bestehen je nach Kanton unterschiedliche Rechtsmittelmöglichkeiten und gegen letztinstanzliche kantonale Urteile Weiterzugmöglichkeiten an das Bundesgericht[851].

Das dargestellte idealtypische Strafverfahren ist heute für weite Teile des Strafrechts ausgehöhlt durch «*abgekürzte*» *Verfahrensformen*. So ist es zum Teil möglich, dass untersuchungsrichterliche Behörden oder gar die Polizei bereits Strafen verhängen können, wobei dann eine Einsprachemöglichkeit besteht, welche zur Durchführung des ordentlichen Verfahrens führen kann. Bei bestimmten Delikten (so oftmals bei Ehrverletzungsdelikten) ist zudem in vielen Kantonen ein Privatklageverfahren eingerichtet, in welchem die Straftat nur bei entsprechender Klage des Verletzten durchgeführt wird. Insoweit ist den Verletzten die Beweislast ganz oder teilweise auferlegt; auch bestehen Kostenrisiken.

---

849 So führt beispielsweise im Kanton Bern die Untersuchungsrichterin die Ermittlungen, die Staatsanwaltschaft entscheidet aber über die Anklageerhebung.
850 Siehe 1.5.1.
851 Siehe für das Rechtsmittelverfahren STUDER JOSEF (2002), S. 142 ff.

5.3.2   Prinzipien des Strafprozesses

Im Rahmen des Strafverfahrens sind aus der Verfassung (vgl. Art. 32 BV), der EMRK (insbesondere Art. 6 EMRK) und Art. 14 des UNO-Paktes II Prinzipien zu beachten, die ein faires Verfahren gewährleisten sollen. Die Einhaltung dieser Prinzipien im Strafprozess ist ein Kennzeichen für die Rechtsstaatlichkeit[852] des Staatswesens. Im Vordergrund stehen:

- die *Unschuldsvermutung*, die besagt, dass jeder bis zum Beweis der Schuld als unschuldig zu gelten hat, und das Prinzip *«im Zweifel für den Angeklagten» (in dubio pro reo)*, das es dem Gericht verbietet, den Angeschuldigten bei erheblichen Zweifeln an dessen Täterschaft zu verurteilen;

- das *rechtliche Gehör*, das dem Angeschuldigten die Berechtigung einräumt, sich zu allen wesentlichen Vorwürfen zu äussern und bei der Beweiserhebung dabei zu sein;

- das *Aussageverweigerungsrecht* des Beschuldigten, aus dem sich ergibt, dass sich in einem Strafverfahren niemand selbst belasten muss;

- der *Anspruch auf Verteidigung*: In Fällen von längerer Untersuchungshaft oder wenn eine längere Freiheitsstrafe droht, hat jede/r Anspruch auf eine Verteidigerin, auch wenn diese vom Gemeinwesen bezahlt werden muss;

- das *Unmittelbarkeitsprinzip*, wonach das Gericht seinen Entscheid unter eigener Erhebung wesentlicher Beweise zu fällen hat[853];

- das *Legalitätsprinzip*, wonach das Strafverfahren im Interesse des Staates durchgeführt wird. Ein Verdacht muss also prinzipiell von Amtes wegen abgeklärt werden und das Verfahren ist für allfällige Opfer kostenfrei[854]. Dieses Prinzip ist heute in der Praxis stark eingeschränkt: So bei Antragsdelikten, bei denen eine Strafverfolgung nur bei vorliegendem Strafantrag möglich ist, oder beim bereits dargestellten Privatklageverfahren. Im Übrigen bestehen Möglichkeiten der Verfahrenseinstellung nach Massgabe des kantonalen Strafprozessrechts, etwa wegen Geringfügigkeit, unklarer Beweislage oder Verjährung (sogenanntes Opportunitätsprinzip). In der Praxis werden viele Verfahren eingestellt, wobei dafür sicherlich auch die beschränkten Mittel der Polizei und der Strafverfolgungsbehörden mitverantwortlich sind.

---

852   Siehe 1.1.

853   Dieses Prinzip ist in der Schweiz stark eingeschränkt: In vielen Verfahren entscheidet das Gericht in erster Linie auf der Basis der Untersuchungsakten.

854   Siehe für die entgegengesetzten Grundsätze im Zivilprozess 1.8.4 und 3.6.1.

Fragen zum Strafprozessrecht:
a) Wozu dient die Untersuchungshaft? Welche Interessen sind dabei abzuwägen? Wie ist die Länge der Haft zu bemessen?
b) Welche Zwangsmassnahmen im Strafverfahren sind in Ihrem Wohnsitzkanton möglich? Was sind die jeweiligen Voraussetzungen (recherchieren Sie!)
c) Wie beurteilen Sie die ab und zu erhobene Forderung, bei Sexualdelikten sei die Beweislast umzukehren, weil es den Opfern nicht zumutbar sei, die Schuld des Täters zu beweisen?

5.3.3 Rechte und Schutz der mutmasslichen Opfer im Strafverfahren

Gemäss Art. 124 BV müssen Bund und Kantone dafür sorgen, dass Personen, die durch eine Straftat in ihrer körperlichen, psychischen oder sexuellen Unversehrtheit beeinträchtigt worden sind, Hilfe erhalten und angemessen entschädigt werden, wenn sie durch die Straftat in wirtschaftliche Schwierigkeiten geraten. Diese Norm ist Resultat der in den 1970er Jahren entstandenen Forderung nach besserem Schutz der Opfer von Straftaten[855].

Seit 1993 konkretisieren das Opferhilfegesetz (OHG)[856] und die dazugehörige Verordnung den Schutz der Opfer von Straftaten. Das OHG basiert auf drei Säulen:

- *Beratung*: Opfer einer Straftat, welche die sexuelle, physische oder psychische Integrität tangiert, sollen kostenlose Erstberatung erhalten. Dafür wurde in allen Kantonen Opferhilfestellen eingerichtet, die teilweise staatlich und teilweise privat (mit Leistungsauftrag bzw. Subvention) organisiert sind. Es werden derzeit ca. 24 000 Beratungen jährlich durchgeführt, wobei die Ratsuchenden zu 75% Frauen sind, die Angeschuldigten in den geschilderten Fällen aber zu mehr als 80% Männer sind. In ca. 40% der Fälle geht es um Körperverletzungsdelikte, in ca. $1/3$ um Delikte gegen die sexuelle Integrität[857].

- *Entschädigung und Genugtuung*: Opfer von OHG-Straftaten können direkt im Strafverfahren Schadenersatz und Genugtuung vom Angeschuldigten beanspruchen. Das Strafgericht hat darüber dann zumindest im Grundsatz nach direkt zu

---

855 Zur Entwicklung der Opferschutzidee MOESCH PAYOT PETER (2004a), S. 208 f.
856 Zu Einzelheiten des OHG siehe GOMM PETER/ZEHNTNER DOMINIK (2005) und für Adressen und Aufgaben der Opferhilfeberatungsstellen: www.opferhilfe-schweiz.ch (eingesehen am 19.11.2008).
857 Siehe http://www.bfs.admin.ch/bfs/portal/de/index/themen/19/03/01/key/ueberblick/01.html (eingesehen am 19.11.2008).

entscheiden, ohne dass das Opfer einen speziellen Zivilprozess für die Entschädigungsfrage anstrengen muss. In vielen Fällen hat der Täter aber keine Mittel, bzw. er kann gar nicht ermittelt werden: In diesem Fall besteht ein Anspruch auf subsidiäre Opferhilfeleistungen durch den Staat (Schadenersatz und Genugtuung), der aber bereits zwei Jahre (nach Inkrafttreten der Teilrevision von 2006 fünf Jahre) nach der Straftat verjährt, weshalb entsprechende Ansprüche unbedingt sehr schnell geltend gemacht werden sollten.

- *Verfahrensrechte der Opfer im Strafverfahren*: Das OHG versucht, den Opfern von Straftaten eine eigene Rechtsstellung im Strafverfahren jenseits der blossen Zeugenfunktion einzuräumen[858]. So steht dem Opfer das Recht zu, über den Stand des Verfahrens und über bestehende Beratungsstellen informiert zu werden und sich bei Einvernahmen durch eine Vertrauensperson begleiten zu lassen[859]. Bei Straftaten gegen die sexuelle Integrität können Opfer verlangen, dass die Einvernahme durch ein/e Angehörige/n des gleichen Geschlechts durchgeführt wird, wobei das Opfer Aussagen, welche die Intimsphäre betreffen, verweigern darf. Zumindest eine der beurteilenden Gerichtspersonen muss zudem dem gleichen Geschlecht wie das Opfer angehören.

Die Gegenüberstellung zwischen Opfer und Beschuldigter/Beschuldigtem ist beschränkt und nur zulässig, wenn der Anspruch des/der Beschuldigten auf rechtliches Gehör nicht anders gewährleistet werden kann oder ein überwiegendes Interesse der Strafverfolgung sie zwingend erfordert[860].

Verschiedene Beteiligungsrechte, insbesondere das Recht, die Zivilansprüche direkt im Strafverfahren geltend zu machen, und das Recht, bei Nichteinleitung oder Einstellung eine gerichtliche Entscheidung zu verlangen, verstärken die Stellung des Opfers im Strafverfahren[861].

Zum Schutz minderjähriger Opfer bestehen noch weitergehende Bestimmungen, welche weitere Beschränkungen der Gegenüberstellung von Kind und Beschuldigten beinhalten und nur noch zwei Einvernahmen des Kindes erlauben. Die Einvernah-

---

858 Zu den besonderen Problemen von Opfern in Strafprozessen siehe: JACOBI MARIANNE (2000).

859 Die Polizei hat bereits bei der ersten Einvernahme Namen und Adresse an eine Beratungsstelle weiterzuleiten, ausser das Opfer möchte dies ausdrücklich nicht (Art. 6 Abs. 1 OHG).

860 Bei Sexualdelikten ist die Konfrontation weiter eingeschränkt und gegen den Willen des Opfers nur bei zwingendem Erfordernis durch den Anspruch auf rechtliches Gehör des Beschuldigten möglich. Mit der Teilrevision vom 23.03.2001 wurde die Einschränkung der Gegenüberstellung noch griffiger formuliert.

861 Zudem kann das Opfer einen Gerichtsentscheid mit den gleichen Rechtsmitteln wie der Beschuldigte anfechten, wenn es sich schon zuvor am Verfahren beteiligt hatte und soweit die Zivilansprüche des Opfers betroffen sein können (Art. 8 Abs. 1 lit. c OHG).

men haben durch besonders ausgebildetes Ermittlungspersonal in einem geeigneten Raum stattzufinden und werden auf Video aufgenommen. Zudem kann das Strafverfahren mit Zustimmung des Kindes bzw. dessen gesetzlichem Vertreter eingestellt werden, wenn das Interesse des Kindes es zwingend verlangt und dieses Kindesinteresse das Staatsinteresse an der Strafverfolgung offensichtlich überwiegt.

All dies verhindert allerdings nicht, dass im Zentrum des Strafverfahrens nach wie vor die von der Unschuldsvermutung geprägte Abklärung der Täterschaft eines/einer Angeschuldigten steht. Zudem ist noch lange nicht in jedem Fall klar, wer denn Angeschuldigte/r und wer vermutetes Opfer ist: Teilweise sind diese beiden Rollen weit weniger klar, als es auf den ersten Blick erscheint.

Fragen/Auftrag zum OHG: Analysieren Sie die Normen des OHG hinsichtlich folgender Fragen:

a) Inwieweit besteht für Sozialarbeiterinnen eine Schweigepflicht, wenn sie auf einer Opferhilfeberatungsstelle arbeiten?

b) Inwieweit kann Opfern einer Straftat im Rahmen des OHG unbürokratisch geholfen werden?

c) Inwieweit ist die Beratung im Rahmen des OHG unabhängig von einem Strafverfahren: Ist es zum Beispiel möglich, dass Opfer bei der Frage beraten werden, ob sie eine Anzeige bei der Polizei machen wollen?

d) Was spricht allenfalls für, was allenfalls gegen eine Anzeige bei einem Körperverletzungsdelikt im sozialen Nahraum?

Nach dieser Darstellung des Verfahrens, in dem die Täterschaft festgelegt wird, und Ausführungen zum Opferschutz während des Strafverfahrens wird im Folgenden die Sanktionierung der Straftäter erläutert.

5.4   Sanktionen des Erwachsenenstrafrechts
(Peter Aebersold)

5.4.1   Strafen und Massnahmen des Strafgesetzbuchs

Strafrechtliche *Sanktionen* (Oberbegriff) sind Strafen *oder* Massnahmen. Die Strafe (Geld-, Arbeits- oder Freiheitsstrafe) ist die ordentliche und statistisch häufigere Sanktion, ausnahmsweise wird zusätzlich (oder sehr selten allein) eine Massnahme (Behandlung oder Verwahrung) angeordnet. Beide Sanktionen sind Eingriffe in die Rechte oder in die Freiheit eines Täters, beide werden in einem Strafurteil durch ein Strafgericht angeordnet, beide knüpfen an den Nachweis einer Straftat an. Diese Straftat setzt in der Regel ein Verschulden voraus; ausnahmsweise kann eine Massnahme allein angeordnet werden, wenn der Täter nicht schuldfähig (nicht zurechnungsfähig) ist.

Die *Strafe* wird nach dem Vergeltungsprinzip zugemessen, massgeblich ist das Verschulden, d.h. die vorwerfbare Schwere der Straftat. Die Strafe ist vergangenheitsbezogen, weil sie sich am begangenen Delikt orientiert. Sie wird vom Gericht nach dem Verschulden festgelegt und ist damit inhaltlich bestimmt. Im Rahmen der durch das Verschulden definierten Grenze dürfen auch spezial- oder generalpräventive Überlegungen berücksichtigt werden, das Strafmass darf aber die Verschuldensgrenze nicht überschreiten. Die Strafe hat gegenüber der Massnahme den Vorteil, dass sie berechenbar ist. Wer das Gesetz und die Gerichtspraxis kennt, kann einigermassen abschätzen, wie hoch die Strafe für eine bestimmte Straftat ausfallen wird.

Die *Massnahme* richtet sich nach dem Zweck der Spezialprävention. Es geht darum, einer Rückfallgefahr vorzubeugen. Eine Massnahme findet deshalb nur Anwendung, wenn eine erhebliche Rückfallgefahr besteht, zu deren Abwehr die Strafe nicht genügt. Die Massnahme orientiert sich an der Gefahr, die von der verurteilten Person ausgeht. Sie ist in diesem Sinne zukunftsbezogen. Damit hängt zusammen, dass sie zeitlich nicht zum vornherein festgelegt ist, ihre Dauer richtet sich nach dem Zweck. Die Massnahme wird so lange durchgeführt, wie die Gefahr besteht, das kann bei einer Behandlung kürzer sein als die entsprechende Strafe, die Massnahme kann aber auch wesentlich länger, im Extremfall sogar lebenslang dauern. Die Begrenzung der Sanktion ergibt sich bei den Massnahmen nicht aus dem Verschulden, sondern aus dem Verhältnismässigkeitsgrundsatz. Dieser besagt, dass die Schwere des Eingriffs in einem Verhältnis zur drohenden Gefahr stehen muss («nicht mit Kanonen auf Spatzen schiessen») und dass unter mehreren erfolgversprechenden Massnahmen die leichtere vorzuziehen ist.

Das Ziel der Rückfall-Verhütung wird bei den Massnahmen auf zwei völlig unterschiedliche Arten angestrebt: entweder durch eine Behandlung in Form einer therapeutischen oder einer sozialpädagogischen Beeinflussung, die ambulant oder stationär durchgeführt werden kann, oder aber dadurch, dass ein gefährlicher Täter durch die Inhaftierung auf unbestimmte Zeit physisch an der Begehung neuer Delikte gehindert wird. Wir unterscheiden deshalb zwischen bessernden Massnahmen (z.B. Behandlung) und sichernden Massnahmen (Verwahrung).

Pro Jahr wurden bisher[862] etwa 15 000 unbedingte, d.h. zu verbüssende Freiheitsstrafen ausgesprochen[863]. Im Vergleich scheinen die rund 600 stationären Massnahmen fast bedeutungslos. Allerdings waren die meisten Freiheitsstrafen kurze Strafen. Strafen über 18 Monate wurden 2006 nur in 846 Fällen verhängt. Verglichen damit fällt die Zahl der Massnahmen doch ins Gewicht.

Halten wir fest: In den meisten Fällen spricht das Gericht ausschliesslich eine Strafe aus. Wenn es zusätzlich eine Massnahme anordnet, stellt sich die Frage, wann welche Sanktion vollzogen wird. Dieses Verhältnis von Strafe und Massnahme ist bei den bessernden Massnahmen anders geregelt als bei den sichernden. Im Rahmen der bessernden Massnahmen gilt das sogenannte *vikariierende* Prinzip, was bedeutet, dass die eine Sanktion die andere ersetzt: In erster Linie wird die Massnahme vollzogen (der Verurteilte wird z.B. in eine Drogentherapie eingewiesen). Wird diese Massnahme erfolgreich abgeschlossen (der Verurteilte kann geheilt entlassen werden), wird die Strafe nicht mehr vollzogen, auch wenn sie länger ist als die in der Massnahme verbrachte Zeit. Kann die Massnahme nicht erfolgreich abgeschlossen werden (der Verurteilte wird z.B. nach einiger Zeit rückfällig und ist nicht mehr motiviert für die Therapie), wird auf die «Schiene» Strafe gewechselt: Die in der Massnahme verbrachte Zeit wird zwar angerechnet, aber der noch nicht verbüsste Strafrest muss in der Strafanstalt abgesessen werden. Dieses vikariierende Prinzip gilt also bei den bessernden Massnahmen.

Bei den sichernden (Verwahrungs-)Massnahmen gilt dagegen das *kumulative* Prinzip. Das bedeutet, es werden beide Sanktionen vollzogen. Zuerst muss die Strafe abgesessen werden. In den meisten Fällen sind das viele Jahre. Vor deren Ende wird überprüft, ob in der Zwischenzeit die Möglichkeit einer bessernden stationären Behandlung besteht. Wenn diese Voraussetzung nicht zutrifft, wird anschliessend an die Strafe die Verwahrung vollzogen, in der Regel in der gleichen (geschlossenen) Strafanstalt.

---

862   Die verfügbaren Statistiken beziehen sich noch auf die frühere Fassung des Strafgesetzbuchs.

863   Schweizerische Strafurteilsstatistik: www.bfs.admin.ch/bfs/portal/de/index/themen/19.html (eingesehen am 15.10.2008).

5.4.2 Wie legt das Gericht eine Sanktion fest?

Nach Art. 47 StGB misst das Gericht die Strafe nach dem *Verschulden* zu. Es berücksichtigt dabei die Schwere der Verletzung oder Gefährdung, die Verwerflichkeit des Handelns sowie die Beweggründe und Ziele des Täters. Für jeden Straftatbestand ist ein Strafrahmen vorgegeben, definiert durch eine Unter- und eine Obergrenze. So lautet die Strafdrohung beim Diebstahl 1 Tag bis 5 Jahre («Freiheitsstrafe bis 5 Jahre oder Geldstrafe»), beim bandenmässigen Raub 2 Jahre bis 20 Jahre. Das Gericht gewichtet das begangene Delikt im Spektrum zwischen der leichtesten und der schwerstmöglichen Tat, die unter die betreffende Strafbestimmung fällt, und legt im entsprechenden Bereich die Strafe fest: Je schwerer das Delikt ist, desto mehr nähert sich die Strafe der Obergrenze an.

Allerdings werden bei der Strafzumessung auch subjektive Gesichtspunkte wie das Vorleben, die persönlichen Verhältnisse und die Strafempfindlichkeit berücksichtigt. Zudem können *Strafmilderungsgründe* zu einer Reduktion der eigentlich angemessenen Strafe führen, z.B. verminderte Zurechnungsfähigkeit, ein Handeln in einem verständlichen Affekt, unter Druck oder aus achtenswerten Beweggründen sowie die aufrichtige Reue, wenn sie sich in konkreten Handlungen manifestiert hat. Hat ein Täter mehrere Straftaten verübt, werden die Strafen nicht zusammengezählt; das Gericht bestimmt vielmehr die Strafe für das schwerste Delikt und erhöht sie um maximal die Hälfte.

Eine Massnahme kann angeordnet werden, wenn eine erhöhte Rückfallgefahr besteht und die Strafe nicht genügt, um dieser Gefahr zu begegnen.

Synoptische Darstellung des Sanktionensystems

SANKTIONENSYSTEM DES ERWACHSENENSTRAFRECHTS (ohne Bussen, die nur für Übertretungen oder als Kombinationsstrafe neben bedingten Strafen vorgesehen sind)

	StGB. Art.	Sanktionsart	Höhe	Bedingter Strafvollzug oder ambulante Massnahme	Teilbedingter Strafvollzug	Vollzug	Bedingte Entlassung
STRAFEN	34 ff.	Geldstrafe	1 – 360 Tagessätze 1 Tagessatz = max. 3000 Franken	Art. 42: Bis 2 J. ist bedingter Vollzug die Regel, ausser bei ungünstiger Prognose oder bei Rückfall (in den letzten 5 Jahren Freiheits- oder Geldstrafe von mind. 180 Tagen, Ausnahmen möglich). Kann mit Busse versehen werden Art. 42 Abs. 4.	Art. 43: Strafen von 1 bis 3 Jahren (verschuldensabhängig) Vollziehbarer Teil maximal Hälfte und mind. 6 Monate.	Wenn nicht bezahlt wird, Umwandlung 1 : 1 in Freiheitsstrafe (evtl. Modifikation, Art. 36)	
	37 ff.	Gemeinnützige Arbeit	1 – 180 Tagessätze 1 Tagessatz = 4 Std. Arbeit		Aufgeschobener Teil mind. 6 Monate.	Zugewiesene unentgeltliche Arbeit, evtl. Umwandlung in Geld- oder Freiheitsstrafe 4 Std. Arbeit = 1 Tagessatz	
	40 ff.	Freiheitsstrafe	6 Monate - 20 Jahre (ausnahmsweise lebenslänglich). Unter 6 Monate als Ersatzfreiheitsstrafe	Probezeit 2 - 5 J., Bewährungshilfe und Weisungen möglich		Bis 1 J. in der Regel Halbgefangenschaft. Über 1 J. geschloss. oder offene Strafanstalt (evtl. nacheinander), nach Hälfte Arbeitsexternat möglich, danach evtl. Wohnexternat. Vollzugsplan obligatorisch	Art. 86 ff.: Nach 2/3 (Kriterien Verhalten und Prognose), mindestens 3 Monate, ausnahmsweise nach der Hälfte. Probezeit = Strafrest (mindestens 1 J., höchstens 5 Jahre)
MASSNAHMEN — **Bessernde Massnahmen**	59	Behandlung von psychischen Störungen	höchstens 5 Jahre, Verlängerung um je 5 Jahre möglich	Art. 63 Ambulante Behandlung, evtl. Einleitung der Behandlung stationär (max. 2 Monate)		Psychiatrische Klinik oder Massnahmenvollzugseinrichtung	Art. 62: Bedingte Entlassung bei günstiger Prognose oder Ablauf der Höchstfrist, ambulante Behandlung, Bewährungshilfe und Weisungen möglich. Probezeit kann verlängert werden.
	60	Suchtbehandlung	höchstens 4 Jahre, Verlängerung um 1 Jahr möglich			Spezialisierte Einrichtung oder Psychiatrische Klinik	
	61	Massnahme für junge Erwachsene (bis 25 Jahre, im Vollzug höchstens bis 30 Jahre)	höchstens 4 Jahre, nach Rückversetzung höchstens 6 Jahre			Besondere Einrichtung	
Sichernde Massnahmen	64 ff.	Verwahrung			Bei Antritt, dann nach 2 Jahren, später alle Jahre Überprüfung, ob Behandlung nach Art. 59 möglich ist	Zuerst Strafe, anschliessend Massnahme in einer Massnahmen-Vollzugseinrichtung oder in einer geschlossenen Strafanstalt.	Art. 64a: Bedingte Entlassung bei günstiger Prognose (Stellungnahme der Kommission zur Beurteilung der Gefährlichkeit erforderlich).
		Verwahrung BV 123a	lebenslang		Überprüfung bei Vorliegen neuer wissenschaftlicher Erkenntnisse	Geschlossene Strafanstalt	Keine bedingte Entlassung
Verzicht	52 ff.	Strafbefreiung wegen fehlendem Strafbedürfnis, Wiedergutmachung oder Betroffenheit durch Tat.					

5.4.3   Strafen im Erwachsenenstrafrecht[864]

Das Strafgesetzbuch sieht vier Arten von Strafen vor: Geldstrafe, Busse, Arbeitsstrafe, Freiheitsstrafe. Die Geld-, Arbeits- und Freiheitsstrafen sind im Überschneidungsbereich durchlässig, die ausgesprochene Strafe kann nachträglich in eine andere umgewandelt werden.

5.4.3.1   Geldstrafe, Art. 34–36 StGB und Busse, Art. 106 StGB

Die Geldstrafe wird nach dem *Tagessatz*-System festgelegt. Das hat zur Folge, dass die Strafe in einem ersten Schritt in einem Zeitmass bestimmt wird, zwischen 1 und 360 Tagessätzen. Massgeblich ist allein das Verschulden, die finanziellen Verhältnisse der verurteilten Person spielen bei dieser Berechnung keine Rolle. Die Zahl der Tagesätze ergibt auch das Mass, falls die Strafe nachträglich in eine andere Strafart umgewandelt wird. Dabei entspricht ein Tagessatz Geldstrafe einem Tag Freiheitsstrafe oder 4 Stunden gemeinnütziger Arbeit, Art. 39 StGB.

In einem zweiten Schritt wird dann berechnet, wie viel Franken ein Tagessatz angesichts der finanziellen Verhältnisse der verurteilten Person ausmacht. Der einzelne Tagessatz kann zwischen 1 und 3000 Franken variieren. Massgeblich sind die persönlichen und wirtschaftlichen Verhältnisse, namentlich nach Einkommen und Vermögen, Lebensaufwand sowie allfälligen Familien- und Unterstützungspflichten. Der Grundgedanke ist, dass dem Verurteilten der Betrag abgeschöpft wird, der ihm über das für sein Leben Notwendige zur Verfügung steht. Das Strafmass, ausgedrückt in Tagessätzen, ist demnach für arm und reich genau gleich, doch muss der gut betuchte Verurteilte für jeden Tagessatz ein Vielfaches dessen hinblättern, was ein armer Schlucker berappen muss. Für leichte Delikte (Übertretungen) werden pauschale Bussen bis zu 10 000 Franken festgelegt (Art. 106 StGB). Nach Art. 42, Abs. 4 StGB kann zudem jede bedingte Strafe mit einer unbedingten Busse verbunden werden (sog. Kombinationsstrafe). Die Gerichtspraxis macht häufig von dieser Möglichkeit Gebrauch.

5.4.3.2   Gemeinnützige Arbeit, Art. 37–39 StGB

Die *Arbeitsstrafe* ist eine besonders sinnvolle Sanktion, weil sie nicht nur eine Geldzahlung oder ein passives Absitzen von Zeit beinhaltet, sondern eine aktive Leistung der verurteilten Person erfordert. Dadurch kann eine zumindest symbolische Wiedergutmachung erreicht werden. Allerdings kommt dieser Wert nur zum Tragen, wenn eine nützliche Arbeit geleistet wird, die den persönlichen Verhältnissen und Fähigkeiten der verurteilten Person Rechnung trägt. Sinnlose oder als Schikane empfundene Beschäftigungen entwerten die gemeinnützige Arbeit. Die Arbeit sollte des-

---

864   Gemäss Änderungsgesetz zum Schweizerischen Strafgesetzbuch vom 13.12.2002.

halb individuell festgelegt werden. Wichtig sind auch eine gute Vorbereitung und eine Begleitung für die Betriebe, die Arbeit anbieten[865].

Gemeinnützige Arbeit kann zwischen 1 und 180 Tagessätzen angeordnet werden. Ein Tagessatz beträgt 4 Stunden unentgeltliche Arbeit. Damit ist es auch Personen möglich, gemeinnützige Arbeit zu leisten, die voll beschäftigt sind. Die Arbeit kann dann nach Feierabend verrichtet werden. Die gemeinnützige Arbeit wird zugewiesen, sie ist «zugunsten sozialer Einrichtungen, Werke in öffentlichem Interesse oder hilfsbedürftiger Personen zu leisten» (Art. 37 Abs. 2 StGB). Angeboten werden vor allem Reinigungs-, Büro-, Archivierungs-, Garten-, Umwelt- oder Küchenarbeiten. «Arbeitgeber» sind Werkhöfe, kantonale Verwaltungen, Verkehrsbetriebe, Stadtgärtnereien, Heime, Spitäler, Museen etc. Wird die Arbeit trotz Mahnung nicht geleistet, wird sie in Geldstrafe oder Freiheitsstrafe umgewandelt.

5.4.3.3   Freiheitsstrafe, Art. 40 f. StGB

Die Dauer der Freiheitsstrafe beträgt *in der Regel mindestens 6 Monate*, kürzere Freiheitsstrafen finden nur Anwendung, wenn die beiden Strafarten Geld- und Arbeitsstrafe zum vornherein nicht durchführbar sind oder wenn sie später wegen Verweigerung nicht vollzogen werden können (sog. Ersatzfreiheitsstrafe). Die Höchststrafe beträgt 20 Jahre resp. das im einzelnen Straftatbestand festgelegte Höchstmass. Ausnahmsweise (bei extrem schweren Delikten, insbesondere Mord) sieht das Gesetz lebenslängliche Freiheitsstrafe vor. In diesem Fall ist die Obergrenze unbestimmt, eine bedingte Entlassung ist nach 15 Jahren möglich.

Freiheitsstrafen bis zu einem Jahr werden in der Regel in Form von Halbgefangenschaft vollzogen, Art. 77b und Art. 79 StGB. Bei dieser Vollzugsform verbringt die verurteilte Person nur die Nacht und das Wochenende in einer Einrichtung, an Werktagen geht sie ihrer gewohnten Arbeit oder ihrem Studium nach. Dadurch kann eine berufliche Entsozialisierung als Folge der Strafverbüssung vermieden werden. Soweit Halbgefangenschaft nicht in Betracht kommt, werden kurze Freiheitsstrafen meist in Gefängnissen (Untersuchungs- Amts-, Bezirksgefängnissen) vollzogen.

Freiheitsstrafen von mehr als einem Jahr werden in *Strafanstalten* vollzogen, je nach Flucht- oder Rückfallgefahr in offenen oder geschlossenen Anstalten[866].

---

865 Eine ausführliche Darstellung und Auswertung findet sich bei Brägger Benjamin F. (2002).
866 Siehe 5.5.2.2.

5.4.3.4   Electronic Monitoring

Der elektronisch gesicherte *Hausarrest* befindet sich zurzeit noch in der Einführung[867]. Darum ist er bundesgesetzlich noch nicht geregelt. Diese Vollzugsform wird aber bereits in 7 Kantonen angewendet: Aargau, beide Basel, Bern, Genf, Waadt, Tessin. Nach der «front door-Variante» können Personen, die in diesen Kantonen zu einer Freiheitsstrafe bis zu einem Jahr verurteilt worden sind, bei der Vollzugsbehörde den Antrag stellen, die ganze Strafe zu Hause zu verbüssen. Wird das Gesuch bewilligt, legt die Bewährungshilfe oder eine ähnliche Organisation zusammen mit den Verurteilten ein Programm fest, das festlegt, wann sie zur Arbeit zu gehen haben, wann sie zu Hause sein müssen (in der Regel in der Nacht und in der Freizeit) und wann sie Zeit für Einkäufe und Ähnliches haben. Den Verurteilten wird eine Fussfessel angepasst, die sie während des ganzen Programms nicht ablegen können. Die Fussfessel enthält einen Sender, der über ein ans Telefon angeschlossenes Modem regelmässig Signale an einen zentralen Computer übermittelt. Der Computer vergleicht die Signale mit dem vorgegebenen Programm und schlägt Alarm, sobald er Abweichungen feststellt. In einem solchen Fall rückt die Bewährungshilfe aus. Wenn die verurteilte Person wiederholt das Programm nicht einhält, wenn sie an den technischen Geräten manipuliert oder wenn sie Delikte begeht, wird der Hausarrest abgebrochen und die Reststrafe im Gefängnis vollzogen.

Vorausgegangen ist in den erwähnten Kantonen eine Experimentier-Phase, die wissenschaftlich evaluiert wurde[868]. In den 3 Versuchsjahren wurden 631 Strafvollzüge mit elektronischer Kontrolle durchgeführt. Die Verurteilten hatten vor allem Vermögens- und Strassenverkehrsdelikte begangen. Die Abbruchrate betrug nur 6 %, überwiegend wegen Nichteinhaltung des vorgeschriebenen Programms. Eine Befragung der Angehörigen ergab, dass sich das Electronic Monitoring ausgesprochen positiv auf das Familienleben und die Beziehungen ausgewirkt hatte. Die bundesweite Enführung stösst in vielen Kantonen trotz der positiven Evaluation auf Widerstand. Der Bund will deshalb zuwarten. Er hat aber die Möglichkeit der Anwendung in den sieben Kantonen verlängert.

5.4.3.5   Strafbefreiung, Art. 52–55 StGB

Auch wenn die Voraussetzungen für eine Strafe erfüllt wären, kann das Gericht in bestimmten Konstellationen von einer Bestrafung absehen. Das trifft insbesondere in Bagatellfällen zu, wo «Schuld und Tatfolgen geringfügig sind». In solchen Fällen kann davon ausgegangen werden, dass an einer Bestrafung kein öffentliches Interesse besteht. Eine Strafbefreiung ist zudem möglich, wenn der Täter durch die unmit-

---

867 Siehe WEBER JONAS PETER (2004).
868 Die Evaluation wurde von ENTWICKLUNG & EVALUATION GMBH (2003) publiziert.

telbaren Folgen seiner Tat so schwer betroffen ist, dass eine weitere Übelszufügung unangemessen wäre. Das trifft etwa dann zu, wenn der Täter bei einem von ihm verschuldeten Autounfall eine nahestehende Person verloren hat oder selbst invalid geworden ist.

Ein für die Soziale Arbeit bedeutsamer Strafbefreiungsgrund ergibt sich aus Art. 53 StGB. Danach kann von Strafe abgesehen werden, wenn der Täter eine angemessene Wiedergutmachungsleistung erbracht hat. Das ist allerdings nur dann möglich, wenn die Voraussetzungen für die bedingte Strafe erfüllt sind (Art. 42 StGB) und wenn das Interesse der Öffentlichkeit und des Opfers an einer Bestrafung gering ist. Die Wiedergutmachung kann vom Täter aus eigener Initiative erbracht werden, häufiger ist sie aber Ergebnis eines strukturierten Aussöhnungsverfahrens unter fachlicher Anleitung. In Österreich, wo diese Regelungsart eine erhebliche Bedeutung erlangt hat, wird von «Aussergerichtlichem Tatausgleich» (ATA) gesprochen, in Deutschland von «Täter-Opfer-Ausgleich» (TOA). In der Schweiz stehen solche Bemühungen noch in den Anfängen, als Bezeichnung findet sich meistens «strafrechtliche *Mediation*»[869]. Einschlägige Erfahrungen gibt es vor allem im Jugendstrafrecht; für Erwachsene bestehen in einigen Kantonen Projekte oder Organisationen[870], die Mediation anbieten[871].

5.4.4   Bedingte und teilbedingte Strafen, bedingte Entlassung

Bedingter Strafvollzug bedeutet, dass eine Strafe ganz oder teilweise zur Bewährung ausgesetzt wird. In allen Fällen wird eine Probezeit festgelegt, innerhalb der die verurteilte Person sich bewähren muss. Bewährt sie sich, ist die ganze Strafe oder der aufgeschobene Teil erlassen, bewährt sie sich nicht, wird die ausstehende Strafe nachträglich verbüsst. Die drei Varianten unterscheiden sich nach dem Umfang: Bei der bedingten Strafe wird die ganze Strafe zur Bewährung ausgesetzt. Bei der teilbedingten Strafe entscheidet das Gericht, dass ein kleinerer Teil vollzogen wird und der Rest ausgesetzt wird. Die bedingte Entlassung erfolgt nach der Verbüssung einer längeren unbedingten Strafe; dabei wird der Strafrest, in der Regel ein Drittel, durch die Vollstreckungsbehörde bedingt erlassen.

---

869 Eine Übersicht mit Länderberichten aus Deutschland, Österreich, der Schweiz und andern Ländern findet sich in Schöch Heinz/Jehle Jörg-Martin (2004), S.437 ff.

870 Über das Zürcher Projekt liegt eine (positive) Auswertung vor, vgl. Schwarzenegger Christian/ Thalmann Urs/Zanolini Veio (2006).

871 Zur Situation in der Schweiz siehe Kanyar André, Widergutmachung und Täter-Opfer-Ausgleich im schweizerischen Strafrecht (2008).

5.4.4.1 Bedingte Strafe, Art. 42 StGB

Bei der *(voll) bedingten* Strafe wird der Vollzug einer Geldstrafe, einer gemeinnützigen Arbeit oder einer Freiheitsstrafe zwischen 6 Monaten und 2 Jahren in vollem Umfang aufgeschoben. Der bedingte Strafvollzug hängt innerhalb dieses Rahmens nicht von der Tatschwere ab, sondern von der günstigen Prognose: Die bedingte Strafe ist die Regel, «wenn eine unbedingte Strafe nicht notwendig erscheint, um den Täter von der Begehung weiterer Verbrechen oder Vergehen abzuhalten». Deshalb wurden bisher 3 von 4 Freiheitsstrafen mit bedingtem Vollzug angeordnet. Vor allem bei der ersten Verurteilung wird fast immer der bedingte Vollzug gewährt.

Bei Gewährung des bedingten Strafvollzuges wird eine *Probezeit* von 2 bis 5 Jahren festgelegt. Für die Dauer der Probezeit kann Bewährungshilfe angeordnet werden, was selten der Fall ist, und es können Weisungen erteilt werden, z.B. betreffend Besuch eines Trainingsprogramms. Bewährt sich die verurteilte Person bis zum Ablauf der Probezeit, wird die Strafe oder Teilstrafe nicht mehr vollzogen (Art. 45 StGB). Im Falle der Nichtbewährung widerruft das Gericht die bedingte Strafe oder Teilstrafe und erklärt sie als vollziehbar (Art. 46 StGB). Meist geschieht das im Zusammenhang mit einer Verurteilung wegen neuer Delikte.

5.4.4.2 Teilbedingte Strafe, Art. 43 StGB

Bei der *teilbedingten* Strafe wird nicht die ganze Strafe, sondern nur ein Teil zur Bewährung ausgesetzt. Das Gericht ordnet an, dass ein Teil, mindestens 6 Monate und höchstens die Hälfte, vollzogen werden muss, «um dem Verschulden des Täters genügend Rechnung zu tragen». Der Rest, in der Regel mehr als die Hälfte, wird nach den gleichen Regeln wie bei der voll bedingten Strafe zur Bewährung ausgesetzt. Der teilbedingte Vollzug ist möglich bei Geld-, Arbeits- und Freiheitsstrafen von einem Jahr bis höchstens drei Jahren. Mit dem teilbedingten Vollzug kann das Gericht der verurteilten Person einen Denkzettel verpassen und damit auch eine spürbare Warnung vorsehen. Allerdings bleiben als Problematik die schädlichen Wirkungen, die tendenziell mit dem Vollzug kurzer Freiheitsstrafen verbunden sind.

5.4.4.3 Bedingte Entlassung, Art. 86 ff. StGB

Die bedingte Entlassung knüpft an den Vollzug unbedingter Strafen an, Art. 86 ff. StGB, oder auch an den Vollzug von stationären Massnahmen, Art. 62 ff. StGB und Art. 64a StGB. Die bedingte Entlassung aus dem Strafvollzug ist nach Verbüssung von *zwei Dritteln* der ausgesprochenen Strafe und frühestens nach drei Monaten möglich. Sie wird in den meisten Fällen gewährt. Das Bundesgericht hat bestimmt, dass nur in begründeten Fällen die bedingte Entlassung verweigert werden kann. Entscheidend für die Gewährung ist auch hier die günstige Prognose (wenn «nicht anzunehmen ist, er werde weitere Verbrechen oder Vergehen begehen»). Daneben wird verlangt, das Verhalten im Strafvollzug müsse die Entlassung rechtfertigen. Dieses Kriterium bedeutet nicht, dass die «gute Führung» ausschlaggebend ist, wie in den Medien immer wieder berichtet wird.

Für die bedingte Entlassung ist nicht das Gericht zuständig, sondern die Vollstreckungsbehörde (in den deutschschweizer Kantonen eine Abteilung der Justiz- oder Polizeidirektion). Ob ein Gefangener bedingt entlassen werden kann, ist von Amtes wegen zu prüfen. In seltenen Ausnahmefällen kann auch nach der Hälfte der Strafverbüssung eine bedingte Entlassung bewilligt werden, wenn ausserordentliche, in der Person des Gefangenen liegende Umstände dies rechtfertigen. Diese können etwa darin liegen, dass ein Aidskranker nur noch über eine beschränkte Lebenserwartung verfügt.

Auch bei der bedingten Entlassung wird eine Probezeit festgelegt. *Bewährungshilfe* ist hier die Regel. Die Folgen von Bewährung und Nichtbewährung sind entsprechend wie bei der bedingten Strafe geregelt (Art. 88 und 89 StGB).

5.4.5   Freiheitsentziehende und -beschränkende Massnahmen

Die Massnahmen, die das StGB in Art. 56 ff. vorsieht, verfolgen alle das spezialpräventive Ziel der Rückfallverhütung, unterscheiden sich aber grundsätzlich nach der Art, wie dieses Ziel angestrebt wird[872]. Bei den Verwahrungen wird ein gefährlicher Täter physisch daran gehindert, neue Straftaten zu begehen, indem er auf unbestimmte Zeit, notfalls lebenslang, in einer geschlossenen Anstalt untergebracht wird. Bei den therapeutischen Massnahmen wird mit einer psychiatrischen, drogentherapeutischen oder sozialpädagogischen Einwirkung angestrebt, dem Verurteilten die Fähigkeit und die Motivation zu einer deliktfreien Lebensführung zu vermitteln. Eine Massnahme kann vom Gericht ausgesprochen werden, wenn eine erhebliche Rückfallgefahr bezüglich ernsthafter Delikte besteht, der mit einer Strafe allein nicht genügend Rechnung getragen werden kann. Massnahmen können jederzeit, auch nachträglich, geändert werden. Die Änderung kann insbesondere bedeuten, dass eine strengere Massnahme angeordnet wird. Im Extremfall kann eine ambulante Behandlung, die erfolglos verläuft, später in eine Verwahrung umgewandelt werden.

---

872 Zur Praxis in der Schweiz siehe Dittmann Volker/Kuhn André/Maag Renie /Wiprächtiger Hans (2002).

5.4.5.1 Stationäre Behandlung von psychischen Störungen, Art. 59 StGB

Die *stationäre* Behandlung kann angeordnet werden, wenn ein Täter schwere psychische Störungen aufweist (z.b. Persönlichkeitsstörungen, Schizophrenien, affektive oder organisch bedingte Störungen) und Straftaten begangen hat, die damit in Zusammenhang stehen[873]. Eine Behandlung der Störung muss möglich und erfolgversprechend sein, d.h. es muss eine Einrichtung zur Verfügung stehen, die eine derartige Therapie durchführen kann. In diesen Fällen ist eine psychiatrische Begutachtung durchzuführen, die sich zur Diagnose, zur Zurechnungsfähigkeit, zur Gefährlichkeit und zu den Behandlungsbedürfnissen und -möglichkeiten äussert. Vollzogen wird die Massnahme meist in Einrichtungen ausserhalb des Strafvollzugs, insbesondere in psychiatrischen Kliniken, in forensischen Abteilungen[874] oder in Massnahmen-Vollzugszentren[875]. Vor allem im geschlossenen Bereich gibt es in der Schweiz nicht genügend Behandlungsplätze. Art. 59, Abs. 3 lässt deshalb den Vollzug in Strafanstalten zu.

Die Dauer der Massnahme richtet sich unabhängig von der Höhe der Strafe nach dem Verlauf der Behandlung. In den meisten Fällen ist eine mehrjährige Behandlung erforderlich. Die Höchstdauer beträgt zunächst 5 Jahre, doch kann sie um jeweils höchstens 5 Jahre verlängert werden.

5.4.5.2 Suchtbehandlung, Art. 60 StGB

Unter analogen Voraussetzungen können Straftäter, die von *Drogen oder Alkohol* abhängig sind, zur Behandlung in eine spezialisierte Einrichtung eingewiesen werden. Meistens handelt es sich um eine Klinik oder therapeutische Gemeinschaft ausserhalb des Justizbereichs. Solche Einrichtungen[876] haben meist eine private Trägerschaft. Sie nehmen nicht nur strafrechtlich verurteilte Patienten auf, sondern auch freiwillig eingetretene oder zivilrechtlich eingewiesene[877.] Die Dauer der Unterbringung richtet sich nach dem Verlauf der Behandlung, doch arbeiten die Einrichtungen meistens nach standardisierten Behandlungsprogrammen, so dass sich die Dauer hier ungefähr abschätzen lässt (häufig zwischen 6 und 18 Monaten). Vom Gesetz her dauert die Behandlung höchstens drei Jahre mit einer Verlängerungsmöglichkeit um ein Jahr. Derart lange Vollzugsdauern kommen allerdings in der Regel nur in Fällen vor, wo nach einer bedingten Entlassung eine Rückversetzung durchgeführt werden musste.

---

873 Zum Stand der Straftäterbehandlung siehe REHN GERHARD/WISCHKA BERND/LÖSEL FRIEDRICH/ WALTER MICHAEL (2001).

874 Z.B. Rheinau ZH, UPK Basel.

875 Z.B. St. Johannsen BE, Schachen SO.

876 Z.B. Kirchlindach BE oder Forelklinik ZH für Alkoholiker, Terra Vecchia BE oder Ulmenhof ZH für Drogenabhängige.

877 Die zivilrechtliche Einweisung erfolgt nach Art. 397a ff. ZGB (Fürsorgerische Freiheitsentziehung).

5.4.5.3   Massnahme für junge Erwachsene, Art. 61 StGB

Einrichtungen für junge Erwachsene (früher «Arbeitserziehungsanstalten» genannt) nehmen junge Täter bis zum 25. Altersjahr auf, die in ihrer Persönlichkeitsentwicklung erheblich gestört sind. In einem *sozialpädagogisch oder sozialtherapeutisch* orientierten Vollzug soll ihnen die Fähigkeit vermittelt werden, selbstverantwortlich und straffrei zu leben. Gleichzeitig soll die berufliche Aus- und Weiterbildung gefördert werden. Die Einrichtung für junge Erwachsene knüpft inhaltlich an die Massnahmen des Jugendstrafrechts an und bietet für eine Altersgruppe, die einer erzieherischen Beeinflussung noch zugänglich ist, eine Art Nacherziehung an. Die Einrichtungen werden getrennt vom Strafvollzug geführt[878]. Sie verfügen über qualifizierte berufliche Ausbildungsmöglichkeiten und teilweise über spezielle therapeutische Angebote, z.B. für Gewalttäter oder Drogenabhängige. Der Freiheitsentzug kann höchstens 4 Jahre dauern, im Falle der Rückversetzung nach bedingter Entlassung höchstens 6 Jahre. In der Praxis erfolgt die bedingte Entlassung oft nach 2 bis 3 Jahren.

5.4.5.4   Ambulante Behandlung, Art. 63 StGB

An Stelle einer stationären kann das Gericht auch eine *ambulante* Behandlung anordnen, wenn diese zur Vorbeugung vor weiterer Delinquenz genügt. Die ambulante Behandlung kommt in zwei völlig unterschiedlichen Varianten vor, je nachdem, ob das Gericht den Vollzug der gleichzeitig ausgesprochenen unbedingten Freiheitsstrafe aufschiebt oder nicht. Im ersten Fall handelt es sich um eine echte ambulante Behandlung, die in Freiheit durchgeführt wird, in der Regel in der Praxis eines frei praktizierenden Psychiaters oder Psychotherapeuten, oder in einem forensischen Dienst[879]. Im zweiten Fall findet die «ambulante» Behandlung während des Strafvollzugs in der Strafanstalt statt. Ambulant ist dort nur der Therapeut.

5.4.5.5   Verwahrung, Art. 64 StGB

Verwahrung heisst Unterbringung in einer geschlossenen Strafanstalt über die Strafzeit hinaus, auf unbestimmte Zeit, *notfalls lebenslang*. Als Voraussetzung muss der Täter eine Tat begangen haben, «durch die er die physische, psychische oder sexuelle Integrität einer andern Person schwer beeinträchtigt hat oder beeinträchtigen wollte». Genannt werden Mord, vorsätzliche Tötung, schwere Körperverletzung, Vergewaltigung, Raub, Geiselnahme, Brandstiftung und Lebensgefährdung, doch kommt auch jeder andere Straftatbestand in Frage, bei dem im Gesetz eine theoretische Höchststrafe von 5 oder mehr Jahren angedroht ist. In der Praxis sind es vor allem die genannten Delikte, die zu einer Verwahrung Anlass geben. Als zusätzliche Vor-

---

878 Z.B. Arxhof BL, Uitikon ZH, Kalchrain TG.
879 Z.B. die Forensische Abteilung der UPK Basel.

aussetzung muss aufgrund einer schweren psychischen Störung oder aufgrund der Umstände und Persönlichkeitsmerkmale ernsthaft zu erwarten sein, dass der Täter weitere schwere Straftaten begeht. Neuerdings kann die Verwahrung auch nachträglich angeordnet werden, wenn die Voraussetzungen schon bei der Verurteilung erfüllt gewesen wären und sich während des Strafvollzugs aufgrund neuer Tatsachen oder Beweismittel zeigt, dass der Verurteilte gefährlich ist und deshalb nicht entlassen werden kann, Art. 65, Abs. 2 StGB.

Die Verwahrung wird nach der Strafverbüssung vollzogen (*kumulatives* Prinzip). Bevor sie vollzogen wird, muss geprüft werden, ob nicht eine stationäre Behandlung nach Art. 59 möglich und Erfolg versprechend ist. Das Ergebnis dieser Prüfung kann anders ausfallen als anlässlich der gerichtlichen Prüfung, weil seither viel Zeit vergangen ist. Auch nach Antritt der Verwahrung ist alle zwei Jahre zu prüfen, ob die Verwahrung durch eine Behandlung nach Art. 59 StGB ersetzt oder ob der Verurteilte bedingt entlassen werden kann. Damit trägt Art. 64 StGB den Menschenrechten und der Erkenntnis Rechnung, dass Prognosen über die Gefährlichkeit und das künftige Verhalten nur für eine begrenzte Zeit erstellt werden können. Bei allen Gefährlichkeitsbeurteilungen im Zusammenhang mit Verwahrungsdelikten ist zudem eine unabhängige sachverständige Begutachtung durch eine interdisziplinäre Fachkommission durchzuführen.

5.4.5.6 Qualifizierte lebenslängliche Verwahrung nach Art. 56 Abs. 4 bis, Art. 64, Abs. 1 bis und Art. 64c StGB

Weil die Verwahrungsinitiative in der Volksabstimmung 2004 angenommen worden ist, enthält die Bundesverfassung den folgenden Art. 123a:

> *«Wird ein Sexual- oder Gewaltstraftäter in den Gutachten, die für das Gerichtsurteil nötig sind, als extrem gefährlich und nicht therapierbar eingestuft, ist er wegen des hohen Rückfallrisikos bis an sein Lebensende zu verwahren. Frühzeitige Entlassung und Hafturlaub sind ausgeschlossen.»*

Eine neue Beurteilung wäre nach Abs. 2 nur beim Vorliegen neuer wissenschaftlicher Erkenntnisse möglich.

Die gesetzliche Umsetzung dieser Vorschrift bereitete erhebliche Schwierigkeiten, weil der Abschluss einer periodischen Neu-Überprüfung gegen die Praxis des Europäischen Gerichtshofs zu Art. 5, Abs. 4 EMRK verstossen hätte. Die eidgenössischen Räte einigten sich schliesslich auf eine Fassung, die eine neue Beurteilung der Verwahrungsvoraussetzungen und in der Folge eine Entlassung ermöglicht, wenn der Verurteilte infolge hohen Alters, schwerer Krankheit «oder aus einem anderen Grund» (Art. 64c, Abs. 4) keine Gefahr für die Öffentlichkeit mehr darstellt. Diese Regelung entspricht den Menschenrechten, aber nicht dem Wortlaut und den ursprünglichen Intentionen der Verwahrungsinitiative. Sie ist seit dem 1.8.2008 in Rechtskraft. Voraussichtlich wird sie äusserst selten angewendet werden, weil sie gegenüber der regulären Verwahrung kaum einen zusätzlichen Schutz garantiert.

Fragen zu Sanktionen des Erwachsenenstrafrechts

a) Die Freiheitsstrafe, vor allem die kurze Strafe, ist in den letzten 100 Jahren stark zurückgedrängt worden: Ist diese Entwicklung sinnvoll?

b) Im Electronic Monitoring sehen Kritiker den Überwachungsstaat verwirklicht (big brother is watching you): Inwiefern trifft dieser Vorwurf zu?

c) Mediation versucht strafrechtlich relevante Konflikte privat zu lösen: Wo sehen Sie die Chancen und die Grenzen dieser Methode?

d) Die Menschenrechte verlangen, dass auf Verlangen hin geprüft wird, ob die Fortführung einer Verwahrung berechtigt ist: Wie lässt sich diese Forderung begründen?

5.5 Strafvollzug (Peter Aebersold)

Nachdem das Gericht eine Strafe ausgesprochen hat, muss diese vollstreckt, d.h. durchgeführt werden. Handelt es sich um eine Freiheitsstrafe, muss die Zeit der Verbüssung geregelt, die Anstalt ausgewählt und beauftragt, die Finanzierung geregelt und dafür gesorgt werden, dass die verurteilte Person die Strafe antritt. Diese Aufgabe und die folgende Betreuung des Vollzugs wird als *Vollstreckung* bezeichnet[880]. Damit ist die verurteilte Person aber erst in einer Anstalt untergebracht. Was dort mit ihr geschieht, richtet sich nach Zielen und Grundsätzen. Die Zeit des Freiheitsentzugs muss inhaltlich gefüllt werden. Diese konkrete Umsetzung und Ausgestaltung der Freiheitsstrafe bezeichnen wir als *Strafvollzug*[881].

---

880 Der Sprachgebrauch ist aber nicht einheitlich. So spricht selbst der Bundesgesetzgeber im StGB und im JStG von «Vollzugsbehörde» und «vollziehender Behörde», wo eigentlich eine vollstreckende Behörde gemeint ist.

881 Eine ausführliche und aktuelle Darstellung des Schweizerischen Strafvollzugs vermittelt Baechtold Andrea, 2005.

5.5.1 Vollzugsziel und Vollzugsgrundsätze

5.5.1.1 Achtung der Menschenwürde, Art. 74 StGB

Die Freiheitsstrafe wird zwar nach Vergeltungsprinzip zeitlich festgelegt. Doch erschöpft sie sich im Freiheitsentzug, es ist nicht zulässig, in der Vollzugsgestaltung vergeltende Elemente zusätzlich zum Tragen zu bringen, etwa durch ein schikanöses oder besonders hartes Regime. Die Rechte von Gefangenen dürfen nach Art. 74 StGB nur so weit eingeschränkt werden, als der Freiheitsentzug und das Zusammenleben in der Anstalt es erfordern. Diese Forderung ergibt sich aus der *Menschenwürde*, die auch im Strafvollzug zu achten ist. Mit der Menschenwürde werden die Menschenrechte garantiert, die zu wahren sich die Schweiz verpflichtet hat[882].

5.5.1.2 Das Sozialisierungsziel, Art. 75 StGB

Der Begriff «Sozialisierung» kommt im Gesetz nur im Zusammenhang mit «Sozialisierungsbemühungen» (Art. 75 Abs. 4 StGB) vor, doch ist es üblich, die auf Wiedereingliederung und Straffreiheit ausgerichtete Zielsetzung zusammenfassend als *«Sozialisierung»* oder *«Resozialisierung»* zu bezeichnen[883]. Art. 75 StGB gibt dem Strafvollzug den Auftrag, «das soziale Verhalten der Gefangenen zu fördern, insbesondere die Fähigkeit, straffrei zu leben». Die Förderung des sozialen Verhaltens kann nicht bedeuten, dass von der Strafanstalt erwartet wird, schwarze Schafe in fromme Lämmer zu verwandeln. Doch soll der Vollzug Anreize schaffen und Angebote bereitstellen, die es den Gefangenen ermöglichen, neue soziale Kompetenzen zu erwerben, Chancen zu verbessern, ein tragfähiges Beziehungsnetz zu erarbeiten. Gefangene sollen dazu angehalten werden, sich mit der Tat und mit den Gründen auseinander zu setzen, warum sie straffällig geworden sind. Die Anstalt kann eine Verhaltensänderung nicht erzwingen, aber sie kann Gefangene, die dazu motiviert sind, unterstützen und die dazu erforderlichen Fähigkeiten fördern. Dem Hauptziel der Rückfallverhütung nachgeordnet sind die weiteren in Art. 75 StGB genannten Zwecke:

• Der Strafvollzug soll den allgemeinen Lebensverhältnissen so weit als möglich entsprechen (*Normalisierungsgrundsatz,* auch *Angleichungs-* oder *Äquivalenzgrundsatz* genannt): Eine künstliche, von den Lebensbedingungen in der Freiheit abweichende Anstaltswelt soll vermieden werden, weil sie dem Gefangenen keine für die Freiheit tauglichen Lebenstechniken, sondern bloss untaugliche Überlebenstechniken vermittelt.

---

882 Siehe EUROPARAT, (2004).
883 Zur Diskussion über Resozialisierung vgl. AEBERSOLD, 2005, CORNEL/NICKOLAI, 2004 und
CORNEL/KAWAMURA-REINDL/MAELICKE/SONNEN, 2003.

- Der Strafvollzug soll die Betreuung der Gefangenen gewährleisten (*Betreuungs-grundsatz*, Fürsorgepflicht). Dieser Grundsatz knüpft an die Abhängigkeit des Gefangenen und an die Tatsache an, dass er in seiner Selbstverantwortung eingeschränkt ist. Der Staat, der ihm die Freiheit entzieht, übernimmt damit eine erhöhte Verantwortung und eine besondere Fürsorgepflicht.
- Der Strafvollzug soll schädlichen Folgen des Freiheitsentzugs entgegenwirken (*Entgegenwirkungs-* oder *Gegensteuerungsgrundsatz*, harm reduction). Aus der Erkenntnis heraus, dass Freiheitsentzug tendenziell negative Wirkungen hat, soll alles unternommen werden, um diese zu minimieren. Passivität, Isolation und Monotonie sollen vermieden werden. Statt dessen sind Aktivität, Selbstverantwortung und Kontakte zur Aussenwelt zu fördern.
- Der Strafvollzug soll dem Schutz der Allgemeinheit, des Vollzugspersonals und der Mitgefangenen Rechnung tragen (*Sicherheitsgrundsatz*). Dieser Grundsatz bezieht sich auf das Verhindern von Entweichungen und auf den Schutz vor Straftaten innerhalb der Anstalt.

5.5.2   Vollzugswirklichkeit

5.5.2.1   Statistisches zum Strafvollzug

Die Schweiz weist mit 76 (2007) eine relativ niedrige Gefangenenrate auf. Darunter versteht man die Zahl der Personen, die unter irgendeinem Titel inhaftiert sind, im Verhältnis zu 100 000 Personen der Gesamtbevölkerung. Zum Vergleich die Raten anderer Länder: Deutschland 96, Frankreich 85, Italien 95, Österreich 85, England 139, Polen 213, Russland 638, USA 686.

Am Stichtag der Erhebung 2007 waren in der Schweiz 5715 Personen inhaftiert, 3586 im Strafvollzug[884], 1653 in Untersuchungshaft, 403 in Ausschaffungshaft, der Rest in Polizeihaft oder in Fürsorgerischer Freiheitsentziehung. Der Frauenanteil beträgt konstant 5 %. Der Ausländeranteil ist in den strafrechtlichen Einrichtungen hoch, er beläuft sich auf 65%. In den geschlossenen Strafanstalten beträgt er 80 bis 90%, in den offenen entsprechend weniger. Die hohen Ausländeranteile sind nicht auf eine höhere Delinquenzbelastung der ausländischen Wohnbevölkerung zurückzuführen. Hohe Anteile weisen dagegen Asylsuchende und Kriminaltouristen auf.

Schweizerische Strafanstalten sind kleine Einrichtungen. Selbst die sechs für Schweizer Begriffe grösseren Anstalten mit 150–350 Plätzen sind im internationalen Vergleich Kleinanstalten. Die meisten Anstalten weisen 50–150 Plätze auf. Die Klein-

---

884   Siehe für die Strafvollzugsstatistik: www.bfs.admin.ch/bfs/portal/de/index/themen/19.html (eingesehen am 15.10.2008).

heit ist im Hinblick auf die Vollzugsziele vorteilhaft. Sie hat weniger Bürokratie, Uniformierung und Gleichschaltung zur Folge.

5.5.2.2 Anstaltstypen

Längere Strafen werden in Strafanstalten vollzogen. Die Schweiz kennt 2 Arten: *offene* und *geschlossene Strafanstalten*[885]. Es gibt keine Hochsicherheitsanstalt[886], doch weisen verschiedene geschlossene Einrichtungen Abteilungen mit erhöhter Sicherheit auf.

Eine offene (nach internationalen Standards eigentlich halboffene) Strafanstalt verfügt über keine Aussensicherung, die das Entweichen verhindern könnte (deshalb «offen»). Dennoch werden die Gefangenen nachts und am Wochenende in Zellen eingeschlossen (deshalb nur «halb-offen»). Die Anstalten verfügen meist über einen grossen Landwirtschaftsbetrieb. Die Einweisung in die offene Anstalt erfolgt nicht nach Delikten und nicht nach der Höhe der Strafe, sondern nach Flucht- oder Rückfallgefahr. Gefangene, die weder flucht- noch rückfallgefährdet sind, werden von Anfang an in die offene Einrichtung eingewiesen, auch wenn sie schwerste Straftaten, z.B. Tötungsdelikte, begangen haben. Andere Gefangene, die zunächst einen grösseren Teil der Strafe in der geschlossenen Anstalt verbüsst haben, können für die letzte Zeit vor der Entlassung in der offenen Anstalt untergebracht werden, sofern sie nicht mehr flucht- oder rückfallgefährdet sind.

Für Gefangene, die in der letzten Stufe vor der Entlassung an einem externen Arbeitsort beschäftigt sind oder zu Hause Kinder betreuen (Arbeitsexternat), gibt es Übergangsheime[887] mit Heimcharakter. Sie können zu einer Anstalt gehören, selbständig staatlich organisiert sein oder eine private Trägerschaft haben.

Strafen bis zu einem Jahr werden in der Regel in Form von Halbgefangenschaft vollzogen (Art.77b und Art. 79 StGB). Das bedeutet, dass die Verurteilten während des Tages ihrer gewohnten Arbeit oder ihrem Studium nachgehen und nur die Nacht sowie das Wochenende in einer Einrichtung verbringen. In einigen Kantonen gibt es dafür besondere Einrichtungen mit Heimcharakter, in andern wird die Halbgefangenschaft im Untersuchungsgefängnis vollstreckt (was wegen der Kosten und der schädlichen Wirkungen nicht besonders sinnvoll ist). Soweit kurze Freiheitsstrafen

---

885 Die einzelnen Anstalten werden im Anstaltskatalog kurz dargestellt, der vom Bundesamt für Justiz geführt wird; siehe www.bfs.admin.ch/bfs/portal/de/index/themen/19.html (eingesehen am 15.10.2008).

886 Solche Einrichtungen werden in andern Ländern als maximum security prisons bezeichnet.

887 Solche Einrichtungen werden im internationalen Bereich half way houses genannt.

weder durch andere Strafen ersetzt noch in Halbgefangenschaft vollstreckt werden können, müssen sie im Untersuchungsgefängnis[888] verbüsst werden.

5.5.2.3   Regime in der Strafanstalt

Frauen, die im Strafvollzug nur etwa 5% ausmachen, werden in separaten Anstalten untergebracht[889]. Sonst aber wird in den schweizerischen Strafanstalten überwiegend *Einheitsvollzug* praktiziert. Das bedeutet, die Gefangenen unterliegen innerhalb der Anstalt dem gleichen Regime. Sie werden nicht nach Strafdauer, nach Deliktsart oder Betreuungsbedürfnissen gesondert untergebracht und behandelt. Ausnahmen bestehen in einigen Anstalten, wo einzelne Abteilungen für Gefangene mit besondern Merkmalen geführt werden (z.b. Gefangene, die freiwillig auf Drogen verzichten wollen, Gefangene, die ein Behandlungsprogramm durchlaufen, oder solche, die einer besonderen Betreuung bedürfen). Die Gefangenen arbeiten während des Tages gruppenweise in Werkstätten, im Gartenbau oder in der Landwirtschaft, sie nehmen gemeinsam die Mahlzeiten ein und können auch einen Teil der Freizeit in einer Abteilung gemeinsam verbringen. Während der restlichen Zeit sind sie eingeschlossen, in der Regel in Einzelzellen.

Strafgefangene sind zur *Arbeit* verpflichtet. Bei den angebotenen Arbeiten handelt es sich oft um einfache Tätigkeiten, doch verglichen mit andern Ländern ist das Niveau relativ hoch. Die Arbeitsbetriebe werden von den Anstalten in eigener Regie geführt. Eine besondere Rolle spielt die Landwirtschaft. Den Gefangenen wird für die Arbeit ein Entgelt ausbezahlt (sog. «Pekulium»). Dieses beträgt je nach Arbeit und Leistung meistens zwischen 20 und 30 Franken pro Tag. Im internationalen Vergleich sind das hohe Ansätze.

Eine grosse Bedeutung hat das *Drogenproblem*. Der Anteil von Drogen konsumierenden Insassen beträgt je nach Anstalt zwischen 20 und 50 %. Wie überall sind Drogen auch in der Strafanstalt erhältlich. Erst mit Verspätung und unter dem Druck der HIV-Problematik haben sich die in der Aussenwelt im Interesse der harm reduction praktizierten Präventions- und Behandlungsmassnahmen auch im Strafvollzug durchgesetzt. Sterile Spritzen werden allerdings noch nicht an allen Orten zur Verfügung gestellt. In den meisten Anstalten kann heute ärztlich verschrieben Methadon abgegeben werden. 2 Anstalten[890] praktizieren zudem die ärztliche Heroinverschreibung.

---

888   Je nach Kanton als Amts-, Bezirks-, Untersuchungsgefängnis oder als Haftanstalt bezeichnet, z.B. Amtsgefängnis Bern, Bezirksgefängnis Zürich, Untersuchungsgefängnis Waaghof Basel, Haftanstalt Grosshof Kriens.

889   In der deutschen Schweiz Hindelbank BE, in der Westschweiz Lonay VD.

890   Schöngrün SO und Realta GR.

5.5.2.4 Vollzugsablauf

Der Strafvollzug ist *progressiv* ausgestaltet. Gefangene, die eine längere Strafe zu verbüssen haben, befinden sich vorher meistens in Untersuchungshaft. Sie werden dort in der Regel ganztags in Einzelhaft untergebracht[891] (Ausnahmen: Waaghof BS, Grosshof LU). Gefangene, die bis zur Gerichtsverhandlung in Haft bleiben müssen, können beantragen, schon vorher in die Strafanstalt zu wechseln und damit den Strafvollzug vorzeitig anzutreten, Art. 75 Abs. 2 StGB. Das ist rechtsstaatlich nicht unbedenklich, weil Personen in der Strafanstalt untergebracht werden, die nicht rechtskräftig verurteilt sind, dient aber den Interessen der Verhafteten, weil damit die schädliche Isolation vermieden wird. Mit dem Eintritt in die Strafanstalt beginnt der sogenannte Normalvollzug (Art. 77 StGB). Es wird ein Vollzugsplan erstellt, der über die Einzelheiten der Vollzugsgestaltung und insbesondere über den geplanten Verlauf informiert. Auch im Normalvollzug gibt es progressive Elemente, indem z.B. Urlaube, Vertrauensposten oder bevorzugte Unterbringungen erst nach einiger Zeit bewilligt werden.

Wenn der Gefangene mindestens die Hälfte verbüsst hat, kann er von der geschlossenen in eine halboffene Anstalt verlegt werden. Auf Antrag kann ihm das Arbeitsexternat bewilligt werden, das in der Regel im Übergangsheim durchgeführt wird. Wenn er sich im Arbeitsexternat bewährt hat, kann das Wohn- und Arbeitexternat bewilligt werden. Die verurteilte Person wohnt dann zu Hause, untersteht aber immer noch dem Strafvollzug. In Zukunft dürfte bei dieser Vollzugsform Electronic Monitoring zur Anwendung kommen (sog. «back door»-Variante). Die bedingte Entlassung wird als letzte Stufe des progressiven Strafvollzugs verstanden. In der Regel wird dabei Bewährungshilfe angeordnet.

5.5.2.5 Rückfallziffern

Eine vom Bundesamt für Statistik durchgeführte Evaluation hat folgende *Wiedereinweisungsraten* ergeben: Insgesamt wurden nach der Entlassung aus irgendeiner Anstalt 31,4 % innert 6 Jahren erneut in eine strafrechtliche Einrichtung eingewiesen. Dieser Wert schliesst allerdings auch die Entlassungen aus Untersuchungsgefängnissen ein, für die das Resozialisierungsziel nicht gilt. Wenn wir die Wiedereinweisungsraten auf die Strafanstalten einschränken, ergeben sich folgende Werte: Nach der Entlassung aus einer halboffenen Strafanstalt wurden 39,4% innert 6 Jahren erneut in eine Anstalt eingewiesen, nach der Entlassung aus einer geschlossenen Anstalt waren es 53,4%[892].

---

891 Ausnahmen: UG Waaghof Basel, Grosshof Kriens LU.
892 Zu den Gründen für die Bewährung oder Nichtbewährung Besozzi Claudio, 1998.

5.5.3   Organisation des Strafvollzugs

Laut Art. 123 Abs. 2 der Bundesverfassung sind die Kantone für den Straf- und Massnahmenvollzug zuständig. Dementsprechend sind die Kantone gemäss Art. 374 StGB zum Vollzug der von ihren Gerichten ausgefällten Urteile und gemäss Art. 382 StGB zur Bereitstellung der erforderlichen Anstalten verpflichtet. Allerdings würde es selbst die grossen, aber erst recht die kleinen Kantone überfordern, wenn sie alle erforderlichen Anstalten führen müssten, wegen der Geschlechtertrennung sogar doppelt. Deshalb sieht Art. 382 Abs. 2 StGB vor, dass die Kantone über die gemeinsame Errichtung von Anstalten Vereinbarungen treffen können[893].

Alle Kantone haben sich in Staatsverträgen zu *drei* etwa gleich grossen *Vollzugsregionen* zusammengeschlossen[894]. Solche Staatsverträge heissen in der Schweiz *Konkordate*. Die Konkordatsgebiete umfassen die Ostschweiz, die Nordwest- und Innerschweiz sowie die Westschweiz und das Tessin[895]. Die Strafvollzugskonkordate nehmen unter den angeschlossenen Kantonen eine Aufgabenteilung vor, indem jeder Kanton (zumindest jeder mittlere oder grössere) die Aufgabe übernimmt, einen bestimmten Anstalttyp zu führen und diese Anstalt den andern Kantonen zur Verfügung zu stellen. Auf der andern Seite haben alle Kantone das Recht, die Anstalten der andern Kantone mitzubenutzen. Deshalb können Verurteilte für den Vollzug einer Strafe oder Massnahme im ganzen Konkordatsgebiet in eine entsprechende Anstalt eingewiesen werden. Die meisten längeren Freiheitsstrafen und Massnahmen werden nicht im Kanton vollzogen, der das Urteil erlassen hat.

Mit der Überstellung von Gefangenen ist aber keine Abtretung der Vollstreckungskompetenz verbunden. Zuständiger Kanton bleibt der Urteilskanton. Er entscheidet insbesondere über eine allfällige Verlegung in eine andere Einrichtung und über die bedingte Entlassung. Der Urteilskanton hat dem Anstaltskanton ein festgelegtes Taggeld zu bezahlen[896], man nennt das *Pensionärssystem*. Im Weitern erlassen die Konkordate Richtlinien für die Vollzugsgestaltung, z.B. zu Fragen wie Höhe der Pekulien, Urlaubsgewährung, Umgang mit gefährlichen Gefangenen. Die Richtlinien sind zwar nur Empfehlungen, sie werden aber vielerorts wie gesetzliche Regeln

---

893 In diesem Sinn haben die Kantone Zug und Basel-Stadt die geschlossene Strafanstalt Bostadel in Menzingen ZG gemeinsam gebaut und betreiben sie als interkantonale Anstalt. Alle andern Anstalten werden vom Standortkanton allein geführt, sie stehen aber auch den andern Kantonen zur Verfügung.

894 Ostschweiz 19.6.1975, Nordwest- und Innerschweiz 4.3.1959, Westschweiz/Tessin 22.10.1984; die Konkordatstexte finden sich in den Gesetzessammlungen der angeschlossenen Kantone.

895 Dem geografisch in der Mitte gelegenen Nordwest- und Innerschweizer-Konkordat gehören die Kantone Bern, beide Basel, Solothurn, Aargau, Luzern, Zug, Uri, Schwyz und beide Unterwalden an. Alle Kantone östlich dieses Gebiets zählen zum Ostschweizer Konkordat, alle westlich davon und das Tessin zum Westschweizer Konkordat.

896 Zwischen 200 und 500 Franken pro Tag, je nach Art des Vollzugs.

angewendet. Sie haben eine Vereinheitlichung der Vollzugspraxis bewirkt, doch gibt es immer noch erhebliche Unterschiede.

5.5.4　Bewährungshilfe und ambulante Programme

«Mit der Bewährungshilfe sollen die betreuten Personen vor Rückfällen bewahrt und sozial integriert werden. Die für die Bewährungshilfe zuständige Behörde leistet und vermittelt die hierfür erforderliche Sozial- und Sachhilfe» (Art. 93 StGB). Bewährungshilfe ist *Sozialarbeit mit straffällig gewordenen Personen*[897]. Sie hat ein doppeltes Mandat, indem sie sowohl den Interessen der betreuten Personen als auch dem präventiven Auftrag der Gesellschaft verpflichtet ist. In ihrer Geschichte ist sie immer wieder zwischen den beiden Polen hin und her geschwankt.

Die Bewährungshilfe ist im 19. Jahrhundert entstanden aus privatem, karitativem Engagement von philanthropischen, meist christlichen Vereinen. Im 20. Jahrhundert übernahm der Staat die Aufgabe. Mit dem 1942 in Kraft getretenen Strafgesetzbuch wurde die Straffälligenhilfe zur «Schutzaufsicht». Sowohl in ihrem Selbstverständnis als auch in der Praxis wurde sie zum verlängerten Arm der Strafjustiz. Mit der seit den 70er Jahren erfolgten Professionalisierung setzte sich ein neues Konzept durch. Die Bewährungshilfe, wie sie sich zunehmend selbst nannte, baute ganz auf freiwillige Einzelbetreuung. Damit verlor sie viele Klienten, die ihre Dienste nicht mehr in Anspruch nahmen. Erst seit den 90er Jahren setzt sich ein neues Verständnis durch. Die Bewährungshilfe ist heute ein ambulanter Vollzugsdienst. Einzelbetreuung ist nach wie vor ein wichtiges Angebot[898], zudem werden aber auch Trainingsprogramme, Mediation, Wiedergutmachungsprojekte, Wohnprogramme, gemeinnützige Arbeit und Begleitung beim elektronisch gesicherten Hausarrest durchgeführt.

Mit Ausnahme von 5 kleineren Kantonen, welche die Bewährungshilfe an private Organisationen delegiert haben, werden die Aufgaben von öffentlich-rechtlichen Diensten wahrgenommen, die in der Regel in die Justiz- oder Polizei-Direktion eingegliedert sind. Grosse Kantone beschäftigen bis zu 50 Sozialtätige, wobei die Dienstleistungen in regionalen Filialen erbracht werden. Insgesamt arbeiten rund 300 Professionelle in der Bewährungshilfe. Einige Kantone setzen für die individuelle Betreuung zudem freiwillig Mitarbeitende ein, die durch Fachleute vorbereitet und begleitet werden. In Bern z.B. werden so über 300 Personen betreut. Trotz des in den letzten Jahren erfolgten Ausbaus sind die präventiven Chancen der ambulanten Straffälligenarbeit noch lange nicht ausgeschöpft.

897　Eine europäische Übersicht vermitteln Van Kalmthout Anton M./Derks Jack TM, 2000.
898　Siehe dazu Rauchfleisch Udo, 1991.

Bewährungshilfe als individuelle Betreuung wird in der Praxis vor allem im Zusammenhang mit der bedingten Entlassung angeordnet, insgesamt in rund 2000 Fällen pro Jahr. Sie ist bei der bedingten Entlassung die Regel, im Rahmen der bedingten Strafe dagegen die Ausnahme. Die individuelle Betreuung leistet Sach- und Integrationshilfe, unterstützt die betreute Person aufgrund der gemeinsam festgelegten Betreuungsziele, strebt Vernetzung an, interveniert bei Krisen, überwacht Weisungen. Eine besondere Bedeutung hat die Schuldenregulierung, weil die meisten Strafentlassenen überschuldet sind. Im Sinne der durchgehenden Betreuung wird mit Personen, die nach einer Inhaftierung betreut werden sollen, frühzeitig Kontakt aufgenommen, im Ideal schon in der Untersuchungshaft. Damit wird angestrebt, dass im Moment der Entlassung bereits ein Arbeitsbündnis besteht.

5.5.5   Neue Programme und Arbeitsformen

Unter *gemeinschaftsbezogenen Sanktionen* werden ambulante Strafen oder Massnahmen verstanden, die den Täter in Freiheit belassen, aber seine Freiheit beschränken durch Auflagen, Verpflichtungen und Bedingungen. Dazu gehören die alternativen Strafformen wie gemeinnützige Arbeit oder Electronic Monitoring, aber auch besondere Programme, die in Form von Weisungen angeordnet werden können. Dabei kann es sich um Wiedergutmachungsprogramme, Täter-Opfer-Ausgleich oder Mediation handeln. Zunehmend werden, besonders in Zürich, auch sozialpädagogische Trainings- oder Lernprogramme durchgeführt. Solche Programme können an bestimmte Delikte anknüpfen, so etwa Kurse für Gewalttäter[899], Kurse gegen häusliche Gewalt[900], Trainings für risikobereite Verkehrsteilnehmer, Trainings für alkoholauffällige Verkehrsteilnehmer[901]. Andere Programme knüpfen an die Strafverbüssung an und verbessern soziale Fertigkeiten. Sie beginnen vor der Entlassung noch im Strafvollzug und werden dann in Freiheit weitergeführt. Ein neues Arbeitsfeld sind auch Wohnprogramme. Es gibt Straftäter, die Delikte begehen, wenn sie allein und unkontrolliert leben, nicht aber, wenn sie gut betreut und beaufsichtigt sind. Sie brauchen keine geschlossene Anstalt, wohl aber eine betreute Wohnform.

Um Bedürfnisse und Risiken besser einschätzen und die Hilfe besser planen zu können, werden neuerdings wissenschaftlich abgestützte diagnostische Instrumente eingesetzt. So führt der Kanton Basel-Stadt vom Jahr 2009 an eine systematisches Risk-Assessment-Verfahren hach holländischem Vorbild ein (Projekt KARA).

---

899 Z.B. das Anti-Aggessivitäts-Training (AAT), vgl. Schanzenbächer Stefan (2003).
900 Z.B. das in beiden Basel durchgeführte Trainingsprogramm für gewaltausübende Männer (im Zusammenhang mit häuslicher Gewalt).
901 Beide Trainings werden z.B. in Zürich angeboten.

In all diesen neuen Arbeitsformen wandelt sich das Gesicht der Bewährungshilfe von der nacheilenden, reaktiv tätigen Einzelhilfe zu einer proaktiv handelnden Fachagentur im Dienst gemeinschaftsbezogener Kriminalprävention.

Fragen zum Strafvollzug

a) Resozialisierung ist eine kostspielige Zielsetzung: Lässt sich der dafür betriebene Aufwand rechtfertigen?

b) Im geschlossenen Strafvollzug sind 80–90 % der Gefangenen Ausländer: Wie lässt sich das erklären?

c) Worin sehen Sie Möglichkeiten zur Entschärfung der durch die hohen Ausländeranteile verursachten Probleme?

d) Im Strafvollzug sind zwischen 20 und 50 % der Gefangenen drogenabhängig: Welche Ziele kann der Vollzug sinnvoller Weise anstreben?

e) Die Bewährungshilfe wird zunehmend zur aktiven Fachagentur im Dienste der Kriminalprävention: Wie wirkt sich das auf die Berufsrolle aus?

5.6   Jugendstrafrecht (Peter Aebersold)

5.6.1   Grundsätze

Das Jugendstrafgesetz vom 20.6.2003 (JStG) sieht für Minderjährige zwischen 10 und 18 Jahren, die eine Straftat begangen haben, besondere Sanktionen vor[902]. Das Jugendstrafrecht ist ein *spezialpräventiv ausgerichtetes Sonderrecht*, das ausschliesslich für diese Altersgruppe anwendbar ist. Die Sanktionen des JStG ersetzen die im Erwachsenenstrafrecht vorgesehenen Strafen und Massnahmen. Das strafbare Verhalten ist wie bei den Erwachsenen im Strafgesetzbuch und in andern Strafbestimmungen[903] definiert.

Art. 2 JStG ist die zentrale Bestimmung des Jugendstrafrechts. Hier werden die wegleitenden Prinzipien umschrieben, nämlich *Schutz und Erziehung* der Jugendlichen. «Schutz» im Sinne von Fürsorge heisst nicht, Jugendliche seien vor Sanktionen zu verschonen. Geschützt werden vielmehr die gedeihliche Entwicklung sowie die persönliche und berufliche Entfaltung von Jugendlichen. Schutz umfasst die Abwehr von Gefahren, die Korrektur von Fehlentwicklungen und das Schaffen von günsti-

---

902   Das JStG ist erst seit 2007 in Kraft. Ein Lehrbuch von Peter Aebersold ist im Stämpfli Verlag Bern erschienen.

903   Insbesondere Betäubungsmittelgesetz und Strassenverkehrsgesetz.

gen Entwicklungsbedingungen. Der Begriff «Schutz» knüpft an die Terminologie des ZGB an (Kindsschutz) und bezieht sich speziell auf die Massnahmen.

Im Erwachsenenstrafrecht geht es primär um eine tatvergeltende Sanktion: Die Strafe soll die Tatschuld durch eine als gleichwertig empfundene Übelszufügung ausgleichen. Dadurch soll die verletzte Rechtsordnung wiederhergestellt werden. Relative Strafzwecke (Spezial- und Generalprävention) haben innerhalb dieses Prinzips nur eine untergeordnete Bedeutung. Das Jugendstrafrecht orientiert sich an einem andern Verständnis: Die von Jugendlichen begangene Tat verletzt die Rechtsordnung nicht in gleicher Weise. Sie verlangt deshalb nicht nach einer ausgleichenden, vergeltenden Sanktion. Vielmehr soll die Tat Anlass sein, sich mit dem Täter zu befassen, zu prüfen, was er zu seiner Entwicklung braucht, und ihm die Grenzen klarzumachen. Jugendliche können noch geformt und wirksamer durch Erziehung als durch Vergeltung vor weiteren Rechtsbrüchen abgehalten werden. Die Straftat hat deshalb nur eine symptomatische Bedeutung. Sie ist zwar unerlässliche Voraussetzung, darüber hinaus aber blosser Ausgangspunkt für die Festlegung jugendstrafrechtlicher Sanktionen. Deren Art und Schwere orientiert sich nicht in erster Linie an der Tat, sondern an spezialpräventiven, speziell erzieherischen Bedürfnissen. Das erzieherisch Wirksame kann nicht aus der Tat allein abgeleitet werden, es muss aus der Persönlichkeit, der individuellen Entwicklung, den Lebensverhältnissen und der Sanktionsempfindlichkeit erschlossen werden. Im Vordergrund steht die Person, Tat und Verschulden habe eine weniger grosse Bedeutung als bei den Erwachsenen. Das Jugendstrafrecht ist deshalb ein individualisierendes *täterbezogenes Strafrecht* (im Gegensatz zum tatbezogenen Erwachsenen-Strafrecht).

«Erziehung» ist im Jugendstrafrecht für Strafen und Massnahmen wegleitend. Obwohl die Strafen grundsätzlich nach dem Verschulden zugemessen werden, sollen auch sie eine erzieherische Wirkung entfalten: Sie werden im Jugendstrafrecht als *Warn- oder Denkzettelstrafen* verstanden, nicht als Vergeltung, bei der dem Verurteilten ein der Tat entsprechendes Übel zugefügt wird. Erziehungsstrafen sollen dem jugendlichen Täter spürbar verdeutlichen, dass sein Verhalten nicht akzeptiert wird. Sie zeigen ihm Grenzen auf. Sie sollen an seine Bereitschaft und seine Fähigkeit appellieren, dieses Verhalten zu ändern. Zur Ideologie verkommt dieses Verständnis allerdings bei den langen Freiheitsstrafen (bis 4 Jahre) nach Art. 25 Abs. 2 JStG. Selbst wenn diese Strafen ähnlich wie Massnahmen vollzogen werden (Art. 27 JStG), sprengen sie doch den Rahmen von Erziehungsstrafen.

Nach Art. 2 Abs. 2 JStG ist den Lebens- und Erziehungsverhältnissen sowie der Persönlichkeitsentwicklung besondere Beachtung zu schenken. Konkretisiert wird der Grundsatz im Art. 9 JStG. Als Folge dieser Verpflichtung beschäftigen moderne Jugendanwaltschaften neben dem kriminalistisch tätigen Personal auch Fachkräfte mit sozialer Ausbildung (meist Sozialarbeit), die unter anderem für die Abklärungen zur Person zuständig sind[904].

Wenn Straftaten von Kindern *vor dem 10. Altersjahr* begangen werden, kommt kein Jugendstrafrecht zur Anwendung (Art. 4 JStG). Die zuständigen Behörden sind aber verpflichtet, die gesetzliche Vertretung (Eltern oder Vormund) zu informieren und, falls Anzeichen für eine gefährdete Entwicklung vorliegen, die Kindsschutzbehörden einzuschalten. Diese können (bei Vorliegen der entsprechenden Voraussetzungen) gestützt auf das ZGB zivilrechtliche Massnahmen anordnen.

---

904 Vielerorts sind die Fachpersonen der Sozialen Arbeit neben der Abklärung zur Person insbesondere auch mit Aufgaben bei der Organisation und Begleitung des Straf- und Massnahmenvollzuges der Jugendlichen befasst.

Sanktionen des Jugendstrafgesetzes

Sanktion (mit Art.)	Voraussetzungen	Aufschub	Vollzug
Strafen, 22 ff.	Verschulden erforderlich		
Verweis, 22	Gute Prognose		Probezeit und Weisungen möglich
Persönliche Leistung, 23	Max. 10 Tage, ab 15 J. bis max. 3 Mte.		Kurse und Pflicht für Aufenthalt möglich
Busse, 24	Ab 15 J. Höchstbusse 2000 Fr.	Bedingter oder teilbedingter Vollzug möglich, 35	Mögl. Umwandlung in Leistung oder in Freiheitsentzug
Freiheitsentzug, 25, A.1	Ab 15 J. Höchststrafe 1 Jahr	Bed. oder teilbedingter Vollzug möglich, bed. Entlassung nach Hälfte möglich (min. 2 W.)	Halbgefangenschaft bis 1 J. möglich, bis 3 Mte. Umwandlung in Leistung möglich.
Qualifizierter Freiheitsentzug bis 4 Jahre, 25, A.2	Ab 16 J., nur bei schweren Verbrechen	Bed. oder teilbedingter Vollzug bis 30 Monate, bed. Entlassung s.o.	Einrichtung für Jugendliche
Strafbefreiung, 21		Verfahrenssistierung für Mediation, 21, A.3	
Schutzmassnahme gefährdet (a)			
Schuld und Tatfolgen gering (b)			

Wiedergutma-chung erfolgt (c)	Statt Verweis, geringe Gegenin-teressen		
Betroffenheit durch Tatfolgen (d)	Strafe unange-messen		
Erfolgte Bestra-fung (e)	Durch Eltern oder Dritte		
Zeitablauf und Wohlverhalten (f)	Geringe Gegenin-teressen		
Schutzmass-nahmen, 10 ff.	Verschulden nicht erforderlich	Allein oder neben Strafe	Bis 22 J.
Aufsicht, 12	Fähige Eltern		Auskunftspflicht der Eltern, Wei-sungen möglich
Persönliche Betreuung, 13	Überforderte Eltern		Elterl. Sorge kann beschränkt wer-den
Ambulante Behandlung, 14	Psych. Störung, Sucht od. gefähr-dete Entwicklung		Verbindung mit andern Massnah-men möglich
Unterbringung, 15, A.1,	ultima ratio		Ab 17 J. Verlegung in Einrichtung für junge Erwachsene möglich
Geschlossene Unterbringung, 15, A.2	Unumgänglich für Schutz resp. Behandlung oder für den Schutz Dritter		Ab 17 J. Verlegung in Einrichtung für junge Erwachsene möglich

5.6.2   Strafuntersuchung im Jugendstrafrecht

In Art. 9 JStG wird das Prinzip konkretisiert, wonach von den persönlichen Verhältnissen und der Entwicklung des Jugendlichen auszugehen ist (Art. 2 Abs. 2 JStG).
Deshalb hat die zuständige Behörde, meist die Jugendanwaltschaft, entsprechende
Abklärungen zu treffen[905]. Allerdings beschränken sich solche Abklärungen in den
meisten Fällen auf ein Minimum. Das liegt daran, dass es sich bei einer Grosszahl
der Anzeigen um kleinere Delikte handelt, die von «normalen» (d.h. nicht gefährde-
ten) Jugendlichen begangen werden. Anders liegt der Fall, wenn es sich um schwere
Straftaten handelt oder wenn eine Schutzmassnahme in Betracht kommt. Bei solchen Jugendlichen klärt die zuständige Behörde (Jugendanwaltschaft) die *persönlichen Verhältnisse* sorgfältig ab, «namentlich in Bezug auf Familie, Erziehung, Schule
und Beruf». Sie kann auch eine fachlich qualifizierte Stelle mit der Abklärung beauftragen, z.B. einen Sozialdienst oder einen psychologischen Dienst. Wenn Zweifel an
der psychischen oder physischen Gesundheit bestehen oder wenn eine Unterbringung angezeigt erscheint, ist eine medizinische, insbesondere psychiatrische, oder
eine psychologische Begutachtung anzuordnen. Die Begutachtung, aber auch andere
Abklärungen, können stationär durchgeführt werden, z.B. in einer Beobachtungsstation, einem Durchgangsheim oder einer jugendpsychiatrischen Einrichtung[906].
Aufenthalte zur Beobachtung und Abklärung dauern in der Praxis zwischen einigen
Wochen und einigen Monaten.

Art. 7 und 8 JStG regeln verschiedene Fälle der Verfahrenseinstellung.. Nach Art.
7 Abs. 1 JStG wird das Verfahren obligatorisch eingestellt, wenn die Voraussetzungen
für eine Strafbefreiung nach Art. 21 Abs. 1 JStG erfüllt sind. Ausdrücklich geregelt ist
die Verfahrenseinstellung zum Zwecke der *Mediation* (Art. 8 JStG). Strafrechtliche
Mediation ist ein Schlichtungsverfahren, in dem unter Anleitung durch eine Fachperson der Konflikt zwischen Täter und Opfer bearbeitet wird. Gelingt ein Ausgleich
(z.B. durch eine Entschuldigung und eine Wiedergutmachungsleistung) und erklärt
sich das Opfer als befriedigt, kann nach Art. 21 Abs. 1 lit. c JStG von einer Bestrafung
abgesehen werden. Wenn ein Ausgleich aussichtsreich scheint, ist es sinnvoll, nicht
bis zur richterlichen Beurteilung zuzuwarten, sondern den Mediationsversuch schon
während des Untersuchungsverfahrens durchzuführen und im Falle des Gelingens
das Verfahren einzustellen. Deshalb sieht Art. 8 JStG eine Verfahrensunterbrechung
(Sistierung) vor, um ein Mediationsverfahren durchführen zu können.

---

905   Für diese Aufgabe sind Sozialtätige angestellt; siehe Rodriguez-Moser Dora, 1999.
906   Beobachtungsstationen gibt es beispielsweise in den Heimen AH Basel, Bolligen, Burghof, DSW
      Winterthur, Gfellergut, Knutwil, Platanenhof, Safenwil, Richigen; für Mädchen in den Heimen Foyer
      Neubad, Heimgarten, Platanenhof.

Mediation kann nur bei Straftaten in Frage kommen, bei denen das öffentliche Interesse an einer Bestrafung nicht überwiegt. Das JStG schliesst deshalb Verbrechen aus, die voraussichtlich mit einem unbedingten Freiheitsentzug geahndet würden (Art. 8 Abs. 1 lit. d JStG). Mit dieser Einschränkung kommen aber auch Offizialdelikte (schwerere Straftaten, die von Amtes wegen verfolgt werden) für eine Mediation in Betracht[907].

Ein dunkles Kapitel der schweizerischen Jugendstrafrechtspraxis ist die *Untersuchungshaft*. Da die in den verschiedensten Menschenrechtsdeklarationen[908] geforderte Trennung von Jugendlichen und Erwachsenen bisher nicht garantiert werden konnte, musste die Schweiz diesbezüglich immer wieder Vorbehalte anbringen. In Art. 6 Abs. 2 JStG wird deshalb vorgeschrieben, dass Jugendliche getrennt von Erwachsenen untergebracht werden müssen. Diese Bestimmung wird ergänzt durch den Art. 27 Abs. 2 JStG, der auch im Strafvollzug selbständige Einrichtungen für Jugendliche vorsieht.

5.6.3 Schutzmassnahmen des Jugendstrafrechts

5.6.3.1 Voraussetzungen

Die Schutzmassnahmen sind anders als im früheren Jugendstrafrecht dualistisch ausgestaltet. Das heisst: Normalerweise wird die Schutzmassnahme neben einer Strafe angeordnet. Im Vollzug hat nach Art. 32 JStG die Schutzmassnahme den Vorrang, doch kann wieder auf die «Schiene» Strafe umgeschaltet werden, wenn sich die Schutzmassnahme als nicht durchführbar oder nicht erfolgversprechend erweist (*vikariierendes System*).

Schutzmassnahmen werden wie bei den Erwachsenen nicht nach Massgabe des Verschuldens angeordnet. Inhalt und Ausgestaltung der Massnahme orientieren sich nicht an der Straftat, sondern ausschliesslich an den pädagogischen, psychologischen und medizinischen Bedürfnissen und natürlich an den verfügbaren Möglichkeiten. Es können verschiedene Massnahmen kombiniert, z.B. pädagogische und therapeutische Interventionen miteinander verbunden werden. Obwohl die Schutzmassnahmen fast gleich ausgestaltet sind und oft auch in den gleichen Institutionen vollzogen werden wie die zivilrechtlichen Massnahmen nach ZGB, werden sie durch jugendstrafrechtliche Behörden ausgesprochen (Jugendgerichte) und in der Regel auch vollzogen (Jugendanwaltschaften).

---

907 Eine (positive) Auswertung liegt zum Zürcher Mediationsprojekt vor, vgl. SCHWARZENEGGER CHRISTIAN/THALMANN URS/ZANOLINI VEIO, 2006.

908 Europäische Menschenrechtskonvention, Mindestgrundsätze für die Behandlung der Gefangenen, Pakt über bürgerliche und politische Rechte, Kinderrechtskonvention; siehe dazu 2.2.1.

5.6.3.2   Aufsicht, Art. 12 JStG

Die Aufsicht ist eine ambulante Massnahme, bei der das bestehende Erziehungssystem durch eine kontrollierende oder steuernde *Beratung* beeinflusst werden soll. Die Eltern sollen durch diese Massnahme gestärkt werden. Die Aufsicht kann mit Weisungen, die sich an die Eltern richten, verbunden werden. Die Weisungen können z.b. die Freizeitgestaltung, die Ausbildung, eine Therapie oder die Zusammenarbeit mit der die Aufsicht führenden Person oder Stelle betreffen. Die elterliche Sorge wird aber nicht beschränkt. Deshalb können die mit der Durchführung betrauten Personen nicht direkt in die Rechte der Eltern eingreifen. Falls die Eltern nicht zur Mitwirkung bereit sind oder die Weisungen nicht einhalten, muss die Aufsicht durch eine weitergehende Massnahme ersetzt werden.

In der Praxis wird die Aufsicht meist vom Schreibtisch aus geführt. Dass die Massnahme aber intensiver wahrgenommen werden kann und dann auch geeignet ist, wesentlich teurere Unterbringungen zu ersetzen, zeigen die Projekte, die eine sozialpädagogische Familienbegleitung anbieten (www.spf-fachverband.ch). Eine systemisch ausgebildete Fachkraft besucht die Familie regelmässig und nimmt in diesem Rahmen am Familiengeschehen teil. Gegenstand einer so verstandenen Einwirkung ist die Familie als System, Adressaten sind sowohl der auffällige Jugendliche als auch die andern Familienmitglieder und ihre wechselseitigen Interaktionen.

5.6.3.3   Persönliche Betreuung, Art. 13 JStG

Die persönliche Betreuung entspricht der *Erziehungsbeistandschaft* nach Art. 308 ZGB. Betreuer/in ist eine namentlich bezeichnete Einzelperson, die persönliche Verantwortung für den Jugendlichen trägt. Adressaten der Betreuung sind sowohl die Eltern als auch die Jugendlichen. Die Eltern sind verpflichtet, mit der betreuenden Person zusammenzuarbeiten, was faktisch bereits eine Einschränkung der elterlichen Sorge bedeutet. Bei Bedarf kann diese aber auch ausdrücklich beschränkt werden. Der betreuenden Person können bestimmte Befugnisse erteilt werden, z.B. eine Berufsabklärung zu veranlassen, einen Lehrvertrag abzuschliessen, für eine medizinische oder psychotherapeutische Behandlung zu sorgen oder den Lohn des Jugendlichen zu verwalten.

5.6.3.4   Ambulante Behandlung, Art. 14 JStG

Anlass für die Behandlung kann eine psychische Störung, eine Beeinträchtigung der Persönlichkeitsentwicklung oder eine Abhängigkeit sein. Die Abhängigkeit kann von Suchtstoffen oder in anderer Weise bestehen; neben stoffgebundenen Abhängigkeiten kommen also auch eine Spielsucht oder eine Fernseh- resp. Computerabhängigkeit in Betracht. Die zu behandelnde Störung muss einen Zusammenhang mit der Delinquenz aufweisen. Der Katalog ist so weit gefasst, dass in diesem Rahmen jede notwendige und erfolgversprechende Behandlung durchgeführt werden kann.

5.6.3.5   Unterbringung, Art. 15 und 16 JStG

Die *Fremdplatzierung* wird nur angeordnet, wenn eine ambulante Lösung nicht möglich oder nicht sinnvoll ist, etwa in Fällen, wo die Eltern hoffnungslos überfordert sind, wo sie selbst ein Kind gefährden (durch Gewalt, durch sexuelle Übergriffe, durch Vernachlässigung), wo das Sozialverhalten eines Jugendlichen derart gestört ist, dass laufend neue Probleme entstehen, wo eine verfestigte Ausweich- oder Fortlauf-Symptomatik vorliegt, wo zu einer Subkultur (z.B. Drogenszene) Distanz hergestellt werden muss oder wo ein Jugendlicher als gefährlich eingeschätzt wird.

Unterbringung bedeutet, dass Jugendliche aus ihrer bisherigen Umgebung herausgenommen und an einem andern Aufenthaltsort platziert werden. Die Unterbringung kann bei einer Pflegefamilie, in einer Ersatzfamilie, einer Wohngemeinschaft, einem Lehrlingsheim, einem Erziehungsheim, einer Therapiestation, einem Behindertenheim, einer medizinischen Einrichtung oder an einem andern Ort erfolgen[909]. Massgeblich ist für die Wahl des Unterbringungsorts, dass dort die im Einzelfall «erforderliche erzieherische oder therapeutische Hilfe» geleistet werden kann.

Gesondert geregelt ist einzig die Unterbringung in einer *geschlossenen Einrichtung*. Sie kann nicht mehr wie früher durch die Vollzugsbehörde verfügt werden, sondern muss von der urteilenden Behörde, also vom Jugendgericht, angeordnet werden (Art. 15 Abs. 2 JStG). Zudem setzt sie eine medizinische oder psychologische Begutachtung voraus (Art. 15 Abs. 3 JStG). Materiell muss die geschlossene Unterbringung nötig sein, entweder im Interesse des Jugendlichen (vor allem um eine Erziehung oder Behandlung von fluchtgefährlichen Jugendlichen zu ermöglichen), oder aber zum Schutze Dritter (vor Jugendlichen, von denen unzumutbare Deliktsrisiken ausgehen, z.B. bei Gemeingefahr)[910].

Wenn der untergebrachte Jugendliche das 17. Lebensjahr vollendet hat, kann die Massnahme in einer Einrichtung für junge Erwachsene nach Art. 61 StGB vollzogen oder weitergeführt werden. Das ist dann sinnvoll, wenn die Einrichtung für junge Erwachsene über bessere Ausbildungs- oder Therapiemöglichkeiten verfügt als das Jugendheim[911].

---

909 Nur noch selten kommen Platzierungen in Familien vor, am ehesten auf abgelegenen Bauernhöfen (z.B. vermittelt durch das Projekt «Krisenintervention»).

910 Zurzeit bestehen geschlossene Einrichtungen oder Abteilungen insbesondere in den Heimen Prêles/ Tessenberg, Aarburg, Platanenhof/Oberuzwil, Richigen, Burghof/Dielsdorf für männliche Jugendliche, für Mädchen im Loryheim/Münsingen und in Bellevue/Altstätten.

911 So bietet z.B. der Arxhof BL hervorragende Berufsbildungsmöglichkeiten und besondere Therapien für aggressive oder drogenabhängige Täter an.

5.6.3.6   Änderung des Massnahmen, Art.18 JStG

Grundsätzlich ist es jederzeit möglich, eine getroffene Schutzmassnahme durch eine andere zu ersetzen, wenn sich die Verhältnisse geändert haben. Die Änderung der Verhältnisse kann darin liegen, dass beim Jugendlichen selbst eine positive oder negative Entwicklung eingetreten ist, dass sich eine Therapie als undurchführbar erweist oder dass eine neue Behandlungsmethode zur Verfügung steht. Eine besondere und neue Bedeutung hat die Änderung der Massnahme im Rahmen der progressiven Rückführung von der Unterbringung zur ambulanten Massnahme oder zur persönlichen Betreuung. Das auf Massnahmenänderung gestützte Vorgehen hat die früher vorgesehene bedingte Entlassung aus der Massnahme ersetzt. Generell gilt, dass für die Anordnung härterer Massnahmen die urteilende (richterliche) Behörde zuständig ist, für die Anordnung weniger eingreifender Massnahmen dagegen die vollziehende (vollstreckende) Behörde.

5.6.4   Jugendstrafrechtliche Strafen

5.6.4.1   Voraussetzungen

Strafen sind nach wie vor die häufigsten Sanktionen. In der Regel werden sie allein ausgesprochen. Wenn gleichzeitig auch die Voraussetzungen für eine Schutzmassnahme erfüllt sind, kann diese zusätzlich zur Strafe angeordnet werden. Die richterliche Kompetenz liegt in der Deutschschweiz für die meisten Fälle bei den Jugendanwaltschaften (Ausnahme Bern: Jugendrichter), nur die (seltenen) hohen Strafen werden durch Jugendstrafgerichte beurteilt.

Der Katalog der zur Verfügung stehenden Strafen ist extrem breit und *offen*. Der Gesetzgeber gibt keine Vorgaben, in welchen Fällen oder für welche Delikte welche Art von Strafe in welcher Höhe verhängt werden soll. Abgesehen von Art. 25 Abs.2 JStG (Freiheitsentzug bis 4 Jahre) kommen für jedes Delikt theoretisch Verweis, persönliche Leistung, Busse und Freiheitsentzug bis zu einem Jahr in Frage, in vielen Fällen auch die Strafbefreiung. Die persönliche Leistung, die Busse und der Freiheitsentzug können zudem sowohl mit bedingtem als auch mit teilbedingtem Vollzug verbunden werden. Die Vielfalt der zur Verfügung stehenden Strafen lässt unbestritten eine differenzierte, auf den einzelnen Täter passende Reaktion zu, mit dem Ziel, den Täter von der Begehung weiterer strafbarer Handlungen abzuhalten. Doch geht die damit erreichte Individualisierung auf Kosten der Gleichbehandlung und der Transparenz.

Massgeblich für die Bemessung sind einerseits das Verschulden, andererseits erzieherische, d.h. vor allem spezialpräventive Gesichtspunkte. Die beiden Massstäbe können sich widersprechen. Dabei gilt, dass die dem Verschulden entsprechende Strafe aus erzieherischen Überlegungen nicht überschritten werden darf (Verschulden als Obergrenze), wohl aber aus erzieherischen Überlegungen unterschritten werden kann. Allerdings muss im Hinblick auf Gleichbehandlung, Akzeptanz und Glaubwürdigkeit eine gewisse Relation zu den begangenen Straftaten gewahrt bleiben; auf ein wirklich schweres Delikt kann nicht mit einem Verweis reagiert werden, auch wenn das erzieherisch begründbar wäre. Im Rahmen der erzieherischen Überlegungen spielt die Strafempfindlichkeit eine wichtige Rolle, d.h. die mutmassliche Wirkung der Strafe auf das Verhalten und die Einstellung des Jugendlichen.

5.6.4.2 Strafbefreiung, Art. 21 JStG

Neben den auch für Erwachsene vorgesehenen Möglichkeiten der Strafbefreiung (z.B. bei geringfügigen Delikten) gibt es besondere Gründe, bei deren Vorliegen von einer Jugendstrafe abgesehen werden kann. Dies ist besonders dann der Fall, wenn der Jugendliche durch Erziehungspersonen «schon genug bestraft worden ist», wenn seit der Tat «verhältnismässig lange Zeit verstrichen ist» oder wenn eine angemessene Wiedergutmachung erfolgt ist.

5.6.4.3 Verweis, Art. 22 JStG

Der Verweis ist zusammen mit der persönlichen Leistung die häufigste Strafe. Er besteht in einer förmlichen Missbilligung der Tat. Der Verweis ist eine Ehrenstrafe, er appelliert an den guten Willen und an das Verantwortungsgefühl des Jugendlichen. Damit er in diesem Sinne wirkt, sollte er dem Jugendlichen persönlich eröffnet und begründet, nicht bloss schriftlich mitgeteilt werden. Der Verweis hat zweifellos Verwarnungscharakter, er ist aber mehr als eine gelbe Karte. Er ist eine eigenständige Strafe des Jugendstrafrechts.

Der Verweis setzt eine günstige Legalprognose voraus: Er muss voraussichtlich genügen, «um den Jugendlichen von weiteren Straftaten abzuhalten». Der Verweis kann nach Art. 22 Abs. 2 JStG mit einer Probezeit (von 6 Monaten bis zu 2 Jahren) und mit Weisungen verbunden werden. Wenn der Jugendliche die Probezeit nicht besteht oder wenn er die Weisungen nicht befolgt, kann die urteilende Behörde eine andere Strafe (für die ursprünglichen Delikte) verhängen. Mit der Probezeit kann die Warnfunktion des Verweises verstärkt und konkretisiert werden.

5.6.4.4 Persönliche Leistung, Art. 23 JStG

Die persönliche Leistung entspricht der bei den Erwachsenen vorgesehenen Arbeitsleistung. In den meisten Fällen besteht die Leistung auch im Jugendbereich in einem *Arbeitseinsatz*. Daneben können aber auch andere Leistungen angeordnet werden, etwa die Teilnahme an Kursen oder Freizeitprogrammen. Die persönliche Leistung ist eine pädagogisch besonders sinnvolle Sanktion, weil sie sich nicht im passiven Erdulden eines Übels erschöpft, sondern einen aktiven Einsatz erfordert. Entscheidend ist allerdings, dass sie behutsam ausgesucht und auf das Alter sowie die Fähigkeiten und Bedürfnisse des Jugendlichen abgestimmt wird. Wenn die Leistung als blosse Schikane oder als sinnlose Beschäftigung ausgestaltet ist, verliert sie ihre erzieherische Funktion. Deshalb müssen auch die «Arbeitgeber» und Veranstalter sorgfältig ausgewählt, eingeführt und begleitet werden.

Als Arbeiten kommen Tätigkeiten in öffentlichen oder gemeinnützigen Betrieben in Frage, in einer Stadtgärtnerei, in einem Werkhof, bei der Feuerwehr, in Museen, auf Sportplätzen, in Schulhäusern, bei Verkehrsbetrieben, auf Robi-Spielplätzen, in Spitälern oder Altersheimen (allerdings nicht im Pflegebereich). Von Caritas und andern Anbietern werden Lager organisiert, wo Arbeiten für Bergbauern, für die Umwelt oder für den Unterhalt von Wanderwegen geleistet werden. Als Leistung zugunsten von Geschädigten kann z.B. angeordnet werden, dass eine besprayte Mauer zu reinigen ist. Mit Arbeiten, die dem Opfer (mit dessen Einverständnis) zugute kommen, lässt sich eine Wiedergutmachung im engeren Sinne anstreben. Ausgeschlossen sind Leistungen für andere Privatpersonen oder für gewinnorientierte Unternehmen, hier wäre die Gefahr von Missbräuchen zu gross. Zum Wesen der Arbeitsstrafe gehört, dass sie unentgeltlich geleistet wird.

«Kurse oder ähnliche Veranstaltungen» können sozialpädagogische Täterprogramme für gewaltbereite Täter, Sexualdelinquenten oder Strassenverkehrstäter sein. An verschiedenen Orten werden z.B. Anti-Aggressivitäts- oder Coolness-Trainings durchgeführt. Bei Delikten, die in Gruppen begangen wurden, können die Beteiligten verpflichtet werden, einen destruktiven Gruppenprozess mit einer Fachperson aufzuarbeiten (sog. Gruppenworkshops). In Frage kommen auch allgemeine Kurse, z.B. Verkehrsunterricht oder Kurse im Zusammenhang mit Drogen, Gesundheitserziehung oder Sexualaufklärung. Ein Programm, das mit regelmässigen Arbeitseinsätzen eine Tagesstruktur für «herumhängende» Jugendliche zu vermitteln sucht, bietet im Kanton Basel-Land das Projekt «Take-off» an. Aus Holland stammt das Modell der «intermediären» Behandlung. Dabei geht es um strukturierte und kontrollierte Freizeit-Programme.

Persönliche Leistungen können gegenüber Jugendlichen unter 15 Jahren für höchstens 10 Tage angeordnet werden. Für Jugendliche, die das 15. Altersjahr vollendet haben, kann die persönliche Leistung bis zu einer Dauer von 3 Monaten angeordnet und mit der Verpflichtung verbunden werden, sich an einem bestimmten Ort aufzuhalten.

5.6.4.5 Busse, Art. 24 JStG

Geldbussen spielen vor allem bei Strassenverkehrsdelikten eine beträchtliche Rolle. Die Altersgrenze von 15 Jahren wird damit begründet, dass Jugendliche nach Art. 30 des Arbeitsgesetzes erst von diesem Alter an als Arbeitnehmer beschäftigt werden dürfen. Damit ist auch angesprochen, dass die Geldstrafe nur dann eine pädagogische Wirkung hat, wenn der Jugendliche aus eigenen Mittel dafür aufkommen muss. Wird die Busse von den Eltern bezahlt, verliert sie ihren Sinn. Deshalb sollten höhere Bussen nur gegenüber Jugendlichen eingesetzt werden, die ein eigenes Einkommen haben. Die Höchstgrenze beträgt 2000 Franken. Nicht übernommen wurde im Jugendstrafrecht das bei den Erwachsenen geltende Tagessatz-System.

5.6.4.6 Freiheitsentzug, Art. 25–27 JStG

Art. 25 JStG umschreibt die Voraussetzungen für die *Freiheitsstrafe*. Ist diese wegen ihrer schädlichen Wirkungen schon für Erwachsene eine problematische und zudem teure Strafe, so gilt das erst recht für Jugendliche. Dennoch wird sie gegenüber Jugendlichen, die schwere Delikte begangen haben und auf andere Sanktionen nicht ansprechen, als unverzichtbar angesehen. Das JStG ist aber bestrebt, den Anwendungsbereich einzugrenzen und negative Wirkungen durch einen jugendgerechten Vollzug zu minimieren.

Mit Freiheitsentzug können nur Jugendliche bestraft werden, die nach Vollendung des 15. Altersjahrs ein Verbrechen oder ein Vergehen[912] begangen haben. Die Dauer der Freiheitsstrafe kann von einem Tag bis zu einem Jahr dauern. Jugendliche ab 16 Jahren können ausnahmsweise mit *Freiheitsentzug bis vier Jahre* bestraft werden, sofern sie eines der in Art. 25 Abs.2 JStG genannten schweren Verbrechen begangen haben, was äusserst selten vorkommt. Lange Freiheitsstrafen werden zudem in einem Grossteil der Fälle zusammen mit Schutzmassnahmen ausgesprochen, da die Begehung derart schwerer Straftaten meistens auf offensichtliche Erziehungs- oder Behandlungsbedürfnisse hinweist. Der Vollzug der Massnahme hat dann Vorrang. Sofern die Massnahme erfolgreich abgeschlossen werden kann, wird der Freiheitsentzug nicht mehr vollzogen (Art. 32 JStG). In der Praxis werden deshalb viele längere Freiheitsentzüge durch Schutzmassnahmen ersetzt und nicht in einer Einrichtung gemäss Art. 27 JStG vollzogen. Für die verurteilten Jugendlichen bleibt aber im Vollzug der Massnahme die Drohung im Hintergrund, dass sie in die Jugend-Strafeinrichtung versetzt werden können, falls sie nicht kooperieren.

Freiheitsentzug bis zu einem Jahr kann wie bei den Erwachsenen in Halbgefangenschaft vollzogen werden. Das bedeutet, dass der Jugendliche nur die Nacht und die

---

912 Definitionen in Art. 10 StGB.

Wochenenden in einer Einrichtung verbringt, die keinen Gefängnischarakter haben muss. Während der Werktage kann er ohne Unterbruch die Schule besuchen oder seiner Arbeit nachgehen. Besonders sinnvoll wäre im jugendstrafrechtlichen Bereich auch das Electronic Monitoring (elektronisch gesicherter Hausarrest). Die dazu vorliegenden Erfahrungen aus England und aus dem Kanton Basel-Landschaft zeigen Folgendes: Electronic Monitoring ist nicht nur eine (kostengünstige) Alternativsanktion, sondern kann mit der entsprechenden Betreuung auch pädagogisch genutzt werden, insbesondere bei Jugendlichen, die sich von den Eltern nichts mehr sagen lassen und ziellos in den Tag (resp. die Nacht) hineinleben.

5.6.4.7   Bedingte Entlassung, Art. 28–31 JStG

Der Anwendungsbereich der bedingten Entlassung ist gegenüber dem Erwachsenenstrafrecht erweitert. Die bedingte Entlassung ist nicht erst nach zwei Dritteln, sondern bereits nach der *Hälfte* der Strafverbüssung möglich, wobei mindestens zwei Wochen verbüsst sein müssen. Voraussetzung ist eine günstige Prognose. Wie bei den Erwachsenen wird immer eine Probezeit angesetzt. In allen Fällen der bedingten Entlassung wird dem Jugendlichen eine geeignete Person zugeteilt, die ihn während der Probezeit begleiten und der Vollzugsbehörde Bericht erstatten soll. Diese «*Begleitperson*» entspricht der Bewährungshilfe im Erwachsenen-Strafrecht. Die Aufgabe kann grundsätzlich von einer professionellen Kraft oder von einer Person aus dem Umfeld des Jugendlichen wahrgenommen werden.

5.6.4.8   Bedingter Vollzug, Art. 35 JStG

Beim bedingten Vollzug wird wie bei den Erwachsenen die Strafe festgelegt, doch wird ihr Vollzug zur Bewährung ausgesetzt. Als Bewährungsfrist wird individuell eine Probezeit festgelegt. Wird sie bestanden, ist der Vollzug der Strafe erlassen. Andernfalls kann die Strafe nachträglich noch vollzogen werden. Teilbedingter Vollzug ist bei den Jugendlichen bei allen Strafen möglich, bei denen bedingter Vollzug angeordnet werden kann. *Bedingter* und *teilbedingter* Vollzug setzen das Fehlen einer ungünstigen Prognose voraus. Sie können sowohl bei der Busse als auch bei der persönlichen Leistung als auch beim Freiheitsentzug gewährt werden, beim Freiheitsentzug allerdings nur für Strafen bis 30 Monate.

5.6.5   Jugendstrafverfahren

Das Verfahren ist vorerst noch kantonal geregelt (eine vereinheitlichte Bundesregelung wird derzeit vorbereitet). In der deutschen Schweiz sind in fast allen Kantonen verselbständigte Jugendanwaltschaften für die Strafverfolgung zuständig. In leichtern

Fällen treffen sie in richterlicher Kompetenz auch den Entscheid. Bei den schwereren Fällen, wo ein längerer Freiheitsentzug oder eine mit Platzierung verbundene Schutzmassnahme beantragt wird, treten sie als anklagende Behörde vor dem in den meisten Kantonen verselbständigten Jugendstrafgericht auf[913].

Das JStG räumt dem Jugendlichen und seiner gesetzlichen Vertretung in allen Fällen und in allen Verfahrensstadien das Recht ein, auf eigene Kosten eine freiwillige *Verteidigung* zuzuziehen. Wenn eine schwere Sanktion zu erwarten ist oder wenn mehr als 24 Stunden Untersuchungshaft angeordnet werden, muss dem Jugendlichen eine Verteidigung bestellt werden. Die Kosten übernimmt notfalls der Kanton.

Fragen zum Jugendstrafrecht

Im Jugendstrafrecht werden nicht nur Massnahmen, sondern auch Strafen erzieherisch begründet: Wie beurteilen Sie dieses Erziehungsverständnis aus einer pädagogischen Perspektive?

Untersuchungen zu den persönlichen Verhältnissen werden weitgehend durch soziale Fachkräfte durchgeführt: Wie würden Sie dabei vorgehen?

Als persönliche Leistung können auch Kurse und ähnliche Veranstaltungen angeordnet werden: Welche Programme sind oder wären sinnvoll?

Welche Forderungen für das Verfahren mit delinquenten Jugendlichen ergeben sich aus pädagogischer und psychologischer Sicht?

5.7 Polizeiliche Zwangsmassnahmen

(Peter Aebersold)

In diesem Kapitel werden polizeiliche Zwangsmassnahmen zusammengefasst, die nicht zum Strafrecht gehören und deshalb nicht an eine Straftat anknüpfen. «Zwangsmassnahmen» sind in dem Sinne zu verstehen, als es sich um freiheitsbeschränkende Eingriffe handelt, die ohne oder gegen den Willen der Betroffenen angeordnet und durchgeführt werden.

Die Polizei hat die öffentliche Ruhe und Ordnung zu gewährleisten. Sie ist für die öffentliche Sicherheit zuständig und hat dafür zu sorgen, dass möglichst keine Delikte begangen werden (Prävention) oder, falls diese doch geschehen, dass sie aufgeklärt und geahndet werden und der rechtmässige Zustand wieder hergestellt wird. Im Rahmen der repressiven Verbrechensbekämpfung hat die Polizei allerdings nur

---

913 Noch nicht verwirklicht ist die Verselbständigung auf der Ebene der Polizei. Einige Kantone, z.B. Zürich und Basel-Land arbeiten bereits mit Jugendbeauftragten innerhalb der Polizei.

eine Feuerwehrfunktion. Sobald der Sachverhalt festgestellt und wenn möglich der Täter gefasst ist, geht die Zuständigkeit an die Strafverfolgungsorgane über[914].

Die Polizei ist *kantonal* organisiert und geregelt. Die in den letzten Jahren neu oder erstmals erlassenen kantonalen Polizeigesetze haben allerdings wesentliche Angleichungen bewirkt, so dass die Grundzüge der Polizeiarbeit idealtypisch beschrieben werden können. In den Einzelheiten bestehen aber nach wie vor kantonale Sonderregelungen, die bei der konkreten Anwendung der folgenden Merkmale beachtet werden müssen.

5.7.1   Mittel zur Aufgabenerfüllung der Polizei

Die kantonalen *Polizeigesetze* sehen konkrete Massnahmen vor, welche die Polizei vornehmen kann, von der Personenkontrolle bis zur Festnahme und zum Schusswaffengebrauch. Daneben gibt es nach wie vor die polizeiliche Generalklausel. Diese gibt der Polizei die Befugnis, auch Massnahmen anzuordnen, die im Gesetz nicht ausdrücklich vorgesehen sind, falls sie zur Bewältigung einer Notsituation unerlässlich sind. Auf die Generalklausel gestützte Anordnungen sollten allerdings nur noch in Ausnahmefällen vorkommen.

Jede polizeiliche Massnahme muss *verhältnismässig* sein. Das Verhältnismässigkeitsprinzip bedeutet im polizeilichen Bereich insbesondere, dass geringfügige Verstösse nicht mit Gewaltanwendung bekämpft werden dürfen. Ein Dieb kann z.B. nicht mit der Schusswaffe an der Flucht gehindert werden. Zudem darf nur so wenig Gewalt eingesetzt werden, als unbedingt nötig ist, um die Gefahr zu beseitigen: Stehen mehrere Mittel zur Verfügung, ist das mildeste zu wählen.

Polizeiliche Massnahmen sollen sich gegen den Störer richten, das heisst gegen die Person, von der eine Gesetzesverletzung oder eine Gefährdung ausgeht *(Störerprinzip)*. Ausnahmsweise können auch andere Personen betroffen sein, allerdings gelten dafür die einschränkenden Voraussetzungen des sogenannten polizeilichen Notstandes. Bei einer gegen Fussball-Rowdys gerichteten Kontrolle müssen sich auch friedliche Fans gefallen lassen, kontrolliert und kurze Zeit aufgehalten, nicht aber stundenlang festgenommen zu werden. Bei einer Demonstration, bei der es zu Ausschreitungen kommt, kann zur Abwehr einer erheblichen Gefahr nach Vorwarnung Tränengas gegen alle Demonstrierenden eingesetzt werden; Gummigeschosse dürfen jedoch nur gegen Randalierer verschossen werden, nicht gegen friedlich Demonstrierende.

---

914 Siehe 5.3.1.

5.7.2 Nicht freiheitsentziehende Zwangsmittel

- *Personenkontrolle*: In der Schweiz gibt es im Gegensatz zu andern Ländern keine für alle Personen geltende Pflicht, einen Ausweis auf sich zu tragen. Dennoch empfiehlt es sich, einen Ausweis mitzuführen, um bei einer Personenkontrolle die eigene Identität nachweisen zu können. Solange dies nicht geschehen ist, kann die Polizei Personen zurückbehalten (s.u. Anhaltung).

- *Polizeiliche Befragung*: Eine Befragung kann überall stattfinden. Eine polizeiliche Befragung ist kein Zeugnis, es besteht keine Aussagepflicht (ausser in Fällen, wo eine unmittelbare Gefahr für Leib und Leben besteht). Sozialtätige, die über Klienten befragt werden, sollten Auskünfte höchstens nach Rücksprache mit Vorgesetzten oder nach einer Besprechung in einer Supervision erteilen.

- *Erkennungsdienstliche Behandlung*: Zur Feststellung der Personenidentität kann die Polizei Fingerabdrücke abnehmen. Sofern die Abdrücke nicht für ein Strafverfahren benötigt werden, kann die betroffene Person die Vernichtung verlangen. Blutentnahmen, Urinproben und DNA-Analysen dürfen nur im Hinblick auf ein Strafverfahren angeordnet werden.

- *Polizeiliche Vorladung*: Zur Durchführung einer Befragung oder einer erkennungsdienstlichen Behandlung kann eine Person schriftlich vorgeladen werden. Der Grund muss mitgeteilt werden. Die betroffene Person muss die Vorladung befolgen, sonst kann sie zwangsweise vorgeführt werden (allerdings nur, wenn das in der Vorladung angedroht war).

- *Durchsuchung von Personen und Fahrzeugen*: Die Polizei darf in Gefahrensituationen die Körperoberfläche sowie Taschen, Behältnisse und Fahrzeuge durchsuchen. Persönliche Durchsuchungen müssen durch eine Person gleichen Geschlechts durchgeführt werden, ausser wenn Gefahr im Verzug liegt. Weitergehende körperliche Untersuchungen müssen durch eine ärztliche Fachperson vorgenommen werden.

- *Hausdurchsuchung*: Normalerweise ist ein Haussuchungsbefehl erforderlich, der im Rahmen eines Strafverfahrens durch eine Strafverfolgungsbehörde ausgestellt wird. Ausnahmsweise kann die Polizei in private Grundstücke eindringen, wenn sie einen Straftäter unmittelbar verfolgt oder wenn der Verdacht besteht, es werde eine Person festgehalten (z.B. bei einer Entführung).

- *Wegweisung*: Die Polizei kann Passanten oder Schaulustige wegweisen, wenn diese gefährdet sind oder wenn sie Polizeiaktionen oder Rettungseinsätze behindern.

- *Vorsorgliche Wegweisung im Zusammenhang mit häuslicher Gewalt*: Neuerdings kann die Polizei in den meisten Kantonen Täter, die gegen Beziehungspersonen Gewalt angewendet haben, aus der eigenen Wohnung wegweisen und die Rückkehr für eine beschränkte Zeit (10–20 Tage) verbieten. Das Opfer kann in dieser

Frist das Gericht anrufen und eine Verlängerung der Wegweisung im Rahmen eines Trennungsverfahrens beantragen.

5.7.3 Freiheitsentziehende Polizeimassnahmen

Eine Person, der die Freiheit entzogen wird, sei es aus strafrechtlichen oder aus polizeilichen Gründen, hat Anspruch darauf, unverzüglich in einer ihr verständlichen Sprache über die Gründe des Freiheitsentzugs und über ihre Rechte informiert zu werden. Zu den Rechten gehören in den Fällen eines Verdachts insbesondere das Recht, die Aussage zu verweigern und nach den Regeln des kantonalen Rechts eine Verteidigung zuzuziehen. Die Person hat zudem Anspruch darauf, ihre nächsten Angehörigen benachrichtigen zu lassen. Diese Information, welche die Polizei der festgenommenen Person abgeben muss, wird *Miranda-Warnung* genannt (nach einem US-amerikanischen Gerichtsentscheid). Der Bundesgesetzgeber hat ihr einen so hohen Stellenwert beigemessen, dass er das Prinzip sogar in der Bundesverfassung festgehalten hat[915]. Jede Person, der die Freiheit entzogen wird, hat das Recht, ein Gericht anzurufen. Bei den Festnahmen aus strafrechtlichen Gründen ist die Entscheidung durch das Haftgericht sogar obligatorisch[916].

Die kantonalen Polizeigesetze kennen folgende *Arten von Freiheitsentzügen*:

* *Vorläufige Festnahme*: Die Polizei kann eine Person, die auf frischer Tat ertappt worden ist oder sonst dringend tatverdächtig ist, vorläufig festnehmen. Die Festnahme kann nur bis zum Entscheid des Haftgerichts dauern, höchstens einige Tage. Erst mit der haftrichterlichen Anordnung handelt es sich um Untersuchungshaft.

* *Polizeigewahrsam*: Die Polizei kann Personen, welche die öffentliche Ruhe oder Ordnung stören (z.B. randalierende Betrunkene) oder Dritte gefährden (z.B. Hooligans, häusliche Gewalttäter), für einige Stunden, je nach Kanton höchstens für wenige Tage, in Gewahrsam nehmen und in einem Polizeilokal festhalten.

* *Zuführung*: Die Polizei hält Personen fest, die einer zuständigen Stelle zugeführt werden sollen. Dabei kann es sich um Personen handeln, die aus dem Straf- und Massnahmenvollzug oder aus der Ausschaffungshaft entwichen sind, um Personen, die sich oder andere gefährden und deshalb fürsorgerisch eingewiesen werden sollen, oder um entlaufene Jugendliche oder Entmündigte. Solche Personen dürfen nur so lange festgehalten werden, bis die Zuführung an die zuständigen Stellen möglich ist.

---

915   Art. 31 Abs. 2 BV.
916   Art. 31 Abs. 3 BV.

- *Anhaltung*: Wenn Zweifel an der Identität einer Person bestehen, kann diese bis zur Klärung zurückbehalten werden, allerdings höchstens einige Stunden. Wenn die Identität auch danach nicht festgestellt werden kann, kommen eventuell fürsorgerische oder fremdenpolizeiliche Massnahmen in Betracht[917].
- *Vorführung*: Wenn einer Vorladung zu einem Zeugnis oder zu einer polizeilichen Befragung nicht Folge geleistet wird, kann eine Person zwangsweise vorgeführt werden, allerdings nur, wenn das in der Vorladung angedroht wurde.

5.7.4 Anwendung von unmittelbarem Zwang

Zur Durchführung der beschriebenen Massnahmen und zur Aufrechterhaltung der öffentlichen Sicherheit kann die Polizei *Zwangsmittel* einsetzen. Diese können in der Anwendung körperlicher Gewalt bestehen (Festhalten, Polizeigriff, Schlagstock) oder im Einsatz technischer Hilfsmittel (Absperrgitter, Tränengas, Gummigeschosse, Handschellen, Schusswaffen). Die Verhältnismässigkeit spielt dabei eine entscheidende Rolle. Zudem müssen Zwangsmassnahmen, sofern das möglich ist, vorher angekündigt werden. Speziell geregelt sind zwei Mittel:

- *Fesselung*: Wer festgehalten werden darf, kann gefesselt werden, falls die Gefahr besteht, dass die Person sich oder andere gefährdet, Sachen beschädigt, entflieht oder befreit wird. Die Fesselung geschieht in der Regel mit Handschellen. Wenn keine vorhanden sind, können auch andere Mittel (Schnüre, Plastikbänder, Gürtel) verwendet werden.
- *Schusswaffengebrauch*: Waffen dürfen eingesetzt werden zur Ergreifung gefährlicher Täter, die schwere Gewaltdelikte begangen haben oder begehen wollen, zur Befreiung von Geiseln und zur Verhinderung von Anschlägen und Attentaten. Zudem kann die Waffe zum eigenen Schutz (Notwehr) oder zum Schutz anderer Personen eingesetzt werden (Notwehrhilfe), so lange eine unmittelbare Bedrohung für Leib oder Leben besteht. Entscheidend ist die Verhältnismässigkeit (bezüglich Notwendigkeit, Ausmass der Gefahr, Zielobjekt und alternativer Handlungsmöglichkeiten). Der Waffeneinsatz muss wenn immer möglich vorher angedroht werden, er sollte keine Unschuldigen gefährden.

---

917 Z.B. FFE für verwirrte Personen, Ausschaffungshaft für illegal Eingereiste.

5.7.5   Rechtsmittel und Rechtsbehelfe

Im Umgang mit der Polizei ist es ratsam, sich nicht provozieren zu lassen. Es empfiehlt sich, freundlich zu bleiben, aber auf den eigenen Rechten zu beharren (in der Form verbindlich – in der Sache konsequent). Wer sich mit der Polizei in Auseinandersetzungen einlässt, läuft schnell Gefahr, dass das eigene Verhalten als Beleidigung, Bedrohung oder Behinderung interpretiert wird und Anlass für weitergehende Polizeimassnahmen gibt. Solche Konflikte eskalieren nicht selten und gehen dann zum Nachteil der Privatpersonen aus.

Wenn Polizistinnen oder Polizisten Übergriffe begehen, kann das Verhalten angezeigt und eine Strafverfahren verlangt werden. Gegen Verfügungen der Polizei sind zudem verwaltungsrechtliche Rekurse möglich. In allen gerichtlichen Verfahren ist es aber sehr schwierig, die Polizei auf Fehler zu behaften, weil meistens der Nachweis nicht gelingt. Das hängt damit zusammen, dass Polizeibedienstete sich fast immer in ihren Aussagen gegenseitig decken. Ein Prozess ist in der Regel nur aussichtsreich, wenn eindeutige und unumstössliche Beweise vorliegen.

Dennoch sollte eine Person, die ein unkorrektes Verhalten festgestellt hat oder davon betroffen war, nicht untätig bleiben. In jedem Fall zu empfehlen ist eine *Aufsichtsbeschwerde* an die vorgesetzte Behörde. Die Aufsichtsbeschwerde ist zwar ein schwaches Mittel, bloss ein sogenannter Rechtsbehelf. Dennoch zeigt sie oft erstaunliche Wirkungen. Wenn es sich um einen ernsthaften Vorwurf handelt, findet immer eine interne Untersuchung statt. Die beschuldigten Polizeibediensteten müssen sich auf jeden Fall rechtfertigen. Nicht selten wird aufgrund der Untersuchung ein Tadel oder eine Sanktion ausgesprochen. Allerdings wird das nur bei ernsthaftem Fehlverhalten in der Beschwerdeantwort mitgeteilt. Bei leichten Verstössen nehmen die Vorgesetzten ihre Untergebenen nach aussen oft in Schutz, obwohl sie deren Verhalten intern gerügt haben.

In den Kantonen, die öffentliche Ombudspersonen eingeführt haben, können auch diese mit Beschwerden gegen die Polizei angegangen werden. Ungenügend entwickelt sind in der Schweiz bisher spezialisierte unabhängige Beschwerdestellen, wie sie in andern Ländern heute üblich sind. Eine Person, die von einer widerrechtlichen Polizeiaktion betroffen ist, kann Schadenersatz (materieller Schaden) und eventuell Genugtuung (Schmerzensgeld) verlangen.

5.7.6 Fremdenpolizeiliche Zwangsmassnahmen

Fremdenpolizeiliche Massnahmen sind Fernhalte- oder Entfernungsmassnahmen für unerwünschte Ausländerinnen und Ausländer[918]. Sie haben keinen Bezug zum Strafrecht, im Gegenteil: Wenn Ausländer Straftaten begangen haben, wird zuerst das Strafverfahren durchgeführt und die ausgesprochene Sanktion vollzogen. Die fremdenpolizeilichen Massnahmen kommen in diesen Fällen erst zum Zug, wenn die Strafe verbüsst ist. Bei den meisten Betroffenen handelt es sich aber um Personen, die keine Straftaten begangen haben. Der einzige Vorwurf, der ihnen gemacht wird, liegt darin, dass sie sich ohne ständiges Bleiberecht in der Schweiz aufhalten oder dass zu befürchten ist, sie würden in absehbarer Zeit untertauchen.

Im Mittelpunkt steht die Ausländerhaft (Vorbereitungs-, Durchsetzungs- oder Ausschaffungshaft). Die Ausländerhaft wurde erst 1995 eingeführt. Sie ist 2007 drastisch verschärft worden. Die Inhaftierung wird in der Regel in speziellen Gefängnissen durchgeführt. Diese sind z.T. stärker gesichert und rigider geführt als Untersuchungsgefängnisse. Die Praxis der Anwendung ist von Kanton zu Kanton unterschiedlich. An einem Stichtag befinden sich insgesamt rund 400 Personen in Ausländerhaft.

5.7.6.1 Entfernungsmassnahmen

Die Wegweisung ist die Aufforderung an Personen, die kein Aufenthaltsrecht haben, die Schweiz zu verlassen.

Die Ausweisung kann alle Ausländer betreffen, auch solche mit einer Niederlassungsbewilligung. Sie kann angeordnet werden gegen Personen, die gerichtlich bestraft wurden, die nicht bereit sind, sich in die hiesige Ordnung einzufügen, oder solche, die erheblich und fortgesetzt der Sozialhilfe zur Last fallen (Art. 62 und 63 AuG). Mit der Ausweisung wird in der Regel eine Einreisesperre als Fernhaltemassnahme verbunden. Der Ausländer, der unter Missachtung dieser Sperre wieder in die Schweiz einreist, begeht Verweisungsbruch und kann direkt in Ausschaffungshaft genommen werden.

5.7.6.2 Fernhaltemassnahmen

* Einreisesperre: Der betroffenen Person wird verboten, ohne ausdrückliche Ermächtigung in die Schweiz einzureisen. Die Einreisesperre kann für Personen, die erhebliche Sozialhilfekosten verursacht haben, die öffentliche Ordnung und Sicherheit im In- oder Ausland verletzt oder gefährdet haben, ausgeschafft worden sind oder in Vorbereitungs-, Ausschaffungs- oder Durchsetzungshaft

---

918 Die gesetzliche Regelung findet sich im Bundesgesetz über die Ausländerinnen und Ausländer vom 16.12.2005; die Zwangsmassnahmen sind insbesondere in Art.74 ff. geregelt.

genommen wurden, befristet oder in schwerwiegenden Fällen auf unbestimmte
Zeit ausgesprochen werden (Art. 67 AuG).

• Zurückweisung an der Grenze: Ausländer, welche die Voraussetzungen einer
rechtmässigen Einreise nicht erfüllen und keine Aussicht auf eine Bewilligung
haben, werden an der Grenze zurückgewiesen.

5.7.6.3   Ausschaffungshaft und Durchsetzungshaft, Art. 76–79 AuG

Die Ausschaffungshaft dient der Sicherstellung des Weg- oder Ausweisungsvollzugs,
wenn zu befürchten ist, die Person werde sich der Rückschaffung entziehen. Die Haft
kann zunächst bis 3 Monate dauern. Wenn dem Vollzug der Weg- oder Ausweisung
auch dann noch Hindernisse entgegenstehen, kann sie um höchstens 15 Monate, für
Minderjährige zwischen 15 und 18 Jahren um höchstens 9 Monate verlängert werden.
Ist eine Person ihrer Pflicht zur Ausreise innert Frist nicht nachgekommen und ist die
Ausschaffungshaft nicht möglich, so kann die Person in Durchsetzungshaft genommen werden, um der Ausreisepflicht Nachachtung zu verschaffen. Die Durchsetzungshaft kann für einen Monat angeordnet werden und jeweils um 3 Monate verlängert
werden. Die maximale Dauer beträgt 18 Monate, für Minderjährige 9 Monate.

Gelegentlich ist eine Rückschaffung auch nach den vollen 18 bzw. 12 Monaten
nicht möglich, weil die Identität nicht feststeht oder weil das Heimatland nicht koo-
periert. Die Person muss dann entlassen werden, sie erhält aber keine Aufenthaltsbewilligung.

5.7.6.4   Vorbereitungshaft, Art. 75 AuG

Schon vor dem Weg- oder Ausweisungsentscheid kann für höchstens 6 Monate Vor-
bereitungshaft angeordnet werden, um die Durchführung des entsprechenden Verfahrens sicherzustellen. Zusammen mit der Ausschaffungshaft kann die Inhaftierung
höchstens 24 Monate dauern. Bei Minderjährigen zwischen 15 und 18 Jahren darf sie
12 Monate nicht überschreiten.

5.7.6.5   Ein- und Ausgrenzung, Art. 74 AuG

Ausländern ohne Aufenthalts- oder Niederlassungsbewilligung (vor allem Asylsuchenden) kann die Auflage gemacht werden, ein bestimmtes Gebiet nicht zu betre-
ten (Ausgrenzung, Rayonverbot) oder ein zugewiesenes Gebiet nicht zu verlassen,
sofern sie die öffentliche Sicherheit oder Ordnung gefährden. Die Anordnung dient
vor allem der Bekämpfung des Drogenhandels.

Fragen zu den polizeilichen Zwangsmassnahmen

a) Welche Erfahrungen haben Sie mit der Polizei im beruflichen oder privaten Bereich? Inwiefern beeinflussen diese Erfahrungen Ihre Einstellungen und Verhaltensweisen?

b) Die Basler Polizei verfügt als Einzige über einen Sozialdienst, in dem Sozialtätige heikle Polizeieinsätze übernehmen, insbesondere gegenüber psychisch auffälligen Personen: Was halten Sie von diesem Vorgehen?

c) Wie wird die Ausschaffungshaft politisch begründet? Wie weit erreicht sie dieses Ziel?

d) Weshalb ist es nicht zulässig, unerwünschte Ausländer einfach an die Grenze zu stellen?

6   Quellenverzeichnis

Aebersold Peter (1998). Menschenbilder im Strafrecht und im Strafvollzug – Straftheorien, Kriminalprävention, Resozialisierung. In: Caritas (Hrsg.). Menschenbilder in der Strafverfolgung und im Strafvollzug – Wertsysteme und Entscheidungskriterien, Luzern, S. 39–57.

Aebersold Peter (2005). Ist Resozialisierung als Ziel des Strafvollzugs noch zeitgemäss? In: Sozial Aktuell, Nr. 21, S. 2 ff.

Aebersold Peter (2007). Das schweizerische Jugendstrafrecht, Bern.

Albrecht Peter (1995). Kommentar zum schweizerischen Strafrecht, Sonderband Betäubungsmittelstrafrecht, Bern.

Albrecht Peter (2002). Die Untersuchungshaft – eine Strafe ohne Schuldspruch? Ein Plädoyer für den Grundsatz der Unschuldsvermutung im Haftrecht. In: Donatsch Andreas/Forster Mark/Schwarzenegger Christian (Hrsg.). Festschrift für Stefan Trechsel, Zürich, S. 355 ff.

Amonn Kurt/Wather Fridolin (2003). Grundriss des Schuldbetreibungs- und Konkursrechts, Bern.

Amstutz Kathrin (2002). Das Grundrecht auf Existenzsicherung, Bern.

Baechtold Andrea (2005). Strafvollzug. Straf- und Massnahmenvollzug an Erwachsenen in der Schweiz, Bern.

Baldegger, Werner (1970). Vormundschaftsrecht und Jugendfürsorge, Dissertation, Freiburg.

Barrelet Denis/Egloff Willi (2000). Das neue Urheberrecht – Kommentar zum Bundesgesetz über das Urheberrecht und verwandte Schutzrechte, Bern.

Basler Kommentar (2006). Zivilgesetzbuch. Herausgegeben von Honsell Heinrich, Basel.

Baud Getrud/Gabathuler Thomas/Richterich Lukas (2008). Trennung und Scheidung. Saldo Ratgeber, Zürich.

Bertschi Martin/Gächter Thomas (2000). Schöne Worte? Zur Eignung der Präambel, des Zweckartikels und des Appells an die Verantwortung als Leitlinien staatlichen Handelns. In: Gächter Thomas/Bertschi Martin, Neue Akzente in der «nachgeführten» Bundesverfassung, Zürich, S. 3–33.

Besozzi Claudio (1998). Die (Un-)Fähigkeit zur Veränderung, Bundesamt für Justiz, Bern.

Bianchi Doris (2003). Die Integration der ausländischen Bevölkerung, Zürich.

Biderbost Yvo (1996). Die Erziehungsbeistandschaft (Art. 308 ZGB), Dissertation, Freiburg.

Birrer mathias (2005). Stockwerkeigentum, Zürich.

Blülle Stefan (1996). Ausserfamiliäre Platzierung, ein Leitfaden für zuweisende und platzierungsbegleitende Fachleute, Schweiz. Verband für Sozial- und Heilpädagogik (Hrsg.), Zürich.

Boehringer Peter (2001). Arbeitsrecht – Ein Lehrgang für die Praxis, Zürich.

Brägger Benjamin F. (2002). Gemeinnützige Arbeit als Alternativsanktion in der Schweiz, ZStR 2002, S. 183 ff.

Bräunlich Keller Irmtraud (2007). Arbeitsrecht – Vom Vertrag bis zur Kündigung. Beobachter Ratgeber, Zürich.

BRÜCKNER CHRISTIAN (2000). Das Personenrecht des ZGB, Zürich.

BUCHER ANDREAS (2003). Internationales Privatrecht. Bundesgesetz und Staatsverträge, Basel, Genf, München.

BUNDESAMT FUER STATISTIK (2005). Schweizerische Arbeitskräftestatistik, Neuchâtel.

CARIGIET ERWIN (1998). Ergänzungsleistungen zur AHV/IV. In: KOLLER HEINRICH et al. Schweizerisches Bundesverwaltungsrecht – Soziale Sicherheit, Band 8, Basel.

CAVIEZEL CHRISTOPH (1988). Die Vermögensverwaltung durch den Vormund, Stans.

CORNEL HEINZ/NICKOLAI WERNER (2004). What works? Freiburg.

CORNEL HEINZ/KAWAMURA-REINDL GABRIELE/MAELICKE BERND/SONNEN BERND-RÜDEGER (2003). Handbuch der Resozialisierung, Baden-Baden.

DITTMANN VOLKER/KUHN ANDRÉ/MAAG RENIE/WIPRÄCHTIGER HANS (2002). Zwischen Mediation und Lebenslang, Zürich.

DURKHEIM EMILE (1968). Kriminalität als normales Phänomen. In: SACK FRITZ/KOENIG RENÉ (Hrsg.). Kriminalsoziologie, Frankfurt am Main, S. 3–8.

E&E ENTWICKLUNG & EVALUATION GMBH (2004). Interkantonaler Modellversuch «Elektronisch überwachter Strafvollzug (EM) für Kurz- und Langstrafen, 1. September 1999–31. August 2002. Evaluationsbericht zur Rückfalluntersuchung vom Dezember, Zürich.

ECKERT ANDREAS/FLACHSMANN STEFAN/ISENRING BERNHARD/LANDSHUT NATHAN (2004). Tafeln zum Strafrecht Besonderer Teil I, Zürich.

ECKERT ANDREAS/FLACHSMANN STEFAN/ISENRING BERNHARD/LANDSHUT NATHAN (2006). Tafeln zum Strafrecht Besonderer Teil II, Zürich.

EIDE ASBJORN (2001). The Right to adequat standart of living including the Right to food. In: EIDE ASJBORN/KRAUSE CATARINA/ROSAS ALAN (Hrsg.), Economic Rights as Human Rights, a Textbook, Dordrecht/Boston/London, S. 89–107.

EISNER MANUEL (1997). Das Ende der zivilisierten Stadt? Die Auswirkungen von Modernisierung und städtischem Strukturwandel auf Gewaltdelinquenz, Frankfurt am Main.

ENGLER URS (1996). Die Wohnungsgenossenschaft im Mietrecht, Zürich.

EUROPARAT (2004). Empfehlungen zum Freiheitsentzug, Bad Godesberg.

FLUME WERNER (1979). Allgemeiner Teil des Bürgerlichen Rechts, Band 2/1.1, Berlin.

GABATHULER THOMAS/SCHUHMACHER RENÉ/STAUFFER HANS ULRICH/THÜR HANSPETER (2007). Arbeitsrecht: Was Angestellte wissen müssen. Saldo Ratgeber, Zürich.

GALLI-WIDMER MARIANNE (2003). Überlegungen einer Praktikerin zum Vorentwurf für ein Bundesgesetz über das Verfahren vor den Kindes- und erwachsenenschutzbehörden, ZVW 5/2003, S. 387 ff.

GAUCH PETER/AEPLI VIKTOR/STÖCKLI HUBERT (2006). Präjudizienbuch zum OR. Rechtsprechung des Bundesgerichts, Zürich.

GEISER THOMAS (1993). Die Aufsicht im Vormundschaftswesen, Zeitschrift für Vormundschaftswesen ZVW Nr. 48, Zürich, S. 201–223.

GEISER THOMAS/MÜLLER ROLAND (2005). Arbeitsrecht in der Schweiz, Bern.

GÖKSU TARKAN (2003). Rassendiskriminierung beim Vertragsabschluss als Persönlichkeitsverletzung, Dissertation, Freiburg.

GOMM PETER/ZEHNTNER DOMINIK (2005). Kommentar zum Opferhilfegesetz, Bern.

GROSS JOST (1999), Staats- und Beamtenhaftung. In: MÜNCH PETER/GEISER THOMAS (Hrsg.), Schaden – Haftung – Versicherung, Basel, S. 108 f.

GULER ALBERT (1996). Die Aufhebung der elterlichen Obhut nach Art. 310 ZGB, Zeitschrift für Vormundschaftswesen ZVW Nr. 4, Zürich, S. 121–133.

GYSIN CHARLOTTE (1999). Der Schutz des Existenzminimums in der Schweiz, Basel.

HAAS HENRIETTE (2001). Agressions et victimisations: une étude sur les délinquants violents et sexuels non détectés, Aarau.

HAEBERLE PETER (2001). Die Verfassung im Kontext. In: TÜHRER DANIEL/AUBERT JEAN-FRANCOIS/ MÜLLER JÖRG PAUL, Verfassungsrecht der Schweiz, Zürich, S. 17–37.

HÄFELI CHRISTOPH (2005). Wegleitung für vormundschaftliche Organe, Zürich.

HÄFELI CHRISTOPH (2008) (Hrsg.). Das Schweizerische Sozialhilferecht, Luzern.

HÄFELIN ULRICH/HALLER WALTER/KELLER HELEN (2008). Schweizerisches Bundesstaatsrecht, Zürich/Basel/Genf.

HÄFELIN ULRICH/MÜLLER GEORG/UHLMANN FELIX (2006). Allgemeines Verwaltungsrecht, Bern.

HASSEMER WINFRIED/REEMTSMA JAN PHILIPP (2002). Verbrechensopfer. Gesetz und Gerechtigkeit, München.

HAUSER SONJA (2004). Zusammen leben, zusammen wohnen. Beobachter Ratgeber, Zürich.

HAUSHERR HEINZ/AEBI-MÜLLER REGINE (1999). Das Personenrecht des Schweizerischen Zivilgesetzbuches, Bern.

HEGNAUER CYRIL (1999). Grundriss des Kindesrechts und des übrigen Verwandtschaftsrechts, Bern.

HEGNAUER CYRIL/BREITSCHMID PETER (2000). Grundriss des Eherechts, Bern.

HENKEL HELMUT (1977). Die Anordnung von Kindesschutzmassnahmen gemäss Art. 307 rev. ZGB, Dissertation, Zürich.

HEUSI CLAUDIA (2000). Der Geschäftsmietvertrag, Zürich.

HÖPFLIGER FRANÇOIS (1996). Geschichte der Ehe. NZZ-Folio 4/96, S. 3 ff.

HUTTER FRANZ-JOSEF (2003). No rights – Menschenrechte als Fundament einer funktionierenden Weltordnung, Berlin.

JACOBI MARIANNE (2000). Opferhilfe zwischen Anspruch und Wirklichkeit. Postskript aus der Sicht der Anwaltschaft. In: Zentralblatt des Bernischen Juristenvereins (ZBJV), Bern, S. 326 ff.

KANYAR ANDRE (2008). Wiedergutmachung und Täter-Opfer-Ausgleich im schweizerischen Strafrecht, Basel.

KAUFMANN FRANZ-XAVER (1996). Diskurse über Staatsaufgaben. In: GRIMM DIETER (Hrsg.), Staatsaufgaben, Baden-Baden.

KAUFMANN FRANZ-XAVER (2005). Sozialpolitik und Sozialstaat: Soziologische Analysen, Wiesbaden.

KIESER UELI (2003). Leistungen der Sozialversicherungen, Zürich.

KNAPP BLAISE (2000). Kommentar zu Art. 48 aBV. In: AUBERT GABRIEL et al. (Hrsg.), Kommentar zur Bundesverfassung vom 29. Mai 1874, Zürich.

KREN KOSTIEWICZ JOLANTA/BERTSCHINGER URS/BREITSCHMID PETER/SCHWANDER IVO (2008). Handkommentar zu Schweizerischen Obligationenrecht, Zürich.

Kren Kostiewicz Jolanta/Schwander Ivo/Wolf Stephan (2006). ZGB Handkommentar zum Schweizerischen Zivilgesetzbuch, Zürich.

Künzli Jürg (1997). Die Bedeutung des UNO-Paktes über wirtschaftliche, soziale und kulturelle Rechte für das schweizerische Recht. In: Kälin Walter et al. (Hrsg.). Die Schweiz und die UNO-Menschenrechtspakte, Basel, S. 105.

Kunz Karl-Ludwig (2008). Kriminologie, Bern.

Kunz Karl-Ludwig (2005). Grundzüge der heutigen Kriminalpolitik. In: Neue Kriminalpolitik 17, Heft 4, S. 151 ff.

Lachat Daniel/Stoll Daniel/Brunner Andreas (1999). Das neue Mietrecht für die Praxis. Zürich: Mieterinnen- und Mieterverband.

Lendi Martin (2001). Rechtsordnung. Eine Einführung in das schweizerische Recht mit Tafeln und Beispielen, Zürich.

Leu Robert E./Buri Stefan/Priester Tom (1997). Lebensqualität und Armut in der Schweiz, Bern.

Lienhard Andreas (2006). Verfügungen. In: Bergmann Andreas/Giauque David/Nagel Erik/Lienhard Andreas/Ritz Adrian/Steiner Reto (Hrsg.). Managementleitfaden öffentlicher Verwaltung. Grundlagen – Mustervorlagen – Checklisten, Ziff. 6/1, Zürich.

Locher Thomas (2003). Grundriss des Sozialversicherungsrechts, Bern.

Macher Peter/Trümpy Josef (2008). Mietrecht für Mieterinnen und Mieter, Zürich.

Mahon Pascal (2005). Art. 12 BV. In: Aubert Jean-Francois/Mahon Pascal. Petit commentaire de la Constitution fédérale de la Confédération suisse, Bern.

Mastronardi Philippe (2001). Menschenwürde als materielle «Grundnorm» des Rechtsstaats. In: Thürer Daniel/Aubert Jean-Francois/Müller Jörg Paul, Bern, S. 223–247.

Maurer Alfred (1993). Bundessozialversicherungsrecht, Bern.

Meyer-Blaser Ulrich (2003). Sozialstaat. In: Carigiet Erwin/Mäder Ueli/Bonvin Jean-Michel (Hrsg.). Wörterbuch der Sozialpolitik, Zürich.

Mösch Payot Peter (2004a). Die Renaissance des Opfers in der Strafdiskussion. In: Strafen, ein Buch zur Strafdiskussion der Gegenwart. Baden, S. 207 ff.

Mösch Payot Peter (2004b). Rechte und Pflichten von Kindern und Jugendlichen. In: OKAJ (Hrsg.). Alles was Recht ist, Zürich.

Müller Jörg-Paul (2001). Allgemeine Bemerkungen zu den Grundrechten. In: Thürer Daniel/Aubert Jean-François/Müller Jörg-Paul (Hrsg.). Verfassungsrecht der Schweiz.

Müller Jörg-Paul/Schefer Markus (2008). Grundrechte in der Schweiz im Rahmen der Bundesverfassung, der EMRK und der UNO-Pakte, Bern.

Niggli Marcel A. (2004). Strengere Strafen als Beruhigungsmittel. In: Plädoyer. Magazin für Recht und Politik, Nr. 5, Zürich, S. 32 ff.

Niggli Marcel A./Pfister Fritz (1997). Das verlorene Paradies? Über Romantik, Kriminalitätsentwicklung in der Schweiz und die Kunst, Geschichten zu erzählen. In: Aktuelle Juristische Praxis, 1997, Lachen, S. 519–553.

Niggli Marcel A./Riklin Franz (2005). Strafrecht, Besonderer Teil (inkl. BetmG und SVG), Vorlesungsskriptum, 9. Auflage. www.unifr.ch/Iman/pages/skripte/bt skript.html (eingesehen am 22.03.06).

OPITZ PETER J. (2002). Menschenrechte und Internationaler Menschenrechtsschutz im 20. Jahrhundert, München.

PÄRLI KURT (2003). Auswirkungen der neuen Bundesverfassung auf die Sozialarbeit. In: Sozial Aktuell Nr. 1, Bern, S. 11 ff.

PÄRLI KURT. Verfassungsrechtliche Aspekte neuer Modelle in der Sozialhilfe. In: Aktuelle Juristische Praxis, 2004, Lachen, S. 45 ff.

PÄRLI KURT (2005). Keine Beschwerdelegitimation. In: ZESO Nr. 4, Zürich, S. 27–28

PÄRLI KURT (2005a). Gewährung des rechtlichen Gehörs. In: ZESO Nr. 1, Zürich, S. 28–29.

PÄRLI KURT (2005b). Die Auswirkungen des Grundrechts auf neuere Sozialhilfemodelle. In: TSCHUDI CARLO. Das Grundrecht auf Hilfe in Notlagen, Bern.

PÄRLI KURT (2006). Beratungspflichten der Sozialversicherer. In: Sozial Aktuell Nr. 1, Bern, S. 11 ff.

QUELOZ NICOLAS (2005). Délinquance des jeunes et justice des mineurs, Bern.

RAUCHFLEISCH UDO (1991). Begleitung und Therapie straffälliger Menschen, Mainz.

REHN GERHARD/WISCHKA BERND/LÖSEL FRIEDRICH/WALTER MICHAEL (2001). Behandlung gefährlicher Straftäter, Herbolzheim.

REUSSER RUTH/LÜSCHER KURT (2002). Kommentar zu Art. 11 BV. In: EHRENZELLER BERNHARD et al. (Hrsg.). Die Schweizerische Bundesverfassung, St. Galler Kommentar, Zürich/Lachen.

RIEMER HANS MICHAEL (1997). Grundriss des Vormundschaftsrecht, Bern.

RIEMER-KAFKA GABRIELA (1999). Die Pflicht zur Selbstverantwortung, Freiburg.

RIEMER-KAFKA GABRIELA (2005). Das Verhältnis zwischen Grundrecht auf Hilfe in Notlagen und Eigenverantwortung. In: TSCHUDI CARLO. Das Grundrecht auf Hilfe in Notlagen, Bern.

ROBERTO VITO (2002). Schweizerisches Haftpflichtrecht, Zürich.

RODRIGUEZ-MOSER DORA (1999). Sozialarbeit in der Jugendstrafrechtspflege. Diplomarbeit FHS Basel.

SCHANZENBÄCHER STEFAN (2003). Anti-Aggressivitäts-Trining auf dem Prüfstand, Herbolzheim.

SCHEFER MARKUS (2001). Die Kerngehalte von Grundrechten, Bern.

SCHEFER MARKUS (2005). Grundrechte in der Schweiz (Ergänzungsband zu MÜLLER JÖRG PAUL. Grundrechte in der Schweiz), Bern.

SCHLEICHER JOHANNES (1998). Rechtsmissbrauch bei der Ausübung des Grundrechts auf Existenzsicherung, Köniz.

SCHLEICHER JOHANNES (fortlaufend), Rechtsgrundlagen für die Soziale Arbeit, Loseblattsammlung, www.schleicher.ch.

SCHMID JÖRG (2001). Einleitungsartikel des ZGB und Personenrecht, Zürich.

SCHMID JÖRG/HÜRLIMANN-KAUP BETTINA (2003). Sachenrecht, Zürich.

SCHNYDER BERNHARD/MURER ERWIN (1984). Berner Kommentar, Band II, 3. Abteilung, 1. Teilband, Bern.

SCHÖCH HEINZ/JEHLE JÖRG-MARTIN (2004). Angewandte Kriminologie zwischen Freiheit und Sicherheit, Mönchengladbach.

SCHWARZENEGGER CHRISTIAN/THALMANN URS/ZANOLINI VEIO (2006). Mediation im Strafrecht: Erfahrungen im Kanton Zürich. Schlussbericht zur kriminologischen Evaluation des Zürcher Pilotprojekts, Zürich.

SCHWEIZERISCHE VEREINIGUNG FÜR JUGENDSTRAFRECHTSPFLEGE (2004). Das neue Jugendstrafrecht, Bern.

SCHWENZER INGEBORG (1998). Beschränkung und Modifikation der vertraglichen Haftung. In: KOLLER ALFRED (Hrsg.). Haftung aus Vertrag, St. Gallen, S. 114 f.

SCHWENZER INGEBORG (2006). Schweizerisches Obligationenrecht Allgemeiner Teil, Bern.

SCHWENZER INGEBORG (2005). Scheidung, Bern.

SEILER HANSJÖRG (2004). Einführung in das Recht, Zürich.

SHUE HENRY (1996). Basic Rights, Subsidence, Affluence and U.S. Foreign Policy, Princeton.

SPENLE CHRISTOPH (2002). Das Mitteilungsverfahren nach dem Internationalen Übereinkommen zur Beseitigung jeder Form von Rassendiskriminierung. In: Jusletter, Bern, www.weblaw.ch/jusletter, eingesehen am 15.07.06.

SPESCHA MARC, THÜR HANSPETER, ZÜND ANDREAS, BOLZLI PETER (2008). Migrationsrecht. Kommentar. Zürich.

STAUB-BERNASCONI SILVIA (2001). Auseinandersetzungen zwischen Individuum und Gesellschaft – Wie konflikttauglich sind Theorien Sozialer Arbeit? Referat an der Danube-Conference der International Federation of Social Workers (IFSW). In: www.sozialarbeit.at/staub.doc, eingesehen am 04.04.06.

STECK DANIEL (2005). Kommentierung der Art. 196–220 ZGB. In: SCHWENZER INGEBORG (Hrsg.). Scheidung, Bern.

STRATENWERTH GÜNTER (2005). Schweizerisches Strafrecht. Allgemeiner Teil I: Die Straftat, Bern.

STRATENWERTH GÜNTER (2006). Schweizerisches Strafrecht Allgemeiner Teil II: Strafen und Massnahmen, Bern.

STUDER BENNO (2005). Testament, Erbschaft, Beobachter Ratgeber, Zürich.

STUDER JOSEF (2002). Repetitorium Strafprozessrecht, Zürich.

THOMET WERNER (1994). Kommentar zum ZUG, Zürich.

THÜRER DANIEL (2001). Verfassungsrecht und Völkerrecht. In: THÜRER DANIEL/AUBERT JEAN-FRANÇOIS/MÜLLER JÖRG PAUL (Hrsg.). Verfassungsrecht der Schweiz (unter Mitarbeit von DIGGELMAN OLIVIER), Zürich.

TRECHSEL STEFAN, NOLL PETER (2004). Schweizerisches Strafrecht, Allgemeiner Teil I, Zürich.

TUOR PETER/SCHNYDER BERNHARD, SCHMID JÖRG/REMO-JUNGO ALEXANDRA (2002). Das Schweizerische Zivilgesetzbuch, Zürich.

TSCHANNEN PIERRE (2007). Staatsrecht der Schweizerischen Eidgenossenschaft, Bern.

TSCHANNEN PIERRE/ZIMMERLI ULRICH (2005). Allgemeines Verwaltungsrecht, Bern.

TSCHENTSCHER AXEL (2003). Grundprinzipien des Rechts. Einführung in die Rechtswissenschaft mit Beispielen aus dem schweizerischen Recht, Bern.

TSCHUDI CARLO (2004) (Hrsg.). Das Grundrecht auf Hilfe in Notlagen. Menschenwürdige Überlebenshilfe oder Ruhekissen für Arbeitsscheue? Bern.

TSCHUDI HANS PETER (1987). Geschichte des schweizerischen Arbeitsrechts, Basel.

VAN KALMTHOUT ANTON M./DERKS JACK TM (2000). Probation and Probation Services, a European Perspective, Nijmegen.

VEREIN FÜR SCHULDENSANIERUNG BERN (2005). Betreibung: was tun? Betreibungsrecht für Betriebene, Sanierungsrecht für Überschuldete, Bern.

VILLIGER MARK. E. (1999). Handbuch der Europäischen Menschenrechtskonvention, Zürich.

VISCHER FRANK (2005). Der Arbeitsvertrag, Basel.

VITO ROBERTO (2002). Schweizerisches Haftpflichtrecht, Zürich.

VOGEL OSCAR/SPÜHLER KARL (2006). Grundriss des Zivilprozessrechts, Bern.

WALDMANN BERNHARD (2003). Das Diskriminierungsverbot von Art. 8 Abs. 2 BV als besonderer Gleichheitssatz unter besonderer Berücksichtigung der völkerrechtlichen Diskriminierungsverbote einerseits und der Rechtslage in den USA, in Deutschland, Frankreich sowie im europäischen Gemeinschaftsrecht andererseits, Bern.

WEBER JONAS PETER (2004). Der elektronisch überwachte Hausarrest und seine Einführung in der Schweiz, Basel.

WOLFFERS FELIX (1993). Grundriss des Sozialhilferechts, Bern.

ZEITSCHRIFT FÜR VORMUNDSCHAFTSWESEN, Zürich. Züricher Kommentar (1948). Herausgegeben von EGGER AUGUST, Zürich.

7 Abkürzungsverzeichnis

a.A.	anderer Ansicht
A.d.V.	Anmerkung der Verfasserin/des Verfassers
Abs.	Absatz
AEMR	Allgemeine Erklärung der Menschenrechte
AG	Aargau
AHV	Alters- und Hinterlassenenversicherung
AHVG	Bundesgesetz vom 20. Dezember 1946 über die Alters- und Hinterlassenenversicherung (SR 831.10)
AJP	Aktuelle Juristische Praxis / Pratique Juridique Actuelle
a.M.	anderer Meinung
amtl.	amtlich
Amtl. Bull.	Amtliches Bulletin
ANAG	Bundesgesetz vom 26. März 1931 über Aufenthalt und Niederlassung der Ausländer (SR 142.20)
Anm.	Anmerkung
Art.	Artikel
ARV	Arbeitsrecht und Arbeitslosenversicherung
AS	Amtliche Sammlung der Bundesgesetze und Verordnungen der Schweizerischen Eidgenossenschaft
ASPAS/ SBS	Schweizerischer Berufverband Soziale Arbeit, seit 2006 Avenir Social
AsylG	Asylgesetz vom 26. Juni 1998 (SR 142.31)
ATSG	Bundesgesetz vom 6. Oktober 2000 über den Allgemeinen Teil des Sozialversicherungsrechts (SR 830.1)
Aufl.	Auflage
AuG	Bundesgesetz vom 16.12.2005 über die Ausländerinnen und Ausländer
AVIG	Bundesgesetz vom 25. Juni 1982 über die obligatorische Arbeitslosenversicherung und die Insolvenzentschädigung (Arbeitslosenversicherungsgesetz, SR 837.0)
BBl	Bundesblatt der Schweizerischen Eidgenossenschaft
Bd.	Band
BE	Bern

BehiG	Bundesgesetz vom 13. Dezember 2002 über die Beseitigung von Benachteiligungen von Menschen mit Behinderungen (Behindertengleichstellungsgesetz, SR 151.3)
BetmG	Bundesgesetz vom 3. Oktober 1951 über die Betäubungsmittel und die psychotropen Stoffe (Betäubungsmittelgesetz, SR 812.121)
BGE	Bundesgerichtsentscheid
BGG	Bundesgesetz über das Bundesgericht vom 17. Juni 2005 (Bundesgerichtsgestz, SR 173.110)
BGHZ	Bundesgerichtshof in Zivilsachen
BL	Basel-Landschaft
BSV	Bundesamt für Sozialversicherung
bspw.	beispielsweise
BüG	Bundesgesetz vom 29. September 1952 über Erwerb und Verlust des Schweizer Bürgerrechts (Bürgerrechtsgesetz, SR 141.0)
BUV	Berufsunfälle und Berufskrankheiten
BV	Bundesverfassung der Schweizerischen Eidgenossenschaft vom 18. April 1999 (SR 101)
BVG	Bundesgesetz vom 25. Juni 1982 über die berufliche Alters-, Hinterlassenen- und Invalidenvorsorge (SR 831.40)
BVO	Verordnung vom 6. Oktober 1986 über die Begrenzung der Zahl der Ausländer (SR 823.21)
BWIS	Bundesgesetz vom 21. März 1997 über Massnahmen zur Wahrung der inneren Sicherheit (SR 120)
bzw.	beziehungsweise
ca.	circa
CCPR	International Convenant on Civil and Political Rights
CERD	Antirassismuskonvention vom 21. Dezember 1965
d.h.	das heisst
Diss.	Dissertation
doc.	document
DSG	Bundesgesetz vom 19. Juni 1992 über den Datenschutz (Datenschutzgesetz, SR 235.1)
ECOSOC	Economic and Social Council
EFTA	European Free Trade Association
EG	Europäische Gemeinschaft
EGMR	Europäischer Gerichtshof für Menschenrechte
eidg.	eidgenössisch

EKR	Eidgenössische Kommission gegen Rassismus
EL	Ergänzungsleistungen
ELG	Bundesgesetz vom 19. März 1965 über Ergänzungsleistungen (SR 831.3)
EMRK	Konvention zum Schutze der Menschenrechte und Grundfreiheiten vom 4. November 1950 (SR 0.101)
EO	Erwerbsersatzordnung
EOG	Bundesgesetz vom 25. September 1952 über den Erwerbsersatz für Dienstleistende und bei Mutterschaft (Erwerbsersatzgesetz, SR 834.1)
Erw.	Erwägung
ESC	Europäische Sozialcharta
et al.	et alii
etc.	et cetera
EU	Europäische Union
EuGRZ	Europäische Grundrechte-Zeitschrift
EVGE	Entscheidungen des Eidgenössischen Versicherungsgerichts
f., ff.	folgende (Seite, Seiten)
FamZG	Bundesgesetz über die Familienzulagen (Familienzulagengesetz)
FFE	Fürsorgerischer Freiheitsentzug
FlG	Bundesgesetz vom 20. Juni 1952 über die Familienzulagen in der Landwirtschaft (SR 836.1)
Fn.	Fussnote
FR	Freiburg
FRB	Fachstelle für Rassismusbekämpfung
FZA	Freizügigkeitsabkommen
GAOR	General Assembly Offical Records
GE	Genf
GestG	Bundesgesetz vom 24. März 2000 über den Gerichtsstand in Zivilsachen (Gerichtsstandsgesetz, SR 272)
GlG	Bundesgesetz vom 24. März 1995 über die Gleichstellung von Frau und Mann (Gleichstellungsgesetz, SR 151.1)
GmbH	Gesellschaft mit beschränkter Haftung
GR	Graubünden
GR(e)	Grundrecht(e)
GV	Generalversammlung
h.L.	herrschende Lehre

HIV	Humanes Immundefizienz-Virus = menschliches Immunschwäche-Virus
Hrsg.	Herausgeber
IAO	Internationale Arbeitsorganisation
i.d.R.	in der Regel
IFSW	International Federation of Social Workers
inkl.	inklusiv(e)
insb.	insbesondere
IPbpR	Internationaler Pakt über bürgerliche und politische Rechte
IPwskR	Internationaler Pakt über wirtschaftliche, soziale und kulturelle Rechte
I.Rh.	Innerrhoden
i.S.	in Sachen / im Sinne
IV	Invalidenversicherung
IVG	Bundesgesetz vom 19. Juni 1959 über die Invalidenversicherung (SR 831.20)
i.V.m.	in Verbindung mit
IPRG	Bundesgesetz über das Internationale Privatrecht vom 18. Dezember 1987 (SR 291)
Jh.	Jahrhundert
j.P.	juristische Person
JStG	Bundesgesetz über das Jugendstrafrecht vom 20. Juni 2003 (Jugendstrafgesetz)
Kap.	Kapitel
KKG	Bundesgesetz über den Konsumkredit vom 23. März 2001 (SR 221.214.1)
KRK	UN-Kinderrechtskonvention
KV	Krankenversicherung
KVG	Krankenversicherungsgesetz (SR 832.1)
lic. iur.	licentiatus iuris
lit.	Littera
Lit.	Literatur
LU	Luzern
M.C.	Magna Charta
MERS	Menschenrechte Schweiz
m.E.	meines Erachtens
MR-Abkommen	Menschenrechtsabkommen
MV	Militärversicherung

MVG	Bundesgesetz vom 19. Juni 1992 über die Militärversicherung (SR 833.1)
m.w.H.	mit weiteren Hinweisen
N	Note
NAGRA	Nationale Genossenschaft für die Lagerung radioaktiver Abfälle
NBUV	Nichtberufsunfallversicherung
NGO	Nichtregierungsorganisationen
NJW	Neue Juristische Wochenschrift (Deutschland)
Nr.	Nummer
OECD	Organisation for Economic Cooperation and Development
öff.	öffentlich
OG	Bundesgesetz vom 16. Dezember 1943 über die Organisation der Bundesrechtspflege (Bundesrechtspflegegesetz, SR 173.110)
OHG	Bundesgesetz vom 4. Oktober 1991 über die Hilfe an Opfer von Straftaten (Opferhilfegesetz, SR 312.5)
OR	Bundesgesetz vom 30. März 1911 betreffend die Ergänzung des Schweizerischen Zivilgesetzbuches (Fünfter Teil: Obligationenrecht, SR 220)
PFA	Personenfreizügigkeitsabkommen
RDK	Rassendiskriminierungskonvention
Res.	Resolution
Rs.	Rechtschrift
RUDH	Revue universelle des droits de l'homme
Rz.	Randziffer
s.	siehe
S.	Seite
SBS/ASPAS	Schweizerischer Berufverband Soziale Arbeit, seit 2006 Avenir Social
SchKG	Bundesgesetz vom 11. April 1889 über Schuldbetreibung und Konkurs (SR 281.1)
Seco	Staatssekretariat für Wirtschaft
Sess.	Session
SHG	Sozialhilfegesetz
SKOS	Schweizerische Konferenz für Sozialhilfe
SO	Solothurn
sog.	sogenannt

SR	Systematische Sammlung des Bundesrechts
StGB	Schweizerisches Strafgesetzbuch vom 21. Dezember 1937 (SR 311.0)
Stopp	Strafprozessordnung
SVG	Strassenverkehrsgesetz vom 19. Dezember 1958 (SR 741.01)
TG	Thurgau
TI	Tessin
u.a.	und andere
UG	Untersuchungsgefängnis
UN	United Nations
UNESCO	United Nations Educational, Scientific and Cultural Organization
UNO	United Nations Organization
UNO-Pakt I	Internationaler Pakt über wirtschaftliche, soziale und kulturelle Rechte vom 16. Dezember 1966 (SR 0.103.1)
UNO-Pakt II	Internationaler Pakt über bürgerliche und politische Rechte vom 16. Dezember 1966 (SR 0.103.2)
UPK	Universitäre Psychiatrische Kliniken Basel
USA	United States of America
usw.	und so weiter
u.U.	unter Umständen
UV	Unfallversicherung
UVG	Bundesgesetz vom 20. März 1981 über die Unfallversicherung (SR 832.20)
UVV	Verordnung vom 20. Dezember 1982 über die Unfallversicherung (SR 832.202)
v.a.	vor allem
v. Chr.	vor Christus
VE	Vorentwurf
VD	Vaud (Waadt)
VG	Bundesgesetz vom 14. März 1958 über die Verantwortlichkeit des Bundes sowie seiner Behördemitglieder und Beamten (Verantwortlichkeitsgesetz, SR 170.32)
vgl.	vergleichen
VPVKEG	Verordnung vom 3. Juli 2001 über die Prämienverbilligung in der Krankenversicherung für Rentner und Rentnerinnen, die in einem Mitgliedstaat der Europäischen Gemeinschaft, in Island oder Norwegen wohnen (VPVKEG, SR 832.112.5)

vs.	versus
VSAB	Verordnung über die Ausnahmen von der Schweigepflicht in der beruflichen Vorsorge und über die Auskunftspflicht der AHV/IV-Organe
VVG	Versicherungsvertraggesetz
VwVG	Bundesgesetz vom 20. Dezember 1968 über das Verwaltungsverfahren (SR 172.021)
WHO	World Health Organization
www	world wide web
z.B.	zum Beispiel
ZBl	Schweizerisches Zentralblatt für Staats- und Verwaltungsrecht
ZG	Zug
ZGB	Schweizerisches Zivilgesetzbuch vom 10. Dezember 1907 (SR 210)
ZH	Zürich
Ziff.	Ziffer
zit.	zitiert
ZP	Zusatzprotokoll
ZPO	Zivilprozessordnung
ZStrR	Zeitschrift für Strafrecht
ZstV	Zivilstandsverordnung vom 28. April 2004 (SR 211.112.2)
ZUG	Bundesgesetz vom 24. Juni 1977 über die Zuständigkeit für die Unterstützung Bedürftiger (Zuständigkeitsgesetz, SR 851.1)
ZVW	Zeitschrift für Vormundschaftswesen

8   Herausgeber und Autoren

Peter Aebersold
Prof. Dr. iur. Professor für Strafrecht an der Universität Basel. Lehrbeauftragter an den Universitäten Bern und Luzern.

Christoph Häfeli
Lic. iur., dipl. Sozialarbeiter, dipl. Supervisor, ehemaliger Rektor der HSA Luzern. Heute nebenamtlicher Professor an der HSA Luzern und freiberuflich tätig als Rechtskonsulent und Organisationsberater von Vormundschaftsbehörden und Sozialdiensten.

Edgar Imhof
Dr. iur. et lic. theol. Ersatzrichter am Sozialversicherungsgericht des Kantons Zürich, wissenschaftlicher Mitarbeiter an der School of Management and Law, Zürcher Hochschule für angewandte Wissenschaften, Winterthur.

Adrienne Marti
Lic. iur., Rechtsanwältin und Sozialpädagogin. 2001–2007 an der Hochschule für Soziale Arbeit in Zürich Lehrgangsleiterin, Dozentin und E-Learning-Verantwortliche.

Peter Mösch Payot
Lic. iur., LL.M., Manager nonprofit NDS FH, Fachhochschuldozent für sozialrechtliche Fragen an der Hochschule Luzern; daneben Lehrbeauftragter an der FH Nordwestschweiz. Rechtskonsulent und Organisationsberater.

Kurt Pärli
Dr. iur., Prof. FH. 2001–2006 Dozent und Forscher an der Fachhochschule Nordwestschweiz. Seit 2007 Dozent und Forschungsleiter am Institut für Wirtschaftsrecht der School of Management and Law, Zürcher Hochschule für angewandte Wissenschaften, Winterthur. Thematische Schwerpunkte im Arbeits- und Sozialrecht sowie Gleichstellungs- und Antidiskriminierungsrecht.

Johannes Schleicher
Lic. iur., dipl. Sozialarbeiter, dipl. Supervisor. Seit 1998 Dozent für Sozialarbeit und Recht an den Fachhochschulen Solothurn und Bern, heute Leiter des Fachbereichs Soziale Arbeit an der Berner Fachhochschule.

Marianne Schwander
Dr. iur., dipl. klinische Heilpädagogin. Seit 2005 Dozentin für Recht und Politik an der Berner Fachhochschule. Zudem Lehrbeauftragte der Universität Bern.

9   Index

Helen Matter / Esther Abplanalp

Sozialarbeit mit Familien

Eine Einführung

2. überarbeitete und ergänzte Auflage 2009. 268 Seiten,
kartoniert
CHF 49.– / EUR 32.–
ISBN 978-3-258-07411-5

Sozialarbeit mit Familien richtet sich an Professionelle, die in unterschiedlichen Berufsfeldern der Sozialen Arbeit mit Familien tätig sind, sowie an Studierende der Sozialen Arbeit. Der einführende erste Teil verweist auf Besonderheiten der Sozialarbeit mit Familien und positioniert diese im breiten Feld der Familienberatung und -Therapie. In den folgenden Kapiteln werden die wichtigsten Familienformen dargestellt, dabei wird eine mehrdimensionale Sichtweise angewendet, die soziologische, psychologische, rechtliche und systemische Aspekte einschliesst. Neben den Besonderheiten, spezifischen Aufgaben und Problemstellungen der jeweiligen Familienform werden für die Sozialarbeit relevante Beratungs- und Hilfsangebote aufgeführt. Ausführliche Fallbeispiele veranschaulichen und konkretisieren die theoretischen Abschnitte. Das Buch ist als Handbuch konzipiert, die einzelnen Kapitel vermitteln einen zusammenfassenden Überblick zum jeweiligen Thema und weisen auf weiterführende Literatur hin.

⋮ Haupt **Haupt Verlag** Bern • Stuttgart • Wien

verlag@haupt.ch • www.haupt.ch

Ruth Brack / Kaspar Geiser (Hrsg.)

Aktenführung
in der Sozialarbeit

Vorschläge für die klientenbezogene Dokumentation als Beitrag zur Qualitätssicherung

4. vollständig überarbeitete Auflage 2009. 180 Seiten, 14 Abb., kartoniert
CHF 49.– / EUR 32.–
ISBN 978-3-258-07408-5

Ohne Dokumentation professionellen Handelns ist keine Qualitätssicherung möglich. Und dennoch: Aktenführung, verstanden als «klientenbezogene Dokumentation», scheint auch heute noch die wichtigste Nebensache im Alltag von professionellen SozialarbeiterInnen zu sein. Zwar wurden spezifische PC-Applikationen in den letzten Jahren in vielen Organisationen des Sozialwesens eingeführt und stellen mittlerweile eine spürbare Entlastung bei der Bewältigung der administrativen Arbeiten dar. Aber inwiefern schlagen sich in diesen Aufzeichnungen auch die spezifisch sozialarbeiterischen Aspekte, nämlich die manifesten sozialen Probleme und das bedürfnis-, ressourcen- und zielorientierte, methodisch objektivierbare und berufsethisch begründete Handeln nieder? Die Autorin und die Autoren zeigen in den verschiedenen Beiträgen, wie sich dies im Rahmen einer modernen, PC-basierten Aktenführung bewerkstelligen lässt und liefern eine Fülle praktischer Arbeitshilfen dazu. Des Weiteren betonen sie die Wichtigkeit einer modernen Aktenführung, welche unter anderem der Sozialarbeit innerhalb und zwischen Organisationen vergleichbare und für die Sozialstatistik und -forschung dringend benötigte Basisdaten verschafft.

⊟ Haupt   **Haupt Verlag** Bern · Stuttgart · Wien
verlag@haupt.ch · www.haupt.ch

Matthias Drilling

Schulsozialarbeit

Antworten auf veränderte Lebenswelten

4. aktualisierte Auflage 2009. 152 Seiten, 6 Abbildungen,
18 Tabellen, kartoniert
CHF 34.– / EUR 22.50
ISBN 978-3-258-07424-5

Die Schule sieht sich einer zunehmenden Zahl von Kindern und Jugendlichen gegenüber, die sich durch Schulverdrossenheit und Schulversagen auszeichnen. Die Jugendhilfe ihrerseits entwickelt Konzepte, um mit Kindern und Jugendlichen in Kontakt zu treten, bevor sie von der Schule an die behördlichen Stellen verwiesen werden. Damit wird eine enge Kooperation zwischen Schule und Jugendhilfe immer dringlicher. Konzepte der Schulsozialarbeit werden in jüngster Zeit wieder intensiv diskutiert, der Informationsbedarf ist gross. Das Buch fasst Erfahrungen zusammen, diskutiert methodische Herangehensweisen und konkretisiert einzelne Handlungsfelder der Schulsozialarbeit.

: Haupt **Haupt Verlag** Bern · Stuttgart · Wien
verlag@haupt.ch · www.haupt.ch

Silvia Staub-Bernasconi

Soziale Arbeit als Handlungswissenschaft

Systemtheoretische Grundlagen
und professionelle Praxis – Ein Lehrbuch

Uni-Taschenbücher (Haupt bei UTB) – mittlere Reihe.
Band 2786
2007. 536 Seiten, 2 Abbildungen, kartoniert
CHF 49.90 / EUR 29.90
ISBN 978-3-8252-2786-9

Silvia Staub-Bernasconi gibt zunächst einen Überblick über die Arbeit früher Theoretikerinnen Sozialer Arbeit. Im zweiten Teil werden die metatheoretischen Voraussetzungen für die Soziale Arbeit als Handlungswissenschaft dargelegt. Ressourcenerschließung, Bewusstseinsbildung, Umgang mit Machtquellen und Machtstrukturen sowie interkulturelle Verständigung als spezielle Handlungstheorien zeigen im dritten Teil die Praxisrelevanz des systemischen Paradigmas. Schließlich erfolgt ein Ausblick auf die Tatsache und Notwendigkeit zunehmender Transnationalisierung Sozialer Arbeit, dies auch unter dem Aspekt eines transnationalen Feminismus sowie der Forderung nach Sozialverträglichkeit der Wirtschaft. Dieses Buch befasst sich auf der Grundlage systemischer Theorie mit sozialen Problemen, die sich aufgrund der Abhängigkeit der Menschen von sozialen Systemen ergeben. Dadurch wird der Einstieg in eine als Handlungswissenschaft konzipierte Soziale Arbeit möglich.

¦ Haupt   **Haupt Verlag** Bern · Stuttgart · Wien
verlag@haupt.ch · www.haupt.ch